조선로동당의 역사학

조선로동당사 비교연구

조선로동당의 역사학

초판 1쇄 발행 2008년 10월 20일

저　자　정영철 외
펴낸이　윤관백
펴낸곳　
제　작　김지학
편　집　이경남 · 장인자 · 김민희
교정교열　김은혜 · 이수정
표　지　정안태
영　업　이주하

등록　제5-77호(1998.11.4)
주소　서울시 마포구 마포동 324-1 곳마루빌딩 1층
전화　02)718-6252 / 6257
팩스　02)718-6253
E-mail　sunin72@chol.com

정가 · 37,000원
ISBN · 978-89-5933-139-0　93900

· 저자와 협의에 의해 인지 생략.
· 잘못된 책은 바꿔 드립니다.

[현대사연구소 연구총서 1]

조선로동당의 역사학

조선로동당사 비교연구

정영철 외

서 문

　지금까지 북한에서 노동당사는 총 4차례 출간되었다. 유일사상체계가 확립되기 전인 1964년, 유일사상체계가 확립된 이후의 1979년과 1991년 그리고 1990년대 '고난의 행군'을 보내고 남북 정상회담 이후에 출간한 2004년판, 이렇게 총 4차례에 걸쳐 당사가 출간되었다. 2006년에도 당사가 출간되었지만, 2006년판은 그 내용과 형식이 2004년판 당사와 똑같다. 단지 선군정치의 시원 및 관련 내용에 대해서만 일부 수정이 있었다. 이에 대해서는 이 책에 실린 김진환의 글에 자세히 설명되어 있다. 이처럼 2년 만에 다시 당사를 출간한 것은 2005년부터 바뀌기 시작한 선군정치의 역사적 뿌리에 대한 설명을 보완하고자 한 것으로 보인다. 우리의 출판 문화로 따지자면, 선군정치와 관련된 내용이 수정·보완된 증보판이라고 할 수 있겠다. 지금까지 북한에서 당사가 간행된 주기를 살펴보면 대략 12~15년 주기를 띠고 있다.
　북한에서 당사는 일반적인 사회주의 국가의 당사와 동일하게 사회주의·공산주의 건설을 표방하는 공산당(혹은 노동당)의 '혁명과 건설'사의 성격을 띤다. 그러나 북한의 당사는 하나의 특징을 더 가지고 있는바, 그것은 바로 '수령의 당 영도사'이다. 물론, 소련이나 중국·베트남 등의 당사도 '위대한 지도자'의 당에 대한 지도의 역사가 중요하게 취급되고 있다. 레닌, 모택동, 호치민의 당에서의 투쟁과 지도가 당사의 주요 내용으로 포함되고 있다. 그러나 북한의 당사는 '위대한 지도자'의 투쟁과 지도를 넘어서서 '당 위의 당'으로서 '수령'의 당 지도를 중심으로 당사의 기본 줄기가 만들어지고, 그에 기초하여 당사의 전 분야에 수령의 지도가 관철되는 구조를 띠고 있다. 지금까지 북한에서 출간된 4종류의 당사 역시 이와 같은 구조를 띠고 있다. 1964년판 당사는 아직 수령체계가 확립되기 이전의 상황을 반영하여 '수령의 당 영도사'로서의 성격이 약하지만, 그 이후의 당사는 모두 '수령'에 의한 '당의 조직과 지도, 활동'을 중심으로 내용이 구성되어 있다. 이런 점에서 당사는 일반적인 역사서와 성격을 달리한다. 일반적인 역사서가 '과거의 사실'에 대한 복원과 해석에 중점을 두고 있다면, 당사는 분명

이와 성격을 달리하는 '목적서'로서의 성격을 지니고 있는 것이다.

 이런 측면에서 볼 때, 조선로동당 당사의 역사적 변화를 분석하는 것은 다음과 같은 점에서 매우 중요하다. 첫째, 조선로동당의 당사는 북한 사회의 변화 모습을 북한체제의 특성이 구체화되어가는 역사적 과정과 함께 드러내고 있다. 즉, 당사의 서술 변화를 통해 '수령제 국가'의 북한 사회가 형성, 전개되는 과정을 확인할 수 있다. 둘째, 당사는 지나간 역사에 대한 해석·재해석의 과정을 통해 북한의 지난 역사를 복원하는 데 중요한 자료로서의 가치를 가지고 있다. 지나간 과거는 당사를 통해 해석·재해석되어 시기별로 다른 모습으로 우리에게 다가온다. 이 과정을 분석함으로써 우리는 북한의 과거 역사를 복원하는 데 중요한 자료를 재구성할 수 있게 된다. 셋째, 당사에 등장하는 주제의 구성과 인물을 통해 북한의 고민과 문제점, 그리고 이를 해결하기 위한 정책적 방향을 추적할 수 있다. 주제의 구성은 '수령의 영도'가 어디에 집중되어 있고, 문제의 해결을 위해 어떤 자원을 동원하였는지를 알 수 있게 한다. 한마디로 북한의 생각을 읽어낼 수 있는 중요한 자료인 셈이다. 마지막으로, 당사의 역사적 변화는 앞으로의 북한 사회의 변화를 예측하는 데 중요한 지표로서의 역할을 한다. 과거의 북한과 현재의 북한 그리고 미래의 북한을 읽어낼 수 있는 자료인 셈이다. 현재 변화하고 있는 북한에 기반하여, 미래의 북한이 어떻게 변화할 것인가에 대한 당의 목소리가 당사에 담겨져 있는 것이다.

 북한의 당사는 조선로동당 중앙위원회 직속기구인 당역사연구소에서 집필되어 출간된다. 당사를 출간하기 위해서는 당역사연구소에서 집체적인 토론을 통해 집필진을 구성하고, 당사 발간위원회가 꾸려지는 것으로 알려져 있다. 북한 역사학계의 모든 힘이 집중되어 역사연구소 주관하에 당사가 만들어지는 것이다. 당사가 만들어지는 구체적인 과정은 밖으로 알려져 있지 않다.

 이 책에서는 크게 7가지의 주제를 선정하여 당사의 서술 변화를 추적하였다. '항일무장투쟁의 역사', '당-국가 건설사', '한국전쟁', '유일체계 및 후계체제 형성', '경제정책사', '문학예술사', 그리고 '선군정치'의 7가지 주제에 따라 당사의 서술이 어떻게 변화하고 있는지를 분석하였다. 이 책은 현대사연구소 북한세미나반에서 기획되어 진행되었다. 지난해부터 시작하여 거의 1년 가까운 시간 동안 당사를 읽고, 토론하고, 주제를 선정하여 글쓰기를 하였다. 현대사연구소의 북한세미나반은 주로 북한을 전공하는 석·박사 대학원생들로 구성되었다. 배우는 학생의 입장에서 당사를 통해 북한 역사를 공부하자는 취지로 시작한 세미나가 당사 서술의 변화를 분석하여 책으로 내놓자는 당돌한 결심으로까지 이어지게 되었다. 글을 쓰기 시작하면서 여러 가지 문제가 발생하였다. 애초의 계획대로 일이 진행되지 않아서 애를 먹은 적이 한두 번이 아니었다. 또한, 각자의 개성에 따라 글쓰기가 진행되면서 최소한의 통일성을 지키기 위한 노력도 생각만큼 쉬운 일이 아니었다. 편집을 통해 최소한의 통일성을 유지하기 위해 노력했지만, 전반적인 통일성이 만족할만한 수준에서 이루어졌는지는 독자들에게 맡기도록 하겠다.

　당사의 변화를 보다 더 쉽게 이해하도록 세 개의 부록을 덧붙였다. 하나는 당사에 등장하는 인물들에 대한 짧은 분석 글과 등장 인물의 현황이다. 이를 통해 당사에 등장하는 인물의 특징과 당사 판본에 따라 달라지는 등장 인물들에 대해 보다 더 쉽게 접근할 수 있으리라 생각된다. 다른 하나는 전체 당사의 목차를 정리했다. 목차만을 통해서도 당사의 구성이 어떻게 바뀌고, 내용의 초점이 어떻게 달라지고 있는지를 알 수 있을 것이다. 마지막으로, 북한의 해방 이후부터의 연표를 수록했다. 1945년부터 2007년까지 북한의 역사를 정리한 연표는 자료로서의 가치도 크다 하겠다.

　이 책의 책임 집필과 제1장은 정영철이 맡았고, 제2장은 전 욱, 제3장은 박지은, 제4장은 조은성, 제5장은 이경수, 제6장은 천현식, 그리고 제7장은 김진환이 맡았다. 정영철과 김진환을 제외하고는 모두 이제 막 대학원에서 북한을 전공하는 대학원생들이다. 거의 1년 동안 당사와 씨름하면서 많은 것을 배울 수 있었고, 한편으로는 글쓰기에 대한 책임감이 막중하다는 것도

체험하게 되었다. 책임 집필자의 능력과 책임성이 좀 더 요구되었지만, 그러지 못한 것이 못내 아쉽다. 다만, 북한 연구자의 입장에서는 이 책이 북한 연구의 대상과 영역을 확대하였다는 점에서 조금의 위안을 얻는다. 책에서 발견되는 미진한 점에 대해서는 책임 집필자에게 전적인 책임이 있음을 밝혀둔다. 끝으로, 2006년판 당사는 이 책의 분석 대상에서 제외하였다. 다만, 선군정치와 관련된 부분에서는 2006년 당사(해설서)가 주요 분석 교재로 사용되었다. 앞서 설명한 대로 2006년판 당사는 선군정치 부분을 제외하면, 2004년판 당사와 형식, 내용이 모두 동일하다. 책의 인쇄본이 다르다는 점 이외에는 2004년판과 다른 점을 찾지 못하였다.

이 책을 발간하기까지 많은 분들의 도움이 있었다. 초기에 합류하였지만, 개인적인 사정으로 끝까지 함께 하지 못한 김선철, 최기엽에게도 고마움을 표한다. 또한, 어려운 출판계의 사정에도 불구하고 흔쾌히 출판을 허락해 주신 도서출판 선인의 윤관백 사장님께 특별히 감사의 인사를 드리며, 아울러 도서출판 선인의 식구들께도 감사를 드린다. 남북 현대사 전문 출판인으로서 남다른 길을 걷고 계신 윤관백 사장님과의 인연도 벌써 10년이 넘어간다. 책을 책답게 만들어 낸 도서출판 선인의 식구들이 없었다면, 이 책은 세상에 나오지 못했을 것이다. 좋은 책을 내기 위해 수고를 아끼지 않은 모습에, 앞으로 더 나은 책으로 보답할 것을 약속드린다.

이 책은 현대사연구소가 생겨나서 처음으로 출간되는 책이다. 그만큼의 부담이 있지만, '첫술에 배부르지 않는' 평범한 용기로 감히 출간한다. 마지막으로 현대사연구소를 위해 물심양면의 애정과 지원을 아끼지 않으시는 유영구 이사장님과 어려운 연구소를 지금까지 이끌어오신 정창현 전임 소장님에게도 감사의 인사를 드린다.

서교동 연구소에서
필자들을 대신하여 정영철 씀

차례

서문 ·· 4

정영철 ‖ 당사를 통해 본 항일무장투쟁사 ·· 11
  1. 머리말　11
  2. 혁명전통의 맹아로서 항일무장투쟁　13
  3. 유일 혁명전통으로서 항일무장투쟁　17
  4. 사실성과 객관성으로의 접근　25
  5. 맺음말　28

전 욱 ‖ 조선로동당의 당·국가 건설사 ··· 33
  1. 당·국가 건설사 개관　33
  2. 서술 변화의 전개　35
  3. 맺음말 – 당·국가 건설사 변화의 특징과 의미　70

박지은 ‖ 조선로동당사에 나타난 한국전쟁 ·· 75
  1. 머리말　75
  2. 한국전쟁 개념의 체계화　76
  3. 계급투쟁에서 반제투쟁으로 이행　81
  4. 당의 지도체계 강화　83
  5. 국제 정세변화 및 동맹국과의 관계 변화　89
  6. 전쟁의 위기와 응전　91
  7. 전쟁과 '주체': 주체사상 형성의 과정을 반영한 서술 변화　94
  8. 민족통일전선과 자주적 국제관계 전략　97
  9. 맺음말　98

조은성 ‖ 조선로동당사의 '유일체계' 형성과 '후계체제' 서술 변화 ························· 105
  1. 머리말　105
  2. '위대한 수령'의 등장　106
  3. '당 위의 당', 김정일　115
  4. '위대한 태양'과 '21세기의 태양'
    : 유일사상체계와 유일지도체제의 교집합으로서의 10대원칙　128
  5. 맺음말　133

이경수 ‖ 조선로동당사 경제정책 서술 변화 ··· 137
　1. 머리말　137
　2. 경제정책의 체계화　139
　3. 김일성시대의 경제정책과 김정일시대의 경제정책　146
　4. 김정일시대의 최종목표　154
　5. 맺음말　164

천현식 ‖ 조선로동당의 문학예술사 ·· 169
　1. 사회주의 문학예술　169
　2. 문학예술의 특징　171
　3. 문학예술의 당사 판본 서술 상황　176
　4. 시기에 따라 본 당역사 서술의 변화　179
　5. 당역사 서술로 본 문학예술의 특징　199
　6. 맺음말　212

김진환 ‖ 조선로동당의 선군정치 서술 ·· 217
　1. 머리말　217
　2. 선군정치의 등장원인과 시점(始點)　221
　3. 선군정치의 사상이론적 기초: 새로운 주력군 이론, 총대철학, 반제투쟁정신　228
　4. 선군정치의 실행양상과 의의　234
　5. 맺음말　243

부록 ··· 249
　〈부록 1〉 조선로동당사에 등장하는 인물들　251
　〈부록 2〉 조선로동당사 목차　273
　〈부록 3〉 북한 연표(1945~2007)　309

색인 ·· 541

당사를 통해 본 항일무장투쟁사

정영철

1. 머리말

　북한에서 항일무장투쟁의 역사는 '혁명전통'의 정수(精髓)이자, 오늘날 북한 사회 작동원리의 역사적 뿌리이다. 북한의 지도사상인 '주체사상'의 역사적 뿌리도 여기에 근거하고 있고, 1990년대 '고난의 행군'의 역사적 비유도 여기에 근거하고 있다. 오늘날의 북한을 이해하는 데 필요한 키워드는 여러 가지가 있지만, 항일무장투쟁의 역사는 이들 키워드 중에서도 가장 밑바탕을 이루는 것이라고 할 수 있다. '생산도 학습도 생활도 항일유격대식으로!'라는 구호가 말해주듯이,[1] 북한의 구조와 생활 전반에 걸쳐있는 항일무장투쟁의 역사와 이를 수행했던 유격대원들의 모습은 오늘날 북한이 말하는 '주체형의 공산주의자'의 전형인 셈이다.[2]

---

1) 재일본조선인총연합회 중앙상임위원회, 『김정일장군략사』(동경: 재일조선인총연합회 중앙상임위원회, 1994), 42쪽 ; 편집국, 「≪생산도 학습도 생활도 항일유격대식으로!≫라는 혁명적 구호를 높이 받들고 주체의 혁명위업을 빛나게 완수해나가자」, 『근로자』 1975년 제5호, 3쪽.
2) 북한이 말하는 '주체형의 공산주의자' 혹은 '주체형의 혁명가'란 수령과 당에 대한 충성심으로 자신의 모든 것을 다 바쳐 투쟁하는 충직한 김일성주의자를 의미

항일무장투쟁의 역사가 지금처럼 절대적 진리의 전범(典範)이자, '주체 혁명전통'으로 자리잡기 시작한 것은 1950년대 말의 '8월 종파사건'을 거치면서이다. 특히, 1960년대 수령제가 확립되고, 김정일이 당의 지도자로서 활동하면서 김일성의 역사, 즉 항일무장투쟁의 역사는 절대적 위치를 차지하게 되었다. 김정일의 활동은 김일성의 역사를 절대화하는 것에서부터 시작되었다. 김정일은 김일성의 사상(주체사상)과 역사를 체계화하고, 이를 전당, 전국에 확대·확립하는 것을 자기의 중심적인 활동으로 삼았다.[3] 따라서 오늘날과 같은 항일무장투쟁의 혁명전통화는 1960년대 후반을 지나 1970년대에 이루어졌다고 할 수 있다.[4]

조선로동당사에서도 이러한 모습은 그대로 드러난다. 1964년에 출판된 『조선로동당력사교재』에서 김일성의 항일무장투쟁의 역사는 여러 항일투쟁 중에서 가장 빛나는 전통의 하나로 소개될 뿐이었다. 또한 김일성의 활동이나 그에 대한 호칭 등도 약간의 존경심을 담은 것으로 제한되었다.[5] 후일의 서술과 비교하면, 분량·호칭·지위 등에서 빈약하기 짝이 없는 서술이었던 것이다. 그러나 이러한 서술은 1979년판 이후로 판이하게 달라진다. 항일무장투쟁의 기원과 오늘날 조선로동당의 뿌리로서 〈타도제국주의동맹〉과 항일무장투쟁의 시기구분이 오늘날과 동일한 모습으로 나타나게 된다. 이러한 변화는 결국 1960년대 후반부터 시작된 주체사상의 체계화, 항일혁명역사의 전통화, 김일성에 대한 절대화 등이 확립·완성되었음을 반영하는 것이자, 주체사관이 당사의 서술에서도 그대로 투영된 결과라고

한다. 김정일, 「현실발전의 요구에 맞게 작가들의 정치적식견과 창작적기량을 결정적으로 높이자(조선작가동맹 제3차대회 참가자들에게 보낸 서한, 1980.1.8)」, 『김정일 주체혁명위업의 완성을 위하여 4』(평양: 조선로동당출판사, 1987), 221쪽.
3) 이에 대해서는 정영철, 『김정일 리더십 연구』(서울: 선인, 2005)를 참조할 것.
4) 북한의 혁명전통의 상징화에 대해서는 조은희, 「북한 혁명전통의 상징화 방식 연구」(이화여자대학교 사회학과 박사논문, 2007)을 참조할 것.
5) 물론, 여기서도 김일성의 항일무장투쟁은 민족해방운동에서 최고형태로 기술되었고, 이를 김일성과 그의 동료들이 훌륭히 해결하였다고 기록하고 있다. 조선로동당중앙위원회 당력사연구소, 『조선로동당력사교재』(평양: 조선로동당출판사, 1964), 45~47쪽.

할 수 있다.

　한동안 항일무장투쟁의 역사는 거의 변화 없이 그대로 서술되어 왔다. 그러나 2004년판에 이르러, 소련의 역할을 보다 더 인정하는 등의 사실적 서술이 강화되었다. 이러한 변화가 김정일시대에 들어와서 역사에 대한 객관주의적 서술이 강화되는 것과 연관되는지는 확실치 않다. 그러나 1964년판 당사부터의 시계열적 변화를 비교하면, 분명 객관성과 사실성이 강화되는 방향으로의 변화가 감지되는 것은 분명해 보인다. 이러한 당사 서술의 변화는 오늘날 북한의 변화에도 시사하는 바가 적지 않을 것으로 보인다. 그것은 당사가 당의 혁명과 건설의 영도사를 집대성한 것이라고 할 때, 북한에서 최근 보이고 있는 당의 역할 변화와 실리주의의 강화라는 변화와 무관치 않아 보이기 때문이다.

2. 혁명전통의 맹아로서 항일무장투쟁

　일반적으로 사회주의 국가의 당사는 당의 창건에 대한 '이야기'로 시작한다. 당은 혁명투쟁의 참모부이기에 당이 없는 혁명투쟁의 역사는 생각할 수 없기 때문이다. 당의 창건을 위한 투쟁은 혁명투쟁 역사의 뿌리가 되며, 오늘날 당의 존립의 역사적 정당성을 의미한다. 레닌의 볼쉐비키를 중심으로 러시아 혁명사를 서술했던 소련 공산당사나 호치민의 활동을 중심에 두고 당의 창립과 성장을 말하는 베트남 공산당사, 그리고 모택동을 중심에 놓고 서술하는 중국의 공산당사 등 사회주의 국가의 당사는 당의 창건과 성장과정, 그리고 지도자를 중심에 두고 서술하는 일반적인 경향을 보인다. 조선로동당사도 여기에서 예외가 될 수 없다. 특히, 당과 국가 건립 초기에 소련의 당 이론과 조직, 활동으로부터 깊은 영향을 받았던 북한으로서는 당사 서술에 있어서도 위와 같은 원리를 따랐음은 분명해 보인다.[6]

---

　6) 해방 이후, 북한은 소련의 경험을 주요하게 참고하였다. 소련의 경험은 당의 조직

북한 최초의 당사라 할 수 있는『조선로동당력사교재』의 출발은 북한이 생각하는 공산당 역사로부터 시작한다. 즉, 조선공산당이 창립되기까지의 역사와 조선공산당의 창립, 조선공산당의 문제와 실패 그리고 김일성이라는 지도자의 출현과 성공이라는 일반적인 공식에 충실한 모습을 보인다. 1964년이라는 시기적 조건을 고려하면, 아직 항일무장투쟁이 혁명전통으로서의 확고한 위치를 차지하지도 못했고, 주체사관이 체계화되지도 못한 조건에서 이러한 경향은 보다 더 강했으리라 짐작된다. 우선, 조선공산당의 창립은 이후 시기의 서술과 달리 긍정적인 평가로 시작한다. 즉, 조선공산당의 창립은 "우리나라 로동운동과 민족해방 운동 발전의 추동력"이었다고 한다.[7] 후일 조선공산당이 종파주의와 교조주의, 파벌에 의해 붕괴하고 마는 부정적 평가가 주류를 이루는 것과는 묘한 대조를 이룬다.[8] 중요한 것은 조선공산당의 출발로부터 시작한 민족해방투쟁의 역사가 곧 '김일성 동지'의 역사로 채워지고 있다는 점이다. 즉, 이미 1964년판 당사에서도 김일성의 항일무장투쟁의 역사는 주류의 역사로 인식되었다는 점이다. 그러나 김일성의 항일역사의 서술은 후일의 당사와는 판이한 대조를 이룬다. 즉, 1964년판에서의 김일성은 수령도 아니었고, 항일무장투쟁이 민족해방투쟁의 유일전통도 아니었으며, 일제 패망의 결정적 요인도 '쏘련 군대'의 참전이었던 것이다. 김일성은 조선인민의 위대한 '령도자'였으나, 단지 선두에 확고히 나선 존재였을 뿐이었다.

  노선, 정치정세 및 출판, 문화 등의 분야에서 따라 배워야 할 것으로 묘사되었다. 특히, 소련 공산당사 등은 당원의 필독서이기도 하였다. 해방 이후, 북한의 정치사에 대해서는 김광운,『북한 정치사 연구 I』(서울: 선인, 2003)을 참조할 것. 그리고 당과 국가 및 소련의 영향에 대해서는 한국역사연구회,『역사와현실』60호 (2006년 6월)의 특집편을 참조할 것. 해방 이후, 소련의 대북한 정책에 대해서는 정성임, 「소련의 대북한 점령정책에 대한 연구: 1945.8~1948」(이화여대 정외과 박사학위논문, 1999) 등을 참조할 것.

7) 앞의 책(1964년판), 25쪽.
8) 물론, 1964년판 당사에서도 조선공산당의 약점으로서 종파주의를 주요하게 들고 있다. 또한, 이러한 약점을 극복하지 못한 채 결국 조선공산당이 해산되었음을 지적하고 있다.

당사를 통해 본 항일무장투쟁사   15

　　1964년판 당사는 어떤 의미에서 서술의 풍부성은 떨어지지만, 보다 더 사실적인 기록으로 평가될 수 있다. 아직 주체사관에 의한 역사 서술이 본격화되기 전이며, 김일성의 역사에 대한 절대화도 충분히 진행되지 않은 시기라는 점에서 김일성 개인과 그의 역사는 '있는 그대로(?)' 기록된 것으로 보인다. 이러한 현상은 1926년 길림 육문중학교 시절 공산주의 청년동맹에의 가입 사실을 기록한다든지, 공산주의 청년동맹 길동지구 위원회 비서로 활동했다는 기록, 그리고 1931년에 공산당에 가입했다는 기록에서 드러난다.9) 김일성 개인의 중국공산당에의 가입 사실이 한동안 공개적으로 표명되지 않았던 것에 비교하면, 이러한 기록은 김일성의 위치가 1956년의 '8월 종파사건'을 거치면서 절대적인 권력자에는 이르렀지만, 아직 '수령'의 위치에 오르지는 못했다는 것을 의미하며, 다른 한편으로는 역사서술의 혁명전통화의 과정이 이제 막 출발단계에 있었다는 시기적 특성을 드러내주고 있다. 그럼에도 불구하고, 1964년판에서 이미 김일성의 항일무장투쟁의 중요 사건과 이를 중심으로 한 서술이 이루어졌다는 것은 이때부터 항일무장투쟁의 혁명전통화의 맹아가 싹트기 시작했다는 것을 동시에 보여주고 있다. 우선, 1932년의 반일인민유격대 창설,10) 33년의 동녕현성 전투와 반민생단 투쟁의 좌경적 편향 극복을 위한 다홍왜회의(1925년 2월 말~3월 초),11) 백두산 지대로의 진출을 결정한 1936년의 남호두회의와 동강회의 등 중요회의들이 그대로 기술되고 있다. 또한 김일성을 '김일성'으로 영웅화시켰던 보천보 전투에 대해서도 중요하게 언급되고 있다.

---

9) 앞의 책(1964년판), 48~49쪽.
10) 후일의 당사에서는 1930년 7월의 '조선혁명군' 창설을 중요하게 강조하는 데 비해, 1964년판 서술은 '조선혁명군' 건설에 대해서는 언급이 없다.
11) 1964년판에서는 다홍왜회의에 대한 확정된 날짜를 언급하지 않고 있다. 다홍왜회의가 반민생단 투쟁의 중요 분기점이었다는 것을 고려하면, 이러한 서술은 단순히 기술적인 문제일 수도 있으나 항일무장투쟁의 기록이 완전치 않았기 때문이었을 가능성이 있다. 1950년대 말 항일무장투쟁 참가자들의 회상기가 출판되고, 그 이후에야 본격적으로 항일무장투쟁에 대한 역사적인 기록들이 정리되고, 체계화되기 시작했다는 사실을 감안하면 이 시기에 항일무장투쟁의 역사를 풍부히 서술하기는 어려웠던 점도 있었을 것이다.

1964년판 당사에서 가장 주목되는 특징은 1940년대 김일성의 항일무장투쟁의 기본 흐름은 인정하면서도, 국내에서의 노동자·농민·학생들의 반일투쟁을 상대적으로 독자적인 투쟁으로 서술하고 있다는 점이다. 이러한 방식은 특히, 1991년판 이후, 위와 같은 노동자·농민·학생들의 반일투쟁을 김일성의 소부대 활동과의 연계 및 지도에 의한 현상으로 서술하는 것과는 판이하게 다른 특징이다. 또한 대일 전쟁의 결정적 승리의 요인을 소련의 대일전 참전으로 보고 있다는 점도 후일의 서술과는 구분되는 중요 특징이다.[12]

마지막으로, 1964년판 당사는 항일무장투쟁의 역사적 의의와 승리의 원인으로 맑스-레닌주의에 기초한 사상이론적 원칙의 고수와 대중과의 결합, 국제주의의 원칙 등을 들고 있다.[13] 후일 모든 당 역사가 김일성의 주체사상과 주체혁명역량 및 주체적 지도에 의한 승리를 말하고 있는 것과 극명하게 대비되는 지점이라고 할 수 있다. 그럼에도 불구하고, 1964년판 당사도 김일성의 항일무장투쟁을 '영광스러운 혁명전통'이 이룩되었다고 평가하고 있는 것은 이 시기부터 이미 김일성의 역사는 '역사를 넘어서기' 시작하고 있었다는 것을 말해주고 있다.

덧붙여, 항일무장투쟁의 시기 구분 역시 1964년판에서는 3시기로 구분된다. 즉, 1기의 항일유격대 창건부터 1935년 말까지의 시기, 2기의 1930년대 후반까지의 시기, 그리고 마지막 3기의 1940년대 전반기가 그것이다.[14] 이러한 시기구분은 〈타도제국주의동맹 결성〉(1926)부터 시작하는 오늘날의 시기구분과 가장 큰 차이를 보이고 있으며, 주요회의를 기준으로 유격대 활

---

12) 1964년판 당사의 서술은 "1945년 8월 9일 쏘련이 대일 전쟁에 참가하였다. 쏘련의 대일 전쟁 참가는 일제의 패망을 결정적으로 촉진시켰다"라고 되어 있다. 앞의 책(1964년판), 111쪽.
13) 아직 이 시기에 '주체사상'이 본격적으로 등장하지 않았다는 점에서 맑스-레닌주의에 대한 강조는 충분히 이해된다. 특히, 김일성의 발언을 직접 인용하여 '맑스-레닌주의'를 강조한 것은 맑스-레닌주의가 당의 지도사상이었다는 것과 관련된다.
14) 앞의 책(1964년판), 119~120쪽.

동의 시기를 구분하고 있는 것과도 차이가 있다.15)

　1964년판 당사에서 보이는 김일성의 역사는 오늘날과 비교하면, 세속적 설명에 가깝다. 그럼에도 불구하고, 김일성의 항일무장투쟁의 역사가 조선공산당 역사의 중심에 서고 있다는 점, 혁명전통의 뿌리로서 인정되고 있다는 점 등에서 이미 이 시기부터 '권위'와 '절대성'을 확보하고 있었음을 알 수 있다. 후일 맑스－레닌주의가 '주체사상'으로, 인민의 자연발생적 투쟁이 김일성의 지도와 유격대와의 연계가 강조되는 서술로 변화되고, 조선인민혁명군의 보다 더 결정적인 역할을 서술하는 일제 패망의 기록 등이 강조된다. 결국, 1964년판 당사는 후일의 당사 서술과 비교하여 김일성의 '항일혁명투쟁' 역사에 대해 과도적인 서술로 그치고 있다는 것이다.

3. 유일 혁명전통으로서 항일무장투쟁

　1964년의 당사가 유일 혁명전통이 아직 확립되지 않은 상황에서의 서술이라면, 1979년판에서부터는 유일 혁명전통으로서 항일무장투쟁이 위치지어지고 있다. 1967년 수령제의 확립과 이어 1970년대 김정일의 후계자 내정을 기점으로 북한 전역에 유일사상체계의 확립이 강조되었고, 그 결과 오늘날의 수령제체제가 형성되었음을 감안하면 1979년의 당사는 이러한 시대적 상황을 고스란히 반영하고 있는 첫 번째 당사로 기록될 것이다. 그러나 여전히 조선로동당사가 '완결된 형태'로 제시되지는 않은 듯하다. 그것은 앞서의 1964년판 당사가 『조선로동당력사교재』로서 출간되었다면, 1979년의 당사는 『조선로동당략사』로서 출간되었기 때문이다. 즉, 1964년판이 학습을 위한 교재로서 당의 역사에 대한 교과서였다면, 1979년판은 그때까

---

15) 물론, 위의 3시기로의 구분도 후일의 시기구분과는 크게 차이가 나지 않는다. 그러나 분명한 전환점을 제시하지 못하고, 전반적인 활동변화를 기준으로 하고 있다는 점에서 아직 항일무장투쟁사가 제대로 정립되지 못하고 있는 상황을 나타내고 있다고 할 수 있다.

지의 당 역사에 대한 간략한 역사로 그치고 있는 셈이다. 그럼에도 불구하고, 역대 당사 중에서 가장 많은 페이지에 걸쳐 서술된 것은 '략사'를 넘어선 '역사'이기 때문일 것이다.[16]

먼저, 1979년판은 항일무장투쟁사에 대한 시기구분의 전형을 보여주고 있다. 1964년판이 대강의 시기구분을 보여주었다면, 이 시기에 와서 항일무장투쟁사는 정연한 시기구분에 따라 서술되고 있다. 즉, 〈타도제국주의동맹〉으로부터 시작하여, 1931년 12월의 명월구회의 직전까지, 그리고 명월구회의부터 1936년 2월의 남호두회의 직전까지, 그리고 남호두회의에서부터 1940년 8월의 소할바령회의 직전까지, 마지막으로 소할바령회의에서 광복까지의 4단계로 구분된다. 이러한 시기구분은 오늘날까지 그대로 이어지고 있다.

먼저, 1964년판 당사와 달라진 것들을 짚어보면 다음과 같다. 첫째, 조선공산당의 창립을 두고 일정부분 긍정적인 평가로 시작하던 1964년판과 달리, 1979년판 이후로는 일관되게 종파주의·교조주의의 폐해만을 지적하면서 오히려 민족해방운동에 해독적 작용을 한 것으로 평가한다.[17] 단, 2004년판은 "우리나라 민족해방투쟁의 질적변화를 보여주는 의의있는 사변"이라고 긍정적인 평가로 시작하고 있다. 하지만 2004년판 역시 '행세식 맑스주의자, 소부르죠아인테리'의 구성과 종파성, 대중성의 미약으로 인해 해독적 작용을 했다는 일반적 평가에서는 동일하다.[18] 1964년판에서 언급했던

---

16) 지금까지 출간된 '당사'의 분량을 비교하면, 1964년판이 519쪽, 1979년판이 757쪽, 1991년판이 611쪽, 그리고 2004년판이 597쪽에 이른다. 또한, 항일무장투쟁사만을 비교하면, 1964년판이 118쪽, 1979년판이 195쪽, 1991년판이 162쪽, 그리고 2004년판이 112쪽에 이른다. 이를 비교하면, 1979년 유일사상체계의 확립이 고조에 이르렀을 때, 항일무장투쟁사에 대한 가장 풍부한 서술이 이루어졌음을 알 수 있다.
17) 조선로동당중앙위원회 당력사연구소, 『조선로동당략사』(평양: 조선로동당출판사, 1979), 10쪽 ; 조선로동당중앙위원회 당력사연구소, 『조선로동당력사』(평양: 조선로동당출판사, 1991), 9쪽.
18) 조선로동당중앙위원회 당력사연구소, 『조선로동당력사』(평양: 조선로동당출판사, 2004), 18쪽.

김일성 개인의 공산주의 청년동맹 가입과 길동지구 위원회 비서, 그리고 1931년의 공산당 가입은 전혀 나타나지 않는다.[19] 중요한 것은 조선공산당 실패의 원인을 '탁월한 령도자'의 부재에서 찾고 있으며, 그로부터의 교훈을 '위대한 수령'만이 민족해방투쟁을 올바로 이끌어갈 수 있다는 것으로 정리하고 있다는 점이다. 이러한 서술은 앞선 1964년판에서 무장투쟁의 길을 훌륭하게 이끈 김일성의 위치가 이제는 '위대한 령도자', '위대한 수령'으로 격상되며, 1926년의 〈타도제국주의동맹〉이 '위대한 령도자'의 영도로부터 시작된 올바른 민족해방투쟁의 시원으로 된다는 논리로 이어진다. 이제 당사는 훌륭한 지도자 한 사람으로서의 김일성이 아니라 '위대한 수령' 김일성의 영도사로 서술이 바뀌게 된다. 이것이 1979년판 당사에서 보이는 가장 큰 특징이라고 할 수 있다. 즉, 북한이 생각하는 당사가 결국은 '수령의 당 영도사'라고 했을 때, 1964년판과 그 이후의 당사를 구분하는 지점은 바로 여기에 있는 것이다.

먼저, 1979년판 당사 이후의 서술은 북한식 표현으로 '참민족해방운동'의 시작 즉, 〈타도제국주의동맹〉의 결성으로부터 시작한다. 〈타도제국주의동맹〉은 김일성이 화성의숙 시절 결성했다는 조직이다.[20] 1964년판에서 언급되지 않았던 〈타도제국주의동맹〉이 1979년판부터는 항일무장투쟁의 시작으로서 위치지어지고 있으며, 이는 1991년판 당사까지 일관되게 서술되고 있다.[21] 이후, 1930년 카륜회의의 「조선혁명의 진로」를 통해 '주체적 혁명

---

19) 김일성의 중국공산당 가입에 대해서는 오랫동안 중국과 북한 양국이 공식적인 반응을 보이지 않아 왔다. 그러나 최근 들어, 북한이 김일성의 중국 공산당 가입 사실을 인정하고 있다. 김일성은 그의 회고록 2권(『세기와더불어』 2권)에서 "1931년 겨울명월구회의를 전후한 시기에 나는 조아범의 집에 가 있으면서 처음으로 중국공산당조직과 련계를 가지기 시작하였다"고 하고 있다. 아마도 이 시기에 김일성이 중국공산당에 가입한 것으로 보인다. 당시 국제당 '1국 1당' 원칙과 김일성의 중국공산당과의 연계에 대해서는 김일성, 『세기와더불어』 2권(평양: 조선로동당출판사, 1992), 제4장 4절을 참조할 것.
20) 〈타도제국주의동맹〉에 대해서는 신주백, 『1920~30년대 중국지역 민족운동사』(서울: 선인, 2005) ; 신주백, 『만주지역 한인의 민족운동사(1920~45)』(서울: 아세아문화사, 1999) 등을 참조할 것.
21) 이후, 김정일은 〈타도제국주의동맹〉을 오늘날 조선로동당의 역사적 뿌리로 공

로선'이 선포되었고, 그해 고유수에서 '조선혁명군'이 결성되었다. 1964년판 당사에서 누락되어 있던 카륜회의와 '조선혁명군'이 중요하게 취급되고 있는 것이다. 결국 〈타도제국주의동맹〉의 결성에서부터 1931년 명월구회의가 열리고 무장투쟁의 방침이 나오기까지의 과정이 제1기이며, 이 시기는 '주체혁명로선의 확립 시기'로 위치지어진다. 1979년판의 서술이 조선혁명군의 창립과 주체적 혁명노선의 확립으로 그치고 있다면, 1991년판 당사는 나아가 카륜회의가 끝난 후, 1930년 7월 3일 차광수·김혁·최창걸·계영춘·김원우·최효일·김리갑·김형권·박근원·리제우 등과 함께 첫 당조직을 결성했다는 것이 추가되었다. 이러한 변화는 김일성의 회고록에서 첫 당조직으로 '건설동지사'를 결성했다는 언급이 나오면서 변화된 서술로 보인다.[22] 김정일은 후일 이를 "주체사상을 지도사상으로 하는 첫 당조직"이며, "우리 당의 시원"으로 규정한다.[23] 이러한 서술 변화는 1979년까지 아직 밝히지 않았던 사실을 1990년대 들어 점차 사실적으로 기술해나간 과정을 반영한 것으로 보인다.

제2기는 명월구회의의 무장투쟁노선을 전개해나가는 일련의 과정이다. 명월구회의 이후, 1932년 4월 25일 '반일인민유격대'가 결성되고, 이때부터 무장투쟁이 본격적으로 전개되었다. 두만강 지역의 유격구 건설과 인민혁

식화한다. 김정일, 「조선로동당은 영광스러운 ≪ㅌ·ㄷ≫의 전통을 계승한 주체형의 혁명적 당이다(1982.10.17)」, 『주체혁명위업의 완성을 위하여 4』(평양: 조선로동당출판사, 1987).

22) 김일성은 회고록 2권에서 "진명학교교실에서 차광수, 김혁, 최창걸, 계영춘, 김원우, 최효일 동무들로 첫 당조직을 무었다. 회의에는 참가하지 않았지만 김리갑, 김형권, 박근원, 리제우 동무들도 첫 당조직의 성원으로 되었으며 조선혁명군 대장으로 내정되어 있던 리종락과 박차석도 이 조직의 성원으로 되었다"고 밝히고 있다. 이 중 첫 당조직 성원이면서도 당사에 언급되지 않은 이는 리종락과 박차석이다. 이 두 사람은 후일 변절하여 일본군에 투항한 다음, 김일성 부대의 귀순 공작에 직접 참여하였다. 이러한 이유로 이들 두 사람은 당사에 언급되지 않은 것으로 보인다.

23) 김정일, 「조선로동당은 영광스러운 ≪ㅌ·ㄷ≫의 전통을 계승한 주체형의 혁명적 당이다(1982.10.17)」, 『주체혁명위업의 완성을 위하여 4』(평양: 조선로동당출판사, 1987).

명정부의 건설, 그리고 반일부대와의 연합작전과 실제 전투에 대한 서술을 담고 있다. 그러나 당사가 규정하고 있듯이, 이 시기는 '공산주의 대렬의 조직사상적 통일을 위한 투쟁'으로서 반민생단 투쟁이 가장 중요한 자리를 차지하고 있다. 민생단 사건으로 김일성 역시 고초를 겪었던 것이 사실이며,[24] 당시 조선인 공산주의자들의 가장 큰 과제 중의 하나가 바로 민생단 사건을 해결하는 것이었다고 한다면, 김일성은 1935년 다홍왜회의와 요영구회의를 통해 민생단 사건 해결에서 결정적인 수훈을 세웠다. 이를 통해 김일성은 수많은 조선인 공산주의자들이 민생단으로 연루되어 숙청, 변절된 와중에서 이 문제 해결에 결정적 역할을 한 인물로서 조선인 공산주의자들의 영웅으로 떠오를 수 있었다.[25] 반민생단 사건을 거치면서 김일성은 조선인 공산주의를 대표하는 인물 중 한 명이 되었고, 유격대 지휘관 중에서 유력한 인물로 부상하게 되었다.

민생단 사건의 해결은 김일성에게 새로운 과제를 부여하였다. 그것은 백두산 지구를 근거지로 하여 항일무장투쟁을 보다 더 확대하는 것이었다. 1936년 남호두회의에서 결정된 동북부 지역으로의 진출과 동강회의에서 결정된 조국광복회 창립은 김일성을 중심으로 한 유격대의 독자성이 강화되는 과정이었다. 또한 동시에 김일성이 만주에서 활동하는 조선인 공산주의자들 중에서 주류를 형성해나가는 시기였다.[26]

제3기는 김일성 부대의 국경지대로의 진출로부터 시작한다. 1936년 2월 말~3월 초에 열린 영안현 남호두회의에서 김일성부대는 백두산을 중심으로 하는 국경지대로의 진출을 결정한다.[27] 이 회의 이후, 미혼진에서 새로

---

24) 한홍구, "Wounded Nationalism: The Minsaengdan Incident and Kim Ii Sung in Eastern Manchuria," Ph D. Dissertation, University of Washington, 1999 ; 와다 하루끼, 이종석 역, 『김일성과 만주 항일전쟁』(서울: 창작과비평사, 1992).
25) 당시 민생단 사건에 대해서는 한홍구, 위의 글 ; 김성호, 『동만항일혁명투쟁특수성연구』(목단강: 흑룡강조선민족출판사, 2006)을 참조할 것.
26) 후일 국내로 귀국한 유격대 중 김일성의 2군 6사(후일 1로군 계열)는 항일무장투쟁세력의 주류를 형성하였다. 이는 1969년 군부 강경파의 숙청 당시 숙청된 대상이 대체로 2로군, 3로군 계열에 집중된 것에서도 나타난다. 자세한 것은 정영철, 앞의 책을 참조할 것.

운 유격대 사단을 내오게 되고, 새롭게 재편된 사단은 민생단 혐의자들을 주축으로 구성하였다.[28] 새로운 사단을 구성한 김일성은 동강회의를 거쳐 결정된 조국광복회 창립, 서강회의를 통한 백두산 근거지로의 확대 등을 결정하고, 국경지대에서의 본격적인 활동에 들어간다. 그리고 국경지대로 진출하면서 국내의 지하조직과의 연계를 강화해나가는데, 이러한 장면들이 강조되어 서술된다. 그 대표적인 인물로서 박달이 등장한다. 1979년판에는 박달이 등장하고, 1991년판에서는 박달과 박인진이 동시에 등장한다.[29] 1979년판에는 빠져있었던 박인진이 등장한 것은 1991년판에서 전반적으로 항일무장투쟁의 주요 인물들이 보다 더 많이 등장하고 있는 것과도 관련된 것으로 보인다.[30]

조국광복회의 국내 조직으로 1979년판에서는 1937년 1월 '조선민족해방동맹'의 결성사실을 알리고 있으나, 1991년판에서는 그 이전 1936년 12월 국내당공작위원회가 결성되었다고 밝히고 있다. 1979년판, 1991년판 그리고 이후 2004년판의 서술의 흐름상 나타나는 특징의 하나는 당조직의 결성이 보다 더 중요하게 취급되고 있다는 점이다. 2004년판에서는 1936년 12월의 국내당공작위원회의 결성과 함께, 1937년 2월 장백현당위원회가 조직되었다고 밝히고 있다. 이러한 서술의 특징은 항일무장투쟁의 과정이 김일성이 조직한 당조직의 '영도'에 의해 진행되었음을 보다 더 강조하는 일련의 과정이라고 판단된다.

이 시기의 가장 큰 사건은 크게 두 가지로 볼 수 있다. 하나는 1937년 6월의 보천보 전투이며, 다른 하나는 1938년 하순에서 1939년 3월까지 이어

---

27) 남호두회의에 대해 2004년판 당사는 항일무장투쟁의 전반기와 후반기를 가르는 분수령이었다고 평가하고 있다. 앞의 책(2004년판), 72쪽.
28) 민생단 혐의자들로 새로운 사단을 결성한다는 것은 모험이었다. 1935년 말 북만 원정 이후, 유격대는 약화되어 있었으며 대부분 동만 지역을 떠나 있었다. 이러한 상황에서 김일성은 민생단 혐의자들을 주축으로 새로운 사단을 결성하게 된다. 현재까지도 이 장면은 '민생단 보따리를 불사른' 사건으로 중요하게 취급되고 있다.
29) 현재 이들은 모두 혁명열사릉에 안치되어 있다.
30) 당사 편에 따른 인물의 등장에 대해서는 부록을 참조할 것.

진 '고난의 행군'이다. 특히, 보천보 전투는 김일성의 이름을 국내에까지 알리게 한 사건이었다.[31] 보천보 전투의 역사적 의의에 대해 당사는 항일무장투쟁을 국내로까지 깊이 있게 확대하기 위한 돌파구로 강조하고 있다.[32] 다른 하나의 가장 큰 사건은 고난의 행군이다. 고난의 행군은 항일무장세력이 '열하원정'으로 인해 세력이 약화되고, 위기에 빠진 조건에서 일제의 대규모 토벌을 극복하기 위한 목적이었다. 남패자회의에서 1938년 12월 상순부터 시작해 1939년 3월 북대정자에서 막을 내린 '고난의 행군'은 오늘날까지도 북한에서 고난 극복의 역사적 전거(典據)로 작용하고 있다.

제4기의 서술 역시 1979년판과 1991년판은 대동소이하다. 1940년 8월의 소할바령회의로부터 시작한 항일무장투쟁의 마지막 시기의 가장 큰 역사 서술의 차이는 소련과의 관계일 것이다. 1979년판에는 소련에 대한 언급이 거의 나타나지 않는다. 그러나 1991년판은 '쏘만 국경지대'의 훈련기지에서의 군정훈련이나, 1945년 7월 "하바롭스키에서 쏘련의 고위군사지휘관들과 쏘련군대와의 협동작전을 진행할 문제에 대해 대책을 세웠다"는 식의 보다 더 사실적인 내용을 기록하고 있다.[33] 또한 1991년판은 "쏘만 국경지대의 훈련기지에는 군정훈련을 하고 있는 조선인민혁명군 부대들이 집결"하고 등의 표현을 통해 소련에서의 활동을 부분적으로 인정하고 있다.[34] 사실, 이러한 서술의 변화는 '8·15해방'을 어떻게 인식할 것인가를 두고 미묘한 문제를 일으킨다. 지금까지 북한은 '8·15해방'이 소련의 지원에 힘입은 자율적인 것이었다고 주장해왔다. 연합국의 승리에 의한 타율적 해방론을 정면으로 뒤집은 이러한 주장은 조선인민혁명군에 의한 해방 전쟁의 승리에

---

31) 보천보 전투가 정치적으로 매우 중요한 사건이었음에도 불구하고, 당사에서의 서술은 크게 부각되지 않고 있다. 당사의 1979년판, 1991년판에서도 전투보다는 그 정치적·역사적 의의를 김일성의 입을 빌어 소개하고 있는 정도이다. 이러한 경향은 보천보 전투의 중요성을 강조하지 않기 때문이 아니라, 역사적 사실에 대한 기록과 함께 이미 수없이 강조된 사실의 반복이라는 특징 때문으로 보인다.
32) 앞의 책(1991년판), 95쪽.
33) 위의 책(1991년판), 157쪽.
34) 위의 책(1991년판), 155쪽.

근거를 두고 있다. 1991년판이 비록 소련과의 연계를 암시하고 있더라도, 그 핵심은 "조선인민혁명군 부대들에게 조국해방을 위한 최후공격 명령"을 내렸고, 승리했다는 것에 있다. 따라서 사실적 표현이 보다 더 강화되었음에도 불구하고, '종자'는 변치 않고 있는 셈이다. 1991년판 당사가 이러한 표현상의 변화를 보이고 있는 것은 김일성의 회고록을 통해 소련과의 협력이나 원동지역에서의 활동에 대해 언급한 것들이 드러난 이상 당사의 서술도 보다 더 객관적인 방향으로 나타날 수밖에 없었던 사정과 관계가 있는 것으로 보인다.[35]

제4기의 역사는 오늘날 김정일의 출생과 관련해 큰 의미를 지닌다.[36] 1979년판이나 1991년판 모두 이에 대한 중요한 힌트를 제공하고 있다. 즉, 1979년판에서는 1941년 6월 말 김일성이 소부대들을 왕청현 쟈피거우 임시근거지에 모이게 하여 행동방침을 천명하였다고 기록하고 있다.[37] 이는 김일성이 소련의 군정훈련기지에서 파견되어 중국 및 백두산 근경에서 활동했다는 것을 말해준다. 1991년판에서는 1941년 7월, 10월에 온성·새별 등 국내에서 활동하는 소부대·소조 등에 대한 활동을 직접 지도했다고 기록하고 있다.[38] 더구나 1991년판에서는 김정숙이 1941년과 1942년에 연사, 무산지구에서 활동했음을 기록하고 있다.[39] 이러한 기록들은 1979년판보다는

---

35) 김일성의 회고록이 출판되기 전 당사가 기획되고, 내용이 집필되었다는 것을 생각하면 이 양자 사이의 분명한 인과관계가 성립되지는 않는다. 그러나 이미 1980년대 후반부터 김일성의 소련에서의 활동이 언급되었다는 것을 고려하면 그 이전에 소련에서의 활동을 당사에 포함시키는 것은 큰 어려움이 아니었을 것이다. 한편, 김일성은 그의 회고록 8권『세기와더불어』 8권(계승본)에서 일제로부터 해방에 '조쏘연합군'의 참여 과정을 비교적 상세하고 설명하고 있다. 그의 설명은 항일유격대가 기본 역량이라는 점을 은연중에 강조하고 있다. 김일성, 『세기와더불어』 8권(평양: 조선로동당출판사, 1998), 제24장 7절.
36) 김정일의 출생에 대한 다양한 입장과 그의 비판에 대해서는 이찬행, 『김정일』 (서울: 백산서당, 2001), 제1장을 참조할 것.
37) 앞의 책(1979년판), 179쪽. 반면, 1991년판에서는 1941년 7월로 표기되고 있다. 앞의 책(1991년판), 136~137쪽. 그리고 '소부대책임자회의'라고 이름을 밝히고 있다.
38) 위의 책(1991년판), 137쪽.

1991년판에서 좀 더 자세하게 설명되고 있으며, 김정일 출생과 관련하여 북한의 주장에 좀 더 비중을 두게 하는 설명으로 보인다. 한편, 1979년판과 1991년판은 1940년대 각계각층에서 벌어진 무장투쟁의 준비와 노동자·농민·학생들의 반일투쟁을 바라보는 관점에서는 약간의 차이를 보인다. 즉, 1979년판에서는 대중들의 자연발생적인 현상으로 설명했다면, 1991년판에서는 정치공작원 및 당조직들의 준비로 시작되었음을 암시하고 있다. 이러한 서술의 변화는 당사의 성격이 점차 더 당의 조직과 지도가 강조되는 것으로 나아간 것을 반영하는 것으로 보인다.

4기까지의 역사적 서술은 1979년판이나 1991년판 모두 대동소이하다. 항일무장투쟁의 역사적 의의에 대해서도 1968년 쿠바에서 열린 아바나문화대회에서 아세아, 아프리카, 라틴아메리카 인민들의 반제민족해방투쟁의 전략전술로 삼을 것을 결정했다는 것을 강조함으로써, 한반도를 넘어서 제3세계 민족해방투쟁의 보편적 전략전술로 격상시키고 있는 점도 눈에 띈다. 다만, 등장 인물이 보다 더 구체적이고, 당의 역할이 훨씬 더 강조되어 나타나고 있다는 점을 차이로 들 수 있다. 1964년의 당사가 맑스-레닌주의의 승리로 기록한 항일무장투쟁은 1979년판에 이르러서는 주체사상에 의한 혁명승리로 정식화되고, '위대한 수령' 김일성의 영도가 가장 중요한 요인으로 거론되고 있다는 점도 눈에 띈다. 이렇게 항일무장투쟁은 단순한 역사를 넘어 혁명전통으로 확고히 자리잡게 된 것이다.

4. 사실성과 객관성으로의 접근

1964년판 당사가 아직 유일전통이 확립되지 않은 가운데서 씌어진 것이라면, 1979년판 이후의 당사는 유일사상체계의 확립이 이루어진 상황을 반영하여 씌어진 것이다. 따라서 1979년판 이후의 당사에서는 김일성에 대한

---

39) 위의 책(1991년판), 146쪽.

신화화, 절대화의 견지에서 항일무장투쟁이 '유일'한 민족해방투쟁의 본류로서 위치되고 있다. 이렇게 확립된 항일무장투쟁의 역사는 2004년판 당사에서 일정한 변화를 보이는데, 그것은 항일전통의 부정이 아니라 객관적 서술의 강화로 나타나고 있다.

  2004년판 당사의 두드러진 특징은 연도 표기의 전면적인 변화이다.[40] 주체연호의 사용 이후, 모든 매체에 주체연호를 사용하도록 한 규정으로 인해 당사 역시 주체연호에 따라 서술되고 있다.

  먼저, 2004년판 당사는 앞선 시기의 당사와 비교하여 보다 더 사실적이고 객관적인 서술이 눈에 띈다. 〈타도제국주의동맹〉의 결성과 김일성의 활동에 대한 축소와 사실적인 기술보다는 알려지지 않았던 사실이나 그동안 의도적으로 공개하지 않았던 사실에 대해 비교적 충실한 기록을 하고 있다. 우선 눈에 띄는 변화의 하나는 김일성 사상의 원천으로서 김형직의 〈지원〉의 사상이 강조되고 있다. "〈지원〉의 사상과 정신에서 중요한 것은 민족중시와 자주독립의 사상이다. …… 바로 이 〈지원〉의 사상과 〈이민위천〉의 사상이 김일성동지께서 혁명의 길에 나서신 첫 시기 인민대중중심의 사상, 자주적인 혁명사상을 창시할 수 있게 한 사상정신적 원천"으로 되었다고 하고 있다.[41] 김일성의 사상적 원천을 〈지원〉으로부터 출발시킴으로써, 외래적인 요소가 아닌 민족적 전통을 은연중 강조하는 인상을 내비치고 있다. 또 하나 눈에 띄는 변화는 첫 당조직 결성에 관한 부분이다. 1991년판 당사가 1930년 카륜회의 이후, 첫 당조직을 결성했다는 서술에 그치고 있다면, 2004년판 당사는 그 첫 당조직의 이름으로 '건설동지사'를 구체적으로 기록하고 있다. 이러한 구체화된 설명은 회고록에서 김일성이 자신의 입으로 '건설동지사'를 만들었다고 한 것을 반영한 것으로 보인다.[42]

---

40) 주체연호의 사용은 1997년 김일성 사망 3주년에 즈음하여 이루어졌다. 1997년 7월 8일, 태양절과 함께 제정되어 연도를 표기하는 모든 대상에 사용하도록 하였다. 1912년 김일성이 태어난 해를 기점으로 그 이후 시기는 모두 주체연호를 사용하도록 했으며, 그 이전은 서기를 사용하였다.
41) 앞의 책(2004년판), 28~29쪽.
42) 김일성은 그의 회고록에서 '건설동지사'를 언급하고 있다. 앞의 각주 22) 참조.

이러한 구체화된 서술의 변화는 당 조직의 결성과 관련해서도 계속 이어지고 있다. 즉, 온성에서의 당조직 건설에 대해서도 건설에 그치지 않고, '온성지구당위원회', '연대당위원회', '대대당위원회' 등의 구체적인 명칭으로 나타나고 있다. 이러한 구체화된 기록은 안도현 반일유격대 창건에 대해 '안도현 소사하 토기점골 등판'으로 구체적인 지명을 거론하고 있는 데서도 나타나고 있다.[43]

두 번째는 남호두회의에 대한 역사적 평가와 의의가 보다 더 강조되고 있다는 점이다. 과거 남호두회의는 조·중 국경지대로 진출을 결정하는 회의였고, 이로써 항일무장투쟁이 국내에 확장되는 것으로 서술되었다면, 2004년판에서는 "조선혁명의 새로운 앙양기"로서 "1930년대 전반기와 후반기를 구획 짓는 조선혁명의 분수령"이자, "반일민족해방투쟁력사에서 처음으로 주체를 완전히 확립한 회의"로 규정되었다.[44] 즉, 남호두회의는 백두산 지대로 진출하는 김일성 부대의 주체성의 완전한 확립이자, 조·중 국경지대를 중심으로 투쟁하는 김일성 부대가 이후 조선혁명의 주력으로서 규정되는 역사적인 회의로 자리매김된 것이다.

2004년의 당사가 앞선 당사와 가장 큰 차이를 드러내는 지점은 아마도 소련과의 관계일 것이다. 1991년판에서 소련과의 관계가 공식적으로 등장했다면, 2004년판에서는 보다 사실적인 서술로 일관하고 있다. 국제당의 하바롭스크회의와 그 결과 소련에 의해 원동지역에 2개 기지의 제공, 국제연합군의 결성 등이 모두 소개되어 있다. 또한 대일작전에 있어서도 "조선혁명군 부대들은 대일작전에 참가한 쏘련군대와의 긴밀한 련계 밑에 일제침략군을 격멸소탕하면서 조국으로 진격"한 것으로 표현되어 있다.[45] 과거 조선인민혁명군의 대일작전만을 언급하던 데에서 이제는 보다 더 사실적으로 서술하고 있는 것이다. 그리고 이러한 표현의 변화는 아마도 김일성의 회고록(8권)이 영향을 미쳤을 것이다. 사실, 위의 표현들은 회고록 8권

---

43) 안도현 소사하 토기점골은 김일성의 어머니 강반석이 당시 살았던 곳이다.
44) 앞의 책(2004년판), 72쪽.
45) 위의 책(2004년판), 120쪽.

(계승본)의 서술과 거의 일치하고 있다.

　그렇다면, 2004년판 당사의 이러한 변화는 무엇 때문일까? 김일성시대에서 김정일시대로 넘어간 역사적 환경의 변화도 하나의 이유는 될 것이다. 그러나 중요한 것은 김일성 회고록이 발간되면서 그동안 공개되지 않았던 사실들이 이미 공개되었다는 점, 그리고 김일성의 항일무장투쟁에 대한 역사적 연구가 거의 마무리되었다는 점,[46] 그리고 소련과 중국의 변화에 따라 이들 국가들과의 역사적 관계에 대한 서술에서 제약이 상당부분 약화되었다는 점 등을 들 수 있을 것이다.

　결국 2004년판 당사는 앞선 시기의 역사 서술에 기초하여 보다 더 사실적이고 객관적인 서술이 강화되었다는 특징을 갖는다. 그럼에도 불구하고 항일무장투쟁이 가지는 역사적 의의와 주체 확립의 기조는 오히려 강조되고 있다.

5. 맺음말

　오늘날 김일성의 항일무장투쟁의 역사는 신화 그 자체로 평가할 수 있다. 1964년의 당사에서도 가장 빛나는 전통으로 규정되었고, 그 이후에는 유일 전통으로 자리매김되었다. 2004년판에 와서 사실성과 객관성이 보다 강화되었지만, 그 기본적인 구조는 전혀 변화가 없다. 북한은 항일무장투쟁이 주체의 확립과 자신들 체제의 역사적 정당성의 뿌리가 되고 있다고 주장하고 있다. 그런 만큼 항일무장투쟁사의 역사적 지위와 역할은 당분간 변화가 없을 것이다. 비록 서술상의 차이가 발생한다고 하더라도 그것은

---

[46] 이는 연변대학교 김성호 교수와의 대담을 통해서 확인된 사실이다. 당력사연구소에서 진행된 김일성의 항일무장투쟁에 대한 연구는 이제 거의 마무리되었고, 더이상 진척시킬 것이 없는 수준에 이르렀다는 것이 김성호 교수의 판단이다. 이제는 김정숙, 김정일의 역사에 대해 더 많은 연구를 하고 있으며, 강조하고 있는 분위기라고 한다.

부분적인 것일 뿐 그 정수(精髓)는 변화하지 않을 것이다.

　북한에서 당사는 당의 혁명과 건설의 역사를 넘어서서 '수령의 당 영도사'로 규정된다. 이 중에서도 항일무장투쟁은 수령의 당에 대한 영도의 역사적 뿌리라고 할 수 있다. 그리고 비단 당사에서만이 아니라, 이는 북한의 역사 서술 전반에 걸쳐 나타난다. 북한의 대표적인 통사인 『조선전사』(전 34권)도 현대사의 시작은 항일무장투쟁으로부터 시작된다. 34권(연표 2권 제외) 중에서 16권부터가 항일무장투쟁으로 시작하는 현대사인 셈이다. 그만큼 항일무장투쟁사가 차지하는 비중은 북한의 역사에서 절대적임을 알 수 있다.

　최근 북한에서는 김일성을 중심으로 한 항일무장투쟁사에 대한 연구가 거의 마무리되는 것으로 알려져 있다. 새로운 시대를 맞이한 만큼, 김정일의 혁명역사에 대한 연구가 보다 더 강화되리라 예측된다. 주체사관에 의해 정리되는 김정일의 혁명역사도 항일무장투쟁의 역사와 연결될 것이다. 이미 김정일시대의 정치를 대표하는 '선군정치'의 역사적 뿌리를 항일무장투쟁과 연결시켜 놓았으며, 당 및 군과 관련된 이론적 수정과 재해석도 항일무장투쟁의 역사로부터 출발하고 있다. 앞으로도 항일무장투쟁사가 북한에서 어떠한 지위를 차지할지를 보여준다고 할 수 있다. 아마도 북한 체제가 지속되는 한, 항일무장투쟁의 역사는 거의 변화하지 않고 등장할 것이며, 북한의 존립과 체제의 정당성을 뒷받침하는 역사 신화로서 기능하게 될 것이다.

　남북한의 역사는 서로의 정통성 경쟁에 따라 비틀리고, 왜곡되어 왔다. 비단 항일무장투쟁만이 아니라 일제로부터의 독립운동과 그 이후의 역사에 대한 치열한 '투쟁'이 있어 왔던 것을 부정하기 어렵다. 이를 상징적으로 보여주는 공간으로서 국립묘지와 열사릉을 들 수 있다. 우리에게는 국립현충원이 국가체제의 정당성과 정통성을 상징하는 곳이라면, 북한은 혁명열사릉이 그러한 역할을 담당하고 있다. 죽어서도 영면(永眠)하지 못하고 현재의 살아있는 역사투쟁을 전개하는 사람들의 화합은 당분간 기대하기 힘들 것이다. 그럼에도 불구하고, 남북의 모든 역사를 '우리'의 역사로 만들기 위한 노력이 다른 한편에서는 진행 중에 있다. 항일무장투쟁을 어떻게 평가하고, 앞으로 어떻게 포용할 것인가도 언젠가는 논의될 것이다. 그러기 위해서도 북한의 공식 역사서이자, 당의 역사를 대표하는 당사에서 항일무장투쟁사가 어떻게 기술되어 왔고, 어떻게 변화하고 있는지를 분석하는 것은 북한에 대한 이해를 넘어서 역사의 '화해'를 위해 필수적인 일이라 여겨진다.

앞으로 북한은 당사를 또 편찬하게 될 것이다. 담아야 할 역사가 많아지는 만큼 항일무장투쟁의 분량은 적어질 것이며, 그만큼 상세한 기술은 어려워질 것이다. 또한 역사는 끊임없이 재해석된다는 것을 가정하면, 재해석된 항일무장투쟁사가 나올 가능성을 배제할 수 없다. 소련 및 중국 공산당, 그리고 동유럽의 공산당사가 개혁·개방의 과정 혹은 체제전환의 과정을 거치면서 수정되고, 재해석되었듯이 북한에서의 그러한 변화도 완전히 배제할 수는 없을 것이다. 앞으로의 당사가 주목되는 것은 현재 북한이 느리지만, 의미있는 변화를 보여주고 있기 때문이다. 앞으로도 지속적으로 지켜보아야 할 지점의 하나로 여겨진다.

참고문헌

김광운, 『북한 정치사 연구 Ⅰ』(서울: 선인, 2003).
김성호, 『동만항일혁명투쟁특수성연구』(목단강: 흑룡강조선민족출판사, 2006).
김일성, 『세기와더불어』 2권(평양: 조선로동당출판사, 1992).
_____, 『세기와더불어』 8권(평양: 조선로동당출판사, 1998).
김정일, 「조선로동당은 영광스러운 ≪ㅌ·ㄷ≫의 전통을 계승한 주체형의 혁명적 당이다(1982.10.17)」, 『주체혁명위업의 완성을 위하여 4』(평양: 조선로동당출판사, 1987).
_____, 「현실발전의 요구에 맞게 작가들의 정치적식견과 창작적기량을 결정적으로 높이자(1980.1.8)」, 『김정일 주체혁명위업의 완성을 위하여 4』(평양: 조선로동당출판사, 1987).
신주백, 『만주지역 한인의 민족운동사(1920~45)』(서울: 아세아문화사, 1999).
_____, 『1920~30년대 중국지역 민족운동사』(서울: 선인, 2005).
와다 하루끼, 이종석 역, 『김일성과 만주 항일전쟁』(서울: 창작과비평사, 1992).
이찬행, 『김정일』(서울: 백산서당, 2001).
재일본조선인총연합회 중앙상임위원회, 『김정일장군략사』(동경: 재일조선인총연합회 중앙상임위원회, 1994).
정성임, 「소련의 대북한 점령정책에 대한 연구: 1945.8~1948」(이화여대 정외과 박사학위논문, 1999).
정영철, 『김정일 리더십 연구』(서울: 선인, 2005).
조선로동당중앙위원회 당력사연구소, 『조선로동당력사교재』(평양: 조선로동당출판사, 1964).
_____, 『조선로동당략사』(평양: 조선로동당출판사, 1979).
_____, 『조선로동당력사』(평양: 조선로동당출판사, 1991).
_____, 『조선로동당력사』(평양: 조선로동당출판사, 2004).
조은희, 「북한 혁명전통의 상징화 방식 연구」(이화여자대학교 사회학과 박사논문, 2007).
편집국, 「≪생산도 학습도 생활도 항일유격대식으로!≫라는 혁명적 구호를 높이 받들고 주체의 혁명위업을 빛나게 완수해나가자」, 『근로자』 1975년 제5호.

한국역사연구회, 『역사와현실』 60호(2006년 6월).

한홍구, "Wounded Nationalism: The Minsaengdan Incident and Kim Ii Sung in Eastern Manchuria," Ph D. Dissertation, University of Washington, 1999.

조선로동당의 당·국가 건설사

전 욱

1. 당·국가 건설사 개관

본고에서는 북한의 당역사 판본에 따른 당·국가 건설사의 서술변화를 분석하기 위해 전체 당사 가운데서 시기상으로는 1945년 8월 해방 시점부터 1950년 6월 전쟁 발발 전까지, 내용상으로는 북조선공산당 중앙조직위원회 창건(북조선분국), 노동당 창립, 북조선인민위원회 수립, 조선민주주의인민공화국 창건, 남북 노동당 합당 등을 주요하게 살펴보고자 한다.

당·국가 건설사가 전체 당사에서 차지하는 분량을 살펴보면 첫 번째 판본인 1964년판 『조선로동당력사교재』에서는 전체 519쪽 중 127쪽(122~248쪽)으로 24.47%, 전체의 1/4에 해당했다. 1979년에 출간된 『조선로동당략사』부터는 조금씩 비중이 줄어 전체 757쪽 중 132쪽(199~330쪽)으로 17.44%, 1991년에 출간된 『조선로동당력사』에서는 전체 611쪽 중 101쪽(165~265쪽)으로 16.53%를 차지했다. 마지막으로 2004년에 출간된 『조선로동당력사』에서는 전체 597쪽 중 83쪽(126~208쪽)으로 13.9%였다. 당·국가 건설사의 분량이 줄어든 것은 시간이 흐르면서 당사 한 권에 담아야 할 내용이 많아졌기 때문이다. 그러나 주의 깊게 볼 부분은 노동당 역사의 시발점으로 서술되는 1920년대[1]부터 각 판본별 발간시점까지 약 50~80년에 달하는 전체 조선로동당 역사 가운데서 시기적으로는 단 5년에 불과한 당·국가 건설기가 분량 상으로는 상당한 비중을 일정하게 차지하고 있다는 것이다. 마지막 판본이 출간된 2004년판에서도 산술적으로는 전체 대상기간 중 4% 정도에 해당하는 시기지만 서술 분량에서는 13.9%를 차지했다. 이는 당·국가 건설기가 항일무장투쟁기와 함께 북한 정권과 체제의 토대를 형성한 시기이기 때문이다. 후대에 반드시 전달되어야 하는 주요한 내용이 많고, 그 의의가 크기 때문에 당사 전체에서 차지하는 비중도 크고, 서술 분량 역시 일정하게 유지되고 있는 것이다.

일당독재를 핵심적인 특징으로 하는 국가사회주의체제에서 당 역사가 갖는 의의는 자본주의사회의 정당사와는 비교할 수 없을 만큼 크다. 당의 역사는 곧 혁명과 건설의 역사다. 사회주의정당은 사회주의혁명을 성공시키고 집권했을 때 비로소 공식적인 당사를 서술하게 되는데, 집권 당시 당

---

1) 당 역사의 첫 번째 판본인 1964년판의 제1장은 시기적으로 1920년부터 1931년까지를 다룬다고 명시하고 있다. 1장 내용 또한 1920년대와 1930년대의 전반적인 사회경제 형편, 맑스-레닌주의의 보급과 조선공산당의 창건 등을 다룬다. 이때의 조선공산당은 1925년 4월 서울에서 조직된 것이다. 조선공산당 내부의 파벌싸움에 대한 비판에 이어서 김일성의 등장과 초기 활동(1926년 길림육문중학 시절 공청 가입, 1931년 공산당 입당 등)을 서술하고 있다. 조선로동당중앙위원회 당력사연구소, 『조선로동당력사교재』(평양: 조선로동당출판사, 1964), 48~49쪽 참조. 이러한 내용은 1979년판 당사부터는 대폭 변화한다. 1979년판 당사 제1장에서 다루는 시기는 '1926년~1931년 12월'까지로 명시되는데, 이는 1926년 10월 17일 김일성에 의해 조직되었다고 서술한 〈타도제국주의동맹〉을 조선로동당과 주체형의 공산주의혁명의 역사적 뿌리로 규정한 데 따른 것이다. 내용에서도 김일성의 주체사상 창시와 그것을 공표한 1930년 6월 30일~7월 2일의 카륜회의가 주요하게 다루어지고 있다. 카륜회의에서 한 김일성의 보고 「조선혁명의 진로」에서 반제반봉건민주주의혁명노선이 천명되었으며, 1930년 7월 6일에는 조선혁명군이 결성되었다고 서술하고 있다. 1991년판과 2004년판 역시 제1장의 시기구분은 1979년판의 '1926년~1931년 12월'을 따르고 있으며 내용도 김일성의 활동을 중심으로 서술하고 있다. 제2장의 내용이 1932년 안도현 반일인민유격대의 창건에서 시작하는 것은 네 판본 모두 동일하다.

권을 장악하고 혁명과 집권을 주도한 정파의 활동을 중심으로 창당 이전부터 초기 당 건설과정, 당의 성장과 집권과정 전체가 서술되게 된다. 조선로동당사 역시 이러한 특징을 잘 보여준다. 공식 당사는 전후복구가 끝나고 체제가 안정기에 들어선 1964년에야 비로소 출간되었다. 1964년 첫 당사부터 김일성과 항일무장투쟁세력을 중심으로 서술되었는데, 1960~1970년대를 거치며 주체사상과 김일성 유일체제가 확립되자 1979년 새롭게 보완된 당사가 발간되었다.

당사 중에서도 특히 초기에 해당하는 당·국가 건설사는 집권세력의 역사적 정통성과 가장 밀접하게 결부되어 있는 만큼 한층 세심한 서술과 수정보완이 이루어지게 된다. 본문에서 자세히 분석하겠지만 집권세력이 당사를 통해 당원 및 주민들에게 전달하고자 하는 메시지와 당의 사상·정책 변화에 따라 판본별로 서술 변화가 나타난다. 주요한 사건이나 인물이 새롭게 발굴되거나 추가·삭제되고, 역사적 평가나 당사 발간시점에서의 국내외 정세 변화에 따라 내용에 대한 부분적인 수정·보완도 다양하게 이루어지고 있다.

2. 서술 변화의 전개

1) 목차의 변화

조선로동당사 네 판본의 '당·국가 건설사'를 본격적으로 분석하기에 앞서 목차의 주요한 변화부터 살펴보자. 목차의 변화는 내용상의 변화를 반영한 것으로 각 판본별로 특히 강조하는 사건이나 새로운 관점이 부각되어 있다는 점에서 전반적인 변화의 방향을 짐작할 수 있게 해준다.

우선 표현의 변화가 눈에 띈다. 1964년판은 목차의 서술과 표현이 간결하다. 전반적으로 간결하게 사건 위주로 제목을 작성한 데 비해 1979년판의 제목들은 '위대한 수령 김일성동지께서'와 같은 긴 수식어를 반복적으로 사용하며 김일성의 저작이나 연설명을 제목에 배치하는 등 표현에서 큰 변화를 보인다. 이는 1967년 박금철·이효순 사건을 거치면서 전면화되기 시작한 유일체제 확립이 1970년대 역사서술에 많은 영향을 미쳤음을 보여준다. 1970년대 전반기 김정일이 선전선동부를 장악하고 당 사상사업을 진두지휘할 때 역사서술 분야 역시 예외는 아니었던 것이다.[2] 1964년판 당사도 1956년 8월 종파사건을 거치며 김일성 중심의 당권 장악이 이루어진 후에 나온 것이기는 하지만 표현이나 문투에 있어서는 1979년판에 비해 훨씬 담백하다. 과다한 수사가 결합되었던 1979년판의 표현들이 1991년판에서 다소 완화된 것은 1979년판에 대한 일정한 평가와 반성이 반영된 것이기도 하고, 1980년대를 경과하면서 유일체제 확립을 위한 전사회적 정비가 완료된 결과일 수도 있다.

두 번째로, '북조선공산당 중앙조직위원회'란 명칭이 1979년판부터 목차에 등장하기 시작해서 1991년판, 2004년판까지 계속 쓰이고 있다. 첫 번째 판본인 1964년판 목차에는 '조선공산당'으로만 명기되었다. 북조선공산당의 창립회의에 대한 명칭 변화는 아래 조선공산당 건설과 관련된 본문 내용분석에서 자세히 살펴볼 것이다.

세 번째, 2004년판 당사의 제2편 제1장 6절 '정규적 혁명무력 건설 적극 추진, 조선인민혁명군의 조선인민군으로의 강화발전'은 기존에 없던 절이 하나 새로 생긴 것이다. 이는 선군정치를 강조해온 1990년대 후반의 북한 정치의 특징이 잘 반영된 서술변화로 2004년판의 당·국가 건설사에서 가장 두드러지는 내용 변화라고 볼 수 있다.[3]

끝으로 2004년판에서는 제2편 제2장 5절 '공화국북반부 혁명기지의 강화, 북남로동당 합당'이란 절이 새로 생겼다. 앞의 '혁명기지 강화'는 1979년판,

---

[2] '박금철·이효순 사건'을 마무리한 김정일은 1968년 노동당 중앙위원회 선전선동부 문화예술지도 과장으로 자리를 옮겼다. 정창현, 『곁에서본 김정일』(서울: 토지, 1999), 115쪽.
[3] 이는 선군정치 등장 이후의 변화로 이에 관해서는 이 책, 제7장의 김진환의 글을 참조할 것.

〈표 1〉 당·국가 건설사 목차의 주요 변화

1964년판	1979년판	1991년판	2004년판
5장 5절 2개년 인민 경제 계획 수립을 위한 당의 투쟁	(삭제) 6장 5절 '공화국의 정치, 경제, 군사적 위력의 강화'의 본문 내용 속에 포함되어 서술	동일	동일
3장 1절 8·15해방 직후 국내외 정세	5장 1절 위대한 수령 김일성동지께서 제시하신 새 조선 건설을 위한 3대당면과업. 경애하는 수령님의 고전적로작 ≪진보적 민주주의에 대하여≫	5장 1절 위대한 수령 김일성동지께서 새 조선건설을 위한 3대당면과업 제시. 진보적 민주주의의 길 천명	제2편 1장 1절. **김일성동지의 로작**〈해방된 조국에서의 **당, 국가 및 무력건설에 대하여**〉, 새 민주조선건설로선
3장 2절 **조선 공산당의 창건**. 당의 정치 로선과 조직 로선의 확립	5장 2절. **북조선공산당 중앙 조직위원회의 결성**. 주체형의 혁명적당, 김일성동지의 당의 창건	5장 2절. **북조선공산당 중앙 조직위원회 결성**, 주체형의 혁명적당창건위업의 완성	제2편 1장 2절. **북조선공산당 중앙 조직위원회 결성**. 당 창건위업의 완성
4장 3절 미제의 식민지 예속화 정책의 강화와 그를 반대하는 당의 투쟁 방침. 남반부 로동자들의 대중적 파업 투쟁과 10월 인민 항쟁	5장 6절 위대한 수령 김일성동지께서 내놓으신 **남조선혁명운동의 기본방침**. 로동자들의 대중적파업투쟁과 10월인민항쟁	5장 6절 **남조선혁명운동의 기본방침**. 미제의 식민지예속화정책을 반대하는 남조선인민들의 투쟁, 9월총파업과 10월인민항쟁	1장 7절 나라의 완전자주독립을 이룩하며 미제의 식민지예속화정책을 짓부시기 위한 투쟁
5장 **북반부에서 사회주의 혁명 단계로의 이행**. 인민 경제 부흥 발전과 조국 통일을 위한 당의 투쟁(1947.2~1950.6)	6장 **북반부에서 사회주의혁명단계에로의 이행**. 인민경제의 부흥발전과 조국의 자주적평화통일을 위한 당의 투쟁. 당의 령도적기능의 확대 강화(1947.2~1950.6)	6장 **북반부에서 사회주의혁명단계에로의 이행**. 인민경제의 부흥발전과 조국의 자주적평화 통일을 위한 당의 투쟁. 당의 질적공고화와 령도적 기능의 강화 (1947.2~1950.6)	제2편 2장 사회주의에로의 과도기 첫 시기 과업수행과 조국의 자주적 평화통일을 위한 당의 투쟁, **당의 질적 공고화**(주체36(1947).2~주체39(1950).6]

1991년판의 '조선민주주의인민공화국의 정치, 경제, 군사적 위력을 강화하기 위한 투쟁'과 같은 맥락으로 볼 수 있는데, 뒤의 '북남로동당 합당'은 처음 제목으로 등장하였다. 내용상에서도 '북남로동당 합당'은 2004년판에서 주요하게 다루어지기 시작했다. 이러한 변화의 배경과 의미에 대해서도 역시 본문 분석에서 검토할 것이다.

2) 본문의 변화

(1) 조선공산당 건설과정

〈반종파투쟁과 박헌영·오기섭 실명 비판〉

　북한에서 당내 권력투쟁은 크게 3차례의 분기점을 가지고 있다. 해방 후 남북이 분단된 조건에서 북한 지역에 별도의 조선공산당 중앙을 수립할 때부터 예고되었다고 할 수 있는 남로당세력과의 투쟁은 한국전쟁 직후인 1955년 박헌영에 대한 간첩 선고로 마무리되었다. 두 번째는 1956년 김일성세력을 전복하려 했던 연안파와 소련파의 '8월 종파사건'으로 이는 북한 정권 최대의 권력투쟁이었다고 할 수 있다. 세 번째는 1967년에 일어난 '박금철·이효순 사건'으로 국내 토착공산주의세력인 '갑산파'가 김일성의 절대 권력에 도전했던 사건이다. 세 차례 모두 결과는 김일성과 항일무장투쟁세력의 권력 장악을 더욱 공고히 하는 것으로 끝났다. 그러나 대표적인 세 차례의 권력 투쟁 외에도 크고 작은 권력투쟁이 벌어졌으며, 반드시 권력 장악을 목적으로 한 것이 아니더라도 당을 장악한 김일성과 항일무장투쟁세력의 의도나 목적에 배치되는 다양한 사상 경향이 당 안팎에 존재했다. 이들에 대한 당의 대응은 '반종파투쟁'이라는 이름하에 진행되었다. 당사에는 이들 사건들에 대한 직접적인 서술변화나 사건의 여파로 인한 간접적인 서술변화가 존재한다.

　세 가지 사건 중 본 논문이 검토하는 시기에 직접적으로 해당하는 것은 박헌영 사건뿐이다. 박헌영에 대해 조선로동당사는 1964년판부터 미제간

첩이라고 강하게 규정했고, 2004년판까지 실명을 거론하며 구체적으로 일관되게 비판했다. 박헌영 재판이 1955년에 종결되면서, 그 이후 서술된 1964년판 당사부터 모두 일관된 결론을 담게 된 것이다.[4] 1920년대부터 한국전쟁 시기까지 박헌영을 중심으로 한 국내공산주의자들에 의해 전개된 활동은 모든 판본에서 일관되게 종파주의, 분열주의, 좌우경 기회주의로 강하게 비판하고 있다.

당·국가 건설 부분에서 또 한 가지 중요하게 다루어지는 '반종파투쟁'은 '지방 할거주의'라고 비판받은 국내파 토착공산주의자들에 대한 투쟁이다. 1964년판 당사는 조선공산당 창건 당시 정세를 서술하면서 "북조선에서도 오기섭을 비롯한 종파분자들, 지방 할거주의자들, 특히 박헌영의 졸도들의 책동이 심하였다"[5]라며 국내파인 오기섭을 실명 거론하며 비판했다. 그러나 1979년판 같은 부분에서 오기섭의 실명은 빠졌다. 이는 1964년판이 나오는 시점까지는 오기섭에 대한 비판이 필요했음을 말해준다.

오기섭은 해방 전부터 활동해온 대표적인 국내파 공산주의자로 김일성계가 주도한 1945년 10월의 '조선공산당 북조선분국' 수립에 심하게 반발했던 인물이다. 그는 분국 집행위원이자 제2비서에 선출된 것을 시작으로 분국 조직부장, 임시인민위원회 선전부장, 북조선로동당 상무위원, 초대 인민위원회 노동국장, 최고인민회의 초대 대의원 등을 지내며 중앙당 및 내각과 자신의 지역적 기반인 함경남도 등지에서 큰 정치적 영향력을 발휘했다. 오기섭은 1958년경부터 김일성과 빨치산계를 중심으로 본격화된 '혁명전통' 확립 과정에서 가족주의, 지방주의의 대표적인 인물로 비판받아 숙청되었다. 당시 오기섭은 내각 수매양정성의 상이었는데 부상이던 연안계 박효삼과 함께 1959년 8월 '반당반혁명종파분자'로 규탄받았다.[6]

---

4) 1955년 12월 15일에 열린 박헌영 사건 관련 재판에서는 "조선의 자주독립을 반대하고 공화국의 인민주권을 전복할 목적으로, 조국에 반역하고 미제국주의에 복무한 간첩행위와 반혁명적 모략, 선전선동 행위 및 리승엽 등 반혁명 도당의 무장폭동 음모의 실현을 비호, 보장"했다는 이유로 박헌영에게 사형 및 재산몰수가 언도되었다. 서동만, 『북조선사회주의체제성립사』(서울: 선인, 2005), 523~524쪽.
5) 앞의 책(1964년판), 129쪽.

조선공산당 창건 부분에서뿐만 아니라 북조선 인민위원회수립과 관련된 부분에서도 1964년판에서는 직업동맹의 역할과 관련해 초대 직맹 위원장이었던 오기섭을 실명 비판[7]했으나 1979년판부터는 그의 실명은 거론하지 않고 있다. 직업총동맹은 1956년 8월 종파사건의 핵심 4인 중 한 명인 서휘(당시 직맹 위원장, 중국 망명)를 비롯해 반대파의 조직적 기반이 되었던 곳이다. 8월 종파사건이 소련·중국의 사과와 김일성 항일무장투쟁세력의 권력 강화로 마무리되기는 했지만, 직업동맹을 중심으로 한 종파세력에 대한 완전한 조직적 청산은 아직 이루어지지 못했던 것이 1964년판 당사 서술에 영향을 미쳤음을 알 수 있다. 1979년판부터 오기섭으로 대표되는 국내파에 대한 실명비판이 사라진 것은 1967년 김일성에 도전했던 마지막 국내파라 할 수 있는 박금철·이효순의 숙청으로 국내파 청산이 완결되었기 때문이다. 더 이상 실명거론을 통해 견제, 청산할 만한 정치세력이 존재하지 않게 된 것이다.

〈남북 노동당 합당에 대한 서술 강화〉

1949년 6월에 이루어진 남북 노동당의 합당에 대한 서술은 양보다는 질에서 큰 변화를 보여주고 있다. 1964년판 당사는 남북 노동당 합당을 매우 간단하게 언급[8]하고 있다. 이들 내용이 담긴 6절의 제목에도 남북 노동당 합당은 등장하지 않는다.[9] 이에 비해 2004년판 당사는 남북 노동당 합당을 7절의 제목에 배치하고 본문에서도 합당의 전 과정을 상세히 밝히는 등 서

---

6) 서동만, 앞의 책, 883쪽.
7) "당은 인민 정권하에서의 직맹의 역할을 부르죠아 제도하에서 직맹의 역할과 동일시하려는 오기섭 등 종파분자들의 견해를 폭로 분쇄하였다." 앞의 책(1964년판), 206쪽.
8) "당 중앙위원회는 남조선에 조성된 엄중한 정세에 대처하여 남조선 당 사업을 수습하며 혁명 력량을 묶어 세우기 위한 적극적인 대책들을 강구하였다. 당은 남북 로동당을 완전히 통합하는 조치를 취하였다." 위의 책(1964년판), 241쪽.
9) 해당 내용이 들어있는 절의 제목은 '조선민주주의인민공화국 창건 후 남반부의 정치정세. 미제에 의한 전쟁 준비의 노골화. 조국의 평화적 통일을 추진하기 위한 당의 투쟁'이다.

술을 한층 보강했다.[10]

2004년 이전 당사들이 남북 노동당 합당을 간단하게만 다룬 이유는 무엇일까. 1956년 4월 개최되었던 조선로동당 제3차 대회는 정전 이후 3년여에 걸친 전후복구기간을 성과적으로 총화하고 사회주의 기초 건설을 위해 1957년부터 시작되는 5개년 계획을 결의하는 자리였다. 그런데 전후 새롭게 개최되는 당대회를 제3차로 잡은 것은, 북조선로동당의 창립대회를 1차, 북조선로동당 제2차대회를 2차로 하고, 그 뒤에 있었던 남북 노동당의 합당대회[11]는 역대 당대회로부터 배제한다는 뜻이었다. 이것은 조선공산주의운동사에서 한 축을 이루던 서울 조선공산당 중앙의 재건, 남로당 결성, 남북 노동당의 합당으로 이어지는 역사적 사실을 조선로동당사에서 말소하는 것이었다.[12] 제3차 당대회 개최를 결정한 시점은 1955년 12월로 박헌영 재판과 비슷한 시기였다. 때문에 제3차 당대회를 앞두고 조선로동당의 기원과 역사문제를 깔끔하게 정리할 필요가 있었던 것으로 볼 수 있다. 이러한 상황이 1964년판 당사에서 1949년 당시 박헌영의 해독행위를 먼저 구체적으로 서술하고 그 결과 이루어진 남북 노동당의 합당 사실은 간단하게만 언급한 배경으로 보인다. 1979년판과 1991년판 당사에서도 역시 합당

---

10) "남조선로동당조직들에 대한 통일적 지도를 보장하기 위하여 주체37(1948)년 8월 2일 남북조선로동당 련합중앙지도기관이 결성되었다. 이듬해 5월 말 남북조선로동당 련합중앙지도기관회의에서는 남북조선로동당 합당준비사업계획을 토의결정하였으며 그에 근거하여 합당사업을 적극 추진시켰다. 이에 토대하여 주체 38(1949)년 6월 30일~7월 1일에 진행된 남북조선로동당 중앙위원회 련합전원회의에서는 북조선로동당과 남조선로동당을 단일한 조선로동당으로 합당하는 조치를 취하였다." 조선로동당중앙위원회 당력사연구소, 『조선로동당력사』(평양: 조선로동당출판사, 2004), 202~203쪽.
11) 남북 노동당의 합당을 통한 조선로동당의 창당은 '당대회' 소집 없이 '남북 노동당 중앙위원회 연합전원회의(1949.6.30~7.1)'의 형식으로 비공개로 진행되었다. 여기서 단일한 조선로동당 중앙위원회를 만들고 강령과 규약을 채택함으로써 합당 절차를 마무리했다. 김광운, 『북한 정치사 연구 I』(서울: 선인, 2003), 717~721쪽. 비록 정식 당대회로 소집된 것은 아니지만 남조선로동당의 그간 활동에 대한 총괄 평가를 바탕으로 두 당의 합당을 위해 개최한 이 회의는 새로운 '조선로동당'이 출발한 사실상의 창당대회였다.
12) 서동만, 앞의 책, 523쪽.

은 김일성 교시를 인용, 간단하게 서술되고 있다.

그런데 2004년판 당사에서는 남북 노동당 합당과 관련된 서술내용과 비중이 앞서 살펴본 대로 크게 달라진다. '남조선 당 단체에 대한 령도체계를 바로세우는' 과정이었던 남북 노동당의 합당이 상당히 체계적·점진적으로 진행된 것으로 서술하고 있다. 합당의 의의 역시 "동일한 지도사상과 조직원칙을 가지고 있으면서 전술적 필요에 의하여 따로 존재하던 당들의 합당"으로 규정되었다.[13] 이는 박헌영에 의한 남조선로동당의 지도 사실을 아예 부정하고, 합당 이전부터 조선로동당에 대한 전국적 범위에서의 지도가 북조선로동당과 김일성에 의해 진행되고 있었다는 것을 내포한 서술이다. 2004년판에서 처음으로 등장한 '남북조선로동당 련합중앙지도기관'은 합당 1년 전인 1948년 8월에 조직되어 활동에 들어갔다. 당시는 1948년 9월 조선민주주의인민공화국(이하 인공) 수립을 앞두고 남북의 정치역량의 통합이 절실하게 요청되는 상황이었다. 그러나 박헌영에 의한 배타적 당 운영과 무모한 폭동·대중운동 노선은 남조선로동당의 역량을 현격히 약화시켰다. 이런 상황에서 단행된 '남북조선로동당연합중앙위원회'의 결성은 인공의 유일합법성 쟁취와 북로당의 전국혁명·남조선 해방전략을 수행하기 위해 남한 공산주의운동을 재정비하고, 남과 북의 노동당에 대한 북조선로동당의 통일적 지도를 보장하기 위한 조치였다고 할 수 있다.[14] 2004년판 당사는 1948년부터 1949년 조선로동당 합당 당시까지의 과정을 구체적으로 서술하는 것을 통해 박헌영과 남로당에 대해 보다 철저한 비판을 가하는 동시에, 북조선로동당에 의한 체계적이고 조직적인 남조선 혁명 지도과정을 부각시켜 김일성 중심의 역사서술을 더욱 강화한 것이다.

〈북조선 당중앙의 역사적 정통성과 전국적 지도력 강조〉

조선공산당의 창건에 대한 역사서술에도 직접적인 서술 변화가 존재한다. 우선 1945년 10월 10~13일 평양에서 개최되었던 당 창립대회의 명칭이

---

13) 앞의 책(2004년판), 203쪽.
14) 김광운, 앞의 책, 716~717쪽.

달라진다. 대회 명칭은 '북조선 5도 당 책임자 및 열성자대회'(1964년판)에서 '당창립대회'(1979년판)로, 다시 '북조선공산당 중앙조직위원회창립대회'(1991년판)로 변화했다. 대회의 목적 역시 다르다. 1964년판에서는 '조선공산당 북조선 조직위원회'를 창설하기 위한 것으로 기록되었으나, 1979년판에서는 '북조선공산당 중앙조직위원회' 수립으로 바뀐다. 1979년판 이후 1991년판, 2004년판 당사도 창립대회 명칭을 '북조선공산당 중앙조직위원회창립대회'로 쓰고 있고, 2004년판은 여기에 참석한 사람들을 "항일혁명투사들과 북조선5도 당 책임자 및 열성자들 70여 명"으로 기술하고 있다.15)

그런데 조선공산당 창건대회와 관련해서 당사 어느 판본에서도 '분국'이란 표현은 나오지 않는다. 일반적으로 남쪽 역사학계에서는 1945년 10월 10~13일에 평양에서 진행된 이 대회의 명칭을 '조선공산당 서북5도 당원 및 열성자연합대회'로 보고 있으며, 여기서 '조선공산당 북조선분국' 설치가 결정되었다고 기술하고 있다.16) 이 대회와 관련해 남쪽 학계 내에서도 여러 가지 논쟁이 진행되었다. 특히 왜 북한이 역사기록에서 '분국'을 '조직위원회'로 바꿔 썼는가에 대해 최근 김광운과 서동만의 연구는 서로 다른 견해를 내놓고 있다.

김광운은 대회 당시 북조선공산당 내에 '분국'과 '조직뷰로(오르그뷰로)'라는 '이중 권력'이 형성되었을 가능성을 제기한다. 대회를 통해 각 권력의 집행기구인 '분국 집행부'와 '중앙조직위원회'가 모두 출범하였고, 이후 김일성이 당권을 확실하게 장악하면서 공식기록은 열성자 대회를 '중앙조직위원회' 창립대회로 서술하고 있다는 것이다.17) 또한 '분국'이라는 표현이

---

15) 앞의 책(2004년판), 134쪽.
16) 정창현, 「북한현대사 연구현황과 과제」, 『민족통일연구소 월례발표회 자료집(2005. 2.26)』, 4쪽 ; 김주환, 「서북5도당대회의 대미인식과 조선공산당 북조선분국의 조직적 위상」, 『해방전후사의 인식 5』(서울: 한길사, 1989) ; 김광운, 앞의 책 ; 서동만, 앞의 책.
17) "당시 북한의 공산주의자들은 김일성이 주도한 비공개의 중앙지도부를 중심으로 활동하였고, 전국적인 당대회를 개최할 수 있을 때까지 중앙지도부를 당중앙위원회가 아닌 오르그뷰로(중앙조직위원회)로 공식화하고자 했다. 그런데 예비회의에서의 반대를 고려하여 공식조직으로는 10월 13일 '분국 집행부'만을 결성

사라진 시점은 모스크바 3상회의 이후라고 밝히고 있다. '서울 중앙'과의 관계에서 자유로울 수 없었던 김일성과 북한의 공산주의자들은 모스크바 3상회의의 한국문제 결정에 대한 지지운동을 '서울 중앙'과 독립적으로 진행시키면서 '북부조선당'의 자율성을 표현하고자 했다. 이들은 미소공동위원회가 열린 직후 '조선공산당 북부조선 분국'이라는 명칭을 '북조선공산당'으로 바꾸었고, 당 내부에 중앙위원회를 설치하여 운영하였다. 이로써 남과 북의 공산당 조직 사이에 형식상의 연계도 사실상 끊어졌다는 것이다.[18]

그러나 서동만은 김광운이 제기한 '이중 권력'의 가능성에 대해 회의적이다. 서동만에 의하면 북조선에 독자의 공산당 조직을 만들기 위한 회의(1945.10.10)의 예비회의(1945.10.5)에서 김일성은 '북조선 오르그뷰로(중앙조직위원회)'라는 소련식 표현을 써가며 서울의 조선공산당 중앙위원회와는 별개의 북조선당의 중앙기관으로서 '북조선중앙국'의 설치를 제의하였으나, 반대에 부딪혀 합의를 끌어낼 수 없었다. 김일성은 서울의 박헌영과 타협을 꾀하여 서울 중앙에 속하는 형태로 '공산당 분국'을 만드는 데 합의하였다. 서동만은 이 분국 창설을 처음으로 보도한 『정로』 1945년 11월 1일자에 나오는 '중앙지도', '중앙'이란 표현은 김광운이 주장하는 '조직뷰로'가 아니라 일반적인 '오르그뷰로(중앙조직위원회)'를 번역한 것일 뿐이라고 주장한다. 오르그뷰로는 당시 소련군이 분국을 지칭하던 러시아어 명칭이기도 했다.[19] 즉, 당시 회의에서는 '분국'만이 설치되었으며, 그것의 소련식

  할 수 있었고, 10월 10일 비공개의 '조직뷰로'를 만들었을 가능성이 크다. ……
  비공개의 '조직뷰로'와 공개적인 '분국 집행위원회'가 동시에 가동되었던 것이다.
  따라서 서북5도당책임자급당열성자대회를 통해 조직뷰로, 즉 '북조선공산당 중앙조직위원회'를 출범시켰다고 볼 수 있는 것이다. '조선공산당북부조선분국'과 '조직뷰로' 간의 2중 권력구조는 1945년 12월 17일 분국 책임자 김용범을 대신하여 김일성이 '북부조선당' 책임비서로 선출되면서 하나로 통일되었다." 김광운, 앞의 책, 154~155쪽.
18) 위의 책, 156쪽.
19) 또한 실제 김일성이 주도하던 비공식그룹이 존재했다 할지라도 중요한 것은 그것이 드러내놓고 분국 확대집행위원회를 제치고 '분국 중앙' 역할을 했는지, 그

명칭인 오르그뷰로를 이후 '중앙조직위원회'로 번역해 공식기록에 사용하고 있다는 것이다.

두 연구자의 논쟁을 종합할 때 1945년 10월 10~13일 대회 당시에 창립한 당 조직을 부르던 용어가 '분국'이었던 것은 분명해 보인다. 그러나 대회 후 1946년으로 접어들면서 세력마다 사용하는 용어가 달라 한동안 혼용되다가, 오기섭 등 국내파를 설득하기 위해 사용했던 '분국'이라는 용어는 공식기록에서는 점차 사라지고 '(중앙)조직위원회'라는 명칭이 1964년판 당사 서술 당시 공식화되었던 것이다. 박헌영과의 타협을 통해 나왔던 '분국'이라는 표현을 김일성계가 이후 사용하지 않으려 했기 때문이다. 결론적으로 조선로동당사가 처음 발간되는 1964년경은 이미 박헌영 등 남로당계열이 대부분 숙청되고 김일성과 항일무장투쟁세력이 정치권력을 확고하게 장악한 때이므로 '분국'이란 용어는 당사에 전혀 등장하지 않게 된 것이다.

한편 1964년판에서 쓰인 '조선공산당 북조선 조직위원회'란 명칭은 당시 남쪽에 성립되어 있던 조선공산당 중앙을 염두에 둔 표현으로 전체 조선공산당의 한 부분으로서 '북조선 조직위원회'를 사고하는 것이다. 이에 비해 1979년판부터 등장하는 '북조선공산당'이라는 명칭은 '남조선공산당'을 대당개념으로 설정하는 것이며, 기존의 조선공산당을 전 조선을 포괄하는 공산당이 아닌 '남조선'만의 공산당으로 격하시키는 것이다. 더 늦게 설립되지만 하부조직이 아니라 동등한 자격이며, 내용적으로는 남북 전체를 지도하는 유일한 당중앙이라는 주장을 담고 있다. 1979년판부터 조직위원회 앞에 덧붙여진 '중앙'이라는 표현은 전체 조선공산당을 지도할 조직위원회가 북조선에 수립되었다는 의미를 강하게 담고 있다. 북조선공산당 중앙조직위원회의 역사적 정통성과 전국적 지도력을 보다 더 강조하는 방향으로 당사에서도 그 명칭이 변화해 온 것이다.

리고 조직 뷰로라는 명칭으로 존재했는지 여부라는 것이다. 서동만은 당시 소련 측 문헌 중 그러한 그룹의 존재를 인정한 것은 아직 발견되지 않는다며 김광운의 주장을 반박한다. 서동만, 앞의 책, 65~68쪽.

⟨'ㅌ·ㄷ'-조선공산당의 뿌리로 확정⟩

1991년판은 1945년 10월 북조선공산당 중앙조직위원회의 창건을 "타도제국주의동맹의 결성으로부터 시작된 로동계급의 혁명적당창건을 위한 력사적 위업의 빛나는 실현"으로 서술하고 있다.[20] ⟨ㅌ·ㄷ(타도제국주의동맹)⟩은 1964년판에서는 등장하지 않았던 것으로 1979년판에서 최초로 언급되었다. 그러나 1979년판에서는 1920~1930년대 투쟁을 다룬 부분에서만 주요하게 서술되었을 뿐 1945년 10월 당창건 부분에서는 직접적으로 거론하지 않다가 1991년판 당사부터 조선공산당 창건 노력의 직접적인 시작시점을 1926년 'ㅌ·ㄷ창설'로 소급하기 시작한 것이다. 이는 항일무장투쟁 시기 김일성의 활동과 해방 이후 당·국가 건설과정을 직접 연결하는 것으로, 유일체제의 확립과 함께 '당과 혁명의 뿌리'를 김일성의 활동에서 찾는 것으로 역사서술도 변화했음을 보여준다. 물론 1964년판에서도 종파사건 분쇄를 다루면서 조선공산당 창건의 조직사상적 기초를 '항일 무장투쟁'에서 찾는 등 여러 부분에서 항일무장투쟁 시기를 언급하고 있지만 이후 당사들처럼 구체적이진 않았다.

김일성 개인의 구체적인 활동을 집중 서술하는 경향은 유일체제 수립이 시작된 이후인 1979년판부터 두드러졌지만, 1991년판과 2004년판으로 올수록 더욱 심화되고 있다. 이는 1990년대에 접어들어 김일성의 회고록 등이 출간되면서 항일무장투쟁 시기에 대한 역사발굴이 상당히 진척된 결과이기도 하다.

(2) 혁명과 통일노선의 변화

⟨민주주의 혁명에 대한 서술 보강⟩

조선로동당사 전체 판본은 해방 후 북반부에서 수행했던 첫 번째 혁명

---

20) 조선로동당중앙위원회 당력사연구소, 『조선로동당력사』(평양: 조선로동당출판사, 1991), 179쪽.

과업을 표현의 차이는 조금씩 있지만 공통되게 '반제반봉건민주주의혁명'
으로 서술하고 있다. 그리고 이 과업의 수행을 위해 조선공산당을 창건했
으며, 그 창립대회는 1945년 10월 10~13일 평양에서 열렸던 '북조선 5도 당
책임자 및 열성자대회'(1964년판, 대회명칭은 이후 계속 변화)라고 기술하고
있다.

그러나 '반제반봉건민주주의혁명'에 대한 구체적인 내용 서술에는 판본
별로 조금씩 변화가 있다. 당사 판본들이 모두 한국전쟁 이후에 발간되었
기 때문에 해방 직후 남반부를 점령했던 미국에 대한 평가는 모두 동일하
다. 따라서 미 제국주의에 맞선 민족해방투쟁, 즉 '반제'투쟁이 조선인민에
게 계속 주된 혁명과업으로 남게 되었고, 특히 북반부에서 사회주의혁명단
계로 넘어간 뒤에도 남반부에는 반제의 과제가 남은 것으로 공통적으로 기
술된다. 한편 '반봉건민주주의혁명'에 대해서는 판본 변화에 따라 추가설명
이 가미된다.

1964년판 당사는 장안파의 "민주혁명 단계를 뛰여 넘어 즉시 프로레타리
아 독재 정권을 수립하고 사회주의 혁명을 수행하여야 한다"는 좌경적 견
해와 박헌영의 "〈인민 공화국〉 즉 친미적인 부르죠아공화국을 수립할 것을
주장하는 우경투항주의적" 견해를 반대하고, "조국광복회 강령에서 이미 규
정된 원칙들을 해방 후 정세에 구체화하면서 로동계급이 영도하는 반제 반
봉건적 민주혁명 – 인민민주주의혁명을 위한 정치로선을 제시"하였다고 서
술하고 있다.[21]

1979년판은 1964년판에서 언급되지 않았던 김일성의 노작 세 편을 주요
하게 인용한다. 1945년 8월 20일 군사정치간부들 앞에서 한 연설 「해방된
조국에서의 당, 국가 및 무력 건설에 대하여」와 1945년 10월 3일 평양로농
정치학교 학생들을 대상으로 강연하였다는 「진보적 민주주의에 대하여」,
그리고 북조선 5도 당 책임자 및 열성자대회에서 한 김일성의 보고 「우리
나라에서의 맑스–레닌주의 당건설과 당의 당면과업에 대하여」가 그것이

---

21) 앞의 책(1964년판), 131쪽.

다. 이 중 민주주의혁명과 관련해 가장 상세한 내용을 담고 있는 것은 「진보적 민주주의에 대하여」이다.[22] 1979년판 당사는 이 노작에서 진보적 민주주의와 부르주아 민주주의의 차이점을 구체적으로 서술하는데, 이 서술은 1964년판에 비해 민주주의혁명에 대한 설명이 현격하게 보강된 것이다.

1979년판 당사에서 민주주의혁명에 대한 해설이 보강된 이유는 무엇일까. 국내연구자인 김주환에 따르면 해방 직후 조선 공산주의자들의 변혁노선은 '부르주아민주주의혁명'이었다. 박헌영의 '8월테제'나 서북5도당대회의 변혁노선 모두 혁명의 성격을 '부르주아민주주의혁명'으로 규정하였으며, 혁명 수행의 내용으로 '반제·반봉건'을 제시하고 있었다. 그런데 한국전쟁 이후 북한은 서북5도당대회에서 제시된 변혁노선을 '반제반봉건민주주의혁명'으로 규정하기 시작했다. 혁명의 단계규정으로서 서북5도당대회에서 제시된 부르주아민주주의혁명의 개념이 폐기되고 혁명의 성격과 내용을 합친 새로운 개념으로서 반제반봉건민주주의혁명(=인민민주주의혁명)이 등장한 것이다. 김주환은 북한이 일반적인 두 가지 부르주아민주주의혁명(서구의 고전적인 민주주의혁명과 레닌의 민주주의혁명)과 서북5도 당대회에서 제시된 부르주아민주주의혁명 간의 차별성을 드러내기 위해 한국전쟁 이후 부르주아민주주의혁명이라는 개념규정을 폐기하고 반제반봉건민주주의혁명이라는 새로운 유형의 민주주의혁명의 개념을 창출해낸 것이라고 분석한다.[23]

---

22) "우리가 지향하는 민주주의는 구미자본주의국가의 '민주주의'와는 근본적으로 다르며 또한 사회주의국가의 민주주의를 그대로 본딴 것도 아닙니다. …… 반제반봉건민주주의혁명단계에 알맞은 민주주의 다시 말하여 자본주의적민주주의와 근본적으로 다르며 사회주의적민주주의와도 구별되는 진보적민주주의를 실현하여야 하였다." 조선로동당중앙위원회 당력사연구소, 『조선로동당략사』(평양: 조선로동당출판사, 1979), 206~207쪽. 1979년판에 서술된 '사회주의적 민주주의'는 문맥상 '사회주의'와 같은 뜻이다. '진보적 민주주의'는 1964년판에서 언급된 '인민민주주의혁명'의 다른 이름으로 이 혁명의 내용은 '반제반봉건민주주의혁명'인 것이다.

23) 서구의 고전적인 부르주아민주주의혁명이나 레닌이 「민주주의 혁명에서의 사회민주주의의 두 가지 전술」에서 제시하고 있는 민주주의혁명, 즉 노동자·농민에 의한 혁명적 민주주의독재를 실시하여 자본주의가 더 성숙하게 된 다음 '사회주

결국 단계상으로는 부르주아민주주의혁명의 단계이지만, 그 성격과 내용에 있어서는 자본주의를 억제하고 사회주의로 이행하기 위한 토대를 마련하는 것이기 때문에 '반제반봉건민주주의혁명'이라는 이름을 새롭게 고안했다는 것이다. 1979년판 이후로 강화되는 민주주의혁명에 대한 해설은 이렇게 북한 나름의 인민민주주의혁명에 대한 내용 규정이 확립됨에 따라 당사 판본이 진전될수록 구체화되고 세련되어진 것으로 볼 수 있다. 북한만의 독특한 사회주의 발전단계와 전략을 수립하는 과정이 전개되면서 해방 직후의 변혁노선에 대해서도 그에 맞춘 추후 보강이 이루어진 것이다.

〈독자적인 과도기론의 확립〉

조선로동당사 1964년판과 1979년판은 반제반봉건민주주의혁명에서 사회주의혁명으로 이행한 시점을 1947년 초 북조선인민위원회 수립이라고 서술하고 있다. 그런데 1979년판에서는 "북조선 인민위원회의 수립으로 북반부에서는 사회주의로 넘어가는 과도기가 시작되었다"고 서술해 처음으로 '과도기'라는 시기규정이 등장한다. "로동계급이 프롤레타리아독재를 세운 다음 사회생활의 모든 영역에서 자본주의를 타승하고 사회주의의 완전한 승리를 이룩하는 력사적 시기 …… 로동계급과 농민의 계급적 차이까지도 없어질 때 사회주의의 완전한 승리가 이룩되게 된다"라는 과도기에 대한 해설도 1979년판부터 등장했다.[24] 이는 중·소대립이 극한으로 치닫고 미국의 베트남 침공 등으로 북한의 국제환경이 어느 때보다 어려웠던 1967~1968년, 북한이 자기 나름의 독자적인 과도기론을 수립한 것과 관련된 서술 변화다.

프롤레타리아독재정권의 수립방법, 임무와 형태에 대한 논의와 '과도기

의혁명으로 전화'하는 부르주아 민주주의혁명과는 달리, 서북5도당대회에서 제시된 민주주의혁명은 민주주의혁명단계에서 자본주의를 폐지하지는 않는다 하더라도 자본주의를 약화·억제함으로써 사회주의혁명의 전제조건을 창출하는 것을 내용으로 하는 새로운 유형의 민주주의혁명이었다. 김주환, 앞의 글, 68~69쪽.
24) 앞의 책(1979년판), 289~290쪽.

론'은 사회주의를 거쳐 공산주의를 지향하는 나라들에게 혁명과 이행의 총체적 인식·방향을 제시하는 중요한 문제로, 중·소대립의 이론적 쟁점 중 하나이기도 했다. 맑스와 레닌이 밝힌 고전적 과도기론은 자본주의사회에서 공산주의사회로의 혁명적 전환의 시기인 '과도기'의 불가피성, 과도기는 계급투쟁의 시기라는 것, 이 시기의 국가는 프롤레타리아 독재밖에 없다는 사실을 주요 내용으로 한다. 스탈린은 1936년 11월 '사회주의의 승리'를 선언하면서 맑스와 레닌이 명시하지 않았던 '과도기'의 계선을 설정했다. 공산주의의 실현단계를 2단계로 나누어 사회주의가 실현되었다고 선포한 것이다.

중·소 간 과도기 논쟁이 본격적으로 전개된 것은 1956년 소련의 제20차 당대회부터다. 소련은 자본주의적 생산관계가 사회주의적 생산관계로 개조되어 사회주의제도가 수립되면 과도기가 끝나는 것으로 파악하였다. 흐루시초프는 제21차(1959년), 제22차(1961년) 당대회를 통해 소련은 이제 사회주의제도가 확립되었으므로 과도기가 끝났다고 선포했다. 과도기의 과제인 프롤레타리아독재와 계급투쟁을 폐기하고, '공산주의사회'로 이행하기 위한 물질적·기술적 발전(경제개발)을 최우선과제로 설정했다. 북한은 이러한 소련의 과도기론에 대해 '수정주의'라며 강하게 비판했다.[25] 중국 역

---

25) 흐루시초프는 1959년 소련공산당 제21차 당대회에서 '공산주의의 전면적 건설기'를 선포했다. 1961년 제22차 당대회에서는 소련은 이미 사회주의 제도가 확립된 사회이기 때문에 더 이상 계급 간 투쟁의 장소가 아니며, 따라서 프롤레타리아 독재를 필요로 하는 조건이 소멸되었고, 프롤레타리아 독재는 '전인민의 국가'(state of the whole people)로 성장·전환되었다고 천명했다. 브레즈네프는 논의를 더 진행시켜서, 소련을 '발전된 사회주의 사회'로 규정했다. 이는 전통적 의미의 과도기가 끝났으므로 프롤레타리아독재와 계급투쟁을 폐기하고, 그 다음 단계인 '공산주의 사회'로 가기 위한 '물질적·기술적 기반의 창출' 즉, 경제 발전이 최대 과제가 되는 새로운 단계(발전된 사회주의)를 설정한 것이다. 흐루시초프는 당과 정부의 최대 과제를 급속한 경제 발전에 두고 자본주의적 경제 정책이라 할지라도 뛰어난 방법은 적극 수용하고 이용해야 한다는 주장하에 생산활동에 물질적 유인을 광범위하게 도입하고, 이윤 추구를 생산의 주된 목적으로 대체했다. 이어 사회전반에 대한 당의 지도적 역할을 축소시켜 당 조직으로 하여금 생산문제에 집중하도록 함으로써 소련공산당을 경제관리기구로 전환

시 소련의 '소과도기론'을 비판하며 '대과도기론'을 제시했다.[26] 공산주의의 높은 단계에 도달하기 전까지는 과도기가 계속 지속된다는 '대과도기론'은 프롤레타리아독재하의 '계속혁명'을 주장하고 계급투쟁을 확대·절대화하기 위한 것으로 '문화대혁명'의 이론적 기초가 되었다. 물질적 자극을 위주로 한 생산력 발전을 공산주의 건설의 기본노선으로 채택한 소련과 달리 모택동은 이데올로기에 기초한 계급투쟁을 공산주의 건설의 기본노선으로 채택하였던 것이다.[27]

그러나 모택동 사망 후 집권한 등소평은 기존의 '대과도기론'을 부정하고 1982년 9월 중국공산당 12전대회를 통해 '중국특색의 사회주의'를 주장하면서 '소과도기론'으로 선회했다. 이미 사회주의제도가 수립되었기 때문에 프롤레타리아독재와 계급투쟁을 주요 과제로 하는 과도기는 중국에서 끝났다는 '소과도론'은 모든 것을 생산력 발전과 경제 건설이라는 중심에 종속시키는 실용주의적 개혁노선으로의 전환이었다.[28] 북한은 1980년대 중국의 소과도기론과 그에 따른 물질적 생산력 일변도의 개혁노선에 대해서도 1960년대 소련에 대해서와 마찬가지로 비판적 입장을 취했다.

1960년대부터 북한은 소련의 실용주의적 노선이나 모택동의 급진적인 유토피아노선과는 전혀 다른 길을 걷고 있었다. 김일성의 주체노선은 사상

시켰다. 서유석, 「북한사회주의체제의 '과도기론'에 대한 재인식」, 『통일문제연구』 제19권 제1호(2007년 5월), 281~282쪽 ; 한국정치연구회, 『북한정치론』(서울: 백산서당, 1990), 49~50쪽 ; 이태섭, 『김일성리더십연구』(서울: 들녘, 2001), 358쪽.
26) 대과도론은 1962년 9월 당 8기 10중전회에서 '과도기=사회주의사회'를 주창한 모택동에 의해 채택되었다.
27) 이태섭, 앞의 책, 360쪽.
28) '사회주의초급단계론'은 사회주의제도는 갖추어졌으나 생산력이 그에 걸맞는 수준으로 발전되지 않은 사회주의를 규정하는 개념이다. 등소평은 "생산력을 충분히 발전시키지 않고도 사회주의초급단계를 뛰어넘을 수 있다는 것은 공상론적 인식, 좌경적 견해"라고 비판하며, "계급투쟁이 일정 범위에서 존재하고는 있지만 주요 모순은 아니"라고 규정했다. "초급단계에서 사회주의 사회의 근본 임무는 생산력을 발전시키는 것"이라는 주장이었다. 서유석, 앞의 글, 283쪽 ; 서창호, 「중국 특색의 사회주의의 전개 과정 – 마오 노선과 덩 노선의 비교를 중심으로」, 한국정치학회, 『한국정치학회보』 제29집 제1호(1995년 10월), 575~576쪽.

적 요새와 물질적 요새의 동시 점령 노선, 공산주의적 인간 개조와 생산력 발전의 동시 추구 노선으로 유토피아와 발전을 대립시키지 않는 일종의 절충주의였다.29) 김일성이 1967년 5월 25일 당사상사업부문일군들 앞에서 한 연설인 「자본주의에서 사회주의에로의 과도기와 프롤레타리아 독재 문제에 대하여」, 일명 '5·25교시'는 북한의 독자적인 과도기론과 프롤레타리아 독재론을 담고 있으며, 여기에는 소련·중국과는 다른 길을 가겠다는 고심이 배어있다. 여기에서 김일성은 과도기는 사회주의혁명을 하는 매개 나라의 구체적 조건에 따라 다른 과정을 밟는다는 것을 우선 전제한다. 과도기를 공산주의의 높은 단계까지 보는 것은 사실상 계선을 긋지 않는 것과 같고, 반대로 과도기를 사회주의제도의 승리까지로 보는 것 또한 국내적으로 전복된 착취계급의 잔여분자들과의 계급투쟁을 그만두라는 것과 마찬가지라고 지적한다. 때문에 과도기를 사회주의까지로 보는 것은 옳지만 사회주의제도가 수립되면 곧 과도기가 끝난다고 보는 것은 잘못이며, 사회주의제도의 수립과 사회주의 완전승리를 구분하여야 한다는 것이다. 사회주의의 완전승리는 노동계급과 농민 간의 계급적 차이까지 없어지는 무계급사회를 건설하는 것이다. 이를 위해 '생산력의 발전'이 필수적이긴 하지만 계급투쟁을 멈출 수는 없다는 것이 그의 입장이었다. 김일성은 프롤레타리아독재의 존재는 과도기와는 분리해서 봐야 한다며 사회주의의 완전승리를 담당할 정권은 프롤레타리아 독재정권이고, 더 나아가 프롤레타리아독재는 세계에 자본주의·제국주의가 남아있는 한 "공산주의의 높은 단계까지 계속되어야한다"고 주장했다. 계급투쟁은 외부와 내부의 원수들에 대하여 그 형식을 달리하여 진행되는 것이므로 외부의 적이 사라지지 않는 한 프롤레타리아독재는 계속되어야 한다는 것이다.30) 이태섭의 분석대로 생산력 발전을 추구하면서도 사상혁명을 주요 수단으로 하는 계급투쟁은 포기하지 않는 북한의 주체노선이 과도기론에도 분명하게 반영된 것이다.

---

29) 이태섭, 앞의 책, 362쪽.
30) 서유석, 앞의 글, 285~287쪽.

〈표 2〉 북한, 소련, 중국의 과도기론과 시기구분[31]

1. 북한

	1946.2~	1947.2~	1958.8~		
반제반봉건 민주주의 혁명	사회주의혁명 (생산관계의 사회주의적 개조)		사회주의 · 공산주의 건설	사회주의의 완전한 승리	공산주의의 높은 단계
	과도기				
인민민주주의 독재	**프롤레타리아독재**				

2. 소련

	1917.10~	1936	1959	
자본주의 사회	생산수단의 사회주의적 소유		발전된 사회주의	공산주의의 높은 단계
	과도기, 프롤레타리아 독재		(1961) 전인민적 국가	

3. 중국

	1949	1956	
식민지반봉건사회	사회주의로의 과도기로서 신민주주의사회	공산주의로의 과도기로서 사회주의 사회 (생산수단의 사회주의적 소유)	공산주의의 높은 단계
1) 모택동의 '대과도론'	**과도기, 프롤레타리아독재**		

	1949	1956	1982		
	인민민주주의 독재	사회주의 제도 개혁	사회주의 초급 단계 (발전되지 않은 사회주의)	발전된 사회주의	공산주의의 높은 단계
2) 등소평의 '소과도론'	**과도기, 프롤레타리아독재**				

---

31) 이 표는 한국정치연구회, 앞의 책, 66쪽을 참조해 새롭게 구성한 것이다.

과도기론의 정립이 아직 주요한 과제로 대두되진 않았던 1964년판 당사에서는 북조선임시인민위원회가 1946년부터 시행한 중요산업국유화와 토지개혁 등 일련의 사회경제제도개혁을 '민주개혁'이라 부르며 '반제반봉건적 민주 혁명과업'을 수행한 것으로 평가하고, 이러한 민주개혁의 완수를 통해 사회주의 혁명단계로 넘어갈 수 있는 조건들이 이루어졌다고만 짧게 언급했다. 즉, 고전적인 과도기론에 의거해 북조선에서 사회주의혁명단계 과업을 수행하기 시작한 북조선인민위원회를 "본질에 있어서는 프롤레타리아독재의 기능을 수행하는 인민정권"이라고 규정했을 뿐이다.[32]

1967년 '5·25교시'를 통해 자신들의 과도기론을 분명하게 정립한 이후에 씌어진 1979년판 당사부터는 과도기에 대한 규정이 분명하게 등장하고, 프롤레타리아독재에 대해서도 해설을 한층 보강했다.[33] 1979년판에서는 인민민주주의독재정권인 북조선임시인민위원회의 수립(1946년) 당시는 아직 반제반봉건민주주의혁명의 시기로 생산관계의 사회주의적 개조가 아닌 '민주개혁'을 통해 "사회주의혁명단계에로 넘어갈 전제조건 마련"이 사명이었다고 서술한다. 한편 임시인민위원회가 사회주의혁명의 과제로만 인식되던 '중요산업의 국유화'를 시행하여 "산업 분야에서 사회주의적 생산관계가 지배적 지위를 차지하게 된" 것은 "종래의 견해에 구애되지 않은" 김일성의 독창적인 혁명노선(반제반봉건민주혁명)의 성과라고 평가하고 있다. 과도기론의 정립과 함께 혁명의 단계별 성격과 내용도 분명해지고, 진행된 사업에 대한 평가 역시 분명해진 것을 볼 수 있다.[34] 이어서 1979년판 당사는 1947년 북조선인민위원회(프롤레타리아정권)의 수립으로 사회주의혁명

---

32) 앞의 책(1964년판), 168~170쪽, 201쪽.
33) 1979년판 당사는 1968년 김일성의 교시 「조선민주주의인민공화국은 우리 인민의 자유와 독립의 기치이며 사회주의, 공산주의 건설의 강력한 무기이다」를 새롭게 인용했다. 1968년 9월 발표된 이 글은 1967년 5월에 발표된 「자본주의로부터 사회주의에로의 과도기와 프롤레타리아독재 문제에 대하여」(일명 '5·25교시')라는 글과 함께 북한의 독자적인 과도기 이론이 정립되었음을 보여주는 대표적인 문헌이다. 앞의 책(1979년판), 286쪽.
34) 위의 책(1979년판), 254쪽.

단계에 돌입하면서 과도기가 시작되었다고 서술한다. 북한은 과도기를 사회주의 건설기와 사회주의 완전승리기로 나누며, 노동자와 농민의 계급적 차이까지도 없어질 때 사회주의의 완전승리가 이루어진다고 보고 있다.35) 사회주의의 완전승리가 이루어질 때까지는 여전히 '과도기'가 지속되는 것으로 보아야 한다는 '5·25교시'의 내용이 1979년판 당사 서술에 명확하게 반영된 것이다.

1991년판에서는 과도기와 관련해 각 나라마다 처한 상황에 따른 독자적인 과도기론(과도기의 과업 설정)의 불가피성을 강조했다.36) 1991년판 당사부터는 나라마다 사회주의의 프로그램이 다르다는 것도 함께 강조하고 있다. 2004년판에서는 이를 보완해 1947년 2월 북조선인민위원회를 수립할 때 "당시 상황이 사회주의 구호를 전면에 제기할 수 없는 조건"이어서 "우리 당은 각계각층 애국적 인민들에게 다 접수될 수 있는 민주개혁 성과의 공고발전이라는 구호를 제기하고 사회주의혁명으로 넘어갔다"고 서술하고 있다.37) 1992년 헌법개정에서 확인되었듯이 북한이 1980년대 말을 경과하며 사회주의에 대한 맑스-레닌주의적 해석과 프로그램에 전반적으로 동의하던 입장을 확실히 변화시켜 자신들만의 독자적인 혁명노선을 발전시켰음을 여기서도 확인할 수 있다.

〈사회주의 헌법의 개정과 주체사상의 규정력 강화〉

2004년판 당사부터는 1947년 수립된 북조선인민위원회를 '프롤레타리아 독재정권'이라고 부르지 않고 '사회주의정권'이라고 부르고 있다. 1991년판

---

35) 위의 책(1979년판), 289쪽.
36) "과도기에 프롤레타리아독재정권이 선차적으로 수행해야 할 중요과업은 착취계급을 청산하고 생산관계를 사회주의적으로 개조하는 것이다. 그러나 그 과정은 구체적 조건에 따라 다르게 나타난다." 앞의 책(1991년판), 224쪽. 구체적으로는 북한의 경우 전면적인 사회주의적 개조를 진행하지 못하고 부분적으로 진행하며 파괴된 인민경제의 복구에 힘썼다는 내용이 이어진다. 이는 1979년판에서도 대동소이하게 서술된 내용이지만 표현은 다르다.
37) 앞의 책(2004년판), 177쪽.

까지는 사회주의정권과 프롤레타리아독재정권이란 용어를 병렬해서 함께 사용하고 있으나, 2004년판에서는 북조선인민위원회 수립과 관련된 김일성의 교시를 인용하면서도 '프롤레타리아독재'라는 표현이 있던 부분은 빼고 인용하고 있다. 2004년판 당사에서 프롤레타리아독재라는 표현이 사라진 것은 1992년 북한이 사회주의 헌법을 개정하면서 '프롤레타리아 독재 실시'(제10조)라는 기존 표현을 모두 '인민민주주의독재'(제12조)로 바꾼 후 당사 서술도 변화한 것이라고 볼 수 있다.

이와 관련해 이종석은 북한에서 인민민주주의독재는 넓은 의미에서 프롤레타리아 독재정권이기는 하나 "프롤레타리아 독재를 세우기에 앞서 수립되는 독재"로 규정되어 있기 때문에 1992년의 헌법개정을 통해 북한이 정권 성격에 대한 규정을 변화시킨 것은 북한의 사회발전 단계의 하향화 인식을 보여준다고 분석한다. 맑스-레닌주의적 개념의 탈색과 함께 중국의 사회주의 초급단계론에서 제기되는 주요 모순, 즉 "날로 증가하는 인민의 물질문화적 수요와 낙후된 사회생산력 사이의 모순"에 대한 인식 위에서 북한 역시 사회발전 단계를 하향화시켰다는 것이다. 완전한 사회주의를 구현할 수 있을 만큼의 생산력 발전과 계급격차 해소를 달성하지 못한 현 상황은 사회주의혁명 단계이기는 하지만 실질적으로는 '인민민주주의혁명의 2단계'라고 스스로 규정한 데 따른 변화라는 지적이다.[38]

그러나 재일조선인 연구자인 한동성의 분석은 다르다. 그는 인민정권이 광범한 인민대중에게는 민주주의를 보장하고 온갖 적대적 요소에 대해서는 독재를 실시한다는 의미에서 인민민주주의독재는 프롤레타리아독재와 같은 범주에 속한다고 분석한다. 그런데 북한이 인민민주주의독재를 강조하는 것은 사회주의사회의 주인, 인민정권의 사회정치적 지반이 종래의 의미에서의 산업프롤레타리아만이 아니라 노동계급을 비롯한 각계각층의 광

---

[38] 이종석은 1992년 개정헌법이 규정하고 있는 인민민주주의독재를 북한의 기존개념과 불일치하는 것으로 보고, 인민민주의혁명을 2단계로 나누어 1단계를 반제반봉건혁명으로, 2단계를 사회주의혁명과 건설로 해석했다. 이종석, 「김정일 시대 대비한 북한헌법개정」, 월간 『말』(통권79호, 1993년 1월호), 75~76쪽.

범한 인민대중이라는 인식 때문이라는 것이다.39) 이러한 한동성의 분석에 따르면 1992년 헌법에서 '인민민주주의독재'가 강조된 것은 사회주의 발전 수준에서 낮은 단계를 표현한 것이라기보다는 주체사상의 규정력이 보다 강화되고 있고, 주체사상에 따라 개념이 변화된 결과라고 볼 수 있다.40) 이종석의 분석을 뒷받침할 만한 북한의 혁명이론 변화는 아직까지 확인된 바 없고, 주체사상의 유일사상화에 따른 전반적인 개념 재규정은 전사회적으로 일관되게 진행되고 있다. 따라서 1992년 헌법개정과 이에 따른 당사서술의 변화는 1970~1980년대 김정일에 의해서 집중적으로 전개된 주체사상으로의 지도사상 교체와 유일체제 수립의 결과로 보는 것이 더 타당할 것이다.41)

1998년 북한은 또 한 차례 사회주의헌법을 개정했다. 김일성 사후의 국가체계 정비와 김정일 체제를 법제화한 개정이었다. 이때 인민민주주의 '독재'라는 용어를 다시 인민민주주의 '법제'로 수정했다. 다소 생소한 '인민민주주의 법제'라는 표현을 쓴 것은 독재라는 용어가 주는 부정적 이미지를 불식하면서 향후 사회주의적 법치주의에 입각한 통치를 해나갈 것임을 시사하는 것으로 전망되었다.42) 이러한 변화에 발맞춰 2004년 당사에서도 '독재'라는 표현은 사라졌다. '독재'라는 표현이 내용적으로 담보했던 계급투쟁은 "사회주의정권을 세워야 사회주의와 자본주의 사이에 벌어지는 치

---

39) 주체사상에 의하면 인민대중이란 근로하는 사람들을 기본으로 하여 자주적 요구와 창조적 활동의 공통성으로 결합된 사회적 집단이며 사회주의사회에서는 모든 사람들이 사회주의적 근로자로 전환되어 각계각층의 사람들이 다 인민대중의 성원이 된다. 정영철·한동성, 「기획대담 연재 ② 사회주의와 집단주의」, 『민족21』(통권 74호, 2007년 5월호), 167쪽.
40) 위의 글, 167쪽.
41) 1967년 김일성의 '5·25교시'를 통해 정립된 북한의 과도기론까지만 해도 인민민주주의독재 정권은 반제반봉건혁명을 담당하고, 사회주의혁명을 담당하는 정권은 '프롤레타리아독재' 정권으로 규정되었다. 이에 비춰볼 때 '인민민주주의 독재'라는 개념이 주체사상에 근거해 현재와 같이 이론적으로 정비된 시기는 1970~1980년대로 볼 수 있다.
42) 제성호, 「집중분석: 북한 개정헌법 – 북한의 헌법개정과 정치·경제적 의미」, 북한연구소, 『북한』(통권 제322호, 1998년 10월호), 136~137쪽.

〈표 3〉 당사 판본별 정권 성격 규정

	1946년 북조선임시인민위원회	1947년 북조선인민위원회	비고
1964년판	인민민주주의독재를 수행하는 인민정권	본질적으로 프롤레타리아 독재기능을 수행하는 인민정권	
1979년판	〃	인민정권을 공고발전시키는 방법으로 수립한 프롤레타리아독재정권, 우리나라 첫 프롤레타리아독재정권	인민정권이 '프롤레타리아독재정권'으로 변화된 것으로 서술
1991년판	〃	〃	
2004년판	〃	사회주의 정권	프롤레타리아독재란 표현 사라짐

렬한 계급투쟁에서 승리를 이룩하며 사회주의건설위업을 성과적으로 수행할 수 있었다"라고 하는 본문의 내용으로 표현되고 있다.[43]

〈남북·좌우 합작 관련 서술의 보강〉

1948년 4월 개최된 '남북제정당사회단체련석회의' 관련 부분에서 1979년판에서는 연석회의의 결과(격문, 외국군대 철거 요구, 협의회 개최와 성명서 발표) 등이 1964년판에 비해 자세하게 보강되었다. 또 연석회의를 통한 민족적 우익과의 합작 성공의 예로 김구가 구체적으로 소개되었다.[44] 반공주의자이자 민족주의자였던 김구를 당 역사에서 긍정적으로 소개한 것은 북한의 지도사상 변화(맑스-레닌주의에서 주체사상으로)에 따른 구체적인 역사 서술 변화의 사례라 할 수 있다.

1991년판에서는 연석회의 제안과정에 대한 서술과 연석회의에서 한 김일성의 발언 "북조선정치정세"의 내용도 새롭게 보강된다. 1948년 5월 2일

---

43) 앞의 책(2004년판), 177쪽.
44) 앞의 책(1979년판), 313쪽.

김구, 홍명희, 김규식 등이 참석한 '쑥섬 협의회'가 열렸다는 사실도 처음으로 서술되었다.[45] 이 자리에서 김일성이 공화국 창건 방침을 천명하였다고 서술하는데, 이는 공화국 창건이 남북 제 세력 사이에 공유되었던 것임을 강조하려는 것으로 보인다. 한편 1991년판에서는 남한에서의 단독선거 이후 개최되었다고 북한이 주장하는 '1948년 6월 지도자 협의회'에서 한 김일성 발언이 처음으로 인용되고 있다. 이어서 1948년 8월 진행된 '남북조선총선거'에 참가한 남조선 인민대표들의 선거가 '해주'에서 이루어졌다는 내용도 처음으로 서술되었다.

2004년판에서는 연석회의 제안과정이 더 보강된다. 1월 9일 민전중앙위 의장단회의, 3월 25일 민전중앙위 제26차 회의, 4월 30일 남북 지도자협의회 등의 날짜가 처음 서술되었다. 쑥섬 회동에 대해서도 '지도부 성원들의 협의회'로 명명했고, 연석회의 결정 실천을 위해 김일성이 남조선로동당을 직접 지도한 내용도 처음으로 서술되었다. 6월 지도자협의회의 날짜도 29일로 밝혔고, 남조선인민대표자대회의 내용도 처음 서술되었다.

이렇듯 당사 발간이 거듭되는 동안 전반적으로 1948년 남북총선거와 좌우합작에 관한 내용들(지명이나 참가한 인물)은 보다 구체적으로 서술되는 경향이 있다. 김일성 회고록의 발간과 더불어 구체적인 사료 발굴이 진전된 결과이기도 하지만, 남북관계의 진전과 함께 서술 보강이 필요하다는 판단도 있었던 것으로 보인다. 그러나 앞서 남북로동당 합당 관련 서술 강화에서도 확인했듯이 이러한 서술 보강은 김일성의 영도력을 확인·강조하는 방향으로 일관되게 진행되고 있다.

(3) 지도사상의 변화: 맑스-레닌주의에서 주체사상으로

1979년까지의 당사와 1991년 이후 당사의 당·국가 건설사 서술을 비교할 때 가장 눈에 띄는 변화는 '맑스-레닌주의'라는 표현이 사라진 것이다.

---

45) 앞의 책(1991년판), 248쪽.

1964년판 당사에는 조선공산당의 창건과 관련해서 여러 차례 맑스-레닌주의에 입각해 노선과 방침이 세워졌다는 서술이 등장한다. 1979년판에서는 주체사상이 맑스-레닌주의와 병렬적으로 쓰이는 경우가 차츰 많아지다가 1991년판 당사부터는 맑스-레닌주의가 아예 등장하지 않게 된 것이다.

1964년판 당사에서는 상대적으로 '주체사상'이란 표현이 잘 등장하지 않는다. 1945년 10월 10~13일에 걸쳐 진행된 '북조선 5도 당 책임자 및 열성자대회'에서 김일성이 보고한 조직노선의 첫 번째 기본원칙은 "당 대렬을 로동자, 빈농민들에 기초하여 확대하는 것은 맑스-레닌주의 당 건설에서 근본 원칙"이라고 쓰여 있고, 두 번째 당의 통일과 단결을 보장하기 위한 기본방침에서도 "당원들로 하여금 당의 정치 로선을 깊이 파악하도록 하며 맑스-레닌주의를 계통적으로 연구하여 그 리론을 우리의 현실적 조건에 맞게 적용하도록 하여야 한다는 것을 강조하였다"고 서술하고 있다. 대회를 총화하면서도 "이 대회 사업의 기본적 총화는 통일적이며 건전한 맑스-레닌주의 당을 창건하였다는 데 있다"고 서술하였다.[46] '주체사상'은 일절 언급되지 않았다.[47]

같은 대회에 대한 1979년판 당사의 서술에서는 '맑스-레닌주의'와 함께 '주체사상'이 등장한다. 김일성의 조직노선 보고 내용 중 두 번째인 '당의 통일단결' 부분에서 "우리 당의 유일한 지도사상은 위대한 수령 김일성동지의 혁명사상, 주체사상이며 우리 당 안에는 이 밖에 다른 그 어떤 사상도 있을 수 없다. 위대한 수령 김일성동지의 혁명사상, 주체사상에 기초한 전당의 사상의지 및 행동의 통일을 위하여 투쟁하는 것은 우리 당 건설에서 일관되게 견지해야 할 기본원칙"이라고 서술했다. 그리고 이 부분에서 인용되는 김일성의 발언(교시)에는 "맑스-레닌주의 당은 반드시 혁명적 당 규율을 세우는 데 깊은 주의를 돌려야합니다"라는 구절이 들어있다.[48]

---

46) 앞의 책(1964년판), 133~135쪽.
47) 북한에서 '주체사상' 용어가 언제 처음 등장했는지는 정확하지 않다. 다만, 정영철은 북한의 매체에서 '주체사상'이 처음 등장하는 시기를 1964년 12월 19일자 『노동신문』에서 찾고 있다. 정영철, 『김정일 리더십 연구』(서울: 선인, 2005), 104쪽.

1979년판 당사에서 주체사상과 맑스-레닌주의를 병기하는 방식은 해설에서는 '주체사상'을 강조하고, 김일성 연설문의 인용에서 '맑스-레닌주의'를 표기하는 것임을 알 수 있다.[48)](#)[49)](#)

1979년판 당사까지 김일성 교시의 인용문 속에 남아있던 '맑스-레닌주의'는 1991년판에 가면 아예 자취를 감춘다. 1945년 8월 20일에 군사정치간부들 앞에서 발표되었다는 김일성의 연설 "해방된 조국에서의 당, 국가 및 무력건설에 대하여"를 인용하면서도 1991년판 당사는 1979년판과 달리 '맑스-레닌주의'란 표현이 들어있지 않은 부분부터 인용하고 있다. 대신 본문 내용에서 "혁명의 참모부인 로동계급의 혁명적 당을 창건하여야" 한다고 당의 성격부분 표현을 바꿔 서술하고 있다.[50)](#) 다만 1991년 당사에서도 10월 10일 북조선공산당 중앙조직위원회 창립대회에서 한 김일성의 조직노선 보고의 제목은 "우리 나라에서의 맑스-레닌주의당건설과 당의 당면과업에 대하여"라고 기록하고 있다. 이 제목은 2004년판 당사에서도 그대로 서술되지만 내용 서술에서는 '맑스-레닌주의'가 전혀 등장하지 않는다.

1946년 공산당과 신민당의 합당으로 창립된 조선로동당과 관련된 서술에서도 지도사상의 변화는 뚜렷이 드러난다. 1964년판 당사는 "로동당으로의 합당은 항일무장투쟁의 혁명전통, 공산당의 혁명위업을 계승하며 맑스-레닌주의 혁명적 학설과 레닌적 당 건설 원칙들에 엄격히 립각할 것을

---

48) 앞의 책(1979년판), 218~219쪽.
49) 이런 방식이 당 창건의 의의를 서술하는 부분에서도 반복된다. 교시에서는 "맑스-레닌주의당을 창건하는 위업을 훌륭하게 실현하였습니다"라는 부분을 따오고, 그 아래 해설에서는 "공산당이 창건됨으로써 경애하는 수령 김일성동지께서 항일혁명투쟁 시기에 이룩하신 영광스러운 혁명전통을 계승하고 수령님의 위대한 혁명사상, 주체사상을 유일한 지도사상으로 하는 김일성동지의 당, 주체형의 혁명적당이 탄생되게 되였다"고 서술했다. 또한 1979년판 당사는 "공산당의 창건과 함께 위대한 수령 김일성동지의 혁명사상, 주체사상으로 전당을 일색화하기 위한 력사적 과정이 시작되였"다고 서술하고 있다. 위의 책(1979년판), 223~224쪽.
50) 1979년판 당사는 "우리는 무엇보다 먼저 조선혁명을 승리에로 확고히 령도할 수 있는 맑스-레닌주의당을 창건해야 합니다"라는 부분부터 인용을 시작한다. 위의 책(1979년판), 168쪽, 219쪽.

전제로 한 것"이라고 서술한 데 반해, 1979년판에서는 그와 같은 표현들은 빠지고 "위대한 수령 김일성동지의 혁명사상을 유일한 지도사상으로 삼으며"로 서술이 변화되었다. 1991년판에서는 "공산당이 로동당이 되어도 그것은 주체사상을 당의 유일한 지도사상으로 하며"라고 서술하고 있다.[51]

지도사상과 관련된 이러한 서술변화의 중심에는 김정일이 자리잡고 있다. '주체'라는 표현의 정의가 최초로 등장한 것은 1955년 12월 28일 김일성이 당 선전선동부문 책임일꾼들 앞에서 행했다는 연설 "사상사업에 있어서 교조주의와 형식주의를 퇴치하고 주체를 확립할 데 대하여"이다.[52] 이때까지 '주체'라는 말은 사상사업에 한정되어 있던 것으로 일반화되지는 않았다. '주체노선'이 혁명의 전 분야를 아우르는 것으로 확대된 시기는 1960년대다. 1960년대 중·소분쟁이나 한·미·일 삼각관계의 강화라는 대외환경 변화에 대한 북한의 대응은 군사적인 독자노선으로 나타났고, 이 노선은 '주체노선'으로 명명, 발전되었다.[53] 이후 주체노선은 '사상에서의 주체', '정치에서의 자주', '경제에서의 자립', '국방에서의 자위' 등으로 정책 각 분야에서 지도원리로 적용되게 된다. 1970년 제5차 당대회에 이르러 당 규약 수정을 통해 주체사상은 '당의 유일사상'으로 규정되었다. 이러한 '주체사상'의 이론화·체계화 작업을 본격적으로 추진한 것은 김정일이었다.[54] 주체사상의 체계화는 주체사상을 맑스-레닌주의를 대체하는 보편 이론으로 공식화하는 작업이었다. 주체사상은 맑스-레닌주의, 모택동사상, 스탈린

---

51) 앞의 책(1964년판), 181쪽 ; 위의 책(1979년판), 270쪽 ; 앞의 책(1991년판), 209쪽.
52) 여기서 김일성은 당의 사상사업이 "교조주의와 형식주의에 빠져", "주체가 없다"고 비판하면서 '주체'를 강조하여 "우리는 어떤 다른 나라의 혁명도 아닌 바로 조선의 혁명을 하고 있는 것입니다. 이 조선혁명이야말로 우리 당 사상사업의 주체입니다"라고 정의하였다. 서동만, 앞의 책, 524~528쪽.
53) 위의 책, 929쪽.
54) 1974년 2월 조선로동당 중앙위원회 정치위원이 되면서 김정일은 본격적으로 맑스-레닌주의를 주체사상으로 대체시키는 작업을 전개하였다. 그 작업의 핵심내용은 그동안 "혁명적 맑스-레닌주의의 가장 정확한 지도사상"으로 규정되던 주체사상을 "사상, 이론, 방법의 체계를 갖춘 독창적인 김일성주의"로 격상시키는 것이었다. 이종석, 앞의 글, 75쪽.

주의와도 구분되는 현 시대의 가장 우월한 사상으로 자리매김되었다. 사회주의라는 보편성은 공유하지만, 자신들의 사회주의를 '과학적 사회주의', '주체 사회주의'라는 고유한 사회주의로 포장하는 이론적 근거를 마련한 것이다.55)

그러나 1970년대까지는 주체사상이 맑스-레닌주의를 완벽하게 대체하지 못하고 있었음을 1979년판 당사 서술을 통해 알 수 있다. 정영철에 따르면 1975년을 기점으로 주체사상의 철학적 원리에 대한 체계적 설명과 맑스-레닌주의와의 차별성 등이 김정일에 의해 이론적으로 마련되었지만, 주체사상이 체계화되고 그 독창성·우월성에 대한 학습이 정규학습망을 통해 내부적으로 광범위하게 진행된 것은 1979년부터다. 1980년 제6차 당대회에서 '주체사상의 전면적 승리'가 선언되면서 이제 주체사상은 당의 유일지도사상이라는 범위를 넘어 '온 사회의 주체사상화'의 이데올로기로 공식화되게 된다. 이후 주체사상은 1982년 발표된 김정일의 논문 「주체사상에 대하여」를 통해 하나의 철학사상으로서 체계화된 모습을 드러냈다.56) 1979년판 당사와 1991년판의 서술 차이는 여기서 기인한다고 볼 수 있다. 1979년판 당사까지는 맑스-레닌주의와 주체사상이 병기하여 서술되다가 1980년대를 경과하며 주체사상이 철학사상으로 체계화되고 전 사회적으로 학습된 이후 1991년 당사부터는 전면적으로 주체사상에 입각해 서술되게 된 것이다. 1992년 사회주의헌법개정에서 맑스-레닌주의가 삭제된 것 역시 이미 주체사상으로 일색화된 북한 사회의 현실을 사후적으로 반영한 것으로 볼 수 있다.

(4) 김일성과 항일무장투쟁세력의 역사 주류화

당 역사의 개정판이 나올수록 김일성과 항일무장투쟁세력 관련 서술은 점점 더 구체적으로 보강되고 있다. 1970~1980년대를 거치며 김일성 유일

---

55) 정영철, 앞의 책, 378쪽.
56) 위의 책, 379~380쪽.

영도체계가 확립된 것과 더불어 새로운 역사적 사실들이 발굴, 공개된 결과다.

특히 2004년판은 전반적으로 이전 당사들에 비해 각종 회의나 단체명, 참가자 등을 구체적으로 정확히 서술하는 데 힘을 기울였다. 당·국가 건설사에서도 사건발생과 상대적으로 가까운 시점들에 따라 서술된 기존 당사들보다 훨씬 구체적인 내용들을 서술하고 있다.

1945년 10월 14일 김일성을 환영하는 평양시군중대회가 개최되었다는 사실이 2004년판 당사에서 처음으로 서술되었다.[57] 1945년 가을 공산주의청년동맹을 민주청년동맹으로 개편하는 과정을 서술한 부분에서는 2004년판에서 김일성이 민청 조직노선을 내놓은 구체적인 시기(1945년 10월 초)를 밝혔으며, 10월 말에 '민주청년열성자대회'가 개최되었다는 것도 처음으로 서술하고 있다.[58]

항일무장투쟁세력에 대한 서술도 새롭게 추가된 부분이 많다. 1991년판 당사에서는 국내에 입성한 직후 김일성이 당창건사업을 추진하기 위해 지방에 파견한 항일혁명투사들의 이름이 처음으로 열거되었다. 1991년판에 이름이 언급된 사람은 김책, 김일, 안길, 김경석, 림춘추 등이다. 이들의 역할은 "지방당조직들을 정비확대하고 분산적으로 활동하던 공산주의자들을 묶어세우"는 것이었다고 서술된다.[59] 2004년판의 같은 부분 서술에서는 최

---

57) 2004년판 당사는 이 대회에서 김일성이 "모든 힘을 새 민주조선 건설을 위하여"라는 연설을 했다고 소개하면서 "힘있는 사람은 힘으로, 지식있는 사람은 지식으로, 돈있는 사람은 돈으로 건국사업에 적극 이바지하며 나라를 사랑하고 민족을 사랑하고 민주를 사랑하는 전 민족이 굳게 단결하여 민주주의 자주독립국가를 건설해나갈 것을 호소하시였다"고 서술하고 있다. 앞의 책(2004년판), 137쪽.
58) 또한 평남민주청년단체 결성대회에서 한 김일성의 연설 내용이 새롭게 서술되었고, 북조선민주청년단체 대표자회(민청결성선포)의 날짜, 그 외 각 대중조직들의 결성 일자도 구체적으로 밝히고, 여러 사회단체명도 최초로 소개하고 있다. 1947년 북조선인민위원회 수립 부분에서도 2004년판은 1946년 11월 3일 진행된 '도·시·군 인민위원회 위원선거'의 선거준비과정에 대한 설명을 대폭 보강했다. 특히 김일성의 출마지역구, 선전활동, 중앙선거지도위원회 조직 등 다양한 내용이 새롭게 추가되었다. 위의 책(2004년판), 179쪽.
59) 앞의 책(1991년판), 174쪽.

춘국, 류경수의 이름이 새롭게 추가되었다. 김일성의 회고록인 『세기와 더불어』가 1991년경부터 집필되기 시작해 1992년 첫 번째 판이 출판된 사실을 감안할 때, 1991년 당사에서 빠져있던 항일혁명투사들의 이름은 회고록 출판 이후 확인과정을 거쳐 2004년판에서 보완된 것으로 보인다. 1991년판에서는 북조선인민위원회 수립을 다룬 부분에서 정규무력 건설과 관련해서 최용건, 강건 등 항일무장투쟁세력 간부들의 이름도 처음으로 실명 거론되었다.

　조선공산당의 창건과 관련해서 항일무장투쟁으로부터 직접적인 계승성을 찾는 경향은 1979년판 당사부터 본격화되었다. 1945년 10월 10~13일 개최된 북조선 5도 당 책임자 및 열성자대회에서 한 김일성의 보고에 대해 1964년판 당사는 '정치노선'을 제시한 것이라고 기록[60]하면서 "조국광복회 강령에서 이미 규정된 원칙들"이라고 서술했다. 1964년판 당사에서도 '조국광복회' 등 항일무장투쟁 시기 김일성과 항일유격대의 활동이 주요한 경험으로 제시되고 있는 것이다. 하지만 이때까지의 서술은 김일성과 항일무장투쟁의 경험을 혁명의 소중한 재부, 역사적인 투쟁 성과로 평가하는 것이지 그것을 절대화하거나 '전통'으로 위치지운 것은 아니었다.[61] 그러나 1979년판에서는 1964년판에는 없던 "장기간의 항일혁명투쟁에서 단련된 공산주의자들로 조직적 골간을 꾸리는 것"이 조직노선의 첫 번째 과제로 서술되고 있다. 1964년판에서 첫 번째 과제로 제시되었던 "무산계급에 토대한 대중적 당, 로동자, 빈농민들을 위하여 당 문을 넓힐 것"은 두 번째 과제로 밀려있다. 조국광복회와 관련해서도 '조국광복회 10대 강령'을 구체적으로 서술한 것은 1979년판 당사부터다. 조선공산당 정치노선의 기원을 '조국광복회 10대 강령'에서 찾고, 조선공산당 창건의 의의를 "주체사상을 유일한 지

---

[60] 실제로 김일성은 조직노선을 보고했고, 그에 앞서 오기섭이 정치노선을 보고한 것으로 밝혀져 있다.
[61] 1964년판에서도 당 창건과 관련해 "김일성 동지의 지도 밑에 공산당을 창건하는 사업 …… 유일한 지도 체계를 세울 수 있었다"라는 서술이 등장하지만, 이때의 유일 지도체계는 1970년대 본격화된 수령체계와는 다른 일반적인 의미에서의 단일한 지도체계의 수립을 뜻하는 것으로 보인다.

도사상으로 하는 주체형의 혁명적 당 창건"으로 서술하는 등 항일무장투쟁에 대한 절대화, 규범화가 이루어졌다. 2004년판에서는 조선공산당 창건 당시 항일무장투쟁 세력만으로 당을 창건하자는 '일부 사람들'도 있었다는 사실이 처음으로 서술되었다. 역시 김일성 회고록의 출간과 더불어 새롭게 발굴된 사실일 수 있고, 항일무장투쟁세력들의 역사적 정통성이 확고히 정립된 북한 사회의 현재가 반영된 서술변화라고 볼 수 있다.(62)

2004년판 당사에서는 건국사상총동원운동을 다룬 부분에서 보통강개수공사와 관련해 김정숙의 업적을 최초로 서술하고 있다. 보통강개수공사가 처음 서술된 것은 1991년판 당사이지만, 이때는 김정숙의 활약이 특기되지는 않았다. 김정숙에 대한 강조는 1994년 김일성 사망 이후 등장한 '3대위인' 논리가 당역사에 반영된 결과다. 원래 김일성의 항일무장투쟁 역사를 의미하던 '혁명전통'은 1980년대 김일성에서 김정일로의 권력이양과 함께 그 의미가 김일성 가계 전체로 확대되었다. 이는 김정일의 등장을 정당화하기 위해 정치사상적으로 필요했던 작업으로, 김일성·김정일·김정숙을 '3대 위인'으로 정립하는 것도 그중 하나였다.(63)

(5) 소련·중국에 대한 비판적 서술 강화

〈소련 관련 서술 축소와 비판적 인식〉

1964년판 당사는 국제정세에 대한 서술이 다른 판들에 비해 많았다. 조선공산당의 창건을 다룬 제3장 1절은 '8·15해방 직후 국내외 정세'였고, 남북 노동당의 합당을 비롯한 주요 사건마다 국제정세와 사회주의 진영(특히

---

62) 그 외에도 1945년 말 각급 대중단체를 결성하면서 통일전선을 구축해온 부분에서 1979년판 당사는 통일전선운동의 경험을 '조국광복회'에서 찾는다. 이는 1964년판에는 없던 서술이다. 북조선임시인민위원회의 수립과 관련해서도 1979년판부터는 인위수립을 항일혁명투쟁 시기의 '인민혁명정부로선'의 빛나는 실현으로 그 의의를 서술하고 있다.

63) 조은희, 「북한 '혁명전통'의 상징화 방식」(이화여자대학교 사회학과 석사학위논문, 2001), 53~54쪽.

소련)의 상황·노선에 대한 서술이 등장했다. 그러나 1979년판부터 이런 서술은 급격하게 줄어들고, 그 자리를 '주체'와 '위대한 수령'에 관한 언급이 대체했다. 이후 당사 판본이 거듭될수록 국제정세나 소련 등 사회주의진영에 관련된 서술의 비중은 줄어들었다.

해방 직후 국내 정세로 1964년판에서 주요하게 서술했던 소련 군대의 진주 부분이 1979년판에서는 빠지고, 김일성의 조국 개선이 그 자리를 대신했다. 특히 2004년판에서는 해방 후 복잡한 조선 정세의 원인으로 '소련과 미국의 군대주둔'이 함께 거명된다.[64] 이는 소련과 미국의 한반도 분할점령에 대한 비판적 시각이 담긴 것으로, 1964년판에서 소련군의 주둔은 환영하고 단지 미군의 남조선 점령만을 문제 삼았던 것[65]과는 뉘앙스가 다르다. 1945년 8월 일본 패망 당시 이미 한반도에 진격해 있었던 소련은 한반도 전역을 단독으로 충분히 점령할 수 있는 상황이었다. 그러나 소련은 미국의 '38선을 경계로 한 미·소 분할 점령' 제안을 이의 없이 받아들였다. 미국이 점령할 일본 본토에 대한 발언권과 영향력을 확보하기 위해 한반도에 대해서는 미국에 양보한 것이었다.[66] 그 결과 한반도는 한민족의 바람과는 무관하게 분단의 첫걸음을 걷게 되었고, 이는 끔찍한 전쟁과 60년에

---

[64] "더우기 북위 38°선을 계선으로 조선의 북과 남에 패망한 일본 군대를 무장해제시킨다는 명분 밑에 쏘련군대와 미국군대가 주둔하게 되어 있어 정세는 복잡해질것이 예견되었다." 앞의 책(2004년판), 127쪽.
[65] "특히 북조선에는 쏘련 군대의 진주에 의하여 인민 대중의 혁명 투쟁에 유리한 정세가 조성되었다. …… 그러나 앙양된 분위기 속에서 전개되던 우리나라 인민 대중의 혁명 투쟁은 미제의 남조선 강점으로 말미암아 난관에 부닥치였다." 앞의 책(1964년판), 125쪽.
[66] 소련이 미국의 한반도 분할점령 제안을 받아들인 이유는 크게 세 가지로 파악되고 있다. 첫째, 소련은 외몽고의 당시 상태를 보호하고, 1904년 러일전쟁 이전에 소련이 지녔던 모든 권리를 회복하고자 했다. 둘째, 소련은 쿠릴열도의 소련 할양을 비롯해 1948년 2월 얄타회담에서 얻은 대가를 지키고, 미국과의 타협을 통해 미국의 경제적 원조를 기대했다. 세 번째는 본문에서 소개한대로 일본 본토에 대한 영향력을 확보하고자 했다는 것이다. 임영태, 『북한 50년사 1』(서울: 들녘, 1999), 19~20쪽 ; 박재권, 「해방직후의 소련의 대북한정책」, 『해방전후사의 인식 5』(서울: 한길사, 1989) 참조.

걸친 대립으로 이어졌다. 한반도가 분단과 전쟁에 이르게 된 국제적 배경과 책임을 소련과 미국의 분할점령에서 찾는 방향으로 북한의 역사 서술이 변화된 것은 주목할 만한 것이다.

소련에 대한 비판적 시각이 보강된 이러한 서술변화는 우선 1960년대 시작된 전 사회적인 유일체계수립과정에서 역사 분야에서도 '주체'를 세울 것, 즉 대국에 대한 사대주의나 교조주의를 버리고 자주적 태도를 가질 것이 요구된 결과로 보인다. 또한 분단의 책임을 외세의 개입에서 찾음으로써 최근 북한이 통일의 원칙으로 강조하는 '우리 민족끼리'라는 구호의 역사적 정당성을 확보하려는 노력으로도 볼 수 있다.

〈유고의 수정주의 비판과 삭제〉

북한의 외교노선 변화를 보여주는 대표적인 서술 변화는 1964년판 당사에만 등장했다가 사라진 '유고슬라비아의 수정주의 규탄' 서술이다. 1964년판 당사는 1949년 12월 당 중앙위원회 제2차 전원회의 내용으로 "유고슬라비야의 찌또 도당은 수정주의에 빠져 들어가 맑스-레닌주의와 사회주의 진영을 배반하고 제국주의와 결탁하는 길로 나아갔다. …… 우리 당은 수정주의를 강하게 규탄하며 제국주의 전쟁 방화자들과의 투쟁을 강화할 것을 토의했다"고 긴 분량으로 강조해 서술하고 있다. 그러나 이후 당사 판본들에서 이 내용은 완전히 삭제되었다. 작은 서술 변화이지만 북한 외교노선의 변화가 잘 드러난다.

1949년 당시 유고는 스탈린이 추진한 '동유럽 위성국가화' 정책에 맞서고 있었다. 유고대통령 티토는 소련이 요구하는 합자회사 설립을 반대하면서 국제 공산주의 운동 내에서 유고의 자급경제적 위치를 지키려 했다.[67] 1950

---

67) 1950년대 초에는 노동자 자치관리제를 도입했고 당 명칭도 공산주의 동맹으로 고치면서 당과 사회 간의 제관계도 '전통적 지배당'과 '국가사회주의'의 형식을 벗어났다. 1960년대에는 시장사회주의가 단계적으로 허용되기 시작했다. W. 짐머만, 「티토의 유산과 유고의 장래」, 북한연구소, 『북한』 통권 제70호(1977년 10월호), 231~234쪽.

년대까지 국제혁명에 대한 북한의 이념과 노선은 맑스-레닌주의에 기초한 것이었고 소련을 국제사회주의운동의 구심으로 바라보는 것이었다. 소련을 중심으로 사회주의 국가들이 결집하여 미국과 제국주의국가들에 대항해야 한다는 당시 북한의 입장에서 볼 때 소련의 위성국가화를 거부하는 유고 티토의 독자노선은 반제전선을 흐트러뜨리는 배신행위였던 것이다.

그러나 1960년대에 접어들면서 상황은 달라졌다. 소련은 1962년 쿠바위기 이후 대미평화공존정책을 적극화했고, 1963년 7월에는 핵확산금지조약을 체결했다. 이런 상황에서 베트남에 대한 미국의 침략이 노골화되자 제국주의, 특히 미국에 대한 북한의 경계와 불안은 최고조에 달했다. 북한은 소련의 평화공존정책을 수정주의로 강도 높게 비판했다. 북한의 유고 비판은 1949년 당시 유고의 수정주의에 대한 비판이기도 하지만, 당사가 쓰여졌던 1964년 시점에서 미국과의 평화공존노선을 추진하고 있던 소련 흐루시초프노선에 대한 우회적인 비판이기도 하다. 흐루시초프는 탈스탈린화의 일환으로 1956년 유고와의 관계 개선을 추진했기 때문이다. 중국은 이를 '수정주의'와의 타협으로 평가했다. 한편 1960년대 중·소대립 과정에서 중국은 소련으로부터 독립을 추구했던 알바니아를 경제·군사적으로 공공연히 지원했다. 당시 국제 사회주의 진영 내에서 알바니아와 유고에 대한 입장은 각각 중국과 소련에 대한 입장을 보여주는 것이 되었다.68) 북한이 1964년 당사에서 유고를 비판한 것은 소련 흐루시초프의 평화공존노선에 대한 비판이자, 일관된 것은 아니었지만 중·소대립 과정에서 중국에 대한 지지를 표명한 것으로 읽을 수 있다.

한편 1960년대를 경과하며 북한은 중국·소련 모두와 일정하게 거리를 두며 독자적인 외교노선을 모색하게 되는데, 그 출구 중 하나가 비동맹운동이었다. 북한은 비동맹운동을 기회주의적이라고 비난했던 1953년 이전의 정책을 수정하고 1960년대 후반부터 적극적인 비동맹외교를 추구해 1975년 8월 페루의 리마 비동맹국 외상회의에서 회원국으로 가입하게 된다.69)

---

68) 조너선 D. 스펜스, 『현대 중국을 찾아서 2』(서울: 이산, 2007), 170~176쪽 참조.
69) 유고는 인도, 이집트와 함께 1961년 '비동맹회의'를 창설한 국가다. 티토의 독자

이러한 외교노선 변화가 1964년 당사에서 등장했던 '유고 수정주의 비판'이 1979년 당사부터는 삭제된 배경일 것이다.

〈외교적 고립 극복 위해 중국혁명 지원사(史) 공개〉

국제사회주의운동과 관련된 또 다른 중요한 서술변화는 중국과 관련된 것이다. 1991년판 당사는 1940년대 북한이 중국혁명군의 조선국경 통과를 허용하는 등 중국혁명을 피로써 지원했다는 사실을 처음으로 서술했다. 그 외 아시아 인민들의 반제민족해방투쟁에 대한 지원도 자세하게 서술했다. 과거에 이루어졌던 사회주의권과 아시아 제 국가들과의 국제연대활동에 대해 1991년판에 와서 자세히 소개한 것은 1980년대 후반 사회주의권의 개혁·개방 움직임이 본격화된 것과 관련되어 있다. 특히 믿었던 중국으로부터 1989년 한·중수교라는 외교적 배신을 당한 후 제작된 1991년판 당사에서 중국혁명 지원 사실을 공개한 것은 조·중관계의 역사성과 혈맹관계를 상기시키기 위한 서술변화로 보인다. 2004년판에서는 관련 서술이 더 보강되어 중국혁명을 지원하기 위해 파견된 간부로 강건이 실명 소개되었고, '연변당위원회', '연변민주대동맹' 등의 구체적인 지원활동 내용에 대한 서술이 추가되었다.

3. 맺음말 – 당·국가 건설사 변화의 특징과 의미

이상에서 살펴본 바와 같이 조선로동당의 '당·국가 건설사'는 다양한 서술 변화를 거쳐 왔다. 눈에 띄는 큰 서술 변화가 많지는 않지만 국제정세와 북한 자체의 노선·정책 변화에 따른 은근한 수정과 삭제, 서술보강이

노선은 소련과 미국으로 대표되는 사회주의와 자본주의 양 진영의 틈새에서 어느 쪽에도 속하지 않는 제3세계의 '비동맹'세력을 규합하는 것으로 이어졌던 것이다. 이기종, 「북한의 대 제3세계 비동맹 외교 정책」, 시민정치학회, 『시민정치학회보』 Vol. 1(1997), 193~196쪽.

적지 않게 이루어졌다. 작은 변화들이 갖는 의미는 결코 작지 않다. 당·국가 건설사에는 북한 사회를 유일적으로 지도하는 조선로동당의 뿌리와 토대에 대한 평가가 담겨있기 때문이다.

큰 방향에서 당·국가 건설사의 변화방향을 살펴보면 우선 김일성을 정점으로 하는 항일무장투쟁세력의 역사가 당과 국가의 주류 역사로 더욱 확고해지고 있음을 알 수 있다. 시기적으로 1945~1950년을 당·국가 건설기로 규정하고 검토하였기 때문에 직접적으로 김정일과 관련된 서술은 등장하지 않지만 김일성으로부터 안정적으로 권력을 승계한 김정일인 만큼 김일성과 항일무장투쟁세력의 역사주류화는 곧 김정일체제를 든든하게 뒷받침하는 조치라고 볼 수 있다. 그런 점에서 북한의 당·국가 건설사는 현재의 지배집단의 역사적 정통성과 지도력을 보다 더 강화하고자 하는 목적에 맞게 부단히 수정, 보완되고 있음을 알 수 있다. 이러한 경향은 이후 당사에서도 보다 강화될 것으로 예상된다.

또 한 가지 주요한 지점은 당사 판본이 전개될수록 당·국가 건설기에 조선로동당이 제시하였던 사회주의 건설과 공산주의 건설의 법칙 등이 갖는 독창적 성격을 강조하여 서술하고 있다는 것이다. 이는 북한이 표방하는 이른바 '주체' 노선의 승리에 대한 강조이기도 하지만, 이후 북한이 선택할 구체적인 전략전술의 선택지를 폭넓게 열어놓는 것으로도 볼 수 있다. 사회주의혁명의 승리로 가는 길을 다양하게 열어놓음으로써 현재 선군정치와 경제개혁으로 대표되는 체제위기에 대한 대응 전략의 미래 역시 열어 놓았다고 볼 수 있다. 북한의 향후 선택이 어떤 것이든 당·국가 건설사에 서술된 당시의 '독창적 혁명전략'에 대한 긍정적 평가는 강화될 것이며, 그로부터 북한은 이후 전략의 정당성과 합법칙성 역시 보장받으려 할 것이다.

참고문헌

김광운, 『북한 정치사 연구 I』(서울: 선인, 2003).
김연철, 「분단50년, 북한의 통일정책: 남북한 역량격차로 현실적 노선으로 전환」, 『통일한국』 1995년 8월호(통권140호).
김주환, 「서북5도당대회의 대미인식과 조선공산당 북조선분국의 조직적 위상」, 『해방전후사의 인식 5』(서울: 한길사, 1989).
_____, 「북한의 대미인식과 민주기지론」, 『역사비평』 1990년 봄호(통권10호).
박재권, 「해방직후의 소련의 대북한정책」, 『해방전후사의 인식 5』(서울: 한길사, 1989).
서동만, 『북조선사회주의체제성립사(1945~1961)』(서울: 선인, 2005).
서유석, 「북한사회주의체제의 '과도기론'에 대한 재인식」, 『통일문제연구』 제19권 1호(2007년 5월호).
서창호, 「중국 특색의 사회주의의 전개 과정-마오 노선과 덩 노선의 비교를 중심으로」, 한국정치학회, 『한국정치학회보』 제29집 제1호(1995년 10월호).
이기종, 「북한의 대 제3세계 비동맹 외교 정책」, 시민정치학회, 『시민정치학회보』 Vol. 1(1997).
이종석, 「김정일시대 대비한 북한헌법개정」, 월간 『말』 1993년 1월호(통권 79호).
이태섭, 『김일성리더십연구』(서울: 들녘, 2001).
임영태, 『북한 50년사 1』(서울: 들녘, 1999).
정영철, 『김정일 리더십 연구』(서울: 선인, 2005).
정영철·한동성, 「기획대담 연재 ② 사회주의와 집단주의」, 『민족21』 2007년 5월호(통권 74호).
정창현, 『곁에서 본 김정일』(서울: 토지, 1999).
_____, 「북한현대사 연구현황과 과제」, 『민족통일연구소 월례발표회 자료집(2005년 2월 26일, 서울)』.
제성호, 「집중분석: 북한 개정헌법-북한의 헌법개정과 정치·경제적 의미」, 북한연구소, 『북한』 1998년 10월호(통권 제322호).
조너선 D. 스펜스, 『현대 중국을 찾아서 2』(서울: 이산, 2007).

조선로동당중앙위원회 당력사연구소, 『조선로동당력사교재』(평양: 조선로동당출
    판사, 1964).
_____, 『조선로동당략사』(평양: 조선로동당출판사, 1979).
_____, 『조선로동당력사』(평양: 조선로동당출판사, 1991).
_____, 『조선로동당력사』(평양: 조선로동당출판사, 2004).
조은희, 「북한 '혁명전통'의 상징화 방식」(이화여자대학교 사회학과 석사학위논문,
    2001).
조진구, 「중소대립, 베트남 전쟁과 북한의 남조선혁명론, 1964~68」, 고려대 아세
    아문제연구소, 『아세아연구』 2003년 12월(통권114호).
한국정치연구회, 『북한정치론』(서울: 백산서당, 1990).
W. 짐머만, 「티토의 유산과 유고의 장래」, 북한연구소, 『북한』 1977년 10월호(통
    권 제70호).

조선로동당사에 나타난 한국전쟁

박지은

1. 머리말

뒤르켐의 지적처럼, 사회는 자신의 '개념'에 근거해서 개인에게 사회적 규칙을 부여하는 속성을 지닌다.[1] 뒤르켐의 지적을 수용하여 북한 사회를 살펴본다면, 당사의 서술변화는 북한이 시대에 따라 구성해온 개념의 변화상을 나타내는 1차적 자료 역할을 담당하고 있다고 할 수 있다. 특히 전쟁 시기에 국가는 국민의 생명권을 담보로 그 어떤 권리보다 우선하는 권위를 획득하며, 우월한 힘을 갖는다. 그러나 한 사회의 지속성을 설명하는 데 있어 '강제력'만을 가지고 설명하는 것은 한계가 있다. 일시적으로 문제가 드러나더라도, 구성원들이 다시 '동의'하게끔 할 수 있는 도덕적 지배의 근원을 그 사회의 작동 원리를 통해 파악하는 것이 과학적 방법일 것이다. 북한은 초기 국가 건설 시기에 전쟁을 겪었으며, 국가 전반에 대한 지도력을 미처 확보하고 있지 못했다. 따라서 전쟁은 위기이자 건설이었으며, 대중에 대한 영향력을 확대해 나가야 하는 분명한 목표를 제시하였다. 본고는

---

[1] 뒤르켐, 『사회과학적 방법의 규칙들』(서울: 새물결, 1999).

이에 대해 당이 어떤 전략을 가지고 대응해 나갔는지, 현상에 대해 역사적 해석은 당사의 각 판본마다 얼마나 변화했는지를 고찰하고자 한다.

전쟁의 서술 변화를 고찰하면서 북한의 대미정책도 주목해 보려 한다. 북한의 공식 입장의 변화는 주되게 대미 외교에 대한 것으로 나타나기 때문에, 당과 국가가 공식적으로 발표한 입장의 변화추이를 통해 당사에서 직접 언급하지 않은 부분까지 추론할 수 있다. 전쟁을 거치면서 조선로동당은 사회 전반에서 어떠한 역할을 했으며, 당의 구성은 어떻게 변화하고, 당은 위기에 어떻게 대처해 나갔는지에 관해 총체적 역사인식을 판단의 중심에 두고 파악하려 한다.

2. 한국전쟁 개념의 체계화

1) 한국전쟁의 성격

(1) 대미관계의 역사적 기원

『력사과학』, 『조선전사』, 『조선통사』 등에서 북한은 미국이 조선을 침탈한 기원을 밝히고 있다. 극동 침략의 발판을 마련하려는 미국의 한반도 침탈은 개항 시기부터 비롯했고, 이런 침탈은 한반도뿐만 아니라, 전 세계적 범위에서 이루어지면서 근대초기부터 현재까지 변함없이 지속된다는 것이다. 특히 조선에 대한 침탈은 일본과의 공모이며, 조선합병 역시 미일공모의 결과라고 본다. 이는 1999년 후반까지 명시적으로는 수정되고 있지 않은데, 가장 큰 요인은 '한국전쟁' 때문이라고 할 수 있다. 1999년 후반까지 『월간국제정세개관』을 보면, 제국주의의 의도는 '사회주의'와 '민족해방운동세력의 약화', '자본주의적 지배와 약탈'의 세계적 확대에 있고, 그렇기 때문에 군사적 침공을 무릅쓰고라도 전 세계를 자본주의화하여 '1극세계'를 달성하고자 하기 때문에, "오늘의 세계가 힘의 균형이 마비되고, 힘의 균형이 파괴된 상태에 있다"고 지적하고 있다. 전쟁이라는 극단의 대립으로 미국과 맞서 싸웠던 북한은, 지난 60여 년간 미국에 대한 전략적 관점이 크게 달라지지 않았다. 평화적 질서는 오로지 '반제자주 국가들이 힘의 균형으로 맞대응'2) 할 때만이 이루어질 수 있다고 주장한다.

(2) 한국전쟁에 관한 논의

한국전쟁과 관련한 시각은 일반적으로 크게 두 가지로 분류된다. 전통주의에 입각해서 소련의 '공격주의적이고 팽창주의적인 대외정책'이 미국의 '단호한 반응'을 불러 일으켜 냉전이 확대된 것으로 보는 견해와 다른 하나는 수정주의 학파로 냉전의 책임을 1차적으로 미국의 '제국주의적인 대외정책'에서 찾는 입장이 그것이다. 한국전쟁 당시와 1960년대에 이르기까지 서방의 다수 시각은 전통주의였다. 케넌(George Kennan)은 소련이 일본의 친미화와 군사화를 방지하려고 한국전쟁을 도발했다는 추론을 하였고, 채피(Wilbur Chaffee)3)는 소련이 시베리아의 안전을 확보하고 중국과의 우호관계도 유지하기 위해서 한반도의 공산화를 목표로 했다고 주장했다. 바네트(Barnett),4) 힌턴(Hinton),5) 달린(Dallin)6) 등은 소련과 중국의 공동 전략설을 제시했다. 수정주의는 플레밍(Fleming)7)의 『냉전과 그 기원들』을 시

---

2) 「날로 높아지는 뽈럭불가담운동의 지위와 역할」, 『로동신문』, 1998년 2월 1일자 6면.
3) Chaffee, Wilbur, "Two Hypotheses of Sino-Soviet Relations as Concerns the Instigation of the Korean war," *Journal of Korean Affairs*, Vol. 4, No.3~4(October 1976~January 1977), pp.10~11.
4) Barnett, A. Doak, *Communist China and Asia* (New York: Vintage Books, 1961), p.152.
5) Hinton, Harold, *Communist China in World Politics* (Boston: Houghton Mifflin Co., 1966), p.27.
6) Dallin, Alexander, *Soviet Foreign Policy After Stalin* (Philadelphia: J. B. Lippincott, 1961), p.70.
7) Fleming, D. F., *The Cold War and Its Origins 1917~1960* (Garden City, N.Y: Doubleday and Co. 1961), Vol. 1, 2.

초로 1970년대 한국전쟁과 관련된 자료의 공개와 베트남 전쟁에 대한 재평가와 동반해서 미국의 아시아 정책을 비판하는 측면에서 확산되었다. 수정주의자들은 한국전쟁 당시 소련이 미국에 대적할 만한 국력을 갖고 있지 못했다는 일반적 인식에서 전통주의적 해석을 부정하고 있다. 스톤(Stone)은 맥아더와 이승만의 공모에 의해 발발했을 가능성을 최초로 문제 제기했다. 그는 이승만 정부가 국내 정치적으로 위기에 직면해 있었기 때문에 위기해소를 목표로 하고, 당시 태평양 지역 연합사령관 맥아더가 '아시아 우선주의'를 내세우며 대외정책을 선점하고자 했다는 것이다.[8] 그러나 외재적 요인에 관심을 기울여온 초기 수정주의는 누가 전쟁을 시작했는가에만 주목하면서, 전통주의와 공방의 한계를 벗어나지 못했다는 지적을 받았다. 이에 남한과 북한 행위자들의 내부적 문제들을 중요하게 검토하기 시작하면서, 해방 직후부터 한반도에 표면화되고 있던 통일 지향적 민족주의가 한국전쟁의 중요한 원천이었음을 강조하는 의견들이 주목을 받기 시작했다.

이 중 주목할 만한 연구로 커밍스(Bruce Cumings)[9]는, 한국전쟁을 '5년 동안 지속되어온 투쟁의 종착역, 분단 상황을 타파하려는 시도의 결과'로 분석하고 있다. 그는 현상타파를 지향하는 세력이 대두했으나, 미국의 제국주의적 현상유지정책과 한반도 내의 보수세력의 힘 앞에 좌절하게 되었고, 그 과정에서 계급투쟁이 결국 한국전쟁이라는 내전으로 폭발했다고 보고 있다. 커밍스는 당시 전통주의가 주류를 이루고 있던 학계에 새로운 시각을 열어 주었다. 그러나 여기에서 한국전쟁에 관한 사실관계의 오류를 지적한 것은 박명림[10]이었다. 당시 휴전선 부근의 국지전적 충돌에도 불구하고, 북한 지도부의 군사적인 전면적 대응은 적극적 선택의 결과이며, 전면전의 직접적 원인이라는 것이 부인할 수 없는 사실이라는 것이다. 전쟁

---

8) Stone, I. F., *The Hidden History of the Korean War* (New York: Monthly Review press, 1952).
9) Cumings, Bruce, *The origins of the Korea War* (2 Vols)(Princeton: Princeton University Press, 1981).
10) 박명림, 『한국전쟁의 발발과 기원 1, 2』(서울: 나남, 1996).

과정을 있는 그대로 드러내려는 시도는 한국전쟁과 관련한 연구방법의 새로운 장을 개척했다고 할 수 있다. 또한 국내연구로는 정병준,[11] 양영조[12]가 주목할 만하다. 양영조는 북한과 남한 정부 통일론의 논리를 분석하며, 전쟁은 양자의 공격적 통일과정에서 일어난 피할 수 없는 충돌이었다고 파악하고 있다. 이들은 자료의 실체를 좇으며, 전쟁의 과정을 복원하는 데 주목하고 있다. 이는 전쟁의 기원과 도발, 주체와 진행과정에 대해 추론 수준에 머물던 논의들이 사실에 근거할 수 있도록 연구의 폭을 확장시켰다. 특히, 정병준은 '전쟁은 미·소라는 세계 패권국가의 대립, 남북한 간의 지역적 분립, 좌우익 간의 이념적 대결 등이 응축되어 폭발한 것'이라고 해석하면서, 미국의 정보전 실패 및 불의의 기습 남침이라는 한국의 전통적 시각과 '도발 받은 정의의 반공격전'이라는 북한의 견해가 팽팽히 맞서는 가운데, 오히려 내포적인 방법을 통해 맥락화한 연관성에 연구자의 편견이 반영될 수 있음을 인정했다. 그리고 남한과 북한, 그를 둘러싼 행위자들의 의지와 목적을 중요 변수로 규정하고, 이에 대한 그들의 반응과 현실적 행태를 그대로 드러나게 하는 과정을 밝은 데 주목할 지점이 있다.

남한이 국내전적 성격으로 규정한 '한국전쟁'의 명칭과 달리, 북한은 외래 침략으로부터 자기 조국을 수호한 전쟁으로서, 이것을 '조국해방전쟁'[13]으로 정의하고 있다. 1950년 6월 26일 당시에 김일성은 연설에서 '동족상잔의 내란'을 언급했다. 그는 이승만 정부에게 전적으로 전쟁의 책임을 전가했으나, 1964년판 당사를 정립하면서부터는 '조국해방전쟁'의 성격을 명확히 하고 있다. 실제 연설과 다르게 내란에 대한 언급은 완전히 삭제하기 시작했다. '외부 침입 세력' 대 '민족세력'의 전쟁이었음을 지적하며 특히, 미국을 전쟁의 주범으로 지목하고 있다. 공식적으로 북한은 미국이 한반도

---

11) 정병준, 『한국전쟁』(서울: 돌베개, 2006).
12) 양영조, 『한국전쟁과 동북아 국가정책』(서울: 선인, 2007).
13) 박순서, 『대중정치 용어사전』(평양: 조선로동당출판사, 1964). 북한은 1592년부터 1598년에 걸쳐 일본의 침략을 물리친 전쟁을 '임진 조국 전쟁'이라고 명시하고 있다. 특히 인민들의 헌신으로 외래 침략으로부터 자기 조국을 수호한 전쟁을 이와 같이 지칭한다.

전체와 대만을 중국봉쇄 기지로 삼고자 하는 의도를 노골화하고, 당시 핵무기의 98%를 미국 자신이 소유하고 있었기 때문에 소련의 등극을 막고자 전쟁을 도발했다고 주장한다.14)

스툭은 세계를 "소련을 중심으로 하는 사회주의 세력, 미국을 중심으로 하는 자본주의 세력, 전쟁을 경험하면서 급속히 성장한 민족해방운동세력"으로 분류한 바 있다.15) 북한은 소련이나 중국의 영향을 인정하면서도 사회주의 진영으로 편입되는 것을 용인하지 않았다. 전쟁의 성격에 대해서는 처음부터 '민족해방전쟁론'을 취했다. 초기에는 계급투쟁과 혼재된 개념으로 쓰였으나, 이것은 1960년대 이후 고립적으로 미국과 적대적 관계에 맞서야 하는 상황에서 필연적인 귀결이었다. 1962년 쿠바사태는 소련의 태도가 미국에 대한 굴복으로 비춰지며, 북한이 안보에 대한 심각한 위기의식을 느끼게 된 계기였다. 1962년 10월 '경제에서의 자립', 12월에는 '국방에서의 자위', 1963년 '정치에서의 자주' 노선을 잇달아 선포하기에 이른다. 사회주의 진영의 연대를 포기하고 고립과 압박이라는 '전쟁 이후의 전쟁'이 지속되는 상황에서 반제투쟁이 곧 국가의 제1선이었다. 이는 북한이 소련의 영향에서 차츰 이탈하면서 민족해방운동세력의 역사를 독자화하는 방향으로 나아갔음을 보여준다. 전쟁 당시는 직접 대결하는 상황에서 가감없이 공격성을 표현했으나, 당사를 정립하는 과정에서 전쟁의 기원에 대한 정치적 함의를 재고했음에 틀림없다. 남북 대결이 아니라 미 제국주의의 침략에 대한 '조국해방전쟁'이라는 성격을 명확히 하고 있다. 1964년판에서는 전쟁의 원인을 복합적으로 사용하고 있으나, 1979년판에서는 이것을 완전히 삭제했다.

김일성은 전쟁의 당사자를 "세계제국주의진영에서 제일 강대한 미제국주의를 괴수로 하는 16개국의 무력침범자들"16)이라고 언급하고 있다. 북한

---

14) Crofts, Alfred, "The Start of the Korean War Reconsidered," *Rocky Mountain Social Science Journal* (April, 1970), pp.109~117.
15) 윌리엄 스툭, 『한국전쟁의 국제사』(서울: 푸른역사, 1995).
16) 김일성, 「모든 힘을 민주기지강화를 위하여(1953.10.20)」, 『김일성저작집』 8권(평

은 남한을 전쟁 당사자, 평화회담의 상대자로 인정하지 않는 원칙을 고수해 왔다. 통일전선의 지도부로서 정통성을 갖고 있다고 여기는 북한은 전쟁과 그 이후 상당 기간 남한 당국의 실체를 인정하지 않았다. 그러나 동시에 남북 상호 협력을 추진하는 정책을 동반했기 때문에, 조선로동당사(이하 당사)에 있어서 전쟁 부분을 어떻게 서술하는지는 민감한 문제였다. 구체적으로 북한은 1972년 '7·4공동성명'을 계기로 전쟁 당사자였던 남한 정부와의 관계 설정 및 서술을 고민했을 것으로 보인다. 따라서 이러한 요인들까지 포함하여, 남북의 대결을 상징하는 서술을 자제하고 미국과의 전쟁 성격을 강화하는 방향으로, 전쟁을 제국주의의 침략에 따른 '민족', 즉 남한과 북한 모두가 공동의 피해를 입은 사건으로 정리한 것으로 보인다.

3. 계급투쟁에서 반제투쟁으로 이행

김일성은, "프로레타리아 국제주의에 관한 레닌의 학설은 세계의 평화와 인류의 행복을 위한 전 세계인민들의 불패의 사상"이므로, 이것이 "단결과 공동투쟁의 기치"라고 해설하고 있다.[17] 이는 사회주의 진영 일반과 같은 주장으로 전쟁 역시 계급투쟁의 연장선상에서 해석하고 있다. 그러나 1960년대 이후 사회주의에 대한 독자적 이해를 모색하며, 2000년대에 이르러서는 계급투쟁이 아닌 반제투쟁으로 개념을 체계화하고 있다.

'착취계급에 대한 무장투쟁'으로서, '프로레타리아 독재'를 위한 혁명전쟁으로 한국전쟁을 강조하는 서술은, 1991년판에서부터 '반제반미투쟁'으로 정리했다. 또한 사회주의를 위한 투쟁은 제국주의와 첨예한 대결을 필연적으로 동반하는 것으로, 제국주의자들의 반사회주의적 전략에 어떻게 대응하는가가 가장 최우선하는 사상관점이라고 주장했다.[18] 이는 레닌이 자본

양: 조선로동당출판사, 1980), 95쪽.
17) 김일성, 「프로레타리아 국제주의와 조선인민의 투쟁(1952.4.25)」, 『김일성선집』 제4권(평양: 조선로동당출판사, 1954), 159쪽.

주의 시대의 '최고의 단계'와 동시에, 최후의 단계의 특색을 분석하여, 이 단계에서 식민지배를 둘러싼 제국주의 전쟁이 필연적이라는 주장과 상통하는 것이다.[19] 그는 "참된 민족전쟁과 기만적으로 은폐된 제국주의 전쟁을 구별하는 것이 아주 필요하다"라고 했다. 그러나 레닌이 강조한 전쟁관은 계급적 연대에 기초한 전쟁관이었다. 반면 북한은 계급적 전쟁관이 아닌 반제국주의의 민족적 전쟁관으로 차츰 소련의 견해를 벗어나고자 했다. 레닌의 예측과는 달리 제국주의 국가들의 노동자들은 프롤레타리아 혁명전쟁에 참여하지 않았다. 또한 레닌은 소비에트 공화국과 부르주아 국가들 사이에 여러 차례 무서운 충돌이 일어날 것이라고 주장[20]했으나 후계자 흐루시초프는 '평화공존'을 모색했으며, 실리주의 정책을 펼쳤다. 북한은 소련이 사회주의의 맹주로서 군림하면서도 결국 현실주의를 채택하는 것을 보며, 자국의 방위를 누구에게 기대서는 안 되겠다는 판단을 했던 것이다. 혁명이란, '나라와 민족단위로 발생'한다는 주체사상의 강조와 마찬가지로 전쟁 역시 확대된 혁명으로 인식했다. 초기에 언급했던 국내 반동세력과의 전쟁이라는 견해를 삭제하고, '조국해방전쟁'이라는 개념을 채택한 것이 그러한 맥락이다. 조선인민을 미국 독점자본들에게 예속시키기 위하여 싸우고 있는 미국 군대는 제국주의 부르주아의 이익을 대변하는 침략세력이 되었다. 이러한 관점에서 1979년판 이후의 서술에서는 '한국전쟁'을 부르주아 대 프롤레타리아가 아니라 '조국해방전쟁'으로 정의내리고, 제국주의 침략세력 대 남과 북, 민족 전체의 통일전선운동으로 서술했다. 이는 사회주의 혁명을 위한 일시적 전술이 아닌, '민족해방'과 '민족자주' 자체를 종국적 가치로 설정했음을 의미한다. 『사회주의에 대한 주체적 이해』에서는 더 이상 사회주의를 프로레타리아 독재와 연관시켜 설명하지 않는다.[21] 이 책에서

---

18) 김정일, 「사회주의는 우리 인민의 생명이다(1992.11.14)」, 『김정일선집』 13권(평양: 조선로동당출판사), 241쪽.
19) Franklin, Bruce(ed), *The Essential Stalin—Major Political Writings 1905~52*(London: Grocm Helm, 1973), p.92.
20) Lenin, V. I., *Collected Works* Vol. 29(1919. March—August)(Moscow: Progress Publishers, 1977), p.153.

인용된 김일성의 언급은 "제국주의가 사회주의를 말살시키려는 의도를 포기하지 않는 한, 반제투쟁이 인민대중의 이해를 실현하기 위한 최선의 보루이다. …… 사회주의 제도가 섰다고 하여 인류의 이상이 완전히 실현되는 것은 아니다. …… 사회주의는 새로운 원리와 방법에 의거하여 건설해 나가야 한다"[22]고 지적하고 있다. 북한은 동유럽 사회주의 몰락을 통해 사회주의 제도의 설립 이후에 국제 사회와의 관계, 내부적 결속력에 따라 체제의 운명이 달라짐에 주목해왔다. "제국주의자들과는 양보와 타협이 아니라 …… 그 어떤 공격도 압도적으로 격퇴할 수 있는 강력한 군사적 억제력을 갖출 때에만 전쟁을 막고 국가의 주권과 민족의 안전을 수호할 수 있다는 것이 이라크 전쟁이 세계에 준 피의 교훈"[23]이라고 주장한다. 이전과 같은 '계급적 연대'만이 사회주의를 지탱하는 유일한 지렛대가 아님을 역설한 것이다. 오히려 반제전선의 '정의로운 주체들의 결집'이 새로운 혁명을 주도하는 지도층이 될 수 있음을 강조한다. 제국주의의 몰락과 사회주의의 완전 승리를 호언하던 이전의 기계적 접근과는 달리, 상황에 따라 이론의 발전에 대한 유연성을 열어 놓은 것이다.

4. 당의 지도체계 강화

1) 수령과 당 역할의 체계화

김일성은 내각 비상회의와 당 중앙위원회 정치위원회의 소집권자로서 전쟁이라는 비상사태에서 국가의 총책임자 역할을 부여받았다. 이것은 전쟁기간을 통해 김일성을 중심으로 한 당내 지도력을 굳힐 수 있는 시발점이었다. 1952년에는 김일성에게 원수 칭호가 수여되었고, 1953년 2월 8일

---

21) 오성길, 『사회주의에 대한 주체적 이해』(평양: 평양출판사, 2006), 8쪽.
22) 위의 책, 137쪽.
23) 위의 책, 260쪽.

인민군 창건 5주년에 맞춰 공표되었다. 1953년 5월부터 『김일성선집』을 간행하고, 당 역사에서 김일성의 '영도' 역사를 중심으로 체계화하는 데 비중을 두었다.

1964년판에서는 대체로 당의 역할을 중심으로 서술이 진행되었다면, 1979년판부터는 김일성의 영도를 중심으로 당의 역할을 체계화하고 있다. 1979년판까지는 전시(戰時) 김일성의 역할을 군사위원회의 지도를 중심으로 강조하였는데, 1991년판 이후로는 모든 사업을 조직·장악했다고 언급하며, 공화국 수반 자격으로 전체적인 서술이 변화했다. 1991년판에서는 김일성의 역할에 '제2전선의 형성을 위한 사업 조직지휘'[24]가 추가되었고, 2001년판에서는 최고인민회의 상임위원회의 전시상태선포[25]의 임무도 추가되었다.

2) 당의 지도력 확보와 대열 확대

사회구성원들을 언급하는 순서도 시기에 따라 변화를 보여주고 있다. 1964년판에서 인민군 장병들과 북한 인민들을 동시 언급하던 것에서, 1979년 이후에는 인민군 장병들을 맨 먼저 배치하고, 우선하는 서술로 바뀌었다. 당 중앙은 북반부뿐만 아니라, 남반부에 대해서도 지도력을 미치고 있다는 판단이 1964년판부터 확고해 보인다. 1956년 제3차 당대회의 당 규약 개정안에서도 '공화국 북반부'와 '남반부'의 사정을 모두 반영하고 있음을 분명히 하고 있다. 그러나 1972년 '7·4공동성명' 이후 공식적으로 쌍방을 '합법적 정부'로 인정하고, 당사 서술에서도 일련의 변화를 보여주고 있다. 이전까지 당중앙을 '북반부'로 표기하던 것이, 1991년판 이후에는 '우리당'으로 변화하였다. 2004년판에 와서는 직업동맹, 농민동맹, 민주청년동맹, 여성동맹, 조선문화단체총련맹 등 민주주의적 사회단체들을 조직한 증거

---

[24] 조선로동당중앙위원회 당력사연구소, 『조선로동당력사』(평양: 조선로동당출판사, 1991), 280쪽.
[25] 조선로동당중앙위원회 당력사연구소, 『조선로동당력사』(평양: 조선로동당출판사, 2004), 211쪽.

를 통해, 조선로동당이 한반도 전역에 영향력을 미쳤다는 자신의 역사적 당위성을 구체적으로 강조하고 있다.

조국통일민주주의전선 명의의 「조선인민의 성명서」를 통해 드러나듯이, 당은 미군 진주를 반대하는 인민을 조직화해왔다. 이 성명서는 16세 이상 남반부 전체 주민의 98%(13,319,102명)가 미국 군대의 철거를 유엔에 요구한다는 것이다.[26] 그러나 남로당 조직은 1949년 10월 이후 거의 붕괴되어 실제 전쟁 당시에 거의 활동할 수 없었다는 평가[27]가 공식 입장이므로, 남반부 당원의 역할에 대한 언급은 이후 당사에서 삭제하였다. 1979년판 이후에는 인민군 전투원과 시민들로 주체를 수정하고 있다. 1964년판에 미처 파악하지 못한 종파주의자들의 활동에 대한 평가를 보완하고, 남로당이 실제 거의 기능하지 못했던 것을 인민군 후퇴의 주요 요인으로 반영했다. 1964년판 이후 종파주의 반대에 대한 투쟁을 호소했다는 언급이 없는 것으로 보아, 일련의 종파주의에 대한 문제는 이 시점에 청산한 것으로 평가할 수 있다.

당증에 대한 당의 입장은 당의 전략 변화를 파악하는 중요한 지점이라고 할 수 있다. 당원임을 증명하는 당증은 본디 "자기 눈동자와 같이 보호"[28]하는 것이 당원의 의무라고 밝히고 있다. 그러나 전쟁 시기의 특수한 상황에서 원칙이 그대로 작동할 수는 없었다. 오히려 중앙이 당증을 교부할 수 없는 전시에 시·군 당부는 입당을 비준하고, 세포에 즉시 입당결정을 통해 신입 당 생활을 보장하는 것이 중요하다는 결정서[29]를 채택했다. 책벌의 대상으로는 자수, 의식적 반동단체 가입, 당증 파기를 예로 들며 전

---

26) 편집국, 「조선인민의 성명서(1950.8.29)」, 『조선중앙년감』(평양: 조선중앙통신사, 1951~1952), 156쪽.
27) 김남식, 「전쟁전후 남한에서의 무장유격투쟁의 전개」, 『한국전쟁연구』(서울: 태암, 1990), 164쪽.
28) 제49차 당중앙조직위원회 결정서 「후퇴과정과 적들의 강점기간에 있어서 당 문건을 유실한 당원들에 대한 당적 문제 취급에 대하여(1951.1.23)」, 『북한관계사료집 29』(과천: 국사편찬위원회, 1998).
29) 제48차 당중앙조직위원회 결정서 「전시환경에서 당조직사업에 관하여(1950.12.23)」, 『북한관계사료집 29』(과천: 국사편찬위원회, 1998).

선에서 당 문건을 유실한 당원의 '비겁성 전투 명령의 불실시'와 '직접적인 배반행위'에 대해서는 엄격히 다루도록 조치했다. 그러나 각 지구당이 판단할 때, 상부의 지침이 현실성이 없는 경우에는 보고하여 재심사 기준을 마련하는 규정 또한 있었다. "당원으로서 투쟁하지 않아도 전쟁개시 후 전선에 나가서 희생적으로 투쟁한 동무, 보련에 들어갔어도 굴하지 않고 절개를 지킨 자로서 열성적으로 싸운 동무, 대한노총에 강제 가입하여 과오를 범하였어도 과오를 인정한자"를 당원에 받아들인 기록[30]이 말하듯이, 조건과 환경을 참작한 것으로 보인다. 예컨대, 김재연 지대 내에는 과거당원 104명 중 곧바로 당원으로 재등록시킬 수 있었던 인원이 24명에 불과하여 재심사 기준을 마련[31]했다고 한다. 그러나 당 대열의 급속한 확대에서 당 정책과 노선이 제때 관철되지 않은 문제, 당원의 자격문제에 대한 시비 역시 끊이지 않았고, 이에 대한 검증과정에서도 좌우경적 편향을 겪었다. 전쟁 직후 1956년 조선로동당 제3차대회에서 당 규율 개정안을 보면, 책벌주의에 대한 보완책을 강조하고 있다.[32] 조선로동당 제3차대회 주요문헌집에 의하면, 당원에 대한 책벌, 특히 출당에 있어서는 "최대한의 신중성과 동지적 배려를 돌리며, 당원이 범한 과오의 근원을 면밀히 조사 구명하여야 한다는 것"과 "출당 또는 그 이하의 책벌을 받은 사람은 당중앙위원회에 이르기까지 당 각급기관에 상소할 수 있다" 그리고 후보당원제를 두어, "급하다고 당의 문호를 기준 없이 개방하여 발생할 수 있는 당원의 자격문제"를 최소화하고자 했다. 전시에 실질적으로는 시·군 당 단위의 의사 결정권이 결정적 역할을 하는 조건이었지만, 당중앙의 결정사항을 범주화하고 체계화하려는 시도는 지속적으로 이루어졌고, 사후에 더욱 강화되었다. 특히, 전시에 사회경제의 물적 토대에 대한 지배권을 행사하기 힘든 상황에

---

30) 제71차 당중앙조직위원회 결정서 「당원 등록 사업과 관련되는 몇 가지 문제에 대하여(1951.9.1)」, 『북한관계사료집 29』(과천: 국사편찬위원회, 1998).
31) 한림대학교 아시아문화연구소, 『빨치산 자료집 1』(춘천: 아시아문화연구소, 1996), 3쪽.
32) 『조선로동당 제3차대회 주요문헌집』(평양: 조선로동당출판사, 1956).

서 전일 교양체계를 결정하고 추진하는 힘을 통해 당의 지도력을 확보하려 했다. 당은 1950년에 '1951년 학습년도 총화'를 통해 간부들의 학습을 제일 가는 임무로 규정하고, 1951년 3월 27일 당중앙조직위원회의 결정으로 당 학습체계의 복구33)를 시작했다. 그러나 1951년 상반기까지 북한 지역을 상실했던 과정을 회복하는 것으로 인해, 실제로 당체계를 복구하는 과정은 진행이 더딜 수밖에 없었다. 예를 들어, 자강도 당단체 세포학습회 지도자 1,632명 중 도내 당 지도간부로 단지 7명을 선발할 수 있었을 뿐이었다. 당 중앙의 시도에도 불구하고, 준비된 당원의 부족으로 학습체계의 확대는 한계가 있었다. 당은 농촌과 도시의 상황에 따라 농촌은 11월 1일~익년 7월, 도시는 10월 1일~익년 6월 말로 학습회 일정을 조율하고, 휴학기에는 지도자 강습을 통해 문제를 타개해 나가고자 했다.

'제5차 당대회 중앙위원회 사업 보고'를 보면, 당원들의 학습을 제일가는 임무로 재차 강조하고, 당적 체계를 세우는 과정에서부터 학습은 시종 강조되었으나, 실지 현장에서 이것이 원칙적으로 지켜지지 못했다.34) 당대회는 결정서에서 모든 현직 간부들이 매일 2시간 이상씩 학습하며, 매주 집체적으로 학습하고, 해마다 한 달씩 각급 정치 학교에서 공부하는 등 당의 외연적 확대와 현실에 발맞추기 위해 학습을 제도화하는 데 가장 중요한 의미를 부여하고 있다. 특히, 일부 일꾼들의 사상적 해독성35)에 관해서 '특별히 중요한 문제'로 부각하고 있다. 전쟁과 같은 위기에서 간부들의 역할은 국가의 운명을 좌우하는 중요한 것이었다. 그럼에도 김일성으로부터 각급 단위의 간부들에게까지 일사불란한 지휘가 보장되지 않았던 것은 이후 해결해야 할 중요한 과제였던 것이다.

대중적인 당으로 대열을 확대·강화할 데 대한 문제를 제기한 것은 당의

---

33) 제73차 당중앙조직위원회 결정서 「당 교양 체계에 있어서 1950~51 학습년도 총화와 1951~52 학습년도 실행에 대하여(1951.9.25)」, 『북한관계사료집 29』(과천: 국사편찬위원회, 1998).
34) 김일성, 「당사업을 강화하기 위하여(1970.11.2)」, 『조선선로동당 제5차대회에서 한 중앙위원회 사업총화보고』(평양: 조선로동당출판사, 1970).
35) 위의 글, 111쪽.

필연적 목표였으므로, 상황에 맞게 유연하게 대처할 것을 주문했다. 따라서 입당의 자격으로 교양 정도, 만 20세 이상, 직장 근무 연한, 보증인과 1년 이상 사업할 것 등을 기존과 같이 엄격히 요구하고, 근로자·농민·인테리·근로여성 등의 입당 문제를 제때 처리하지 않는 것은 '관료주의'36)로서 비판을 가했다. 특히 관문주의, 책벌주의는 대중적 당의 면모를 유실시켰다는 점에서 중대한 과오로 조치했다. 김일성은 '외형적 사실'로만 책벌할 것이 아니라 "과오의 본질과 정치적으로 내용을 규명"하고, 당 규약상의 원칙과 절차에 따라 처벌하지 않은 것도 시정의 대상이 된다고 지시했다. 그는 또한 「당단체들의 조직사업에서의 몇 가지 결함들에 대하여」와 「당조직사업을 개선할 데 대하여」를 통하여 당의 능력을 제고하고, 대중과의 연계강화에 힘을 기울였다.37) 후방에서 주민의 절대 다수를 차지하는 농민, 여성과의 단결을 강조했다.38) 특히, 여성에 대한 서술의 변화가 눈에 띈다. 북조선민주여성동맹은 1945년 11월에 창설했고, 1973년에는 170만 성원의 거대조직으로 발전하였다. 또한 이미 1946년 「남녀평등권에 대한 법령」을 발표하여, 법적·제도적으로는 이미 상당한 수준의 권리 보장과 여성들의 사회 중추적 역할이 증대되고 있었다. 그러나 전쟁이라는 특수 상황에서 실제로는 사회와 가정에서 남성과 여성 담당의 성적 이분법이 더욱 확대되었다. "녀성 일군들을 대담하게 등용했다"는 표현과 "애국렬사 유가족과 후방 가족들로써 당의 농촌 진지 공고화와 농촌의 기본 력량으로

---

36) 제48차 당중앙조직위원회 결정서 「전시환경에서 당조직사업에 관하여(1950.12.23)」, 『북한관계사료집 29』(과천: 국사편찬위원회, 1998).

37) 조선로동당중앙위원회 당력사연구소, 『조선로동당력사교재』(평양: 조선로동당출판사, 1964), 282쪽.

38) 김일성은 "농민성분이 많아진다고 하여 우리 당의 성격이 결코 변할 수 없다"고 지적했다. 당의 성격은 당의 구성성분에 의하여 전적으로 좌우되는 것이 아니라 무엇보다도 당의 지도사상과 투쟁목적, 당 조직원칙에 의하여 규정된다는 것이다. 그는 또한 "우리 나라의 사회계급 관계로 보아 로동자 비률만 따지고 근로농민들을 당에 널리 받아들이지 않는다면 우리 당은 참다운 대중적 당으로 발전할 수 없었고 근로대중에 대한 령도를 성과적으로 보장할 수 없었으며 전쟁승리에로 대중을 조직동원할 수 없었다"고 강조하고 있다. 조선로동당중앙위원회 당력사연구소, 『조선로동당략사』(평양: 조선로동당출판사, 1979), 367쪽.

되어 있는 녀성들 속에서 정치 사업을 강화하며 녀맹단체들의 역할을 높이였다"는 1979판 이후로 삭제했다. 오히려 인민경제 건설 복구를 위한 지원 사업을 담당했다는 서술로 수정했다. 정치적으로 여성의 몫은 중요했으나, 실제 전시복구과정에서 여성들은 노동력 지원 사업을 주요하게 담당한 것이다. 여성의 주요한 역할은 가정의 혁명화와 사회화를 동시에 해내는 것이었다. 1995년 이후 '고난의 행군'은 마찬가지로 사회적 위기에서 여성들에게 "극도의 절약과 사회에 대한 헌신"으로 모범이 되어줄 것을 주문했을 것이다.[39]

5. 국제 정세변화 및 동맹국과의 관계 변화

1948년 조선민주주의 인민공화국 헌법은 서문에서 "자기의 시선을 사회주의 국가 쏘련에 돌리고 투쟁하던 조선 인민의 희망이 실현"되고, "위대한 쏘베트 군대의 힘으로 해방되었다"고 언급하고 있다.[40] 당시 사회주의 국가들의 맹주로서 소련의 위상을 엿볼 수 있는 대목이다. 그러나 표면적으로는 사회주의 진영의 연대를 강조하면서도 소련은 사회주의 진영에 대한 원조라기보다는 "자기 국가 이익을 중심으로 움직였다"[41]고 볼 수 있다. 당시 소련은 미국과 영국을 진보적 민주주의로 규정하고 미국과의 직접대결을 회피했으며, 최대한 자국의 실리를 얻겠다는 전략을 채택하고 있었다. 따라서 소비에트 맹주라는 세간의 기대와는 달리 남한을 점령하고 있는 미국을 자극하지 않기 위해 한반도의 분할과정에 기꺼이 합의했다. 당시 소련이 북한 정권에 대해 갖고 있던 지위[42]에 대해서는 논란이 분분하지만,

---

39) 정현백, 「북한여성, 어떻게 만날 것인가」, 『민족과 페미니즘』(서울: 당대, 2003), 235쪽.
40) 편집국, 『조선민주주의인민공화국 헌법』(서울: 학우서방, 1958).
41) Ulam, Adam B., *Expansion and Coexsistence: Soviet Foreign Policy, 1917~73*, 2nd ed.(New York: Praeger Publishers, 1974), p.514.
42) "소련군이 북한에 처음 진주해 행한 가시적인 조치는 일본군을 무장해제 시키고

소련의 정책과 북한의 입장이 다른 경우에 소련이 그것을 국가적 압력을 통해 강제할 수 있는 권한이 우위에 있었다고는 볼 수 없다. 소련이 1962년 사회주의 국제분업의 원칙에 따라 모든 사회주의 국가들을 코메콘(CMEA)으로 통합하려는 의도를 내비치자, 북한은 이를 거부하고 이 시점부터 정치적으로 독자노선을 보다 더 강화하였다. 이때부터 북한은 소련의 위성국가에 포함되는 것을 거부하고 빨치산의 방식을 도입[43]하는 것으로 위기를 타개하고자 했다.

중국과의 관계 역시 국제적인 정세변화에 따라 유동적으로 서술했음을 알 수 있다. 1964년판에서 "형제적 중국인민 지원군의 참전은 아군에게 결정적으로 유리하게 만들어 놓았다"[44]는 표현이 1979년판 이후로 삭제되었다가, 2004년판에서 "중국인민들도 자기 조국의 안전을 보위하며 조선인민의 투쟁을 돕기 위하여 지원군을 조선전선에 파견하였다"[45]로 수정한 것을 볼 수 있다. 중국의 선택이 전쟁 당시, 그리고 그 이후에도 자기 국가의 이익을 도모하기 위한 결정이었으므로, 그간의 행보를 이해한다는 판단으로 선회했음을 알 수 있다. 중국의 실용주의노선과 소련의 평화공존정책으로 자구책을 모색해야 했던 북한은 이전에 '혈맹'을 강조하는 데에서, '상호연대'로 변화하는 정세에 발맞추어나갔다.

1960년대 이후 내외 정세 또한 새롭게 변화했다. 미국과 소련의 군사 대결로 냉전은 지속되었으나, 소련이 미국과의 평화 경쟁, 평화적 공존을 주장하고, 중국 및 개발도상국들이 미국과 '새로운 국제 경제질서'를 모색하는 사회주의 진영의 연대를 기대하기 힘든 상황에서 세계에서 고립, 포위된 국가에게 '자주적 사상'은 곧, 인민이 국가와 생존을 함께 하기 위한 결

행정권을 접수하는 것이었다. 치스차코프 사령관은 정권을 조만식을 위원장으로 하는 평남 인민정치위원회에 이양하라고 명령했다. 그러나 소련군이 일으킨 행패와 수풍댐을 비롯해 발전기를 뜯어가는 등 약탈 행동 또한 비일비재했다." 임영태, 『북한 50년사 1』(서울: 들녘, 2005).
43) 정영철, 『김정일 리더십 연구』(서울: 선인, 2000), 60쪽.
44) 앞의 책(1964년판), 266쪽.
45) 앞의 책(2004년판), 220쪽.

심을 동반해야 한다는 의미였다. 북한은 베트남 전쟁으로 인해 미국으로부터 '제2의 전쟁위기'를 느끼며, 한반도에서 제국주의의 성격을 대중에게 분명히 각인시키고, '민족'의 단결을 강조하는 것으로 위기를 타개하고자 했다. 미국은 '두 개 조선정책'을 주장했으며, 남북관계는 1972년 '7·4공동성명'으로 일시 호전되었으나, 곧 남한은 유신체제로, 북한은 주석제를 중심으로 체제결속을 강화하면서 한반도에서의 냉전은 더욱 고착되었다.

6. 전쟁의 위기와 응전

1) 위기

전쟁 제2단계에서 제3단계로 이어지는 1950년 10월 초순에서 12월 중순은 유엔군의 북조선점령기간으로 규정된 심각한 위기의 시기였다. 이때 '혁명' 이전으로 북한 정부의 시책이 되돌려지고, 집단적 보복과 학살로 상당수가 북한 체제에 대한 동의에서 이탈하고 동요했을 것[46]으로 추정할 수 있다. 당사에서 언급하듯이 당시에 지배적이었던 '패배주의, 비관주의적 경향, 무규률적 현상' 등을 어떻게 해결할 것인지가 전쟁 이후, 당이 북한 지역 지배과정에서 부딪혀야 했던 최대의 난관이었다. 그러나 같은 문제의식에 대한 대응 방향의 초점은 시기마다 조금씩 엇갈리고 있다.

1951년 1월 초순 군정간부회의는 4개월간의 전쟁행정을 정리하고, 반공격계획과 과업을 제시했다고 기록되었다. 그러나 "승리는 저절로 오지 않는다. …… 실패주의자들과 무자비하게 투쟁하여야겠다"는 내용[47]의 기록은 여타의 공개된 자료로는 확인할 수 없다. 또한 11월 하순 조선인민군련합부대장 및 정치부장회의[48]는 1991년판 이후로 삭제되었다. 이후 기록에

---

46) 박창옥, 「현 단계에 있어서 대중정치사업의 강화」, 『근로자』 1951년 2월호, 96~97쪽, 102쪽.
47) 앞의 책(1964년판), 267쪽.

서 11월 초 '당중앙위원회 정치위원회'가 새로운 반공격준비를 갖추기 위한 구체적 과업을 제시[49]했다고만 설명하고 있다. 새로운 반공격을 준비하는 주체는 민족보위성 문화훈련국을 조선인민군 총정치국으로 수정하고 있다. 전쟁과정에서 중요하게 지적한 오류를 토론하는 회의에 대한 기록이기 때문에, 공식적으로 입장을 발표하기까지의 난맥상으로 기록 역시 변형시킨 것이다. 1951년 조선인민군 총정치국이 간행한 팜플릿에서 지휘관이 명령을 내리면 당단체는 이 명령을 완수하는 데 자기의 모든 사업을 복종시켜야 한다고 밝히고 있다. 실제로 '종파주의 세력'은 당시에 이미 미국의 '하기 및 추기 공세'와 그 후 '선공세' 기도 때에 적의 공격과 배합하여 무장폭동을 일으켜 당과 정부를 전복하고 '새 정부', '새 당', '새 지도부' 구상안을 지니고 있었다고 언급[50]하고 있다. 즉, 김일성은 종파주의와의 충돌이 국가의 운명과 직접 결부된다고 판단하게 되었고, 이에 따라 문제의 해결로 당의 체계 정비를 중요하게 인식하게 한 계기가 된 것이다. 전쟁이라는 보이는 적과의 대립상황에서도, 당의 '통일단결'이라는 난제를 최일선에 배치하게 된 배경이다.

2) 대응: 정치사상 강화

당은 외견상으로 대중적 지지를 더욱 강화하면서, 내부적으로는 핵심의 응집에 주목하고 있었다. 사상의 문제는 시종 '전쟁과 같은 위기' 수준에서 간부대열을 정치사상적으로 철저히 준비시켰는지가 중요한 기준이었다. 그러나 실제로 전쟁 시기와 이어지는 위기마다 이탈자가 다수 발생한 것이 현실이었다. 이에 김일성은 당의 계통을 마련하고, 간부들의 교양을 강화하는 방법이 제대로 기능하지 못하는 순간에도 이를 포기할 수 없었다. 변화하는 대중들로부터 능동적으로 외연을 넓히는 간부를 모범으로 내세우

---

48) 앞의 책(1979년판), 359쪽.
49) 앞의 책(2004년판), 220쪽.
50) 위의 책(2004년판), 243쪽.

고, 이들에 대한 지지를 확보하는 방향을 제시했다. 그리고 그것이 제대로 작동하지 않으면 재차 수정하여 가능한 방식을 적용하는 전술을 택했다. 특히, 김일성은 당시 종파주의자들과의 논쟁에서 이들과 쟁점이 되는 부분에 대해서는 핵심당원들과 대중들에게 직접 호소하는 방식으로 자신의 경쟁력을 확보했다. 이러한 대중노선은 그가 주장한 '당과 대중의 통일단결'이라는 전략이 대중들의 지지기반에서 추진되도록 하는 가장 중요한 원천이었다. 전쟁과 그 이후 상시적인 내외의 위기가 존재하는 상황에서, 지도부와 상반된 행보를 취하는 정치 집단은 대중들의 가치 판단에 혼란을 일으키는 세력으로, 때로는 체제 위기 시도로 간주되었다. 이것은 해방 후 김일성과 국내파 공산주의자들의 근본적인 차이였다. 부르주아 민족주의자들을 포괄하는 민족통일전선을 국가 건설의 주체로 인식하는 김일성과 사회주의 일반 프롤레타리아 독재의 인민전선을 강조하는 세력들의 차이는 김일성이 유일 영도체계를 확립하게 되기까지 지리한 논쟁을 동반하였다. 국내파 공산주의자들의 행동은 특히 당이 대중적 지지를 확보하게 되지 못하는 차원에 대한 문제로 환원했다. 대중들을 무분별하게 첩자로 오인하고, 당원으로 받아들이지 않거나 책벌 중심으로 대하는 것들은 해소되어야 할 교조주의로 지적받았다. 김일성은 "청우당이나 민주당에 잠입한 반동분자들의 소행은 극소수에 불과하기 때문에, 우당들과의 통일전선을 파괴해서는 안된다"[51]고 강조하면서, 대중운동은 확대하되 간부들은 김일성에 대한 충성스런 집단으로 축소화하고 있었다. 이는 이후 간부들을 과소응집화[52]하는 계기의 출발이었다. 1979년 이후 관료주의, 형식주의 등의 서술을 삭제한 것으로 보건대, 종파주의를 비롯한 자유주의적 사상경향 및 여러 사상 경향들 중에서도 당의 유일체계를 따르지 않는 것을 광의의 종파주의로 규정하고 이것의 해독성을 가장 우려하고 있었다.

    당중앙위원회 정치위원회는 당적 체계를 통한 인민군 강화를 표방했으나, 인민군 총정치국이 제대로 기능하지 못하는 가운데 군사위원회를 강화

---

51) 『통일전선사업에 대하여』(서울: 한, 1990), 103쪽.
52) 정영철, 앞의 책, 98~103쪽.

하는 방향으로 대책을 세웠다. 김일성은 "군사위원의 역할을 높임으로써 문제 해결, 당과 정부의 전권대표로서 해당단위의 당 정치활동과 군사활동을 지도 통제하는 책임, 매월 군사회의를 열어 부대의 당 정치활동 상황과 전투준비 군사훈련 부대관리 상황 및 군인의 정치 도덕적 상태 등을 분석하여 필요한 대책을 세워야 한다"고 주장했다.[53]

전쟁 수행이 장기화되면서 가장 큰 난제는 바로 군대 내 당적 지도가 체계화되지 않고 있는 것이었다. 당사 전반에서 비판적으로 지적하듯이 '박헌영, 리승엽 등의 반혁명적 행위', '서울지구방어의 해독적 후과'는 교조주의의 후과로써, 전략 전술상의 실패에 대한 책임을 부과하고 있다. 당 규율을 위반 하는 자는 불순분자·비겁분자·이색분자로서 당 대열에서 내좇고 당을 강화하는 것, 이것을 당의 유일체계를 세우는 투쟁으로 묘사하고 있다.[54] 1952년 12월 제5차 전원회의 결정 실천을 위한 투쟁성과도 사상을 중심으로 한 역사적 해석을 강화한 것이다. 당사에서 "적들의 새로운 군사모험 파탄과 전쟁의 종국적 승리 앞당길 수 있게 한 결정적 요인"은 "당원들의 당성 단련을 강화하고 당을 조직 사상적으로 튼튼히 꾸릴 때 그 어떤 종파, 암해분자도 당 안에 배겨 있을 수 없다는 것을 똑똑히 보여주었다"는 표현으로 나타났다.[55] 이는 전쟁 이후, 북한 사회가 유일체계를 확립하는 데 가장 큰 힘을 쏟게 된 계기라고 볼 수 있다. 이탈자를 고립시키고 대중적 지지를 확보하는 방식이 사상운동의 과정이었다.

7. 전쟁과 '주체': 주체사상 형성의 과정을 반영한 서술 변화

1991년판 당사 이후에는 '전쟁의 의의' 전반에 대한 인민군대의 사상적

---

[53] 김일성, 「인민군내 당정치사업을 강화하기 위한 몇 가지 과제에 대하여(1952.7.7)」, 『김일성저작집』 7권(평양: 조선로동당출판사, 1981), 315쪽.
[54] 앞의 책(2004년판), 222쪽.
[55] 앞의 책(1979년판), 381쪽.

역할 강화가 가장 큰 승리의 요인이라고 강조하고 있다. 주체사상과 맑스-레닌주의는 1980년대까지 당사업56)을 정의하는 데 혼재된 개념으로 존재했음이 분명하다. 그러나 『주체철학에 대하여』에 이르러서 "맑스주의의 역사적 공적은 인정하지만, 그것을 로동계급의 완성된 철학으로 보지 않는다"57)는 점을 분명히 하고 있다. 이는 1990년대 동구 사회주의권 몰락 이후, 김정일이 발표한 「사회주의는 과학이다」를 통해 인민대중에 근거한 과학적 사회운동론을 가능하게 하는 주체사상의 우월성을 전면화하기 시작한 후의 행보를 짐작하게 한다.58) 최근에는 『사회주의에 대한 주체적 이해』를 통해, 북한 스스로가 '발전하는 현실에 맞는' 사회주의 이론을 정립하고 있다는 자부심을 드러내고 있다.59) '주체철학'이 새로운 사회주의를 창조하고 있다는 것이다. 집단주의를 사회주의 력사발전의 법칙으로 설명하면서, 이것이야말로 당면한 사회주의 건설을 위한 '선결조건'이라고 주장한다.60) 사회주의의 존속여부는 사상 문제가 관건이라고 파악하고, 사회주의제도가 선 이후에도 "혁명은 근로인민대중의 자주성을 완전히 실현할 때까지" 계속되어야 한다는 것이다.61) 이러한 이론적 기초는 2004년 당사의 판본에 이르러 전면에 영향 미쳤을 것으로 풀이할 수 있다.

전쟁부분에서 군사기술상의 승리를 자축하던 것이 정치사상적 측면에서 승리로 수정하게 되는 이유는 바로 위와 같은 사회주의 사상에 대한 변화

---

56) 당사업이란, "당을 튼튼히 꾸리고 공고히 하며 당을 끊임없이 장성발전시키며 당조직들을 옳게 발동시켜 맑스-레닌주의 정당으로서의 전투적 기능을 충분히 발휘하게 하는 것"이라고 한 김일성의 교시를 들어 해설하고 있다. 이것은 곧 "주체사상을 확고부동한 지도사상으로 하여 당안에 유일사상체계를 철저히 세우며, …… 위대한 수령님을 중심으로 하는 전당의 사상의지를 강화하는 것이다"라고 변화했다. 『현대조선말사전』(평양: 과학 백과사전출판사, 1981), 604쪽.
57) 김정일, 「사회주의의 사상적 기초에 관한 몇 가지 문제에 대하여(1990.5.30)」, 『주체철학에 대하여』(평양: 조선로동당출판사, 2000), 93쪽.
58) 김정일, 「사회주의는 과학이다(1994.11.1)」, 『김정일선집』 10권(평양: 조선로동당출판사, 1998), 456~488쪽.
59) 오성길, 앞의 책, 80~107쪽.
60) 위의 책, 9~16쪽.
61) 위의 책, 184~198쪽.

와 관련을 갖는다. 1979년판 이후, 서술 전반에서 미국을 비롯한 연합군에 대해 기술적·물량적 측면보다는 정치적 정당성을 확보하는 방향으로 변화했다. 1960~1970년대 사회주의 진영의 변화 속에서 정치적으로 주체를 각성시키는 것이 무엇보다 중요하게 대두되었다. 군사상 장비나 기술력의 차이, 사회주의의 선진국이라 일컬어졌던 소련이 군비경쟁 끝에 몰락의 길을 걷는 것을 보고, 전쟁 승패의 관건적 요인 역시 정치적 의의가 우위에 있다는 깨달음이었다.

김일성이 직접 언급한 바와 같이, "전쟁의 발생과 무력의 발전이 경제적 조건에 의존한다는 것은 이미 지난 세기에 맑스주의 과학에 의해 확정되었다", "륙해군만큼 경제적 조건에 의존하는 것이 없다"[62)는 것은 엄연한 사실이었다. 그러므로 당과 군의 지도부에서도 생산력 발전에 따른 제도의 우위를 인정할 수밖에 없는 상황에서 실질 무력의 차이는 정치사상적 무장으로만 극복할 수 있는 것이 아니었다. 그럼에도 불구하고 "수적, 기술적으로 우세한 적들의 진공"에 대해 위기를 돌파할 대응방향은 유일체계의 사상적 강화를 통해 혼란을 최소화하는 방식을 택할 수밖에 없었던 것이다. 당의 체계가 확고하지 않은 상황에서 간부와 군대 내의 교조주의는 물리적인 폭탄 이상의 위험이었을 것이다. 이는 전시에 국가의 생사존망이 걸린 문제로써 간부를 엄중히 문책하는 기준이 되었다. 허가이, 박창옥 등의 교조주의의 후과를 경험한 김일성은 간부에게 '정치적 생명'[63)을 최우선으로 할 것을 주문했다. 따라서 인민군대를 정치사상적으로 튼튼히 꾸리기 위한 사업에 가장 역점을 두었다. 1951년 2월 20일 당중앙위원회 정치위원회, 조

---

62) NA, RG 242, SA 2012, Item 5/37, 조선인민군 총정치국 선전선동부, 「강연자료-현대전쟁에 있어서의 경제적 요인에 대하여」, 1~3쪽, 25쪽.

63) 이는 1979년판에서 최초로 언급되었는데, 당일군들의 문제를 사상적으로 규정하고, 정치적 생명을 위해서는 육체적 생명까지도 서슴없이 바칠 수 있는 정치사상적 준비가 추가되었다. 이러한 관점의 확립은 1986년 김정일에 의해 '사회정치적생명체론'과 결합하면서 수령은 '사회정치적 생명'을 부여하고 혁명가들에게 영생하는 삶을 부여하는 존재가 되었다. 인간의 육체가 양식을 필요로 하듯 혁명가들은 사상적 양식을 통해 육체적 생명 이상으로 '정치적 생명'을 유지하는 것이 중요한 덕목이라는 것이다. 정영철, 앞의 책, 89쪽.

선인민군 군단군사위원제를 내오고, 인민군대의 당 단체들과 정치기관들의 역할을 높이기 위한 조치를 단행하면서, 김일성은 당정치사업의 중심과 업을 제시했다.

8. 민족통일전선과 자주적 국제관계 전략

전쟁 당시 김일성의 연설은 통일전선사업을 중요하게 다루고 있었으나,[64] 1950년대 후반의 정서가 남과 북의 감정적·정치적 대립이 극대화되었기 때문에 초기 당사에는 기술하지 않은 것으로 풀이된다. 처음 당사에는 이에 대한 언급을 하지 않다가, 1979년판 이후 전체회의 내용과 김일성의 연설내용[65]을 복원하며, 통일전선사업을 재차 강조했다. 조선로동당, 북조선민주당, 북조선 천도교청우당 도위원회 위원장 연석회의는, "각 정당들이 통일전선 강화와 전쟁승리를 위해 인민들을 조직 동원할 데 대하여"를 당 중앙위원회 정치위원회의 결정으로 언급하고 있다. 또한 김일성은 회고록 『세기와 더불어』에서 "사회주의 혁명이 민족국가 단위로 진행되는 새로운 역사적 조건하에서 식민지 나라들에서의 진정한 민족주의와 진정한 공산주의 사이에는 사실상 깊은 심연도 차이도 없다. …… 진정한 공산주의자도 참다운 애국자이며, 또 진정한 민족주의자도 참다운 애국자라고 보는 것은 나의 변함없는 신조이다. 그러므로 나는 우리 자신을 공산주의자인 동시에 민족주의자이며 민족주의자인 동시에 공산주의자라고 서슴없이 말하는 것이다."[66]라고 그의 입장을 표명했다. 1999년에 간행한 『조선대백과사전』에서는 공식적으로 민족주의에 대해 "민족의 이익을 옹호하는 사상"

---

64) 『통일전선사업에 대하여』(서울: 한, 1990).
65) "전체 조선 인민은 또다시 외래 제국주의자들의 노예가 되기를 원치 않거든 리승만 매국 〈정권〉과 그 군대를 타도 분쇄하기 위한 구국 투쟁에 다 같이 일어나야 합니다. 우리는 온갖 희생을 무릅쓰고 반드시 최후의 승리를 쟁취하여야 하겠습니다." 앞의 책(1979년판), 333쪽.
66) 김일성, 『세기와더불어 8』(계승본)(평양: 조선로동당출판사, 1992), 363쪽.

으로 긍정적으로 평가하고 있다.(67) 맑스-레닌주의의 관점에서 민족주의를 부르주아 사상적 견해라고 비판하던 지난날과는 달리, 1980년 이후 당사의 서술변화는 남북한을 포괄한 '민족' 주체가 해방 이후 걸어온 역사를 복원하는 데 보다 강조를 두고 있다.

초기 당사에서 전쟁의 의의는 "자본주의 전반의 위기를 예견하고, 기술적으로 우세한 자본주의에 대해서 사상의 힘으로 능히 맞설 수 있다"(68)는 지점을 강조하는 것이었으나, 1991년판 이후에는 결과를 자신하기보다는 피압박민들의 비타협적 투쟁에 대한 정당성을 옹호하는 방향(69)으로 초점을 달리하고 있다. 이러한 인식은 1988년 현대 국제법에서 국제관계에 대한 정의에서도 드러나는데, "현대 국제법은 자주성을 옹호하는 국가들 사이의 국제관계를 발전시켜나가는 행위규범이며, 자주성을 반대하는 반동세력과의 투쟁의 무기이며, 온 세계의 자주화 위업 수행의 법적 담보"(70)라고 규정하고 있다.

이와 같이 통일전선문제와 국제관계에서의 북한의 서술 변화는 특히, 1990년대 사회주의권의 붕괴 이후, 일관된 경향으로 나타나고 있다. 즉, 북한은 과거의 계급적 입장을 누그러뜨리고 민족적 가치와 그에 따른 반제·반외세의 입장을 강화하고 있으며, 국제관계 역시 자신들의 주장대로 '자주성'을 위한 피압박 민족들의 투쟁을 중심에 놓고 고찰하고 있는 것이다.

9. 맺음말

전쟁사의 서술은 조선로동당의 대미관계사와 남북관계 변화 등을 주되

---

67) 편집국, 『조선대백과사전』(평양: 백과사전출판사, 1999), 86쪽.
68) 앞의 책(1979년판), 305쪽.
69) 앞의 책(1991년판), 319쪽.
70) 이근관, 「북한의 국제법에 대한 태도분석: 북한 국제법 사전을 중심으로」(서울대 통일연구소 심포지엄, 2008년 2월 27일).

게 반영한 종합적 결과였다. 전쟁은 '남한'이라는 '눈에 보이는 적'과의 대결이었으나, '행위 과정'보다 '원인'에 주목하며, 실질적 간극을 정치적 의의를 통해 극복하고자 한 변화의 시도로 파악할 수 있다. 남북의 대치상황으로 전쟁 당시엔 점령과 지배의 공간으로 인식했으나, 제국주의와 필연적 대결, 남북통일 의지의 강조에 따라 전쟁의 성격과 당의 대응방향에 대한 규정을 고심해왔다. 초기에 전쟁에 대한 정의는 국내전, 국내 반동세력과의 전쟁, 인민민주주의를 수호하기 위한 계급적 명분과 제국주의에 반대하는 반제통일전선의 관점이 혼재해 있었으나, 점차 민족을 강조하는 방향으로 수정하고 있다. 한국전쟁은 이데올로기 대립을 원인으로 하여 발생한 것이 아니라, 제국주의 침략에 의해 민족이 희생당한 사건으로 정치적 원인을 중심으로 의의를 해석했다. 남과 북의 관계는 해방 직후 김일성이 주장한 민족통일전선의 연장선에서 파악했으며, 이후 당사 서술의 변화에서도 이에 대한 그의 주장을 복원하고 강화하는 방향으로 조정해 나갔다. 남북 '민족' 전체가 제국주의에 맞서 싸워왔던 것을 강조하는 방향으로 당사 전반을 개편해 나갔다. 당의 역사는 자신의 응집력과 정치적 정체성을 유지하며, 외연을 넓히고자 하는 방향을 강조했다. 마찬가지로 전쟁 위기에 제대로 기능하지 못하는 당의 체계를 허무는 것이 아니라, 최초 구성체를 중심으로 구심력을 발휘하는 것을 포기하지 않은 데 있다. 그 '집합적 힘'을 확대하고자 하는 의도는 당사의 변화방향을 통해서 확인할 수 있다. 당이 물적 토대를 장악하지 못하는 위기상황에서도 당은 사상교양자로서의 기능을 가장 중요한 역할로 파악했다. 당사는 미국을 비롯한 제국주의 진영에 대해 현대전을 통해서도 능히 이길 수 있다는 자본과 기술 대결 국면을 강조하던 초기의 서술에서 벗어나 점차 사상에서의 우위가 보다 결정적이라는 방향으로 수정해 나갔다. 국제관계도 더불어 피압박민들의 비타협적 투쟁에 대한 정당성을 옹호하는 방향으로 초점을 달리 하고 있다. 이는 전쟁과 더불어 미국과의 관계에서 대척점에 서게 되면서, 국제관계에서 고립된 북한에게 최우선하는 타개책이었다. 이것은 사회주의를 생산력 발전의 물질 토대를 중심으로 설명하는 일반 사회주의논의에서, 북한의 '우리식 사회주의'가 본격적으로 자기 궤도에 들어서는 과정과 일치한다. 집단주의와 반제투쟁을 강조하는 '주체철학'을 기반으로, 평화는 투쟁으로써만 쟁취할 수 있다는 입장을 고수하고 있다.

전쟁사의 변화에서 가장 두드러지는 특징은 당을 정치사상적으로 끊임없이 강화할 것을 주문하고 있다는 것이다. 당사는 내외의 정세변화에 따라 시대적 함의를 포함해 왔다. 이는 북미 간 외교관계의 변화추이에 따라, 당이 모색할 새로운 노선에 대해서도 앞으로 그렇게 나타날 것으로 보인다.

참고문헌

고유환, 『로동신문을 통해 본 북한변화』(서울: 선인, 2006).
김남식, 「전쟁전후 남한에서의 무장유격투쟁의 전개」, 『한국전쟁연구』(서울: 태암, 1990).
김일성, 「프로레타리아 국제주의와 조선인민의 투쟁」, 『김일성선집』 4권(평양: 조선로동당출판사, 1954).
_____, 「당사업을 강화하기 위하여(1970.11.2)」, 『조선선로동당 제5차대회에서 한 중앙위원회 사업총화보고』(평양: 조선로동당출판사, 1970).
_____, 「모든 힘을 민주기지강화를 위하여」, 『김일성저작집』 8권(평양: 조선로동당출판사, 1980).
_____, 「인민군내 당정치사업을 강화하기 위한 몇 가지 과제에 대하여」, 『김일성저작집』 7권(평양: 조선로동당출판사, 1980).
_____, 『세기와더불어 8』(계승본)(평양: 조선로동당출판사, 1992).
김정일, 「사회주의는 과학이다」, 『김정일선집』 10권(평양: 조선로동당출판사, 1998).
_____, 「사회주의 사상적 기초에 관한 몇 가지 문제에 대하여」, 『주체철학에 대하여』(평양: 조선로동당출판사, 2000).
_____, 「사회주의는 우리 인민의 생명이다」, 『김정일선집』 13권(평양: 조선로동당출판사, 2006).
_____, 「사회주의에 대한 주체적 리해」, 『김정일선집』 10권(평양: 조선로동당출판사, 2006).
김철범, 『한국전쟁을 보는 시각』(서울: 을유문화사, 1989).
박명림, 『한국전쟁의 발발과 기원 1, 2』(경기: 나남, 1996).
박순서, 『대중정치 용어사전』(평양: 조선로동당출판사, 1964).
박창옥, 「현 단계에 있어서 대중정치사업의 강화」, 『근로자』 1951년 2월호.
서동만, 『북조선사회주의 체제성립사』(서울: 선인, 2005).
양영조, 『한국전쟁과 동북아국가정책』(서울: 선인, 2007).
오성길, 『사회주의에 대한 주체적 이해』(평양: 평양출판사, 2006).
와다 하루끼, 서동만 역, 『한국전쟁』(서울: 창작과 비평사, 1999).

윌리엄 스툭, 조성규 역, 『한국전쟁의 국제사』(서울: 푸른역사, 1995).
이근관, 「북한의 국제법에 대한 태도 분석: 북한 국제법 사전을 중심으로」, 『통합연구를 위한 북한 실태 재조명』, 서울대 통일연구소(2008년도 상반기 통일학 기초연구 학술 심포지엄, 2008.2.27).
임영태, 『북한 50년사』(서울: 들녘, 2005).
정병준, 『한국전쟁』(서울: 돌베게, 2006).
정영철, 『김정일 리더십 연구』(서울: 선인, 2005).
조선로동당 당중앙조직위원회 결정서(제48차) 「전시환경에서 당조직사업에 관하여(1950.12.23)」, 『북한관계사료집 29』(과천: 국사편찬위원회, 1998).
조선로동당 당중앙조직위원회 결정서(제49차) 「후퇴과정과 적들의 강점기간에 있어서 당문건을 유실한 당원들에 대한 당적 문제 취급에 대하여(1951.1.23)」, 『북한관계사료집 29』(과천: 국사편찬위원회, 1998).
조선로동당 당중앙조직위원회 결정서(제71차) 「당원 등록 사업과 관련되는 몇 가지 문제에 대하여(1951.9.1)」, 『북한관계사료집 29』(과천: 국사편찬위원회, 1998).
조선로동당 당중앙조직위원회 결정서(제73차) 「당 교양 체계에 있어서 1950~51 학습년도 총화와 1951~52 학습년도 실행에 대하여(1951.9.25)」, 『북한관계사료집 29』(과천: 국사편찬위원회, 1998).
조선로동당 중앙위원회, 『조선로동당 당중앙조직위원회 결정집』(평양: 조선로동당출판사, 1957).
조선로동당중앙위원회 당력사연구소, 『조선로동당력사교재』(평양: 조선로동당출판사, 1964).
_____, 『조선로동당략사』(평양: 조선로동당출판사, 1979).
_____, 『조선로동당력사』(평양: 조선로동당출판사, 1991).
_____, 『조선로동당력사』(평양: 조선로동당출판사, 2004).
조선중앙통신사, 『조선중앙년감』(평양: 조선중앙통신사, 1951~1952).
한림대학교 아시아문화연구소 편집국, 『빨치산 자료집 1』(춘천: 아시아문화연구소, 1996).

「날로 높아지는 쁠럭불가담운동의 지위와 역할」, 『로동신문』, 1998년 2월 1일자.

『조선대백과사전』(평양: 백과사전출판사, 1999).
『조선민주주의인민공화국 헌법』(서울: 학우서방, 1958).
『조선중앙년감』(평양: 조선중앙통신사, 1951~1952).
『통일전선사업에 대하여』(서울: 한, 1990).
『현대조선말사전』(평양: 과학, 백과사전출판사, 1981).
『현대조선말사전』(평양: 조선로동당출판사, 1964).

A. Doak Barnett, *Communist China and Asia* (New York: Vintage Books. 1961).

Adam B Ulam, *Expansion and Coexsistence: Soviet foregin policy, 1917~73*, 2nd ed.(New York: Praeger Publishers, 1974).

Alexander Dallin, *Soviet Foreign Policy After Stalin* (Philadelphia. J. B. Lippincott. 1961).

Alfred Crofts, "The Start of the Korean War Reconsidered", *Rocky Mountain Social Science Journal* (April, 1970).

Bruce Cumings, *The Origins of the Korea War* 2 Vols.(Princeton: Princeton University press, 1981).

Bruce Franklin(ed), *The Essential Stalin-Major Political Writings 1905~52* (London: Grocm Helm, 1973).

D. F. Fleming, *The Cold War and Its Origins 1917~1960* (Garden City. N.Y.: Doubleday and Co., 1961).

Harold Hinton, *Communist China in World Politics* (Boston: Houghton Mifflin Co., 1966).

I. F. Stone, *The Hidden History of the Korean War* (New York: Monthly Review Press, 1952).

V. I. Lenin, *Collected Works*, Vol. 29(1919. March-August)(Moscow: Progress Publishers, 1977).

Wilbur Chaffee, "Two Hypotheses of Sino-Soviet Relations as Concerns the Instigation of the Korean War", *Journal of Korean Affairs*, Vol. 4, No.3~4(October 1976~

January 1977).

NA, RG 242. SA 2012, Item 5/37, 조선인민군 총정치국 선전선동부, 「강연자료-현대전쟁에 있어서의 경제적 요인에 대하여」(1952).

조선로동당사의 '유일체계' 형성과 '후계체제' 서술 변화

조은성

1. 머리말

　1950년대부터 1960년대 전반기까지 매우 역동적이었던 북한의 정치무대는 1960년대 중반을 넘어서면서부터 '김일성체제'로 명료하게 정리가 되어간다. 형식적이나마 세력균형을 고려했던 북한의 정치현실은 1967년을 기점으로 완전히 새로운 체제로 전환되었다. 이는 당 역사 서술의 변화에서도 확연히 드러난다.

　유일체계가 형성되기 직전에 편찬된 1964년 당사와 유일체계가 확립된 뒤 편찬된 1979년 당사 사이에는 단절의 측면이 존재한다. 1979년판과 후계체제가 안정적으로 구축된 뒤에 나온 1991년판 당사는 같으면서도 다른 일련의 맥락을 갖고 있다. 그리고 가장 최근의 당 역사인 2004년판은 1991년판보다 김정일시대에 맞게 새로 쓴 역사라 볼 수 있다.

　본고에서는 '유일체계 형성과 후계체제'를 주제로 각 판본에 따른 서술 변화를 살펴볼 것이다. 시기상으로는 1960년대 중반부터 1980년대까지를 아우르게 되고, 내용적으로는 유일체계 형성의 효시로 볼 수 있는 1967년 5월 제4기 제15차 전원회의와 1974년 김정일의 후계자 내정, 1980년 6차 당대회를 통한 김정일의 공식적 등장과 같은 굵직한 계기점을 중심으로 변화를 추적한다.

2. '위대한 수령'의 등장

1) 숙청되는 빨치산파

1964년판 당 역사 교재는 마지막 결론에서 김일성 앞에 '위대한 수령'을 붙이며 수령의 시대를 예고하고 있다.[1] '김일성 동지'라고만 기술돼 왔던 부분이 '위대한 수령 김일성 동지'로 전환되고 있는 것이다. 이때는 이미 1956년 이후 '반종파투쟁'을 통해서 연안파와 소련파가 실각[2]한 뒤 김일성 중심의 항일빨치산파가 독주체제를 구축해가고 있었다.[3] 범빨치산계열 또

---

1) "어떠한 간악한 원쑤도 어떠한 큰 난관도 당과 수령의 주위에 철석 같이 뭉치여 나아가는 우리 인민의 앞길을 결코 가로막을 수 없다. 위대한 수령 김일성 동지의 현명한 지도 밑에 백전백승의 맑스-레닌주의의 기치를 높이 들고 확신성 있게 전진하고 있는 우리 당과 인민에게는 오직 새로운 승리, 더욱더 큰 승리만이 약속되여 있을 뿐이다." 조선로동당중앙위원회 당력사연구소, 『조선로동당력사교재』(평양: 조선로동당출판사, 1964), 519쪽.
2) 김일성 중심 세력은 1961년 9월 11일부터 18일까지 열린 제4차 당대회에서 '반종파투쟁' 결과 역사적으로 내려오던 종파오물을 청산했다고 선언했다. 그러나 1964년 당사는 "력사적으로 내려오던 종파 오물들을 청산하였다고 하여 당의 통일 단결을 강화하기 위한 투쟁이 끝날 수는 없으며 그것은 끊임없이 진행되는 당의 항구적인 사업"(위의 책(1964년판), 472쪽)이라면서 빨치산그룹만 남게 됐음에도 칼날을 거두지 않겠다는 뜻을 분명히 하고 있다. 더욱 높은 수준의 사상적 통일을 요구하는 것이다. 이것이 이후 등장하게 되는 유일사상체계이다. 당사는 유일사상체계를 노동계급의 혁명적 당으로 되기 위한 선차적 조건에 두고, 유일사상에 위배되는 세력에 대한 숙청을 합목적성을 가진 '당내 투쟁'으로서 정의하고 있다.
3) 1964년 당사에 나오는 종파 관련 내용은 1945년 북조선에서의 당 창건 사업과정에서 언급된 오기섭과 1950년대 초반 숙청된 '박헌영 도당', 1956년 8월 전원회의를 기점으로 숙청된 '최창익·박창옥 도당'에 대한 것으로, 오기섭을 제외하곤 1979년, 1991년, 2004년 당사가 거의 모두 동일하게 서술되고 있다. 오기섭의 경

는 빨치산파라고 불리는 이들은 동일한 무장투쟁의 경험을 바탕으로 결속했다. 이들의 끈끈한 동질성은 여타 세력과 같은 분열 없이 오래갈 것만 같았다.

그러나 빨치산파 내에서도 단층이 생겨나기 시작했다. 동북항일연군 제 1로군의 김일성부대와 2로군, 3로군 그리고 국내에서 김일성부대의 국내진공을 도왔던 세력 간의 균열이다. 한마디로 김일성 직계를 제외한 다른 빨치산 계열의 몰락이었다.[4] 1967년 5월 박금철·이효순 등 갑산파가 숙청됐고, 1969년 1월에는 김창봉·허봉학 등 군부 내 빨치산파에 숙청이 몰아쳤다.

특히 갑산파의 숙청은 김일성의 항일무장투쟁과 연관돼 있는 것이긴 했지만, 그의 권력 절대화에 도전하면 자리에서 물러나야 함을 보여주는 것이었다.[5] 이들은 김일성의 권력에 직접적인 도전을 한 것은 아니었지만, 유

우 1979년부터 실명이 빠지는데, 이는 박금철 등 1967년의 빨치산파 내 국내파 청산과 관련이 있다. 국내파 청산의 완료와 함께 실명비판의 필요성이 사라진 것이다. 최창익의 경우, 1964년에 비해 1979년 당사에서 '반당반혁명적종파책동'이 자세히 적시되었다. 1991년판은 1979년과 같고 2004년판에 새로운 문장이 추가되는데 최창익 등이 당을 공격한 내용이다. 예를 들면 소련공산당 20차 대회를 이단시한다느니, 인민생활이 어려운데 중공업건설에 치우친다느니, 간부정책이 틀렸다느니 하며 당을 공격했다는 내용을 상세히 열거하고 있다. 조선로동당중앙위원회 당력사연구소, 『조선로동당력사』(평양: 조선로동당출판사, 2004), 271쪽. 한편 '박헌영 도당'의 경우 1964년과 1979년, 1991년판은 내용에 별 차이가 없으나, 2004년판에서는 기존에 없었던 리승엽에 대한 내용이 보강되었다. "리승엽은 조선인민군 병종별 병력 수와 주둔지, 38선경비상태에 관한 자료를 비롯한 중요한 비밀들을 적들에게 제공하였다." 위의 책(2004년판), 243쪽. 또 하나 2004년판에서 추가된 내용은 '박헌영 도당'이 반당, 반국가적음모를 꾸미였을 때 무장폭동이 성공할 경우 세울 새 정부, 새 당의 지도부 구성안까지 짜고 있었다는 것이다.
4) 정영철은 이를 최고지도집단의 '과소응집'으로 표현하며, 김일성의 혁명전통을 '유일전통'으로 창조할 수 있는 정치적 조건이 형성됐음을 의미하는 것이라고 설명한다. 정영철, 『김정일 리더십 연구』(서울: 선인, 2005), 102~103쪽.
5) 김성보 외, 『사진과 그림으로 보는 북한 현대사』(서울: 웅진지식하우스, 2004), 180쪽. 박금철은 김일성의 보천보전투를 국내에서 도왔던 조국광복회 출신이었고, 이효순은 보천보사건에 연루되어 사형당한 이제순의 친형으로 둘 다 빨치산은 아니지만 빨치산 계열로 분류된다. 서대숙, 『현대북한의 지도자: 김일성과 김정일』(서울: 을유문화사, 2000), 183쪽.

일체제보다는 맑스-레닌주의적 원칙에 의거한 사회발전을 추진하고자 했다. 게다가 박금철의 경우 자신의 '전기'를 제작하고 자기 부인의 자신에 대한 충성의 내용을 담은 연극〈일편단심〉을 만드는 등 당시 형성돼가고 있던 '유일' 분위기와는 분명 다른 흐름을 띠고 있었다.6)

또한 박금철·이효순 사건 이후, 민족보위상에 오른 김창봉과 이효순의 후임으로 대남총국장에 임명된 허봉학은 김일성에 대한 과잉충성, 김영주에 대한 불만 등 좌경모험주의노선으로 경도되어 있었다. 당시 군부는 군사업무에 관한 한 당의 간섭을 별로 받지 않고 있었는데, 이들이 사회주의국가의 전통적인 당 우위 군사관계를 뒤집고 당의 지도를 거부한 것에 대해 김일성은 1956년 8월 종파 때보다 죄상이 더 크다고 비판했다.7)

그렇다면 유일사상체계 형성의 효시로 알려진 1967년 5월 당중앙위원회 제4기 제15차 전원회의에 대해 당사는 어떻게 서술하고 있을까.

1979년 당사는 이 회의의 내용에 대해 "당의 유일사상체계를 세울 데 대한 문제를 토의했다"고 밝히고 있다. 그에 따르면, 전원회의에서는 당 안에 숨어있던 부르주아 및 수정주의 분자들의 반당반혁명적정체가 여지없이 드러나 강한 사상투쟁이 벌어졌다. 이들은 김일성이 이룩한 당의 혁명전통을 헐뜯고, 교묘한 방법으로 당원들과 근로자들에 대한 당정책 교양 및 혁명전통교양을 방해하였으며, 당 안에 부르주아사상·수정주의사상·봉건유교사상·교조주의·사대주의·종파주의·지방주의·가족주의와 같은 온갖 반당반혁명적사상을 퍼뜨렸다는 것이다. 또 이들은 천리마운동의 발전을 방해하고 수정주의적 경제'리론'을 퍼뜨리면서 자본주의적인 생활양식을 유포했다고 비난하고 있다.

이어 이들이 저지른 죄행의 본질은 "당의 유일사상체계를 세우는 것을 방해하며 우리 당을 수정주의의 길로 나가게 하려는 데 있었다"면서, 노동계급의 혁명적당에는 오직 하나의 사상만이 있을 수 있고 당의 유일사상은

---

6) 기광서, 「북한국가와 유일체제의 수립」, 『새로운 북한읽기를 위하여』(서울: 법문사, 2005), 85쪽.
7) 정영철, 앞의 책, 124~128쪽.

곧 수령의 혁명사상이라고 규정했다.8) 결론적으로 이 회의는 "위대한 수령 김일성 동지를 중심으로 하는 우리 당의 통일과 단결을 더욱 철석같이 강화하며 전당을 수령님의 혁명사상, 주체사상으로 일색화하는 데서 새로운 획기적계기로 되였다"는 것이다.

특히 1979년 당사는 김일성의 교시를 통해 유일사상체계를 세운다는 것이 무엇을 의미하는지를 다음과 같이 정의내리고 있다.

> ······ 당의 유일사상체계를 세운다는것은 자기 수령의 혁명사상, 자기 당 정책으로 전당을 무장시키고 모든 당원들을 수령과 당중앙의 주위에 굳게 묶어세워 혁명사업을 해나가도록 한다는 것을 의미합니다.9)

그런데 1991년판에 가면 이 교시가 빠지고 대신 다른 교시가 언급된다.

> 만일 당안에 당의 유일사상과 어긋나는 딴 사상이 조금이라도 허용되거나 행동상통일이 보장되지 않는다면 그러한 당은 사실상 하나의 당이라고 말할 수 없습니다.

하지만 이 교시는 1979년 당사에도 일반적 서술로 들어있던 내용이다.10) 전자의 교시가 담고 있는 내용 역시 1991년판에 일반적 서술로 반영돼 있다. 언급되는 교시가 달라진 점, 유일체계 형성과 관련해 1967년 5월 회의에 좀 더 무게를 실어준 점11)을 제외하고는 1979년 당사와 1991년 당사의

---

8) 조선로동당중앙위원회 당력사연구소, 『조선로동당략사』(평양: 조선로동당출판사, 1979), 599~600쪽.
9) 당시 '당중앙'은 김정일을 지칭하는 은유적 표현이었다. 후술하겠지만 이는 유일체계 확립이 후계체제 확립과 긴밀히 연계돼 있음을 확인하게 되는 부분이다. 위의 책(1979년판), 600쪽.
10) "······ 만일 당안에 수령의 사상과 어긋나는 딴 사상이 있다면 그러한 당은 사실상 하나의 당이라고 말할 수 없다." 위의 책(1979년판), 601쪽.
11) 1979년 당사에서는 '새로운 획기적 계기'로 평가되었으나 1991년판에서는 '결정적인 전환의 계기'로 표현되었다. 그 외 1967년 5월 회의에 대한 1979년 당사와 1991년 당사 서술은 문장을 다듬은 정도의 차이만 있다.

차이는 거의 없다.

결정적 차이는 2004년판에서 나타난다. 2004년판에는 1967년 5월 회의에 대한 김일성의 교시가 전부 빠지고 김정일의 '말씀'이 기록되고 있다. 이는 앞서 설명한 2004년판 당사의 특징과 관련된다. 2004년판 당사가 김정일을 중심으로 정리된 당사이기도 하지만 실제로도 1967년 5월 회의는 김정일이 막후에서 주도한 것이었다.12) 2004년판 당사에서 나타나는 유일체계 관련 서술 변화는 3장('당 위의 당' 김정일)에서 보다 자세히 다루도록 하겠다.

2) 유일체계로의 재편: '당'을 딛고 올라선 '김일성'

(1) '동지'에서 '수령'으로

1964년까지 '동지'에 머물러 있었던 김일성은 1967년 이후부터 '위대한 수령님', '경애하는 수령님'으로서 조사에도 '께서'가 붙는 등 극존칭의 대상으로 격상한다. '정책적 지침'이었던 교시는 이제 반드시 관철해야 하는 '정언명령'으로서의 위치를 획득했다.

김일성의 말은 이제 '위대한 수령님의 말씀'이 되었고, 유일체계의 심화는 말씀의 효과를 극대화시키기 위해 이를 공식화한 '교시'로 명명되기에 이른다. 1979년 당사에 등장하는 '청산리교시집행총화', '대안교시집행총화' 사업과 같은 표현은 교시의 바뀐 성격을 잘 드러내주고 있다.

유일체계 확립 뒤, 처음 나온 1979년 당사에서는 김일성의 교시가 매우 빈번하게 등장하는 것을 볼 수 있는데, 호칭의 변화와 높임말의 사용은 김일성을 중심으로 한 내용의 전면적 수정으로 이어지고 있다. 예를 들면 조선로동당의 "올바른 지도가 있음으로 하여 조선인민은 제국주의도 물리치고 북반부에서 반제반봉건적 민주혁명을 완수할 수 있었다"는 설명들13)이 모두 조선로동당의 현명한 지도가 아니라 위대한 수령 김일성 동지의 영도

---

12) 이종석, 『새로 쓴 현대북한의 이해』(서울: 역사비평사, 2000), 498쪽.
13) 앞의 책(1964년판), 503~504쪽.

로 바뀌게 된다. 한마디로 '당'을 '김일성'이 대체하고 있는 것이다. 동지에서 수령으로 격상된 김일성은 이제 당 위에 선 존재가 되었다.

당사에서 비난받는 이른바 '종파'들은 북한정치에서 상당한 영향력을 구축했던 세력이라 볼 수 있는데, 북한에서 '종파'란 "당 전체의 이익과 통일에 어긋나게 자기들의 좁고 작은 이익을 위하여 당의 노선과 당 중앙을 반대하며 당 조직체 안에서 분열적 행동을 하는 자들의 집단 또는 분파"를 가리킨다.[14] 김일성을 중심으로 한 당의 유일체계로의 재편은 당의 통일과 단결이라는 명분 속에서 다른 세력을 '종파'의 이름으로 제거할 수 있게 했다.[15] 1979년 당사부터는 '경애하는 수령 김일성 동지' 외 '반당반혁명종파분자'들을 '철저히 청산'한 토대 위에서 써진 교재인 것이다. 유일사상체계 형성으로 당사 연구실도 '김일성동지혁명력사연구실'로 이름을 바꾸게 되었고, 이곳은 당의 유일사상교양의 거점이 되었다.[16]

이 같은 유일체계 형성과 수령의 등장은 당시 국제정세에 대한 북한지도부의 인식을 바탕으로 추진된 것이기도 했는데, 당사에서는 1966년 당대표자회가 중요하게 언급되고 있다. 김일성은 1966년 10월 당대표자회에서 「현 정세와 우리 당의 과업」이란 '력사적 보고'를 통해 당시 정세에 대한 분석과 북한의 자주노선을 우회적으로 제시한 바 있다. 1979년 당사는 이를 "조선혁명의 앞길을 휘황히 밝혀준 강령적 문헌"[17]이라 규정했다. 1991년 당사도 "국제정세가 긴장하고 국제 공산주의 운동 안에 복잡한 사태가 조성

---

14) 조선민주주의인민공화국 과학원 언어문학연구소 사전연구실, 『조선말사전』(평양: 과학원출판사, 1962), 2915쪽.
15) 당사에서 '종파'로서 비난되는 인물들의 언급 횟수를 따져보면 단연 박헌영이 압도적이다. 1964년, 1979년, 1991년, 2004년 당사를 통틀어 언급 횟수대로 순위를 매겨보면, 박헌영(116), 최창익(37), 박창옥(20), 허가이(17), 리승엽(15), 박금철(4), 김도만(1)·오기섭(1) 순이다. 자세한 것은 〈부록 1〉 참조.
16) 1979년 당사에서는 '김일성동지혁명사상연구실'로 나오는데, 1991년 당사에서는 '김일성동지혁명력사연구실'로 이름이 바뀌었다. 2004년 당사에는 유일사상교양을 강화하면서 '조선로동당력사연구실'을 '김일성동지혁명력사연구실'로 개편하는 조치를 취했다는 설명이 나온다.
17) 앞의 책(1979년판), 587쪽.

되였던 시기에 가장 정확한 주체적 혁명로선을 내놓은"18) 회의로 비중 있게 다루었다. 이는 2004년 당사도 마찬가지인데, 여기에서는 국제공산주의운동 분열의 두 축이었던 소련과 중국에 대한 비판이 직접적으로 나오고 있다.

> 현대수정주의자들은 1961년 10월 소련공산당 제22차대회에서 선대수령을 더욱 악랄하게 비방중상하는 한편 '전인민적당', '전인민적국가'론을 비롯한 기회주의적로선을 들고나왔다. 그리고 대회연단에서 다른 나라 당을 지명공격하면서 그 지도부를 헐뜯었다. 그 후에 진행된 동유럽의 여러 사회주의나라 당대회들에서도 우리 당을 비롯한 다른 나라 당들을 공격하는 사태가 빚어졌다. 현대수정주의자들은 개별적당들 사이의 의견상이를 국가관계에까지 확대하여 외교관계, 무역관계를 단절하는 행위도 서슴지 않았다.19)

> 한편 국제공산주의운동안에는 좌경기회주의가 대두하여 초혁명적인 구호를 들고 다른 극단에서 정세를 더욱 복잡하게 만들었다. 좌경기회주의자들은 수정주의를 반대한다는 구실 밑에 국제공산주의운동의 통일단결을 부인하고 저들의 좌경적로선을 따르지 않는 당들에 대하여 〈수정주의의 앞잡이〉라고 하면서 배척하였다. 그리하여 당들 사이의 의견상이를 더욱 첨예하게 만들었다.20)

2004년 당사에는 이처럼 국제공산주의운동 진영의 분열과 미국의 위협이라는 배경 속에 북한이 주체노선을 걷게 되는 과정을 비교적 자세히 언급하고 있다. 그럼에도 소련과 달리 중국을 직접 거론하지 않은 것은 현존하는 중국과의 관계를 고려한 것으로 보인다.

또한 1991년 당사부터는 1980년대 전개된 주체사상의 체계화에 따라 당의 유일사상체계 확립의 필요성과 관련된 설명들이 논리적으로 보완되고

---

18) 조선로동당중앙위원회 당력사연구소, 『조선로동당력사』(평양: 조선로동당출판사, 1991), 429~430쪽.
19) 앞의 책(2004년판), 340쪽.
20) 위의 책(2004년판), 342쪽.

있다. 특히 '주체의 혁명적 수령관'이란 말이 처음 등장하는데, 당의 유일사상체계를 세우는 것이 "주체의 혁명적 수령관에 기초하여 제시된" 노동계급의 당 건설의 근본원칙으로 정리되고 있다.[21]

이 같은 유일체계로의 재편에 있어 김정일의 역할을 빼놓을 수 없다. 김정일은 1967년 갑산파 숙청에서부터 적극 개입[22]했고, 1974년 후계자로 내정된 뒤부터는 유일체계 강화에 더욱 박차를 가했다. 특히 1982년 「주체사상에 대하여」로부터 시작되는 주체사상의 심화이론작업은 수령을 최고뇌수의 자리에 앉히며 '사회정치적생명체론'을 탄생시켰다.[23] 이제 수령은 육체적 생명을 뛰어넘는 '사회정치적생명체'의 최고뇌수로 신격화된 것이다.

(2) '김일성동지의 당'으로서의 조선로동당

김일성이 수령으로서의 절대적 권위를 갖게 되면서 조선로동당은 '혁명적 맑스-레닌주의 당'에서 '김일성동지의 당'으로 재정의되었다.

> 우리 당은 온갖 종파주의와 기회주의를 극복하고 위대한 수령 김일성동지의 혁명사상, 주체사상에 기초하여 당의 유일사상체계를 철저히 세움으로써 영광스러운 김일성동지의 당, 주체형의 혁명적 당으로서의 성격과 사명을 더욱 뚜렷이 하고 당의 통일과 단결을 가장 높은 수준에서 보장할 수 있었다.[24]

유일체계 성립 직전인 1964년판 당사만 해도 조선로동당은 '혁명적 맑스-레닌주의 당'으로 규정되었다.[25] 물론 맑스-레닌주의 이론을 교조적으

---

21) 앞의 책(1991년판), 433쪽.
22) 김정일은 1967년 5월 당중앙위원회 제4기 제15차 전원회의에서 유일사상을 위배하는 정책을 전개해왔다고 비판된 박금철, 이효순 등의 '죄상'을 미리 조사해 회의석상에서 발표하는 등 이 회의에서의 숙청을 실무적으로 주도했다고 한다. 이종석, 앞의 책, 498쪽.
23) "로동계급의 수령은 개인이 아니라 계급의 최고대표자이며 사회정치적생명체의 중심, 최고뇌수이다." 위의 책, 433쪽.
24) 앞의 책(1979년판), 751쪽.

로 받아들이는 게 아니라 우리나라의 구체적 실정에 맞게 창조적으로 적용해왔다는 설명이 덧붙여져 있다. 민족적 특수성을 무시하고 기계적으로 적용해선 안 된다는 부연설명이 뒤따르긴 했지만, 반수정주의 사상무장을 위하여 '맑스-레닌주의 교양 강화'26)를 주문하는 등 1964년 당사는 '맑스-레닌주의' 당으로서의 정체성을 강하게 드러내고 있다.

이는 김일성의 교시에서 레닌이 언급되고 있는 데서도 알 수 있다. 김일성이 4차 당대회 폐회사에서 "새로운 승리를 향하여 계속 전진하여야 한다고 한 위대한 레닌의 교시를 항상 명심하여야 한다"고 말했다며, 이를 교시로서 기록하고 있는 것이다. 그러나 유일체계 성립 뒤인 1979년 당사부터는 이 같은 문구를 찾아볼 수 없다.

하지만 1979년 당사까지는 조선로동당을 '김일성동지의 당'으로 규정하는 데 있어, 맑스-레닌주의를 완전히 떼어낸 것은 아니었다. 당의 유일사상체계를 세우는 것이 맑스-레닌주의적 당건설의 기본원칙이고 조선로동당에 있어 이것은 위대한 수령 김일성 동지의 혁명사상인 주체사상이라는 연계논리를 펼치고 있기 때문이다.27)

이에 반해 1991년 당사부터는 조선로동당의 성격규정에 있어 맑스-레닌주의가 아예 언급되지 않는다. 그리고 1979년 당사에서 '김일성동지의 당'으로 재정의된 조선로동당의 성격이 더욱 뚜렷이 부각되고 있다.

조선로동당은 영광스러운 ㅌ·ㄷ의 전통을 계승한 주체형의 혁명적 당이다.28)

위와 같은 성격 규정은 김정일이 1982년 10월에 발표한 노작에서 정리한 것으로 조선로동당의 전통을 김일성이 유년시절 건설한 〈타도제국주의동

---

25) 앞의 책(1964년판), 502쪽.
26) 위의 책(1964년판), 487쪽.
27) 앞의 책(1979년판), 601쪽.
28) 김정일, 「조선로동당은 영광스러운 〈ㅌ·ㄷ〉의 전통을 계승한 주체형의 혁명적 당이다」, 『김정일선집』 7권 (평양: 조선로동당출판사, 1996), 252쪽.

맹)으로 소급한 것이다. 김일성의 항일무장투쟁이 유일한 혁명전통이 된 것은 1979년판부터 반영되었으나, 1991년판에서는 이를 보다 강조한 것으로 볼 수 있다.29)

특히 2004년판 당사는 조선로동당을 '김일성동지의 당'으로 만든 게 김정일이라는 데 초점을 맞춰 서술하고 있다. 김정일이 1964년 6월 20일 당중앙위원회 조직지도부 일꾼들과 한 담화에서 내놓았다는 「우리 당을 영원히 김일성동지의 당으로 강화발전시키자」는 노작이 부각되고 있는 것이다.30)

또한 2004년 당사에서는 김일성이 창시한 당의 혁명사상인 주체사상이 "우리나라의 현실에 창조적으로 적용된 맑스-레닌주의가 아니라 완전히 새롭고 독창적인 사상"31)이라고 김정일의 권위를 빌어 강조하고 있다.32)

3. '당 위의 당', 김정일

1) 권력, '당중앙' 앞으로

(1) 서술의 중심, 김정일에게로

김정일은 1974년 후계자로 내정되었지만, 대외적으로 후계자임이 공표된 것은 1980년 6차 당대회에서였다. 김정일의 후계자 공식 발표 전에 나온 1979년 당사에는 김정일에 대한 명확한 표현은 나오지 않는다. 다만 '당

---

29) 1964년의 경우 항일무장투쟁이 당의 역사적 뿌리로 정리되긴 했어도 김일성의 항일무장투쟁만이 유일한 혁명전통으로 수립된 것은 아니었다. 앞의 책(1964년판), 506쪽.
30) 이에 따르면 김정일은 1964년 6월 19일부터 당중앙위원회에서 사업을 시작했는데, 다음날인 20일 이 같은 담화를 통해 당 사업·활동의 주선을 해명한 것으로 되어 있다. 앞의 책(2004년판), 335쪽.
31) 이 점이 주체사상과 모택동사상의 가장 큰 차이점이라 할 수 있다. 모택동사상은 맑스-레닌주의를 대체하지 않았고 그 하위개념에 자신을 위치시켰으며, 창시 주체 또한 중국공산당이라는 '집체'로 간주한다. 이종석, 앞의 책, 181~184쪽.
32) 앞의 책(2004년판), 337쪽.

중앙'으로 은유되어 있을 뿐이다. 김정일은 1960년대 후반부터 이미 북한 정치에 깊숙이 관여해왔다. 1979년 당사에서는 그가 실질적으로 지도했던 많은 일들이 '당중앙'의 이름으로서 서술되고 있다.

특히 맺음말에서 '대를 이어'라는 표현이 등장하고 있는 점은 의미심장하다. 이는 북한이 대외적 후계자 공표를 앞두고 당사를 한 차례 정리한 것이라 볼 수 있다.

> 우리 당을 영광스러운 김일성동지의 당으로 영원히 빛내여나가며 위대한 수령 김일성동지께서 내세우신 주체의 혁명위업을 대를 이어 끝까지 완수하기 위하여 당중앙의 지도를 높이 받들고 확신성있게 전진해나가는 우리 당과 인민에게는 오직 새로운 승리, 더욱더 큰 성과만이 확고히 약속되여 있다.[33]

1979년 당사의 마지막을 정리하고 있는 이 문장을 통해 우리는 1991년판 당사가 담고 있을 북한의 1980년대 상황을 짐작할 수 있다. 실제 1991년판에서는 김정일체제가 확고하게 구축됐음을 반영하는 서술을 볼 수 있다.

일단 '김정일'의 글씨 굵기부터 달라진다. 김일성과 같이 이름이 굵게 표시되고 있는 것이다. 문장의 시작도 "친애하는 김정일 동지께서는"으로 시작되며 김정일의 노작과 담화가 인용되고 있다.[34]

김정일이 당 사업을 장악해가는 시기인 1970년대를 1991년판 당사는 "주체위업계승문제의 빛나는 해결"이라 하여 별도의 장에서 기술하고 있다. 특히 3절은 '정치적 수령의 후계자문제의 빛나는 해결. 친애하는 지도자 김정일 동지께서 온사회의 주체사상화강령 선포', 5절은 '혁명전통을 대를 이어 계승발전시키기 위한 투쟁'이라고 하여 김정일을 뚜렷이 부각시키고 있다.

---

33) 앞의 책(1979년판), 757쪽. '대를 이어'란 표현은 본문 688쪽에서도 등장한다.
34) 그러나 김정일의 '말씀'은 서술어가 '지적하시였다', '내세우시였다', '제시하시였다', '밝히시였다' 등으로 쓰일 뿐 '교시하시였다'는 없다. 교시는 김일성에게만 쓰이고 있는 것이다. 2004년 당사에서도 김정일에게 '교시'는 쓰이지 않는다. 이를 통해 알 수 있는 것은 당사서술에서 김일성과 김정일에 대한 나름의 격을 구분하고 있으며, '수령'과 '교시'는 김일성에게만 허용되는 표현이란 점이다.

뿐만 아니라 '친애하는 지도자 김정일동지의 고전적 노작「주체사상에 대하여」, 주체사상의 심화발전'이라는 제목을 통해 사상적 측면에서도 김정일이 부각되고 있음을 볼 수 있다. 이는 "위대한 수령님과 당중앙의 현명한 령도에 의하여"라는 구절에서 보다 명확히 드러난다.35) 수령은 영도, 당중앙은 지도로 구분돼왔던 것이 영도로 표현된 것이다. 그만큼 김정일의 지위가 사실상의 정치적 수령으로서, 사상적 영도권까지 장악하게 됐다는 것을 반증한다. 이러한 사실은 1991년판 마지막 문단 "위대한 수령 김일성동지와 친애하는 지도자 김정일동지의 현명한 령도 밑에"라는 표현에서도 등장한다.36) 이제 영도권이 김정일에게로 넘어가고 있는 것이다.

1991년판에서 가장 주목해 볼 부분은 10장 3절부터다. 3절은 혁명위업계승문제는 당과 혁명의 장래운명과 관련되는 가장 중대한 문제이며 대를 이어 계승하는 문제를 옳게 해결해나가야 한다는 내용인데, 여기에서 김정일의 출생부터 설명되고 있다.

> 친애하는 김정일동지께서는 가장 애국적이며 혁명적인 가정의 혈통을 이어 받으시여 항일무장투쟁이 전개되고 있던 1942년 2월 16일 백두산밀영에서 탄생하시였다.37)

이어 김정일이 당중앙위원회에서 수령의 사상과 영도를 구현하기 위한 혁명 활동을 전면적으로 강화했고, 당 안에 잠입한 반당수정주의분자들을 폭로·분쇄하며 당의 유일사상체계를 세우기 위한 사업을 조직·지도했다는 등 그가 행한 공적들이 열거돼 있다. 그리하여 "그이야말로 주체위업을 대를 이어 계승 완성해 나갈 수 있는 탁월한 사상리론가, 걸출한 령도자로서의 비범한 품격과 자질을 완벽하게 지니고 계신다는 것을 확신하게 되었다"라고 결론을 맺고 있다.

---

35) 앞의 책(1991년판), 436쪽.
36) 위의 책(1991년판), 611쪽.
37) 위의 책(1991년판), 470쪽. 2004년판 당사는 백두산밀영 뒤에 량강도 삼지연군이라 하여 김정일의 출생지를 더욱 자세히 적시하고 있다. 앞의 책(2004년판), 334쪽.

김일성도 김정일로의 권력승계를 지원하는데, 1991년 당사에는 "당의 위업을 계승해나가는 데서 기본은 정치적 수령의 후계자문제를 바로 해결하는 것"38)이라는 김일성의 교시가 등장한다.39) 여기서 후계자문제란 후계자를 내세우고 그의 지도체제를 세우는 문제를 말한다. 김일성의 교시는 1991년 당사 후반부터 김정일이 주도하는 것에 대해 '의의'를 부여하고 지원하는 성격을 보인다.

김정일이 후계자임이 대외적으로 공표된 것은 1980년 제6차 당대회였는데, 1991년판 당사에서는 이를 언급하고 있지 않다. 김정일의 후계자로서의 추대는 1973년 9월 당중앙위원회 제5기 제7차 전원회의에서 당중앙위원회 비서, 1974년 2월 당중앙위원회 제5기 제8차 전원회의에서 당중앙위원회 정치국 위원으로 추대되어, 경애하는 수령 김일성 동지의 유일한 후계자, 주체위업의 위대한 계승자로, 당과 혁명의 영명한 지도자로 높이 추대되었다고 1991년 당사는 밝히고 있다.40) 여기서는 김정일이 실질적으로 후계자로서 활동한 시기부터를 부각하기 위해 1980년 공식 공표는 아예 언급하지 않은 것으로 보인다.

이처럼 1991년 당사는 당권의 중심이 김정일로 이동했음을 보여준다. 김일성은 이제 외교·통일과 같은 한정된 역할에 머물고 있다. 혁명전통 역시 이제 김일성만이 아니라 김정일의 영도가 함께 언급41)되며 특히 혁명전통의 생활화를 위한 항일유격대식 기풍을 확립한 것은 김정일이라는 점

---

38) 앞의 책(1991년판), 470쪽.
39) 1979년 당사에서는 "위대한 수령님께서는 조직부와 선전선동부의 역할을 높여야 한다고 가르치시였다"라고 해 김정일이 활동하는 부서에 힘을 실어주는 정도였다. 앞의 책(1979년판), 158쪽. 한편 2004년 당사에서는 1991년 당사에 나온 김일성의 교시를 대신하여 "당이 령도의 계승문제를 혁명발전의 요구와 인민대중의 념원에 맞게 원만히 해결한 것은 우리 당건설의 가장 자랑스러운 성과"라는 내용의 새로운 교시로 대체되었다. 앞의 책(2004년판), 395쪽.
40) 앞의 책(1991년판), 473쪽.
41) "당은 …… 혁명전통의 모든 내용이 위대한 수령님과 친애하는 지도자동지의 혁명령도와 직접적으로 결부되어 있다는 것을 깊이 체득시키기 위한 사상교양사업을 체계적으로 진행하여 왔다." 위의 책(1991년판), 483쪽.

이 강조되고 있다.

2004년 당사에서는 1991년 당사보다 김정일의 활동상이 훨씬 더 부각된다. 김정일의 대학시절부터가 거론되고 그의 당중앙위원회 사업 시작이 한 절의 제목으로 들어감과 동시에 사업 시작 일자도 언급되었으며, 1991년판에는 없던 김정일의 「우리 당을 영원히 김일성동지의 당으로 강화발전시키자(1964.6.20 담화)」는 노작이 등장했다.[42] '현지지도'란 표현도 김정일에게 처음으로 사용되었다.

특히 1960년대 중엽부터 실질적으로 조선로동당을 장악해갔던 김정일의 활동이 서술되는데, 김정일이 후계자로 되는 데 중요한 역할을 한 회의가 자세하게 언급되고 있다. 1967년 5월 당중앙위원회 제4기 제15차 전원회의와 1969년 1월 인민군당위원회 전원회의 확대회의가 그것이다. 김정일시대에 새로 쓴 2004년판 당사는 이 두 회의에서의 김정일의 공적을 높이 추켜세우기 위해 이전 당사와는 다른 서술을 보여주고 있다.

우선 1967년 5월 회의의 경우, 박금철·김도만의 이름이 실명 언급되고 있다.[43] 이는 이를 적발 숙청한 것이 김정일이라는 것을 부각시키기 위해 사용된 하나의 장치라 볼 수 있다. 당사에서는 자세히 언급되지 않지만, 김정일은 이 회의에서 박금철이 당시 사상담당비서였던 김도만을 시켜 자기 부인의 자신에 대한 충성을 내용으로 하는 연극〈일편단심〉을 만들게 하는 등 유일사상체계를 훼손한 혐의들을 폭로했다.[44]

그리고 1969년 1월 조선인민군 당위원회 전원회의 확대회의가 처음으로 언급되었다. 당의 유일사상체계를 세우기 위한 투쟁이 전당적으로 벌어질 때 당시 인민군대의 책임적 자리에 앉아있던 반당 군벌 관료주의자들이 군

---

42) 앞의 책(2004년판), 334~335쪽.
43) "박금철, 김도만 등 반당수정주의분자들은 《조선로동당력사연구실》을 없애라고 내리먹이고 당원들과 근로자들을 우리당의 혁명사상으로 무장시키는 사업을 여러모로 방해하였다. 또한 혁명전통의 폭을 상하좌우로 넓혀야 한다고 하면서 그러한 지시를 아래당조직들에 내려보내였고 혁명전통교양자료들의 출판과 혁명전통교양을 방해하였다." 위의 책(2004년판), 347쪽.
44) 정영철, 앞의 책, 155쪽.

대를 특수화하면서 당의 영도를 거부하고 전횡을 부렸는데, 김정일이 이들의 책동을 제때에 간파하여 이들을 폭로·분쇄하기 위한 인민군당위원회 전원회의 확대회의 준비사업을 지도했다는 것이다.45) 이 회의에서는 김창봉·허봉학 등이 당 정책의 불이행, 군벌관료주의화, 좌경모험주의 군사노선 등의 죄목으로 숙청46)되었는데, 당사에서는 실명이 언급되고 있지는 않다. 이는 아마도 김창봉 등과 함께 숙청되었던 최광·김정태·김양춘 등 상당수 군 간부들이 이후 정치적으로 복권된 것과 관련이 있는 것으로 보인다.

2004년 당사는 이 두 회의를 통해 세워진 당의 통일단결이 1960년대 조선로동당이 당건설 위업수행에서 이룩한 가장 위대한 업적이라면서 김정일이 유일체계 확립에 '불멸의 공헌'을 했다고 평가했다. 이어 김정일의 이러한 특출한 정치실력이 당원과 인민으로 하여금 김정일을 당의 영도자로 받들 것을 요청하는 청원서와 편지들을 보내게 하였다고 밝히고 있다. 김정일을 후계자로 하는 것이 기층 당원 및 인민들의 요구라는 것을 선전하기 위해 김정일을 추대하는 익명의 당원편지를 언급하고 있는 것이다. 이처럼 전체 당원과 인민의 염원이 김일·오진우를 비롯한 항일혁명투사들과 당과 국가의 지도간부들을 통해 중요 계기 때마다 상정되었고, 마침내 1974년 2월 당중앙위원회 제5기 제8차 전원회의에서 김정일을 당의 영도자로 추대하였다는 설명이다.47)

그 밖에도 2004년 당사에서는 김정일이 혁명전통을 강화한 업적들이 구체적으로 나열된다. 대성산혁명열사릉 개건확장이라든지, 애국열사릉 조성, 백두산지구밀영과 혁명적 구호 문헌 발굴·보존 등 1991년판에는 없는 예시들이 나오는 것이다.

---

45) 앞의 책(2004년판), 351~352쪽.
46) 당시 김창봉, 허봉학, 최광, 김철만, 유창권, 김양춘, 김정태, 정병갑 등이 숙청되고 이후 사상적 여독을 뿌리뽑는 과정에서 부수상 김광협, 사회안전상 석산, 해군제독 이영호, 김익선, 임해 등 고위관리들이 대거 실각했는데, 이들의 대다수는 항일빨치산 제2로군, 제3로군 계열이었다. 정영철, 앞의 책, 128~129쪽.
47) 앞의 책(2004년판), 393~394쪽.

(2) 당의 최종목적의 변화: '온 사회의 주체사상화'

'온 사회의 주체사상화'는 1979년 당사에서 김일성의 교시를 통해 공화국 정부의 최종 목적으로 제시되었다. 이때까지만 해도 '온 사회의 주체사상화'는 당의 최고 강령이지, 최종 목적은 아니었다.[48] 조선로동당의 최종 목적은 어디까지나 '공산주의사회 건설'이었던 것이다. 그런데 1991년판에서는 '온 사회의 주체사상화'가 당의 최종 목적이 된다. 이는 1980년 10월 제6차 당대회에서 새로 채택한 당규약이 '온 사회의 주체사상화'를 혁명의 총적임무이자 당의 최종목적으로 규정했기 때문이다.[49]

'당중앙'이란 은유적 표현을 벗고 '친애하는 지도자 동지'로 모습을 드러낸 김정일은 1991년 당사에서 자신이 '온 사회의 주체사상화'를 선포하였음을 밝히고 있다.[50] 1991년 당사는 이를 "력사적 사변"이라 추켜세우면서 온 사회의 주체사상화를 위해서는 "선차적으로 전당의 주체사상화가 필요"하며, "전당의 주체사상화는 본질에 있어서 당 안에 유일사상체계를 철저히 세우고 당중앙의 유일적 령도를 강화하기 위한 사업"이라 지적하였다.[51]

이미 1979년 당사에서 "당중앙의 유일적 지도를 떠나서는 당 안에서 사상의지적 통일을 보장할 수 없으며 전당이 한 사람같이 움직이는 전일적인 조직체로 될 수 없다"는 김일성의 교시와 함께 "당중앙의 유일적 지도를 강화하는 것은 그 자체가 당의 유일사상체계를 전면적으로 더욱 철저히 세우기 위한 것"이라는 부연설명이 언급된 바 있다.[52]

김정일은 1970년대 당권을 장악한 뒤, 1980년대 사상에서의 영도권을 쥐기 위한 주체사상의 이론화 작업을 벌였다. 1982년 '불멸의 총서'로 극찬되

---

48) "……온 사회를 주체사상화함으로써만 당의 최종목적인 공산주의건설을 완수할 수 있기 때문이다." 앞의 책(1979년판), 685쪽.
49) 앞의 책(1991년판), 531쪽.
50) 김정일은 1974년 2월 전국당선전일군강습회에서 한 결론을 통해 온 사회의 주체사상화를 당의 최고강령으로 선포했다. 위의 책(1991년판), 474쪽.
51) 위의 책(1991년판), 476~477쪽.
52) 앞의 책(1979년판), 688쪽.

는 「주체사상에 대하여」가 발표되었고, 1986년 「주체사상교양에서 제기되는 몇 가지 문제에 대하여」, 1987년 「주체의 혁명관을 튼튼히 세울 데 대하여」를 발표하면서, 1991년 당사는 주체사상의 창시자는 김일성이지만 김정일이 이를 발전시켜 풍부하게 만들었다고 설명한다. 특히 육체적 생명을 뛰어넘는 '사회정치적생명'[53)]의 등장은 주체사상 앞에 붙던 '위대한'이란 수식어를 '영생불멸의'로 승격시켰다.[54)]

2004년 당사에서는 김일성의 혁명사상인 주체사상을 김정일이 과학적으로 정식화해 선포했다는 점을 보다 더 강조하고 있다. 주체사상의 체계화라는 김정일의 업적을 높이기 위해 2004년 당사에는 다음과 같은 김일성의 교시가 등장한다.

> 나는 우리 혁명의 요구와 새로운 자주시대 인민들의 지향을 반영하여 주체사상을 내놓고 그것을 지침으로 하여 혁명과 건설을 령도하여 왔으나 주체사상의 원리를 종합체계화하는 문제에 대해서는 별로 생각하지 않았습니다. 이 문제는 김정일동지에 의하여 빛나게 실현되었습니다. 그는 주체사상의 근본원리와 진수를 이루는 내용들을 깊이 연구한 데 기초하여 우리 당의 지도사상을 주체의 사상, 리론, 방법의 전일적인 체계로 정식화하였습니다.[55)]

신격화된 김일성의 권위를 이용해 김정일을 더욱 위대한 영도자로 높이고 있는 것이다. 주체사상의 등장부터 체계화 과정을 김일성·김정일의 유일사상체계 형성 및 후계체제 확립과 연결해 그림으로 그려보면 〈그림 1〉과 같다.

---

53) '사회정치적생명'은 1972년 김일성의 일본 『마이니찌신문』과의 인터뷰에서도 언급된 바 있으나, 수령·당·대중의 통일체인 '사회정치적생명체'로 이론화된 것은 1986년에 들어와서였다.
54) '영생불멸'이란 수식어는 1972년 『근로자』에서도 쓰이고 있다. 그러나 당사에서의 변화는 보다 정식화된 위상을 보여주는 것이다. 앞의 책(1991년판), 538~546쪽.
55) 앞의 책(2004년판), 396~397쪽.

〈그림 1〉 주체사상의 형성과정과 유일사상체계 및 후계체제 확립 과정의 역사적 전개

연도	1956	1964	1967	1974	1979	1980	1991	1994	2004
	(8월종파사건)	(제4기 제15차 전원회의) - 수령제 확립		(후계자 내정)		(제6차 당대회)		(김일성 사망)	

김일성·김정일 직책변화

1949 당중앙위 위원장
1950 군사위원회 위원장
인민군 최고사령관
1953 원수 칭호

1961 로동당 입당
1964 당중앙위
조직지도부 지도원
1966 조직지도부 책임지도원
1967 선전선동부
문화예술지도과 과장

1970 선전선동부 부부장
1973 조직지도부장 겸 조사비서
선전선동부장 겸 선전비서
1974 당중앙위 정치위원
(후계자 추대)

1980 당중앙위 위원
정치국 상무위원
비서, 군사위원
(주체자 공식화)
1982 최고인민회의 대의원

1990 국방위 제1부위원장
1991 조선인민군 최고사령관
1992 공화국 원수
1993 국방위원회 위원장

1997 당 총비서
1998 국방위원장
재추대
(김일성으로부터 이양받음)

호칭변화

김일성 동지 | 위대한 수령 김일성 동지 | 위대한 수령 존칭 사용
(는 → 께서는) | '당중앙'(김정일) | 친애하는 지도자 김정일 동지 | 위대한 령도자 김정일 동지

주체사상 형성 및 발전과정

1955 '주체' 등장
1963 '주체사상' 용어 등장
1965 최초의 정식화된 설명
(주체, 자주, 자립, 자위)

'김정일에 의한
주체사상 체계화·이론화' →

1982 「주체사상에 대하여」
(체계화된 최초 논문)
1985 총서(전 10권) 발간
1986 수령론·사회정치적생명체론 이론화

1998 선군정치 등장

2) 다시 쓰는 조선로동당사

(1) 새로이 추가되는 내용들

주체연호를 쓰고 있는 2004년판은 선군 기치를 따라 김정일에 의해 쓰여진 새로운 역사다. 또한 '고난의 행군'으로 표현되는 역경을 마침내 극복했다는 심적 상태에서 나온 반세기 당 역사의 정리본이라고도 할 수 있다.

앞에서 지적한 바와 같이 2004년판에는 새롭게 서술되고 있는 내용이 상당수 눈에 띈다. 예를 들면 1958년 3월 3일부터 6일까지 열린 당 대표자회는 종파오물을 쓸어버리기 위한 투쟁이 총화된 회의로만 기록돼 왔는데, 2004년판에는 당대표자회가 "반종파투쟁에서 당중앙을 옹호하는데 특별한 힘을 넣을 데 대하여 강조하였다"는 내용이 새롭게 추가되었다.56) 그러면서 다음과 같은 김일성의 교시가 언급되고 있다.

> 종파주의를 반대하는 투쟁에서 제일 중요한 문제는 당의 단결을 고수하기 위하여 당중앙을 옹호하는 것입니다. 중앙이 없이는 당이 있을 수 없습니다.

이 말은 1991년판 당사에는 등장하지 않은 말이다. 즉, 2004년판에 새로 등장한 김일성의 교시인 것이다. 2004년 당사는 종파들에 대한 설명에서 "반당반혁명종파분자들은 례외없이 당의 령도권을 탈취하기 위하여 당중앙을 헐뜯고 당중앙의 권위를 훼손시키는 데 주되는 화살을 돌렸다. 따라서 전당이 당중앙을 옹호보위하고 당중앙의 령도를 충성으로 받들어나가도록 하는 것은 반종파투쟁에서 선차적으로 나서는 가장 중요한 문제였다"57)라고 언급하고 있다. 그러나 여기에서 언급되고 있는 '당중앙'은 김정일이 아닌 당중앙위원회를 의미한다.

---

56) 위의 책(2004년판), 373쪽.
57) 위의 책(2004년판), 274쪽.

한편, 혁명전통교양과 관련해서는 1956년 6월 "백두산혁명전적지답사행군로정이 개척됨으로써 혁명전적지를 통한 혁명전통교양의 시원이 열리었다"58)며 유일체계 교양의 시점을 앞당기고 김정일을 상징하기도 하는 '백두산'을 혁명전적지 앞에 처음으로 언급하였다. 그러나 아직 '김정일혁명력사연구실'은 2004년 당사에는 등장하지 않고 있다.59)

2004년 당사에서는 또 다음과 같은 내용이 새로이 등장한다. 김정일이 1976년 자신의 출생지이자 항일무장투쟁의 혁명사적이 있는 백두산밀영 량강도 삼지연군을 혁명전적지로 건설할 것을 발기했는데, 이것이 당중앙위원회 비서국 결정으로 채택되었다는 것이다. '비서국'은 1991년 당사에서 처음 나온다.60) 비서국이 정책집행 기능에서 이 같은 대내문제를 토의·결정할 수 있게 된 것은 1970년 11월 제5차 당대회 이후부터이다. 김정일은 1973년 9월 당중앙위원회 제5기 제7차 전원회의에서 조직지도부장 겸 조직비서, 선전선동부장 겸 선전비서가 되어 조직·사상사업을 총괄하는 위치에 올라서는데, 비서국은 이후 총비서인 수령 김일성의 뜻을 유일적으로 지도하는 김정일의 직할부서로서 힘이 더욱 커졌다.61)

---

58) 위의 책(2004년판), 285쪽.
59) 실제로는 김정일 후계체제 구축 이후, 김정일 연구가 중심이 되면서 김일성 연구는 크게 감소한 것으로 알려져 있다. 그러나 당사에서 '김정일혁명력사연구실'에 대한 언급을 보게 되는 것은 다음 후계자시대에 나오는 당사에서나 가능할 것으로 보인다.
60) 1991년 당사에서는 1980년 1월 당중앙위원회 비서국이 「숨은 영웅들의 모범을 따라배우는 운동을 더욱 심화발전시킬 데 대하여」라는 결정을 채택했다는 내용이 나온다. 앞의 책(1991년판), 502쪽.
61) 비서국이 신설된 것은 1966년 제2차 당대표자회의에서였다. 이 회의에서 집단지도체제 형식이 종식되고 실질적인 당사업은 비서국으로 넘어가게 되는데, 이후 후계자로 부상한 김정일은 총비서—비서국—조직지도부로 이어지는 단일명령체계를 더욱 강화해갔다. 이대근, 「조선로동당의 조직체계」, 세종연구소 북한연구센터 편, 『북한의 당·국가기구·군대』(서울: 한울아카데미, 2007), 218쪽.

(2) 대표적 대중운동의 변화:
천리마운동에서 3대혁명붉은기쟁취운동으로

서술의 중심이 바뀌는데 따른 변화의 예를 또 하나 들자면 대표적 대중운동의 변화를 들 수 있다. 1991, 2004년 당사에서는 북한의 대표적 대중운동이 천리마운동에서 3대혁명붉은기쟁취운동62)으로 바뀌어 서술되고 있다. 1956년 당중앙위원회 12월 전원회의를 계기로 일어난 천리마운동은 김일성의 리더십을 보여주는 한 예다. 천리마운동이 생산력의 장성을 목표로 추진된 것과 달리 3대혁명붉은기쟁취운동은 사상개조, 기술개조, 문화개조 운동으로서 일차적으로 사상의식의 변화를 목적으로 한 운동이었다. 천리마운동이 주체 확립을 위한 사상투쟁의 과정에서 김일성 노선의 정당성을 확인하고 그에게 대중적 정당성을 부여하였다면, 3대혁명붉은기쟁취운동은 김일성 노선의 전면화·체계화·일상화로서 1970년대 수령제 정치체제의 제도화를 대중적으로 뒷받침했다. 3대혁명붉은기쟁취운동은 속도전에 따른 사상전을 요구하고, 일상형 대중운동이라는 김정일식 대중운동의 표본으로 꼽힌다.63)

3대혁명붉은기쟁취운동에 대한 강조는 1991년판에서부터 나타난다. 1991년판 당사는 3대혁명붉은기쟁취운동을 구상한 것은 '수령님'(김일성)이었으나 이를 벌릴 것을 지시한 것은 김정일이었다고 말한다.64) 특히 3대혁명붉

---

62) 사상, 기술, 문화의 3대 혁명은 북한에서 사회주의사회가 수행해야 할 혁명의 기본내용으로 규정된다. 이를 뒷받침하기 위해 3대혁명소조운동이 나오게 되고, 이후 3대혁명붉은기쟁취운동으로 이어진다. 정치실무적으로 준비된 당핵심들과 청년인테리로 구성되었던 3대혁명소조는 보수주의·경험주의·관료주의 등 낡은 사상을 투쟁대상으로 하였지만, 현실적으로 세대교체로 나타나며 김정일 사람들로의 교체로 이어졌다. 한편 3대혁명운동은 1980년 제6차 당대회를 거치면서 '천리마 운동'을 대신하여 사회주의·공산주의 건설의 총노선으로 공식화되었다. 김성보 외, 앞의 책, 205쪽.
63) 정영철, 「1970년대 대중운동과 북한 사회: 돌파형 대중운동에서 일상형 대중운동으로」, 『현대북한연구』 6권 1호(2003), 144~149쪽.
64) 3대혁명소조운동 또한 김일성이 발기했으나 김정일이 당중앙위원회에서 통일적으로 지도한 것이라 언급하고 있다. 앞의 책(1991년판), 490쪽. 숨은영웅들의 모

은기쟁취운동에 대한 김정일의 정의를 언급하면서 이는 천리마작업반운동을 더욱 심화발전시킨 것이라 평가하고 있다.[65] 그러나 1979년 당사에서 3대혁명붉은기쟁취운동은 천리마운동과 함께 "위대한 수령 김일성동지의 현명한 령도 밑에 우리 당이 창조한 위력한 대중운동"으로만 규정됐었다.[66]

김정일이 주도했던 3대혁명붉은기쟁취운동은 2004년판에서 더욱 강조되면서 상대적으로 김일성의 천리마운동을 축소 평가하고 있다. 특히 천리마운동을 김일성의 리더십으로 추앙하는 대목이 아예 빠졌다. '김일성'의 천리마운동이 아니라 '당'의 천리마운동으로 기록되고 있는 것이다.[67] 천리마운동에 대한 설명도 대폭 축소되었으며 3대혁명붉은기쟁취운동은 별도의 절로 따로 떼어내 언급하는 등 내용이 크게 늘어났다. 이 같은 2004년판 당사의 특징은 맺음말의 맨 마지막 문장에서 김일성이 빠지고 김정일만이 언급되고 있다는 점에서도 한눈에 드러난다.[68]

(3) '선군'의 부각

한편 2004년 당사의 제3편 3장부터는 1990년대 이후를 정리하고 있는데, 크게 세 토막으로 나눠져 있다. 우선 1990년부터 김일성이 사망한 1994년 7월까지를 끊어 사회주의위업을 옹호·고수하기 위한 당의 투쟁을 서술했다. 이 장의 핵심은 결국 사회주의권 붕괴에도 우린 살아남았기 때문에, 그러므로 승리했다는 것이다. 이어 1994년 7월부터 1998년(선군시대 당사업에서의 새로운 전환, 고난의 행군, 강성대국건설의 토대를 마련하기 위한 당의 투쟁), 1999년 이후(당을 선군혁명위업수행의 정치적무기로 강화발전,

---

범을 따라배우는 운동 역시 김일성이 가르쳤지만 그 뜻을 받들어 당의 중요한 방침으로 내세운 것은 김정일이라고 설명된다. 같은 책(1991년판), 501쪽.
65) 위의 책(1991년판), 491쪽.
66) 앞의 책(1979년판), 752쪽.
67) 앞의 책(2004년판), 280쪽.
68) "위대한 령도자 김정일 동지께서 이끄시는 조선로동당의 위업은 필승불패이며 그 앞길에는 오직 승리와 영광만이 있을 것이다." 위의 책(2004년판), 597쪽.

사회주의강성대국건설에서 전환을 일으키기 위한 당의 투쟁)로 나눠 서술되는 장에서는 김정일의 슬로건인 '선군'과 '강성대국'이 전면에 등장하고 있다.

김정일시대 2004년 당사에서 가장 눈여겨봐야 할 부분이 바로 이 '선군'에 맞춰 새로 추가되는 서술이다. 물론 인민군대에 대한 강조는 김정일로 중심이 옮겨져 가던 1991년 당사에서부터 나타났다. 여기에는 김정일이 1979년 2월 전군의 주체사상화 방침을 제시하면서 이후 인민군대를 온 사회의 주체사상화를 군사적으로 담보하는 불패의 혁명무력으로 강화·발전시켰다고 되어 있다.[69] 그런데 2004년 당사에서는 이것이 별도의 절로 확대 기술되면서, 연도가 이전으로 거슬러 올라가고 있다. 김정일은 온 사회의 주체사상화 강령을 선포하던 시기에 이미 인민군대를 주체사상화 위업 실현의 맨 앞장에 내세웠으며, 1975년 1월 1일 조선인민군 총정치국 책임일꾼들과의 담화에서 이전부터 구상해온 전군의 주체사상화 방침을 제시했다는 것이다.[70]

또한 2004년 당사에는 김정일이 1974년 2월 중순 조선인민군 지휘성원들에게 온 사회의 주체사상화위업을 인민군대를 믿고 수행하려고 한다고 말했으며, 앞으로도 영원히 인민군대가 당의 위업을 실현하기 위한 투쟁에서 앞장서 나가고 본보기가 되어야 한다고 하는 등의 새로운 내용이 추가되었다. 그 밖에도 1980년대 전군에 김정일의 영도체계가 전면적으로 확립되었다고 하는 등 군에 대한 강조가 두드러지고 있는 것을 볼 수 있다.

4. '위대한 태양'과 '21세기의 태양'
: 유일사상체계와 유일지도체제의 교집합으로서의 10대원칙

유일사상체계와 유일지도체제는 사실상 한 몸이다. 이 둘 사이의 교집합

---

[69] 앞의 책(1991년판), 503~504쪽.
[70] 앞의 책(2004년판), 411쪽.

인 '당의 유일사상체계확립을 위한 10대원칙'[71]은 김일성을 '위대한 태양'으로 김정일은 '21세기의 태양'으로 만들었다. 1979년 당사는 이를 다음과 같이 밝히고 있다.

> 당은 위대한 수령님에 대한 충실성을 기본으로 하여 당의 유일사상체계 확립의 원칙들을 새롭게 제시하고 모든 사람들이 사상투쟁의 용광로 속에서 꾸준히 단련되게 하였다. 당의 유일사상체계를 철저히 세우는 데서 당중앙의 유일적지도를 강화하는 것이 가장 중요한 요구로 된다.
>
> (중략)
>
> 우리 당원들과 근로자들은 온 사회를 주체사상화하여 위대한 수령 김일성동지께서 개척하신 주체의 혁명위업을 대를 이어 끝까지 완수하기 위하여 당중앙의 유일적지도를 충성으로 높이 받들고 확신성있게 나아가고 있다.[72]

북한에서 수령체계를 의미하는 '유일사상체계'의 개념은 1967년 2월 당기관지 『근로자』에서 "유일한 당적 사상 체계"라는 표현으로 처음 제기되었다.[73] 김일성은 1967년 3월 "당의 유일사상체계를 세우는 것은 당 건설에서 나서는 가장 근본적인 문제"라고 지적하고,[74] 당의 유일사상체계 확립을 당 조직건설의 기본노선으로 규정했다. 그러나 당의 유일사상체계를 세우는 문제가 본격적으로 제기된 것은 1967년 조선로동당 중앙위원회 제4기 제15차 전원회의에서부터였다.

유일사상체계에 도전했던 갑산파는 숙청되었으나, 사회주의진영의 분열(소련과 중국의 대립)과 베트남전의 전면적 확전(미국의 개입), 남한의

---

71) 자세한 내용은 김정일, 『전당과 온 사회에 유일사상체계를 더욱 튼튼히 세우자』 (평양: 조선로동당출판사, 1991).
72) 앞의 책(1979년판), 688쪽.
73) 리능훈, 「군중 노선 구현에서의 당 사업 체계와 사업 방법」, 『근로자』 1967년 제2호, 43쪽.
74) 김일성, 「당 사업을 개선하며 당 대표자회 결정을 관철할 데 대하여(1967.3.17~24)」, 『김일성저작집』 21권(평양: 조선로동당출판사, 1983), 136쪽.

5·16쿠데타 및 미·일·한 삼각동맹의 공고화로 위기감이 높아진 북한은 더욱 내적 응집력을 높이는 방향으로 나아갔다. 유일사상체계의 등장은 외부의 위협과 내부의 정치적 요인의 결합이 빚어낸 결과였다.

특히 북한 지도부가 고민했던 것은 혁명위업의 계승문제, 즉 후계문제였는데, 이는 소련과 중국의 사태 전개가 준 교훈이었다.[75] 이 같은 국내외 정세를 바탕으로 김일성은 소련과 중국의 영향력에서 벗어나기 위한 이데올로기로서의 주체사상을 내놓고 이를 당의 유일한 지도사상으로 선포했다. 그리고 주체사상의 '일색화'를 위한 수단으로서 '당의 유일사상체계 확립의 10대 원칙'을 작성할 데 대한 과업을 당시 당내 2인자였던 동생 김영주에게 맡겼다.[76]

김영주가 만든 '10대원칙'은 1967년 8월 제4기 제16차 전원회의에서 토의, 채택되어 1968년 초부터 당간부생활의 기준으로 사용되기 시작했다.[77] 김영주는 '10대원칙'을 모든 사업과 생활에서 지침으로 삼고 행동하며 그에 준해서 당 생활을 총화하도록 강제했다. 유일사상체계 확립이란 김일성의 사상으로 무장하고, 김일성이 숨 쉬고 말하는 대로 같이 숨 쉬고 말하는 것이었다. 이때부터 김일성에 대한 우상화작업이 본격화되었다. 김일성의 혁명역사를 새롭게 쓰고, 김일성연구실을 전국 부락마다 만들며, 도처에 동상을 세우고 김일성이 가는 곳마다 사적비, 사적관, 현지지도 교시판 등을 대대적으로 만들었다.[78]

그런데 이때 만들어진 '10대원칙'은 현재 북한 사회에서 '바이블'로 통하

---

75) 소련에서는 스탈린의 후계자 말렌코프의 실각 뒤 권력을 장악한 흐루시초프가 스탈린 격하운동을 벌였고, 중국에서도 문화대혁명 후 모택동의 후계자로 알려진 유소기가 제거되고, 임표와 4인방이 등장해 등소평, 주은래 등 항일1세대들을 핍박했다. 정영철, 앞의 책, 113~119쪽.
76) 현성일, 「북한노동당의 조직구조와 사회통제체계에 관한 연구」(한국외대 정책과학대학원 석사학위논문, 1999), 21쪽.
77) 정창현, 「권력엘리트의 지속성과 변화」, 박형중·이교덕 외, 『김정일시대 북한의 정치체제: 통치 이데올로기, 권력엘리트, 권력구조의 지속성과 변화』(서울: 통일연구원, 2004), 56쪽.
78) 정창현, 『인물로 본 북한현대사』(서울: 민연, 2002), 311쪽.

는 김정일의 '10대원칙'과는 내용이 달랐다. 지금의 '10대원칙'은 1974년 4월 김정일이 「전당과 온 사회에 유일사상체계를 더욱 튼튼히 세우자」는 노작 발표를 통해 김영주의 초안을 전면적으로 수정하여 새롭게 내놓은 것이다.[79] 김정일은 1967년 김영주가 만든 '당의 유일사상체계 확립 10대원칙'에 유일지도체제 확립문제를 포함시켜 1974년 4월 4일 당 중앙위원회 정치국회의에서 이를 공식 발표했다. 개정된 10대원칙은 9월에 열린 제5기 제9차 회의에서 공식 채택되었다.

김일성의 유일적 영도가 후계자인 김정일의 유일적 지도체제[80]를 통해서만 실현된다는 조항(제10조)을 넣음으로써 그 어떤 정책초안이나 보고서도 김정일을 거치지 않고서는 김일성에게 올라갈 수 없도록 한 것을 통해서도 이 원칙의 목적과 성격이 무엇인가를 알 수 있다.[81] 김정일은 이후 '10대원칙'의 실행을 통해서 노동당의 유일사상체계 확립과 후계문제를 밀접히 연계해 추진했다.

'유일사상체계 확립 10대원칙'의 제10원칙 제1항은 다음과 같이 명시되어 있다.

> 전당과 온 사회에 유일사상체계를 철저히 세우며 수령이 개척한 혁명위업을 대를 이어 완수하기 위해 수령의 영도 밑에 당중앙의 유일적 지도체제를 확고히 세워야 한다.

여기서 주목할 점은 '10대원칙' 제9항과 제10항에 모든 일을 김일성의 '유일적 영도체제'에 의거해 조직하고 추진하되 이의 진행과정은 철저하게 후계자의 '유일적 지도체제'에 따라야 한다고 규정되어 있는 것이다. 즉, 김일

---

[79] 김영주가 1967년 만들었다는 '유일사상체계 확립의 10대 원칙'의 전체 내용은 현재로서는 알 수가 없다. 단지 몇 가지 항목만이 밝혀져 있을 뿐이다. 정영철, 앞의 책, 215쪽.
[80] 북한의 유일적 지도체제는 사실상 김정일의 유일지도체제를 의미하는 것으로서 이는 혁명적 수령관, 사회정치적생명체론, 후계자론 등의 이론적 틀에 기초하고 있다. 이종석, 『현대북한의 이해』(서울: 역사비평사, 2000), 16쪽.
[81] 현성일, 앞의 글, 22쪽.

성의 유일적 영도체제를 상위개념으로 두고 그 밑에 후계자의 유일적 지도체제를 설정, 유일사상체계[82]를 확립하는 데 후계자가 주도적 역할을 하도록 한 것이다. 이것은 당·정·군의 모든 사업을 후계자에게 집중시키는 것을 의미한다. 수령의 권한을 집중시키는 것이 아니라, 지도를 집중[83]시키는 것이다. 이에 따라 1974년 말부터 1976년 당조직에서 전개된 '10대원칙' 재접수·재토의 사업은 사실상 김정일에 대한 지도의 접수를 의미했다.[84]

김정일은 1974년 4월 '10대원칙'을 발표한 후 7~8월에 걸쳐 대규모 당조직일군강습대회를 열었다. 김일성은 강습회에 서한을 직접 보내 "모든 간부들과 당원들을 주체사상으로 튼튼히 무장시키고 '당중앙'의 두리에 굳게 뭉쳐 우리 당 안에 주체의 사상체계를 확고하게 세워야 하겠습니다"라고 말함으로써 김정일로의 권한 집중을 적극 후원했다. 김정일은 이 같은 '10대원칙'의 재접수·재토의 사업을 통해 자신의 권력기반을 튼튼히 닦아나갔다. 1974년 2월 유일 후계자로 확정된 뒤 1970년대를 '제도화[85]의 시기'로 이끌었던 김정일 리더십의 힘은 바로 이 10대원칙을 통해 얻은 유일지도체제에 있었다. 김정일이 직접 작성한 '10대원칙'의 '개정판'은 유일사상체계뿐 아니라 후계자 김정일의 유일지도체제를 구축해가는 교집합으로 기능했던 것이다.

이처럼 김정일은 김일성 사망 이전부터 실질적으로 북한의 실권자였다.

---

82) 김정일은 "당의 유일사상체계를 세운다는 것은 전당과 전체 인민이 위대한 수령 김일성동지의 혁명사상으로 무장하고 수령님의 두리에 굳게 뭉치며 수령님의 유일적 령도 밑에 혁명과 건설을 수행해 나가도록 하는 것이다"라고 정의하고 있다. 사회과학원 언어학연구소, 『조선말대사전 1』(평양: 사회과학출판사, 1992), 722쪽.
83) 김정일은 1973년부터 3대혁명소조운동을 지도하면서 자신과 같은 세대의 인물로 간부의 세대교체를 진행시켰다. 한마디로 자신에게 충성하는 자기 사람으로 간부의 핵심을 대체해갔던 것이다.
84) 최진욱, 『김정일의 당권장악연구』(서울: 민족통일연구원, 1996), 86쪽.
85) 수령을 정점으로 하는 유일사상체계를 제도화한 것은 1972년 헌법개정이었다. 형태상 당과 내각으로 분리돼 있던 당·정이 융합된 것이다. 즉, 유일사상체계에 기반해 유일지도체제를 구현하는 지휘체계의 일원화였다고 볼 수 있다.

김정일은 1970, 1980년대를 통해 북한의 당·정·군을 실질적으로 장악하고 있었으며, 사상 방면에서도 이미 최고지도자로 부각되어 있었던 것이다. 이를 기반으로 김정일은 김일성이 가지고 있던 수령의 위치를 순조롭게 이어받을 수 있었다. 그리고 유일10대원칙은 여전히 북한의 수령제를 떠받치는 바이블로서의 지위를 유지하고 있다.

5. 맺음말

유일체계가 성립되기 전인 1964년 당사와 그 이후의 당사들 간의 차이는 확연하게 나타난다. 유일체계 및 후계체제를 기준으로 1964년 이후 출간된 당사의 특징을 간단히 요약한다면, 1979년 당사는 '유일적 령도－유일적 지도'라는 '김일성－김정일의 역할분담'이 반영돼 있고, 1991년 당사는 김정일로 중심이 옮겨져 가고 있으며, 2004년 당사는 김정일 중심으로 완전히 재구성된 역사서술이라 할 수 있다. 변한 것은 유일체계 이행의 과정에서 주체사상 등 북한의 자주노선에 대한 독창성의 강조이고, 후계체제 구축을 통해 김일성에서 김정일로 행위주체의 무게중심이 이동한 것이다.

그러나 당사서술을 관통하는 '진실'은 하나이다. 오늘날의 북한은 김일성과 김정일이 함께 만든 것이란 '사실'이다. 북한 사회의 원형이 만들어졌다는 1970년대에 김정일은 수령의 사상과 노선을 계승한다는 원칙 속에서 북한체제의 구체적 시스템을 만들었다. 비록 1979년 당사에서 '당중앙'으로 은유되어 숨겨지고 1991년판에 가서야 자신의 이름을 드러냈지만 말이다. 이처럼 유일체계와 후계체제는 '목적 있는 권력승계 체계'로서 사실상 동일한 범주에 있다. 유일체계의 근본 목적은 수령의 혁명위업을 계승·완성하는 것이었고, 김정일 후계체제는 김일성의 혁명위업 계승이라는 목적 있는 권력승계 체계였다.[86] 즉, 유일체계의 형성과정은 후계자 김정일이 수령

---

86) 이태섭, 『김일성 리더십 연구』(서울: 들녘, 2001), 504쪽.

김일성의 사상과 노선을 계승·완성할 수 있도록 이를 제도화하는 과정이었다.

태양은 둘일 수 없다. 김정일은 아버지 김일성의 권위를 더욱 높임으로써 자신의 권위 또한 높여나가는 전략을 세웠다. 아버지는 '위대한 태양'이고 자신은 '21세기의 태양'인 것이다. 김일성은 곧 김정일이고, 김정일이 곧 김일성이다. 유일사상체계와 유일지도체제가 하나의 완결구조를 이루도록 수령론의 이론화를 이끈 것은 바로 김정일이었다.[87]

혹자는 김정일에게 '수령'이란 호칭이 쓰이지 않는 것을 두고 김정일체제가 김일성체제보다 약화된 것은 아니냐는 주장을 하기도 하는데, 이는 북한의 정치시스템을 잘못 이해한 결과다. 김정일은 수령이란 말을 쓰진 않지만 실제로 수령이며, 이처럼 대를 이어 수령론이 하나의 완결구조로 완벽히 조응할 수 있었던 이유는 김정일이 김일성의 유일사상체계를 만들었다는 데 있다. 유일사상체계는 김정일이 자신의 후계체제까지 내다보면서 만든 심화된 주체사상에 기반하고 있기 때문이다.

---

[87] 수령제의 대중화 역시 1970년대 김정일이 주도한 3대혁명붉은기쟁취운동을 통해 뒷받침되었다. 김정일은 1974년 '당의 유일사상체계확립 10대원칙'을 발표한 뒤 1976년부터 3대혁명붉은기쟁취운동을 전개했다.

참고문헌

기광서, 「북한국가와 유일체제의 수립」, 박재규 편, 『새로운 북한읽기를 위하여』 (서울: 법문사, 2005).
김성보 외, 『사진과 그림으로 보는 북한 현대사』(서울: 웅진지식하우스, 2004).
김일성, 「당 사업을 개선하며 당 대표자회 결정을 관철할 데 대하여(1967.3.17~24)」, 『김일성저작집』 21권(평양: 조선로동당출판사, 1983).
김정일, 『전당과 온 사회에 유일사상체계를 더욱 튼튼히 세우자』(평양: 조선로동당출판사, 1991).
_____, 「조선로동당은 영광스러운 〈ㅌ·ㄷ〉의 전통을 계승한 주체형의 혁명적 당이다」, 『김정일선집』 7권(평양: 조선로동당출판사, 1996).
리능훈, 「군중 노선 구현에서의 당 사업 체계와 사업 방법」, 『근로자』 1967년 제2호.
사회과학원 언어학연구소, 『조선말대사전 1』(평양: 사회과학출판사, 1992).
서대숙, 『현대 북한의 지도자: 김일성과 김정일』(서울: 을유문화사, 2000).
이대근, 「조선로동당의 조직체계」, 세종연구소 북한연구센터 편, 『북한의 당·국가기구·군대』(서울: 한울아카데미, 2007).
이종석, 『새로 쓴 현대북한의 이해』(서울: 역사비평사, 2000).
이태섭, 『김일성 리더십 연구』(서울: 들녘, 2001).
정영철, 「1970년대 대중운동과 북한 사회: 돌파형 대중운동에서 일상형 대중운동으로」, 『현대북한연구』 6권 1호(2003).
_____, 『김정일 리더십 연구』(서울: 선인, 2005).
정창현, 「권력엘리트의 지속성과 변화」, 박형중·이교덕 외, 『김정일시대 북한의 정치체제: 통치 이데올로기, 권력엘리트, 권력구조의 지속성과 변화』(서울: 통일연구원, 2004).
_____, 『인물로 본 북한현대사』(서울: 민연, 2002).
조선로동당중앙위원회 당력사연구소, 『조선로동당력사교재』(평양: 조선로동당출판사, 1964).
_____, 『조선로동당략사』(평양: 조선로동당출판사, 1979).
_____, 『조선로동당력사』(평양: 조선로동당출판사, 1991).

_____, 『조선로동당력사』(평양: 조선로동당출판사, 2004).
조선민주주의인민공화국 과학원 언어문학연구소 사전연구실, 『조선말사전』(평양: 과학원 출판사, 1962).
최진욱, 『김정일의 당권장악연구』(서울: 민족통일연구원, 1996).
현성일, 「북한노동당의 조직구조와 사회통제체계에 관한 연구」(한국외대 정책과학대학원 석사학위논문, 1999).

조선로동당사 경제정책 서술 변화

이경수

1. 머리말

조선로동당 역사연구소는 지금까지 4차례에 걸쳐 자신의 공식적인 당 역사서를 출간하였다. 1964년 『조선로동당력사교재』로, 1979년 『조선로동당략사』로 출간된 조선로동당사는 1991년 가서야 공식적인 '력사'의 지위를 획득한다.[1] 1964년판 목차는 1920년대 조선공산주의운동부터 서술을 시작하고, 1979년판 이후는 1926년 김일성의 〈타도제국주의동맹〉부터 시작된다. 1964년과 1979년 사이에 전개되었던 조선로동당 내부의 역사논쟁이 이같은 차이를 낳았다.

1964년판은 조선로동당 제3차대회 전후인 1950년대 말의 논쟁을 반영해 쓰여진 것이다. 1959년 12월 25일 열린 '당력사 집필 요강 토론회'에서 김창만은 당사에서 '역사적 유물론의 주체적 적용'을 사상적 기준으로 내세우고, '역사주의 원칙'과 '당성의 원칙'을 결합해 집필이론으로 적용할 것을 주

---

1) 역사교재와 약사, 역사는 그 위상에서 각각 차이를 보이지만 아래 서술에서는 당사로 통칭하기로 한다. 이는 서술의 편리함을 도모하기 위한 것일 뿐 위상 차이를 무시하고자 하는 의도는 아니다.

장했다.[2] 『조선로동당력사교재』는 이러한 토론과정을 통해 발간되었다.

1979년판은 1960년대에서 1970년대까지 전개된 당 이념의 변화를 폭넓게 반영해 다시 쓰여졌다. 이 시기는 북한이 주체사상을 공식화하던 시점이며,[3] 이에 따라 전반적인 역사를 주체사상에 입각해 재조명하고 체계화했다는 특징을 가진다.

1991년판은 1980년에 열린 제6차 당대회를 포함해 1990년대 직전까지의 내용을 서술하고 있다. 1980년 제6차 당대회에서 공식적인 후계자로 등장한 김정일의 활동까지 아우르는 점이 1979년판과 가장 뚜렷하게 차이를 보이는 부분이다. 목차에 김정일의 노작이 소개되는가 하면, 김일성뿐 아니라 김정일의 언급도 일부 인용되어 있다.

2004년판은 '김정일시대'에 들어선 조선로동당의 역사인식을 체계적으로 서술하고 있다. 그전까지의 당사가 당대회를 중심으로 시기구분을 했다면, 2004년판은 1926, 1945, 1974년 크게 세 부분으로 나누어 당사를 서술한다. 1974년은 김정일이 공식적인 당의 후계자로서 지명된 해다. 즉, 당의 '계승' 문제를 전면에 내세워 시기를 나눈 것이다. 이에 따라 당사 서술에 변화가 생긴 것은 자연스러운 현상이다.

본고에서는 조선로동당 역사인식 변화의 맥락이 경제 분야에서는 어떠한 모습으로 드러나고 있는지 살펴볼 것이다. 경제정책 서술 순서의 변화, 주요 경제정책의 등장과 누락, 경제관련 기관의 위상 변화, 인용문구의 변화 및 활용도 등을 구체적으로 분석하여 조선로동당의 경제정책 변화와 체계화 과정을 정리하고자 한다. 과거에 대한 분석을 통해 앞으로의 변화에

---

2) 당시의 집필내용은 반종파투쟁을 역사적으로 정리하는 것과 관련하여 최창익파의 민족해방투쟁사 인식의 오류를 제거하는 데 중점을 두었다고 한다. 편집부, 『조선로동당략사 1』(서울: 돌베개, 1989), 9쪽.

3) 주체사상은 '사상에서의 주체', '정치에서의 자주', '경제에서의 자립', '국방에서의 자위' 등으로 정책 각 분야에서 지도원리로 적용되다가, 1970년의 제5차 당대회에서 당의 지도이념으로 공식화된다. 제5차 당대회에서 조선로동당은 "조선로동당은 맑스-레닌주의를 창조적으로 적용한 김일성의 주체사상을 자기 활동의 지침으로 삼는다"라고 당규약을 수정하여 주체사상을 '당의 유일사상'으로 규정한다. 위의 책, 10쪽.

대해서 하나의 시사점을 얻을 수 있을 것이다.

2. 경제정책의 체계화

1) 맑스-레닌주의에서 '주체의 경제건설노선'으로

북한은 1946년 토지개혁과 중요산업 국유화 등 민주개혁 실시로 경제건설의 첫발을 뗐다. 민주개혁은 원만히 마무리되었으나, 뒤이은 한국전쟁은 그전까지의 북한 경제건설 성과를 초토화시켰다. 1953년 전쟁이 끝난 뒤에는 모든 것을 새롭게 시작해야 했다.

1953년 전후복구에 나선 북한은 '중공업을 우선적으로 장성시키며 농업과 경공업을 동시발전'시키는 전후 경제건설의 기본노선을 채택한다. 이는 북한의 공식 경제건설노선으로 채택되어 이후 50년 이상 지속된다.[4] 1964년판 당사는 중공업 우선 장성의 의의를 강조하며 "중공업을 구원함이 없이는, 그것이 부흥됨이 없이는 우리는 어떠한 공업도 건설할 수 없으며 또 공업이 없이는 우리는 도대체 독립 국가로서 망해 버린다"는 레닌 전집의 언급을 직접 인용해 중공업 우선 노선에 정당성을 부여한다.[5] 경제건설의 기본노선을 평가하면서도 '맑스-레닌주의적 확대 재생산 리론의 원칙'을 강조하고 있는 것이다.

1979년판 이후에는 '맑스-레닌주의적'이란 표현이 삭제되고, 경제정책 결정의 주체가 바뀐다. 1964년판이 "전원회의는 김일성 동지가 제시한 방향에 따라 …… 경제건설의 기본로선을 확정"했다고 언급하는 데 반해, 1979

---

[4] 1953년 김일성이 주장한 '중공업 우선, 농업과 경공업의 동시발전' 노선이 처음부터 당내 지지를 얻어 출발한 것은 아니었다. 이를 둘러싸고 당시 소련과의 관계, 당내 갈등과 논쟁이 격렬하게 벌어졌으며 결국 1956년 '8월 종파사건'을 통해 문제가 해소되었다.

[5] 조선로동당중앙위원회 당력사연구소, 『조선로동당력사교재』(평양: 조선로동당출판사, 1964), 312쪽.

년판은 "경애하는 수령님께서는 보고에서 전후경제건설의 기본노선을 내놓으심으로써"라고 최종결정 주체를 변화시킨다. 1964년판에서의 주체가 전원회의인 것에 비해 1979년판의 결정 주체는 '경애하는 수령님'인 것이다. 마찬가지로 1964년판이 언급하던 "레닌적 자원성의 원칙",[6] "농촌에서의 협동 경리의 발생, 발전 및 그 공고화는 오직 로동계급 국가의 강력한 지원 밑에서만 이루어질 수 있다는 레닌의 교시로부터 출발하여 당적, 국가적 지도 강화"[7] 등 레닌을 동원한 서술은 전면 삭제되고 그 자리는 '경애하는 수령님'의 교시와 그에 대한 해설로 대체된다.

'경애하는 수령님'의 교시와 각종 경제정책은 주체사상에 기반한 것으로 해석되었으며, 특히 다른 나라와의 비교를 통해 '독창성'을 강조하는 데까지 이른다. 이를테면 민주개혁 시기 중요산업 국유화를 설명하면서 "산업 국유화를 사회주의혁명의 과업으로만 인정하던 종래의 견해에 구애되지 않으시고 중요산업의 국유화를 반제반봉건민주주의혁명의 과업의 하나로 제기"[8]했다는 대목이 추가되는 식이다. 주체사상의 독창성과 수령의 역할을 확대해석하는 이러한 서술방식은 1979년판 이후의 모든 당사에서 반복되어 나타난다.

이는 대안의 사업체계를 "주체의 경제관리체계를 확립하는 데서 력사적인 의의"를 가지는 것으로 평가하는 데서도 나타난다. 결국, '주체의 경제건설로선', '주체의 경제관리체계'에 한층 방점을 찍는 설명방식인 것이다.

사회주의경제에 대한 지도관리문제는 **어느 나라에서도 충분히 해결되지 못한 문제로서** 이것을 옳게 해결하는 것은 사회주의, 공산주의 위업을 성과적으로 수행하며 과학적공산주의리론을 완성해나가는 데서 매우

---

6) 위의 책(1964년판), 312쪽.
7) 위의 책(1964년판), 327쪽.
8) 이 내용은 1979년판 당사의 제5장 제5절 제목에서 '위대한 수령 김일성동지께서 독창적으로 밝히신 반제반봉건적 사회경제 변혁에 관한 리론'으로 표현된다. 조선로동당중앙위원회 당력사연구소, 『조선로동당략사』(평양: 조선로동당출판사, 1979), 241쪽.

중요한 의의를 가지였다. 혁명의 영재이시며 위대한 사상리론가이신 경애하는 수령 김일성동지께서는 주체사상에 기초하시여 **사회주의경제관리에 관한 독창적인 리론을 내놓으시고 그것을 구현하기 위한 새로운 사회주의적경제관리체계를 창조**하심으로써 이 문제에 대한 완벽한 해명을 주시였다.9) (강조는 필자)

위와 같은 표현은 1964년판 이후, 모든 당사에서 공통적으로 드러나는 맑스-레닌주의를 대체한 주체사상에 기초한, 혹은 김일성에 의한 당의 영도를 앞세우는 설명 방식을 보여주는 것이다. 1964년판 이후, 북한의 당사는 맑스-레닌주의에서 주체사상으로, 집체적 지도에서 '위대한 수령' 김일성의 영도로 변화한 모습을 보여준다.

2) 자기완결적 경제정책의 추구

(1) 자립적 민족경제건설노선

주체사상의 독창성을 강조함에 따라 당사는 시간이 갈수록 다른 나라와의 협조, 협력관계를 경시하는 경향을 띠게 된다. '자립적 민족경제'는 북한이 건국 이후부터 줄곧 강조해온 것이나, 1950년대까지만 하더라도 북한은 사회주의 형제국의 원조에 국가예산의 상당부분을 기대고 있었다.10) 1964

---

9) 위의 책(1979년판), 527쪽.
10) 양문수는 경남대 극동문제연구소의 『북한경제통계집(1946~1985년)』에 기초해 북한의 무상원조와 차관규모를 추정하고 있다. 그에 따르면 1950~1960년 기간 동안 무상원조·차관도입액과 예산수입(세입)은 18.2%에 달하며 특히 전후 3개년 계획기간에는 311%에 달했다고 적고 있다. 이 비율은 제1차 7개년 계획이 시작되는 1960년대에는 1.3%로 급락한다. 그에 따르면 적어도 1950년대는 무상원조·차관이 투자자금의 상당부분을 점할 정도의 거액이었다고 한다. 북한도 "전후 3개년 계획기간(1954~1956) 중 투자액에서 무상원조가 차지하는 비율은 73.1%에 달했다"고 밝힌다. 이 기간은 북한의 고속성장이 뚜렷했던 기간이기도 하다. 양문수, 『북한경제의 구조: 경제개발과 침체의 메커니즘』(서울: 서울대학교 출판부, 2001), 305~310쪽.

년판 당사는 1957년부터 진행된 5개년계획 달성을 위해 더욱더 많은 물자와 자금이 요구되는데 국내 원천이 긴장되어 있었으며, "형제 나라들로부터 받은 원조는 이미 대부분 리용되였으며 이제는 모든 것을 자기 힘으로 해결하여야만 하였다"11)라고 하여 이러한 현실을 비교적 솔직하게 언급하고 있다.

또한 1964년판 당사는 자립적 민족경제노선을 설명하면서 "형제 나라들과의 경제적 협조도 효과적으로 진행할 수 있다"12)라는 점을 명시해 북한경제를 대외경제교류와 연결시켜 설명한다. 그러나 이러한 내용은 1979년판 당사에서는 완전히 삭제되며, 이후 당사에서도 찾을 수 없게 된다. 1979년판 당사는 자립적 민족경제건설노선을 "위대한 주체사상을 경제건설 분야에 구현한 것"13)으로 정식화했다. 건설노선의 내용을 설명함에 있어 "다른 나라를 경제적으로 예속시키려는 식민주의자들, 대국주의자들의 책동과 압력을 물리"14)쳐야 한다고 지적하며 대외경제관계는 탈락시키는 한편, 대외경제관계 확대의 위험성을 한층 경계하는 모습을 띠고 있다.

1979년판 이후 북한의 공간(公刊)문헌을 통해서는 1970년대 북한이 서방과의 경제교류를 꾀했으나, 오일쇼크로 인해 이러한 시도가 좌절되어 1974년에 가서는 결국 채무불이행 선언을 한 부분 등 대외경제관계를 거의 찾아볼 수 없다. 적어도 공식적인 당사를 통해서는 북한의 대외경제관계를 파악하기는 불가능해졌다. 이는 자립적 민족경제노선을 '폐쇄적', '자기완결적' 경제체계로 오해하도록 하는 데 일조한다.

대외경제관계의 삭제는 또한 '승리적 사관'에 대립되는 내용을 탈락시킨 것과 같은 맥락에서도 해석된다. 1964년판에서 "새 단계를 맞이하기 위한

---

11) 앞의 책(1964년판), 372쪽.
12) 위의 책(1964년판), 314쪽.
13) 앞의 책(1979년판), 290쪽. 당사는 '위대한 수령 김일성동지'의 교시를 통해 자립적 민족경제건설노선 관철을 강조하면서 "자립적 경제의 기초가 없이는 우리는 독립도 할 수 없고 건국도 할 수 없고 또한 살아갈 수도 없"다는 내용을 인용한다(『김일성저작선집』제1권, 제2판, 124~125쪽 ; 같은 책(1979년판) 같은 쪽에서 재인용).
14) 위의 책(1979년판), 291~292쪽.

준비단계로 1960년을 완충기로 설정했다"15)는 언급이 1979년판 이후 완전히 사라지고, 1979년판에서 "긴장한 로력문제를 푸시기 위하여"16) 기술혁명을 다그치고 여성노력 이용을 증가토록 했다는 내용은 1991년판에서 삭제된다. 대신 1991년판은 기술혁신의 배경을 "인민경제관리운영사업을 개선하기 위한"17) 것으로 제한적으로 해석한다.

1979년판에서 북한의 공식적 경제건설노선으로 격상된 자립적 민족경제 건설노선은 2004년판 들어서도 변함없이 꾸준히 강조되고 있다. 2004년판은 "위대한 수령 김일성동지께서는 계획 작성에 앞서 항일혁명투쟁 시기부터 무르익혀 오신 자립적 민족경제 건설의 위대한 구상을 밝"18)혔다며 노선의 시작 시기를 한층 소급시켰다. 이는 기본노선으로서 지위를 획득한 자립적 민족경제노선 자체에 대한 변화는 없을 것임을 예고하는 것이다.

(2) 기타 경제정책 서술

1964년판과 1979년판 사이의 차이는 후자가 경제노선과 각종 정책을 체계화하는 작업 위에서 쓰여졌다는 데서 찾을 수 있다. 1979년판 당사는 대안의 사업체계, 군협동농장관리위원회를 중심으로 하는 농업관리체계 등 북한 경제관리체계의 큰 뼈대를 잡았고, 이러한 내용들은 이후 간행된 당사에서도 계속 그 언급 수준을 지속시켜 가고 있다. 1964년판과 1979년판의 차이는 정치적 측면에서 이 시기에 김일성 유일영도체계와 김정일 후계체제가 확립된 것과 무관하지 않을 것이며, 1969년 사회주의 과도기 논쟁에서 북한의 입장 제출이 끝나는 등 경제 관련 논쟁이 일차적으로 마무리된 것도 일정 부분 영향을 미쳤을 것으로 보인다.

---

15) 앞의 책(1964년판), 424쪽.
16) 조선로동당중앙위원회 당력사연구소,『조선로동당력사』(평양: 조선로동당출판사, 1991), 194쪽.
17) 위의 책(1991년판), 425쪽.
18) 조선로동당중앙위원회 당력사연구소,『조선로동당력사』(평양: 조선로동당출판사, 2004), 181쪽.

경제건설노선, 경제관리체계뿐 아니라 경제정책에 관해서도 체계적인 서술이 동원된다. 1962년 당중앙위원회 제4기 제5차 전원회의를 설명하는 과정에서 이러한 경향이 두드러진다. 1964년판은 "전원회의에서는 조성된 정세와 관련하여 국방력을 더욱 강화할 데 대하여 토의하였다"[19]라고만 언급되던 국방력 강화는 1979년판에서 '국방-경제 병진로선'으로 재정의된다. "위대한 수령 김일성동지께서는 1962년 12월 당중앙위원회 제4기 제5차 전원회의에서 경제건설과 국방건설을 병진시킬 데 대한 독창적인 방침을 내놓"았다고 시작되는 설명은 이 정책이 "경제건설과 국방건설을 어떻게 결합시키는가 하는 것은 사회주의와 공산주의 건설의 운명을 좌우하는 기본 문제의 하나"[20]라고 중요성을 강조한다.

또한 이 시기를 통해 '3대혁명'이 정책화되는 과정을 살펴볼 수 있다. '사상, 문화, 기술혁명'을 가장 먼저 언급한 것은 1964년판 당사에서 1959년 1월 전국농업협동조합대회를 설명하며 농촌에서의 "기술, 문화, 사상 혁명을 중심적인 혁명과업으로 삼"[21]을 것을 지적한 대목이다. 이는 사회주의 제도가 완성된 이후에도 사회주의 건설을 위한 혁명은 계속되어야 한다는 맥락에서 등장한다.

1979년판 당사는 이러한 내용을 보다 더 강조하고 있다. 즉, 김일성이 "사회주의하에서 계속혁명에 관한 독창적 리론"[22]을 내놓았고, 계속혁명을 위한 과업으로서 3대혁명이 위치되는 것이다.

---

19) 앞의 책(1964년판), 493쪽.
20) 앞의 책(1979년판), 540쪽.
21) 앞의 책(1964년판), 411쪽.
22) 앞의 책(1979년판), 464쪽. 이 이론에 의거해 김일성은 "사회주의, 공산주의 위업을 끝까지 수행하여 나가는 혁명적 길을 밝"힌 것으로 표현된다. 1979년판 당사는 '혁명'을 새롭게 정의하는 것부터 시작해서 사회주의 제도가 선 이후에도 혁명이 계속되게 되는 이유를 밝히는 데 이어 이를 조선혁명의 전국적 승리, 나아가서 공산주의의 세계적 승리문제와 밀접히 결부시킨 것으로 설명한다. 이어 혁명의 중심과업으로 사상, 기술, 문화의 3대혁명을 밝힌다. 같은 책(1979년판), 465~468쪽.

사상, 기술, 문화의 3대혁명은 사회주의제도가 선 다음 로동계급의 당이 수행하여야 할 혁명의 기본내용이며 공산주의를 건설할 때까지 수행하여야 할 계속혁명의 과업입니다.[23]

3대혁명이 체계화되면서 북한은 사상을 기술보다 앞에 위치시키는데, 이는 인간의 사상의식이 모든 것을 결정한다는 주체사상의 요구를 반영한 것이다.

3) 경제건설에서의 대중노선: 아래에서 위로, 위에서 아래로

1979년판 당사는 정책결정 과정에서 위와 아래의 역할을 구분하여 서술하기 시작했다. 1964년판 당사는 정책을 설명하면서 당의 역할을 먼저 언급하는 데 반해, 1979년판 당사에서는 인민의 요구를 강조하는 경향을 띤다. 1979년판 당사는 1946년 토지개혁 진행을 설명하면서 "급격히 앙양된 농민들의 혁명적 기세는 토지를 요구하는 청원운동으로 발전하였다"는 대목을 추가한다. 이는 자연스럽게 '수령' 김일성과 인민들의 상호작용으로 이어지는데, "농민들은 경애하는 수령님께 토지를 나누어줄 것을 청원하는 수많은 편지를 매일과 같이 올렸으며 1946년 2월 말에는 북조선 각지의 농민대표들이 직접 수령님을 찾아뵙고 토지를 요구하는 전체 농민들의 절절한 염원을 말씀드렸다"[24]로 이어진다.

반면 1946년판 당사는 1946년 2월 하순을 설명하며 "당의 지도 밑에 각지의 농민대표들로써 농민대회가 소집되고 토지개혁 실시에 대한 문제가 전면적으로 토의되였다"[25]고 설명한다. 눈에 띄는 차이는 농민대회에 대한 성격 규정이다. 1979년판에서는 농민들의 자발적 요구와 수령의 직접 영도를 강조한다. 앞선 당사에서도 이와 관련한 김일성의 활동이 서술되어 있

---

23) 위의 책(1979년판), 468쪽.
24) 위의 책(1979년판), 247쪽.
25) 앞의 책(1964년판), 161쪽.

지만, 아래에서 위로, 다시 위에서 아래로 내려가는 정책결정 과정은 1979년판 이후부터 두드러지기 시작한다.

현지의 요구-수령의 현지지도-정책화로 이어지는 이러한 흐름은 북한식 '대중노선'의 특징 중 하나로 꼽힌다. 이는 한편으로 현지지도를 통한 수령의 역할을 강조하기 위함이기도 하지만, 중국과 대별되는 '대중노선'이기도 하다.26) 북한식 대중노선은 1970~1980년대를 경과하면서 다른 방식으로 진화해 나가는데, 이는 3장 3절에서 살펴보도록 한다.

3. 김일성시대의 경제정책과 김정일시대의 경제정책

1) 당중앙에서 지도자로

(1) 천리마운동과 3대혁명붉은기쟁취운동

1979년판 당사에서 '당중앙'으로 지칭된 김정일은 1991년판 당사에서 이름을 공식화하기에 이른다. 목차에서는 '친애하는 지도자 김정일동지의 고전적 노작「주체사상에 대하여」'만 나타나지만, 김정일은 경제 분야에서도 지도자로서의 모습을 드러낸다.

1979년판 당사에서 '경애하는 수령님'의 구상과 제안, 지도로만 서술되었던 3대혁명소조운동 분야에서 김정일의 역할이 강조되기 시작했다. "친애하는 지도자 김정일 동지께서는 3대혁명소조대렬을 정비강화하고 그들의

---

26) 이와 관련해 찰스 암스트롱은 북한의 대중노선을 '대중 속으로, 대중으로부터'로 설명한다. 이는 모택동의 '대중으로부터, 대중에게, 다시 대중으로부터'와 차별되는 지점이다. 즉, 김일성은 대중의 요구를 수용하지만, 모택동과 달리 위로부터 주도되어야 한다고 믿었다는 것이다. 암스트롱은 이러한 대중노선의 배경으로 "근세사에서 중국보다 훨씬 정통과 안정을 추구했던 조선의 오랜 정치문화가 반영된 것"이라고 해석을 덧붙인다. 찰스 암스트롱, 『북조선 탄생』(서울: 서해문집, 2006), 111~112쪽.

정치실무적 자질과 능력을 끊임없이 높이도록 하시였으며 3대혁명소조사업을 당중앙위원회에서 통일적으로 지도하는 전일적인 체계를 세워주시였다"27)라고 하면서, '위대한 수령 김일성 동지'의 사업을 완성시킨 것으로 덧붙였다.

1991년판 당사에 드러난 김정일의 역할은 수령의 구상을 현실화시키고, 이론화시키는 것이다. 3대혁명붉은기쟁취운동 전개과정에서 이러한 김정일의 역할은 분명하게 나타난다. 1991년판 당사는 "위대한 수령님께서 이미 1973년에 3대혁명소조운동을 발기하시면서 앞으로 조건들이 조성되는 데 따라 3대혁명붉은기쟁취운동을 벌릴 것을 구상하시였"으며 "친애하는 지도자 김정일동지께서는 1975년 11월 '사상도 기술도 문화도 주체의 요구대로!'라는 혁명적 구호를 내놓으시고 이 구호 밑에 3대혁명붉은기쟁취운동을 벌리도록 하시였다"28)고 서술한다. 이어 김정일은 1976년 1월 「올해 당사업에서 틀어쥐고나가야 할 몇 가지 중심적 과업에 대하여」를 비롯한 여러 노작에서 운동의 본질과 중심과업, 운동 전개의 원칙적 문제들을 밝혀나갔다.

> 3대혁명붉은기쟁취운동은 사상혁명, 기술혁명, 문화혁명을 힘있게 벌려 사회주의 건설을 다그치기 위한 전인민적인 대중운동입니다.29)

라는 1979년판 김일성의 '교시'는 같은 내용을 서술한 1991년판에서 아래와 같은 김정일의 '지적'으로 대체된다.

> 3대혁명붉은기쟁취운동은 속도전, 사상전의 원칙을 구현하여 사람들의 사상개조사업과 경제, 문화, 국방건설에서의 집단적혁신운동을 유기적으로 결합시켜 힘있게 밀고나감으로써 혁명적대사변을 맞이하기 위한 준비를 튼튼히 갖추고 사회주의, 공산주의건설을 최대한으로 다그치는 새로운 대중적운동입니다.30)

---

27) 앞의 책(1991년판), 489쪽.
28) 위의 책(1991년판), 490쪽.
29) 앞의 책(1979년판), 706쪽.

'3대혁명붉은기쟁취운동'에 대한 언급이지만, 김정일의 언급은 김일성의 언급보다 자세하며, 보다 이론적이다. 덧붙여 '속도전, 사상전의 원칙'도 1991년판에서 체계화된 것이다. 1979년판 당사에서 "속도전의 혁명적 방침이 관철됨으로써 새로운 비약과 혁신이 일어났다"고 표현된, '속도전'은 '70일전투속도'를 창조하는 과정에서 창조된 것으로 해석될 따름이었다.[31] 이에 반해 1991년판 당사는 '속도전'을 "모든 사업을 전격적으로 밀고나가는 사회주의건설의 기본전투형식, 혁명적인 사업전개원칙"[32]으로 규정한다. 대신 문학예술에서 언급되었던 속도전의 원칙은 사라진다. 김정일에 의한 이론화 작업이 경제건설노선 및 경제건설 과정에도 적용되고 있는 것이다.

1992년에 개정된 북한 헌법도 김일성에서 김정일로 중심이 옮겨가고 있음을 반영한다. 맑스-레닌주의를 삭제하고 '우리식 사회주의'를 명문화한 1992년 개정 헌법은 이전 헌법의 제1장 제13조에서 서술되었던 천리마운동을 삭제하고 제1장 제14조에 "국가는 3대혁명붉은기쟁취운동을 비롯한 대중운동을 힘있게 벌려 사회주의건설을 최대한으로 다그친다"[33]고 수정되었다. 김일성시대의 천리마운동을 대신하여 김정일이 주도한 3대혁명붉은기쟁취운동이 새로이 규정된 것이다.

한편 '교시'와 '지적'의 차이는 2004년판 당사까지 이어진다. 다만 2004년판 당사는 김정일을 '위대한 령도자'로 1991년판과는 다른 방식으로 표현한다. '령도자'로서 김정일은 사실상 '수령' 역할을 하지만 '수령' 표현을 사용하지 않음으로써 스스로를 구분해 두는 것이다. 이는 김일성 사후 1998년 헌법개정에서 '주석직'를 삭제하고, '주석' 호칭을 김일성에게만 유일화시켜 놓은 것과 일맥상통한 것으로 보인다.

---

30) 앞의 책(1991년판), 491쪽.
31) 앞의 책(1979년판), 705쪽.
32) 앞의 책(1991년판), 493쪽.
33) 조선중앙통신사, 『조선중앙년감』(평양: 조선중앙통신사, 1993), 31쪽.

(2) 주체의 경제관리이론 정식화

1991년판 당사는 또한 그동안 '경제관리체계'에만 쓰이던 '주체의~'를 여타 분야로 확대한다. 기존의 대안의 사업체계, 농업지도체계에 덧붙여 1980년대 련합기업소체계 확립 조치가 광범위하게 취해진 것을 설명하는 대목에서는 '주체의 사회주의경제관리체계'에 이어 '주체의 사회주의경제관리리론'이 등장한다.34) 주목할 것은 '리론'과 관련하여 이를 정리하는 주체가 김정일이며, 이러한 이론화 작업의 독창성이 강조되는 것이다. 이와 관련해 김일성의 이름은 언급되지 않는다.

> 친애하는 지도자 김정일동지께서는 주체의 경제관리리론이 인민대중을 경제관리의 주인으로 보고 전개한 **사람 중심의 독창적인 경제관리리론**이라는 것을 밝히시고 사회주의경제관리의 기본원리와 이 원리를 구현한 사회주의경제관리의 특징, 경제관리의 기본원칙을 새롭게 해명하시였다.35) (강조는 필자)

이어 당사는 '주체의 경제관리리론'의 기본원리와 이 원리를 구현한 사회주의경제관리, 사회주의경제관리체계, 사회주의경제관리방법을 체계적으로 서술한다. 경제 관련 전체내용이 김정일에 의해 정식화되고 있는 것이다. 정식화 과정에서 독창성을 강조하는 것은 앞서 살펴보았던 김일성의 경제 관련 언급이 맑스-레닌주의를 벗어난 독창성으로 해석되어가는 과정과 비슷하다. 김정일의 이론화 작업은 경제 분야에만 국한되지 않는데, 1982년 「주체사상에 대하여」를 발표하여 주체사상의 해석권을 독점한 것이 그 단적인 예이다. 이를 통해 김정일은 지도자에서 영도자의 지위를 획득할 준비를 마친다.36)

---

34) 앞의 책(1991년판), 551쪽.
35) 위의 책(1991년판), 551~552쪽.
36) 정영철은 '지도'와 '영도'를 구분하여, 김일성에서 김정일로의 후계체제 승계 과정을 설명한다. 장기간의 '영도-지도' 분점체제를 유지하다 각 분야별로 김정일

2) 과학기술과 경제건설

1963년 3월 열린 과학자, 기술자대회의 성격 해석에도 변화가 생긴다. 1979년판 당사에서는 "기술혁명의 전면적 수행을 위하여 나서는 과학기술을 발전시키는 데 큰 힘"[37]을 돌릴 것을 강조했다고 적는 데 그치고 있으나, 1991년판 당사는 "나라의 경제발전에 절실히 필요한 과학기술을 전면적으로 발전시키도록 하였다"[38]라고 서술하고 있다. 과학기술은 이로써 경제발전에 "절실히 필요한" 부문으로써 규정되었으며, 이에 따라 과학기술의 중요성은 더욱 강조되었다.

과학기술에 대한 강조는 경제발전 전반뿐 아니라, 개별 경제정책을 설명하는 데서도 나타난다. 1979년판 당사가 3대혁명소조운동 발기의 배경으로 무엇보다 먼저 "일군들의 사상의식수준과 정치실무수준, 사업방법과 작풍을 현실발전을 요구에 따라세우는"[39] 문제를 중요하게 다룬 것에 반해 1991년판 당사에서는 "경제의 규모가 커지고 경제건설의 모든 부문이 현대과학기술을 요구하는 조건"[40]을 덧붙여 '경제건설의 자체적 요구'를 강조한다.

이 외에도 1991년판 당사는 '사회주의 농촌문제에 대한 테제'를 설명하면서 "현대적 과학기술에 기초한 집약농법"[41]을 기술혁명의 내용에 새로이 포

의 영도권이 확대되는 양상을 띠는 것이며, 이 중 가장 마지막으로 이루어진 것은 사상 분야에서의 영도권 계승이다. 이에 따라 정영철은 김정일이 「주체사상에 대하여」를 발표한 1982년을 김정일시대의 등장으로 공식화한다. 정영철, 『김정일 리더십 연구』(서울: 선인, 2005), 353~354쪽. 한편 북한 역시 영도와 지도를 다른 의미로 사용한다. 『조선말대사전』에 따르면 영도는 "어떤 계급이나 조직 또는 인민대중을 통솔하고 지도하는 것, 곧 대중을 의식화하고 조직화하며 강력한 정치적 력량으로 만들고 그들을 투쟁에로 조직동원하여 승리에로 이끌어 가는 것"을 뜻한다. 반면 지도는 "잘 가르쳐주고 도와주어 일정한 방향으로 이끄는 것" 혹은 "(혁명과 건설을 위한 모든 활동과 사업에서) 가장 올바른 길로 이끌어 주는 것"으로 정의된다. 사회과학원 언어학연구소, 『조선말대사전』(평양: 과학백과사전출판사, 1990) 참조.

37) 앞의 책(1979년판), 546쪽.
38) 앞의 책(1991년판), 408쪽.
39) 앞의 책(1979년판), 675~676쪽.
40) 앞의 책(1991년판), 487쪽.

함시켰으며, 1973년 김일성이 창조한 주체농법도 "기후풍토와 농작물의 생물학적 특성에 맞게 농사를 과학기술적으로 짓는 과학농법이며 현대과학기술에 기초하여 농업생산을 고도로 집약화하는 집약농법"[42]으로 정식화하였다. 주체농법에 따른 농업생산을 설명하며 '록색혁명'[43] 추진을 새로이 언급하는데, 이 역시 과학기술에 의거한 경제정책을 서술한 것이다.

북한이 과학기술에 기초한 경제건설을 강조한 것은 현실의 절박한 요구에서 비롯된 것으로 보인다. 과학기술은 경제의 외연적 성장을 내포적 성장으로 전환시키는 데 필수적이다. 1970년대 북한은 1950~1960년대에 비해 경제성장률이 둔화하는 추세였는데, 다시 빠른 속도의 경제성장을 추구하기 위해서는 기존의 외연적 성장방식을 대신하는 새로운 방법이 도입되어야 했다. 1970년대 북한이 서방으로부터의 설비 및 기술 도입에 나선 것은 이에 따른 자연스러운 현상으로 파악된다.[44]

북한은 특히 경제성장 둔화세가 뚜렷해지는 1970년대 말부터 과학기술이 경제개발의 최대 관건임을 강조해 제2차 7개년계획(1978~1984) 과제로 인민경제의 주체화·현대화·과학화를 설정한다. 이와 더불어 1975년부터

---

41) 위의 책(1991년판), 412쪽.
42) 위의 책(1991년판), 495쪽.
43) 위의 책(1991년판), 496쪽. 『경제사전』은 '록색혁명'에 대해 "같은 조건에서도 소출이 훨씬 높은 종자를 길러 내는 데서의 변혁"으로 정리한다. 2000년대 들어 북한이 강조하고 있는 '종자혁명'과 같은 뜻을 의미한다. 북한은 1998년 이후 농업에서의 '종자혁명'을 주요한 과제로 내세우고 있다. 경제연구소, 『경제사전 1』(평양: 사회과학출판사, 1985), 524쪽. 한편 『경제사전』은 '종자혁명'에 대한 항목은 포함하지 않는다. 다만 비슷한 시기 간행된 『현대조선말사전』은 '종자혁명'을 농학의 일부로 포함해 "보다 많은 수확을 내고 온갖 자연기후조건을 이겨낼 수 있는 새로운 종자를 얻어내기 위한 투쟁, 또는 그런 투쟁을 통하여 종자를 개량하는 것"으로 설명한다. 『현대조선말사전』(평양: 과학백과사전출판사, 1981), 1835쪽.
44) 양문수가 생산요소의 생산성 추이와 성장에 대한 공헌도의 측면에서 북한 공업화의 특징을 검토한 데 따르면 1970년대부터 자본생산성 증가율이 마이너스를 기록하며, 노동생산성 증가율은 1970년대 후반 이후 크게 둔화되었다고 한다. 이는 내포적 성장이 좌절된 것을 의미한다. 양문수는 1970년대를 북한경제가 양적 성장국면에 있었지만, 구조적으로 침체의 메커니즘에 빠져든 시기로 분석한다. 양문수, 앞의 책, 112~114쪽.

과학자돌격대를 조직해 과학자들이 생산현장에 나가 기술적 문제들을 해결해 주도록 독려했다.[45] 한편 1979년판 당사는 2차 7개년계획을 언급하지 않는데, 이유는 예측하기 어렵다. 이 시기는 2차 7개년계획 초기로서 아직 이를 논하기에 시기상조였던 것이 가장 큰 이유로 보인다.

1991년판 당사는 과학기술과 경제발전의 연관성을 1963년으로 앞당겨 설명하는데, 이는 김정일시대의 대표적인 경제정책 중 하나로 과학기술을 설정한 데 따른 소급적용으로 풀이된다. 과학기술에 대한 강조는 김정일이 총비서로 본격적인 활동을 시작한 이후에도 줄곧 이어져 김정일은 '고난의 행군' 종료 직후인 1999년 과학원을 첫 현지지도 장소로 택하고, 최근에는 강성대국 건설의 3대기둥의 하나로 과학기술을 언급하고 있다.[46]

3) 대중운동 방식의 변화: 모범 창출의 일반화

1991년판 당사는 김정일의 교시를 언급하며 1979년 10월 시작된 '숨은 영웅을 따라배우는 운동'을 김정일시대의 대중운동방식으로 제시한다. 김일성시대의 대중운동방식은 노동계급에의 직접 호소 및 애국적 열의를 발양시키는 '천리마운동'이었다. 영웅의 구체적 행동을 통한 모범창출을 강조하는 김정일시대의 대중운동방식을 설명하면서, 1991년판 당사는 1946년부터 다시 쓰여진다. 농민들의 '애국미 헌납운동'에서도 "농민들 속에서는 30

---

45) 과학자 기술자 돌격대에 관한 언급은 2004년판 당사에서 더욱 두드러지는데, 2004년판 당사는 ≪7·1과학자, 기술자돌격대≫, ≪2·17과학자돌격대≫, ≪5·19기술혁신돌격대≫, ≪4·15기술혁신돌격대≫ 등을 상세히 설명하며 이들 돌격대의 목표를 "과학연구사업을 생산실천과 밀접히 결합시키기 위"한 것으로 정리하고 있다. 앞의 책(2004년판), 427쪽.
46) 북한은 2000년 『로동신문』, 『청년전위』, 『조선인민군』 신년 공동사설에서 "사상중시와 총대중시, 과학기술중시 로선은 강성대국 건설의 3대 기둥"이라고 밝혔다. 이에 앞서 1998년부터 과학기술 3개년 계획을 수립·시행했고, 1999년은 '과학의 해'로 설정하고 그해 3월 '전국과학자·기술자대회'를 9년 만에 여는 등 과학기술 발전에 남다른 관심을 쏟고 있다. 이와 관련해서는 이춘근·배영호, 『북한의 경제·과학기술체제 개혁과 남북한과학기술협력 촉진 방안』(서울: 과학기술정책연구원, 2003), 86~90쪽 참조.

가마니의 애국미를 나라에 바친 김제원농민의 모범을 본받아"[47]라고 모범의 경험을 구체적으로 설명하는 내용을 덧붙였다. 또한 1946년 '로동영웅운동'이 벌어졌다는 사실을 삽입했으며, "이 운동은 나라의 경제를 부흥 발전시키는데서 일대 추진력이 되었다"[48]고 해석을 덧붙였다. 1991년판 당사 이후는 '로동영웅운동'이 대중적 증산경쟁운동으로 심화·발전되었다고 설명하는데, 1979년판까지는 '로동영웅운동'에 대한 언급을 찾을 수 없다. 새롭게 등장한 '로동영웅운동'은 김일성의 교시로 등장하는데, 이는 김정일시대의 대중운동방식을 앞 세대와 연관 속에서 설명한 것으로 보인다.

'숨은 영웅들의 모범을 따라배우기 위한 운동'과 '26호 선반을 따라배우는 충성의 모범기대창조운동'은 김정일이 제의한 3대혁명붉은기쟁취운동과 연관되어 '80년대 속도' 창조운동으로 이어진다.[49] 1980년대는 1982년 10월 전국청년열성자회의, 11월 천리마운동선구자대회, 1984년 9월 3대혁명소조원대회, 1986년 10월 숨은공로자대회, 11월 3대혁명붉은기쟁취운동선구자대회, 1988년 9월 전국영웅대회 등 각종 대회로 수놓아진다. 선구자, 공로자, 영웅 등 '혁신자'들을 대상으로 대회를 열어 이들을 치하하는 한편, 그 모범을 전국적으로 전파하는 계기로 삼은 셈인데, 이러한 방식은 1990년 2월 전국생산혁신자대회를 비롯한 인민경제부문별 대회와 열성자회의 진행으로 계속 이어진다.

1991년판에서 처음 시작된 각종 영웅 및 대회의 언급은 2004년판에서도 계속된다. 2004년판 당사는 전국생산혁신자대회는 물론 기계공업부문 열성자회의, 금속공업부문 열성자회의, 전국청년열성자대회를 모두 명시하며 이들 대회가 "사회주의건설의 모든 부문에서 새로운 앙양을 일으키도록 당원들과 근로자들을 힘있게 추동하였다"[50]고 의미를 부여했다.

2004년판 당사는 사람들을 모범으로 내세울 뿐 아니라, 공장·기업소를

---

47) 앞의 책(1991년판), 217쪽.
48) 위의 책(1991년판), 219쪽.
49) 위의 책(1991년판), 537쪽.
50) 앞의 책(2004년판), 507쪽.

모범, '본보기단위'로 내세운 점도 서술한다. 황해제철소는 자동화의 '본보기단위'로, 청산리는 농촌기술혁명의 '본보기단위'로 되는데, '본보기단위'를 꾸리고 그 경험을 인민경제 모든 부문에 일반화하는 일은 김정일이 가르친 것으로 언급된다.51) 2004년판 당사는 이외에도 현대적 주택거리 건설에서의 '본보기'인 창광거리, '고난의 행군'을 승리적으로 결속하는 데서의 자강도, 라남탄광기계련합기업소에서 현대적기계설비를 만들어내는 데서 발휘한 투쟁정신을 새 세기의 '본보기'로 서술하는 등 인민경제 각 분야에서 '본보기단위'를 언급하고 있다.

4. 김정일시대의 최종목표

1) 주체성의 완성

(1) 독창성과 주체성의 강화

시간이 지나면서 자립적 민족경제 건설노선, 중공업 우선과 경공업·농업 동시 발전, 대안의 사업체계 등 북한경제를 특징짓는 키워드는 '법칙' 수준으로 일반화되며, 동시에 독창적인 노선으로 다시 선포된다. 특히 2004년판부터는 '주체연호'를 사용하기 시작하는데, 이는 1994년 김일성 사망 이후 김정일에 의해 추진된 것이다.

2004년판 당사는 자립적 민족경제 건설노선을 "제 발로 걸어나가는 경제, 자기 인민을 위하여 복무하는 경제를 건설한다는 것을 의미"한다고 규정하고, "주체사상과 자력갱생의 혁명정신을 경제건설 분야에서 구현한 것"52)으

---

51) 위의 책(2004년판), 368~369쪽. 처음 '본보기단위'가 언급된 것은 1991년판 당사에서 김일성이 창성군을 현지지도한 뒤 이를 '본보기'로 창조하고, 전국에 일반화하기 위해 1962년 8월 '지방당 및 경제일군창성련석회의'를 연 것을 서술한 것이다.

로 설명한다. 특징적인 것은 '자력갱생'을 주체사상과 동격으로 배치한 것인데, 이는 자력갱생이야말로 북의 경제정책에서 빼놓을 수 없는 것임을 분명히 한 것이다.

이 표현은 1964년판부터 등장하나, 점차 사용 횟수가 증가되어 갔다. 1991년판 이후에 그 빈도가 증가한 것은 1978년 제2차 7개년계획을 성과적으로 수행하기 위해서 〈자력갱생의 혁명정신을 더욱 높이 발휘하자!〉는 구호가 제시된 것과 무관치 않다. 2차 7개년계획을 처음 다룬 1991년판 당사는 "자력갱생의 혁명정신을 더욱 높이 발휘하도록 하는 것을 당사업의 총적방침으로 규정"53)했다고 적고 있다. '자력갱생의 혁명정신'은 2004년판에서는 전후복구건설 과정부터 일관되게 등장한다.

2004년판 당사는 '쎄브(동유럽상호원회의, 일명 코메콘)'를 강하게 비판하는데, 이는 "우리 당의 자립적 민족경제건설을 방해하는 현대수정주의자들과의 투쟁"으로 설명된다. 현대수정주의자들은 "≪쎄브≫를 이용하여 생산의 ≪전문화≫와 ≪국제분업≫의 간판 밑에 통합경제 로선을 노골적으로 추구"해 "이로 하여 대부분의 사회주의나라들이 ≪통합경제≫에 깊숙이 끌려들어갔으며 결국 경제적 자립성을 잃고 경제건설에서 진통을 겪게 되었다"는 것이 비판의 주된 이유이다. 현대수정주의자들이 '민족주의적 편향', '폐쇄적인 경제'로 자립적 민족경제 건설노선을 비방하였으나, 북한은 이를 단호히 배격했다는 점을 강조하고 있다.54)

위의 내용은 2004년판 당사에 처음 등장한다. 1990년대 사회주의권의 붕괴원인을 현대수정주의자들의 문제 및 개별 사회주의 국가의 자주성 훼손에서 찾고 있는 것이다.55) 이를 감안할 때, 이 내용은 북한의 특수성을 강

---

52) 위의 책(2004년판), 182쪽.
53) 앞의 책(1991년판), 499쪽.
54) 앞의 책(2004년판), 323쪽.
55) 김정일은 1992년 1월 3일 조선로동당 중앙위원회 책임일군들과 한 담화「사회주의 건설의 력사적 교훈과 우리 당의 총로선」에서 "현대수정주의자들이 자본주의에 대한 환상에 사로잡혀 사회주의 원칙을 완전히 집어던지고 자본주의적인 정치방식과 경제제도를 전면적으로 받아들이는 데로 나아감으로써 결국 사회주의는 좌절되고 자본주의가 되살아나게 되었"다며 현대수정주의자들을 강하게 비

조하고, 체제전환을 이룬 사회주의 국가들과 자신들을 구분하려는 의도에 따른 것으로 풀이된다.

(2) 혁명적 경제건설노선: 중공업에서 국방공업으로

2004년판 당사에서 새로 등장한 부분 중 하나는 국방공업과 관련된 내용이다. 전쟁기간 중인 1951년 2월 김일성의 군수공장 현지지도,[56] 1967년 6월 김일성의 룡성기계공장 현지지도, 1980년 6차 당대회에서 인민군대 무장장비 현대화를 자립적 군수공업에 의거해 실현하도록 한 내용이 추가되었다.

이는 김정일이 2002년 9월 5일 "국방공업을 우선적으로 발전시키면서 경공업과 농업을 동시에 발전시킬 데 대한 혁명적인 경제건설로선을 제시"[57] 한 이후 추가된 부분들이다. '혁명적 경제건설로선'은 "나라의 방위력을 더욱 강화하며 미제의 반공화국 고립압살책동을 짓부시기 위한 투쟁"의 일환으로 설명되며, "선군사상을 경제건설 분야에 구현한 독창적인 로선으로서 선군시대에 일관하게 틀어쥐고나갈 전략적로선이며 우리 당의 선군혁명령도, 선군정치의 실현을 물질경제적으로 확고히 담보하는 혁명적인 로선"[58]으로 정의된다. 1998년 이후 선군정치를 김정일시대의 정치방식으로 내세

판한다. 김정일은 또한 "사회주의나라 당들 사이의 관계에서 자주성에 기초한 국제적 연대성을 강화하지 못한 데"서도 사회주의 좌절의 원인을 찾고 있다. 김정일, 「사회주의 건설의 력사적 교훈과 우리 당의 총로선(1992.1.3)」, 『김정일선집』 12권(평양: 조선로동당출판사, 1993), 284~285쪽.
56) 앞의 책(2004년판), 235쪽. "1951년 2월 한 군수공장을 찾으신 위대한 수령 김일성 동지께서는 장기전에 대처할 수 있도록 박격포와 기관단총을 비롯한 무기와 탄약을 더 많이 생산하여 전선에 보내줄 데 대하여 가르치시였다"는 내용은 2003년 이후 북한의 경제이론지 『경제연구』가 '혁명적 경제건설로선'을 설명할 때마다 빠뜨리지 않고 언급하는 내용이다. 이와 관련한 대표적인 논문은 김동식, 「자립적이며 현대적인 국방공업을 창설하신 위대한 수령 김일성 동지의 불멸의 업적」, 『경제연구』 2003년 2호, 2~4쪽.
57) 위의 책(2004년판), 575쪽.
58) 위의 책(2004년판), 576쪽.

우는 북한의 언술체계59) 속에 경제 분야에서도 변화가 생긴 것이다.

2) 경제관리의 개선

(1) 독립채산제와 실리

2004년판 당사는 "주체36(1947)년 12월 인민경제발전성과에 기초하여 화폐개혁이 실시되어 자주적인 재정금융체계를 확립할 수 있게 되었다"60)는 내용을 첨가한다. 1985년 '주체의 경제관리체계' 설명 부분에서는 "경제관리 운영에서 독립채산제의 요구를 철저히 구현하기 위한 사업에도 큰 힘을 넣었다"61)는 내용이 추가된다. 화폐는 1945년 해방된 직후부터 존재해 왔고, 독립채산제는 1946년부터 도입되었으나, 이전까지의 당사에서는 언급된 적이 없었다. 2004년판 당사에 이 내용이 들어가게 된 것은 김정일이 2001년 10월 3일 당, 국가, 경제기관책임일군들과의 담화에서 "사회주의경제관리를 개선하고 완성시키는 데서 틀어쥐고 나가야 할 종자는 사회주의원칙을 확고히 지키면서 가장 큰 실리를 얻을 수 있는 경제관리방법을 해결하는 것"62)이라고 가르쳤다면서 처음으로 '실리'를 설명한 것과 관련된 것으로 보인다. 당사는 "사회주의경제관리에서 실리를 보장한다는 것은 사회의 인적, 물적 자원을 효과적으로 리용하여 나라의 부강발전과 인민들의 복리증진에 실제적인 리득을 주도록 한다는 것"63)으로 정의한다. 이에 따라 국가적·개별적 단위들에서 생산과 건설, 기업 관리운영을 합리적·경

---

59) 선군정치가 처음으로 북한의 공식문헌에 등장한 것은 1997년 12월 12일 『로동신문』 3면에서였다. 이후, 1999년 새해 공동사설에서는 '선군혁명령도' 개념이 구체화됐고, 1999년 6월 16일 『로동신문』, 『근로자』 공동논설 「우리 당의 선군정치는 필승불패이다」에서 선군정치의 개념을 체계적으로 정립해 김정일시대의 정치방식으로 규정하였다. 선군정치에 관해서는 이 책의 김진환 논문 참조.
60) 앞의 책(2004년판), 185쪽.
61) 위의 책(2004년판), 465쪽.
62) 위의 책(2004년판), 582쪽.
63) 위의 책(2004년판), 582쪽.

제적으로 하여 나라와 인민에게 이익을 가져다주는 것이 사회주의경제관리의 기본원칙으로 제시된다.

2001년 10월 3일 담화는 이듬해인 2002년 7월 1일 '사회주의경제관리개선조치(이하 7·1조치)'를 통해 현실화되었다. '7·1조치'는 생활비와 가격의 대폭 인상 및 현실화, 계획의 분권화, 환율과 관세조정을 골자로 한다. 이에 따라 기업 단위에서는 독립채산제가 엄격히 실시되기 시작했고, 화폐의 적극적인 역할이 중요하게 되었다.[64]

'7·1조치'와 관련해 2004년판 당사는 몇 가지 주목할 만한 내용을 담고 있다. 첫째는 '정무원책임제', '정무원중심제'의 강화다. 당사는 '고난의 행군' 극복과정을 설명하며 "당이 정무원의 역할을 높여 경제조직사업과 지휘를 결정적으로 개선하도록 하였다"[65]고 서술하고 있다. 경제조직사업과 지휘를 책임진 정무원은 돌려야 할 공장들에 자재와 전력을 보장하여 돌리고, 보장가능성이 없는 공장, 기업소, 직장은 일시 세우는 조치를 취했다. 가동 가능성이 없는 공장, 기업소, 직장을 폐쇄한 조치는 국가가 기업 전반을 책임지는 일반 사회주의 계획경제 내에서는 상상하기 어려운 조치로 정무원의 실용적인 사고방식을 엿볼 수 있다.

북한은 이후 지금에 이르기까지 내각의 역할 강화[66]를 줄곧 주문하고

---

[64] '7·1조치'에 관해서는 많은 연구가 있는데 이 중 화폐의 역할에 주목한 연구자로는 김연철과 윤덕룡·이형근을 들 수 있다. 김연철은 '7·1조치'의 특징을 분권화, 가격현실화, 화폐임금제 실시로 정리하며 국가의 가격보조정책이 폐지된 상황에 주목한다. 북한의 가격보조와 배급제는 일종의 현물임금 방식이었는데, 가격보조정책을 폐지하고 가격을 현실화함으로써 경제운영의 기본 원리가 물적 균형에서 화폐를 매개로 한 균형체제로 전환되었다는 것이다. 이에 따라 김연철은 7·1조치를 시장개혁의 출발로 해석한다. 김연철, 「북한 경제관리 개혁의 성격과 전망」, 『북한경제개혁연구』(서울: 후마니타스, 2002), 15~21쪽. 윤덕룡·이형근은 '7·1조치'를 '화폐화에 초점을 둔 정책'으로 보고 있으며 시장경제 메커니즘의 도입을 목표로 추진되고 있다고 적극적으로 평가하는 입장이다. 윤덕룡·이형근, 『북한의 물가인상 및 배급제 폐지의 의미와 시사점』(서울: 대외경제정책연구소, 2002).

[65] 앞의 책(2004년판), 551쪽.

[66] 1998년 헌법개정에서 정무원은 내각으로 바뀌었다. 북한은 1992년 11월 12일 김정일이 연설을 통해 "경제사업은 정무원을 강화하여 정무원에서 전적으로 책임

있다. 2004년판 당사는 정무원 책임제를 '고난의 행군' 극복 시기에서만 서술하고 있으나, 행군이 공식적으로 종료된 1998년 정무원을 내각으로 바꾼 이후에도 이 같은 입장은 계속된다. 2005년에 발간된 『우리 당의 선군시대 경제사상 해설』에서도 내각책임제, 내각중심제 강화를 설명한다. "내각은 나라의 경제를 통일적으로 틀어쥐고 지도관리하는 경제사령부"라는 김정일의 언급을 빌어 "경제에서 국가의 중앙집권적, 통일적지도를 보장하는 사업도, 아랫단위의 창발성을 높이는 사업도"67) 내각의 역할에 따라 그 성과가 좌우된다는 것이다.

둘째는 계획의 일원화·세부화 체계에 관한 서술이다. '7·1조치'에 따라 중요 물품을 제외하면 공장, 기업소 단위에서 생산의 품목과 수량을 정할 수 있도록 계획의 분권화가 실행되었다. 이는 1985년 연합기업소 체계를 확대하여 일부 품목의 계획작성권을 이양한 이후, 다음 단계로 취해진 분권화 조치였다. 특히 일원화 체계에 대한 설명이 시간이 지날수록 변화해왔다. 1979년판 당사는 김일성의 교시로 이 부분을 설명한다.

> 계획의 일원화란 온 나라에 뻗쳐있는 국가계획기관과 계획세포들이 하나의 계획화체계를 이루고 국가계획위원회의 통일적인 지도 밑에 계

지고 풀어나가게 하여야 한다"고 언급한 이래 내각의 역할 강화를 시도해왔으며, 1998년 개정 헌법에서 이러한 방안을 분명히 했다. 2005년 이후 북한은 내각역할을 강화하는 한편 노동당 내 경제부서의 내각 개입을 축소해 내각이 경제를 책임져나가도록 했다. 경제정책에 있어서 내각책임제, 내각중심제를 강화하는 것은 정치와 경제가 불가분의 관계에 있었던 북한 상황에서 보다 합리적인 경제운영 방안이 될 수 있다. 정창현은 내각의 책임성 강화가 노동당 개편 속에서 실현되고 있다고 분석했다. 조선로동당 개편은 첫째 중앙당 비서국 산하 22개 전문부서의 폐지·통합, 둘째 전문부서 책임자 임명, 셋째 내각책임제의 실질적 시행으로 드러났다. 이에 따라 경제정책검열부, 농업정책검열부가 폐지되고 축소된 인원은 내각 경제부서나 다른 부서 등으로 전보됐다. 당의 기능을 유지하면서 인원을 축소해 '실리'를 낼 수 있는 부서로 이동시키고 있는 것이다. 정창현, 「선군시대 경제노선 굳건히, 자본주의적 개혁은 없다」, 『민족21』 2005년 1월호, 111쪽.
67) 서재영 외, 『우리 당의 선군시대 경제사상 해설』(평양: 조선로동당출판사, 2005), 311쪽.

획화의 유일성을 철저히 보장하는 것을 의미합니다.[68]

이를 위해 국가계획위원회에 직속하는 지구계획위원회, 시(구역)·군 지구계획위원회, 시(구역)·군 국가계획부, 공장·기업소 국가계획부를 내왔으며, 성과 중앙급 기관들을 비롯한 인민경제 모든 부문 계획부서들로 하여금 계획화사업에서 해당기관에 복종하는 것과 함께 국가계획위원회에도 복종하게 하는 2중 종속체계를 세우는 작업이 취해진다. 국가계획위원회를 정점으로 모든 계획부서들이 망라되는 중앙집권적 체계를 세운 것이다.

이 내용은 1991년판 당사에서는 삭제되고, "국가계획위원회의 통일적 지도 밑에 계획화의 유일성을 철저히 보장하는 것을 의미"한다고만 설명되어 있다. 또한 "당의 의도를 잘 아는 계획기관 일군들이 지방과 기업소에 내려가 직접 계획사업을 함으로써 당정책이 계획화의 모든 단위들에 제때에 들어가 정확히 관철될 수 있게 하는 체계"[69]라는 대목은 1979년판과는 확연히 다른 설명이다. 2004년판에서 계획의 일원화, 세부화는 "김일성동지께서 인민경제계획화에 관한 독창적인 리론을 내놓으시고 1965년 9월 국가계획위원회 당총회에서 계획의 일원화와 세부화체계를 철저히 세우며 그 우월성을 발양시키는 데서 나서는 문제들에 대한 전면적인 해명을 주시였다"[70]는 내용으로만 서술된다.

2004년판 당사에서 주요하게 추가된 부분은 2001년 예고된 사회주의경제관리개선조치와 2002년 혁명적 경제건설로선과 관련된다. 전자는 실리를, 후자는 국방공업을 강조하는 데서 모순되는 지점이 있을 수 있으나, 북한은 우선 양자 모두를 조화시켜 나가는 것을 추구하고 있는 것으로 잠정적으로 결론내릴 수 있다.[71]

---

68) 앞의 책(1979년판), 572쪽.
69) 앞의 책(1991년판), 424쪽.
70) 앞의 책(2004년판), 317쪽.
71) '7·1조치'와 국방공업 우선 정책 두 가지에 모두 관심을 기울인 연구자로는 권영경, 김진환을 들 수 있다. 권영경은 "북한은 국방공업 부문은 여전히 계획경제 시스템에 의해 운용하면서 지방공업, 경공업, 농업, 상업 등 민수생산 부문에

(2) 인민생활

　2004년판 당사는 북한의 경제정책을 설명하며 '인민생활'의 안정을 강조한다. 1991년판 당사는 "당은 사회주의경제건설에서 이룩한 성과에 기초하여 인민생활을 계통적으로 높이는 데 언제나 깊은 관심을 돌려왔다"[72]라며 1984년 2월 발표된 김정일의 노작 「인민생활을 더욱 높일 데 대하여」를 항목별로 해설하는 데 그치고 있으나, 2004년판은 보다 적극적인 해석을 덧붙인다. 즉, "당은 인민생활을 획기적으로 높이는 것을 1980년대 사회주의 경제건설의 기본과업의 하나로 틀어쥐고 나갔다"[73]라고 중요도를 한층 높인 것이다. 특히 2004년판 당사는 과학기술 발전보다 인민생활 증대를 앞순서에 배치하고 있는데, 이 역시 인민생활 안정에 대한 중요성을 강조한 것으로 볼 수 있다.

　또한 2004년판 당사는 "경제건설과 인민생활문제를 푸는가 못푸는가 하는 데 ≪고난의 행군≫에서의 승패가 달려 있었다"[74]라며 식량문제 해결, 전기문제 해결 등을 위한 당의 투쟁을 서술한다. 이는 1990년대 식량난, 경

서는 실리 사회주의노선을 추구할 것을 주문하고 있다"라며 "선군시대 경제건설 노선은 기존의 군사·경제 병진노선을 계승하는 정책이면서도 '7·1조치' 이후의 북한식 개혁·개방도 추진하는 이중 전략적 차원의 경제정책 노선"이라고 추정한다. 권영경, 「북한의 경제현황과 개혁·개방」, 통일부 통일교육원 연구개발팀, 『2006 북한이해』(서울: 통일교육원, 2006). 김진환은 '선군시대 경제건설노선' 자체보다는 선군정치를 태동했던 대내외적 환경변화에 보다 주목하는 입장이다. 김진환은 경제 분야뿐 아니라, 정치·군사 분야까지 아울러 "개혁과 선군이 대체재가 아니라 보완재"였음을 주장한다. 김진환은 '7·1조치'와 이후 등장한 종합시장, 사회주의물자교류시장, 수입물자교류시장 설치 등을 들어 "북한의 자원배분구조는 계획보완형으로 진입했다"고 분석한다. 김진환은 계획보완형 자원배분구조는 비가역성을 갖고 있다는 전제하에 "안보환경이 근본적으로 호전될 경우 더 전향적인 경제개혁을 진행하는 동시에 경제개방의 폭도 지금보다 더욱 넓힐 것"으로 예측한다. 김진환, 「북한의 체제위기와 대응전략: 개혁과 선군의 병행」(동국대 사회학과 박사학위논문, 2008).

72) 앞의 책(1991년판), 578쪽.
73) 앞의 책(2004년판), 460쪽.
74) 위의 책(2004년판), 551쪽.

제난 속에서 아사자가 생기는 등 경제전반이 눈에 띄게 후퇴함에 따라 북한 당국이 인민들을 결속시키기 위한 정책을 취했다는 것을 보여주고 있다.

3) '사회주의 완전승리'에서 강성대국 건설로

1991년판 당사까지 북한의 사회주의 건설 목표는 '사회주의 완전승리'였다. '사회주의 완전승리'는 1986년 12월 최고인민회의 제8기 제1차 회의에서 행해진 "사회주의의 완전한 승리를 위하여"라는 김일성의 시정연설에서 처음 언급된다. 김일성은 "사람과 사회관계를 로동계급의 모양대로 개조하여 계급적 차이를 없애고 무계급사회를 실현한 것", 그리고 "사회주의경제건설을 힘 있게 밀고나가는 것"[75]을 사회주의 완전승리를 위한 중요한 과업으로 제시했다. 제3차 7개년계획(1987~1993)은 '사회주의 완전승리'를 이룩하기 위해 사회주의 경제건설에서 당면하게 수행해야 할 목표였다. 그런데 제3차 7개년계획이 실패하고 곧이어 최악의 경제위기가 닥치면서, '사회주의 완전승리'는 공허한 구호로 전락하고 말았다.

그 후 5년이 흐른 1998년 북한은 '고난의 행군'을 마치면서 '사회주의 강성대국'이라는 새로운 목표를 제시하였다.[76] 2004년판 당사는 "우리가 말하는 강성대국이란 사회주의 강성대국"이며 "국력이 강하고 모든 것이 흥하며 인민들이 세상에 부럼없이 사는 나라"[77]를 강성대국으로 칭했다. 또한 "사회주의 강성대국은 우리 당과 인민의 리상이고 투쟁목표"[78]라고 서술함으로써 국가의 목표를 분명히 했다. 나아가 "나라의 정치사상적 위력과 군사적 위력이 이미 강성대국의 지위에 올라선 조건에서 경제건설에 힘을 집중하여 경제강국을 건설하면 능히 강성대국이 될 수 있다"[79]고 주장하면서

---

75) 앞의 책(1991년판), 566~567쪽.
76) 강성대국론은 1998년 8월 22일과 9월 9일자 『로동신문』에 각각 실린 「정론 강성대국」과 "위대한 당의 령도따라 사회주의 강성대국을 건설해 나가자」를 통해 공식적으로 발표되었다.
77) 앞의 책(2004년판), 565쪽.
78) 위의 책(2004년판), 566쪽.

전기문제, 식량문제를 푸는 데서 돌파구를 열고, 국방공업에 큰 힘을 넣으며, 인민생활을 안정·향상시키기 위하여 경공업 공장을 추켜세워 필수소비품 문제를 풀 것을 과업으로 제시했다.

'사회주의 완전승리'[80]와 '사회주의 강성대국'은 크게 두 가지 점에서 구별된다. '사회주의 완전승리'는 1960년대 말의 과도기 논쟁에서 정리된 '완전히 승리한 사회주의'를 쟁취한 상황을 의미한다. 이에 대해 1979년판 당사는 1967년 5월 김일성의 노작「자본주의로부터 사회주의에로의 과도기와 프로레타리아독재문제에 대하여」를 "사회주의의 완전한 승리를 이룩하며 나아가서 공산주의의 높은 단계에 올라서기 위한 가장 정확한 길을 밝혀준 강령적 문헌"으로 칭하며 '완전히 승리한 사회주의'를 다음과 같이 설명한다.

> 완전히 승리한 사회주의사회는 적대계급의 준동과 낡은 사상의 부식작용이 없어진 사회이며 도시와 농촌의 차이, 로동계급과 농민의 계급적 차이가 없어진 무계급사회이며 튼튼한 사회주의의 물질기술적 토대가 마련되고 인민들의 생활수준이 전반적으로 지난날의 중산층의 생활수준 이상으로 높아져 중산층까지도 사회주의를 적극 지지하게 되는 사회이다. 다시 말하여 온 사회가 로동계급화되고 경제와 문화, 사상과 도덕의 모든 분야에서 사회주의가 자본주의를 완전히 타승함으로써 나라 안에는 자본주의의 복구 위험성이 존재하지 않게 된 사회이다.[81]

즉, '완전히 승리한 사회주의' 사회는 과도기적 성격이 일정하게 극복되고 공산주의적 내용이 지배적 지위를 차지한 사회를 의미한다. 그러나 "과도

---

79) 위의 책(2004년판), 566쪽.
80) 김일성은 1986년 12월 30일 최고인민회의 제8기 제1차 회의 시정연설「사회주의의 완전승리를 위하여」에서 "사회주의 완전승리를 이룩하는 것은 사회주의, 공산주의 건설의 합법칙적 요구이며 자본주의에로부터 사회주의에로의 과도기에 수행하여야 할 역사적 과업"으로 칭했다. 김일성,「사회주의의 완전승리를 위하여 (1986.12.30)」,『김일성저작집』40권(평양: 조선로동당출판사, 1994), 213쪽.
81) 앞의 책(1979년판), 617쪽.

기가 끝났다고 해서 공산주의의 높은 단계로 곧 넘어가는 것은 아니다."[82] 공산주의, 즉 능력에 따라 일하고 수요에 따라 분배를 받는 수준에 이르기까지는 생산력 발전이 뒷받침되어야 한다. 과도기 계선과 '사회주의 완전승리' 및 종국적 승리, 과도기 이후 공산주의의 높은 단계를 밝힌 위의 내용은 2004년판 당사에서는 한층 축약되어 나타난다. 공산주의의 높은 단계는 언급조차 되지 않고 있다.

> 사회주의의 완전한 승리는 사회의 모든 분야에서 사회주의가 자본주의를 완전히 타승함으로써 나라 안에서는 자본주의의 복구의 위험이 없어졌을 때 이루어지며 사회주의의 종국적 승리는 외부로부터의 자본주의 복구 위험까지도 완전히 없어질 때에 실현된다.[83]

'사회주의 강성대국'의 경제강국 건설을 위해 취해지는 북한의 경제정책은 앞서 살펴봤듯이 화폐와 독립채산제 등 사회주의의 과도적 성격이 반영된 경제공간을 적극적으로 이용할 것을 요구한다. '사회주의 완전승리'가 사회주의의 공산주의적 성격을 강화하는 것인 데 비해 '사회주의 강성대국'은 사회주의의 과도적 성격을 강조하는 것이다. '사회주의 강성대국'이 국가의 새로운 목표로 설정됨에 따라 '실리'와 '과도적 경제공간'을 적극 활용한 경제관리방법을 이행할 수 있는 이론적 정합성을 획득하는 배경이 된다.

5. 맺음말

경제정책에 있어서 당사는 연속성을 강하게 드러낸다. 자립적 민족경제 건설노선, 중공업 우선과 경공업·농업의 동시발전노선, 대안의 사업체계 등 1950~1960년대 김일성이 제시하고, 정식화한 내용은 연속성으로 드러난

---

82) 위의 책(1979년판), 614쪽.
83) 앞의 책(2004년판), 354쪽.

다. 이는 단순한 연속이라기보다는 당사 발간의 정치적 목적에 따라 재해석되고, 내용이 변화하는 '단절적 연속성'이다.

당사는 또한 변화하는 북한의 현실에 맞게 새로운 국가목표를 제시하고, 현재의 경제정책을 정당화할 수 있는 내용을 사후적으로 이론화하는 작업도 병행한다. 김정일시대에 들어와 '중공업 우선 노선'이 '국방공업 중심 노선'으로 변화하고, 실리가 새로운 경제원칙으로 등장한 것도 이의 사례라 할 수 있다. 결국, 경제정책의 연속성에 대한 강조와 변화는 현실적으로 이루어지는 현상을 반영한 '현실친화적 연속성'이라 할 수 있다.

이를 통해 확인할 수 있는 점은 경제정책의 세부내용이 변하더라도, 김일성이 정식화한 노선을 전면적으로 거스를 수는 없다는 사실이다. 예컨대 앞서 언급한 '자력갱생'의 내용을 보더라도 실리와 과학기술에 근거한 경제발전이 주요 경제운영원칙으로 제기되며, '자력갱생'의 내용에 '실리'와 '과학기술'이 포함되어 이전과 다른 모습을 드러내지만,[84] '자력갱생' 자체를 부정하지는 않는다. 이러한 모습은 현상적으로 북한의 경제정책이 경직되어 있지만, 내용적으로는 그 내부에서 현실을 반영한 변화를 끊임없이 모색하고 있음을 말해준다.

북한의 앞으로의 경제전략을 두고 많은 전망이 존재한다. 중국 모델, 베트남 모델, 스웨덴 모델 등 다양한 경제발전 전략이 논의된다. 그러나 북한은 기존 경제발전노선을 고수하는 가운데 현실을 반영해 나갈 가능성이 가장 높다. 이는 필연적으로 개혁을 수반하겠으나, 이러한 개혁이 기존 사회주의 체제전환에서 논의되는 개혁·개방으로 정리될지는 미지수다. 적어도

---

84) 이정철은 이를 신(新)자력갱생론으로 정리한다. 이정철의 '신자력갱생'은 북한 문헌이 언급하는 '오늘의 자력갱생' 혹은 '1990년대의 자력갱생'을 의미하는데, 이는 '현대과학기술에 기반을 둔 자력갱생'으로 과거 1960년대식 자력갱생과는 구별된다. 이정철, 「북한의 개방 인식 변화와 신(新)자력갱생론의 등장」, 『현대북한연구』 9권 1호(2006). 북한이 말하는 최근의 자력갱생론에 대해서는 강현재, 「라남의 봉화는 새 세기 강성대국 건설의 확고한 담보」, 『김일성종합대학 학보』 2003년 4호 ; 길춘호, 「생산과 건설에서 현대적 과학기술에 기초한 자력갱생의 원칙 구현」, 『경제연구』 2005년 2호를 참조할 것.

당사의 분석을 통해서 알 수 있는 것은 '주체' 노선을 고수하는 동시에 변화를 추구하는 이중성을 보여줄 것이라는 점이다.

참고문헌

강현재, 「라남의 봉화는 새 세기 강성대국 건설의 확고한 담보」, 『김일성종합대학 학보』 2003년 4호.
권영경, 「북한의 경제현황과 개혁·개방」, 통일부 통일교육원 연구개발팀, 『2006 북한이해』(서울: 통일교육원, 2006).
길춘호, 「생산과 건설에서 현대적 과학기술에 기초한 자력갱생의 원칙 구현」, 『경제연구』 2005년 2호.
김동식, 「자립적이며 현대적인 국방공업을 창설하신 위대한 수령 김일성 동지의 불멸의 업적」, 『경제연구』 2003년 2호.
김연철, 「북한 경제관리 개혁의 성격과 전망」, 『북한경제개혁연구』(서울: 후마니타스, 2002).
김일성, 「사회주의의 완전승리를 위하여」, 『김일성저작집』 40권(평양: 조선로동당출판사, 1994).
김정일, 「강성대국건설의 요구에 맞게 사회주의경제관리를 개선강화할 데 대하여」(『조선일보』 NK조선 인터넷).
_____, 「사회주의 건설의 력사적 교훈과 우리 당의 총로선」, 『김정일선집』 12권 (평양: 조선로동당출판사, 1993).
김진환, 「북한의 체제위기와 대응전략: 개혁과 선군의 병행」(동국대 사회학과 박사학위논문, 2008).
서재영 외, 『우리당의 선군시대 경제사상 해설』(평양: 조선로동당출판사, 2005)
양문수, 『북한경제의 구조: 경제개발과 침체의 메커니즘』(서울: 서울대학교 출판부, 2001).
윤덕룡·이형근, 『북한의 물가인상 및 배급제 폐지의 의미와 시사점』(서울: 대외경제정책연구소, 2002).
이정철, 「북한의 개방 인식 변화와 신(新)자력갱생론의 등장」, 『현대북한연구』 9권 1호(2006).
정영철, 『북한의 개혁·개방: 이중전략과 실리사회주의』(서울: 선인, 2004).
_____, 『김정일 리더십 연구』(서울: 선인, 2005).

정창현, 『인물로 본 북한현대사』(서울: 민연, 2002).
_____, 「선군시대 경제노선 굳건히, 자본주의적 개혁은 없다」, 『민족21』 2005년 1월호.
조선로동당중앙위원회 당력사연구소, 『조선로동당력사교재』(평양: 조선로동당출판사, 1964).
_____, 『조선로동당략사』(평양: 조선로동당출판사, 1979).
_____, 『조선로동당략사 1』(서울: 돌베개, 1989).
_____, 『조선로동당력사』(평양: 조선로동당출판사, 1991).
_____, 『조선로동당력사』(평양: 조선로동당출판사, 2004).
찰스 암스트롱, 『북조선 탄생』(서울: 서해문집, 2006).

『경제사전』(평양: 과학백과사전출판사, 1985).
『조선중앙년감 1993년』(평양: 중앙통신사, 1993).

조선로동당의 문학예술사

천현식

1. 사회주의 문학예술

북한의 헌법 가운데 문화, 특히 문학예술에 관련된 조항은 '제3장 문화'의 제41조와 제52조를 들 수 있다. 제41조는 문화전반에 대한 설명이고 제52조는 문학예술에 관련된 내용이다. 먼저 내용을 보면 다음과 같다.

> 제41조 조선민주주의인민공화국은 사회주의근로자들을 위하여 복무하는 참다운 인민적이며 혁명적인 문화를 건설한다. 국가는 **사회주의적 민족문화 건설**에서 제국주의의 문화적침투와 복고주의적 경향을 반대하며 민족문화유산을 보호하고 사회주의 현실에 맞게 계승발전시킨다.
>
> 제52조 국가는 **민족적 형식에 사회주의적 내용을 담은 주체적이며 혁명적인 문학예술**을 발전시킨다. 국가는 창작가, 예술인들이 사상예술성이 높은 작품을 많이 창작하며 광범한 대중이 문예활동에 널리 참가하도록 한다.[1] (강조는 필자)

---

1) 『조선민주주의인민공화국 사회주의헌법』(평양: 조선로동당출판사, 1998), 13~15쪽.

위 41조에서 알 수 있듯이 북한 문화에 대한 커다란 틀은 바로 '사회주의적 민족문화'라고 할 수 있다. 이러한 사회주의적 민족문화의 정의는 다음과 같다.

사회주의적 민족문화: 민족적형식에 사회주의적 내용을 담은 로동계급의 문화[2]

사회주의적 민족문화를 『조선말대사전』에서는 위와 같이 정의하고 있다. 즉, 문화의 형식과 내용, 주체를 밝히고 있다. 이러한 사회주의적 민족문화가 문학예술의 형태로 나타난 것이 사회주의헌법 52조에서 말하고 있는 '주체적이며 혁명적인 문학예술'이며, 이것이 바로 '사회주의 문학예술'이다.

그러면 다음으로 사회주의 문학예술에 대한 개념과 정의를 살펴보도록 하자.

사회주의 문학예술: 사회주의를 건설하기 위하여 투쟁하는 로동계급과 근로인민대중의 요구와 리해관계를 반영하여 창조되고 건설되는 혁명적문학예술. 우리의 주체적인 사회주의 문학예술은 **주체를 튼튼히 세워 민족적 형식에 사회주의적 내용을 담고 높은 당성, 로동계급성, 인민성과 사상예술성을 철저히 보장**함으로써 우리 시대의 참다운 혁명적이며 인민적인 문학예술의 본보기로 되고 있다.[3] (강조는 필자)

사회주의 문학예술은 사회주의 건설을 위한 노동계급을 위시한 '근로인민대중'의 문화라고 할 수 있다. 그것은 노동계급의 혁명적 세계관과 혁명사상을 사상이론의 기초로 삼고 있다. 그런데 북한은 사회주의 문학예술의 전통을 김일성이 이끌었다고 하는 항일혁명투쟁에서 찾고 있다. 그리고 방법론에 있어서는 사회주의적 사실주의에 기초해서 창작되고 있으며, '민족적 형식에 사회주의적 내용을 담는 것'을 근본원리로 내세운다. 또 혁명과

---

2) 사회과학원 언어학연구소, 『조선말대사전 1』(평양: 사회과학출판사, 1992), 1649쪽.
3) 『조선대백과사전』(간략본)(평양: 과학백과사전출판사, 2004), 504쪽.

건설의 주인인 인민대중의 창조적 지혜와 힘에 의하여 창작 발전되고 당적 지도를 받게 된다고 본다. 그 가운데 북한 사회의 근본 원리인 주체사상에서는 당과 대중을 지도할 수령의 역할이 강조된다. 김일성과 김정일의 영도로 주체적 문예사상과 이론이 구현되었고, 그것을 주체적인 사회주의 문학예술이라고 한다. 이러한 주체적 사회주의 문학예술이 온 사회를 주체사상화하는 일을 맡고 있다고 본다.[4] 이를 위해서는 '당성, 로동계급성, 인민성, 사상예술성'을 잘 지켜내야 한다고 강조한다.

2. 문학예술의 특징

문학예술의 특징을 말하기 전에 먼저 북한의 문화유산에 대한 개념부터 살펴보자. 그래야 북한 사회의 가장 큰 특징이라고 할 수 있는 '주체'의 개념이 어떻게 문학예술에 담겨져 있는지 알 수 있다. 즉, '주체'라는 개념이 문화유산에 적용되고, 이것이 다시 현재의 문학예술에 적용되고 있다고 할 수 있다. 다시 말하면 '주체의 민족문화유산관'이 기본을 이루면서 현대 문학예술의 특징을 만들어 내고 있다.

북한은 다음과 같은 두 가지의 민족문화유산을 가지고 있다고 주장한다. 그것은 '고전문화유산'과 '항일혁명 문학유산'이다. 이는 전쟁 후 반종파 투쟁과 민족문화 건설의 과정에서 이뤄지기 시작했다. 해방 후부터 15년간의 연극, 영화, 음악, 무용계의 역사를 정리한 1960년의 『빛나는 우리예술』이라는 책의 "해방 후 음악예술의 발전"에서는 다음과 같이 말하고 있다.

> 본 상무 위원회는 찬란한 민주주의 조선 민족 문화 수립을 위하여 조선 민족의 우수한 문화적 전통을 존중하여 그것을 정당히 계승 발전시키며 **우리 민족의 고전 문학과 고전 예술을 비롯한 가치있는 문화와 유산**

---

4) 자세한 내용은 다음 글을 참고하기 바란다. 사회과학원 주체문학연구소, 『문학예술사전』 중(평양: 과학백과사전종합출판사, 1991), 194~195쪽.

들에 대하여 보다 높은 관심을 가지고 연구하며 고상한 민족적 특성과 민족적 향기가 발양된 새롭고 우수한 민족 형식을 창조하라고 주장하여 당의 문화 건설자들에게 호소한다. (중략) 이와 같이 우리 당은 민주주의적 민족 문화 수립에 있어서 우리 나라 문화 유산의 옳바른 계승과 발전이 가지는 의의를 명백히 천명하였다. 특히 해방 후 조선 음악의 건설 사업에서 **김일성 동지가 령도하신 항일 무장 투쟁 행정에서 형성 발전한 혁명 음악 전통을 계승 발전시키는 것은 중요한 의의를 가졌다.** 이 음악 예술은 우리 나라 음악 예술 발전의 력사에서 처음으로 되는 사회주의적 음악 예술이며 문학 예술의 레닌적 당성과 인민성을 비롯한 맑스-레닌주의적 문예 원칙을 자체에 구현하고 있는 예술이다.5) (강조는 필자)

위 글이 발표된 1960년 즈음은 민족문화유산관이 정립되기 시작한 시기라고 할 수 있다. 그런데 위 인용문에서는 고전문화 유산과 항일혁명 문화유산이 해방 후부터 북한의 민족문화 유산으로 자리잡은 것으로 보고 있다. 하지만 이는 1960년 시점의 해석이라고 보는 것이 맞다. 위 인용문 '중략' 이전에 등장하고 있는 글은 1947년 조선로동당 중앙상무위원회 제29차 회의 결정서「북조선에 있어서의 민주주의 민족 문화 건설에 관하여」의 내용이다.6) 그 내용에는 고전문화 유산에 대한 강조가 있을 뿐이지 항일혁명 문화유산에 대한 언급은 없다. 비록 그 인용문 아래 부분에서 해방 후부터 항일혁명 음악전통을 계승했다고 하지만 그것은 사후의 해석이라고 보아야 한다. 본문에서 당역사의 판본에 따른 서술의 변화를 보면 알 수 있듯이 북한의 항일무장투쟁 시기에 대한 집중 연구는 전후 1950년대 중반부터 이루어졌다. 어쨌든 적어도 1960년 당시부터는 이러한 두 가지의 문화유산에 대한 고민이 이루어졌고 정식화가 시작되었다고 볼 수 있다. 비록 이 글이 음악 분야에 한정된 것이고 내용에서도 "항일 무장 투쟁 행정에서 형

---

5) 문종상,「해방후 음악 예술의 발전」, 리령·문종상·문의영·정지수·박종성,『빛나는 우리 예술』(평양: 조선예술사, 1960), 215쪽.
6)「자료 87-북조선에 있어서의 민주주의 민족 문화 건설에 관하여: 북조선로동당 중앙상무위원회 제29차 회의 결정서(1947년 3월 28일)」,『북한관계사료집 30』(과천: 국사편찬위원회, 1998), 162~166쪽.

성 발전한 혁명 음악 전통"이라고 설명하고 있지만, 그 문맥상 전체 문학예술의 전통을 다루고 있다고 보아도 무리는 없을 것 같다. 이러한 '민족문화유산관'은 1996년 발표된 「민족문화유산의 본질」이라는 글을 보면 명확해진다. 다음은 그 글의 한 부분이다.

> 민족문화유산은 또한 그 시대성에 따라 사회주의, 공산주의를 위한 혁명투쟁시기 창조된 **혁명적 문화유산**과 그 이전시기 창조한 **고전문화유산**으로 갈라볼수 있다.
> 혁명적문화유산은 민족의 자주적발전에서 그가 차지하는 위치와 그것이 발휘하는 생활력으로 하여 민족문화유산에서 가장 중요한 자리를 차지한다.7) (강조는 필자)

위 인용글은 북한의 철학 잡지 『철학연구』의 글로서 민족문화유산에 대한 명확한 정식화를 볼 수 있다. 이 글에서는 두 가지 문화유산을 '혁명적 문화유산'과 '고전문화유산'으로 부르고 있으며, 1960년 즈음의 글과는 달리 두 문화유산 가운데 '혁명적 문화유산'이 더욱 중요한 위치를 차지한다고 밝히고 있다. 그 까닭은 민족의 자주적 발전이라는 관점에서 볼 때 '혁명적 문화유산'이 더 중요하기 때문이라는 것이다. 그러니까 민족의 자주적 발전이라는 관점에서 위 선대로부터 자연스레 물려받은 유산보다 '주체'를 세워내고 확립했던 사회주의·공산주의를 위한 '혁명적 문화유산'이 더 중요하다는 것이다.

이렇게 주체를 중심에 두는 '민족문화유산관'을 기본으로 북한 문학예술의 특징은 다섯 가지 정도로 요약할 수 있다. 다섯 가지 특징은 당의 유일사상체계의 확립, 공산주의적 인간학, 당성·로동계급성·인민성, 사회주의적 사실주의, 사상성과 예술성이다.8)

먼저, 문학예술 부문에서 유일사상체계를 확립한다는 것은 "예술적 형상

---

7) 김선화, 「민족문화유산의 본질」, 『철학연구』 1996년 제4호, 48쪽.
8) 사회과학원 문학연구소 엮음, 『주체사상에 기초한 문예리론』(평양: 사회과학출판사, 1975), 21~153쪽 참조.

과 생활화폭을 통하여 작품에 당의 유일한 지도사상인 수령의 혁명사상과 그 구현인 당의 노선과 정책이 정확히 반영되도록 한다"는[9] 것을 말한다. 그러한 문학예술의 전통은 다른 분야와 마찬가지로 1926년 김일성이 조직했다고 하는 〈타도제국주의동맹〉에서 시작한 항일혁명운동이다.

> 우리가 계승해야 할 유일한 전통은 맑스-레닌주의의 기발 밑에 근로인민의 리익을 옹호하여 투쟁한 항일유격대의 혁명전통입니다.[10]

위에서 보듯이 주체사상이 확립된 이후에 북한 사회 모든 전통의 근원은 김일성의 항일혁명운동이다. 문학예술 부문도 역시 마찬가지이다. 그리고 이러한 문학예술사업은 당의 영도를 받는 것을 원칙으로 한다. 당이 수령의 유일적 영도 밑에 수령의 문예사상과 그 구현인 당의 노선과 정책을 관철하기 위한 사업을 통일적으로 장악하고 지도할 때만이 사회주의·공산주의 문학예술을 건설해 나갈 수 있다는 것이다. 그럼으로써 문학예술에서 당의 유일사상체계를 철저히 세울 수 있다고 본다.

다음은 공산주의적 인간학이다. 이것은 주체시대의 혁명적 문학예술은 노동계급적이며 공산주의적 성격을 가지고 인민대중을 주체형의 공산주의자로 키우고, 온 사회를 주체사상으로 일색화하는 데 이바지하기 위해 공산주의적 인간학을 문학예술에서 구현해야 한다는 것이다. 이것의 핵심은 인간의 자주성인데 자주적 인간에 관한 문제, 인간의 자주성을 옹호하는 문제에 예술적 해답을 주는 공산주의의 새 인간학이 되어야 한다고 한다.

다음은 '당성·로동계급성·인민성'이다. 당성·노동계급성·인민성은 사회주의적 문학예술의 혁명적 본질과 계급적 성격을 특징짓는 요소라고 본다. 당성은 노동계급성의 가장 철저한 표현이며 인민성의 가장 높은 형태로서 사회주의적 문학예술의 혁명적 본질과 계급적 성격을 규정하는 본질과 속성이며, 문학예술이 혁명투쟁과 건설사업의 힘 있는 무기로 복무하게

---

9) 위의 책, 21쪽.
10) 김일성, 「조선인민군은 항일무장투쟁의 계승자이다(1958.2.8)」, 『김일성저작집』 12권(평양: 조선로동당출판사, 1981), 71쪽.

하는 근본요인이라고 한다. 이러한 당성과 연결되는 최고 형태는 주체사상 핵심의 하나인 수령에 대한 충실성이다. '로동계급성'은 노동계급의 입장과 관점을 고수하고 노동계급의 이익을 옹호함으로써 문학예술이 노동계급의 혁명 사업에 철저하게 복무하게 하는 것이라고 한다. 다음으로 인민성은 노동자, 농민을 비롯한 광범한 인민대중의 이익을 옹호하고 그들의 생활과 감정을 정당하게 표현하여 수백만 근로대중을 위하여 철저히 문학예술이 노동계급의 혁명 사업에 복무하게 하는 것이라고 한다.

다음으로 사회주의적 내용과 민족적 형식은 또 다른 북한 문학예술의 특징이다. 이것은 말 그대로 문학예술 작품에 내용 면에서는 사회주의 내용을 담고, 형식 면에서는 민족적 형식을 쓰는 것을 말한다. 아래 김일성의 언급은 그것을 분명하게 보여주고 있다.

> 나는 우리 나라에서 사회주의적 사실주의라고 하면 민족적인 형식에 사회주의적인 내용을 담는 것을 말한다는 정의를 주었습니다.[11]

여기서 중요한 것은 민족적 형식이라고 해서 남한에서 보통 쓰고 있는 전통문화형식을 말하는 것이 아니라는 점이다. 전통문화를 그대로 복원하는 것은 '복고주의'라는 이름 아래 배격하고 있다. 전통성과 현대성을 통일시켜 담아내야 한다. 이 '복고주의'와 더불어 '민족허무주의' 경향으로, 우리 것을 외면하는 것을 배격하고 있는 점 또한 민족적 형식에서 짚고 넘어가야 할 점이다.

마지막으로 사상성과 예술성에 관한 문제이다. 이 문제는 고상한 사상성과 높은 예술성의 결합으로 요약할 수 있다. 바로 이것이 문학예술의 가치를 규정하는 기준이 된다고 본다. 이 둘 간의 관계에서 주도적 지위를 차지하는 것은 사상성이다. 하지만 이것은 사상성이 차지하는 중요성을 말하는 것이지 결코 예술성이 약해도 된다는 말은 아니다. 또 문학예술작품의

---

11) 김일성, 「일본 정치리론잡지 ≪세까이≫ 편집국장과 한 담화(1972.10.6)」, 『김일성저작집』 27권(평양: 조선로동당출판사, 1984), 430쪽.

본질적 특성이 예술성이라는 이름으로 사상성을 무시해서는 안 된다는 것 또한 이 둘 간의 문제에서 중요한 점이다. 이러한 문학예술의 특징들이 당 역사 서술에는 어떻게 나타났는지 살펴보아야 한다.

3. 문학예술의 당사 판본 서술 상황

이 장에서는 문학예술 분야의 당역사 관련 책들의 전체 흐름을 내용상의 변화보다는 판본에 따른 형식상의 변화들로 대략 살펴보고자 한다. 물론 이러한 형식상의 변화는 내용상의 변화와 연결된다.

북한의 당 역사 관련 책은 현재 모두 네 종류 1964년판, 1979년판, 1991년판, 2004년판이 나왔다.[12] 이 가운데 1964년판에는 문학예술 관련 언급이 항목으로 구성되어 등장하지는 않았고, 전쟁 시기와 전쟁 후 종파 숙청의 과정에서만 부분으로 나타난다. 그 이후 1979년판부터 본격적으로 문학예술 분야가 언급되기 시작했다. 특히 1970년대 서술에 "사회주의적 민족문화의 찬란한 개화발전"이라는 제목으로 문학예술 분야가 항목화되었다는 점이 두드러진다.

네 판본 모두에서 등장하고 있는 서술은 6·25전쟁 시기와 전후 박헌영의 숙청과 함께 교조주의와 형식주의를 없애고 우리나라에 대한 역사연구와 귀중한 문화유산 계승의 중요성을 강조한 부분이다. 이 시기 특이한 점은 1991년판까지는 1956년 8월 종파투쟁과 함께 문학예술 분야의 당적 지도와 주체의 강조만 등장하나 2004년의 경우에는 그와 달리 주체사상과의 관계 속에서 주체적 문예정책을 서술하고 있다는 점이다. 이어서 그러한 정책을 펼치는 방식으로 항일혁명전통의 보급과 그 선전활동, 문예활동들이 다양하게 서술되고 있다.

그리고 1979년판부터 항일무장투쟁 시기 농촌에서 벌인 문예활동, 연예

---

12) 최근 2006년판 당사가 출간되었으나, 선군정치 관련 서술을 제외하면 2004년판 당사와 거의 동일하다. 따라서 사실상 변화를 담고 있는 당 역사 판본은 크게 네 종류라고 보아도 문제가 없다.

대활동이 언급되기 시작했고 이후 모든 판본에 등장하고 있다. 1964년판의 경우에는 이 내용이 없다. 그 까닭은 이 시기까지는 항일무장투쟁사 연구가 제대로 이루어지지 않았고, 정치적으로도 항일혁명투쟁이 '유일한 전통'으로 공식화되지 않았기 때문으로 보인다. 그리고 위에 말했듯이 문학예술 분야가 하나의 제목으로 항목화되었다는 점에서 1979년판은 중요하다. 이러한 특징은 1991년판에서도 거의 비슷한 모습을 보이고 있다. 특이한 점은 1991년판부터 1970년대 문학예술혁명이 김정일의 지도와 함께 서술되기 시작한다는 것이다.

2004년판에서는 1979년, 1991년판에서 다루는 시기와 비교할 때 항일무장투쟁 시기 문학예술 부분이 줄어들고 1960년대 후반에 김정일이 지도하기 시작한 문학예술의 출발점인 영화예술사업에 대해서 자세히 서술하고 있다. 또 1970년대에는 마찬가지로 김정일이 주도한 중앙예술단체의 문답식학습경연이라든지 경제선동의 창조들이 추가되었다. 그리고 발간 시기와 연관된 것이겠지만 1990년대 이후 문학예술, 문화의 모습들이 다뤄지고 있다. 분량에 관한 문제는 시기가 넓어지면서 조정이 일어난 정도가 아닌가 생각된다.

다음 그림은 당역사의 문학예술사 흐름을 나타낸 것이다. 이러한 흐름도는 연구 결과로 얻어진 것으로 결론에 제시되어야겠지만, 이 그림을 미리 머릿속에 담아둔 상태로 글과 함께 문학예술 분야의 당역사 흐름을 보면 이해가 더 쉽기 때문에 미리 제시한다.

〈그림 1〉은 1979년 판본부터 문학예술 부분이 체계화되고 강조되었음을 보여주고 있으며 문학예술사의 확립과 서술이 김일성 중심에서 김정일의 지도와 중심으로 바뀌고 있음을 말해준다. 2004년판의 경우는 내용과 형식 모두에서 완전히 김정일을 중심으로 당력사가 서술되고, 이와 함께 문학예술 분야도 김정일을 중심으로 서술되고 있다. 그 과정은 김정일이 문학예술 분야에 등장하면서 후계자로 위치를 굳혔던 것과 맞물려 문학예술 분야가 양적·질적으로 체계화되었음을 보여준다.

그러면 이제 이러한 형식상의 변화들이 내용상의 어떤 변화와 연관되는

〈그림 1〉 당 역사에 나타난 문학예술사 흐름

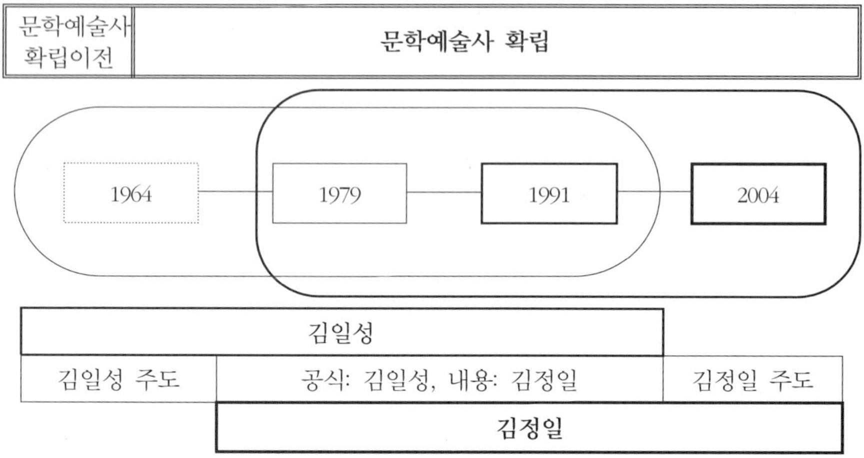

문학예술사 확립이전	문학예술사 확립

```
    1964      1979      1991      2004
```

	김일성	
김일성 주도	공식: 김일성, 내용: 김정일	김정일 주도
	김정일	

지를 시기에 따라 자세히 살펴보자. 다음은 당역사에 나타난 시기를 기준으로 문학예술의 시기구분을 표로 정리한 것이다.

〈표 1〉 당역사에 따른 문학예술의 시기구분

구분 순서	연도	이름
1	1926~1940.8	항일무장투쟁 시기
2	1947.2~1953.7	북조선인민위와 정부수립, 6·25전쟁 시기
3	1953.7~1960	전후복구와 종파청산 시기
4	1961~1970.11	유일사상체계 확립 시기
5	1970.11~1974.2	3대혁명 시기
6	1974.2~1980.9	김일성주의 공식화, 후계체제 확정 시기
7	1980.10~1989	주체사상 완성 시기
8	1990~1994.7	사회주의 고수 시기
9	1994.7~1998	고난의 행군과 선군정치 시기
10	1999~	선군의 제도화와 강성대국 건설 시기

〈표 1〉에 표기된 연도는 각 당역사 책에서 문학예술 분야가 언급된 항목의 시기를 구분한 것이다. 네 권에서 일치하는 부분과 일치하지 않는 시기를 바탕으로 하나로 구성한 것이다. 중간에 빈 시기는 네 권 모두에서 문학예술 관련 내용이 언급되지 않은 때이다. 그리고 이름을 그 특징이 드러나도록 붙였다. 이러한 시기구분을 차례로 해서 각 시기별 특징을 살펴보도록 하겠다. 그리고 특징 끝에는 해당 시기에 등장하는 문학예술 작품과 관련 문헌 및 회의들을 정리하도록 하겠다.

4. 시기에 따라 본 당역사 서술의 변화

여기서는 위에서 나눈 시기 구분을 바탕으로 해서 문학예술의 서술이 나타나는 시기를 시대별로 자세히 살펴보도록 하겠다. 그중에는 전혀 문학예술에 대한 언급이 없어서 다루지 않는 시기도 있다. 먼저 판본에 따라 나타나는 내용을 살펴보고 그것의 공통점과 차이점을 따져보겠다. 그럼으로써 판본에 따른 변화가 단순한 것인지 아니면 구조의 변화인지를 따지고 해당 시기 문학예술의 특징을 알아보려고 한다.

먼저 판본에 따라 문학예술 관련 내용이 등장하는 시기들을 나누고 해당 판본, 해당 시기에 기록되어 있는 문학예술 작품과 관련 문헌, 회의들을 전체 표로 제시하겠다. 다음이 그 표이다.

〈표 2〉 당역사에 나타난 문학예술작품과 관련 문헌·회의

판본	시기	갈래	내용
1964 년판	조국해방전쟁 시기 (1950.6~1953.7)	관련 문헌	김일성, 「당의 조직적사상적강화는 우리 승리의 기초: 조선로동당 중앙위원회 제5차전원회의에서 한 보고 1952년 12월 15일」, 『김일성저작집』 7권(평양: 조선로동당출판사, 1980), 286~430쪽.
		관련 회의	1952년 12월 당중앙위원회 제5차 전원회의

1979년판	전후복구건설 시기 (1953.7~1956)	관련 회의	1956년 1월 당중앙위원회 상무위원회 회의
	항일무장투쟁 시기 (1926~1940.8)	가요	〈조선의 노래〉(김일성 작)
		가극	〈꽃파는 처녀〉
		연극	〈지주와 머슴군〉, 〈성황당〉, 〈피바다〉, 〈한 자위단원의 운명〉
		출판물	『볼쉐위크』, 『농우』
	조국해방전쟁 시기 (1950.6~1953.7)	관련 문헌	김일성, 「당의 조직적사상적강화는 우리 승리의 기초: 조선로동당 중앙위원회 제5차전원회의에서 한 보고 1952년 12월 15일」, 『김일성저작집』 7권(평양: 조선로동당출판사, 1980), 286~430쪽.
		관련 회의	1952년 12월 당 중앙 위원회 제5차 전원회의
	전후복구와 종파청산 시기 (1953.7~1960)	관련 문헌	김일성, 「사상사업에서 교조주의와 형식주의를 퇴치하고 주체를 확립할 데 대하여: 당선전선동일군들앞에서 한 연설 1955년 12월 28일」, 『김일성저작집』 9권(평양: 조선로동당출판사, 1980), 467~495쪽.
	3대혁명과 주체사상화 시기 (1971~)	영화, 가극, 소설	〈피바다〉, 〈꽃파는 처녀〉, 〈한 자위단원의 운명〉
		연극	〈성황당〉
		관련 문헌	김일성, 「천리마시대에 맞는 문학예술을 창조하자: 작가, 작곡가, 영화부문일군들과한 담화 1960년 11월 27일」, 『김일성저작집』 14권(평양: 조선로동당출판사, 1981), 444~461쪽. 김일성, 「문학예술총동맹의 임무에 대해서: 조선문학예술총동맹 중앙위원회 집행위원들 앞에서 한 연설 1961년 3월 4일」, 『김일성저작집』 15권(평양: 조선로동당출판사, 1981), 37~48쪽. 김일성, 「조선로동당 제4차대회에서 한 중앙위원회 사업총화보고: 1961년 9월 11일」, 『김일성저작집』 15권(평양: 조선로동당출판사, 1981), 157~316쪽. 김일성, 「교육과 문학예술은 사람들의 혁명적 세계관을 세우는 데 이바지하여야 한다: 과학교육및문학예술부문일군협의회에서 한 연설 1970년 2월 17일」, 『김일성저작집』 25권(평양: 조선로동당출판사, 1983), 1~22쪽.

			김일성, 「조선로동당 제5차대회에서 한 중앙위원회 사업총화보고: 1970년 11월 2일」, 『김일성저작집』 25권(평양: 조선로동당출판사, 1983), 232~356쪽. 김일성, 『사회주의문학예술론』(평양: 조선로동당출판사, 1975).
1991년판	항일무장투쟁 시기 (1926~1936.2)	가극	〈꽃파는 처녀〉
		연극	〈지주와 머슴군〉, 〈성황당〉
		출판물	『농민독본』, 『볼쉐위크』, 『농우』
	조국해방전쟁 시기 (1950.6~1953.7)	관련 문헌	김일성, 「당의 조직적사상적강화는 우리 승리의 기초: 조선로동당 중앙위원회 제5차전원회의에서 한 보고 1952년 12월 15일」, 『김일성저작집』 7권(평양: 조선로동당출판사, 1980), 286~430쪽.
		관련 회의	1952년 12월 당중앙위원회 제5차 전원회의
	전후복구와 종파청산 시기 (1953.7~1960)	관련 문헌	김일성, 「사상사업에서 교조주의와 형식주의를 퇴치하고 주체를 확립할 데 대하여: 당선전선동일군들 앞에서 한 연설 1955년 12월 28일」, 『김일성저작집』 9권(평양: 조선로동당출판사, 1980), 467~495쪽.
		관련 회의	1956년 2월 당중앙위원회 상무위원회 회의
	사회주의 전면건설과 유일사상체계 확립 시기 (1961~1970)	관련 회의	1964년 12월 8일 당중앙위원회 정치위원회 확대회의
	3대혁명과 주체사상화, 후계체제 확정 시기 (1970~1980)	영화, 가극, 연극, 소설	〈피바다〉, 〈꽃파는 처녀〉, 〈한 자위단원의 운명〉, 〈성황당〉
		소설	『총서 불멸의 력사』
		가극	〈피바다〉
		연극	〈성황당〉
		영화	〈조선의 별〉, 〈백두산〉
		출판물	『영화예술론』(1973년 4월)
		관련 문헌	김일성, 〈천리마시대에 맞는 문학예술을 창조하자: 작가, 작곡가, 영화부문일군들과한 담화 1960년 11월 27일〉, 『김일성저작집』 14권(평양: 조선로동당출판사,

			1981), 444~461쪽. 김일성, 「문학예술총동맹의 임무에 대해서: 조선문학예술총동맹 중앙위원회 집행위원들 앞에서 한 연설 1961년 3월 4일」, 『김일성저작집』 15권(평양: 조선로동당출판사, 1981), 37~48쪽. 김일성, 「교육과 문학예술은 사람들의 혁명적 세계관을 세우는데 이바지하여야 한다: 과학교육및문학예술부문일군협의회에서 한 연설 1970년 2월 17일」, 『김일성저작집』 25권(평양: 조선로동당출판사, 1983), 1~22쪽. 김일성, 「조선로동당 제5차대회에서 한 중앙위원회 사업총화보고: 1970년 11월 2일」, 『김일성저작집』 25권(평양: 조선로동당출판사, 1983), 232~356쪽. 김정일, 「영화예술론: 1973년 4월 11일」, 『김정일선집』 3권(평양: 조선로동당출판사, 1994), 30~404쪽. 김일성, 『사회주의문학예술론』(평양: 조선로동당출판사, 1975).
2004 년판	항일무장 투쟁 시기 (1926~1931.12)	공연	〈꽃파는 처녀〉
		출판물	『볼쉐비크』, 『농우』
	조국해방 전쟁 시기 (1950.6~1953.7)	관련 문헌	김일성, 「당의 조직적사상적강화는 우리 승리의 기초: 조선로동당 중앙위원회 제5차전원회의에서 한 보고 1952년 12월 15일」, 『김일성저작집』 7권(평양: 조선로동당출판사, 1980), 286~430쪽.
		관련 회의	1952년 12월 당중앙위원회 제5차 전원회의
	전후복구와 종파청산 시기 (1953.7~1960.12)	출판물	『항일빨찌산참가자들의 회상기』
		관련 문헌	김일성, 「사상사업에서 교조주의와 형식주의를 퇴치하고 주체를 확립할 데 대하여: 당선전선동일군들앞에서 한 연설 1955년 12월 28일」, 『김일성저작집』 9권(평양: 조선로동당출판사, 1980), 467~495쪽.
		관련 회의	1956년 1월 당중앙위원회 상무위원회 회의 1956년 2월 당중앙위원회 상무위원회 회의
	사회주의 전면건설과 유일사상체계 확립 시기 (1961.1~1970.11)	영화	〈성장의 길에서〉, 〈피바다〉(1969년), 〈한 자위단원의 운명〉, 〈꽃파는 처녀〉
		관련 문헌	김정일, 「영화예술론: 1973년 4월 11일」, 『김정일선집』 3권(평양: 조선로동당출판사, 1994), 30~404쪽.
		관련 회의	1964년 12월 8일 당중앙위원회 정치위원회 확대회의 1965년 12월 11일 당중앙위원회 회의

3대혁명과 주체사상화, 후계체제 확정 시기 (1970.11~1980.10)	소설	『총서 불멸의 력사: 혁명의 려명』, 『총서 불멸의 력사: 1932년』
	가극	〈피바다〉(1971년 7월) 등 5대혁명가극
	연극	〈성황당〉(1978년 8월)
	영화	〈누리에 붙는 불〉
	출판물	『영화예술론』(1973년 4월), 『위대한 수령 김일성동지혁명력사도록』, 『인민의 자유와 해방을 위하여』, 『붉은 해발아래 항일혁명 20년』, 『항일무장투쟁사』
	관련 문헌	김일성, 「조선로동당 제5차대회에서 한 중앙위원회 사업총화보고: 1970년 11월 2일」, 『김일성저작집』 25권(평양: 조선로동당출판사, 1983), 232~356쪽. 김정일, 「영화예술론: 1973년 4월 11일」, 『김정일선집』 3권(평양: 조선로동당출판사, 1994), 30~404쪽.
주체사상 완성과 사회주의 고수 시기 (1980.10~1994.7)	노래	〈조선의 별〉
	영화	〈민족과 운명〉(1~7부), 〈조선의 별〉
	출판물	『무용예술론』, 『건축예술론』, 『음악예술론』, 『미술론』, 『주체문학론』(김정일)
고난의 행군과 선군 시기 (1994.7~1998.12)	노래	〈수령님은 영원히 우리와 함께 계시네〉
	영화 문헌	〈위대한 수령 김일성동지는 영생불멸할것이다〉, 〈인민을 위한 길에 언제나 함께 계셨습니다〉, 〈위대한 생애의 1994년〉
	관련 문헌	김정일, 「문학예술부문에서 명작을 더 많이 창작하자: 조선로동당 중앙위원회 선전선동부, 문학예술부문 책임일군들과 한 담화 1996년 4월 26일」, 『김정일선집』 14권(평양: 조선로동당출판사, 2000), 173~188쪽.
강성대국건설 시기 (1999.1~)	노래	〈어디에 계십니까 그리운 장군님〉
	대집단체조와 예술공연	〈백전백승 조선로동당〉, 〈아리랑〉
	관련 문헌	김정일, 「우리 인민의 우수한 민족적전통을 적극 살려갈 데 대하여: 조선로동당 중앙위원회 책임일군들과 한 담화 주체91(2002)년 9월 8일, 주체92(2003)년 1월 2일」, 『김정일선집』 15권(평양: 조선로동당출판사, 2005), 314~322쪽.

〈표 2〉를 보면 전체 문학예술 작품과 관련 문헌, 회의들이 판본에 따라 다르게 나타나기도 하고 겹쳐서 나타나기도 하는 것을 볼 수 있다. 하지만 다음에 살펴볼 시대별 특징에서는 판본에 따라 구분하지 않고 전체 네 판본을 합쳐서 등장하고 있는 문학예술 작품과 관련 문헌, 회의들을 서술 마지막 부분에 제시하도록 하겠다. 그리고 위 표의 시기 구분상 연도 표기는 해당 판본에 따라서 표기했기 때문에 다음에 살펴볼 시대별 특징의 시기 구분 연도와는 다를 수 있으나 큰 차이는 나지 않는다. 그러면 시대별로 문학예술의 서술 변화를 살펴보도록 하겠다.

1) 항일무장투쟁(1926~1940.8)

이 시기가 나타나는 1979년, 1991년, 2004년 각 판본에서는 큰 차이를 볼 수 없다. 그렇지만 어디를 중요하게 보고 있느냐와 함께 작은 차이들이 나타나고 있다. 1979년판에서는 항일무장투쟁 당시 문예활동의 의미를 '인민대중의 교양'에 두고 있으나, 1991년판과 2004년판에서는 '농촌의 혁명화'에 두고 있다. 이것은 항일무장투쟁 시기를 '인민대중 교양'에서 반일 제국주의 운동에서 일어난 '농촌의 혁명화'로 적극 평가한 것이라고 할 수 있다. 그리고 1991년판에서는 농촌활동의 구체적 지명이 나타나는 반면 1979년에는 있었던 연예대활동이 나타나지 않는다. 또 2004년판에서는 문학예술 작품의 예가 오히려 줄어들고 있으며 혁명가요에 대한 언급이 사라졌다.

1979년판은 1964년판과 달리 항목화된 문학예술 부분이 등장하면서 북한 역사의 가장 중요했던 항일무장투쟁 시기의 문학예술 활동이 처음 나타나는 점이 중요하다. 1979년판의 또 다른 특징이라고 하면 1920년대뿐만 아니라 1930년대 전·후반기에 걸쳐서 문예활동을 강조하고 있으며, 이 시기 다른 판본에서는 보이지 않는 혁명연극 〈피바다〉와 〈한 자위단원의 운명〉의 공연활동을 기록하고 있다는 점이다. 그런데 마찬가지로 이 시기를 다룬 1991년과 2004년판에는 작품과 혁명가요에 대한 언급이 사라지고 1930년대 문예활동에 대한 기록이 사라졌다. 이는 당역사 서술 시기가 늘어나면서 줄어든 것이 주된 원인으로 보이지만, 이후 '불후의 고전적 명작'이 되어 각종 소설과 영화, 가극으로 만들어지는 혁명연극 〈피바다〉와 〈한 자위단원의 운명〉에 대한 기록이 사라진 원인은 정확하게 판단하기 어렵다.
다음은 이 시기에 등장하고 있는 문학예술 작품에 관한 표이다.

〈표 3〉 항일무장투쟁 시기 문학예술작품

갈래	내용
가요	〈조선의 노래〉(김일성 작)
가극	〈꽃파는 처녀〉
연극	〈지주와 머슴군〉, 〈성황당〉, 〈피바다〉, 〈한 자위단원의 운명〉
출판물	『농민독본』, 『볼쉐비크』, 『농우』

2) 북조선인민위원회와 정부수립, 6・25전쟁(1947.2~1953.7)

이 시기에서는 북한과 소련이 1949년 3월 17일에 맺은 '조선과 쏘련 사이의 경제적 및 문화적 협조에 관한 협정'이 문학예술사의 한 흐름을 볼 수 있게 하는 기록이다. 이 기록은 2004년판에서만 등장하고 있다. 해방 후 특히, 북한 정부수립 이후 국제 관계에서 정식외교관계를 맺기 시작했음을 보여주고 있으며, 소련과 맺은 경제문화협정을 예로 들면서 북한과 소련의 관계가 자주국가의 관계였음을 말하고 있다. 이 서술은 문화협정에 관한 기록 측면보다는 정부수립과 함께 북한이 소련과 대등한 관계를 맺었다는 것을 서술하는 것이다. 하지만 문학예술사 측면에서도 당시 상당한 영향을 받았던 소련문화의 영향을 추측할 수 있게 하는 언급이다.
그리고 전쟁기간에 벌어졌던 박헌영에 대한 척결은 문학예술 자체를 직접 다루는 내용은 아니지만 모든 판본에 나타나는 내용으로 문학예술사에 있어서 아주 중요한 사건이다. 박헌영의 '간첩죄'를 확인한 1952년 12월 당 중앙위원회 제5차 전원회의의 결정사항이 바로 교조주의와 형식주의, 민족 허무주의의 척결이다. 그와 함께 민족문화유산에 대해 강조할 것을 서술한다. 이때부터 남로당 계열과 그 인사들의 문학예술 흐름을 서양 중심의 교조주의와 민족허무주의로 해석했는데, 이로 볼 때 그 이후 문학예술 부문에서는 상대적으로 전통예술이 강조되었을 것을 예상할 수 있다. '민족허무주의'에 대해 1964년판에서 지적하지 않는 점은 다른 판본과의 차이라고 할 수 있다.

다음은 이 시기에 등장하고 있는 관련 문헌과 회의에 관한 표이다.

〈표 4〉 북조선인민위와 정부수립, 6·25전쟁 시기 관련 문헌 및 회의

갈래	내용
관련 문헌	김일성, 「당의 조직적사상적강화는 우리 승리의 기초: 조선로동당 중앙위원회 제5차전원회의에서 한 보고 1952년 12월 15일」, 『김일성 저작집』 7권(평양: 조선로동당출판사, 1980), 286~430쪽.
관련 회의	1952년 12월 당 중앙 위원회 제5차 전원회의

3) 전후복구와 종파청산(1953.7~1960)

이 시기의 문학예술에 관한 내용은 이전 시기의 연장선에서 이해할 수 있다. 당사에서는 소련계 박창옥을 비롯한 사람들이 계속해서 문학예술 부문에서 부르주아 사상을 고수하고 있으며 문예전통을 부정하고 사대주의와 교조주의, 수정주의, 형식주의 사업을 하고 있다고 지적한다. 그러니까 전후에 본격화된, 특히 사상 사업에서 우리 현실에 맞게끔 주체를 세워내는, 주체사상에 맞는 사업을 하도록 지시하고 있다. 그러나 그 내용이 구체적으로 드러나지는 않고 있다. 1964년판의 경우, 박창옥의 반당반종파 행위를 사상 사업 중에서도 문학예술 분야와 직접 연결해서 설명하고 있다. 그리고 직접 박창옥의 이름이 문학예술과 연결되어 서술되고 있는 점이 특징이다. 그런데 이후 판본에서는 이것이 문학예술 부문의 사건보다는 그것을 포함한 당 사상 분야, 선전사업의 하나로 이야기되고 있다. 그것과 함께 1964년판에서는 당적 통일을 강조하면서 이 사건의 해결을 말하고 있지만,

이후 판본에서는 주체를 강조하고 주체사상과 연결해서 이 사건을 설명하고 있다. 특히 2004년판의 경우는 주체사상과의 관계 속에서 주체의 문예정책을 강조하고 있다. 이어서 그러한 정책을 펼치는 방식으로 항일혁명전통의 보급과 그 선전활동, 문예활동을 서술하고 있다. 이것은 2004년판부터 분명해진 김정일의 당 영도를 드러내는 서술과 연관된 것으로 김정일이 주도한 주체사상과 문학예술 혁명을 연결해서 비중 있게 설명하는 것으로 보인다.

다음은 이 시기에 등장하고 있는 문학예술 작품과 관련 문헌, 회의에 관한 표이다.

〈표 5〉 전후복구와 종파청산 시기 문학예술작품과 관련된 문헌 및 회의

갈래	내용
출판물	『항일빨찌산참가자들의 회상기』
관련 문헌	김일성, 「사상사업에서 교조주의와 형식주의를 퇴치하고 주체를 확립할 데 대하여: 당선전선동일군들 앞에서 한 연설 1955년 12월 28일」, 『김일성저작집』 9권(평양: 조선로동당출판사, 1980), 467~495쪽.
관련 회의	1956년 1월 당중앙위원회 상무위원회 회의 1956년 2월 당중앙위원회 상무위원회 회의

4) 유일사상체계 확립(1961.1~1970.11)

이 시기를 보면 1964년판의 경우는 문학예술계에 대해서 수정주의와 함께 복고주의가 지적받고 있지만, 2004년판에서는 자유주의적인 수정주의만을 지적하고 있는 것이 특징이다. 1964년판에서 이 시기에 복고주의가 지적받은 것을 보면, 이전 시기와 견주어 일정한 다른 흐름을 볼 수 있다. 1950년대 초·중반에 주로 지적받았던 문화 흐름이 바로 교조주의와 사대주의, 민족허무주의라고 보면, 1960년대 초에는 그에 대한 반작용으로 문학예술계에 일정하게 복고주의 흐름이 있었던 것으로 볼 수 있다. 이러한

교조주의와 복고주의에 대한 반대는 바로 현재 북한 주체문예의 기본 틀이라고 할 수 있다. 그리고 1960년대 중후반의 문학예술활동은 1964년 12월 8일 조선예술영화촬영소 현지에서 열린 당중앙위원회 정치위원회 확대회의에서 김일성이 영화 분야에 대해 지도한 사실로부터 시작하고 있다. 이 회의에서 혁명교양, 계급교양에 이바지할 혁명적 영화를 더욱 많이 창작하라는 과업이 제시되었다. 그리고 문학예술 부문에서 벌인 김정일의 활동이 그것과 함께 얘기되고 있다. 그러한 내용이 처음 등장한 1991년판에서는 간단히 말하고 있지만 2004년판에서는 아주 길고 구체적으로 얘기하고 있다. 1991년판에서는 김정일의 이름이 직접 등장하지 않고 '당중앙'으로 표현되고 있다. 이 시기는 김정일이 문학예술 분야에서 활동하기 시작한 때이다. 그렇기 때문에 김일성의 1964년 영화 분야에 대한 지도와 함께 문학예술 부문에서 벌인 김정일의 활동이 맞물려 서술되고 있다. 더욱 중요한 것은 김일성의 후계자로서 김정일의 당활동을 문학예술활동과 연결해서 설명하고 있는 점이다. 또 김정일의 지시에 의한 항일혁명문학예술의 중요성을 강조하고 있으며 이를 발전시켜 문학예술혁명을 해야 한다고 강조하고 있다. 그러면서 들고 있는 작품은 김정일이 지도한 〈피바다〉, 〈한 자위단원의 운명〉, 〈꽃파는 처녀〉와 같은 '혁명적 영화예술'이다. 이전의 판본 그러니까 1979년, 1991년판에서는 문학예술 혁명을 1970년대 중심으로만 서술했지만 2004년판부터는 김정일이 이끈 1960년대 중후반의 영화예술혁명부터 시작해서 서술하고 있다.

  2004년판의 의미는 1994년 김일성의 사망 이후, 김정일시대가 본격화한 이후 다시 정리된 당역사라는 데 있다. 이전 시기의 판본들은 적어도 형식에서는 '수령' 김일성의 당역사라고 할 수 있지만, 2004년판부터는 내용과 형식 모든 면에서 김정일의 당역사라고 할 수 있다. 김정일은 1961년 7월 22일에 입당했고 당사업은 1964년 6월 19일에 시작한 것으로 공식 기록되고 있다. 처음 배속받았던 직책은 당중앙위원회 당조직지도부 중앙기관지도과 지도원이었다. 하지만 이미 김정일은 문학예술, 특히 영화에 대한 관심이 남달랐으며, 이때 1964년부터 조선예술영화촬영소를 현지지도하며 영화예술사업을 이끌기 시작했다. 이러한 관심과 활동으로 1967년 9월 확대정치위원회에서 선전선동부 문학예술지도과장을 맡게 되었다. 이제 김정일은 당내의 가장 중요한 부서라고 할 수 있는 조직과 선전 부서를 장악하게 된 것이다. 이러한 김정일의 활동은 단순히 직함의 문제뿐만이 아니라 '수령' 김일성의 뒤를 이을 후계자의 위치를 점하게 되는 과정과 연결된다. 이어서 북한 사회의 가장 커다란 특징이라고 할 수 있는 수령제가 확립된 1967년 제4기 제15차 당중앙위원회 전원회의를 열게 된 결정적인 사건, 갑산파 사건을 김정일이 해결하면서 후계자의 면모를 드러내게 된다. 갑산파의 박금철·이효순이 문학부문과 연극부문에서 자신들을 내세우면서 김일성의 절대 권력에 도전했던 것을 영화예술을 지도하면서 문학예술에 대한 관심이 높았던 김정일이 미리 발각해내고 처리해 내었던 것이다.[13] 이로써 북한 내부에 마지막으로 남아 있던 소위 '종파분자'들이 척결되고 김일성 유일사상체계가 확립·공고화되었으며, 김정일은 후계자로서 위치를 갖춰 나가게 되었다. 이렇게 북한 사회에서 김일성 다음 가는 권력을 갖는 김정일이 '수령' 김일성에 이어 등장하게 된 과정은 1960년대 중·후반의 문학예술 활동과 밀접히 연결되어 있다. 이것은 단지 김정일의 등장에 한정된 것만이 아니라 북한 사회를 지탱하고 있는 김일성의 유일영도를 확립한 과정이었기 때문에 더욱 중요하다. 그래서 이 시기의 문학예술 부분이 중요할 뿐만 아니라, 그것은 김정일의 활동과 함께 서술되어야 한다. 그리고 이전 판본에서는 공식화되지 않았지만 2004년부터는 공식적으로 김정일이 1960년대 중반부터 당내 활동을 중요하게 진행해왔다는 것을 서술하고 있다.

정리하자면, 김일성 '수령'의 뒤를 이어 김정일은 조직지도부와 함께 선전선동부에서 활동해 왔으며 그것은 김일성의 유일사상체계를 확립하는 것이었다. 당시의 반당수정주의 종파는 김일성의 유일체계에 반대하는 갑산파를 위시한 일련의 세력이었으며, 반당수정주의 사상문화는 김일성 유일사상, 주체사상에 반대하는 문학예술의 흐름이었다고 할 수 있다. 그 처

---

13) 김정일의 당내 등장과 갑산파 해결과정은 다음 부분을 참고하기 바란다. 정영철, 『김정일 리더십 연구』(서울: 선인, 2005), 148~160쪽.

리 과정에서 강조되었던 것이 〈피바다〉, 〈한 자위단원의 운명〉, 〈꽃파는 처녀〉와 같은 항일혁명문학예술이었다. 그 시작은 영화예술 혁명이었다. 이러한 과정이 1960년대 중반 이후부터 시작되었으며, 이후 1970년대에 문학예술의 전성기를 맞이하게 만들었다고 평가된다.

다음은 이 시기에 등장하고 있는 문학예술 작품과 관련 문헌, 회의에 관한 표이다.

〈표 6〉 유일사상체계 확립 시기 문학예술작품과 관련된 문헌

갈래	내용
영화	〈성장의 길에서〉, 〈피바다〉(1969년 말), 〈한 자위단원의 운명〉, 〈꽃파는 처녀〉
관련 문헌	"시대의 요구에 맞는 주체의 문학예술을 건설하기 위하여서는 반드시 문학예술혁명을 일으켜야 한다." 김정일, 「영화예술론: 1973년 4월 11일」, 『김정일선집』 3권(평양: 조선로동당출판사, 1994), 31쪽.
관련 회의	1964년 12월 8일 당중앙위원회 정치위원회 확대회의 1965년 12월 11일 당중앙위원회 회의

5) 3대혁명과 김일성주의 공식화, 후계체제 확정(1970.11~1980.10)

1970년대는 자타가 공인하는 북한 문학예술의 전성기이다. 이러한 사정은 1960년대를 바탕으로 하는 북한 사회의 물적 토대 발전과 연결된다. 그렇기 때문에 1970년대의 문학예술계를 살펴보는 것은 중요하다. 왜냐하면 정치·경제 상황은 한 사회의 기본과 근본을 이룬다고 할 수 있지만, 문학예술은 정치·경제 상황을 포함한 사회변화의 결과로 나타나는 완성태이기 때문이다. 그리고 이러한 완성태는 그에 머무르는 것이 아니라 하나의 모범, 표본이 되어서 이후 다시 사회와 교감하면서 영향을 미치게 된다. 이 시기 문학예술은 1950, 1960년대 북한 사회의 일정한 정치·경제의 발전을 반영하고 있고, 1970년대 이후 현재까지도 북한 사회를 통합하고 있는 모범이 되고 있다.

문학예술 분야 설명의 양을 보면 1979년판이 월등히 많고, 1991년판과 2004년판의 순서로 많은 비중을 차지하고 있다. 1979년판은 문학예술 전반에 걸쳐 오직 김일성만의 영향력과 지도를 말하고 있다. 반면 1991년판의 경우는 김일성과 김정일의 영향을 시기별로 앞뒤 절반 정도씩 나눠서 서술하고 있다. 그런데 2004년판에서는 거의 대부분이 김정일의 역할에 대해서 서술하고 있다. 그리고 특이한 점은 1979년판과 1991년판의 경우는 1970년대를 하나로 묶어서 차례로 쓰고 있는데, 2004년판의 경우는 1974년 2월을 기점으로 해서 앞뒤 시기로 나누어 설명하고 있다는 점이다. 이것은 1970년대를 두 시기로 나누었다고 볼 수 있다. 이 부분을 나눈 것은 매우 중요하다. 이 부분은 2004년판에서 2편과 3편으로 나누어지는 시기로서 김정일의 계승문제가 확정된 시기이다.14) 그렇기 때문에 크게 보면 김일성을 중심으로 한 시대에서 김정일을 중심으로 한 시대로 넘어간 상황을 나타낸다고 할 수 있다.

그리고 1991년 이전 판본에서는 문학예술의 커다란 방향이나 이론에 대한 문제를 위주로 서술하는데, 작품을 예로 들면서 구체적인 설명을 하고 있지는 않다. 하지만 1991년판과 2004년판의 경우는 문학예술작품을 분야에 따라 구체적인 예를 들어 설명하고 있다. 또 간단하지만 문학, 영화, 가극, 연극, 음악, 무용, 미술과 같은 분야로 나누어서 서술하고 있어서 보다 전문적인 설명의 형식을 취하고 있다. 특히 1991년판에서 그런 모습이 두드러진다. 특히 '수령형상작품'으로 미술 분야의 조각품을 예로 든 것이 다른 책들과 다른 점이다. 이것은 1979년판 이후, 그러니까 1980년대 이후 들어서 문학예술에 대한 체계화와 정리가 마무리된 사정을 반영한다고 볼 수 있다.

등장하는 내용을 보면, 먼저 1970년 조선로동당 제5차대회에서 제기한 3대혁명 가운데 문화혁명을 들 수 있다. 여기서 북한 '문화'의 지향을 '사회주의적 민족문화'로 분명히 하면서 자본주의, 제국주의 문화를 반대하고

---

14) 2004년판은 크게 3편으로 나누어져 있다. 1편은 1926년부터 1945년까지, 2편은 1945년부터 1974년까지, 3편은 1974년부터 2004년까지이다.

있다. 그리고 복고주의 경향을 반대하면서도 현실에 맞는 '민족문화유산'을 강조하고 '항일혁명 전통'의 문학예술 역시 강조하고 있다. 이 부분은 1979년판부터 모든 당사에서 다루고 있다.

드디어 1979년판에서 '사회주의 문학예술'이 등장한다. 이어 주체적 문예사상, 당성·로동계급성·인민성, 사회주의적 내용과 민족적 형식의 결합, 사상성과 예술성의 통일, 군중문학예술활동, 반당종파분자들과 수정주의자들의 해독 분쇄, 당의 유일사상체계 구현, 공산주의 인간학, 종자론, 속도전과 같은 모든 문학예술 이론을 김일성과 김일성의 영향을 받은 당의 지도에 의한 것으로 설명하고 있다. 그리고 이 시기 '불후의 고전적 명작'들을 여러 분야의 양식으로 만드는 일을 중요하게 언급하고 있다. 그리고 이 때를 영화예술 발전, 혁명가극·혁명연극 탄생과 인민대중들과 함께 하는 문학예술작품들이 많이 창작된, 사회주의 예술이 꽃핀 시기라고 말하고 있다. 그리고 이전 시기의 영화예술 혁명에 이어서 1979년판에서는 혁명가극과 혁명연극의 특징을 상당한 양으로 자세히 설명하고 있다. 1991년판의 경우는 사회주의 민족문화건설의 커다란 틀에서 주체적인 문학예술의 위치를 말하고 있다. 그리고 김일성이 주체의 문학예술의 기본방향을 잡고 혁명적 문학예술, 당성·로동계급성·인민성의 원칙, 사회주의적 내용과 민족적 형식을 결합하는 사회주의적 사실주의, 사상성과 예술성의 결합과 같은 원칙을 밝혔다고 보고 있다. 그러한 원칙들 속에서 김정일은 반당종파분자들과 수정주의자들을 분쇄했으며 문학예술혁명의 방침을 냈다고 한다. 그것이 『영화예술론』에 집대성되었고[15] 그에 따라 김정일이 종자론, 속도전들과 같은 문학예술 이론들을 만들어 냈다고 한다. 그리고 김정일은 당의 유일사상체계를 세우기 위해 항일혁명투쟁 시기에 이룩한 혁명적 문학예술전통을 이어받을 것을 강조했다. 이러한 방침에 따라 김일성이 직접 만들었다고 하는 '불후의 고전적명작'들을 여러 갈래의 양식으로 만들어 낸

---

15) 김정일의 『영화예술론』은 1973년 발표된 것으로서 영화예술만이 아니라 북한의 문학예술 전반에 걸친 이론의 결정판이라고 할 수 있다. 오늘날 북한 문학예술 분야 사상이론의 지침이 되고 있다.

것이 이 시기의 가장 커다란 성과라고 하는데, 그중에서도 혁명가극의 탄생을 가장 큰 성과로 말하고 있다. 1991년판과 2004년판 모두 이 시기를 '주체문학예술의 대전성기'라는 이름으로 부르고 있다.

  1991년판에서는 이 시기 항일혁명전통에 관한 책들과 함께 소설, 영화, 가극, 연극의 예술작품들이 활발히 제작되고 보급되었음을 알 수 있다. 그리고 1979년판과는 다르게 이 시기 전반기인 1973년에 김정일에 의해서 창조되었다고 하는 '항일유격대식 경제선동'이 처음 등장하고 있다.

  2004년판의 1970년대는 1979년판과 1991년판에 비해서 아주 양이 적다. 그것은 문학예술 부문을 중요하지 않게 취급한 것이 아니라 시간이 지남에 따라 다뤄야 할 시기가 넓어졌기 때문으로 보인다. 그래서 주된 사건들을 가지고 요점을 정리하는 방식으로 서술하고 있다. 1979년판과 1991년판에 비해 이 시기 전반기에 또 다른 내용이 추가되어 구체적으로 서술되고 있다. 그것은 1973년 김정일에 의해서 창조되었다고 하는 '문답식 학습방법'과 1991년판에 이어 등장한 '항일유격대식 경제선동'이다. 여기서 '문답식 학습방법'이 예술단체들에서부터 시작되었음을 알려 주고 있다. 이 내용에서는 김정일에 의해서 이뤄진 활동으로 서술되어 김정일이 문학예술부문에서부터 지지를 얻어내며 활동의 영역을 넓혀 갔음을 알 수 있다. 그리고 '유격대식 경제선동'은 고유의 문학예술 영역은 아니라고 할 수 있지만, 분명히 문학예술의 영역과 함께 운영되는 경제 방식이기에 주목할 만하다. 그리고 2004년판에서는 1960년대를 영화혁명의 시대라고 한 것에 이어 1970년대를 가극혁명의 시대라고 말하고 있다. 이어 김정일이 지도한 혁명가극 〈피바다〉에 대해서 자세히 설명하며 '5대 혁명가극'을 들고 있고,[16] 문학 분야에서 수령형상문학으로서 총서 『불멸의 력사』를 중요하게 말하고 있다. 또 김정일의 영화혁명과 함께 문학예술혁명의 이론이 집대성된 『영화예술론』에 대해 상당량을 서술하고 있다. 다른 판본과 다른 특이한 점은 1970년대 후반 김정일에 의해서 '수령형상예술'이 탄생하고 연극혁명이 일

---

16) '5대 혁명가극'은 〈피바다〉, 〈꽃파는 처녀〉, 〈당의 참된 딸〉, 〈금강산의 노래〉, 〈밀림아 이야기하라〉를 말한다.

어났다고 설명하고 있는 점이다. 이 시기는 김정일이 내부에서 후계자로 승계된 시점이다. 후계자로 추대된 회의는 1974년 제5기 제8차 전원회의였다.17) 이를 보면 김정일이 유일사상체계를 확립하고 후계자로 추대된 과정은 문학예술 분야의 혁명과 함께 한다고 할 수 있다. 김정일은 1960년대 후반 영화예술 혁명과 함께 당 활동을 시작했으며 북한을 '수령제 국가'로 세우는 데 결정적 역할을 했다. 그리고 1970년대 들어 문학예술계의 결정판이라고 할 수 있는 혁명가극 〈피바다〉를 시작으로 가극혁명을 지도했고, 1970년대 후반에는 연극혁명을 이끌어냈다. 결국 1980년 조선로동당 제6차 대회에서 공식 후계자가 되었다. 이러한 과정이 당역사 서술에도 분명히 나타나고 있다. 그리고 2004년판이 완전히 김정일의 당역사라는 것은 이 시기 김정일의 당 활동의 시작과 성장과정을 항목화한 서술에서 알 수 있다. 그 가운데 김정일이 문학예술혁명을 직접 지도해서 주체예술의 대전성기를 만들었다는 내용이 등장한다.

다음은 이 시기에 등장하고 있는 문학예술 작품과 관련 문헌에 관한 표이다.

〈표 7〉 3대혁명과 김일성주의 공식화, 후계체제 확정 시기 문학예술작품과 관련된 문헌

갈래	내용
소설	『총서 불멸의 력사: 혁명의 려명』, 『총서 불멸의 력사: 1932년』
가극	〈피바다〉(1971년 7월), 〈꽃파는 처녀〉, 〈한 자위단원의 운명〉 등 5대혁명가극
연극	〈성황당〉(1978년 8월), 〈안중근 이등박문을 쏘다〉
영화	〈조선의 별〉, 〈백두산〉, 〈누리에 붙는 불〉
출판물	『영화예술론』(1973년 4월), 『위대한 수령 김일성동지혁명력사도록』, 『인민의 자유와 해방을 위하여』, 『붉은 해발아래 항일혁명 20년』, 『항일무장투쟁사』

---

17) 이를 공식화한 것은 1975년 2월 제5기 9차 전원회의였다고 한다. 정영철, 앞의 책, 199~202쪽 참조.

관련 문헌	• "우리의 문학예술은 절대로 혁명의 리익과 당의 로선을 떠나서는 안되며 착취계급의 취미와 비위에 맞는 요소를 허용하여서도 안됩니다. 오직 당의 로선과 정책에 철저하게 의거한 혁명적문학예술만이 진정으로 인민대중의 사랑을 받을 수 있으며 근로대중을 공산주의적혁명정신으로 교양하는 당의 힘있는 무기로 될 수 있습니다." 김일성, 「천리마시대에 맞는 문학예술을 창조하자: 작가, 작곡가, 영화부문일군들과 한 담화 1960년 11월 27일」, 『김일성저작집』 14권(평양: 조선로동당출판사, 1981), 453쪽. • "문학예술부문에서 사대주의의 여독을 철저히 뿌리빼고 주체를 세우기 위한 투쟁을 힘있게 벌려 문학예술이 우리의 혁명위업에 더욱 훌륭히 복무하도록 하여야 하겠습니다." 김일성, 「문학예술총동맹의 임무에 대해서: 조선문학예술총동맹 중앙위원회 집행위원들 앞에서 한 연설 1961년 3월 4일」, 『김일성저작집』 15권(평양: 조선로동당출판사, 1981), 44~45쪽. • "문학예술이 인민의 심장을 울리며 인민에게서 사랑을 받기 위하여서는 사회주의적내용과 슬기롭고 다양한 민족적형식이 옳게 결합되어야 합니다." 김일성, 「조선로동당 제4차대회에서 한 중앙위원회 사업총화보고: 1961년 9월 11일」, 『김일성저작집』 15권(평양: 조선로동당출판사, 1981), 235쪽. • "훌륭한 문학예술작품의 특징은 시대의 요구와 인민의 지향에 맞는 높은 사상예술성에 있습니다. 이러한 가치있는 작품들은 현대의 유일하게 옳은 창작방법인 사회주의적사실주의에 의하여서만 창조될 수 있습니다." 김일성, 「조선로동당 제4차대회에서 한 중앙위원회사업총화보고: 1961년 9월 11일」, 『김일성저작집』 15권(평양: 조선로동당출판사, 1981), 234~235쪽. • "현시기 사회주의적민족문화를 건설하는 데서 나서는 가장 중요한 과업의 하나는 제국주의의 문화적침투를 반대하여 투쟁하는 것입니다", "사회주의적민족문화를 건전하게 발전시키기 위하여서는 또한 복고주의적 경향을 철저히 반대하여야 합니다." 김일성, 「조선로동당 제5차대회에서 한 중앙위원회사업총화보고: 1970년 11월 2일」, 『김일성저작집』 25권(평양: 조선로동당출판사, 1983), 278~279쪽. • "인민대중은 사회주의문화의 창조자이며 우리 사회에서 문학예술은 근로대중이 널리 참가하여야만 빨리 발전할 수 있습니다. 우리는 문예활동에서 전문일군본위로 나가려는 경향을 철저히 경계하여야 하며 창작사업에서 신비주의를 마스고 문학예술을 군중적으로 널리 발전시켜야 하겠습니다." 김일성, 「조선로동당 제5차대회에서 한 중앙위원회사업총화보고: 1970년 11월 2일」, 『김일성저작집』 25권(평양: 조선로동당출판사, 1983), 283쪽. • "시대의 요구에 맞는 주체의 문학예술을 건설하기 위하여서는 반드시 문학예술혁명을 일으켜야 한다." 김정일, 「영화예술론: 1973년 4월 11일」, 『김정일선집』 3권(평양: 조선로동당출판사, 1994), 31쪽. • "문학예술부문에서 사대주의의 여독을 철저히 뿌리빼고 주체를 세우기 위한 투쟁을 힘있게 벌려 문학예술이 우리의 혁명위업에 더욱 훌륭히 복무하도록 하여야 하겠습니다." 김일성, 『사회주의문학예술론』(평양: 조선로동당출판사, 1975), 185~186쪽.

	김일성, 「천리마시대에 맞는 문학예술을 창조하자: 작가, 작곡가, 영화부문일군들과 한 담화 1960년 11월 27일」, 『김일성저작집』 14권(평양: 조선로동당출판사, 1981), 444~461쪽. 김일성, 「교육과 문학예술은 사람들의 혁명적 세계관을 세우는 데 이바지하여야 한다: 과학교육및문학예술부문일군협의회에서 한 연설 1970년 2월 17일」, 『김일성저작집』 25권(평양: 조선로동당출판사, 1983), 1~22쪽. 김정일, 「영화예술론: 1973년 4월 11일」, 『김정일선집』 3권(평양: 조선로동당출판사, 1994), 30~404쪽.

6) 주체사상 완성과 사회주의 고수(1980.10~1994.7)

이 시기는 1991년판부터 다루고 있다. 하지만 이 시기에 대해 1991년판은 문학예술 분야의 서술이 아주 빈약하며, 대부분 2004년판에서만 등장하고 있다. 1991년판부터 1984년에 분단 이후 처음 남북의 예술단이 서로 방문한 내용을 기록하고 있다.

2004년판에서는 1980년대 서술에서 '혁명적 수령관'을 강조하면서 이 시기 송가와 영화로 집중 교양된 〈조선의 별〉을 예로 들고 있다. 그리고 1990년대 전반기에는 김정일이 썼다고 하는 각 분야의 문예이론 책들이 발간됐음을 서술하고 있다. 마찬가지로 김정일의 지도로 만들어진 다부작 예술영화 〈민족과 운명〉이 주체문학예술의 총화로서 만들어지고 있음을 중요하게 다루고 있다. 그리고 이 때 새롭게 민족문화유산에 대해 강조한다. 이러한 강조는 사회주의권의 위기와 붕괴 속에서 더욱 주체를 강조하면서 '민족 중심'의 성격을 강화해 간 북한 사회의 모습을 보여준다. 뒷부분에서는 1990년 평양과 서울에서 번갈아 열린 범민족통일음악회와 송년통일전통음악회를 기록하고 있다.

다음은 이 시기에 등장하고 있는 문학예술 작품에 관한 표이다.

〈표 8〉 주체사상 완성과 사회주의 고수 시기 문학예술작품

갈래	내용
노래	〈조선의 별〉
영화	〈민족과 운명〉(1~7부), 〈조선의 별〉
출판물	『무용예술론』, 『건축예술론』, 『음악예술론』, 『미술론』, 『주체문학론』(김정일)

7) 고난의 행군과 선군정치 시기(1994.7~1998)

이 시기는 2004년판에서만 다루고 있다. 이 시기는 김일성이 사망한 후, 김정일이 실질 권력을 이어받은 때이다. 하지만 그 정통성을 김일성에게 두었으며 영화와 가요, 시들을 '수령영생주제'의 작품들로 만들어 보급하면서 후계자인 김정일의 권력을 다져 나아갔다. 그리고 김정일에 의해 노래와 정치, 음악정치가 꽃피었고, 그 앞에서 조선인민군공훈합창단(현재 조선인민군공훈국가합창단)이 활약했음을 서술하고 있다. 그리고 선군시대에 맞게 군인정신을 보여주는 문학예술작품이 많이 만들어졌다고 한다. 이것은 선군과 음악의 결합으로도 나타난다. 선군정치가 음악과 함께 당시 '고난의 행군'을 이겨냈다는 점을 강조하고 있다. 이와 함께 미제를 중심으로 한 반동적 사상문화, 부르주아문화의 침투도 경계하고 있다. 이는 '고난의 행군'을 거치면서 상당히 느슨해졌던 사상의 단결을 외래의 부르주아문화의 경계 속에서 되찾기 위한 것으로 볼 수 있다.

다음은 이 시기에 등장하고 있는 문학예술 작품과 관련 문헌에 관한 표이다.[18]

---

18) 북한에서 영화문헌은 매우 귀중하고 참고로 될 만한 것을 수록한 영화작품 또는 그런 것을 찍은 필림을 의미한다. 사회과학원 언어학연구소, 『조선말대사전 2』(평양: 사회과학출판사, 1992), 1515쪽.

〈표 9〉 고난의 행군과 선군 시기 문학예술작품과 관련문헌

갈래	내용
노래	〈수령님은 영원히 우리와 함께 계시네〉
영화 문헌	『위대한 수령 김일성동지는 영생불멸할것이다』, 『인민을 위한 길에 언제나 함께 계셨습니다』, 『위대한 생애의 1994년』
관련 문헌	김정일, 「문학예술부문에서 명작을 더 많이 창작하자: 조선로동당 중앙위원회 선전선동부, 문학예술부문 책임일군들과 한 담화 1996년 4월 26일」, 『김정일선집』 14권(평양: 조선로동당출판사, 2000), 173~188쪽.

8) 선군의 제도화와 강성대국 건설(1999~)

이 시기에서는 앞서 말했던 부르주아문화를 이겨내기 위해서 민족전통을 더욱 잘 지켜 나아가야 함을 강조하고 있다. 그리고 이것이 바로 민족의 자주성을 지키는 것이라고 한다. 그래서 역사 문화유적을 잘 보존 관리하고 민속풍습을 살려내야 한다고 강조한다. 이와 함께 민족음악, 민속무용을 계승 발전시켰고 계몽기 문학예술도 발굴 정리했다고 한다.[19] 그리고 이렇게 민족전통을 살리는 것이 결코 사회주의를 포기하거나 수정한 것이 아니라 사회주의문화건설의 한 방편이었다는 점을 강조한다.

이 시기는 1998년 헌법개정과 김정일의 국방위원장 취임으로 제도화된 선군정치가 이어지고 있으며 강성대국을 지향하고 있다. 선군시대 중요한 작품으로는 대집단체조와 예술공연 〈백전백승 조선로동당〉과 〈아리랑〉을 꼽고 있다. 그리고 '수령숭배'의 송가 〈어디에 계십니까 그리운 장군님〉을 김정일에 대한 충성의 노래로 말하면서 김정일이 '수령'의 위치에 올라 있음을 간접으로 드러내고 있다. 또 이 시기 '북남예술인들의 합동공연'을 예로 들면서 통일의 기운이 높아지고 있다고 서술하고 있다.

---

[19] 북한에서 계몽기는 19세기 말부터 20세기 초까지 봉건제에서 자본주의 단계로 이행한 시기로서 계몽운동을 벌였던 시기를 말한다. 사회과학원 언어학연구소, 『조선말대사전 1』, 484쪽 참조.

다음은 이 시기에 등장하고 있는 문학예술 작품과 관련 문헌에 관한 표이다.

〈표 10〉 강성대국 건설 시기 문학예술작품과 관련 문헌

갈래	내용
노래	〈어디에 계십니까 그리운 장군님〉
대집단체조와 예술공연	〈백전백승 조선로동당〉, 〈아리랑〉
관련 문헌	김정일, 「우리 인민의 우수한 민족적전통을 적극 살려갈데 대하여: 조선로동당 중앙위원회 책임일군들과 한 담화 주체91(2002)년 9월 8일, 주체92(2003)년 1월 2일」, 『김정일선집』 15권(평양: 조선로동당출판사, 2005), 314~322쪽.

5. 당역사 서술로 본 문학예술의 특징

1) 판본에 따른 특징

처음으로 당 역사를 공식적으로 서술한 1964년판에는 문학예술 부문이 독자화되어 정식으로 서술되지 못했다. 북한 사회에서 1960년대 중반 이전까지 당사 서술의 틀이 마련되지 못했기 때문에 문학예술에 대한 당정책 역시 확립되지 못했던 것으로 보인다. 북한은 1967년 '수령제 국가'로 성립되면서 사회 전반을 본격적으로 체계화하기 시작했다고 할 수 있다. 1964년판 발행 당시는 문학예술계에 대한 체계화 이전이었다. 1964년부터 김정일이 문학예술계를 지도하고 1967년 북한 문학예술계 반종파투쟁이 마무리되면서 문학예술계에 대한 체계화가 이뤄졌다고 할 수 있다. 그리고 1967년 수령제 확립을 지나 1989년 사회주의권 붕괴 이후 사상과 문화가 분리되고 문화 분야가 독자화 되었다고 할 수 있다. 2004년판에서는 문학예술 자체만이 아니라 경제, 정치와 연결되어 서술되고 있는 점이 중요하다.

1964년판에서는 전쟁 시기 박헌영을 둘러싼 종파사건으로 일어난 교조주의, 형식주의, 민족허무주의에 대한 배격이 제일 먼저 강조된다. 그리고 그 결론으로 우리나라의 문화유산을 계승, 발전을 주장한다. 이어 전쟁 후에는 전쟁 시기 종파사건의 연장선에서 박창옥을 비롯한 소련계가 숙청되는 사건이 벌어진다. 박창옥은 1946년 8월 북조선로동당 창립대회 때부터 선전선동부부장으로 활동하기 시작했으며, 1948년 3월 제2차 당대회를 앞두고 당선전부장이 되었다. 이후 선전선동부장, 당선전선동담당비서를 지냈으며 1956년 숙청 당시는 국가계획위원장을 맡고 있었다. 소련계가 당시 선전선동 분야, 문학예술 분야를 맡고 있다시피 한 상황에서 이들에 대한 비판 지점은 '미제국주의의 간첩 남로당계 박헌영'에 대한 비판과 마찬가지로 우리의 문화, 주체적인 문화가 아닌 소련식, 교조주의, 민족허무주의에 대한 것이었다.

1979년판부터 1920~1930년대 항일무장투쟁 시기 서술에 인민대중을 상대로 한 문학예술활동이 나타나기 시작한다. 그리고 1979년판과 1991년판은 1970년대 들어서야 문학예술 분야에 대한 이야기가 다시 나온다. 주체예술의 대전성기라고 하는 1970년대는 가장 중요한 시기라고 할 수 있다. 1980년대 제6차 당대회에서는 1970년대를 주체예술의 전성기로 규정한다. 2004년판에서는 1960년대 문학예술의 모습이 자세히 서술되면서 1990년대 이후 문화, 문학예술의 모습을 꾸준히 다루고 있다. 이러한 경향이 최근의 역사이기 때문에 조금 더 자세히 다룬 것이기도 하겠지만 문화, 특히 문학예술 분야가 독자화되고 중요한 위치를 점했기 때문이라고도 할 수 있다. 이와 같은 차이는 북한 사회의 지도자인 김일성과 김정일의 권력승계에 따른 것이기도 하다. 1964년판에서는 문학예술 분야의 서술이 독자화되어 구체로 나타나지 않았고, 그 시기는 김정일이 당내에서 활동하기 이전의 시기이다. 1979년판의 경우도 김정일의 이름이 등장하면서 역할이 구체로 나타나지는 않는다. 그저 당의 한 부분으로서 등장할 뿐이다. 하지만 이후 1991년판, 2004년판 서술을 보면 알 수 있듯이 이 시기에 김정일은 비공식으로 내용면에서 문학예술계를 지도하고 있었다. 1991년판에 들어서면서 김정일의 이름이 등장하고 김정일의 문학예술계 역할이 서술된다. 이는 김정일이 북한 사회 전면에 나섰음을 말하는 것이며 김정일에 관한 내용이 '공식화' 되었음을 뜻한다. 반면에 1979년판의 경우는 문학예술계에 대한 서술도 모두 김일성에 의한 것으로 표현된다. 물론 1991년판에서도 김일성은 김정일과 함께 중요한 위치를 차지한다. 하지만 2004년판에서는 그 균형점이 김정일로 완전히 기울어진다.

그리고 2004년판에 와서는 이전 판본에서 주로 역사 사건과 정권의 중요 회의를 중심으로 시기구분을 했던 것에서 벗어난다. 김정일이 내부에서 공식으로 후계자가 된 1970년대 중반 이후 시기부터는 김정일의 지위와 역할에 따라 시기를 구분하고 있다. 이와 함께 김정일이 문학예술 분야에서 많은 활동을 했기 때문에, 특히 2004년판에 많은 문학예술 분야의 설명이 있다고 할 수 있다.

1964년판, 1979년판, 1991년판, 2004년판으로 이어지는 문학예술 서술에 대한 변화는 나열식에서 조금씩 체계화되어 갔다고 할 수 있다. 그리고 항일혁명문학예술을 중심으로 한 '주체문학예술'을 정립해 갔으며 이는 민족문화유산이라는 또 다른 주체성을 확보하는 모습을 띠어 갔다. 1964판의 경우는 일정한 문학예술의 경향성 속에서 중심을 잡아나가기 시작한 시기라고 할 수 있다. 그리고 1979년판과 1991년판을 거치면서 '민족적 형식에 사회주의적 내용'을 담는 '주체 사실주의'의 문학예술이 정립되었고 2004년판에 이르러서는 사회주의적 내용에다가 주체사상에 의해 민족을 강조한 성격을 더해갔다고 볼 수 있다. 이러한 일련의 과정은 형식과 함께 내용면에서도 인민대중을 바탕으로 하면서도 주체사상에 따른 북한 사회의 지도자(수령, 후계자)의 중요성이 강조되는 수령체계의 성립 속에서 이루어진 것이다(혁명가극, 수령형상문학예술, 대집단체조와 예술공연, 집체창작). 이는 1992년 개정된 헌법으로도 알 수 있다. 1992년에 이전의 프롤레타리아 독재 개념을 인민민주주의독재 개념으로 바꾸었고, 맑스－레닌주의 개념을 지도이념으로 했던 이전과 달리 주체사상을 지도이념으로 분명히 한 것을 헌법에 명시하였다.

아래의 〈표 11〉은 위 항목 '시기에 따라 본 당력사 서술의 변화'에서 살펴본 문학예술 작품과 관련 문헌, 회의들을 판본에 따라 나누지 않고 전체를 합쳐서 북한 당역사 관련 책에 나타난 문학예술 작품과 관련 문헌, 회의를 정리한 것이다. 표에 등장한 문학예술 작품을 체험하고 관련 문헌, 회의들을 읽어 본다면 북한 문학예술사와 특징을 자세히 이해할 수 있을 것이다.

〈표 11〉 당역사에 나타난 문학예술작품과 관련 문헌 · 회의

시기	갈래	내용
항일무장투쟁 시기 (1926~1940.8)	가요	〈조선의 노래〉(김일성 작)
	가극	〈꽃파는 처녀〉
	연극	〈지주와 머슴군〉, 〈성황당〉, 〈피바다〉, 〈한 자위단원의 운명〉
	출판물	『농민독본』, 『볼쉐비크』, 『농우』
조국해방전쟁 시기 (1950.6~1953.7)	관련 문헌	김일성, 「당의 조직적사상적강화는 우리 승리의 기초: 조선로동당 중앙위원회 제5차전원회의에서 한 보고 1952년 12월 15일」, 『김일성저작집』 7권(평양: 조선로동당출판사, 1980), 286~430쪽.
	관련 회의	1952년 12월 당 중앙 위원회 제5차 전원회의
전후복구와 종파청산 시기 (1953.7~1960)	출판물	『항일빨찌산참가자들의 회상기』
	관련 문헌	김일성, 「사상사업에서 교조주의와 형식주의를 퇴치하고 주체를 확립할데 대하여: 당선전선동일군들앞에서 한 연설 1955년 12월 28일」, 『김일성저작집』 9권(평양: 조선로동당출판사, 1980), 467~495쪽.
	관련 회의	1956년 1월 당중앙위원회 상무위원회 회의 1956년 2월 당중앙위원회 상무위원회 회의
유일사상체계 확립 시기 (1961~1970.11)	영화	〈성장의 길에서〉, 〈피바다〉(1969년), 〈한 자위단원의 운명〉, 〈꽃파는 처녀〉
	관련 문헌	김정일, 「영화예술론: 1973년 4월 11일」, 『김정일선집』 3권 (평양: 조선로동당출판사, 1994), 30~404쪽.
	관련 회의	1964년 12월 8일 당중앙위원회 정치위원회 확대회의 1965년 12월 11일 당중앙위원회 회의

3대혁명과 김일성주의 공식화, 후계체제확정 시기 (1970.11~ 1980.10)	소설	『총서 불멸의 력사: 혁명의 려명』, 『총서 불멸의 력사: 1932년』
	가극	〈피바다〉(1971년 7월), 〈꽃파는 처녀〉, 〈한 자위단원의 운명〉 등 5대혁명가극
	연극	〈성황당〉(1978년 8월), 〈안중근 이등박문을 쏘다〉
	영화	〈조선의 별〉, 〈백두산〉, 〈누리에 붙는 불〉
	출판물	『영화예술론』(1973년 4월), 『위대한 수령 김일성동지혁명력사도록』, 『인민의 자유와 해방을 위하여』, 『붉은 해발아래 항일혁명 20년』, 『항일무장투쟁사』
	관련 문헌	김일성, 「천리마시대에 맞는 문학예술을 창조하자: 작가, 작곡가, 영화부문일군들과한 담화 1960년 11월 27일」, 『김일성저작집』 14권(평양: 조선로동당출판사, 1981), 444~461쪽. 김일성, 「문학예술총동맹의 임무에 대해서: 조선문학예술총동맹 중앙위원회 집행위원들 앞에서 한 연설 1961년 3월 4일」, 『김일성저작집』 15권(평양: 조선로동당출판사, 1981), 37~48쪽. 김일성, 「조선로동당 제4차대회에서 한 중앙위원회사업총화보고: 1961년 9월 11일」, 『김일성저작집』 15권(평양: 조선로동당출판사, 1981), 157~316쪽. 김일성, 「교육과 문학예술은 사람들의 혁명적 세계관을 세우는데 이바지하여야 한다: 과학교육및문학예술부문일군협의회에서 한 연설 1970년 2월 17일」, 『김일성저작집』 25권(평양: 조선로동당출판사, 1983), 1~22쪽. 김일성, 「조선로동당 제5차대회에서 한 중앙위원회사업총화보고: 1970년 11월 2일」, 『김일성저작집』 25권(평양: 조선로동당출판사, 1983), 232~356쪽. 김정일, 「영화예술론: 1973년 4월 11일」, 『김정일선집』 3권(평양: 조선로동당출판사, 1994), 30~404쪽. 김일성, 『사회주의문학예술론』(평양: 조선로동당출판사, 1975).
주체사상 완성과 사회주의 고수 시기 (1980.10~1994.7)	노래	〈조선의 별〉
	영화	〈민족과 운명〉(1~7부), 〈조선의 별〉
	출판물	『무용예술론』, 『건축예술론』, 『음악예술론』, 『미술론』, 『주체문학론』(김정일)
고난의 행군과 선군 시기 (1994.7~1998)	노래	〈수령님은 영원히 우리와 함께 계시네〉
	영화 문헌	『위대한 수령 김일성동지는 영생불멸할것이다』, 『인민을 위한 길에 언제나 함께 계셨습니다』, 『위대한 생애의 1994년』

		관련 문헌	김정일, 「문학예술부문에서 명작을 더 많이 창작하자: 조선로동당 중앙위원회 선전선동부, 문학예술부문 책임일군들과 한 담화 1996년 4월 26일」, 『김정일선집』 14권(평양: 조선로동당출판사, 2000), 173-188쪽.
강성대국건설 시기 (1999~)	노래	〈어디에 계십니까 그리운 장군님〉
	대집단 체조와 예술 공연	〈백전백승 조선로동당〉, 〈아리랑〉
	관련 문헌	김정일, 「우리 인민의 우수한 민족적전통을 적극 살려갈데 대하여: 조선로동당 중앙위원회 책임일군들과 한 담화 주체91(2002)년 9월 8일, 주체92(2003)년 1월 2일」, 『김정일선집』 15권(평양: 조선로동당출판사, 2005), 314-322쪽.

2) 문학예술의 전개

여기서는 각 판본의 당역사에 나타난 문학예술 부문에서 시기별로 제시, 주장, 논쟁되었던 내용을 중심으로 북한 문학예술사의 전개과정을 살펴보고자 한다. 당역사를 바탕으로 했지만 내용을 중심으로 시기를 나눴기 때문에 당역사 일반의 시기 구분과는 차이가 있다. 그리고 당역사에서는 1926년 항일무장투쟁 시기부터 다루고 있지만 여기서는 실제 문학예술에 대한 주장과 논쟁이 북한 사회에서 나타나기 시작한 해방 1945년부터 다루도록 하겠다.

〈그림 2〉는 문학예술사의 전개과정을 그림으로 나타낸 것이다. 그림을 보면서 내용에 따른 문학예술의 전개를 살펴보도록 하겠다.

〈그림 2〉의 시기 구분은 당역사에 나타난 주장, 논쟁을 바탕으로 한 것이다. 그러한 주장과 논쟁들이 시기별로는 어떤 특징을 띠는지, 그러한 특징들이 어떤 커다란 시기로 다시 묶일 수 있는지를 살펴서 그림으로 구성하였다. 그리고 해당 시기를 대표할 만한 문학예술 작품이 있다면 제시하였다.

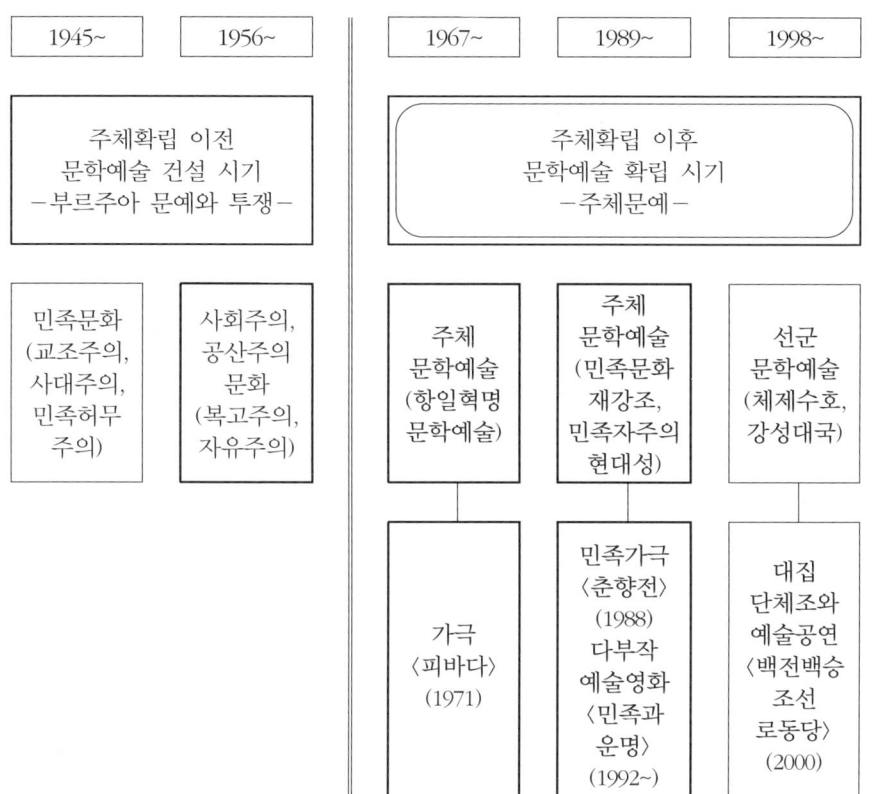

〈그림 2〉 문학예술사 전개과정

먼저 시기 구분은 크게 1967년을 기점으로 이전과 이후로 나눌 수 있다. 북한은 1967년 당중앙위원회 제4기 제15차 전원회의 이후에 당의 유일사상체계가 서고 드디어 김일성을 중심으로 하는 '수령제 국가'가 정식화된 시점이다. 이후, 주체가 확립되었고 문학예술은 '주체 문예'를 건설해 나아가기 시작했다. 이러한 과정은 실제 문학예술 분야가 확립된 것과 시기를 같이 한다. 1964년판을 보면 문학예술 분야가 독자적으로 확립되어 있지 못함을 알 수 있다. 1967년 박금철, 김도만의 갑산파가 숙청되면서 유일사상체계가 세워졌고, 김일성 중심의 혁명전통 교양과 함께 '주체 문예'가 지침이 되면서 문학예술 분야가 확립되었다.[20]

〈그림 2〉를 보면 1967년 이전 시기는 '문학예술' 자체에 초점이 맞춰져 있지 않고 '문화'일반에 논의의 초점이 맞춰져 있음을 알 수 있다. 이 시기는 주체 확립 이전의 문학예술 건설 시기라고 할 수 있으며, 다른 각도에서 보자면 '부르주아 문예와의 투쟁' 시기이다. 북한식의 '주체 문예'가 1967년부터 건설되었다고 보면 이전 시기는 북한식 사회주의 문학예술이 건설되지 못한, 논쟁의 시기였다고 할 수 있다. 일본 제국주의에서 해방된 이후, 우리나라에는 외국문화, 특히 북한에는 소련과 동유럽 사회주의 국가들의 문화가 아주 광범위하게 들어왔다. 그러나 차츰, 특히 전쟁 후 나라가 안정되어 가면서 북한은 주체의 민족문화를 지켜내야 한다고 보았다. 그래서 교조주의, 사대주의, 민족허무주의와 투쟁을 벌였다. 그것이 바로 '부르주아 문예와의 투쟁'이었다. 이것이 해방 후 물밀듯 밀려왔던 서양, 특히 사회주의 문학예술 속에서 민족문학예술을 지켜내고 확립하기 위해 싸운 과정이었다고 한다. 이러한 과정은 6·25전쟁 시기와 직후 벌어졌던 박헌영을 둘러싼 반종파투쟁, 그리고 이어진 1956년 박창옥을 비롯한 소련계, 1967년 갑산파를 둘러싼 반종파 투쟁의 과정과 일치한다.[21] 전쟁 시기부터 1956년까지 반종파투쟁 과정에서 대표 반종파 문학예술인으로 꼽혀 숙청된 인물들은 '림화, 리태준, 김남천'이다. 그리고 문학예술 각 분야에서 이들과 연계되었다고 꼽힌 많은 인물들과 작품들이 교조주의, 사대주의, 민족 허무주의의 비판으로 숙청되었다. 하지만 1956년 이후에는 앞 시기 흐름의 반작용으로 복고주의에 대한 비판이 일어나면서, 오히려 보편의 사회주의, 공산주의 문화가 강조되고 있다. 이것은 두 가지로 해석이 가능하다. 1956년 교조주의, 사대주의에 대한 비판 이후 실제로 복고주의의 문학예술 흐름이 일어났다고 할 수도 있고, 1956년 이후 반종파 투쟁으로 일정한 체제 안정을 기한 뒤에 실제의 사회주의, 공산주의 문화를 건설해 나아가기 위

---

20) 조선로동당중앙위원회 당력사연구소, 『조선로동당력사』(평양: 조선로동당출판사, 2004), 346~353쪽 참조.
21) 조선로동당중앙위원회 당력사연구소, 『조선로동당력사교재』(평양: 조선로동당출판사, 1964), 338~350쪽 참조.

한 것이었을 수도 있다. 그리고 앞 시기의 교조주의에 대한 비판 뒤에 자유주의의 흐름도 이 시기 일정하게 있었던 것으로 보인다. 그러니까 이 시기는 달리 보면 '민족 특수의 고전문화와 사회주의 보편의 외래문화'가 어느 정도 북한식으로 정리되어 가는 시기라고 할 수 있다. 이러한 결과가 바로 1967년 이후의 '주체 문학예술'이라고 할 수 있다. 어떤 의미에서 보면 1967년 이전 북한 문학예술계는 여러 주장이 논쟁된 다양성의 시기라고 할 수 있다. 이러한 까닭 때문에 이 시기를 대표할 만한 문학예술 작품을 꼽기는 힘들다.

다음으로 1967년 이후의 '주체 문학예술' 시기이다. 이 시기는 세 시기로 나눌 수 있다. 먼저 조선민족제일주의를 강조하며 우리식 사회주의를 주창한 1989년을 기점으로 하고[22] 다음은 김정일이 헌법개정으로 북한의 최고권력자인 국방위원장에 오르면서 선군정치가 제도화된 1998년을 기점으로 한다.[23] 1967년 이후 북한에서는 이전 시기의 사회주의, 공산주의 문화를 중시하는 흐름 속에서 그에 반하지 않는, 그 흐름과 함께 할 수 있는, '주체'를 김일성의 항일무장투쟁에서 찾아낸다. 결국 반제국주의 투쟁의 항일무장투쟁을 사회주의 보편성과 민족해방의 보편성을 함께 구현한 것으로 해석해낸 것이다. 그럼으로써 '주체의 사회주의 문학예술'로서 '항일혁명문학예술'에 주목했고 그것이 1967년 이전의 사대주의와 복고주의 문화를 극복하고 전통문화와 사회주의 문화를 통일해 낸 것으로 보았던 것이다. 그것을 간단히 말하면 '주체문예'라고 할 수 있다. 그 대표 작품은 바로 일제 강점기 우리나라, 피식민지 인민의 투쟁을 담은 '혁명가극 〈피바다〉'라고 할 수 있다. 물론 이러한 인민의 투쟁은 김일성 중심의 항일무장투쟁과 연결되어 설명되고 있다. 1970년대 이후 국가의 정치, 사상 지향을 가극이라는 총체예술에 담아냈다고 할 수 있다. 이 혁명가극 〈피바다〉는 이후 '피바다식 혁명가극'이라는 틀을 만들어 내어 '5대 혁명가극'을 낳았고 아직까지도

---

22) 조선로동당중앙위원회 당력사연구소, 『조선로동당력사』(평양: 조선로동당출판사, 1991), 583~592쪽 참조.
23) 앞의 책(2004년판), 531~541쪽 참조.

북한 문학예술의 대표이자 알맹이로 꼽히고 있다.

  하지만 이러한 항일혁명문학예술을 중심으로 하는 문학예술은 항일무장투쟁 시기의 문학예술을 기본으로 하고 있어서 '민족' 문학예술이라는 측면에서 부족한 점이 있다. 항일무장투쟁이 정치면에서는 '민족의 해방', 즉 전통 민족의 이해를 구현한 정통성으로 주장될 수 있다. 하지만 그 시기의 문학예술은 일제 강점기의 엄혹한 시기 아래의 것이었고, 게다가 한반도를 떠난 만주 지역이라는 한계를 가진 것으로 전통의 민족문화를 제대로 담아낼 수 없었다. 그렇기 때문에 문학예술의 한 분야인 항일혁명문학예술은 전통 민족 문학예술의 관점에서 보면 한계를 가질 수밖에 없다. 물론 1967년 이후에도 항일혁명문학예술과 함께 전통 민족문화가 계승되긴 했지만 그 주도권은 항일혁명문학예술에 있었기 때문에 일정한 편향들이 보였다. 이러한 편향들에 대한 제자리 찾기 움직임이 1980년대 들어 전통 민족문화에 관심으로 나타났다. 그리고 이러한 움직임이 주체사상이 1980년대 중반 사상체계로 완전히 정립되면서 문학예술 내부의 주체화 진행과 연결되었다고 보인다. 물론 중심은 아직까지도 항일혁명문학예술에 있다. 여기에 1980년대 중후반 이후 소련을 포함한 동구 사회주의권이 몰락해 가면서 '조선민족제일주의', '우리식 사회주의'가 강조된다. 그 기점을 '조선민족제일주의'가 본격으로 주창되고 '우리식 사회주의'가 함께 정식화된 김정일의 연설 「조선민족제일주의정신을 높이 발양시키자」가 발표된 1989년으로 잡을 수 있다.[24] '우리식 사회주의'에 대한 완전한 정식화는 이듬해 있은 김정일의 연설 「우리 나라 사회주의는 주체사상을 구현한 우리식 사회주의이다」에서 볼 수 있다.[25]

---

24) 이 연설은 '조선민족제일주의'를 정식화해서 주장한 첫 글이기는 하지만 그와 함께 '우리식의 사회주의'라는 말이 등장해서 '우리식 사회주의'라는 용어를 정식화한 첫 연설이기도 하다. '조선민족제일주의'와 '우리식 사회주의'의 밀접한 관계를 보여준다고 할 수 있다. 김정일, 「조선민족제일주의정신을 높이 발양시키자(1989.12.28)」, 『김정일선집』 9권(평양: 조선로동당출판사, 1997), 443~468쪽 참조.
25) 김정일, 「우리 나라 사회주의는 주체사상을 구현한 우리식 사회주의이다(1990.12. 27)」, 『김정일선집』 10권(평양: 조선로동당출판사, 1997), 446~485쪽 참조.

1980년대 중후반 이후 주체의 관점에서 민족문화에 대해 재조명을 해오던 북한은 1990년대에 공세적인 성격을 띠면서 '우리식', '북한식' 사회주의를 지향하는 문학예술을 재창조해 내려고 하였다. 그 출발점이 바로 1988년 하반기에 완성되어 1989년부터 본격적으로 공연된 '민족가극〈춘향전〉'이라고 할 수 있다. 민족가극〈춘향전〉은 민족문화유산 재창조의 본보기로 여겨졌고[26] 1989년 제13차 세계청년학생축전에서 공연되었다. 그런데 이후 '5대 민족가극'을 만들려는 계획 이외에 아직까지 자세한 내용이 확인되지는 않고 있다. 이러한 흐름은 1950~1960년대 물적 토대를 바탕으로 1970년대 이후 사상·문화를 결합하려고 한 국가적 지향을 목표로 했던 북한이 1980년대 중후반 주체사상의 정립이라는 내적 조건과 사회주의권 몰락이라는 외적 조건을 맞게 되면서 벌어진 것이다. 그런 상황에서 북한은 '제2의 체제정비'와 도약을 가능하게 하고 그것을 통합시킬 사상문화생활의 핵인 문학예술을 고전 문화유산에서 찾았다고 볼 수 있다. 달리 말하면 전통과 현대, 민족과 사회주의의 새로운 통합체를 민족가극으로 모색한 것이다. 하지만 이러한 흐름은 실패한 것으로 보인다. 당역사를 보면 민족가극〈춘향전〉이라는 작품에 대한 언급이 없고, 민족문화의 재강조라는 사상문화의 흐름이 문학예술에 대한 설명과 함께 나타나지 않고 있다. 이러한 흐름이 다른 측면에서, 이후 제2의 문학예술혁명의 본보기로 칭해지는 다부작 예술영화〈민족과운명〉으로 등장한다.[27] 현대를 살아가는 남북 해외의 다양한 민족 구성원들이 겪는 현실을 '민족 자주'라는 '주체'의 관점에서 풀어낸 다부작 예술영화〈민족과운명〉은 바로 '민족의 자주성'을 담아내고 있

---

26) "김정일동지께서는 1988년 8월 어느날 전국영웅대회와 공화국창건 40돐을 앞두고 더없이 분망한 나날을 보내고 계실 때이지만 **민족가극 ≪춘향전≫을 민족문화유산계승발전의 본보기 작품으로**, 시대의 걸작으로 만드실 원대한 구상을 안으시고 몸소 창조현장을 찾아주시였다." (강조는 필자)『민족가극 춘향전 종합총보』(평양: 문예출판사, 1991), 1쪽.
27) 김정일,「다부작예술영화 ≪민족과 운명≫의 창작성과에 토대하여 문학예술 건설에서 새로운 전환을 일으키자(1992.5.23)」,『김정일선집』13권(평양: 조선로동당출판사, 1998), 61~112쪽.

는 것이다. 일제 강점기를 겪으며 투쟁했던 항일무장투쟁 시기의 혁명가들이 아닌 새로운 민족자주의 현실을 살아가는 현대인의 관점에서 '주체'를 바라보고 있는 것이다. 문학예술의 관점에서 보면 '민족자주의 현대성'을 구현한 작품이라고 할 수 있다. 이것은 위에서 말한 민족문화의 재강조라는 흐름과는 달리 소재와 내용이 과거 지향이 아닌 현대성을 실현하려고 한 작품이다. 이러한 일련의 흐름은 1980년대 중후반 이후 '우리식 사회주의'의 정착과정을 보여주고 있다고 판단된다. 문학예술의 관점에서 보면 전통성과 현대성이 서로 통일되어 나타나지 못하고 그 통일점을 찾고 있는 것이라고 할 수 있다. 어쨌든 민족문화의 재강조가 열매 맺지는 못했고 현대성의 강조와 함께 병존했던 것으로 보인다. 이러한 병존과 모색 역시 하나의 열매로 명확히 구체화하지 못했다. 그 까닭은 아마도 1990년대 중후반에 '고난의 행군'으로 상징되는 경제 위기가 1990년대 문학예술에 대해서도 큰 영향을 미쳤기 때문으로 보인다. 게다가 북한 사회의 '수령 김일성'이 1994년 예기치 않게 사망하면서 비상 시기를 거치게 되었다는 점도 중요한 영향이다. 달리 말하면 1990년대는 문학예술의 성과가 상대적으로 빈곤한 시기였다고 할 수 있다.

 이러한 경제위기에 이은 체제위기는 비상 국면을 만들어 내었고, 1998년 헌법개정으로 김정일이 국방위원장에 추대됨으로써 완전한 후계체제를 마무리 지었다. 이러한 과정은 바로 선군정치 체제가 본격으로 제도화되었음을 말하는 것이다. 북한은 현재 선군정치를 앞세워 체제를 수호하고 강성대국을 건설해 나아가고자 한다. 1980년대 중후반 이후, 위기는 체제 외적 조건에 의한 위기 측면이 강했지만 1990년대 중후반 위기는 체제 내적 위기 측면이 강하다고 할 수 있다. 그래서 선군사상, 선군문화가 강조되고 문학예술도 선군 문학예술이 강조된다. 하지만 이는 1980년대 후반, 1990년대 초반에 새로운 모색이 성과를 내지 못했던 문학예술계의 '현상유지'라는 측면이 계속 이어진 상황이라고 할 수 있다. 문학예술의 발전보다는 체제 수호의 사상 문화생활 정비라는 측면이 더 강하기 때문이다. 이는 이 시기를 대표하는 예술작품인 '대집단체조와 예술공연 〈백전백승 조선로동당〉'의 성격을 보아도 알 수 있다. 이 공연의 주제는 체제 위기 속에서, 조선로동당을 중심으로 하는 당적 통일을 강조하는 것으로 예술성보다는 사상성이 강조되고 있다. 작품의 양식도 '대집단체조와 예술공연'으로서 항일혁명문학예술의 대표인 '혁명가극'과는 달리 내용성을 강조하고 있다. 이 공연은 2002년 '대집단체조와 예술공연 〈아리랑〉'으로 확대 발전된다. 이러한 상황은 현재까지 이어지고 있다.

당역사를 기본으로 위에서 살펴본 것과 같이 북한의 문학예술은 커다란 의미에서 보면 북한식의 사회주의 문학예술을 건설해 왔다고 할 수 있다. 그것을 바로 주체 문학예술이라고 부르고 있다. 다음은 민족문화의 북한식 형태인 주체문학예술의 전개 과정을 그림으로 나타낸 것이다.

〈그림 3〉 주체문학예술의 전개 과정

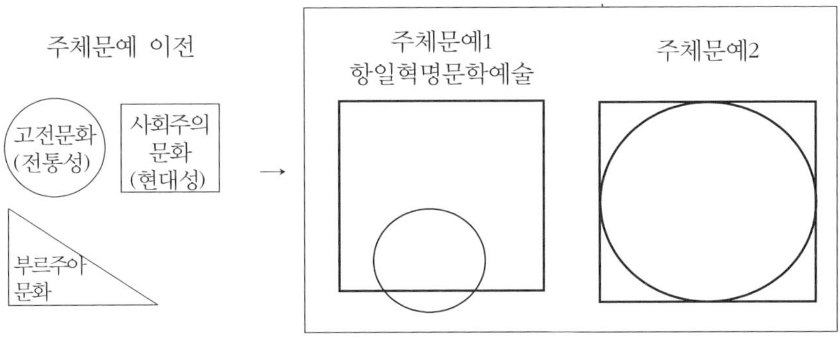

위 〈그림 3〉에서 보는 것과 같이 주체문학예술 확립 이전에는 전통성을 대표하는 고전문화와 현대성을 대표하는 사회주의문화가 통일되어 나타나지 못했다. 그 두 문화의 통일성보다는 부르주아 문화와 투쟁이 더욱 중요했던 시기라고 할 수 있다. 결국 고전문화와 사회주의문화는 부르주아 문화를 배격하고 새로운 민족문화, '주체 문학예술'을 만들어냈다. 그러한 주체문학예술은 현실에서 '항일혁명문학예술'로 나타났고 이것의 성격은 상대적으로 현대성을 더 가진 사회주의 문화였다. 이러한 역사 흐름에 반해 1980년대 중후반 이후에는 위 그림에서 볼 수 있는 '주체문예 2'의 틀, 즉 현대성과 전통성, 고전문화와 사회주의문화가 통일된 형태가 모색되고 있다고 할 수 있다. 보편의 사회주의 내용과 함께 고전 문화유산을 주체라는 이름으로 중요하게 통일시켜 다루고 있다. 달리 말하면 진정 본격의 민족문화를 건설하려는 것이다. 이러한 정립화 과정은 바로 주체를 세워내는 '북한식 사회주의', '우리식 사회주의' 건설의 과정과 맥을 같이 하고 있다.

6. 맺음말

보통 사회주의 나라의 당사는 말 그대로 '유일당'의 역사이지만 북한의 당사는 유일사상체계가 확립되면서 1979년판부터 '수령의 당 영도사'로 자리매김했다고 한다. 북한의 당역사에서도 문학예술사를 보면 이전에는 '수령 김일성'이 중심이었으나 현재 서술을 보면 김정일 중심이다. 그리고 일반의 문학예술사는 북한 사회주의의 혁명과정과 함께 사회 발전단계에 따라 문학예술작품을 예로 들어 설명한다. 하지만 당사 서술에서 문학예술사는 당이 혁명과정에서 했던 역할과 지도를 중심으로 서술하며 그 정점에는 수령의 역할과 지도가 있다.

먼저 판본에 따른 형식상의 변화를 보면 다음과 같다. 1964년판까지는 문학예술 분야의 서술이 독자화 되어 구체로 서술되고 있지 않다. 1979년판부터 문학예술 분야의 서술이 독자화 되어 나타나기 시작한다. 그 이후 1991년판부터 문학예술 분야가 체계화되어 서술되기 시작했고, 2004년판에서는 문학예술 분야 자체만이 아니라 정치·경제와 연결되어 곳곳에 배치되고 정리되었다. 이러한 흐름은 전체 문학예술사의 흐름과도 연결된다. 1964년판 시기까지는 문학예술사가 확립되기 이전이며 그 이후로 문학예술사가 확립되었다. 이것을 북한 사회의 '수령'인 김일성과 김정일에 대한 당사 서술 측면에서도 세분화하여 설명할 수 있다. 1964년판은 비록 문학예술 분야가 독자화되어 서술되고 있지 않지만 전체를 살펴보면 모든 면에서 김일성의 역할이 강조되면서 당역사가 서술되고 있다. 하지만 1979년판과 1991년판 문학예술 분야의 경우는 밖으로 드러나는 공식적인 측면에서는 김일성을 중심으로 서술되지만 내용면에서는 김정일의 역할과 지도가 중심이 되고 있다. 그리고 가장 최근 2004년판의 문학예술 분야에서는 모든 면에서 김정일을 중심으로 서술되고 있다. 이것을 김일성과 김정일의 지도로 나누어 설명하면, 김일성의 역할은 1964년판부터 1991년판까지 서술되고 있고 김정일의 역할은 1979년판부터 2004년판까지 서술되고 있다. 겹치는 시기인 1979년판과 1991년판은 공식과 내용을 나누어서 김일성과 김정일이 나누어 담당하고 있다. 이를 보면 북한의 현재 문학예술사는 완벽히 '김정일의 문학예술 영도사'라고 할 수 있다.

당역사의 문학예술 특징을 내용을 중심으로 보면 커다란 의미에서 '북한식의 사회주의 문학예술'을 건설해 왔다고 할 수 있다. 그것을 바로 '주체문학예술'이라고 부르고 있다. 주체문학예술 확립 이전에는 부르주아 문화와 투쟁이 주로 이루어졌고, 결국 고전문화와 사회주의문화는 부르주아문화를 배격하고, 그 이후에는 새로운 민족문화, 주체문학예술을 만들어냈다. 이러한 주체문학예술은 '항일혁명문학예술'의 대표인 '혁명가극 〈피바다〉'로 나타났다. 이것은 상대적으로 현대성을 더 가진 사회주의 문화 성격이 더 강했다. 이러한 역사 흐름에 반해 1980년대 중·후반 이후 새로운 주체문예, 즉 현대성과 전통성, 고전문화와 사회주의문화가 통일된 형태가 모색되고 있다. 이 과정은 바로 주체를 세워내는 '북한식 사회주의', '우리식 사회주의' 건설의 과정과 함께 할 것이다.

북한 사회의 경제가 안정되고 북한에서 말하는 '우리식 사회주의'가 일정한 성과를 내게 되면 문화, 문학예술이 어떠한 모습을 띠게 될지 궁금하다. 1990년대 모색의 시기를 거쳤을 뿐 제대로 시도해보지 못한 새로운 주체문학예술을 다시 건설하게 될지, 아니면 선군 문학예술이 새로운 모습으로 나타나게 될는지 말이다. 북한의 입장에서 바람직한 것은 사상성과 예술성, 전통성과 현대성이 통일되어 담보될 수 있는 새로운 주체 문학예술의 창출일 것이다. 그리고 그러한 작품이 하나의 모범, 표본이 되어 북한 사회에 새로운 힘이 될 수도 있을 것이다. 물론 북한에서는 선군시대의 문화가 문화발전의 합법칙성에 따라서 나타난 새로운 사회주의문화라고 주장하고 있다.[28] 또한 선군정치는 단기적인 위기 극복의 수단이 아닌 장기적인 전략적 원칙으로 주장되고 있기도 하다. 하지만 아직 선군시대는 장기의 전망을 갖는, 북한의 궁극적 체제 대안은 아니다. 마찬가지로 선군문학예술도 그렇다. 문학예술 작품이 위기와 비상 시기의 형태가 아니라 사상성과 예술성, 전통성과 현대성이 통일된 작품으로 나타나는 상황이야말로 북한의 정치·경제 상황이 정상 궤도에 들어섰다는 것이다. 그러한 상황을 예측·확인할 수 있다는 점에서 문학예술의 흐름은 눈여겨보아야 한다. 문학예술은 정치·경제 상황을 포함한 사회변화의 결과로 나타나는 완성태이며 하나의 모범, 표본이 되어서 다시 사회와 교감하면서 영향을 미치게 되기 때문이다.

---

28) 오성길, 『선군정치: 주체사회주의생명선』(평양: 평양출판사, 2003), 78쪽.

참고문헌

교육도서출판사,『교원들에게 주는 참고자료 2 〈교원용〉: 문예 전선에서의 반동적 이데올로기와의 투쟁을 강화하자』(평양: 교육도서출판사, 1956).
김선화,「민족문화유산의 본질」,『철학연구』1996년 제4호.
김일성,「조선인민군은 항일무장투쟁의 계승자이다(1958.2.8)」,『김일성저작집』12권(평양: 조선로동당출판사, 1981).
_____,「일본 정치리론잡지 ≪세까이≫ 편집국장과 한 담화(1972.10.6)」,『김일성저작집』27권(평양: 조선로동당출판사, 1984).
김재용,『북한 문학의 역사적 이해』(서울: 문학과지성사, 2004).
김정일,「우리 나라 사회주의는 주체사상을 구현한 우리식 사회주의이다(1990.12.27)」,『김정일선집』10권(평양: 조선로동당출판사, 1997).
_____,「조선민족제일주의정신을 높이 발양시키자(1989.12.28)」,『김정일선집』9권(평양: 조선로동당출판사, 1997).
_____,「다부작예술영화 ≪민족과 운명≫의 창작성과에 토대하여 문학예술 건설에서 새로운 전환을 일으키자(1992.5.23)」,『김정일선집』13권(평양: 조선로동당출판사, 1998).
리령·문종상·문의영·정지수·박종성,『빛나는 우리 예술』(평양: 조선예술사, 1960).
문예출판사,『민족가극 춘향전 종합총보』(평양: 문예출판사, 1991).
문종상,「해방후 음악 예술의 발전」, 리령·문종상·문의영·정지수·박종성,『빛나는 우리 예술』(평양: 조선예술사, 1960).
사회과학원 문학연구소,『주체사상에 기초한 문예리론』(평양: 사회과학출판사, 1975).
사회과학원 주체문학연구소,『문학예술사전』중(평양: 과학백과사전종합출판사, 1991).
사회과학출판사,『조선말대사전』1~2권(평양: 사회과학출판사, 1992).
서동만,『북조선사회주의체제성립사: 1945~1961』(서울: 선인, 2005).
오성길,『선군정치: 주체사회주의생명선』(평양: 평양출판사, 2003).

정상진,『아무르 만에서 부르는 백조의 노래: 북한과 소련의 문학·예술인들의 회상기』(서울: 지식산업사, 2005).
정영철,『김정일 리더십 연구』(서울: 선인, 2005).
조선로동당중앙위원회 당력사연구소,『조선로동당력사교재』(평양: 조선로동당출판사, 1964).
_____,『조선로동당략사』(평양: 조선로동당출판사, 1979).
_____,『조선로동당력사』(평양: 조선로동당출판사, 1991).
_____,『조선로동당력사』(평양: 조선로동당출판사, 2004).
조선로동당출판사,『조선민주주의인민공화국사회주의헌법』(평양: 조선로동당출판사, 1998).
조선작가동맹출판사,『문예 전선에 있어서의 반동적 부르죠아 사상에 반대하여: 자료집 1』(평양: 조선작가동맹출판사, 1956).
_____,『문예 전선에 있어서의 반동적 부르죠아 사상에 반대하여: 자료집 2』(평양: 조선작가동맹출판사, 1956).
천현식,「북한음악연구」(중앙대학교 석사학위논문, 2004).

『문학예술사전』(평양: 과학백과사전출판사, 1972).
『조선대백과사전: 간략본』(평양: 과학백과사전출판사, 2004).

「자료 87 - 북조선에 있어서의 민주주의 민족 문화 건설에 관하여: 북조선로동당 중앙상무위원회 제29차 회의 결정서(1947년 3월 28일)」,『북한관계사료집』30(과천: 국사편찬위원회, 1998).

조선로동당의 선군정치 서술

김진환

1. 머리말

『조선로동당력사』 1991년판[1]과 2004년판[2]의 중요 차이 중 하나는 후자에 선군정치(先軍政治)[3] 서술이 추가되어 있다는 점이다. 조선로동당은 2005년부터 김정일의 선군정치 시점을 1960년대 후반으로까지 앞당겨 서술하고 있지만, 1991년판 당사나 당이 1980년대 후반 실제 집행한 정책을 살펴보면 선군정치는 명백히 1990년대 현상이다. 따라서 1991년판 당사에

---

1) 조선로동당중앙위원회 당력사연구소, 『조선로동당력사』(평양: 조선로동당출판사, 1991).
2) 조선로동당중앙위원회 당력사연구소, 『조선로동당력사』(평양: 조선로동당출판사, 2004).
3) 조선로동당은 선군정치라는 단어를 중의적으로 사용한다. 선군정치는 "군대를 중시하고 그를 강화하는데 선차적인 힘을 넣는 정치"를 뜻하는 동시에, "인민군대의 위력에 의거하여 혁명과 건설의 전반사업을 힘 있게 밀고 나가는" 정치를 뜻한다(사설 「로숙하고 현명한 정치로 사회주의를 빛내여나가시는 위대한 령도자」, 『로동신문』, 1998년 10월 19일자 2면). 한 마디로 선군정치란 군사선행(軍事先行) 정치이자 군대선봉(軍隊先鋒) 정치이다. 당력사연구소, 『우리 당의 선군정치』(증보판)(평양: 조선로동당출판사, 2006), 95~129쪽.

는 선군정치 서술이 들어갈 이유가 없었던 것이다.

우선 1991년판 당사를 보면, 당이 "1980년대 후반기에 이르러 조성된 복잡다단한 정세에 대처하여 혁명과 건설을 계속 전진시켜나가기" 위해 취한 "적극적인 대책들"에 군사력 강화는 없었다. "제국주의자들과 반동들의 책동에 의하여 세계 여러 나라들에서 심상치 않은 사태들이 련이어 일어나고 사회주의위업은 심각한 좌절과 시련을 겪게 되였으며 일부 사회주의나라들에서는 사회주의제도 자체가 와해되는 엄중한 현상까지" 빚어지던 때, 당은 "반사회주의적책동을 짓부시고 사회주의위업을 끝까지 고수완성해나가기" 위해 크게 두 방향으로 노력했다.

첫째, "인민대중에게 우리나라 사회주의의 본질적 특성과 우월성을 깊이 인식시켜 사회주의에 대한 확고한 신념을 가지고 사회주의위업의 승리를 위하여 견결히 싸워나가도록 하는 데 힘썼다." 사상교양사업을 강화했다는 말이다. 김일성의 1990년 5월 최고인민회의 제9기 제1차 회의 시정연설 「우리 나라 사회주의의 우월성을 더욱 높이 발양시키자」와 김정일의 1991년 5월 담화 「인민대중중심의 우리식 사회주의는 필승불패이다」는 우리식 사회주의의 우월성에 관한 이론과 방침이었다.

둘째, "혁명의 주체를 백방으로 강화하기에 힘썼으며", "특히 사회주의위업의 향도력인 당을 강화하기에 주력하였다." 유일사상체계의 더욱 철저한 확립, 당과 대중의 "혈연적 련계" 강화, 당 간부들을 "주체의 령도리론과 령도방법으로" 무장, 당세포의 기능과 역할 제고, 주체의 당건설이론 심화발전 등이 당시 진행한 당 강화사업의 구체적 내용들이다.[4] 이처럼 1991년판 당사의 1980년대 후반 서술 어디에서도 군대를 혁명의 주력으로 세우고, 이를 우선적으로 강화했다는 언급은 보이지 않는다.

다음으로 당은 1988년 11월부터 1990년 5월까지 오히려 군사력 감축을 남한에 연이어 제안하고, 1987년 7~12월 사이에 병력 10만 명을 일방적으로 줄였다. 사실상 반(反)선군이었다. 1980년대 들어 생산능력이 지속적으

---

[4] 앞의 책(1991년판), 583~592쪽.

로 떨어지던 상황에서 군대에 대한 자원투입을 줄이고, 가용노동력을 민간 부문으로 돌리려 한 것은 누가 봐도 바람직한 행위였다. 그러나 세력 불균형적 탈냉전5) 속에서 외교적 고립을 피하기 위해 시도한 한·미·일과의 화해는 지지부진한 반면, 1990년 9월 한·소수교로 인해 한·미·일 삼각동맹에 홀로 맞서야 하는 상황이 초래되자 당은 비로소 군사를 앞세우고, 군대를 내세우기 시작했다.6)

이후 선군정치는 체제개혁과 함께 당이 현재까지 실행 중인 체제위기 대응전략의 한 축으로서, 1990년대 중반 경제난을 완화시키고, 민간 당 간부들과 인민들의 정치사상적 동요를 진정시키는 데 기여했으며, 1990년대 후반 들어 대외적으로는 일시적으로 완화되기도 했지만,7) 2002년 가을부터 부시행정부와의 외교·군사 공방이 본격화되면서 다시금 체제 안팎을 향해 강도 높게 실행되고 있다. 주목할 점은 당이 이와 같이 대외적 선군을 재강화하면서 선군정치에 대한 체계적 서술 노력도 함께 활성화했다는 사실이다.

선군정치라는 용어가 1997년 12월 12일 『로동신문』 3면에 처음 등장한 뒤,8) 당은 주로 신문 지면을 통해 선군정치의 정의, 의의 등을 간간이 소개

---

5) 자본주의진영과 사회주의진영의 대립 약화를 뜻하는 '탈냉전'은 북한에게 오히려 좋은 외적 조건이 될 수 있다. 세계적 화해분위기에 편승해 한·미·일과의 오랜 적대관계를 완화시키고, 이에 따라 안보에 투입하던 자원을 많은 부분 경제건설, 인민생활 향상에 돌릴 수 있기 때문이다. 그러나 이러한 경로가 현실화되기 위해서는 한 가지 전제가 필요하다. 바로 탈냉전이 양 진영의 세력 균형 속에서 자발적 합의를 기반으로 이루어져야 한다는 점이다. 이미 잘 알고 있듯이 이러한 전제는 충족되지 못했고, 결국 탈냉전은 북한처럼 자본주의체제로의 전환을 거부하던 국가에게는 지극히 나쁜 외적 조건이 되고 말았다. 김진환, 「북한의 체제위기와 대응전략: 개혁과 선군의 병행」(동국대 박사학위논문, 2008), 68쪽.
6) 위의 글, 146~147쪽.
7) 당은 1998년 8월 장거리미사일시험발사 이후 북미화해 분위기 조성을 위해 미사일 발사유예 선언, 핵동결 유지, 그리고 김정일의 군대 관련 활동 급감 등으로 알 수 있듯이 대외적 선군을 현저히 완화시켰다. 위의 글, 302쪽.
8) 정성장, 「김정일시대 북한의 후계문제: 징후와 후계 구도」, 『한국정치학회보』 39집 2호(2005), 356쪽.

하다가, 2000년부터는 선군정치의 사상적 기초, 의의, 실상 등을 단행본 형태로 정리해 내놓기 시작했다. 하지만 2002년까지는 선군정치 서술 작업이 그다지 활발했던 것 같지는 않다. 단행본 종류도 적은 데다 무엇보다 당시에는 주로 해외동포의 입을 빌어 선군정치를 말하는 형식을 택했기 때문에 권위 있는 서술로 평가하기에는 부족함이 많았다.9) 그러다 2003년부터는 단행본 종류를 늘리고, 해외동포보다는 국내 학자들이 직접 선군정치를 소개하는 형식을 강화했으며,10) 마침내 2004년 8월에는 당력사연구소가 선군정치 관련 내용을 포괄적으로 담은 당사를 발간했다. 당력사연구소는 그해 12월 선군정치 해설서인『우리 당의 선군정치』도 내놓았다.

그런데 최근 들어 당의 역사서술 관행에 비추어 볼 때 이례적인 현상이 나타났다. 당이 2004년 당사와 해설서까지 발간하며 선군정치 서술을 일단락한 지 불과 2년 만에 또다시 당사와 증보판 해설서11)를 발간한 것이다. 왜 이런 일이 일어났을까? 실마리는 증보판 해설서 서문에 있다. 2006년 8월 발간된 당사 서문은 2004년판과 비교할 때 서문을 작성한 달이12) 누락된 것을 빼면 글자 하나 틀리지 않은 반면, 해설서의 경우 증보판 서문에는 아래처럼 증보판 발간 이유가 덧붙여져 있다.

> 선군태양이신 위대한 장군님의 선군정치를 깊이 체득하고 그것을 높이 받들어나가려는 우리 인민들과 우리 겨레, 세계진보적인류의 지향을 반영하여 선군정치의 력사적필연성과 그 전면적 실현과정, 선군정치의

---

9) 김철우,『김정일장군의 선군정치』(평양: 평양출판사, 2000) ; 리철·심승건,『위대한 령도자 김정일동지께서 밝히신 선군혁명령도에 관한 독창적사상』(평양: 사회과학출판사, 2002) ; 강성길,『선군시대 조국을 가다』(평양: 평양출판사, 2002).
10) 최기환,『민족과 선군정치』(평양: 평양출판사, 2003) ; 김인옥,『김정일장군 선군정치리론』(평양: 평양출판사, 2003) ; 오성길,『선군정치: 주체사회주의 생명선』(평양: 평양출판사, 2003) ; 김봉호,『위대한 선군시대』(평양: 평양출판사, 2004) ; 전덕성,『선군정치에 대한 리해』(평양: 평양출판사, 2004) ; 김봉호,『선군으로 위력 떨치는 강국』(평양: 평양출판사, 2005) ; 고초봉,『선군시대 혁명의 주체』(평양: 평양출판사, 2005) ; 오현철,『선군과 민족의 운명』(평양: 평양출판사, 2007).
11) 당력사연구소,『우리 당의 선군정치』(증보판)(평양: 조선로동당출판사, 2006).
12) 2004년판 당사 서문에는 작성 달인 2004년 6월이 명시돼 있다.

본질과 기초, 독창성과 지위, 선군정치가 안아온 불멸의 업적을 전면적으로, 종합적으로 해설한 도서 ≪우리 당의 선군정치≫를 주체 93(2004)년 12월에 출판하였다. **그 후 책에 대한 대내외적수요가 더 많이 제기되고 새로운 사료들이 발굴고증되였으므로, 일부 내용들을 수정보충하여** 도서의 증보판을 내보낸다.[13] (강조는 필자)

아쉽게도 이 글을 쓰는 시점까지 2004년판 해설서를 구하지 못해, 2006년판 해설서와 비교해 수정·보충한 내용을 정확히 찾아내는 것은 불가능하게 되었다. 하지만 당사 2004년판과 2006년판을 비교해보면 위 서문에서 말한 '수정' 내용은 알 수 있을 것이다. 해설서는 당사의 서술기조를 따르기 때문이다.

아래에서는 2004년판 당사와 2006년판 해설서를 중심으로 당이 선군정치의 등장원인과 시점, 사상이론적 기초, 실행양상과 의의를 어떻게 서술하고 있는지 확인하고, 더불어 당사 1991년판, 2004년판, 2006년판을 비교해 선군정치 실행에 따라 당사의 서술체계가 어떻게 바뀌었으며, 선군정치 서술 역시 2년 만에 어떻게 달라졌는지 알아볼 것이다.

2. 선군정치의 등장원인과 시점(始點)

조선로동당은 왜 선군정치를 시작하게 되었을까? 당사 2004년판과 2006년판은 한 글자 차이도 없이 크게 두 가지 원인을 꼽고 있다.

첫째, 미국의 대북 압박 강화다. 당은 미국이 1990년대 중반, "특히 우리 인민이 대국상을 당한 후 우리 나라를 힘으로 압살하려는 군사적침략책동을 전례없이 강화하는 한편 정치, 경제, 사상문화, 외교의 모든 분야에 걸쳐 압력을" 가했다고 주장한다. 여기에 김영삼 정부까지 가세함으로써 "우리 나라에는 언제 전쟁이 터질지 모를 일촉즉발의 정세가 조성되였다"는

---

[13] 2006년판 해설서 서문.

것이다.

둘째, 경제난이다. 당은 1990년대 중반 "제국주의련합세력"의 각종 경제제재 조치로 원자재 부족이 심화된 데다 혹심한 자연재해가 겹치면서 경제적 난국에 빠졌다고 분석한다. 선군정치는 이러한 "전례 없는 시련과 난관"을 극복하고, 혁명을 진전시켜나기기 위해 김정일의 결심으로 시작됐다는 것이 당의 서술이다.[14]

하지만 해설서는 선군정치 등장원인을 보다 더 분석적으로 서술한다. 당사는 미국의 군사적 위협 내용을, "미제는 ≪을지≫와 ≪포커스렌즈≫로 갈라서 진행해 온 전쟁연습을 1994년부터 통합하여 보다 대규모적인 ≪을지포커스렌즈≫ 북침전쟁연습으로 확대시켰으며 해마다 ≪독수리≫ 합동군사연습을 벌려놓고 그 규모를 끊임없이 늘여나갔다"며 간략하게라도 언급한 데 비해, 사상문화 분야에 가해진 압력이 무엇인지는 밝히지 않고 있다. 이와 달리 해설서는 미국의 대북 압박을 '군사적 측면'과 '사상문화적 측면'으로 나누고, 각각의 구체적 내용을 소개하고 있는 것이다.

> 미제와 반동들은 우리 나라에 대한 군사적압력책동을 위주로 하면서 동시에 사상문화적침투책동을 교활하게 감행하였다. …… 미제와 남조선반통일분렬주의자들은 우리 공화국에 대한 내부와해작전에서 부르죠아출판물과 록화물들을 통한 사상문화적침투에 큰 기대를 걸었다. …… 미제와 남조선반통일세력들은 이러한 수단을 리용하여 개인리기주의에 기초한 황금만능사상, 살인과 강탈, 사기와 협잡, 저속한 색정과 부화방탕, 인간증오사상을 류포시키면 우리 나라를 안으로부터 쉽게 무너뜨릴 수 있다고 타산하였다. …… 미제와 온갖 반동들의 검질긴 사상문화적침투책동을 짓부시자면 우리식 사회주의의 사상진지를 더욱 튼튼히 다지는 위력한 정치방식이 필요하였다.[15]

---

14) 앞의 책(2004년판)과 조선로동당중앙위원회 당력사연구소, 『조선로동당력사』(평양: 조선로동당출판사, 2006), 531~533쪽.
15) 2006년판 해설서, 16~18쪽.

이처럼 해설서에서 선군정치의 등장원인을 좀 더 세부적으로 서술한 이유는 선군정치가 지닌 사상문화적 의의를 부각시키려는 의도 때문인 것으로 판단된다.16) 곧 1990년대 중반 "개인리기주의" 같은 비사회주의적 사상문화는 내부에서 발생했다기보다는 외부로부터 주입된 측면이 강하고, 선군정치는 이러한 비사회주의적 사상문화 제거에도 결정적 기여를 했다는 점을 강조하기 위한 것으로 볼 수 있다.

그렇다면 선군정치는 언제, 어떻게 '시작'되었을까? 당은 2000년부터 2004년까지 발행한 선군정치 관련 단행본, 『로동신문』, 공식 당사와 해설서 등 모든 출판물에서 아래와 같이 김정일의 '1995년 1월 1일' 다박솔중대 시찰을 선군정치 시점으로 소개하고 있다.

> 김정일동지께서는 주체84(1995)년 1월 1일 금수산기념궁전을 찾으시여 위대한 수령님께 경의를 표시하신 후 조선인민군의 한 구분대(다박솔중대)를 찾으시였다. 김정일동지께서는 새해를 맞는 군인들을 축하해주시고 그들의 훈련을 보아주시였으며 싸움준비완성을 위한 귀중한 가르치심을 주시였다. 다박솔중대에 대한 력사적인 현지지도는 선군의 기치를 **높이** 추켜들고 총대에 의거하여 주체의 사회주의위업을 끝까지 완성하려는 김정일동지의 확고부동한 의지의 표시였으며 **위대한 선군정치의 첫시작**이었다.17) (강조는 필자)

그러나 2005년부터 발간한 모든 문헌에서는 앞에서 소개한 사건들이 선군정치 '시작'의 원인이 아니라, '전면적 실현'의 원인이라는 식으로 서술을 바꾸었다. 선군정치는 1995년 이전에 이미 시작되었으며, 1995년은 다만 "선군의 기치를 더 높이 추켜든" 때라는 것이다.

---

16) 2006년판 해설서는 "제국주의련합세력"과의 '정치사상적 대결' 승리를 '군사적 대결'이나 '외교적 대결'에서의 승리보다 더욱 뜻 깊은 선군정치의 의의(업적)로 규정한다. 2006년판 해설서, 274~298쪽. 당이 선군정치의 의의를 어떻게 정리하고 있는지는 이 글 4절을 볼 것.
17) 앞의 책(2004년판), 533~534쪽.

김정일동지께서는 주체84(1995)년 1월 1일 금수산기념궁전을 찾으시여 위대한 수령님께 경의를 표시하신 후 조선인민군의 한 구분대(다박솔중대)를 찾으시였다. 김정일동지께서는 새해를 맞는 군인들을 축하해주시고 그들의 훈련을 보아주시였으며 싸움준비완성을 위한 귀한 가르치심을 주시였다. 다박솔중대에 대한 력사적인 현지지도는 선군의 기치를 **더 높이** 추켜들고 총대에 의거하여 주체의 사회주의위업을 끝까지 완성하려는 김정일동지의 확고부동한 의지의 표시였으며 **위대한 선군정치를 보다 높은 단계에서 실현해나가는 력사적계기**로 되였다.[18] (강조는 필자)

선군정치 시점 서술변화는 2006년판 해설서와 2005년 이후 나온 단행본들을 보면 좀 더 상세히 확인할 수 있다. 우선 당은 1960년대 초반을 김정일이 '선군혁명령도'를 시작한 때로 소개한다.[19]

위대한 장군님의 정치군사활동, 군사분야에 대한 령도는 일찌기 1960년대에 시작되였다. 위대한 장군님께서 주체49(1960)년 8월 25일 조선인민군 근위서울 류경수 105땅크사단을 찾으시고 모든 군인들을 조국해방전쟁시기 용감히 싸운 근위땅크병들처럼 위대한 수령님께 끝없이 충실한 근위병들로 키워야 한다는 귀중한 가르치심을 주신것은 장군님께서 선군혁명령도를 시작하신 력사가 얼마나 오랜가 하는 것을 잘 말해주고 있다. 이때부터 헤아려보아도 위대한 장군님의 선군혁명령도사는 장장 40여 년을 헤아린다.[20]

김정일이 군대 현지지도에 처음 나선 때를 선군혁명영도의 시점으로 잡는 셈이다. 당의 표현을 따르면 김정일은 이후 "오랜 기간"[21] 선군혁명영도

---

18) 앞의 책(2006년판), 533쪽.
19) 김정일이 "수십년간에 걸친 선군혁명령도사"를 갖고 있다는 서술은 2000년에 나온 단행본에도 담겨 있었다. 김철우, 앞의 책, 22~23쪽. 2005년 이후 변화는 김정일 선군혁명영도의 출발점을 1960년으로 적시한 것이다.
20) 2006년판 해설서, 61쪽.
21) 당은 김정일의 1960년대를 "인민군대에 대한 정치사상적령도와 함께 군사작전지휘권을 행사할수 있도록 전군을 확고히 틀어쥐시는 과정이였으며 장군님의

를 계속했고, 1960년대 후반 김일성이 그에게 당과 군대사업을 맡기면서 마침내 '선군정치'를 시작했다.

> 오랜 기간의 선군혁명령도로 어버이수령님의 세련된 령군술과 령군풍모를 깊이 체득하시고 수령님의 선군사상과 선군령도업적을 빛내여오신 위대한 장군님께서는 **1960년대 말에 이르러 선군정치를 시작하시였다.** …… 이미전부터 경애하는 김정일동지께서 지니신 후계자로서의 자질과 품격에 탄복하여오신 위대한 수령 김일성동지께서는 우리 당과 혁명, 조국과 인민의 운명에 대한 높은 책임감과 끝없는 충실성으로부터 출발하시여 1960년대 말에 우리 혁명발전의 요구를 깊이 통찰하시고 **당과 군대사업을 맡기시였으며**…….22) (강조는 필자)

김일성이 정확히 어떤 형식과 내용으로 김정일에게 당과 군대사업을 맡겼는지는 불분명하지만, 1960년대 후반부터 김정일의 군대사업이 본격화된 것만은 분명하다.23)

2006년판 해설서에서는 1960년대 후반 이후 김정일의 군대사업을 "인민군대를 수령의 군대, 당의 군대로 만드는 것을 군건설의 총적임무로, 전군주체사상화를 군건설의 최고강령으로 제시하시고 정력적인 령도로 인민군대의 정치사상적, 군사기술적위력을 백방으로 강화하시는 한편, 군대를 선군혁명의 핵심부대, 본보기로 키우시였다"며 비교적 간략히 소개한 데 비해,24) 오히려 당사의 서술은 구체적이다.

선군정치가 펼쳐질수 있는 전제가 마련되는 과정이기도 하였다"고 높이 평가하며, 그가 1963년 2월 6일 김일성의 대덕산초소 현지지도에 동행해 ≪일당백≫ 구호의 본질과 요구, 그 구현방도"를 밝힌 것을 대표적 업적으로 소개한다. 2006년판 해설서, 60~61쪽. 하지만 이러한 평가는 과도한 것 같다. 김정일의 1960년대 초·중반 활동은 군대사업보다는 당 중앙위 사업에 대한 이해, 문학예술부문 지도, 과도기논쟁 같은 사상이론활동, 박금철·이효순 사건을 계기로 한 당내 유일사상체계 확립에 집중돼 있었기 때문이다. 정영철, 『김정일 리더십 연구』 (선인, 2005), 148~160쪽.
22) 2006년판 해설서, 61~62쪽.
23) 김진환, 앞의 글, 224~225쪽.

우선 당사 2004년판과 2006년판은 1991년판과 달리 1970년대 서술에 "전군을 주체사상화하기 위한 투쟁"이라는 제목의 절을 추가했다. 당사 1991년판은 '전당 주체사상화 → 혁명전통 계승발전 투쟁' 순으로 서술하는 데 비해, 2000년대 당사들은 '전당 주체사상화 → 전군 주체사상화 → 혁명전통 계승발전 투쟁' 순으로 서술하는 것이다.

1980년대 서술체계 역시 달라졌다. 전자는 '「주체사상에 대하여」의 내용과 의의 → 정권과 당 강화' 순으로 서술하는 데 비해, 후자는 '「주체사상에 대하여」의 내용과 의의 → 인민군대를 주체의 당군으로 더욱 강화 → 당과 정권 강화' 순으로 역시 군대 관련 절을 추가했다. 당의 의도는 명백하다. 김정일의 과거 군사부문 업적을 소개함으로써 그가 오래전부터 선군정치 '준비'를 충실히 해왔다는 점, 또는 일찍부터 선군정치를 '실행'해왔다는 점을 부각시키려는 것이다.[25]

어쨌든 2000년대 당사들을 보면 김정일은 1974년 2월 중순 조선인민군 지휘성원들에게 "앞으로도 영원히 인민군대가 당의 위업을 실현하기 위한 투쟁에서 앞장서나가야 하며 본보기가 되여야 한다"고 강조한 후,[26] 1975년 1월 1일 군 총정치국 책임일군들과의 담화에서 전군 주체사상화 방침을 제시했다.[27] 이후 그는 전군 주체사상화를 위해 자신의 영도를 충실하게 따를 일꾼들로 군대 간부대열을 새롭게 꾸리고, 군인들에 대한 정치사상교양사업을 강화해나갔다.

1980년대에는 당이 기본전투단위인 중대 강화에 주력했는데,[28] 김정일은 이 과정에서 '중대관리준칙'을 제시해 군인들의 군무생활을 조직·지휘

---

24) 2006년판 해설서, 61쪽.
25) 2004년까지의 서술기조를 따르면 1995년 1월 1일 이전까지는 선군정치의 주체(군대)를 강화하는 '준비기'로, 2005년 이후 서술기조를 따르면 1960년대 후반 이후는 선군정치 '실행기'로 규정할 수 있다.
26) 앞의 책(2004년판)과 앞의 책(2006년판), 411쪽.
27) 김정일,「전군을 김일성주의화하자(1975.1.1)」,『김정일선집』 5권(평양: 조선로동당출판사, 1996).
28) 또한 1980년대에는 군대 안에 김정일의 영도체계가 확립되도록 하기 위한 김일성의 지원도 집중됐다. 김진환, 앞의 글, 225쪽.

하는 적극적 대책을 세우는 데 기여했다고 한다.29) 이어서 1990년대 초반에는 1991년 12월 최고사령관 임명, 1993년 4월 국방위원회 위원장 추대 등 김정일로의 군권승계가 마무리됐고, 김정일은 최고사령관 취임 후 "인민군대를 백방으로 강화"하고 온 사회에 군사를 중시하는 기풍을 철저히 세우는 데 주력했다는 것이 당의 서술이다.30)

한편, 당이 선군정치의 1960년대 후반 시작을 주장하면서 당사와 단행본에서는 이 시기 김창봉, 허봉학 등 "반당군벌관료주의자들"을 제거하는 과정에서31) 김정일이 했던 역할에 조금이라도 더 높은 의의를 부여하려는 경향이 엿보인다. 물론 당사 2004년판도 김정일의 군사업적 부각이라는 선군정치시대 역사서술기조에 맞게 김정일의 당시 활약상을 처음으로 소개하고 있다. 이는 1991년판까지 당사에서는 서술할 필요가 없었던 내용이다.32)

> 김정일동지께서는 반당군벌관료주의자들이 감행한 용납못할 책동을 제때에 간파하고 이자들을 폭로분쇄하기 위한 인민군당위원회 전원회의 확대회의준비사업을 지도하시였다. …… 주체58(1969)년 1월 김일성동지의 지도 밑에 진행된 …… 인민군당위원회 전원회의 확대회의는 군대 안에 당의 유일사상체계를 튼튼히 세우며 인민군대에 대한 수령의 령도, 당의 령도를 확고히 보장하는 데서 중요한 계기로 되였다.33)

---

29) 앞의 책(2004년판)과 앞의 책(2006년판), 410~414쪽, 448~451쪽.
30) 위의 책(2004년판)과 위의 책(2006년판), 495~500쪽 ; 2006년판 해설서, 63~73쪽.
31) 이에 대해서는 정영철, 앞의 책, 124~130쪽 ; 김진환, 앞의 글, 224~225쪽 ; 편집부, 『선군태양 김정일장군 1』(평양: 평양출판사, 2006), 411~420쪽.
32) 1991년까지 당사에서는 1967년 5월 당 중앙위 제4기 15차 전원회의 이후 각급 당조직들, 당원들, 근로자들 속에서 당의 유일사상체계를 확립하기 위해 당이 진행한 사업만을 간략히 소개했다. 앞의 책(1991년판), 430~434쪽 ; 조선로동당 중앙위원회 당력사연구소, 『조선로동당략사』(평양: 조선로동당출판사, 1979), 603~606쪽. 하지만, 2004년판부터는 '군대' 안에 유일사상체계를 확립하기 위해 당이 어떤 일을 했으며, 특히 김정일이 이 과정에서 어떤 역할을 담당했는지를 같은 절에서 함께 서술하고 있다. 김정일의 선군혁명영도 업적을 드러내야 하기 때문이다.
33) 앞의 책(2004년판), 351~352쪽.

그런데 당사 2006년판에서는 비록 한 글자를 고친 것이지만 "김정일동지께서는 반당군벌관료주의자들이 감행한 용납못할 책동을 제때에 **간파하시고**(강조는 필자)"라는 서술로 그의 행위에 존경의 뜻을 덧붙였고,[34] 2007년에 나온 한 단행본에서는 김정일의 기여를 당사보다 조금 더 강조하는 서술을 찾아볼 수 있다.[35] 이러한 추세를 보며 예상컨대, 당이 김정일의 선군정치 시점을 앞당긴 이상, 각종 문헌에서 김정일이 1990년대 이전에 이룩한 군사업적을 과거보다 높게 평가하려는 서술이 늘어날 것 같다.

3. 선군정치의 사상이론적 기초
: 새로운 주력군 이론, 총대철학, 반제투쟁정신

후계자시절부터 사상이론 분야에서 두각을 나타냈던 김정일은 자신의 장기를 십분 발휘해 선군정치 '경험의 이론화'도 주도하였다. 당은 김정일이 이 작업 중에서도 특히 선군정치의 사상이론적 기초를 해명하는 데 공을 들여왔다고 소개한다.[36] 이 절에서는 당사를 비롯한 여러 문헌을 통해

---

34) 앞의 책(2006년판), 351쪽.
35) "경애하는 장군님께서는 이 회의가 있기 몇 해 전부터 인민군대에 대한 당의 령도를 거부하는 반당군벌주의자들의 책동을 예리하게 간파하시고 죄행을 빠짐없이 료해장악하시였다. 그리고 위대한 김일성동지의 지도밑에 회의가 성과적으로 진행되도록 조직사업을 빈틈없이 짜고드시였다. 경애하는 장군님의 정력적인 지도에 의하여 주체58(1969)년 1월 인민군당위원회 제4기 제4차전원회의 확대회의에서는 인민군대에 대한 당의 령도를 약화시키고 군대의 강화발전에 커다란 해독을 끼친 군벌관료주의자들을 군대와 당대렬에서 제거하는 단호한 조치를 취하였다." 오현철, 앞의 책, 109쪽.
36) "위대한 김정일동지께서는 정력적인 사상리론활동으로 선군사상을 끊임없이 심화발전시키고 계신다. …… 경애하는 장군님께서 새롭게 제시하신 독창적인 선군리론들을 깊이 학습하고 ……." 『로동신문』, 2002년 10월 5일자 1면 편집국 논설. "선군정치의 기초에 관한 사상은 위대한 령도자 김정일동지께서 내놓으신 선군정치에 관한 사상리론에서 중요한 자리를 차지하고 있다." 2006년판 해설서, 130쪽.

지난 몇 년간 이 작업이 어떻게 진행되어 왔으며, 현재까지 나온 결과물은 무엇인지 알아볼 것이다.

당사 2004년판은 선군정치가 "혁명의 주력군에 관한 독창적인 사상리론에 기초하고 있다"고 소개하면서 김정일이 1994년 7월 13일 인민무력부 책임일군들에게 했던 담화[37]를 비롯한 여러 기회에 군대를 '혁명의 주력군'으로 새롭게 규정했다고 서술한다. 이 중 위 담화 외에 당사에서 특별히 강조된 담화는 1997년 3월 17일 당 중앙위 책임일군들과의 담화다.[38]

김정일은 이날 "인민군대는 혁명의 주력군이며 나라의 기둥"이라면서 모든 부문, 모든 단위에서 혁명적 군인정신을 따라 배우게 하라고 지시했다. 그가 "군수공장로동계급"부터 혁명적 군인정신을 따라 배우게 하라고 지시한데서 드러나듯 이미 그에게 노동계급은 군대에 비해 "혁명적 신념과 강의한 의지"가 부족한 집단으로 평가되고 있었다.[39]

이후 2000년에 나온 한 단행본에서는 "군대를 혁명의 제1기둥, 주력군으로 내세우는 것", 곧 김정일의 새 견해를 선군정치의 '본질적 요구'로 인식한 데 비해,[40] 2002년에는 아래 인용문처럼 김정일의 새 견해가 선군정치의 '기초'가 되었다는 인식으로까지 나아가고 있다. 선군정치의 이론화 작업이 조금씩 발전하고 있는 셈이다.

> 선군정치의 독창성은 무엇보다 먼저 선군후로의 원칙에서 정립된 정치방식이라는 데 있다. …… 마치와 낫우에 총대가 있다는 것은 선군후

---

37) 당은 2006년에 김정일전기를 발간하면서 이 담화의 내용을 부분적으로 공개했다. "'인민군대는 위대한 수령님께서 개척하시고 령도하여오신 조선혁명위업완성에서 주력군이 되어야 합니다. 위대한 수령님께서는 혁명의 시작도 군대를 가지고 하시였으며 사회주의위업의 종국적완성과 승리도 군대를 가지고 이룩하려고 하시였습니다.' 위대한 장군님의 이 말씀은 조선혁명의 주력군에 대한 새로운 력사적선언이였다." 편집부, 『선군태양 김정일장군 3』(평양: 평양출판사, 2006), 15쪽.
38) 앞의 책(2004년판), 534쪽.
39) 김정일, 「혁명적군인정신을 따라 배울데 대하여(1997.3.17)」, 『김정일선집』 14권 (평양: 조선로동당출판사, 2000).
40) 김철우, 앞의 책, 27쪽.

로의 원칙을 상징적으로 표현한 것이라고 말할 수 있다. 이처럼 선군정치는 사회주의위업을 실현하기 위한 투쟁에서 혁명군대가 차지하는 지위와 역할에 대한 **새로운 과학적해명에 기초하여** 선군후로의 원칙에서 정립된 독창적인 정치방식이다.[41] (강조는 필자)

또한 이 책은 2000년에 나온 단행본과 마찬가지로[42] 선군정치의 사상이론적 기초로서 역시 김정일이 처음 밝혔다는 '총대철학'과 "군대이자 당이고 정권이며 민중"이라는 '혁명원리'를 제시하고 있다.[43] 총대철학은 "총은 계급의 무기, 혁명의 무기, 정의의 무기라는 것이며 총은 혁명가의 영원한 길동무, 동지로서 이 세상 모든 것이 다 변하여도 총만은 자기 주인을 배반하지 않는다는 철학", "정권은 총대에서 나오고 총대에 의하여 유지된다는 것"으로 소개됐다.[44]

2003년 1월에는 김정일이 자기가 새 견해를 내놓은 이유를 최초로 상세히 설명했다. 김정일은 당 중앙위 책임일군들과의 담화에서 먼저, 맑스주의 혁명이론이 노동계급을 혁명의 주력군으로 본 것은 당대 자본주의 사회현실을 반영한 것으로 시대적 제한성이 있다고 주장함으로써, 사회주의 사회에서는 그에 걸맞는 새로운 주력군 이론이 필요하다는 점을 간접적으로 상기시켰다.

이어서 그는 "사회의 어느 계급, 계층 또는 어느 사회적집단이 혁명의 주력군으로 되는가 하는 것은 그가 혁명과 건설에서 차지하는 지위와 역할, 그의 혁명성과 조직성, 전투력에 의하여 규정된다"고 지적한 후, 노동계급의 지위와 역할, 혁명성과 조직성 등은 "다른 근로자들"에 비해 높지만, 군대에 비해서는 뒤떨어지기 때문에 노동계급이 아닌 군대를 혁명의 주력군으로 내세웠다는 논리를 전개했다. 선군정치의 사상이론적 기초 확립 과정에서 가장 중요한 담화로 평가할 수 있으므로, 조금 길지만 직접 확인해보자.

---

41) 강성길, 앞의 책, 23~24쪽.
42) 김철우, 앞의 책, 46~64쪽.
43) 강성길, 앞의 책, 31~36쪽.
44) 김철우, 앞의 책, 57쪽 ; 위의 책, 36쪽.

물론 우리 나라에서 아직도 로동계급과 협동농민의 계급적 차이가 남아있고 인테리의 혁명화, 로동계급화가 완전히 실현되었다고 볼 수 없습니다. 로동계급은 의연히 우리 사회의 선진 부대이며 **다른 근로자들에 비하여** 계급의식과 집단주의정신이 높고 혁명성이 강합니다. …… 오늘 우리 혁명의 제일생명선을 지켜선 혁명대오는 인민군대입니다. 우리 인민군대는 제국주의강적과 직접 맞서 당과 혁명, 조국과 인민을 총대로, 목숨으로 수호하고 있습니다. 인민군대의 총창우에 평화도 있고 사회주의도 있고 우리 인민의 값높은 생활도 있습니다. **이것은 로동계급도 다른 어느 사회집단도 대신할 수 없는** 인민군대의 숭고한 사명이며 가장 무겁고도 영예로운 혁명임무입니다. 인민군대는 우리 사회에서 가장 혁명적이고 전투적이며 가장 위력한 혁명집단입니다. 혁명성과 조직성, 전투력에 있어서 **인민군대보다 더 강한 집단은 없습니다**.[45] (강조는 필자)

끝으로 그는 "혁명군대의 역할문제에 대한 새로운 견해, 새로운 관점"을 이해하지 못한 채 "어느 때 어디에서나 로동계급이 혁명의 주력군이 된다고 보는 것"은 "선행리론에 대한 교조적 관점의 표현이며 원리적으로 맞지 않는다"고 못 박았다. 북한체제의 특성상 공간문헌으로는 확인할 수 없지만 혁명의 주력군과 관련한 논쟁이 있었음을 짐작케 하는 발언인 동시에, 김정일이 직접 이러한 이론적 논쟁에 종지부를 찍은 발언이었다.[46]

당사 2004년판은 "로동계급과 그 역할에 관한 선행리론은 오늘의 현실에 맞지 않게 되었다"는 점을 강조하며, 바로 위의 담화에서 나온 김정일의 발언들을 거의 그대로 반복하고 있다.[47] '1·29담화'가 지닌 의의를 확인해주는 대목이다.[48]

---

45) 김정일,「선군혁명로선은 우리 시대의 위대한 혁명로선이며 우리 혁명의 백전백승의 기치이다(2003.1.29)」,『김정일선집』15권(평양: 조선로동당출판사, 2005), 358~360쪽.
46) 위의 글, 359쪽.
47) 김정일, 위의 글, 358~360쪽 ; 앞의 책(2004년판), 534~535쪽.
48) 2005년에는 '1·29담화'를 지침으로 혁명의 주체와 주력군 문제만을 집중적으로 해설한 단행본까지 발간됐다. 이 책에 따르면 '혁명의 주력군'이란 "혁명투쟁을 떠밀어나가며 그 승리를 이룩하는데서 주도적 역할을 하는 핵심력량"으로서, 혁

이처럼 당은 김정일의 주도로 선군정치의 사상이론적 기초 해명 작업을 적어도 1994년 7월 이후 10여 년 이상 꾸준히 진행해왔으며, 이러한 작업의 결과는 당력사연구소가 발간한 선군정치 해설서에 비교적 체계적으로 소개되어 있다. 2006년판 해설서에 서술된 선군정치의 사상이론적 기초를 요약하면 다음과 같다.

첫째, 선군정치는 주체사상에 기초한 정치방식이다. 김정일은 이미 2001년 11월에 선군정치가 주체사상에 뿌리를 두고 있다고 주장했다.49) 당은 이러한 김정일의 주장을 토대로 선군후로(先軍後勞), 곧 혁명의 주력군에 관한 새 견해야말로 '인민대중의 자주성 실현'이라는 주체사상의 근본요구를 철저히 따르고 있다는 논리를 만들어냈다.

> 주체사상은 력사상 처음으로 자주성을 나라와 민족, 인민대중의 생명으로 내세우고 그것을 옹호실현하는 것을 근본요구로 내세우고 있는 사상이다. …… 나라와 민족, 인민대중의 자주성을 실현하기 위한 혁명투쟁은 반혁명세력과의 치열한 힘의 대결을 동반한다. …… 미제를 비롯한 반혁명세력과의 첨예한 대결전은 생사판가리결전이며 이 투쟁에서의 승패는 총대에 달려있다. …… 인민군대를 혁명의 기둥, 주력군으로 내세우는 선군후로의 원칙은 군대를 강화하여 나라의 자주권을 튼튼히 수호하게 할 뿐 아니라 인민대중의 역할을 비상히 높여 혁명투쟁을 힘있게 추동한다. 선군후로의 원칙은 혁명군대에서 높이 발휘하고 있는 혁명적 군인정신으로 전민을 무장시킴으로써 온 사회를 정예화된 대부대로 만들어 혁명과 건설에서 인민대중의 지위와 역할이 더욱 높아지고 모든 분야에서 기적과 혁신이 일어나게 한다.50)

명의 주력군은 "혁명의 주체를 이루는 여러 사회적 집단들 가운데서 가장 혁명적이고 전투적이며 조직적인 부대이여야 한다." 고초봉, 앞의 책, 45쪽.
49) 김정일, 「기자, 언론인들은 우리의 사상, 우리의 제도, 우리의 위업을 견결히 옹호고수하는 사상적기수이다(2001.11.18)」, 『김정일선집』 15권(평양: 조선로동당출판사, 2005), 212쪽.
50) 2006년판 해설서, 131~133쪽.

한 마디로 주체사상의 요구에 맞게 혁명의 주력군에 관한 독창적인 사상이론이 나왔고, 이것이 다시 선군정치의 사상이론적 기초가 되고 있으므로, 선군정치는 주체사상에 기초하고 있다는 설명이다.

한편, 2004년부터 당은 선군후로 사상, 새로운 주력군 이론이 나옴으로써 혁명의 주체 이론 역시 달라졌음을 강조한다. 선군정치 실행 전까지는 혁명의 주체를 '수령, 당, 대중의 통일체'로 규정한 데 비해, "주체혁명의 새 시대인 선군시대"에는 군대가 인민대중 가운데 선도자 역할을 하게 됨으로써 혁명의 주체를 '수령, 당, 군대, 인민의 통일체'로 규정해야 한다는 것이다. 이러한 규정은 김정일의 '지적'에 따른 것이라고 소개되고 있는데, 지금까지 공개된 문헌으로는 김정일이 언제 이러한 지적을 했는지 확인할 수 없다.[51]

둘째, 선군정치는 김정일이 독창적으로 내놓은 총대철학에 기초하고 있다. 해설서가 2002년까지 나온 단행본과 다른 점은 "군대이자 곧 당이고 국가이며 인민이라는 원리"를 총대철학의 내용으로 포함시켰다는 것이다. 곧 해설서에 따르면 총대철학은 "혁명은 총대에 의하여 개척되고 전진하며 완성된다는 원리와 함께 군대이자 곧 당이고 국가이며 인민이라는 원리"로 구성된다.[52]

총대철학을 이처럼 정의하려는 경향은 2003년에 나온 단행본에서부터 발견된다. 김정일이 새롭게 밝힌 "선군정치에 관한 사상리론들을 체계화하여 서술"했다는 이 책에는 '총대제일주의'라는 개념이 등장한다. 이는 앞서 등장한 총대철학과 비슷하게 정의되지만, 중요한 차이는 "군대이자 곧 당이고 국가이며 인민이라는 정치철학"을 총대제일주의(총대철학)의 '기초'로 규정한 것이다. 그리고 2004년부터는 마침내 병렬적으로 서술하던 철학과 원리를 김정일의 '총대중시, 군사중시사상' 또는 '총대철학'의 내용으로서 하나의 절에서 서술하게 된 것이다.

---

51) 전덕성, 앞의 책, 76쪽 ; 김봉호, 앞의 책(2004), 80~89쪽 ; 고초봉, 앞의 책, 61~62쪽 ; 김봉호, 앞의 책(2005), 14~18쪽 ; 2006년판 해설서, 133~136쪽.
52) 2006년판 해설서, 149쪽.

선군정치는 위대한 김일성주석의 총대중시, 군사중시사상을 오늘의 혁명발전의 요구에 맞게 심화발전시킨 경애하는 김정일장군님의 총대중시, 군사중시사상을 사상리론적기초로 하고 있다. 경애하는 김정일장군님께서 심화발전시키신 주체의 군사중시사상에서 중요한 것은 우선 정권은 총대에서 나오고 총대에 의하여 유지된다는 혁명원리이다. …… 경애하는 김정일장군님께서 심화발전시키신 주체의 군사중시사상에서 중요한 것은 **또한** 군대이자 곧 당이고 국가이며 인민이라는 혁명원리이다.53) (강조는 필자)

셋째, 선군정치는 견결한 반제투쟁정신에 기초하고 있다. 앞서 본 새로운 주력군 이론, 총대철학이 김정일의 독창적 사상이론이라면, 견결한 반제투쟁정신, 곧 "제국주의자들의 강경에는 초강경으로 대응하는 견결한 반제적립장"은 김정일이 지닌 "혁명적 신념"이자, 군대와 인민이 지닌 "불굴의 투쟁정신", "사생결단의 정신" 등으로 정의된다.

물론 당은 "결사의 정신"이라는 표현이 지나치게 비관적인 인상을 줄 것을 우려해 "결사의 정신은 위대한 장군님께서만 계시면 우리는 반드시 승리한다는 신념의 의지, 필승의 정신"이라고 설명하는 것을 빼놓지 않았다. 선군시대의 대표적 구호인 "가는 길 험난해도 웃으며 가자!"에는 바로 이러한 필승의 신심과 혁명적 낙관주의가 구현되어 있다는 게 당의 설명이다.54)

정리하면 김정일이 독창적으로 밝힌 두 개의 사상이론, 그리고 김정일·군대·인민이 지닌 신념과 투쟁정신의 '총체'가 바로 현재까지 정식화된 선군정치의 사상이론적 기초인 것이다.

4. 선군정치의 실행양상과 의의

당사 2004년판은 선군정치의 사상이론적 기초 중에서 새로운 주력군 이

---

53) 전덕성, 앞의 책, 39~42쪽.
54) 2006년판 해설서, 154~163쪽.

론을 상세히 소개한 후 바로 선군정치의 실행양상을 서술한다. 김정일이 군대를 혁명의 주력군으로 삼아 1990년대에 "정력적으로" 펼친 "선군혁명령도"는 다음과 같다.

첫째, 김정일은 군대를 강화하는 데 선차적 관심을 돌리고 군대 현지지도를 지속적으로 진행했다. 당사에 따르면 김정일이 "선군정치의 첫자욱을 새기신 그날로부터55) 8년 기간에 현지지도하신 무력기관들의 수"는 1,137개에 달한다.

둘째, 군대에서는 당정치사업을 강화했다. 군대 내 정치학습망과 혁명사적지, 혁명사적교양실을 통해 군인들을 당과 수령의 위대성과 군 영도업적으로 무장시키기 위한 교양사업을 심화시켰으며, 오중흡56) · 리수복 · 길영조 등 "수령결사옹위의 산모범"을 따라 배우게 하기 위한 사업을 진행했다.

셋째, 김정일은 이처럼 군사를 앞세우면서(군사선행), 군대를 내세웠다(군대선봉). 군대에 안변청년발전소를 비롯한 대기념비적 창조물들과 중요 대상건설을 맡겼으며, 사회주의건설의 주공전선들에 군대를 파견했다. 또한 그는 1996년 6월 10일 안변청년발전소 건설장 현지지도 시 군인들 속에서 높이 발휘되고 있는 "수령결사옹위정신과 육탄정신, 자폭정신"을 '혁명적 군인정신'으로 명명한 후 모든 간부들과 당원들이 이를 따라 배우도록 했다.57)

넷째, 당은 1998년 9월 최고인민회의 제10기 제1차 회의에서 "나라의 국

---

55) 당연히 당사 2006년판은 이렇게 서술을 바꾸었다. "김정일동지께서 다박솔중대 시찰의 그날로부터 ……." 앞의 책(2006년판), 535쪽.
56) 김정일은 1996년 1월 1일 "전군이 혁명의 수뇌부를 결사옹위하는 오늘의 7련대가 되자!"는 구호를 제시하고, '오중흡7련대칭호쟁취운동'을 발기했으며, 1월 24일에는 이 운동을 힘 있게 벌릴 데 대한 최고사령관 명령을 내렸다. 앞의 책(2004년판), 536쪽.
57) 김정일이 1997년 3월 17일 제시한 과업과 방도에 따라 당 출판보도물들은 군인들의 혁명적 군인정신과 투쟁기풍을 소개선전하는 사업을 대대적으로 진행했고, 각급 당조직들은 혁명적 군인정신을 따라배우기 위한 조직정치사업을 적극 전개했다. 앞의 책(2004년판), 538쪽. 김정일이 제시한 과업과 방도는 김정일, 「혁명적군인정신을 따라 배울데 대하여(1997.3.17)」, 『김정일선집』 14권(평양: 조선로동당출판사, 2000).

가정치체제를 선군령도체계로 강화발전시키였다." 당연히 회의준비는 김정일이 주도했다.[58] 회의에서는 김정일을 국방위원회 위원장으로 추대했으며, 사회주의 헌법을 수정해 국방위원회의 지위와 권능을 새롭게 규정했다. 국방위원회가 국방부문의 상설적 최고주권기관인 동시에 행정기관으로서 "혁명의 중추적기관"이 된 것이다. 이로써 "선군정치를 실현할 수 있는 확고한 법적 담보가 마련되게 되었다"는 게 당의 설명이다.[59]

이처럼 당사는 실행방향을 기준으로 볼 때 '대내적' 선군양상 서술에 치중한 데 비해, 해설서는 '대외적' 선군을 포함해 실행양상을 보다 구체적이고 풍부하게 서술하고 있다. 다만, 해설서는 선군정치의 여러 '의의'를 각 절의 소제목으로 우선 뽑아낸 후, 의의에 걸맞는 선군양상을 각 절 안에서 김정일의 다른 활동과 함께 서술하고 있으므로, 선군정치의 실행양상만을 가려내는 데 보다 주의를 집중할 필요가 있다. 해설서에 서술된 실행양상을 정리하면 다음과 같다.

첫째, 김정일은 김일성의 '영생'을 담보하기 위한 사업에 군대를 내세웠다. 그는 1994년 7월 11일에 김일성이 집무를 보던 금수산의사당에 시신을 안치할 것을 결심하고, 금수산의사당을 "태양의 성지 금수산기념궁전으로 꾸미는데서 큰몫을 인민군대에" 맡겼다. 11월 6일 인민무력부에 정예부대를 동원해 금수산기념궁전 건설에 나서라는 김정일의 지시가 내려졌고, 군대는 11월 17일 "착공의 첫 삽을 박은" 이래 수년 동안 광장바닥공사, 주석단건설, 광장돌포장공사, 궁전외랑건설, 운하다리공사, 도로확장공사, 입상(立像)홀 설계를 도맡아 했다.[60]

그런데 2005년까지 나온 모든 선군정치 관련 단행본에는 이 내용이 전혀 언급되어 있지 않다. 따라서 이는 2006년판 해설서를 내면서 비로소 '보충'한 내용으로 보인다. "이에 대하여 아는 사람이 얼마 없을 것"이라는 김정일의 발언이 소개되어 있는 것도[61] 이러한 판단을 뒷받침해준다. 보충한

---

58) 2006년판 해설서, 60쪽.
59) 앞의 책(2004년판), 535~539쪽.
60) 2006년판 해설서, 251~257쪽.

내용이 확실하다면, 이러한 내용 추가는 아마도 선군정치 시점을 1960년대 후반으로 앞당기면서 1995년 이전 선군양상을 발굴·소개할 필요성이 커졌기 때문에 이루어졌을 것으로 판단된다.

둘째, 김정일은 군대를 앞세워 "미제를 비롯한 제국주의련합세력"과의 정치사상적·군사적·외교적 대결을 수행했다. 우선 군대를 혁명성과 사상적 신념이 투철한 전위부대로 키웠으며, 이러한 군대를 핵심으로 하여 혁명대오에 자본주의 사상, 개인주의가 침투하지 못하도록 했다. 다음으로 1993년 3월 준전시상태 선포, NPT 탈퇴선언, 1998년 12월 2일 '작전계획 5027'에 대한 조선인민군 총참모부대변인성명, 2003년 3월 '미군 정찰기 RC-135' 추격 등을 통해 "적들의 강경에 초강경으로" 맞섰다. 끝으로, "위력한 군력에 기초"해 미국과의 핵대결, 금창리회담, 미사일회담, 2000년 10월 특사 교환방문 같은 "여러 갈래의 대미외교전", 2002년 9월 조·일정상회담 등을 이끌어갔다.

셋째, 1990년대 중반 민간 당 조직의 약화는 김정일에게 심각한 골칫거리였다.[62] 김정일이 민간 당 조직 강화를 위해 선택한 해법은 당간부들이 군대 당 조직의 모범적 사업을 참관하고 따라 배우게 하는 것이었다. 또한 인민들도 군대의 투쟁정신과 투쟁기풍을 본받고 따라 배우게 했다. 모두가 혁명의 주체를 강화하기 위한 선군이었다.

넷째, 군대는 강성대국 건설을 위해 강화됐고, 동원됐다. 해설서는 김정일이 정치사상강국을 만들기 위해 먼저 "군대를 혁명적 수령관이 확고히 선 대오로 전변"시키고 "전군을 선군혁명사상으로 일색화된 사상의 강군"으로 만든 후, 군대를 본보기로 내세워 "혁명대오 전반에 수령제일주의정신이 꽉 들어차게", 그리고 "전체 인민을 선군혁명사상의 열렬한 신봉자, 철저한 관철자로 키우시였다"고 전한다. 또한 김정일은 군사강국 건설을 위해 '군사규정학습' 강화, 혁명적 훈령기풍 확립, 말단전투단위인 중대 강

---

61) 2006년판 해설서, 253쪽.
62) 김정일, 「조선로동당 중앙위원회 책임일군들과 한 담화(1996.12.7)」, 『월간조선』 1997년 4월호.

화, 지휘관들의 수준과 능력 고양 등을 추진하는 한편, 국방공업 발전, 민간무력 강화, 전국요새화 등에도 주력했다.

군대는 경제강국과 과학문화강국 건설도 선도했다. 김정일은 군대를 전력문제 해결, 농업생산 증대, 석탄생산·철도수송·금속공업 정상화 등을 위해 내세웠고, 김일성군사종합대학 같은 군대 내 교육기관들을 "그쯘히 꾸려" 그를 본보기로 온 나라 교육사업을 발전시켜갔으며, 조선인민군공훈국가합창단, 조선인민군4·25예술영화촬영소 같은 군대 직속 문학예술단체를 집중 육성해 이들로 하여금 "선군시대의 혁명적문학예술창조의 불길"을 지펴 올리게 했다.63)

이제 끝으로 당이 선군정치에 어떠한 의의를 부여하고 있는지 확인해보자. 선군정치의 의의는 당사에 간결하고 명쾌하게 적혀 있다. 그런데 당사 2004년판과 2006년판은 선군정치 시점에 대한 서술 차이 못지않게, 선군정치의 의의를 서술하면서 매우 주목할 만한 차이를 보여준다.

첫째, 선군정치가 누구의 어떤 사상을 현실에 구현한 정치인지, 누구의 어떤 사상을 역사적 뿌리로 하고 있는 정치인지를 양자는 분명 다르게 서술한다. 먼저 당사 2004년판을 보자.

> 선군정치는 **김정일동지의 선군혁명사상을** 구현하고 있는 정치방식이다. 선군사상은 한마디로 말하여 군사를 모든 것에 앞세울 데 대한 군사선행의 사상이며 군대를 혁명의 기둥, 주력군으로 내세우고 그에 의거할 데 대한 선군후로의 로선과 전략전술이다. …… 선군정치는 위대한 수령 **김일성동지의 총대중시, 군사중시사상과 로선을** 계승하고 변화된 정세의 요구에 맞게 심화발전시켜 내놓은 우리시대의 위력한 정치방식이다.64)
> (강조는 필자)

---

63) 이상은 2006년판 해설서 248~382쪽에서 군사선행, 군대선봉이라는 선군정치 정의에 부합하는 실행양상만을 간추린 것이다. 당은 이 외에도 김정일이 조국통일의 전환적 국면을 마련하고, 온 세계의 자주화위업을 주도하기 위해 선군정치를 실행했다고 서술하고 있다. 2006년판 해설서, 383~444쪽. 하지만 이는 선군정치의 실행양상이라기보다는 의의에 가깝다.
64) 앞의 책(2004년판), 539~540쪽.

이러한 서술은 대략 2004년 한 해 동안 당의 공식 입장이었던 '선군사상 김정일 창시론'을 반영한 것이다. 당은 선군정치 서술 초기부터 '독창성'을 부각시키면서도 '계승성'을 언급하는 것도 잊지 않았다. 그러다 2003년 12월부터 마침내 선군사상의 '창시자'를 김일성에서 김정일로 바꾸면서 독창성을 전면적으로 강조하기 시작했다.

당은 2003년 12월 10일 나온 단행본까지 일관되게 선군혁명사상 또는 선군사상의 창시자를 김일성으로 소개해왔다.[65] 그러다 2003년 12월 22일 『로동신문』 1면 편집국 논설에서 김정일이 "선군사상의 창시자"라는 표현을 처음 쓴 후, 2004년 나온 단행본에서 김정일 창시론을 반복하다가,[66] 2004년 12월 24일 『로동신문』 2면 사설에서 "어버이수령님은 선군사상의 창시자"라는 표현을 쓰며 다시 김일성 창시론으로 복귀했다.[67] 따라서 2006년판 당사는 2005년 이후 서술기조에 맞게 아래와 같이 수정됐다.

　　선군정치는 **우리 당의 선군혁명사상**을 구현하고 있는 정치방식이다.
　　선군사상은 한마디로 말하여 군사를 모든 것에 앞세울 데 대한 군사선행

---

65) "…… 장군님께서는 위대한 수령님의 선군혁명사상을 오늘의 현실적조건에 맞게 계승발전시키시여 선군혁명령도를 우리 시대 혁명의 기본정치방식으로, 필승의 무기로 정식화하시였다." 리철·심승건, 앞의 책, 34쪽. "김정일장군님의 선군사상은 김일성주석님께서 창시하신 선군사상을 오늘의 시대적조건에 맞게 심화발전시키신 새 시대의 지도리념이며 사회변혁의 백승의 기치이다." 강성길, 앞의 책, 14쪽. "주체사상창시회의로 알려진 카륜회의[주체19(1930)년 6월 30일~7월 2일]는 김일성주석께서 ≪무장은 우리의 생명이다. 무장에는 무장으로!≫라는 구호 밑에 항일무장투쟁로선을 천명하신 회의로서 선군혁명사상의 창시선포의 중대한 력사적의미를 지니기도 한다." 김인옥, 앞의 책, 170쪽.
66) 2004년에는 김일성이 창시한 사상은 '선군사상'이 아니라 "총대중시, 군사중시사상"으로 일관되게 서술됐다. 전덕성, 앞의 책, 37~39쪽 ; 앞의 책(2004년판), 340쪽. 선군사상의 창시는 김정일의 업적이었다. "경애하는 장군님께서는 위대한 주석의 총대중시, 군사중시사상을 오늘의 현실에 빛나게 구현하시고 세계정치의 력사적 교훈에 대한 과학적인 분석에 기초하시여 력사상 처음으로 우리 시대를 향도하는 위대한 사상인 선군사상, 선군정치를 창시함으로써 오늘 공화국은 영광스러운 선군조국으로 되게 되었다." 김봉호, 앞의 책(2004), 34쪽.
67) 진희관, 「북한에서 '선군'의 등장과 선군사상이 갖는 함의」, 『국제정치논총』 제48집 제1호(2008), 388~389쪽.

의 사상이며 군대를 혁명의 기둥, 주력군으로 내세우고 그에 의거할 데 대한 선군후로의 로선과 전략전술이다. …… 선군정치는 위대한 수령 **김일성동지의 총대중시사상, 선군사상을 계승하고** 변화된 정세의 요구에 맞게 심화발전시켜 내놓은 우리시대의 위력한 정치방식이다.(68) (강조는 필자)

우선, 선군혁명사상의 소유주체가 김정일에서 당으로 바뀌었다. 2006년판 해설서를 보면 이 구절의 의미가 보다 명확해지는데, 한 마디로 선군사상은 김일성이 '창시'하고, 김정일이 계승해 '심화발전'시킨 당의 재부로 규정됐다.(69) 다음으로, "로선" 계승을 명시하지 않았다. 인용문을 보면 알 수 있듯 선군사상 내용 안에 이미 "선군후로의 로선과 전략전술"이 포함되어 있으므로 동어반복을 피하려는 서술로 볼 수 있다.

그렇다면 김정일은 선군사상을 어떻게 심화발전시켰다는 것일까? 당의 서술들을 종합해 보면 김정일의 업적은 새로운 주력군 이론과 총대철학을 제시함으로써, 김일성의 선군사상을 체계화·정식화해 온 것이다. 이는 1970~1980년대 김정일이 김일성의 주체사상을 체계화·정식화해 왔던 과정과 매우 비슷하다.(70) 곧 김일성의 혁명실천 경험을 이론화하는 작업을 과거에는 그의 '주체'혁명영도에 초점을 맞추어 진행했다면, 현재는 그의 '선군'혁명영도에 초점을 맞추어 진행하고 있는 것이다.

둘째, 선군정치의 역사적 의의는 당사 2004년판과 2006년판이 아래처럼 글자 하나 틀리지 않고 동일하게 서술한다.

> 선군정치에 의하여 우리 혁명의 군사진지가 철옹성같이 다져지고 우리 사회의 일심단결이 더욱 강화되였으며 미제를 비롯한 제국주의반동들의 고립압살책동으루부터 우리식 사회주의를 굳건히 지키면서 혁명과 건설전반을 힘있게 밀고나갈 수 있게 되었다. 선군정치는 조국통일의 전

---

68) 앞의 책(2006년판), 539~540쪽.
69) 2006년판 해설서, 35~39쪽.
70) 정영철, 앞의 책, 353~355쪽.

환적국면을 열어놓았으며 국제무대에서 제국주의침략세력에 타격을 주고 반제자주력량을 힘있게 고무추동하였다.[71]

이처럼 당은 선군정치에 '우리식 사회주의' 수호 수단이라는 가치를 부여하는 데서 나아가, 선군정치의 민족사적·세계사적 의의까지 함께 강조한다. 6·15남북공동선언 발표, 조국통일의 주체역량 강화, 남한 내 반미운동 고조, 남북관계 개선이 모두 선군정치의 업적이며,[72] "지구상에 사회주의가 없고 미국이 주인노릇을 하는 자본주의화된 세계"가 도래하는 것을 선군정치로 막아냄으로써 "온 세계의 자주화위업을 또다시 활성화"했다는 것이다.[73]

특히 당은 "종래의 쏘미 사이의 랭전구도는 가장 치열한 조미대결전"으로 변화했다는 언급을 통해,[74] 북한이 전 세계 반미·반자본주의 세력의 '영수'(領袖) 역할을 하고 있으며 선군정치는 이 역할을 잘 하기 위해 실행 중이라는 논리를 펼치고 있다.[75] 내적으로는 세계사적 의의가 큰 과업을 수행해야 한다는 호소로 당과 인민을 결속시키고, 외적으로는 보다 많은 국제적 연대와 지지를 확보하기 위한 것으로 판단해 볼 수 있다.

그런데 시점 서술 변화에 맞게 당사 2006년판은 위 인용문 내용이 선군정치 시작의 의의가 아니라 전면적 실현의 의의라는 점을 강조한다.[76] 그

---

71) 당사 2004년판과 2006년판, 540쪽. 2006년판 해설서는 '수령영생위업의 빛나는 실현', '나라와 민족, 사회주의의 수호', '혁명의 주체 강화', '강성대국건설 적극 추진', '조국통일의 전환적국면 마련', '온 세계의 자주화위업 주도'를 의의로 꼽고 있다.
72) 2006년판 해설서, 383~411쪽.
73) 2006년판 해설서, 9~10쪽, 413쪽.
74) 2006년판 해설서, 9쪽, 413쪽.
75) 2006년판 해설서, 26~35쪽.
76) "선군정치방식의 확립은 김정일동지께서 인류정치사에 쌓아올리신 최상의 공적으로, 력사에 길이 빛날 세계사적업적으로 된다." 앞의 책(2004년판), 541쪽. "1960년대 말에 시작하신 선군정치를 1990년대 중엽에 이르러 전면적으로 실현하시여 조국과 민족을 수호하시고 강성대국건설의 새로운 길을 열어 놓으신 것은 김정일동지께서 인류정치사에 쌓아올리신 최상의 공적으로, 력사에 길이 빛날 세계사적업적으로 된다." 앞의 책(2006년판), 541쪽.

리고 이보다 더 중요한 차이가 있다. 당사 2006년판은 당을 선군혁명의 향도자로 강화했다는 의의를77) 2004년판보다 더 설득력이 약하게 서술하고 있다는 점이다. 이 의의를 뒷받침할 만한 근거, 곧 당의 약화와 이를 바로 잡기 위한 당 지도부의 대응양상을 의도적으로 '누락'시켰기 때문이다. 2004년판에 서술됐다가 2006년판에 빠진 내용은 다음과 같다.

> 당은 주체84(1995)년 8월 당의 유일사상체계확립의 원칙들을 재접수, 재토의하는 사업을 진행할 데 대한 조치를 취하여 모든 당조직들에서 당의 사상과 령도를 충성으로 받들지 않는 현상들을 극복하도록 하였다. …… 당은 간부들을 혁명화하는 사업을 당의 운명과 관련된 중대한 문제로 보고 주체83(1994)년과 그 이듬해를 간부혁명화의 해로 정하고 간부들을 혁명화하기 위한 적극적인 투쟁을 벌리였으며 현실발전의 요구에 맞게 이 사업을 계속 강화하여나갔다.78) …… 이 시기 우리 혁명의 국제적환경이 복잡해지고 우리 인민이 준엄한 시련을 겪게 되자 당안에서 혁명적신념이 없는자들, 사상적동요분자들과 우연분자들이 나타났다.79)

이처럼 당사 2006년판은 2004년판에 비해 1990년대 중반 당내 실상을 보여주는데 인색하다.80) 당의 부끄러운 과거를 자세히 드러내는 것이 현재

---

77) 2006년판 해설서, 299~317쪽.
78) 이 구절은 2006년판에서 "당은 현실발전의 요구에 맞게 간부들과의 사업을 계속 심화시켜나갔다"는 간단한 서술로 대체됐다. 앞의 책(2006년판), 547쪽.
79) 앞의 책(2004년판), 546~547쪽.
80) 1960년대 후반 당의 유일사상체계 확립 관련 서술도 비슷하다. 2004년판에는 박금철, 김도만 같은 "반당수정주의분자들"이 선전, 경제, 대남사업 부문에서 어떤 죄행을 저질렀는지를 '조선로동당력사연구실' 폐관 지시, 대안의 사업체계와 '일당백' 구호 비방중상, 수정주의적 경제이론 유포, 중농을 '실농군', '핵심'으로 지칭 등 구체적 예를 들며 서술하고 있다. 이에 비해 2006년판에서는 "당원들과 근로자들을 우리 당의 혁명사상으로 무장시키는 사업과 혁명전통교양을 방해하였고 경제건설과 국방건설의 병진로선과 천리마운동을 비방중상하였으며 당의 계급진지를 허물려고 교묘하게 책동하였다"고 간단히 언급하는 데 그쳤다. 1969년 1월 숙청된 "반당군벌관료주의자들"의 책동도 2006년에는 좀 더 간략하게 서술했다. 앞의 책(2004년판)과 앞의 책(2006년판), 347쪽, 351쪽.

당의 지배력을 훼손시킬 수 있다는 우려 때문에 이루어진 변화 같다. 당연히 북한체제 밖의 독자들도 의식했을 것이다. 어쨌든 서술기조를 이렇게 바꾸면서 당은 선군정치의 의의 중 하나를 좀 더 효과적으로 부각시킬 수 있는 여지는 스스로 좁힌 셈이다.

5. 맺음말

조선로동당 선군정치 서술의 분기점은 2005년이었다. 이전까지 선군정치 서술은 독창성을 강조하는 방향으로 진행되고 있었다. 초기부터 김정일의 선군정치 창시가 지닌 역사적 의의, 선행정치와 구분되는 선군정치의 이론적·실천적 특징 등을 주로 서술했고, 급기야 2004년에는 선군정치가 '김정일이 창시한 선군사상의 현실화'라는 논리까지 당 기관지와 당사에 등장했다.

선군정치 이론화 작업 중 핵심인 사상이론적 기초 해명이 2004년에 어느 정도 완료된 것도 이러한 경향을 심화시킨 것으로 보인다. 곧 김정일이 독창적으로 내놓은 새로운 주력군 이론과 총대철학, 그리고 김정일·군대·인민이 지닌 신념과 투쟁정신의 '총체'가 바로 선군정치의 사상이론적 기초로 정리되었는데, 이로써 김정일이 창시한 선군사상의 구성요소까지 명백해 진 것이다. '선군정치의 사상이론적 기초=선군사상'인 셈이다.

그러나 2005년부터는 선군정치 '1995년 1월 1일 시작설'을 '1960년대 말 시작, 1995년 1월 1일 전면적 실현설'로 바꾸되, 선군사상의 창시자는 김일성으로 '확정'함으로써 독창성과 계승성을 절묘하게 결합시켜 나가고 있다.

우선, 김정일의 독창성을 선군사상 창시자로서의 독창성이 아니라, 선군사상 계승자로서의 독창성으로 제한했다. 계승성을 간과해선 안 된다는 비판적 문제제기가 당 선전사업부문에 집중됐던 것으로 보인다. 그러면서도 선군정치 시점을 앞당기고, 김정일의 당·군대 사업승계를 강조함으로써 선군정치 창시자의 영예만큼은 더 확실하게 김정일로 귀속시켰다.

2006년판 해설서에서 당은 "일정한 정치를 실현할 수 있는 수단과 방법, 체계의 총체로서 새로운 정치방식이 출현하자면 해당 정치가 내세우는 주되는 정치적력량의 위력이 강화되고 그 정치를 실현할 수 있는 국가기구체계가 확립되여야" 한다는 논리를 내세워,[81] 왜 선군정치 시점을 앞당겼는지 해명하고 있다. 같은 책에 따르면 김일성은 이미 1960년대 말에 김정일에게 당과 군대사업을 맡겼으므로[82] 이 과정을 진행한 것, 곧 선군정치를 시작하고 완성해 간 것은 전적으로 김정일의 업적이 된다.[83]

당은 이렇게 김정일의 선군정치를 김일성 선군사상의 '독창적' 현실화로 규정하면서 선군정치 서술을 어느 정도 매듭지었지만 과제는 남아 있는 것 같다. 1970~1980년대를 선군정치 '실행기'로 규정하기 위해서는 1990년대 서술처럼 김정일의 구체적인 군대선봉 업적을 소개해주어야 한다. 당의 정의를 보면 선군정치는 군사선행뿐 아니라 군대선봉을 포괄하기 때문이다. 또한 존재한다면 이 시기에 선군정치를 위한 국가기구체계 확립 노력은 어떻게 진행되었는지도 소개해 줄 필요가 있다.

현재까지 당은 김정일이 군대를 "소문 없이" 키워왔다며,[84] 이 시기 군사선행 업적을 당사에서 비교적 상세히 소개하는 데 비해, 같은 시기 군대를 선봉에 세워 무엇을 이룩했는지, 그리고 국가기구체계는 어떻게 바꾸어왔는지는 언급하지 않고 있다. 만약, 1990년대 서술처럼 뚜렷한 군대동원 양상이나 국가기구체계 변화를 소개하지 못한다면, 선군정치 '1960년대 말 시작설'은 설득력이 부족하다는 평가를 받을 수밖에 없다. 선군정치 '1995년 1월 1일 시작설'의 한계는 말할 필요도 없다. 너무도 뚜렷한 선군양상인

---

81) 2006년판 해설서, 74쪽.
82) 2006년판 해설서, 61~63쪽.
83) 해설서가 김일성의 선군혁명업적을 1960년대 후반(붉은청년근위대 조직은 1970년 9월) 즈음까지만 서술하고 있는 것도 주목된다. 2006년판 해설서, 40~58쪽. 1998년에 나온 김일성의 군사업적 해설서는 전군 주체사상화, 군대의 군사적 위력 강화를 위한 1970년대 김일성의 행보도 상세히 서술하고 있다. 조선로동당출판사, 『위대한수령 김일성동지의 불멸의 혁명업적 9: 주체형의 혁명무력건설』(평양: 조선로동당출판사, 1998), 385~423쪽.
84) 2006년판 해설서, 78쪽.

1990년대 초반 "제국주의련합세력"과의 대결을 서술하지 못하기 때문이다.

따라서 조심스럽게 예측해 보면 조선로동당이 선군정치 '1960년대 말 시작설'에 좀 더 부합하게 서술한 당사 발간을 계획하고 있을 것 같기도 하다. 당사 2006년판은 2004년판을 부분적으로 급하게 수정한 인상이 강하기 때문이다. 그리고 이러한 문제의식을 반영한 새 당사가 나온다면 북한체제 밖의 독자들은 1970~1980년대 사회주의 수호·건설 과정에서 조선인민군이 했던 역할을 보다 풍부히 인식하게 될 것이다.

참고문헌

『로동신문』, 1998년 10월 19일자 ; 2002년 10월 5일자.

강성길,『선군시대 조국을 가다』(평양: 평양출판사, 2002).
고초봉,『선군시대 혁명의 주체』(평양: 평양출판사, 2005).
김봉호,『위대한 선군시대』(평양: 평양출판사, 2004).
_____,『선군으로 위력 떨치는 강국』(평양: 평양출판사, 2005).
김인옥,『김정일장군 선군정치리론』(평양: 평양출판사, 2003).
김정일,「전군을 김일성주의화하자(1975.1.1)」,『김정일선집』5권(평양: 조선로동당출판사, 1996).
_____,「조선로동당 중앙위원회 책임일군들과 한 담화(1996.12.7)」,『월간조선』1997년 4월호.
_____,「혁명적군인정신을 따라 배울 데 대하여(1997.3.17)」,『김정일선집』14권(평양: 조선로동당출판사, 2000).
_____,「기자, 언론인들은 우리의 사상, 우리의 제도, 우리의 위업을 견결히 옹호고수하는 사상적기수이다(2001.11.18)」,『김정일선집』15권(평양: 조선로동당출판사, 2005).
_____,「선군혁명로선은 우리 시대의 위대한 혁명로선이며 우리 혁명의 백전백승의 기치이다(2003.1.29)」,『김정일선집』15권(평양: 조선로동당출판사, 2005).
김진환,「북한의 체제위기와 대응전략: 개혁과 선군의 병행」(동국대 사회학박사 학위논문, 2008).
김철우,『김정일장군의 선군정치』(평양: 평양출판사, 2000).
리철·심승건,『위대한령도자 김정일동지께서 밝히신 선군혁명령도에 관한 독창적사상』(평양: 사회과학출판사, 2002).
오성길,『선군정치: 주체사회주의 생명선』(평양: 평양출판사, 2003).
오현철,『선군과 민족의 운명』(평양: 평양출판사, 2007).
전덕성,『선군정치에 대한 리해』(평양: 평양출판사, 2004).

정성장, 「김정일시대 북한의 후계문제: 징후와 후계 구도」, 『한국정치학회보』 39집 2호(2005).
정영철, 『김정일 리더십 연구』(서울: 선인, 2005).
조선로동당중앙위원회 당력사연구소, 『조선로동당략사』(평양: 조선로동당출판사, 1979).
_____, 『조선로동당력사』(평양: 조선로동당출판사, 1991).
_____, 『조선로동당력사』(평양: 조선로동당출판사, 2004).
_____, 『조선로동당력사』(평양: 조선로동당출판사, 2006).
_____, 『우리 당의 선군정치』(증보판)(평양: 조선로동당출판사, 2006).
조선로동당출판사, 『위대한수령 김일성동지의 불멸의 혁명업적 9: 주체형의 혁명무력건설』(평양: 조선로동당출판사, 1998).
진희관, 「북한에서 '선군'의 등장과 선군사상이 갖는 함의」, 『국제정치논총』 제48집 제1호(2008).
최기환, 『민족과 선군정치』(평양: 평양출판사, 2003).
편집부, 『선군태양 김정일장군 1』(평양: 평양출판사, 2006).
_____, 『선군태양 김정일장군 3』(평양: 평양출판사, 2006).

부록

1. 조선로동당사에 등장하는 인물들
2. 조선로동당사 목차
3. 북한연표(1945~2007)

〈부록 1〉 조선로동당사에 등장하는 인물들

조선로동당사에는 수많은 사람들이 등장한다. 이들 모두는 조선로동당 혹은 북한의 역사에서 중요한 영향을 미쳤던 사람들이다. 긍정적이든 부정적이든 북한의 역사에 중요한 영향을 미쳤던 것만큼 이들 각각의 사람들에 대한 분석은 북한의 역사를 또 다른 측면에서 살펴보는 데 도움이 될 것이다.

먼저, 당사에 등장하는 인물들을 판본에 따라 살펴보면 1964년판은 33명의 인물이 언급되고 있다. 이 중 항일무장투쟁 참가자 및 김일성 관련 인물은 강건, 강반석, 권영벽, 김일, 김형권, 김형직, 리제순, 마동희, 박금철, 박달, 안길, 오중흡, 최용건, 최현 등이다. 전체 33명 중 14명을 차지하고 있다. 이미 1964년 당사 서술의 시기에서도 이들은 중요한 인물로 언급되고 있는 것이다. 이외에도 김일성과 함께 항일무장투쟁을 함께하지는 않았지만, 만주에서 항일에 참가한 리동광, 리홍광 등이 언급되고 있다. 한편, 한국전쟁에서 위훈을 세우거나 영웅적인 행동을 한 인물들도 언급되고 있는데 강호영, 김창걸, 리수복 등이 대표적으로 언급되고 있다. 특징적인 것은 1964년판에서 가장 빈번히 언급되는 인물이 이승만과 박헌영이라는 것이다. 이승만과 박헌영은 2004년판 당사까지 언급되는 횟수가 가장 많은 데, 이승만의 경우는 해방 후부터 1960년의 '4·19혁명'에 이르기까지 북한이 상대해야 했던 남한의 대통령이었던 사정과 관련되기 때문이다. 이승만에 대한 언급은 '4·19혁명' 이후 시기부터는 거의 언급되지 않고 있다. 반면 박헌영은 북한의 정치 역사에서 가장 중요한 인물의 하나였고, 따라서 그에 대한 비판과 잔재를 청산하는 것은 매우 중요한 과제였음이 틀림없다. 이것이 그가 북한의 정치에 등장하는 기간이 짧음에도 불구하고 당사에 자주 등장하는 이유가 될 것이다. 이 외에도 1964년판에 자주 등장하는 인물은 박창옥, 최창익, 이승엽 등을 들 수 있다. 박창옥은 허가이 이후, 소련파를 대표하는 인물이라는 점에서, 최창익은 연안파의 대표적인 인물이라는 점에서 자주 언급되고 있고, 이승엽은 박헌영과 더불어 국내파 공산주의를 대표했던 인물이라는 특징을 갖는다.

1964년에 등장하는 인물들의 특징은 이승만, 박헌영 그리고 박창옥, 최창익, 이승엽을 제외하면 언급되는 횟수가 5회 이상을 넘지 않는다는 점이다. 즉, 인물에 대한 언급이 상대적으로 최소화되어 나타나고 있다는 점이다. 허가이가 총 8회 언급으로 뒤를 잇고 있지만, 위에서 열거한 항일무장투쟁 참가자들의 경우 대체로 1회 언급에 그치거나, 많아도 3회 이상은 언급되지 않고 있다. 이는 1964년판 당사가 김일성을 중심으로 한 인물(항일무장투쟁 참가자, 친인척 및 관련자)에 대해 대표성만을 부여하는 정도로 그치고 있음을 말해준다.

1964년판에 등장하는 외국 인물은 레닌, 베른슈타인, 티토(찌또) 그리고 카우츠키(카우쯔키), 히틀러 5명이다. 이 중 레닌을 제외하고는 모두 북한에서 수정주의자 및 반동으로 평가되는 인물이다. 맑스-레닌주의에 입각하여 그에 반대되는, 혹은 수정주의적 경향을 비판하는 논거로서 이들이 사례로 등장한 것으로 보인다.

다음으로, 1979년판에 등장하는 인물들은 총 29명으로 1964년판에 비해 4명이 줄었다. 1979년판에 사라진 사람들은 강호영, 김일, 레닌, 김창걸, 김책, 리동광, 리수복, 리홍광, 박금철, 박일우, 베른슈타인, 안길, 오기섭, 티토, 최용건, 최현, 카우츠키 등이다. 반면 새로이 등장하는 인물은 김구, 김정숙, 김종태, 김주현, 김철주, 마에다, 맑스, 박록금, 박정희, 아이젠하워, 엥겔스(엥겔쓰), 장개석, 지태환, 최영도 등이다. 사라진 사람은 한국전쟁 관련자(강호영, 김창걸, 리수복), 그리고 히틀러를 제외한 외국인물 전원이다. 또한 항일무장투쟁 참가자 중 상당수가 1979년판에는 등장하지 않는다. 1964년판에 비해 유일전통이 확립되면서 서술된 항일무장투쟁사가 새로이 정식화되어 나타나면서 발생한 현상이 아닐까 생각된다. 또한 1975~1976년경 김동규 등에 의해 김정일의 항일무장투쟁 참가자들에 대한 지나친 예우가 비판되었던 정치 분위기가 일정하게 반영된 것이 아닐까 생각된다. 반면 박금철, 오기섭 등 수정주의 혹은 반당분자로 숙청된 인물들이 전혀 언급되지 않고 있는 것은 수령제 확립에 따른 영향으로 보인다.

아무튼 1979년판 당사에 등장하는 인물들은 1964년판에 비해 숫자도 줄었고, 항일무장투쟁 참가자들에 대한 언급도 줄었다. 항일무장투쟁에 대한 체계화된 서술이 1979년판부터 이루어졌다는 것을 상기하면, 인물들의 언급 횟수가 줄었다는 것은 당사의 서술이 보다 '유일'에 맞추어져서 서술되었다는 것을 말해준다. 즉, 1964년판에 언급되지 않았던 김정숙, 김주현, 김철주, 박록금, 지태환 등이 언급되었는데, 김정숙을 제외하면 이들은 대부분 항일무장투쟁 초기에 사망한 사람들이다. 그만큼 김일성과 함께 항일투쟁 과정에서 생사고락을 같이하다가 사망한 사람들인 것이다.

1979년판에 새롭게 등장한 인물 중 눈에 띄는 사람은 김구, 김종태, 최영도, 박정희이다. 김구의 경우 1948년 연석회의 및 통일전선에 대한 강조와 김일성에 대한 재평가의 측면에서 등장하였고, 김종태와 최영도는 통혁당 관련 인물로서 남한 혁명가를 대표하고 있으며, 박정희는 1960~1970년대 북한이 상대해야 했던 남한의 최고지도자로서 등장하였다. 이 중 박정희는 새로이 등장하였음에도 3번째로 많은 등장 횟수를 보이고 있다. 또한 한 가지 특징적인 것은 최창익이 1964년판보다 언급되는 횟수가 보다 더 많다는 점이다. 이는 1956년 8월의 소위 '종파사건'의 연루자로서 최창익의 죄행이 추가되고, 그에 대해 집중적인 비판이 이루어진 것과 관련된 것으로 보인다.

1979년판은 1964년판에 비해 등장하는 인물의 수는 줄었지만, 이승만과 박헌영의 등장 횟수를 제외하면 다른 인물들의 언급 횟수는 증가하였다. 대표적으로 김정숙은 첫 등장에서 10회가 넘게 언급되고 있다. 또한 김일성의 친인척들에 대한 언급도 늘어났다. 강반석, 김형직, 김정숙, 김형권, 김철주 등이 1979년판에 와서는 모두 언급되고 있다. 1970년대 이루어진 '유일사상체계' 확립의 사회적 분위기와 역사서술의 방향을 보여주는 것이라 여겨진다.

다음으로, 1991년판에서는 등장하는 인물의 수가 대폭 확대되었다. 인물의 수만 80명에 이른다. 또한 항일무장투쟁참가자 및 관련자들의 등장이 대폭 확대되었고, 남한 혁명가들이 많이 언급되고 있다. 새로이 등장한 인물들을 보면 강병선, 계영춘, 김경석, 김규식, 김리갑, 김봉석, 김원우, 김일룡, 김일환, 김정룡, 김중권, 김철(김금철), 김해산, 김혁, 류경수, 리광, 리동걸, 리동학, 리영, 리용, 리제우, 리주연, 리청산, 림춘추, 민덕원, 박근원, 박길송, 박선봉, 박우현, 박인진, 박진영, 박훈, 백신한, 오빈, 오중성, 오중화, 조옥희, 차광수, 최윤구, 최창걸, 최효일, 허형식, 현균, 홍명희 등이다. 이들 중 대부분은 항일무장투쟁 참가자 및 관련자들이다. 이러한 변화는 1991년판 당사가 이미 유일사상체계가 확립된 이후에 쓰여진 것이며, 항일무장투쟁이 '유일전통'으로서 확고하게 자리잡았음을 말해준다. 또한, 항일무장투쟁에 관련한 연구가 진척되면서 관련자들에 대한 폭넓은 연구와 평가 작업이 상당부분 완료된 사정을 반영한 것으로 보인다.

이외에도 처음 등장하는 인물로는 닉슨, 노태우, 전두환, 조봉암 등이 있다. 조봉암의 경우, 1950년대 인물로서 1964년판, 1979년판에는 언급되지 않았지만, 1991년판에 와서 등장하고 있다. 남조선 혁명 및 통일 관련 부분에서 언급되고 있다. 반면, 1964년판 혹은 1979년판에는 언급되었지만, 1991년판에 언급되지 않은 사람은 김철주, 레닌, 리동광, 리홍광, 마동희, 맑스, 박금철, 박일우, 베른슈타인, 엥겔스, 오기섭, 티토, 카우츠키, 히틀러 등이다. 주목을 끄는 것은 맑스, 엥겔스, 레닌 등 외국 인물들은 거의 다 등장하지 않는다는 점이다. 이는 앞서 본문에서 살펴본 것처럼, 맑스-레닌주의에서 주체사상으로의 변화, 민족적 주체성의 강화 등의 영향이 당사에 그대로 투영된 결과로 보인다. 초기 김일성과 함께 했던 항일무장투쟁 참가자들 중 대표적인 인물인 김혁, 차광수 등이 등장하고 언급되는 횟수도 상대적으로 높다. 이러한 사실은 곧 당사가 점차 '수령' 김일성의 영도사로 자리잡으면서 김일성과 관련된 인물들이 내용을 채우고 있다는 것을 말해준다. 특히, 김혁과 차광수 등은 김정일이 후계자로 등장하면서 이들을 '수령'에 대한 충성의 모범으로 내세웠던 것과 관련된 것으로 보인다. 한편, 이승만과 박헌영을 제외하고 가장 많이 언급되고 있는 인물은 김정숙으로 나타나고 있는데, 김일성·김정일과 함께 '백두산 3대장군'으로 불리는 김정숙에 대한 권위의 부여가 이루어지고 있는 현실을 반영한 것으로 보인다.

마지막으로 2004년판 당사는 가장 많은 86명의 인물이 등장한다. 이 중 처음 등장하는 인물은 고르바초프(고르바쵸브), 길영조, 김광철, 김도만, 김제원, 단군, 동명왕, 여운형, 리대훈, 모택동, 스탈린(스딸린), 안영애, 오백룡, 오진우, 왕건, 조정철, 주은래, 최광, 최춘국, 카터, 클린턴(클린톤), 한계렬, 허헌, 흐루시초프(흐루쑈브) 등이다. 앞선 새로운 인물의 등장과 비교하면 비교적 다채로운 인물들이 새롭게 등장하고 있다. 특히, 북한 정권을 수립·강화하는 데서 공적을 인정받은 사람들이나 영웅 칭호를 받은 사람들이 등장하고 있다. 또한 1990년대 북·미 간 핵협상과 관련하여 카터와 클린턴이 등장하고 있는 것도 눈에 띈다. 흥미로운 것은 단군, 동명 등이 언급되고 있는 것인데, 1980년대 말부터 부쩍 강화된 민족주의적 흐름과 단군왕릉, 동명왕릉 개건과 관련된 것으로 보인다.

2004년판 역시 가장 많이 언급되는 인물은 이승만과 박헌영이며, 그 외에도 김정숙과 오중흡 등이 상대적으로 많이 언급되고 있다. 이승만과 박헌영이 북한의 역사에서 비판, 투쟁의 대상으로서 많이 언급되고 있다면, 김정숙과 오중흡은 '수령'에 대한 충성의 전형으로서 언급되고 있다.

당사에 등장하는 인물들을 유형별로 구분해보면 항일혁명투쟁 참가자들, 북한이 수정주의·종파주의로 비판하고 제거했던 사람들, 한국전쟁 참가자들과 남한과 관련한 주요 인물들 그리고 외국의 인사들이 포함된다. 그러나 이들 인물이 등장하는 빈도와 설명하는 방식은 당사의 판본과 함께 일정한 변화를 보이고 있다. 1964년판에서는 주로 항일무장참가자들과 관련자들이 한정된 분야에서만 등장하고, 오히려 북한의 초기 정치에 영향을 미쳤던 부정적 인물들이 보다 더 자주 언급되고 있다. 또한 항일투쟁 참가자들 중에서도 김일성과 함께 하지 않았던 인물들도 언급되고 있다. 예를 들면, 리동광과 리홍광 등이 대표적이다. 아마도 1964년판의 출간 당시에는 초기 김일성이 벌였던 정치 투쟁을 주요하게 서술해야 했던 사정이 반영되었을 것이다. 또한 아직 유일체계가 성립되지 않은 상태에서 항일무장투쟁 참가자들에 대한 언급보다는 다양한 정치, 사회 현상에 대한 설명에 중점을 둬야 했던 사정 때문이었을 것이다. 이후, 점차로 등장하는 인물들은 대체로 항일무장투쟁 참가자들 및 관련자들이 차지하고 있다. 북한 사회의 '유일체제'로의 변화를 보여주는 것이며, 다른 한편으로는 항일무장투쟁에 대한 서술이 주체사관에 근거하여 '유일 혁명전통'으로 자리잡았음을 보여주는 것이다. 1991년판과 2004년판에 가서는 항일무장투쟁 참가자들 이외에도 북한 역사에서 영웅, 뛰어난 업적을 쌓은 사람 혹은 중요한 역사적 사건의 한 자리를 차지했던 사람들이 보다 더 다양하게 언급되고 있다. 또한 북한에 영향을 미쳤던 중요한 국제적 사건의 당사자들 역시 언급되고 있다. 이러한 변화는 북한의 당사가 2004년판에 이르러 사실적이며, 객관적인 성격을 띠게 하는 조건이 되고 있다. 비록 주체사관과 '수령'의 영도사로서 당사가 기록되고 있지만, 다른 한편으로는 1990년대 이후에는 기록하는 범위가 넓어지고, 사실적인 기록에 충실하고자 하는 모습도 눈에 띤다.

　당사 서술의 변화를 살펴볼 때, 이후에 출간되는 당사에는 보다 더 다양한 경력의 사람들의 언급되어 갈 것이다. 그것은 북한 사회의 전개과정에서 필연적인 것이라 할 수 있다. 그럼에 불구하고 지금까지의 당사가 '주체'의 원리에 입각해 보다 더 민족 중심적인 성격을 강화하고 있다는 것을 염두에 두면, 앞으로는 주체·민족·전통 등과 동떨어진 인물이 등장하기는 힘들 것이다. 물론, 이에 대한 비판의 사례로서 그러한 인물이 등장할 가능성은 있다.

　당사에 등장하는 인물들의 변화를 통해서도 우리는 북한이 점차 자신들의 유일사상체계와 김일성 중심의 서술을 강화해왔다는 것을 확인할 수 있으며, 1990년대 이후로는 민족 중심적 서술을 강조하고 있음을 확인할 수 있었다. 앞으로 북한체제의 변화에 따라 당사의 성격도 변화할 것이며, 등장하는 인물들도 변화할 것이다. 이를 통해서 우리는 북한이 어떠한 방향으로, 그리고 무엇을 목적으로 자신들의 역사를 개척해 갈 것인지를 대략 짐작할 수 있을 것이다. 지금 현재 강성대국 건설이라는 자신들의 유토피아적 목표와 개혁·개방의 추진이라는 발전의 목표, 이 두 마리의 토끼를 잡고자 하는 북한의 입장에서 어떤 인물들이 미래의 당사에 언급될 것인지는 북한이 지향하는 사회주의와 그들이 강조하고자 하는 민족성과 주체성의 성격에 의해 규정될 것이다. 그리고 그것은 북한 사회주의의 미래에 대해 분명한 암시를 주는 지점이 될 것이다. 당사 연구에 앞으로 주목해야 할 중요한 지점이라 하겠다.

〈표〉 당사에 나온 인물 목록
〈1964년판 인물 목록〉

번호	이름	1	2	3	4	5	6	7	8	9	10	11	12	13	14	15	16	17	18	19	20	21	22
1	강건	252																					
2	강반석	47																					
3	강호영	303																					
4	권영벽	91	98																				
5	김일	107	252																				
6	김창걸	303																					
7	김책	58	103	252																			
8	김형권	47																					
9	김형직	47																					
10	레닌	328	475																				
11	리동광	58																					
12	리수복	303																					
13	리승만	131	220	224	225	225	227	228	228	237	239	240	241	243	243	245	245	245	246	248	249	249	249
14	리승엽	297	297	297	297	298	318	356															
15	리제순	91	98																				
16	리홍광	58																					
17	마동희	98																					
18	박금철	91	92	98																			
19	박달	91	92	98																			
20	박일우	356																					
21	박창옥	264	342	348	349	349	362	363	364	365	365	366											
22	박헌영	129	129	131	143	143	143	144	146	146	154	176	176	176	176	177	179	190	190	191	199	222	222
23	베른슈타인	53																					
24	안길	107																					
25	오기섭	129																					
26	오중흡	101																					
27	찌또	243	243	243																			
28	최용건	58	103	252																			
29	최창익	179	322	361	362	363	364	365	365	366	370	384											
30	최현	107																					
31	카우쯔키	53																					
32	허가이	264	281	281	283	318	342	356	363														
33	히틀러	111																					

조선로동당사에 등장하는 인물들

25	26	27	28	29	30	31	32	33	34	35	36	37	38	39	40	41	42	43	44	45	46	47	48	49	50	51
250	251	257	300	301	310	355	372	441	441	443	443	443	443	444	444	446	446	446	447	447	447	447	448	448	449	457
239	240	240	240	241	241	256	257	291	293	297	297	297	297	297	298	298	298	318	320	349	356	360				

<1979년판 인물 목록>

번호	이름	1	2	3	4	5	6	7	8	9	10	11	12	13	14	15
1	강반석	15														
2	권영벽	131														
3	김구	313														
4	김정숙	131	131	131	131	131	131	131	132	155	155	155				
5	김종태	646														
6	김주현	131														
7	김철주	77														
8	김형권	45														
9	김형직	14	14	15	15	15	15									
10	리승만	220	260	261	262	326	328	329	329	329	330	331	333	340	342	383
11	리승엽	397														
12	리제순	131														
13	마동희	142														
14	마에다	162	162	162												
15	맑스	133	192													
16	박달	132														
17	박록금	131														
18	박정희	508	638	639	639	639	640	643	644	644	645	730	730	734	734	
19	박창옥	348	426	440	441											
20	박헌영	214	216	220	234	235	262	265	265	266	266	274	275	275	311	326
21	아이젠하워	376	380													
22	엥겔쓰	347														
23	오중흡	155														
24	장개석	376														
25	지태환	131														
26	최영도	646														
27	최창익	268	439	439	440	440	440	441	441	442	442	443	443	443		
28	허가이	348	365	369	370	397										
29	히틀러	347	347													

조선로동당사에 등장하는 인물들

16	17	18	19	20	21	22	23	24	25	26	27	28	29	30	31	32	33
393	404	501	501	502	503	504	504	504	505	505	505	505	506				
735	735	735	736														
326	327	341	341	376	380	380	380	380	380	381	381	381	381	381	397	398	434

<1991년판 인물 목록>

번호	이름	1	2	3	4	5	6	7	8	9	10	11	12	13	14	15	16	17	18	19	20
1	강건	233																			
2	강반석	12	13	15																	
3	강병선	15																			
4	계영춘	15	30	33																	
5	공영	33																			
6	권영벽	89																			
7	김경석	174																			
8	김구	248																			
9	김규식	248																			
10	김리갑	30	33																		
11	김봉석	102																			
12	김원우	15	30	33																	
13	김일	137	174																		
14	김일룡	44																			
15	김일환	44																			
16	김정룡	44																			
17	김정숙	97	97	98	98	111	117	123	126	126	146	146	146	470							
18	김종태	450																			
19	김주현	88	89	111																	
20	김중권	44																			
21	김책	127	174																		
22	김철(김금철)	44																			
23	김해산	44	88																		
24	김혁	18	30	33	503	554															
25	김형권	30	33	33																	
26	김형직	12	12	13	13																
27	닉슨	523	523																		
28	로태우	598	598	598	598	598	600														
29	류경수	137	270																		

조선로동당사에 등장하는 인물들 263

이름	1	2	3	4	5	6	7	8	9	10	11	12	13	14	15	16	17	18	19	20	21
리광	44																				
리동걸	122																				
리동학	88																				
리수복	291																				
리승만	203	256	262	263	263	263	265	266	266	270	320	379	379	380	380	380	381	381	381	381	518
리승엽	310	324																			
리영	147																				
리용	147																				
리제순	89	100																			
리제우	15	30	33																		
리주연	147																				
리청산	44																				
림춘추	174																				
마에다	126																				
민덕원	147																				
박근원	30																				
박길송	127																				
박달	96																				
박록금	89																				
박선봉	127																				
박우현	147																				
박인진	101	102																			
박정희	383	383	449	449	449	518	519														
박진영	33																				
박창옥	340	347	347																		
박헌영	173	180	206	206	206	214	214	246	257	257	257	307	310	310	310	311	324	324	344		
박훈	44																				
백신한	15	33																			
아이젠하워	307	310																			
안길	137	174																			
오빈	44																				

번호	이름	1	2	3	4	5	6	7	8	9	10	11	12	13	14	15	16	17	18	19	20
61	오중성	44																			
62	오중화	44																			
63	오중흡	117	503																		
64	장개석	261																			
65	전두환	519	519	598	598																
66	조봉암	380																			
67	조옥희	279																			
68	지태환	89																			
69	차광수	18	30	33	44	554															
70	최영도	450																			
71	최용건	127	233																		
72	최윤구	101																			
73	최창걸	15	18	30	33																
74	최창익	346	347	347	347	348	348	348													
75	최현	89	280																		
76	최효일	30	33																		
77	허가이	292	324																		
78	허형식	127																			
79	현균	33																			
80	홍명희	248																			

조선로동당사에 등장하는 인물들 265

⟨2004년판 인물 목록⟩

번호	이름	1	2	3	4	5	6	7	8	9	10	11	12	13	14	15	16	17
1	강건	156	212															
2	강반석	21																
3	강호영	225																
4	계영춘	35																
5	고르바쵸브	482																
6	권영벽	77	84	91														
7	길영조	536																
8	김경석	129	156															
9	김광철	498																
10	김구	194																
11	김규식	194																
12	김도만	347																
13	김리갑	35																
14	김원우	35																
15	김일	107	129	156	393													
16	김일룡	45																
17	김일환	45																
18	김정룡	45																
19	김정숙	76	84	94	95	98	100	111	158	174	334	413						
20	김제원	173																
21	김종태	361	361															
22	김주현	77																
23	김중권	45																
24	김책	129	156	212														
25	김철(김금철)	45																
26	김철주	54																
27	김해산	45																
28	김혁	35	442	453														
29	김형권	35	37															

번호	이름	1	2	3	4	5	6	7	8	9	10	11	12	13	14	15	16	17
30	김형직	21	28															
31	단군	510																
32	동명	509																
33	려운형	170																
34	류경수	129	156															
35	리광	45																
36	리대훈	217																
37	리동학	77																
38	리수복	229	536															
39	리승만	138	202	204	207	208	208	208	208	209	245	248	298	298	298	298	298	299
40	리승엽	214	243	243	251	269												
41	리제순	84	91															
42	리제우	35																
43	리청산	45																
44	림춘추	129																
45	마동희	91																
46	마에다	100																
47	모택동	206																
48	박근원	35																
49	박금철	347																
50	박달	81	81	91														
51	박록금	77																
52	박인진	91																
53	박창옥	265	270															
54	박헌영	131	163	169	170	170	194	202	240	243	243	243	243	243	243	251	251	269
55	박훈	45																
56	쓰딸린	303	303															
57	아이젠하워	240																
58	안길	107	129	156														
59	안영애	226																
60	오백룡	107	156															

조선로동당사에 등장하는 인물들

번호	이름	1	2	3	4	5	6	7	8	9	10	11	12	13	14	15	16	17
61	오빈	45																
62	오중성	36	45															
63	오중화	45																
64	오중흡	94	413	536	536	536	536	536										
65	오진우	393																
66	왕건	509																
67	장개석	205																
68	조봉암	298																
69	조정철	156																
70	주은래	206																
71	지태환	77																
72	차광수	35	45	442	453													
73	최광	107																
74	최영도	361	361															
75	최용건	156																
76	최창걸	35																
77	최창익	270	270	271	271	273												
78	최춘국	36	129	156														
79	최현	79	107	156	220													
80	최효일	35																
81	카터	504	504															
82	클린톤	505																
83	한계렬	225																
84	허가이	229	251															
85	허헌	170																
86	흐루쑈브	303	303	304														

〈종합〉

번호	이름	1964	1979	1991	2004	합계
1	강건	1	1	1	2	5
2	강반석	1	1	3	1	6
3	강병선	0	0	1	0	1
4	강호영	1	0	0	1	2
5	계영춘	0	0	3	1	4
6	고르바쵸브	0	0	0	1	1
7	공영	0	0	1	0	1
8	권영벽	2	1	1	3	7
9	길영조	0	0	0	1	1
10	김경석	0	0	1	2	3
11	김광철	0	0	0	1	1
12	김구	0	1	1	1	3
13	김규식	0	0	1	1	2
14	김도만	0	0	0	1	1
15	김리갑	0	0	2	1	3
16	김봉석	0	0	1	0	1
17	김원우	0	0	3	1	4
18	김일	2	0	2	4	8
19	김일룡	0	0	1	1	2
20	김일환	0	0	1	1	2
21	김정룡	0	0	1	1	2
22	김정숙	0	12	13	11	36
23	김제원	0	0	0	1	1
24	김종태	0	1	1	2	4
25	김주현	0	1	3	1	5
26	김중권	0	0	1	1	2
27	김창걸	1	0	0	0	1
28	김책	3	0	2	3	8
29	김철(김금철)	0	0	1	1	2

번호	이름	1964	1979	1991	2004	합계
30	김철주	0	1	0	1	2
31	김해산	0	0	2	1	3
32	김혁	0	0	5	3	8
33	김형권	1	1	3	2	7
34	김형직	1	6	4	2	13
35	닉슨	0	0	2	0	2
36	단군	0	0	0	1	1
37	동명	0	0	0	1	1
38	레닌	2	1	0	0	3
39	려운형	0	0	0	1	1
40	로태우	0	0	6	0	6
41	류경수	0	0	2	2	4
42	리광	0	0	1	1	2
43	리대훈	0	0	0	1	1
44	리동걸	0	0	1	0	1
45	리동광	1	0	0	0	1
46	리동학	0	0	1	1	2
47	리수복	1	0	1	2	4
48	리승만	51	29	21	17	118
49	리승엽	7	1	2	5	15
50	리영	0	0	1	0	1
51	리용	0	0	1	0	1
52	리제순	2	1	2	2	7
53	리제우	0	0	3	1	4
54	리주연	0	0	1	0	1
55	리청산	0	0	1	1	2
56	리홍광	1	0	0	0	1
57	림춘추	0	0	1	1	2
58	마동희	1	1	0	1	3
59	마에다	0	3	1	1	5
60	맑스	0	2	0	0	2

번호	이름	1964	1979	1991	2004	합계
61	모택동	0	0	0	1	1
62	민덕원	0	0	1	0	1
63	박근원	0	0	1	1	2
64	박금철	3	0	0	1	4
65	박길송	0	0	1	0	1
66	박달	3	1	1	3	8
67	박록금	0	1	1	1	3
68	박선봉	0	0	1	0	1
69	박우현	0	0	1	0	1
70	박인진	0	0	2	1	3
71	박일우	1	0	0	0	1
72	박정희	0	19	7	0	26
73	박진영	0	0	1	0	1
74	박창옥	11	4	3	2	20
75	박헌영	47	33	19	17	116
76	박훈	0	0	1	1	2
77	백신한	0	0	2	0	2
78	베른슈타인	1	0	0	0	1
79	쓰딸린	0	0	0	2	2
80	아이젠하워	0	2	2	1	5
81	안길	1	0	2	3	6
82	안영애	0	0	0	1	1
83	엥겔쓰	0	1	0	0	1
84	오기섭	1	0	0	0	1
85	오백룡	0	0	0	2	2
86	오빈	0	0	1	1	2
87	오중성	0	0	1	2	3
88	오중화	0	0	1	1	2
89	오중흡	1	1	2	7	11
90	오진우	0	0	0	1	1
91	왕건	0	0	0	1	1

조선로동당사에 등장하는 인물들 271

번호	이름	1964	1979	1991	2004	합계
92	장개석	0	1	1	1	3
93	전두환	0	0	4	0	4
94	조봉암	0	0	1	1	2
95	조옥희	0	0	1	0	1
96	조정철	0	0	0	1	1
97	주은래	0	0	0	1	1
98	지태환	0	1	1	1	3
99	찌또	3	0	0	0	3
100	차광수	0	0	5	4	9
101	최광	0	0	0	1	1
102	최영도	0	1	1	2	4
103	최용건	3	0	2	1	6
104	최윤구	0	0	1	0	1
105	최창걸	0	0	4	1	5
106	최창익	12	13	7	5	37
107	최춘국	0	0	0	3	3
108	최현	1	0	2	4	7
109	최효일	0	0	2	1	3
110	카우쯔키	1	0	0	0	1
111	카터	0	0	0	2	2
112	클린톤	0	0	0	1	1
113	한계렬	0	0	0	1	1
114	허가이	8	5	2	2	17
115	허헌	0	0	0	1	1
116	허형식	0	0	1	0	1
117	현균	0	0	1	0	1
118	홍명희	0	0	1	0	1
119	흐루쑈브	0	0	0	3	3
120	히틀러	1	2	0	0	3

〈부록 2〉 조선로동당사 목차

조선로동당사의 각 판본별 목차를 소개한다. 목차를 통해서 당사의 변화를 쉽게 이해할 수 있을 것이다. 각 판본의 목차를 비교하면 2004년판에서만 누락된 항목을 하나 발견할 수 있다. 1964년판, 1979년판, 1991년판 모두 '머리말'이 먼저 나오고 본문이 시작되는 반면, 2004년판(2006년판 포함)은 아예 머리말이 생략되어 있다. 머리말은 대체로 조선로동당의 지위와 위치, 위대성 등을 표현하고 당사 학습의 필요성을 강조하고 있는 내용으로 채워진다. 2004년판 당사에서 머리말이 생략된 것이 단순한 서술상의 변화인지 아니면 다른 이유 때문인지는 정확히 판단하기 어렵다. 단지, 최근 들어 '실리'를 중시하고, 사회 전체의 변화가 진행 중인 것과 관련이 있는 것이 아닐까 하는 생각이 들기도 한다. 목차의 변화와 서술의 변화를 통해 북한 사회의 변화를 상상해보기 바란다.

1. 조선로동당력사교재(1964)

머리말

제1장 조선에서 맑스-레닌주의 보급과 초기 공산주의 운동(1920~1931)
제1절 20세기 초엽 조선의 사회 경제 형편.

로동 계급 앞에 제기된 혁명적 임무.
제2절 맑스-레닌주의의 보급과 조선 공산당의 창건.
제3절 인민 대중의 반일 투쟁의 강화.
공산주의 대렬 내에서의 파벌 싸움과 당의 해산.
제4절 로동자, 농민 대중의 폭력적 진출.
김일성 동지의 혁명적 활동의 개시.
간단한 결론.

제2장 항일 무장 투쟁과 반일 민족 통일 전선 운동. 공산당 창건의 조직 사상적 준비(1932~1945.8)

제1절 항일 유격대의 조직.
우리 나라 공산주의 운동과 반일 민족 해방 투쟁의 새로운 단계로의 발전.
제2절 유격 근거지-해방 지구의 창설.
항일 유격대와 반일 대중과의 련계의 강화.
혁명적 로조, 농조 운동.
제3절 좌경 배타주의를 극복하며 혁명 대렬의 통일 단결을 강화하기 위한 투쟁.
인민 혁명군 부대들의 적극적 공세에로의 이행.
제4절 반일 민족 통일 전선 운동과 공산당 창건을 위한 투쟁을 확대 강화하기 위한 방침.
조국 광복회 결성과 그 10대 강령.
제5절 장백 근거지 창설.
항일 무장 투쟁을 중심으로 한 반일 민족 해방 운동의 앙양.
제6절 민족 해방을 맞이하기 위한 제 대책.
소부대 유격 활동.
일제의 패망.
제7절 항일 무장 투쟁의 력사적 의의.
간단한 결론.

제3장 조선 공산당의 창건(1945.8~1945.12)

제1절 8·15 해방 직후 국내외 정세.

제2절 조선 공산당의 창건.
　　　 당의 정치 로선과 조직 로선의 확립.

제3절 대중을 전취하며 당의 령도적 역할을 높이기 위한 투쟁.
　　　 정치 로선의 실현을 방해하는 종파 분자들의 책동의 분쇄.

제4절 조선 공산당 북조선 조직 위원회 제3차 확대 집행 위원회.
　　　 당 대렬의 정비 강화.

간단한 결론.

제4장 북반부에서 반제 반봉건적 민주 혁명 과업 수행을 위한 당의 투쟁. 로동당의 창립(1946~1947.2)

제1절 공산당의 지도하에 민주주의 정당, 사회 단체들의 행동 통일의 강화.
　　　 북조선 림시 인민 위원회의 수립.

제2절 북반부에서 민주 개혁의 수행.

제3절 미제의 식민지 예속화 정책의 강화와 그를 반대하는 당의 투쟁 방침.
　　　 남반부 로동자들의 대중적 파업 투쟁과 10월 인민 항쟁.

제4절 로동당의 창립.

제5절 로동당 창립 후 당 대렬의 확대 강화.
　　　 첫 민주 선거와 건국 사상 총동원 운동.

간단한 결론.

제5장 북반부에서 사회주의 혁명 단계로의 이행. 인민 경제 부흥 발전과 조국 통일을 위한 당의 투쟁(1947.2~1950.6)

제1절 북조선 인민 위원회 수립.
　　　 첫 인민 경제 계획 수행을 위한 당의 투쟁.
　　　 조선 인민군의 창건.

제2절 미제에 의한 민족 분렬 위기의 격화.
　　　 조국 통일을 위한 당의 방침.

제3절 북조선 로동당 제2차 대회.
제4절 미제의 괴뢰 정부 수립 음모를 반대하며 남북 조선의 애국적 민주 력량의 통일을 강화하기 위한 투쟁.
　　　조선 민주주의 인민 공화국의 창건.
제5절 2개년 인민 경제 계획 수행을 위한 당의 투쟁.
제6절 조선 민주주의 인민 공화국 창건 후 남반부의 정치 정세.
　　　미제에 의한 전쟁 준비의 로골화.
　　　조국의 평화적 통일을 추진하기 위한 당의 투쟁.
간단한 결론.

제6장 조국 해방 전쟁 승리를 위한 당의 투쟁(1950.6~1953.7)

제1절 미제와 리승만 역도의 침략 전쟁 도발.
　　　적에 대한 반격에로 모든 력량의 동원.
　　　남반부의 광대한 지역의 해방.
제2절 조선 인민군의 전략적 후퇴와 반공격 준비를 위한 당의 투쟁.
제3절 조선 인민군의 반공격.
　　　혁명적 규률을 강화하기 위한 투쟁.
　　　후방의 복구 정비를 위한 당의 조직 정치 사업.
제4절 진지 방어전에로의 이행.
　　　당 조직 사업에서의 좌경적 편향의 극복과 당 대렬의 확대.
제5절 당 중앙 위원회 제5차 전원회의.
　　　박헌영 도당의 적발 숙청.
　　　미제의 군사 모험의 종국적 파탄과 정전 협정의 체결.
제6절 조국 해방 전쟁 승리의 력사적 의의.
간단한 결론.

제7장 전후 인민 경제 복구 건설을 위한 당의 투쟁. 농업 협동화의 결정적 승리(1953.7~1956)

제1절 당 중앙 위원회 제6차 전원회의.

전후 경제 건설의 기본 로선.
제2절 3개년 인민 경제 계획 수행에의 착수.
　　　공업 부문에서 지도 수준 제고를 위한 당의 대책.
제3절 농촌 경리를 복구 발전시키기 위한 당의 투쟁.
　　　농업 협동화 운동의 승리적 전진.
제4절 계급 교양을 강화하며 사상 사업에서 주체를 확립하기 위한 당의 투쟁.
제5절 조선 로동당 제3차 대회.
제6절 당 중앙 위원회 1956년 8월 전원회의.
　　　최창익 도당의 반당 반혁명적 음모 책동의 폭로 분쇄.
　　　3개년 인민 경제 계획의 기한 전 완수.
간단한 결론.

제8장 사회주의 공업화의 토대를 축성하며 조국의 평화적 통일을 촉진하기 위한 당의 투쟁. 북반부에서 사회주의 기초 건설의 완성(1957~1960)
제1절 당 중앙 위원회 1956년 12월 전원회의.
　　　천리마 운동의 개시.
제2절 조선 로동당 제1차 대표자회.
　　　각급 당 조직들의 사업을 개선하기 위한 집중 지도 사업의 강화.
제3절 도시와 농촌에서 생산 관계의 사회주의적 개조의 완성.
제4절 보수주의와 소극성을 극복하며 사회주의 건설의 고조를 더욱 높이기 위한 당의 투쟁.
제5절 문화 혁명의 성과적 추진.
　　　근로자들 속에서 공산주의 교양의 강화.
　　　천리마 작업반 운동.
제6절 완충기의 과업.
　　　김일성 동지의 청산리 지도와 당 사업 방법의 획기적 개선.
　　　5개년 계획 실행 총화.
제7절 남조선에서 정치 경제적 위기의 심각화.
　　　4월 인민 봉기.

조국 통일의 결정적 국면을 조성하기 위한 당의 투쟁.
간단한 결론.

제9장 사회주의의 높은 봉우리를 점령하기 위한 당의 투쟁(1961~)
제1절 조선 로동당 제4차 대회.
제2절 공업과 농업에 대한 새로운 지도 관리 체계의 수립.
  각급 당 조직들이 당 사업에 력량을 집중하며 행정 경제 사업에 대한 당적 령도를 강화하기 위한 제 대책.
제3절 7개년 계획 수행을 위한 투쟁의 성과적 추진.
  사회주의 진영과 국제 공산주의 운동의 통일 단결을 강화하기 위한 우리 당의 투쟁.

결론

2. 조선로동당략사(1979)

머리말

제1장 주체형의 공산주의혁명가대오의 형성. 혁명의 지도사상, 주체적혁명로선의 확립(1926~1931.12)
제1절 우리나라에서 공산주의운동의 발생.
  초기 공산주의운동의 제한성.
제2절 위대한 수령 김일성동지께서 타도제국주의동맹결성.
  새세대의 공산주의자들의 육성.
제3절 경애하는 수령 김일성동지께서 위대한 주체사상창시.
  주체사상은 혁명의 가장 정확한 지도사상.
제4절 카륜회의.
  위대한 수령 김일성동지께서 내놓으신 주체적혁명로선.

당창건준비사업을 추진시킬 데 대한 방침.
제5절 조선혁명군의 조직과 그 군사정치활동.
　　　좌경적모험주의로선을 배격하고 혁명적조직로선을 관철하기 위한 투쟁.

제2장 항일무장투쟁을 중심으로 반일민족해방운동의 새로운 높은 단계에로의 발전 공산주의대렬의 조직사상적통일을 위한 투쟁(1931.12~1936.2)
제1절 명월구회의.
　　　위대한 수령 김일성동지께서 반일인민유격대창건.
제2절 두만강연안유격근거지창설.
　　　왕재산회의.
제3절 공산당조직들과 대중단체들의 확대.
제4절 위대한 수령 김일성동지께서 독창적으로 밝히신 혁명무력건설원칙과 유격전술.
　　　유격대오의 장성과 무장투쟁의 강화.
제5절 항일무장투쟁의 혁명적영향의 확대.
　　　인민대중의 반일투쟁의 강화발전.
제6절 다홍왜 및 요영구 회의.
　　　좌경배타주의와 종파사대주의를 반대하며 혁명에서의 주체적립장을 고수하기 위한 투쟁.
　　　위대한 수령 김일성동지를 중심으로 한 공산주의대렬의 통일단결을 강화.
　　　조선인민혁명군의 광활한 지대에로의 진출.

제3장 항일무장투쟁을 확대하며 반일민족통일전선운동을 전국적 범위로 발전시키기 위한 투쟁 당창건준비사업의 전면적추진(1936.2~1940.8)
제1절 남호두회의.
　　　위대한 수령 김일성동지께서 내놓으신 반일민족해방투쟁의 일대 앙양을 위한 방침.
제2절 조국광복회창건.

　　　　　위대한 수령 김일성동지께서 내놓으신 통일전선운동의 기본원칙.
제3절 백두산근거지창설.
제4절 전국적범위에서 공산주의대렬과 애국력량을 묶어세우기 위한 투쟁. 보천보전투의 승리.
제5절 중일전쟁발발 후 조선인민혁명군의 군사정치활동의 강화.
　　　　　위대한 수령 김일성동지의 고전적로작 ≪조선공산주의자들의 임무≫.
　　　　　혁명대오의 주체사상화를 위한 정치교양사업의 강화.
제6절 남패자회의.
　　　　　조선인민혁명군의 ≪고난의 행군≫.
제7절 조선인민혁명군의 무산지구진출과 백두산동북부에서의 대부대선회작전.

제4장 조국광복의 대사변을 주동적으로 맞이하기 위한 투쟁. 항일무장투쟁의 위대한 승리(1940.8∼1945.8)

제1절 소할바령회의.
　　　　　위대한 수령 김일성동지께서 내놓으신 조국광복의 대사변을 준비있게 맞이하기 위한 방침.
제2절 광활한 지대에서의 조선인민혁명군의 소부대활동.
제3절 조선인민혁명군의 정치군사훈련과 대오의 간부화.
제4절 전인민적항쟁태세의 강화.
제5절 조선인민혁명군의 조국해방을 위한 최후공격작전과 항일무장투쟁의 빛나는 승리.
제6절 영광스러운 항일무장투쟁의 력사적의의.

제5장 공산당의 창건과 근로인민의 대중적당, 로동당으로의 발전. 반제반봉건민주주의혁명과업수행을 위한 당의 투쟁(1945.8∼1947.2)

제1절 위대한 수령 김일성동지께서 제시하신 새 조선 건설을 위한 3대당면과업.
　　　　　경애하는 수령님의 고전적로작 ≪진보적민주주의에 대하여≫.
제2절 북조선공산당 중앙조직위원회 결성.

주체형의 혁명적당, 김일성동지의 당의 창건.
제3절 대중쟁취를 위한 당의 투쟁.
근로단체들의 조직과 민주주의민족통일전선운동의 강화.
제4절 종파분자, 지방할거주의자들의 분렬책동을 짓부시기 위한 투쟁.
북조선공산당 중앙위원회의 제3차확대집행위원회.
제5절 북조선인민위원회 수립.
위대한 수령 김일성동지께서 독창적으로 밝히신 반제반봉건적사회경제변혁에 관한 리론.
북반부에서 민주개혁의 성과적수행.
제6절 위대한 수령 김일성동지께서 내놓으신 남조선혁명운동의 기본방침.
로동자들의 대중적파업투쟁과 10월인민항쟁.
제7절 로동당의 창립.
제8절 건국사상총동원운동.

제6장 북반부에서 사회주의혁명단계에로의 이행. 인민경제의 부흥발전과 조국의 자주적평화통일을 위한 당의 투쟁. 당의 령도적기능의 확대강화 (1947.2~1950.6)
제1절 북조선인민위원회의 수립과 사회주의에로 넘어가는 과도기임무의 점차적수행.
제2절 위대한 수령 김일성동지께서 내놓으신 자립적민족경제건설로선.
첫 인민경제계획수행을 위한 투쟁.
경제건설에 대한 당적지도의 강화.
정규적 혁명무력의 건설.
제3절 미제에 의한 민족분렬위기의 격화.
위대한 수령 김일성동지께서 내놓으신 조국의 자주적평화통일방침.
북조선로동당 제2차대회.
제4절 남북조선 정당, 사회단체 대표자연석회의.
조선민주주의인민공화국창건.
제5절 조선민주주의인민공화국의 정치, 경제, 군사적 위력의 강화.

미제의 전쟁도발책동을 짓부시고 조국의 평화적통일을 촉진하기 위한 투쟁.

제7장 조국해방전쟁승리를 위한 당의 투쟁. 당대렬의 확대와 당의 조직사상적강화(1950.6~1953.7)

제1절 미제와 그 앞잡이들의 침략전쟁도발과 조선인민의 조국해방전쟁 개시.
위대한 수령 김일성동지의 력사적인 방송연설 ≪모든 힘을 전쟁의 승리를 위하여≫.
남반부 넓은 지역의 해방.

제2절 전쟁의 일시적난국을 타개하기 위한 투쟁.
조선인민군의 새로운 반공격.
혁명적규률의 강화와 후방의 복구정비.

제3절 적극적진지방어전.
당조직사업에서 좌경적편향을 극복하기 위한 투쟁.
위대한 수령 김일성동지의 력사적인 2월연설.
전시생산과 전후복구건설준비사업의 추진.

제4절 당중앙위원회 제5차전원회의와 당원들의 당성제고.
박헌영도당의 적발숙청.
조국해방전쟁의 위대한 승리.

제5절 조국해방전쟁승리의 력사적의의.

제8장 전후인민경제복구발전과 사회주의기초건설을 위한 당의 투쟁. 력사적으로 내려오던 종파의 분쇄(1953.7~1960)

제1절 당중앙위원회 제6차전원회의.
위대한 수령 김일성동지께서 내놓으신 사회주의경제건설의 기본로선.
전후인민경제복구건설을 위한 투쟁.

제2절 위대한 수령 김일성동지께서 내놓으신 4월테제와 사회주의 기초건설을 위한 총적과업.
생산관계의 사회주의적개조의 성과적추진.

제3절 당원들과 근로자들 속에서 계급교양의 강화.
　　　위대한 수령 김일성동지의 고전적로작 ≪사상사업에서 교조주의와 형식주의를 퇴치하고 주체를 확립할 데 대하여≫.
　　　주체를 세우기 위한 투쟁에서의 새로운 전환.
제4절 조선로동당 제3차대회.
제5절 당중앙위원회 1956년 8월전원회의와 최창익도당의 폭로분쇄.
　　　조선로동당 대표자회.
　　　반혁명에 대한 공세의 강화.
제6절 당중앙위원회 1956년 12월전원회의.
　　　위대한 수령 김일성동지께서 내놓으신 사회주의건설에서 혁명적대고조를 일으킬 데 대한 방침.
　　　천리마운동의 개시.
제7절 생산관계의 사회주의적개조를 완성하기 위한 투쟁.
　　　위대한 수령 김일성동지께서 밝히신 사회주의하에서의 계속혁명에 관한 독창적 리론.
제8절 사회주의건설의 대고조를 더욱 높이기 위한 투쟁.
　　　혁명 전통교양의 강화.
　　　위대한 수령 김일성동지의 고전적로작 ≪공산주의교양에 대하여≫.
제9절 위대한 수령 김일성동지께서 심화발전시키신 주체적인 당사업리론.
　　　청산리정신, 청산리방법.
　　　사회주의 기초건설의 완성.
제10절 조국통일을 위한 주동적 공세의 강화.
　　　남조선에서의 4월인민봉기.
　　　위대한 수령 김일성동지의 주체사상에 기초한 해외교포운동의 획기적 발전.

제9장 사회주의의 전면적건설에로의 이행. 나라의 공업화를 실현하며 온 사회의 혁명화, 로동계급화를 다그치기 위한 당의 투쟁. 유일한 주체의 사상체계에 기초한 당의 통일단결의 빛나는 실현(1961~1970)

제1절 조선로동당 제4차대회.
제2절 위대한 수령 김일성동지께서 창조하신 대안의 사업체계와 새로운 농업지도체계.
　　당원들의 당조직생활을 강화하며 당사업에서 행정식방법을 극복하기 위한 투쟁.
제3절 당중앙위원회 제4기 제5차전원회의.
　　위대한 수령 김일성동지께서 내놓으신 경제건설과 국방건설을 병진시킬데 대한 혁명적로선.
　　나라의 방위력의 강화.
　　중공업을 정비보강하며 인민생활을 높이기 위한 투쟁.
제4절 경애하는 수령 김일성동지께서 내놓으신 농촌문제의 종국적해결을 위한 위대한 강령 《우리 나라 사회주의농촌문제에 관한 테제》.
제5절 위대한 수령 김일성동지께서 밝히신 사회주의하에서의 근로단체의 임무와 역할에 관한 독창적사상.
　　근로단체사업의 새로운 발전.
제6절 당중앙위원회 제4기 제10차전원회의.
　　일군들의 당성, 로동계급성, 인민성을 높이며 인민경제관리운영사업을 더욱 개선하기 위한 투쟁.
제7절 1966년 10월 조선로동당 대표자회.
　　국제적인 반제반미공동투쟁을 강화하며 세계혁명을 추진시키기 위한 당의 활동.
제8절 당중앙위원회 제4기 제15차전원회의.
　　당의 유일사상체계를 튼튼히 세우며 온 사회를 혁명화, 로동계급화하기 위한 투쟁.
제9절 위대한 수령 김일성동지의 고전적로작 《자본주의로부터 사회주의에로의 과도기와 프로레타리아독재 문제에 대하여》.
　　사회주의의 완전한 승리와 종국적승리에 관한 독창적리론.
제10절 사회주의공업화의 과업을 완수하기 위한 투쟁.
　　　위대한 수령 김일성동지의 고전적로작 《사회주의경제의 몇가지 리론문제에 대하여≫.
제11절 남조선의 혁명력량을 강화하기 위한 투쟁.
경애하는 수령 김일성동지의 위대한 주체사상을 지도리념으로 하는 통일혁명당의 창건.

제10장 사상, 기술, 문화의 3대혁명을 추진하여 온 사회의 주체사상화를 다그치며 혁명의 전국적승리를 앞당기기 위한 당의 투쟁. 당사업에서의 새로운 전환(1971~)

제1절 조선로동당 제5차대회.
제2절 3대기술혁명수행의 돌파구를 열기 위한 투쟁.
온 사회의 정치사상적통일의 전면적강화.
조선민주주의인민공화국 사회주의헌법의 채택.
제3절 사상, 기술, 문화의 3대혁명을 더욱 힘있게 다그치기 위한 투쟁.
3대혁명소조운동.
제4절 온 사회의 주체사상화방침.
위대한 수령 김일성동지의 고전적로작 ≪당사업을 더욱 강화할데 대하여≫.
제5절 당중앙위원회 제5기 제8차전원회의.
위대한 수령 김일성동지께서 내놓으신 사회주의 대건설방침.
6개년계획을 앞당겨 완수하기 위한 투쟁.
제6절 사회주의적민족문화의 찬란한 개화발전.
위대한 수령 김일성동지의 고전적로작 ≪사회주의교육에 관한 테제≫.
제7절 위대한 수령 김일성동지께서 제시하신 조국통일의 3대원칙과 5대방침.
남조선에서의 반파쑈민주화투쟁의 강화.
제8절 제국주의를 비롯한 온갖 지배주의를 반대하는 우리 당의 자주적대외정책.
우리 나라의 국제적지위의 강화.
위대한 수령 김일성동지의 혁명사상, 주체사상의 세계적범위에서의 급속한 보급.

맺는말

부록 / ≪조선로동당략사≫의 인용 문헌 목록

부록 / ≪조선 로동당 략사 교재≫의 차례

3. 조선로동당력사(1991)

머리말

제1장 위대한 수령 김일성동지께서 주체의 혁명위업 개척. 새 형의 혁명적당 창건방침의 확립(1928~1931.12)
제1절 우리나라에서 공산주의운동의 발생.
　　　초기공산주의운동의 제한성.
제2절 타도제국주의동맹의 결성과 새 세대 공산주의자들의 육성.
제3절 혁명의 지도사상, 주체사상 창시.
제4절 카륜회의, 조선혁명의 주체적로선 제시.
　　　자주적인 당창건방침.
제5절 주체형의 첫 당조직의 결성.
　　　기층당조직의 확대강화.
제6절 주선혁명군의 조직.
　　　항일무장투쟁준비사업의 적극적추진.

제2장 반일민족해방운동의 무장투쟁단계에로의 발전. 조선인민혁명군 당위원회 결성. 공산주의대렬의 조직사상적통일을 위한 투쟁(1931.12~1936.2)
제1절 명월구회의.
　　　반일인민유격대창건.

제2절 두만강연안유격근거지창설.
	인민혁명정부수립.
	당조직들과 대중단체들의 확대강화.
제3절 왕재산회의.
	항일무장투쟁을 국내에로 확대발전시키기 위한 투쟁.
	인민대중의 반일투쟁의 강화.
제4절 유격구보위를 위한 투쟁.
	중국인민들과의 반일공동전선의 강화.
제5절 조선인민혁명군 당위원회결성.
	항일무장투쟁에 대한 당적령도의 강화.
제6절 다홍왜 및 요영구회의, 조선혁명의 주체적립장을 고수하기 위한투쟁.
	조선인민혁명군의 광활한 지대에로의 진출.

제3장 무장투쟁을 중심으로 하는 반일민족해방투쟁을 일대 앙양에로 이끌어 올리기 위한 투쟁. 전국적범위에서 당창건준비사업의 적극적추진(1936. 2~1940. 8)
제1절 남호두회의, 반일민족해방투쟁을 일대 앙양에로 이끌어올리기 위한 방침.
제2절 조국광복회창건.
제3절 백두산근거지의 창설과 국내깊이에로의 비밀근거지들의 확대.
	보천보전투.
제4절 국내 당공작위원회결성.
	전국적범위에로 당 및 조국광복회 조직을 확대하기 위한투쟁.
제5절 중일전쟁발발 후 조선인민혁명군의 군사정치활동의 확대강화.
	위대한 수령 김일성동지의 고전적로작 ≪조선공산주의자들의 임무≫.
제6절 남패자회의.
	조선인민혁명군 주력부대의 고난의 행군.
제7절 무산지구진공작전.
	백두산동북부일대에 강력한 혁명의 보루를 구축하기 위한 투쟁.

당조직건설사업의 적극적추진

제4장 조국광복의 대사변을 주동적으로 맞이하기 위한 투쟁. 항일무장투쟁의 위대한 승리. 당창건의 조직사상적 기초축성사업의 완성(1940.8~1945.8)

제1절 소할바령회의, 조국광복의 대사변을 준비있게 맞이하기 위한 방침.
제2절 조선인민혁명군의 소부대활동과 집중적군정훈련.
제3절 당창건준비를 다그치기 위한 투쟁.
　　　조국광복회 운동의 확대강화.
제4절 전국적범위에서 전인민적항쟁태세의 강화.
제5절 간백산밀영군정간부회의.
　　　조선인민혁명군의 최후공격작전과 항일무장투쟁의 위대한 승리.
제6절 항일무장투쟁의 력사적의의.
　　　우리당의 빛나는 혁명전통.

제5장 주체형의 혁명적당, 공산당의 창건과 근로인민의 대중적당, 로동당으로의 발전. 반제반봉건민주주의혁명과업수행을 위한 당의 투쟁(1945.8~1947.2)

제1절 위대한 수령 김일성동지께서 새 조선건설을 위한 3대당면과업 제시.
　　　진보적민주주의의 길 천명.
제2절 북조선공산당 중앙조직위원회 결성, 주체형의 혁명적당창건위업의 완성.
제3절 당의 정치로선을 옹호하며 당의 조직지도체계를 세우기 위한 투쟁.
　　　북조선공산당 중앙조직위원회 제3차 확대집행위원회.
제4절 대중전취를 위한 투쟁.
　　　대중단체들의 조직과 민주주의민족통일전선의 결성.
제5절 북조선림시인민위원회 수립.
　　　북반부에서 민주개혁의 성과적수행.
제6절 남조선혁명운동의 기본방침.
　　　미제의 식민지예속화정책을 반대하는 남조선인민들의 투쟁, 9월총파업과 10월인민항쟁.
제7절 근로인민의 대중적당, 로동당의 창립.
제8절 새 조국 건설을 위한 대중운동, 건국사상총동원운동과 증산경쟁운동, 문맹퇴치운동.

제6장 북반부에서 사회주의혁명단계에로의 이행. 인민경제의 부흥발전과 조국의 자주적평화 통일을 위한 당의 투쟁. 당의 질적공고화와 령도적 기능의 강화(1947.2~1950.6)
제1절 북조선인민위원회의 수립과 사회주의에로의 과도기의 개시.
제2절 자립적민족경제건설로선.
  첫 인민경제계획 수행을 위한 투쟁과 경제건설에 대한 당적지도의 강화.
  정규적혁명무력의 건설.
제3절 생산관계의 사회주의적개조를 위한 준비사업의 추진.
제4절 조국의 자주적평화통일방침의 제시. 북조선로동당 제2차대회.
제5절 남북조선 정당, 사회단체대표자 련석회의.
  조선민주주의인민공화국의 창건.
제6절 조선민주주의인민공화국의 정치, 경제, 군사적 위력을 강화하기 위한 투쟁.
제7절 국제혁명력량과의 련대성의 강화.
  미제의 세계제패야망을 짓부시고 평화와 민주주의를 수호하기 위한 당의 대외활동.
  조국의 평화적통일을 촉진하기 위한 투쟁.

제7장 조국해방전쟁승리를 위한 당의 투쟁. 당 대렬의 확대와 당의 조직사상적 강화(1950.6~1953.7)
제1절 미제와 그 앞잡이들의 침략전쟁도발과 조국해방전쟁의 개시.
  나라의 모든 사업을 전시체제로 개편.
  조선 인민군의 반공격과 남반부 넓은 지역의 해방.

제2절 전쟁의 일시적난국의 타개.
　　　　전전선에서의 새로운 반공격.
　　　　혁명적규률의 강화와 후방의 복구정비.
제3절 적극적인 진지방어전.
　　　　당조직사업에서 좌경적편향을 극복하고 당대렬을 확대강화하기 위한 투쟁.
제4절 전시생산과 전후복구건설준비사업의 적극적추진.
　　　　미제를 국제적으로 고립시키며 세계 혁명적인민들과의 련대성을 강화하기 위한 투쟁.
제5절 당중앙위원회 제5차전원회의.
　　　　당성제고와 박헌영도당의 숙청.
　　　　전쟁의 최후승리를 위한 투쟁.
제6절 조국해방전쟁의 위대한 승리, 전쟁승리의 력사적의의.

제8장 전후인민경제복구발전과 사회주의기초건설을 위한 당의 투쟁. 력사적으로 내려오던 종파의 청산(1953.7~1960)

제1절 당중앙위원회 제6차전원회의, 사회주의 경제건설의 기본로선.
　　　　전후인민경제 복구건설을 위한 투쟁.
제2절 위대한 수령 김일성동지의 고전적로작 ≪모든 힘을 조국의 통일독립과 공화국북반부에서의 사회주의 건설을 위하여≫, 사회주의 기초건설을 위한 총적과제 제시.
　　　　생산관계의 사회주의적 개조의 성과적 추진.
제3절 계급교양사업의 강화.
　　　　사상사업에서 주체를 더욱 튼튼히 세우기 위한 투쟁.
제4절 조선로동당 제3차대회.
제5절 당중앙위원회 1956년 8월전원회의와 최창익도당의 폭로분쇄.
　　　　조선로동당 대표차회.
　　　　반혁명에 대한 공세의 강화.
제6절 당중앙위원회 1956년 12월 전원회의.

　　　　사회주의건설에서 혁명적대고조, 천리마운동의 개시.
제7절 생산관계의 사회주의적개조의 완성.
　　　　사회주의하에서의 계속혁명에 관한 주체의 리론.
제8절 사회주의건설의 혁명적대고조를 더욱 높이기 위한 투쟁.
　　　　혁명전통교양과 공산주의 교양의 강화.
제9절 주체의 당사업리론.
　　　　청산리정신, 청산리방법.
　　　　사회주의기초건설의 완성.
제10절 조국통일을 위한 주동적공세의 강화.
　　　　남조선에서의 4월인민봉기.
　　　　주체사상에 기초한 해외교포운동의 획기적발전.
제11절 수정주의를 반대하며 사회주의나라들과 국제공산주의운동의 단결을
　　　　강화하기 위한 투쟁.

제9장 사회주의의 전면적건설에로의 이행. 나라의 공업화를 실현하며 온 사
　　　회의 혁명화, 로동계급화를 다그치기 위한 당의 투쟁. 당의 유일사상
　　　체계의 확립(1961~1970)
제1절 조선로동당 제4차대회.
제2절 대안의 사업체계와 새로운 농업지도체계의 확립.
　　　　당사업에서 청산리정신, 청산리방법을 철저히 구현하기 위한 투쟁.
제3절 경제건설과 국방건설의 병진로선.
　　　　나라의 방위력 강화.
　　　　경제건설을 다그치며 인민생활을 높이기 위한 투쟁.
제4선 농촌문제의 종국적해결을 위한 강령 ≪우리 나라 사회주의농촌문제
　　　에 관한 테제≫.
　　　　사회주의 농촌건설의 적극적추진.
제5절 사회주의하에서의 근로단체의 임무와 역할에 관한 주체의 리론.
　　　　근로단체사업의 새로운 발전.
제6절 일군들의 당성, 로동계급성, 인민성을 높이기 위한 투쟁.

인민경제관리운영사업의 새로운 개선.
제7절 1966년 10월 조선로동당대표자회.
제8절 당중앙위원회 제4기 제15차전원회의.
    당의 유일사상체계를 튼튼히 세우며 온 사회를 혁명화 로동계급화하기 위한 투쟁.
제9절 사회주의, 공산주의 건설의 합법칙적 로정에 관한 주체의 리론.
    제1차 7개년계획의 완수, 사회주의공업화의 빛나는 실현.
제10절 남조선의 혁명력량을 강화하기 위한 투쟁.
    주체사상을 지도리념으로 하는 통일혁명당의 창건.

제10장 온 사회의 주체사상화의 기치밑에 사상, 기술, 문화의 3대혁명을 다그치기 위한 당의 투쟁. 주체위업계승문제의 빛나는 해결. 당사업의 획기적 발전(1970~1980)

제1절 조선로동당 제5차대회
제2절 3대기술혁명을 다그치기 위한 투쟁.
    온 사회의 정치사상적통일의 전면적강화.
    사회주의 헌법의 채택.
제3절 정치적수령의 후계자문제의 빛나는 해결.
    친애하는 지도자 김정일동지께서 온 사회의 주체사상화강령 선포.
제4절 전당의 주체사상화를 위한 투쟁.
    당사업에서의 새로운 전환.
제5절 혁명전통을 대를 이어 계승발전시키기 위한 투쟁.
    항일유격대식 사업기풍, 학습기풍, 생활기풍의 전면적확립.
제6절 사상, 기술, 문화의 3대혁명을 힘있게 추진시키기 위한 투쟁.
    3대혁명소조운동과 3대혁명붉은기쟁취운동.
제7절 사회주의대건설을 위한 투쟁.
    농업생산의 새로운 앙양.
    6개년계획의 완수.
제8절 인민경제의 주체화, 현대화, 과학화 방침.

　　　　　제2차 7개년계획수행을 위한 투쟁.
　　　　　숨은 영웅들의 모범을 따라배우는 운동.
제9절 사회주의적민족문화의 찬란한 개화발전.
　　　　　사회주의교육강령의 제시.
　　　　　문학예술발전에서의 혁명적전환.
제10절 조국통일의 3대원칙과 5대방침.
　　　　　남조선에서의 반파쑈민주화투쟁의 강화, 광주인민봉기.
제11절 자주성을 옹호하는 세계인민들과의 단결을 강화하기 위한 당의 활동.
　　　　　세계적범위에서 위대한 주체사상의 급속한 보급.

제11장 온 사회의 주체사상화를 다그치며 사회주의의 완전한 승리를 촉진하기 위한 당의 투쟁. 전당과 전체인민의 일심단결의 확고한 실현 (1980～)

제1절 조선로동당 제6차대회.
제2절 사회주의경제건설의 새 전망목표를 점령하기 위한 투쟁. ≪80년대속도≫ 창조운동.
제3절 친애하는 지도자 김정일동지의 고전적로작 ≪주체사상에 대하여≫.
　　　　　주체사상의 심화발전.
제4절 인민정권의 기능과 역할의 제고.
　　　　　주체의 사회주의경제관리체계를 철저히 옹호관철하기 위한 투쟁.
제5절 주체위업계승의 요구에 맞게 당의 기초를 튼튼히 다지기 위한 투쟁.
　　　　　전당과 전체인민대중의 일심단결의 강화.
제6절 위대한 수령 김일성동지의 고전적로작 ≪조선로동당 건설의 력사적경험≫.
　　　　　주체의 당건설리론을 구현하기 위한 투쟁의 강화.
제7절 사회주의완전승리를 이룩하는 데서 새로운 전환을 가져오기 위한 강령적 과업 제시.
　　　　　제3차 7개년계획의 성과적추진.
제8절 과학기술을 새로운 높은 단계에로 발전시키기 위한 투쟁.

294 조선로동당의 역사학

제9절 인민생활을 획기적으로 높이기 위한 투쟁.
제10절 조성된 정세의 요구에 맞게 사회주의 제도를 옹호고수하며 당을 더욱 강화하기.
제11절 고려민주련방공화국창립방안을 실현하기 위한 당의 활동.
　　　남조선에서 반미자주화, 반파쇼민주화, 조국통일을 위한 투쟁의 강화.
제12절 온 세계의 자주화를 위한 당의 활동.
　　　우리 당 대외정책의 리념의 빛나는 구현.

4. 조선로동당력사(2004)

제1편 당창건의 조직사상적기초 축성, 조국광복 위업을 이룩하기 위한 조선공산주의자들의 투쟁[주체15(1926)~주체34(1945).8]
제1장 주체혁명위업의 개척, 주체형의 혁명적 당창건을 위한 새세대 공산주의자들의 투쟁[주체15(1926)~주체20(1931).12]
　1. 20세기초 우리 나라 사회경제형편, 초기조선공산주의운동.
　2. 김일성동지께서 혁명활동 개시, 타도제국주의동맹 결성, 새세대 공산주의자들의 육성.
　3. 주체사상의 창시, 카륜회의, 김일성동지의 로작 〈조선혁명의 진로〉, 자주적인 당창건 방침.
　4. 첫 당조직-건설동지사 결성, 기층당조직의 확대강화, 항일무장투쟁준비 적극 추진.
제2장 반일민족해방운동의 무장투쟁단계에로의 발전, 항일혁명투쟁에 대한 당적령도의 실현, 혁명대오의 조직사상적통일을 위한 투쟁[주체20(1931).12~주체25(1936).2]
　1. 명월구회의, 반일인민유격대창건.
　2. 두만강연안유격근거지 창설, 각급 당조직들의 급속한 확대, 무장투쟁의 강화발전.
　3. 반일인민유격대의 조선인민혁명군으로의 개편, 조선인민혁명군 당

위원회 결성.
4. 조선혁명의 주체적립장 고수, 혁명대오의 사상의지적통일 강화.

제3장 항일무장투쟁을 중심으로 한 반일민족해방투쟁의 일대 앙양, 전국적 범위에서 당창건준비사업 적극 추진[주체25(1936).2~주체29(1940).8]
1. 남호두회의.
2. 조국광복회 창건, 백두산근거지 창설, 보천보전투.
3. 국내당공작위원회 결성, 당조직 건설사업 적극 추진.
4. 중일전쟁발발에 대처한 조선인민혁명군의 군사정치활동의 강화.
5. 고난의 행군, 조선혁명의 계속 앙양, 무산지구진공작전.
6. 백두산동북부일대에 혁명의 보루 축성, 파괴된 당 및 혁명조직 복구확대.

제4장 조국광복의 대사변을 주동적으로 맞이하기 위한 투쟁, 당창건준비사업 완성, 항일무장투쟁의 위대한 승리[주체29(1940).8~주체34(1945).8]
1. 소할바령회의, 소부대활동에로의 이행.
2. 필승의 신념과 자주적립장 고수.
3. 국제련합군의 편성, 조선인민혁명군의 집중적군정훈련.
4. 당창건의 조직사상적기초축성사업 완성, 전민항쟁준비의 적극 추진.
5. 조선인민혁명군의 최후공격작전, 조국광복위업의 빛나는 실현, 우리 당의 혁명전통.

제2편 주체형의 혁명적당의 창건과 강화발전, 우리식 사회주의건설을 위한 당의 투쟁[주체34(1945).8~주체63(1974).2]

제1장 주체형의 혁명적당의 창건, 반제반봉건민주주의혁명과업수행을 위한 당의 투쟁[주체34(1945).8~주체36(1947).2]
1. 김일성동지의 로작 〈해방된 조국에서의 당, 국가 및 무력건설에 대하여〉, 새 민주조선건설로선.
2. 북조선공산당 중앙조직위원회 결성, 당창건위업의 완성.
3. 당의 정치로선을 옹호하며 조직지도체계를 세우기 위한 투쟁, 북조선공산당 중앙조직위원회 제3차확대집행위원회.

    4. 대중쟁취를 위한 투쟁, 민주주의민족통일전선의 형성.
    5. 북조선림시인민위원회 수립, 민주개혁의 실시.
    6. 정규적혁명무력건설 적극 추진, 조선인민혁명군의 조선인민군의 강화발전.
    7. 나라의 완전자주독립을 이룩하며 미제의 식민지예속화정책을 짓부시기 위한 투쟁.
    8. 근로인민의 대중적당, 로동당의 창립.
    9. 새 조국건설을 위한 대중운동의 추진, 건국사상총동원운동.
제2장 사회주의에로의 과도기 첫 시기 과업수행과 조국의 자주적평화통일을 위한 당의 투쟁, 당의 질적공고화(주체36(1947).2~주체39(1950).6)
    1. 북조선인민위원회 수립, 사회주의혁명단계에로의 이행.
    2. 자립적민족경제건설로선, 과도기 첫 시기 당의 경제정책과 경제건설에 대한 당적지도의 강화.
    3. 북조선로동당 제2차대회.
    4. 남북조선 정당, 사회단체대표자련석회의, 조선민주주의인민공화국 창건.
    5. 공화국북반부 혁명기지의 강화, 북남로동당 합당.
    6. 국제민주력량과의 련대성 강화, 미제의 전쟁도발책동을 폭로분쇄하기 위한 투쟁.
제3장 조국해방전쟁의 승리를 위한 당의 투쟁, 당대렬의 확대와 당의 조직사상적 강화(주체39(1950).6~주체42(1953).7)
    1. 미제에 의한 조선전쟁의 발발, 조선인민군의 반공격과 해방된 남반부지역에서의 당 및 정권기관의 복구.
    2. 전쟁의 일시적난국 타개, 새로운 반공격전, 혁명적규률의 강화와 후방의 공고화.
    3. 적극적인 진지방어전, 당대렬의 급속한 확대.
    4. 인민군대의 강화, 전시생산과 전후복구건설준비사업의 추진, 국제적련대성의 강화.
    5. 당중앙위원회 제5차전원회의, 당원들의 당성강화와 박헌영도당 적

발숙청, 조국해방전쟁의 위대한 승리.
제4장 전후 인민경제복구발전과 사회주의기초건설을 위한 당의 투쟁, 당사업에서 주체 확립, 력사적으로 내려오던 종파의 청산[주체42(1953).7~주체49(1960).12]
　1. 사회주의경제건설의 기본로선, 전후복구건설을 위한 투쟁, 인민군대의 전투력 강화.
　2. 생산관계의 사회주의적개조의 성과적 추진, 김일성동지의 로작 〈모든 힘을 조국의 통일독립과 공화국북반부에서의 사회주의 건설을 위하여〉, 계급교양의 강화.
　3. 사상사업에서 주체를 확립하기 위한 투쟁, 조선로동당 제3차대회.
　4. 당중앙위원회 1956년 8월전원회의와 최창익 도당 폭로분쇄, 조선로동당대표자회.
　5. 사회주의건설에서의 혁명적대고조와 천리마운동, 사회주의제도의 수립, 계속혁명에 관한 주체의 리론.
　6. 혁명전통교양과 사회주의교양의 강화, 사회주의공업화의 기초축성.
　7. 주체의 당사업리론, 청산리정신, 청산리방법의 창조.
　8. 조국통일을 위한 주동적공세의 강화, 재일조선인운동의 자주적인 민족적애국운동으로의 전환.
　9. 현대수정주의를 반대하며 사회주의나라들과 국제공산주의운동의 단결을 강화하기 위한 투쟁.
제5장 사회주의의 전면적건설에로의 이행, 나라의 공업화를 실현하기 위한 당의 투쟁, 당의 유일사상체계확립[주체50(1961).1~주체59(1970).11]
　1. 조선로동당 제4차대회.
　2. 새로운 경제관리체계의 확립, 당사업에서 청산리정신, 청산리방법의 구현, 반수정주의교양 강화.
　3. 경제건설과 국방건설의 병진로선, 나라의 방위력강화, 자립적 민족경제건설로선의 고수.
　4. 김일성동지의 로작 〈우리 나라 사회주의농촌문제에 관한 테제〉, 사회주의농촌건설의 적극적추진.

5. 근로단체사업을 개선하며 일군들의 당성, 로동계급성, 인민성을 높이기 위한 투쟁.
6. 김정일동지께서 당중앙위원회에서 사업 시작, 김정일동지의 로작 〈우리 당을 영원히 김일성동지의 당으로 강화발전시키자〉.
7. 1966년 10월 조선로동당대표자회, 반제반미투쟁과 국제혁명력량의 단결을 강화하기 위한 당의 활동.
8. 당중앙위원회 제4기 제15차전원회의, 당의 유일사상체계 확립에서의 결정적전환, 온 사회의 혁명화, 로동계급화.
9. 사회주의건설의 합법칙적로정에 관한 주체의 리론, 사회주의공업화의 빛나는 실현.
10. 조국통일 3대혁명력량을 강화할데 대한 방침, 남조선에서 통일혁명당의 창건.

제6장 사상, 기술, 문화의 3대혁명을 다그치기 위한 당의 투쟁, 당사업의 참신한 발전[주체59(1970).11~주체63(1974).2]
1. 조선로동당 제5차대회.
2. 3대기술혁명, 온 사회의 정치사상적통일을 강화하기 위한 투쟁, 사회주의헌법의 채택.
3. 당사업에서 항일유격대식방법의 구현.
4. 3대혁명의 적극적추진, 3대혁명소조운동, 주체적문학예술의 개화발전.
5. 조국통일3대원칙과 5대방침을 실현하기 위한 투쟁.

제3편 주체의 당건설위업의 계승발전, 온 사회의 주체사상화를 실현하기 위한 당의 투쟁[주체63(1974).2~]

제1장 당의 령도계승문제의 빛나는 해결, 당사업에서 일대 전환을 일으키기 위한 투쟁[주체63(1974).2~주체69(1980).10]
1. 김정일동지를 우리 당의 령도자로 추대.
2. 김일성동지혁명사상의 정식화, 당의 최고강령 선포.
3. 전당 주체사상화방침.

4. 당사업에서의 근본적전환.
   5. 전 군을 주체사상화하기 위한 투쟁.
   6. 당의 혁명전통을 전면적으로 계승발전시키기 위한 투쟁, 3대혁명 붉은기쟁취운동.
   7. 사회주의경제문화건설에 대한 당적지도의 강화.
   8. 자주성을 옹호하는 세계인민들과의 단결의 강화, 주체사상의 급속한 보급.

제2장 당의 기초축성의 완성, 온 사회의 주체사상화를 다그치기 위한 당의 투쟁[주체69(1980).10~주체78(1989).12]
   1. 조선로동당 제6차대회.
   2. 당의 기초를 더욱 튼튼히 다지기 위한 투쟁.
   3. 당의 지도사상의 심화발전, 김정일동지의 로작 〈주체사상에 대하여〉.
   4. 인민군대를 주체의 당군으로 더욱 강화하기 위한 투쟁, 전 군에 김정일동지의 령도체계의 전면적확립.
   5. 전당과 온 사회의 일심단결을 더욱 강화하기 위한 투쟁.
   6. 〈80년대속도〉 창조운동, 사회주의건설을 다그치기 위한 투쟁.
   7. 인민정권의 강화, 주체의 사회주의경제관리체계 옹호고수.
   8. 김일성동지의 로작 〈조선로동당건설의 력사적경험〉, 당을 주체형의 혁명적당으로 더욱 강화발전시키기 위한 투쟁.
   9. 고려민주련방공화국창립방안을 실현하기 위한 투쟁.
   10. 온 세계의 자주화를 위한 당의 활동.

제3장 당의 령도적역할의 강화, 사회주의위업을 옹호고수하기 위한 당의 투쟁[주체79(1990).1~주체83(1994).7]
   1. 사회주의건설의 력사적교훈, 반사회주의적 궤변을 짓부시기 위한 투쟁.
   2. 김정일동지의 로작 〈혁명적당건설의 근본문제에 대하여〉, 사회주의위업의 주체를 강화하기 위한 투쟁.
   3. 인민군대를 불패의 혁명무력으로 강화, 온 사회에 군사중시기풍 확립.
   4. 미제의 핵소동을 짓부시고 나라와 민족의 자주권을 수호하기 위한

투쟁.
5. 우리식 사회주의의 우월성을 높이 발양시키기 위한 투쟁.
6. 전민족대단결10대강령, 조국통일운동의 전민족적운동으로의 확대발전.
7. 평양선언, 사회주의위업을 옹호하고 전진시키기 위한 투쟁.
8. 우리 당과 혁명의 최대의 손실, 민족의 대국상.

제4장 선군시대 당사업에서의 새로운 전환, 〈고난의 행군〉, 강성대국건설의 토대를 마련하기 위한 당의 투쟁[주체83(1994).7~주체87(1998).12]
1. 수령영생위업의 빛나는 실현, 김정일동지의 로작 〈사회주의는 과학이다〉.
2. 혁명의 주력군에 관한 독창적인 리론, 혁명적 군인정신 창조, 선군정치방식의 확립.
3. 사회주의정치사상진지의 강화.
4. 전당에 인민군대의 당정치사업기풍 확립, 〈고난의 행군〉을 승리에로 이끌기 위한 투쟁.
5. 김정일동지를 조선로동당 총비서로 추대.
6. 김일성동지의 조국통일유훈을 관철하기 위한 투쟁, 해외교포운동의 강화발전.

제5장 당을 선군혁명위업수행의 정치적무기로 강화발전, 사회주의강성대국건설에서 전환을 일으키기 위한 당의 투쟁[주체88(1999).1~]
1. 강성대국건설에서 전환을 일으킬데 대한 방침.
2. 강성대국건설의 요구에 맞게 당을 강화하기 위한 투쟁.
3. 나라의 방위력을 더욱 강화하며 미제의 반공화국고립압살책동을 짓부시기 위한 투쟁.
4. 사회주의경제강국건설을 다그치기 위한 투쟁.
5. 과학기술중시로선을 관철하기 위한 투쟁, 민족전통의 계승발전.
6. 6·15북남공동선언, 우리 민족끼리 조국통일을 이룩하기 위한 투쟁.
7. 반제자주력량을 강화하며 세계의 평화와 안전을 보장하기 위한 투쟁, 당의 국제적지위의 강화.

5. 조선로동당력사(2006)

≪조선로동당력사≫를 내면서

제1편 당창건의 조직사상적기초 축성, 조국광복위업을 이룩하기 위한 조선공산주의자들의 투쟁[주체15(1926)~주체34(1945).8]
제1장 주체혁명위업의 개척, 주체형의 혁명적 당창건을 위한 새세대 공산주의자들의 투쟁[주체15(1926)~주체20(1931).12]
  1. 20세기초 우리 나라 사회경제형편, 초기조선공산주의운동.
  2. 김일성동지께서 혁명활동 개시, 타도제국주의동맹 결성, 새세대 공산주의자들의 육성.
  3. 주체사상의 창시, 카륜회의, 김일성동지의 로작 ≪조선혁명의 진로≫, 자주적인 당창건방침.
  4. 첫 당조직-건설동지사 결성, 기층당조직의 확대강화, 항일무장투쟁준비 적극 추진.
제2장 반일민족해방운동의 무장투쟁단계에로의 발전, 항일혁명투쟁에 대한 당적령도의 실현, 혁명대오의 조직사상적통일을 위한 투쟁[주체20(1931).12~주체25(1936).2]
  1. 명월구회의, 반일인민유격대창건.
  2. 두만강연안유격근거지 창설, 각급 당조직들의 급속한 확대, 무장투쟁의 강화발전.
  3. 반일인민유격대의 조선인민혁명군으로의 개편, 조선인민혁명군 당위원회 결성.
  4. 조선혁명의 주체적립장 고수, 혁명대오의 사상의지적통일 강화.
제3장 항일무장투쟁을 중심으로 한 반일민족해방투쟁의 일대 앙양, 전국적범위에서 당창건준비사업 적극 추진[주체25(1936).2~주체29(1940).8]
  1. 남호두회의.
  2. 조국광복회창건, 백두산근거지 창설, 보천보전투.
  3. 국내당공작위원회 결성, 당조직 건설사업 적극 추진.

4. 중일전쟁발발에 대처한 조선인민혁명군의 군사정치활동의 강화.
　　5. 고난의 행군, 조선혁명의 계속 앙양, 무산지구진공작전.
　　6. 백두산동북부일대에 혁명의 보루 축성, 파괴된 당 및 혁명조직 복구확대.
제4장 조국광복회의 대사변을 주동적으로 맞이하기 위한 투쟁, 당창건준비사업 완성, 항일무장투쟁의 위대한 승리[주체29(1940).8~주체34(1945).8]
　　1. 소할바령회의, 소부대활동에로의 이행.
　　2. 필승의 신념과 자주적립장 고수.
　　3. 국제련합군의 편성, 조선인민혁명군의 집중적군정훈련.
　　4. 당창건의 조직사상적기초축성사업 완성, 전민항쟁준비의 적극 추진.
　　5. 조선인민혁명군의 최후공격작전, 조국광복위업의 빛나는 실현, 우리 당의 혁명전통.

제2편 주체형의 혁명적당의 창건과 강화발전, 우리식 사회주의건설을 위한 당의 투쟁[주체34(1945).8~주체36(1947).2]

제1장 주체형의 혁명적 당의 창건, 반제반봉건 민주주의혁명과업수행을 위한 당의 투쟁[주체34(1945).8~주체36(1947).2]
　　1. 김일성동지의 로작 ≪해방된 조국에서의 당, 국가 및 무력건설에 대하여≫, 새 민주조선건설로선.
　　2. 북조선공산당 중앙조직위원회 결성, 당창건위업의 완성.
　　3. 당의 정치로선을 옹호하며 조직지도체계를 세우기 위한 투쟁, 북조선공산당 중앙조직위원회 제3차확대집행위원회.
　　4. 대중전취를 위한 투쟁, 민주주의민족통일전선의 형성.
　　5. 북조선림시인민위원회 수립, 민주개혁의 실시.
　　6. 정규적혁명무력건설 적극 추진, 조선인민혁명군의 조선인민군으로의 강화발전.
　　7. 나라의 완전자주독립을 이룩하며 미제의 식민지예속화정책을 짓부시기 위한 투쟁.
　　8. 근로인민의 대중적당, 로동당의 창립.

9. 새 조국건설을 위한 대중운동의 추진, 건국사상총동원운동.

제2장 사회주의에로의 과도기 첫시기 과업수행과 조국의 자주적평화통일을 위한 당의 투쟁, 당의 질적공고화(주체36(1947).2~주체39(1950).6]
1. 북조선인민위원회 수립, 사회주의혁명단계에로의 이행.
2. 자립적민족경제건설로선, 과도기 첫시기 당의 경제정책과 경제건설에 대한 당적지도의 강화.
3. 북조선로동당 제2차대회.
4. 남북조선 정당, 사회단체대표자련석회의, 조선민주주의인민공화국 창건.
5. 공화국북반부 혁명기지의 강화, 북남로동당 합당.
6. 국제민주력량과의 련대성 강화, 미제의 전쟁도발책동을 폭로분쇄하기 위한 투쟁.

제3장 조국해방전쟁의 승리를 위한 당의 투쟁, 당대렬의 확대와 당의 조직사상적 강화(주체39(1950).6~주체42(1953).7]
1. 미제에 의한 조선전쟁의 발발, 조선인민군의 반공격과 해방된 남반부지역에서의 당 및 정권기관의 복구.
2. 전쟁의 일시적난국 타개, 새로운 반공격전, 혁명적규률의 강화와 후방의 공고화.
3. 적극적인 진지방어전, 당대렬의 급속한 확대.
4. 인민군대의 강화, 전시생산과 전후복구건설 준비사업의 추진, 국제적련대성의 강화.
5. 당중앙위원회 제5차전원회의, 당원들의 당성강화와 박헌영도당 적발숙청, 조국해방전쟁의 위대한 승리.

제4장 전후 인민경제복구발전과 사회주의기초건설을 위한 당의 투쟁, 당사업에서 주체 확립, 력사적으로 내려오던 종파의 청산(주체42(1953).7~주체49(1960).12]
1. 사회주의경제건설의 기본로선, 전후복구건설을 위한 투쟁, 인민군대의 전투력 강화.
2. 생산관계의 사회주의적개조의 성과적추진, 김일성동지의 로작 ≪모

든 힘을 조국의 통일독립과 공화국북반부에서의 사회주의 건설을 위하여≫, 계급교양의 강화.
3. 사상사업에서 주체를 확립하기 위한 투쟁, 조선로동당 제3차대회
4. 당중앙위원회 1956년 8월전원회의와 최창익도당 폭로분쇄, 조선로동당대표자회.
5. 사회주의건설에서의 혁명적대고조와 천리마운동, 사회주의제도의 수립, 계속혁명에 관한 주체의 리론.
6. 혁명전통교양과 사회주의교양의 강화, 사회주의공업화의 기초축성
7. 주체의 당사업리론, 청산리정신, 청산리방법의 창조.
8. 조국통일을 위한 주동적공세의 강화, 재일조선인운동의 자주적인 민족적 애국운동으로의 전환.
9. 현대수정주의를 반대하며 사회주의나라들과의 국제공산주의운동의 단결을 강화하기 위한 투쟁.

제5장 사회주의의 전면적건설에로의 이행, 나라의 공업화를 실현하기 위한 당의 투쟁, 당의 유일사상체계확립[주체50(1961).1~주체59(1970).11]
1. 조선로동당 제4차대회.
2. 새로운 경제관리체계의 확립, 당사업에서 청산리정신, 청산리방법의 구현, 반수정주의교양 강화.
3. 경제건설과 국방건설의 병진로선, 나라의 방위력강화, 자립적민족경제건설로선의 고수.
4. 김일성동지의 로작 ≪우리 나라 사회주의 농촌문제에 관한 테제≫, 사회주의 농촌건설의 적극추진.
5. 근로단체사업을 개선하며 일군들의 당성, 로동계급성, 인민성을 높이기 위한 투쟁.
6. 김정일동지께서 당중앙위원회에서 사업 시작, 김정일동지의 로작 ≪우리 당을 영원히 김일성동지의 당으로 강화발전시키자≫.
7. 1966년 10월 조선로동당대표자대회, 반제반미투쟁과 국제혁명력량의 단결을 강화하기 위한 당의 활동.
8. 당중앙위원회 제4기 제15차전원회의, 당의 유일사상체계확립에서

의 결정적전환, 온 사회의 혁명화, 로동계급화.
　9. 사회주의건설의 합법칙적로정에 관한 주체의 리론, 사회주의공업화의 빛나는 실현.
　10. 조국통일 3대혁명력량을 강화할 데 대한 방침, 남조선에서 통일혁명당의 창건.

제6장 사상, 기술, 문화의 3대혁명을 다그치기 위한 당의 투쟁, 당사업의 참신한 발전[주체59(1970).11~주체63(1974).2]
　1. 조선로동당 제5차대회.
　2. 3대기술혁명, 온 사회의 정치사상적통일을 강화하기 위한 투쟁, 사회주의 헌법의 채택.
　3. 당사업에서 항일유격대식방법의 구현.
　4. 3대혁명의 적극적추진, 3대혁명소조운동, 주체적문학예술의 개화발전.
　5. 조국통일 3대원칙과 5대방침을 실현하기 위한 투쟁.

제3편 주체의 당건설위업의 계승발전, 온 사회의 주체사상화를 실현하기 위한 당의 투쟁[주체63(1974).2~]

제1장 당의 령도계승문제의 빛나는 해결, 당사업에서 일대 전환을 일으키기 위한 투쟁[주체63(1974).2~주체69(1980).10]
　1. 김정일동지를 우리 당의 령도자로 추대.
　2. 김일성동지혁명사상의 정식화, 당의 최고강령 선포.
　3. 전당 주체사상화방침.
　4. 당사업에서의 근본적전환.
　5. 전군을 주체사상화하기 위한 투쟁.
　6. 당의 혁명전통을 전면적으로 계승발전시키기 위한 투쟁, 3대혁명붉은기쟁취운동.
　7. 사회주의경제문화건설에 대한 당적지도의 강화.
　8. 자주성을 옹호하는 세계인민들과의 단결의 강화, 주체사상의 급속한 보급.

제2장 당의 기초축성의 완성, 온 사회의 주체사상화를 다그치기 위한 당의 투쟁[주체69(1980).10~주체78(1989).12]
   1. 조선로동당 제6차대회.
   2. 당의 기초를 더욱 튼튼히 다지기 위한 투쟁.
   3. 당의 지도사상의 심화발전, 김정일동지의 로작 ≪주체사상에 대하여≫.
   4. 인민군대를 주체의 당군으로 더욱 강화하기 위한 투쟁, 전 군에 김정일동지의 령도체계의 전면적 확립.
   5. 전 당과 온 사회의 일심단결을 더욱 강화하기 위한 투쟁.
   6. ≪80년대속도≫ 창조운동, 사회주의건설을 다그치기 위한 투쟁.
   7. 인민정권의 강화, 주체의 사회주의경제 관리체계 옹호고수.
   8. 김일성동지의 로작 ≪조선로동당건설의 력사적경험≫, 당을 주체형의 혁명적당으로 더욱 강화발전시키기 위한 투쟁].
   9. 고려민주련방공화국창립방안을 실현하기 위한 투쟁.
  10. 온 세계의 자주화를 위한 당의 활동.
제3장 당의 령도적역할의 강화, 사회주의위업을 옹호고수하기 위한 당의 투쟁[주체79(1990).1~주체83(1994).7]
   1. 사회주의건설의 력사적교훈, 반사회주의적 궤변을 짓부시기 위한 투쟁.
   2. 김정일동지의 로작 ≪혁명적당건설의 근본 문제에 대하여≫, 사회주의위업의 주체를 강화하기 위한 투쟁.
   3. 인민군대를 불패의 혁명무력으로 강화, 온 사회에 군사중시기풍 확립.
   4. 미제의 핵소동을 짓부시고 나라와 민족의 자주권을 수호하기 위한 투쟁.
   5. 우리식 사회주의의 우월성을 높이 발양시키기 위한 투쟁.
   6. 전민족대단결10대강령, 조국통일운동의 전민족적운동으로의 확대발전.
   7. 평양선언, 사회주의위업을 옹호하고 전진시키기 위한 투쟁.

8. 우리 당과 혁명의 최대의 손실, 민족의 만국상.

제4장 선군시대 당사업에서의 새로운 전환, ≪고난의 행군≫, 강성대국건설의 토대를 마련하기 위한 당의 투쟁[주체83(1994).7~주체87(1998).12]
1. 수령영생위업의 빛나는 실현, 김정일동지의 로작 ≪사회주의는 과학이다≫.
2. 혁명의 주력군에 관한 독창적인 리론, 혁명적 군인정신 창조, 선군정치방식의 확립.
3. 사회주의정치사상진지의 강화.
4. 전당에 인민군대의 당정치사업기풍 확립, ≪고난의 행군≫을 승리에로 이끌기 위한 투쟁.
5. 김정일동지를 조선로동당 총비서로 추대.
6. 김일성동지의 조국통일유훈을 관철하기 위한 투쟁, 해외교포운동의 강화발전.

제5장 당을 선군혁명위업수행의 정치적무기로 강화발전, 사회주의강성대국건설에서 전환을 일으키기 위한 당의 투쟁[주체88(1999).1~]
1. 강성대국건설에서 전환을 일으킬 데 대한 방침
2. 강성대국건설의 요구에 맞게 당을 강화하기 위한 투쟁
3. 나라의 방위력을 더욱 강화하며 미제의 반공화국고립압살책동을 짓부시기 위한 투쟁.
4. 사회주의경제강국건설을 다그치기 위한 투쟁.
5. 과학기술중시로선을 관철하기 위한 투쟁, 민족전통의 계승발전.
6. 6·15북남공동선언, 우리 민족끼리 조국통일을 이룩하기 위한 투쟁.
7. 반제자주력량을 강화하며 세계의 평화와 안전을 보장하기 위한 투쟁, 당의 국제적지위의 강화.

<부록 3> 북한 연표(1945~2007)

1945.8.10   소련군 웅기·나진에 진주
1945.8.13   소련군 청진 상륙
1945.8.15   8·15해방, 소련 제25군 사령관 치스차코프 포고문 발표 「조선 인민에게」
1945.8.16   평남건국준비위원회 결성
1945.8.17   조선공산당 평남지구위원회 결성
1945.8.19   일본인 소유의 각 기관 접수 개시
1945.8.21   소련군 원산 상륙
1945.8.24   함경남도 임시인민위원회 조직
1945.8.26   소련군 선발대 평양에 입성
1945.8.27   평안남도 인민정치위원회 결성
1945.8.29   소련군 신의주 진주
1945.8.31   평안북도 임시인민위원회 조직
1945.9.3   현준혁 암살
1945.9.4   『평북민보』 창간
1945.9.13   황해도 인민정치위원회 조직

1945.9.15	조선공산당 평남지구 확대위원회 개최, 「정치노선에 관하여」 채택
1945.9.19	김일성, 원산항 통해 입국
1945.9.20	김일성, 지방파견 정치공작원들과 담화 「새조선 건설과 공산주의자들의 당면과업」
1945.10.5	북한 각 지구 공산당 대표들의 예비회의, 분국 조직 논의
1945.10.8	북조선 5도 인민위원회연합회 각 도 대표 75명 참석하에 개최(평양)
1945.10.10	조선공산당 서북 5도 당원 및 열성자 연합대회, 조선공산당 북조선분국 조직 결정(~13일, 책임자 김용범)(평양)
1945.10.12	「북조선 주둔 쏘군 제25군 사령관의 성명서(명령서)」 발표, 소련군대는 조선지역 획득을 목표로 하지 않는다는 등의 요지
1945.10.14	평양시 군중대회 개최, 이 대회에서 김일성 연설 조선중앙방송 방송 개시(평양방송)
1945.10.16	평안남도인민위원회, 19개조 「시정대강」 발표 조선공산당 북조선분국 제1차 확대집행위원회, 「토지문제에 대한 결정」 발표
1945.10.18	김일성, 민주진영 인사들에게 산업부흥 재강조
1945.10.20	조선공산당 북조선분국 결성
1945.10.21	소작료 3·7제에 관한 규정총칙 발표
1945.10.23	조선로동당출판사 창립
1945.10.26	함경북도 인민위원회 조직
1945.10.28	북조선 5도 청년대표 대회, 민청조직 준비위원회 조직
1945.11.1	조선공산당 북조선분국 중앙 기관지 『정로』 창간
1945.11.3	조선민주당(당수 조만식) 결당 대회
1945.11.11	조·소친선협회 창설
1945.11.15	북조선분국 2차 확대집행위원회
1945.11.17	평양학원 창립(1946.1.3 개원)
1945.11.18	북조선민주여성동맹 결성
1945.11.19	이북5도 행정10국 조직(산업국, 교통국, 농림국, 상업국, 체신국, 행정국, 교육국, 보건국, 사법국, 보안국)

1945.11.30	조선노동조합전국평의회 북부조선분국 결성대회
	5도 작가회의 개최
1945.12.1	조선공산당 평양시당대회 개최
	북한 각지 인민재판소 개정
1945.12.9	산업국, 「국유기업허가제」에 대한 포고 발표
1945.12.10	북한 전역에서 미곡 자유판매 허가
1945.12.13	조선독립동맹 김두봉 이하 일부 입국
1945.12.15	조선항공협회 결성
1945.12.16	평안남도인민위원회, 「접수일본인토지관리규칙」 발표
1945.12.17	조선공산당 북조선분국 제3차 확대집행위원회 개최, 「북부조선당 공작의 착오와 결점에 대하여」 등 보고(18일 결정서 채택), 책임비서 김일성 선출
1945.12.18	소련군 사령부, 소련군인 중 기술자 출신 북한 각 공장에 배치
1945.12.19	소련 제25군 치스차코프 사령관, 공업 기업들에게 개업 명령
1945.12.20	조선공산당 평양시당부 제1차 대표자대회 개최
	북조선 불교도연맹 결성
1945.12.22	평안남도인민위원회, 부재지주의 토지 매매 금지 발표
1945.12.24	연극동맹 조직
1945.12.27	모스크바 3상회의, 28일에는 결정서 발표(코리아 의정서)
1946.1.2	조선공산당 북부조선분국, 조선노동조합전국평의회 북부조선총국 등 5개 정당 사회단체가 모스크바회의 결정을 지지하는 공동 성명서 발표
1946.1.3	북조선 행정국장회의, 모스크바 3상회의 지지 성명서 발표
1946.1.8	상업국, 「북조선 상업에 대한 포고」 발표
	민주청년동맹 지방열성자협의회 개최, 5조목의 결의문 통과, ① 모스크바삼상회의 결정을 지지하며 이 결정을 반대하는 자는 반동분자로 규정한다 ② 민주주의조선임시정부에는 반민주주의적 제 정당 사회단체를 절대로 참가시키지 말 것을 주장한다 등의 내용

1946.1.10　민주청년동맹 북조선위원회 결성
1946.1.11　철도경비대 조직
1946.1.15　북조선중앙은행 설립(20일부터 업무 개시)
1946.1.31　조선농민조합총연맹 북조선연맹 결성
1946.2.1　평남지구예술동맹 결성
1946.2.5　조선민주당열성자협의회 개최, 조만식 세력 퇴진, 중앙위원회 개조, 임시당수 대리로 강량욱 임명
1946.2.8　북조선 각 정당·사회단체, 각 행정국 및 각 도·시·군 인민위원회 대표 확대협의회 개최(~9일), 북조선임시인민위원회 결성
　　　　　북조선 천도교청우당 결성
1946.2.16　조선독립동맹, 조선신민당으로 개칭
1946.2.24　조선민주당 제1회 당대회, 당수 최용건 선출
1946.2.26　조선노동조합전국평의회 북조선총국 열성자대회
1946.2.28　북조선 농민대표대회
　　　　　『조선신문』 창간
1946.3.1　북조선임시인민위 제5차 회의 개최, 농민 200여 만 토지요구 시위
1946.3.5　북조선임시인민위, 「토지개혁 실시에 대한 법령」 및 「토지개혁 실시에 대한 임시조치법」 공포
1946.3.6　북조선임시인민위, 사법국 재판소 검찰소의 구성과 직무에 관한 기본원칙 공포
1946.3.8　강원도에서 토지개혁 착수
　　　　　북조선임시인민위, 「토지개혁법령에 관한 세칙」 발표
1946.3.14　공업기술연맹 결성대회
1946.3.23　김일성 위원장, 「20개조 정강」 발표
1946.3.25　북조선예술총동맹결정(조선문학예술총동맹 전신)
1946.3.30　북한 토지개혁 종결
1946.4.1　북조선농민은행 창립
1946.4.10　조선공산당 북조선분국 제6차 확대집행위원회에서 김일성, 「토지개혁의 총결과 금후의 과업」 보고

1946.4.14	북조선공업기술총연맹 결성
1946.4.20	미소공동위원회 공동 성명 제5호에 대하여 북조선임시인민위 및 정당·사회단체 지지 성명, 『민주청년』 창간
1946.4.25	북조선보건연맹 결성
1946.5.8	북조선체육총연맹 결성
1946.5.14	북조선임시인민위,「북조선 사법기관의 형사재판에 관한 규정」공포
1946.5.19	북한 전역에서 모스크바삼상회의 결정을 지지하는 등의 5·19 민주시위대회 개최
1946.5.20	북조선소비조합 결성 북조선임시인민위 농림국,「토지소유권증명서 교부에 관한 법규」공포 보통강 개수공사 기공식(1946.7.15 완수)
1946.5.21	인민극장에서 조·소문화교류좌담회 개최
1946.5.23	중앙예술공작단 결성(국립연극극장 전신)
1946.5.25	조선노동조합전국평의회 북조선총국, 북조선직업동맹으로 발족 북조선임시인민위원회,「북조선 종합대학 창립 준비위원회 조직에 관한 결정서」채택 발표
1946.5.28	북조선예술인연락회의 개최
1946.6.1	중앙당학교(김일성고급당학교 전신) 창립
1946.6.4	북조선임시인민위,「임야관리경영 결정서」발표 북조선임시인민위 기관지『평양민보』→『민주조선』으로 개칭
1946.6.6	조선소년단 창립
1946.6.8	북조선임시인민위, 일제하의 일체 법령을 폐지하고 새로 제정된 법들을 실시하는 결정서 공포 자본금 6백만 원으로 황해도제지회사 창립
1946.6.24	북조선임시인민위,「북조선 노동자 및 사무원에 대한 노동법령」공포
1946.6.26	조선신민당 제1차 당대회

1946.6.27	북조선임시인민위, 「농업현물세에 관한 결정서」 발표
1946.6.30	북조선임시인민위, 「북조선의 검찰소예심 및 보안기관의 형사사건심리에 관한 법령」 비준
1946.7.1	중앙고급지도간부학교(인민경제대학 전신) 창립, 조선기록영화촬영소 창립
1946.7.4	평양-원산 간 직통전화 개설공사 완성
1946.7.8	북조선임시인민위, 「북조선산업경제협의회령」 공포(9월 19일 결성), 「북조선 종합대학 창립에 관한 건」 및 「전문학교(중등기술전문학교) 설립에 관한 결정서」 발표
1946.7.19	평양 모란봉에 해방탑 기공식(1947.5.1 제막식)
1946.7.20	북조선 보안간부학교 개교
1946.7.22	북조선민주주의민족통일전선 결성
1946.7.24	북조선임시인민위, 「도량형기임시조치요강」 및 「공업허가령제정」 공포
1946.7.27	북조선민주주의민족통일전선 「남조선 미군정과 반동분자들의 재식민지화의 책동과 폭정을 항의」하는 항의문 발표 북조선분국 제8차 확대집행위원회, 조선신민당과의 합당 보고
1946.7.28	북조선분국과 조선신민당 중앙위원회 연석회의
1946.7.29	조선공산당 북조선분국과 조선신민당 합당 선언
1946.7.30	북조선임시인민위, 「북조선 남녀평등에 대한 법령」 공포
1946.8.7	북조선로동당 창립대회 준비위원회 조직
1946.8.10	북조선임시인민위, 「산업, 교통, 체신, 은행 등의 국유화에 관한 법령」 발표, 「공민증 교부에 관한 결정서」 채택 공포
1946.8.16	「북조선과 쏘련 사이의 우편물교환 및 전보련락에 관한 림시협약」 채택
1946.8.28	북조선로동당 창립대회(~30일)
1946.9.1	공민증 교부 개시 『로동신문』 창간(분국중앙 기관지 『정로』에 조선신민당 기관지 『전진』 흡수)

1946.9.5	북조선임시인민위, 「북조선 면, 군, 시, 도 인민위원회 선거에 관한 결정서」 공포, 중앙선거위원회 조직
1946.9.9	관개시설을 국가경영으로 함 평양음악학교 개교
1946.9.15	김일성종합대학 개교
1946.9.20	무역위원회 조직
1946.9.22	북한 전역에서 미군정 반동정책반대 군중대회
1946.10.1	북조선임시인민위, 「북조선토지개간법령」 공포 평양교원대학(김형직사범대학 전신) 창립
1946.10.3	북조선지식인대회 진행
1946.10.4	북조선임시인민위, 「개인소유권을 보호하며 산업 및 상업활동에 있어서 개인의 창발성을 발휘시키기 위한 대책에 관한 결정서」 공포
1946.10.11	북조선기자동맹 결성
1946.10.13	북조선예술총동맹 전체 대회 개최
1946.10.18	북조선적십자회 창립
1946.10.19	북조선약학기술동맹 창립
1946.10.25	평양-원산 간 직통열차 운전 개시 잡지 『근로자』 창간
1946.10.29	소련으로부터 북조선 중앙은행 인수
1946.11.3	북조선 도·시·군 인민위원회 위원 선거
1946.11.16	북조선로동당 중앙위원회, 「남조선 '사회로동당'에 관한 결정서」 발표
1946.11.25	북조선확대인민위원회 개최, 김일성 위원장, 「북조선 민주선거 총결과 인민위원회의 당면과업」 보고, 「북조선 산업 및 상업발전에 관한 법령」 등 채택
1946.11.27	북조선적십자사 창립확대위원회 개최
1946.11.28	북조선기독교련맹 결성대회
1946.11.30	북조선농림수산기술총연맹 결성

1946.12.2	북조선로동당, 건국사상총동원운동 호소
1946.12.5	북조선통신사 창립(조선중앙통신사 전신)
1946.12.6	건국사상총동원운동 전개
1946.12.10	북조선항공건설 중앙위원회 조직
	황해도 재령군 농민 김제원 애국미 헌납(30가마), 재령군 농민 애국미 헌납운동 호소
1946.12.13	북조선농민동맹, 애국미 헌납운동 결정
1946.12.21	북조선보건동맹 대회 진행

1947.1.3	북조선소비조합 제5차 확대위원회 개최, 양곡수매사업에서의 농민의 자원원칙 결정
1947.1.7	면, 리 인민위원회 위원선거를 실시키로 하고 중앙선거위원회 조직(위원장 주영하)
1947.1.9	북조선임시인민위,「면양보호증산에 관한 결정서」,「북조선 사료 관리임시조치에 관한 결정서」,「국립극장 설치에 관한 건」,「북조선임시인민위 무역위원회 폐지의 건」공포
1947.1.10	애국미운동열성자대회
1947.1.11	북조선임시인민위,「북조선 면 및 리(동) 인민위원회 규정 추가 삭제에 관한 결정서」및「흥남지구 인민공장에 지령한 생산계획을 위한 결정서」포고
	제9차 민전 중앙위원회 개최
1947.1.14	북조선임시인민위,「판사선거에 관한 결정서」포고
	김일성 위원장 함경북도 지방 순회(~18일)
1947.1.15	북조선농민동맹 제3차 중앙확대집행위원회 개최
1947.1.18	김일성 위원장 강원도 지방 순회 검열(~20일)
1947.1.21	조선문협과 문학예술총동맹, 레닌 서거 23주년 기념행사 거행
1947.1.22	건국사상총동원운동과 관련 '김회일운동' 전개 결정
1947.1.24	사회보험법 발효(1946.12.19 발표)
	평안남도 재판소 판사 선거 실시

평양시인민위원회 주최로 조·중인민 친선교린대회 개최
검찰소를 북조선임시인민위 직속기관으로 결정
북조선임시인민위 제23차 위원회 개최, 노동부를 노동국으로 승격, 외무국 신설,「북조선의 인민보건침해죄에 관한 법령」,「북조선봉건유습 잔재를 퇴치하는 법령」,「생명, 건강, 자유, 명예 보호에 관한 법령」,「개인재산보호에 관한 법령」통과 공포

1947.1.27	북조선임시인민위,「과실현물세 체납 및 탈세자 벌칙에 관한 결정서」공포
1947.2.2	김일성 위원장, 북조선임시인민위 수립 1주년 기념대회 연설
1947.2.3	북조선임시인민위,「인민시장 규정 실시에 관한 포고」및「상점허가제 실시에 관한 포고」,「조선어문연구회에 관한 결정서」등 8개 법령 공포
	소비조합 간부학교 개교
	북조선여맹 대표 박정애·이안나, 국제민주여맹 대의원회의 참석차 체코로 떠남
1947.2.4	북조선음악인대표자연석회의 개최
	조소문화협회 확대중앙위원회 개막(~6일)
1947.2.6	북조선임시인민위,「북조선 국립영화촬영소 설치에 관한 결정서」공포
1947.2.7	북조선임시인민위,「변호사에 관한 규정」및「북조선중앙연구소에 관한 결정서」공포
	조선역사편찬회 설치 결정
1947.2.8	김일성 위원장, 북조선임시인민위 성립 1주년 대회에서「조선정치 형세에 대한 보고」
1947.2.17	북조선 도·시·군 인민위원회 대회 개최
1947.2.19	김일성 위원장, 북조선 도·시·군 인민위원회 대회에서「1947년 인민경제발전계획에 대하여」보고
	북조선인민위원회 창설
1947.2.20	김일성 위원장, 북인민위원회 창설 대회에서「북조선 도·시·

	군 인민위원회 대회를 결속하면서」 보고
1947.2.21	제1차 북조선인민회의 개최, 상임위원회 선거, 위원장 김두봉
1947.2.22	북조선검찰소장 임명 및 최고재판소 소장 선거 실시
1947.2.24	제25차(북조선 인민회의 성립 후 제1차) 북조선인민위원회 개최
1947.2.25	북조선 각 리(동) 인민위원회 선거
1947.2.27	북조선인민회의 상임위원회 기구 결정, 『민주조선』지를 북조선 상임위원회 및 북조선인민위원회 기관지로 결정
	제26차 북조선인민위원회 개최
1947.2.28	김일성 위원장, 「국가재정 관리를 잘 하기 위하여」 연설
	3·1운동 28주년 기념 축하보고대회
1947.3.1	3·1절 기념 생산돌파 운동
1947.3.4	북조선인민위원회, 결정 제1호 「로동소개소 설치에 관한 결정서」 발표
1947.3.5	면인민위원회 선거 실시
	김일성 위원장, 「토지개혁 법령 발포 1주년에 제하여」 발표
1947.3.7	북조선민전, 「전조선 동포에게 고함」 호소문 발표
1947.3.8	김일성 위원장, 「농민들 앞에 나선 기본 과업은 농사를 잘 짓는 일이다」 발표
	조선인민군 협주단 창설
1947.3.14	농민동맹 제4차 중앙확대위원회 개최, 조직 개편
1947.3.15	북조선로동당 제6차 확대 위원회 개최, 그간의 선거 총화
	김일성 위원장, 「일부 당 단체들의 사업에서 나타나고 있는 오류와 결함을 퇴치할 데 대하여」 보고
1947.3.24	「북조선 도·시·군·면·리(동) 인민위원회 관계 규정 등에 관한 결정서」 채택, 「혁명자유가족학원(만경대혁명학원 전신) 창립준비위원회 조직」에 관한 결정 발표
1947.3.25	북조선 사법책임자회의 개최
1947.3.31	「공민증에 관한 결정서 개정에 관한 결정서 제25호」 등 5개 결정 공포

1947.4.1	농민동맹, 리(동) 위원 선거
1947.4.4	북조선직업총동맹, 각 직장에 문화 써클 조직 결정
	김일성 위원장, 「재만동포에게 보내는 서신」 발송
	천도교청우당, 제1차 전당대회
1947.4.8	북조선인민위원회 제32차 회의, 「북조선 성인 교육 및 직장 교육체계에 관한 결정서」 등 6개 법령 및 결정서 공포
1947.4.9	북조선인민회의 제3차 상임위원회, 「북조선인민회의 대의원의 권리와 임무에 대한 규정」 공포
1947.4.13	북조선민주당 제2차 전당대회
1947.4.15	중앙농사시험장 설립(사리원)
	평양화학공장 복구 완성
1947.4.16	북조선로동당 간부양성소 개소
1947.4.19	김일성 위원장, 평양곡산공장 방문
1947.4.21	북조선민전 도·시·군 서기장 회의 개최(~22일)
1947.4.22	몰로토프(V.Molotov) 소련 외상, 5월 20일에 미소공위 재개 제의
1947.4.23	북한주둔 소련사령관 코로트코프(G.P.Korotkov) 중장, 미소공위 사업 개시와 관련 기자단 회견
1947.4.28	북조선의학회 결성
1947.5.7	김일성대학연구원 개원
	민주청년동맹, 세계민주청년동맹에 가입
1947.5.9	수로 개방하여 연백평야에 급수 재개
1947.5.10	5·1절 기념 북조선 체육대회 개막(~14일)
1947.5.15	북조선인민회의 제2차 회의, 「농업현물세 개정에 관한 법령」 승인
1947.5.17	소련 파견 교원단 귀환
1947.5.19	「식량배급 등급 개정에 관한 건」 발표
1947.5.20	미소공위 소련 측 대표 평양 출발
1947.5.21	북조선민전, 「미소공위 재개 관련 민주주의 민족통일전선 중앙위 선언서」 채택
1947.5.22	국제직맹, 북한 직맹 가입 승인 통고

1947.5.27	북조선상업간부양성소 설치
1947.5.29	「산업운수부문의 도급제 및 노동 능률 제고를 위한 특별 배급과 상금제에 대한 결정서」통과
1947.6.1	「농업현물세 개정에 관한 결정서에 대한 세칙」발표
1947.6.2	북조선영화동맹 영화연구소 개소
1947.6.14	미소공위 성명 제15호, 민정수립 등에 관한 자문서와 관련하여 김일성 위원장, 민전 산하 정당·사회단체 열성자대회 소집
1947.6.15	김일성 위원장, 「민주주의 조선임시정부를 세우는 것과 관련하여 모든 정당, 사회단체들은 무엇을 요구할 것인가」 보고
1947.6.17	북로당 제7차 중앙위원회, 미소공위에 대한 요구 의견서 발표
1947.6.18	북한 각 정당·사회단체들 미소공위 협의 참가에 관한 청원서 및 선언문 제출(참가 신청 당·단체 38개)
1947.6.19	소련적십자평양학원 개업
1947.6.20	기술교육 진흥책 결정
1947.6.23	김일성 위원장, 세계청년축전 참가 대표단 환송 체육대회에서 「앞날의 조선은 청년들의 것이다」 연설
1947.6.29	북조선 애국가 제정
1947.6.30	귀환 재일동포 118명 흥남 상륙 평양에서 미소공위 회견회의, 북조선 각 정당·사회단체와 최초의 공식 회견 회의 개막 민주주의 조선 임시 정부 수립을 요구하는 평양시 군중대회
1947.7.1	전체 인민학교 국가졸업시험 실시 미소공위, 북한 측 청원단체 대표와 평양에서 합동 회의(3일간) 북로당 중앙위원회 제8차 회의, 「쏘·미공동위원회에 제출할 답신서」 접수
1947.7.4	북조선 각 정당·사회단체, 「조선임시정부 및 지방 정치기구의 구성 원칙에 관한 해답서」 제출
1947.7.5	조선음악연구소 창립
1947.7.11	북조선인민회의 상임위, 북조선 최고재판소 참의원 성원 및 참

1947.7.12	의원 결정서를 의결 북조선인민위원회 제42차 회의 개최,「해방 2주년 기념 증산 돌격 운동 전개에 대한 결정서」공포
1947.7.15	북조선민전 제17차 중앙위원회 개최
1947.7.20	모란봉 야외극장 개관식
1947.7.21	민전 결성 1주년 기념대회에서 여운형 피살에 대한 항의문 및 추도문 채택
1947.7.25	김일성대학 예비과 제1회 졸업식
1947.7.31	북로당 중앙위원회 상무위원회에서 김일성 위원장 결론,「생산에 대한 공장 당, 단체들의 지도를 강화할 데 대하여」
1947.8.1	북조선 인민경제 계획 상반년 실적 총화 발표 혁명자유가족학원 개교(입원식은 9월 1일, 개원식은 10월 12일), 1만 4백 개의 한글학교 일제히 개교
1947.8.12	미국인 기자 루이스 스트롱 여사, 북한 각지 시찰 도중 원산에서 신문 기자회견
1947.8.15	8·15해방 2주년 평양시 군중대회 및 대시위
1947.8.24	북조선체육축전 개막(~27일)
1947.8.26	미 국무차관 라베트, 소련 외상 몰로토프에게 미국·영국·중국·소련 4개국 회의 제안
1947.8.28	북로당 창립 1주년 기념 열성자대회
1947.8.30	조기 농업현물세 완납
1947.9.4	중앙과 각 도시에 도시경영부 신설
1947.9.7	김용범 북로당 중앙검열위원 병사 소련 외상, 마샬 미 국무장관에게 4개국 회의 제안 거부
1947.9.13	북한 최초로 제작된 발성기록영화〈인민위원회〉상영 개시
1947.9.15	흥남공업대학 개교
1947.9.16	김일성 위원장, 북로당 중앙위원회 상무위원회에서 결론,「문학예술을 발전시키며 군중 문화사업을 활발히 전개할 데 대하여」
1947.9.17	소비조합생산합작사 조직 착수

1947.9.26	미소공위 제61차 본회의에서 소련 대표 스티코프(T.F.Shtykov), 양군이 1948년에 동시 철수하고 조선 문제는 조선인에게 맡기자고 제안
1947.10.5	김일성 위원장, 평양학원 제3기 졸업식에서 「참다운 인민의 군대, 현대적인 정규 군대를 창건하자」고 연설
1947.10.10	정주교원대학 창립
1947.10.13	김일성 위원장, 북로당 중앙위원회 제10차 회의에서 한 결론, 「사회단체들에 대한 지도를 강화할 데 대하여」
1947.10.20	김일성 위원장, 북로당 중앙위원회 상무위원회에서 한 결론, 「녀성동맹 사업에 대한 지도를 강화할 데 대하여」
1947.10.21	미소공위 소련 대표 평양으로 철수
1947.10.26	보안간부학교 제1기 졸업식
1947.11.1	직맹, 각급 단체 선거 실시
1947.11.3	도·시·군·면·리 인민위원들, 자기 사업 총화 보고 개시
1947.11.12	북조선 각 정당·사회단체들, 「유엔 정치위원회의 한국 문제 결의를 절대 반대한다」는 담화문 발표
1947.11.15	문맹퇴치 중앙지도위원회 조직
1947.11.16	북로당 중앙위원회 제10차 전원회의
1947.11.18	북조선인민회의 제3차 회의 개막(~19일), 조선임시헌법제정위원회 조직, 임시헌법초안 작성
1947.11.21	평안남도 국영생산공장들 40일간 돌격운동, 상호경쟁운동
1947.11.26	중앙교육간부학교 개교
1947.12.1	신구화폐 교환 발표(6~12일간 실시)
1947.12.13	보안간부훈련대대지부 참모장 안길 병사
1947.12.15	농업현물세 완납 보고
1947.12.16	각 산별 북조선직업총동맹 제2차 중앙대회(~19일)
1947.12.18	「북조선과 중국동북해방구 사이의 우편물 교환 및 전보련락에 관한 림시협정」 체결
1947.12.22	「지하자원, 삼림자원 및 수역국유화법령」 공포

1948.1.9	김두봉, 조선어철자법 개정초안에 대해 보고
1948.1.11	김일성 위원장, 인민군 창설 앞두고 개천·강계 방면 순시
1948.1.20	국영 원산조선소, 해방 후 최초로 조경환 14호 건조 진수
1948.1.23	소련 측, 유엔 한국위원회의 북한 입경 거부 통고
1948.1.24	북조선농업은행 전체회의 개최
1948.1.31	동남아 청년대회 참석차 북조선 민청 대표단 캘커타로 출발
1948.2.4	북조선인민위원회 제58차 회의, 「1948년도 종합예산안 및 민족보위국 설치에 관한 결정서」 채택(초대국장 김책)
1948.2.8	인민군 창군, 평양에서 인민군(총사령관 최용건) 열병식
1948.2.9	북로당 제12차 중앙위원회 개최
1948.2.10	조선임시헌법 초안 발표
1948.2.12	북조선교육자대회 진행
1948.2.13	북조선민전 제23차 중앙위원회, 인민을 헌법 토의에로 동원시킬 데 대한 문제 토의
1948.2.16	제1차 각급 검찰소장 회의 소집
1948.2.19	북조선인민위원회 제59차 회의, 「민간 저금 지불에 관한 결정서」 및 「학교 교원들의 물질적 생활 향상을 위한 결정서」 공포
1948.2.21	북로당 각 도당 대표회의를 각각 개최(~23일) 창립 이래 사업 총화, 김일성 함경남도 지방 순회
1948.3.3	수풍발전소, 최대 발전기용 변압기 수리 복구 공사 완성
1948.3.9	민전 제25차 중앙위원회 개최, 김일성 위원장, 「반동적 남조선 단독정부 선거를 반대하고 조선의 통일과 자주 독립을 쟁취하기 위하여」 연설
1948.3.10	북조선인민위원회 사법국, 「군사재판지도부의 설치와 군사재판소 및 군사검찰소의 설치에 관한 결정서」 발표
1948.3.14	북한 전 지역에서 남조선 단독선거 반대 군중 시위대회 개최(총 참가 인원 210만 명)
1948.3.15	교육국, 문맹 퇴치 사업 및 성인 재교육 사업에 관한 토의 결정
1948.3.16	북조선·중국 비밀군사협정 체결

1948.3.17	「장학금 급여에 관한 규정」 발표
1948.3.19	북조선인민위원회 제62차 회의, 「건설부문에 도급제를 실시하는 데 관한 결정서」 발표
1948.3.22	직업총동맹 중앙 상무위원회, 「1948년 인민경제계획을 한달 앞당겨 끝낼 데 대한 결정」 채택
1948.3.25	민전 제26차 중앙위원회 제의, ① 유엔의 결의와 단선 단정 반대 ② 조선의 통일적 자주 독립 실현을 위한 전조선 정당·사회단체 대표자 회의 개최 주장 김구가 제의한 남북협상을 수락
1948.3.27	북로당 제2차 전당대회, 마지막 날인 30일 북조선로동당규약 채택
1948.3.28	김일성 위원장, 중앙위원회 사업총화 보고
1948.3.31	북로당 중앙위원회 제2기 제1차 회의, 중앙 지도기관 선거
1948.4.1	남북정당·사회단체 대표자 연석회의를 위한 조직준비위원회 결성(위원장 주영하, 평양)
1948.4.3	천도교청우당 제2차 전당대회
1948.4.4	함남 영흥군 용흥강 관수공사 완공
1948.4.6	김구, 김규식 연락원 평양 도착 남북 제 정당·사회단체 대표자 연석회의 참가를 위해 근로인민당, 민중동맹 대표 일행 평양에 도착
1948.4.9	남로당 연락원 평양에 도착하여 허헌·박헌영 메시지 전달 북조선인민위원회 제63차 회의, 「사무원 및 기술자 봉급 개정에 관한 결정서」 등 공포
1948.4.12	북한주둔 소련군 사령관, 남북연석회의 남한 대표단 입북 교통 및 안전보장에 관하여 성명 인민공화당, 전평 선발대 평양 도착
1948.4.16	수산협동조합 창립
1948.4.19	남북 제 정당·사회단체 대표자 연석회의 개막(평양)
1948.4.20	김구를 비롯한 한독당·건민회·사회민주당·민주독립당 대표 등 평양 도착

	남북연석회의 제2일, 김일성·박헌영·백남운 정치정세 보고
1948.4.21	남북연석회의 대표자 자격 심사위원회 심사 결과 보고
1948.4.23	남북연석회의 제4일 '남북조선 단독선거 반대 전국 위원회' 조직 결정, 「전조선동포에게 격함」이라는 격문 발표
1948.4.25	남북연석회의 지지 평양시 군중대회 개최
1948.4.26	김일성·김두봉·김구·김규식 4인 회담(제1차 4김회담)
1948.4.27	남북한 제 정당·사회단체 지도자 협의회
1948.4.28	남북연석회의에서 채택한 「미국 정부에 보내는 요청서」를 전달하러 3대표 서울로 감
	북조선 인민회의 특별회의 개최, 조선민주주의인민공화국 헌법 초안 토의
1948.4.29	김일성 위원장, 남한 신문기자단과 담화
	북조선 인민회의 특별회의 제2일, 헌법 초안 만장일치 채택
1948.4.30	남북한 제 정당·사회단체지도자협의회에서 공동 성명서 발표, 외국군대의 즉각 동시 철거 주장, 제2차 4김 회담
1948.5.3	보통강 운하공사 착공
	김일성 위원장, 김구와 담화
1948.5.5	문맹 퇴치운동 전개
	'남한 단선 반대 전국투쟁 위원회', 유엔임시한국위원단의 선거 감시 결정 반대 규탄 성명 발표
1948.5.6	김일성 위원장, 홍명희와 담화
	북조선인민위원회 산업국장 이문환, 대남 송전 문제에 관하여 담화 발표
1948.5.7	남북연석회의의 미소 양군 철퇴 요청에 소련군 당국 수락 회한
1948.5.8	흥남인민공장 건식 전기로 완전 복구 화입식
	작가, 예술인, 과학자, 교수 등 남북연석회의 계기로 남한 사태 관련 하지 중장에게 공개서한 발표
1948.5.11	김일성 위원장, 내무국 독립여단 군관회의 참석
1948.5.12	「미 점령 당국 및 일본 정부의 재일 동포 불법 탄압」에 대하여

	북한 3정당 항의
1948.5.13	김일성 위원장, 대학교원들을 우대할 데 대한 특별지시 하달
1948.5.14	대남 송전 중단
1948.5.15	중앙문맹퇴치 전람관 개관
1948.5.22	남조선 단선반대투쟁 전국위원회, 5·10선거 관련 성명서 발표
	황해제철소 혼선로 복구조업
1948.6.1	생필품 국가 가격 인하 실시
1948.6.2	각지에서 「남조선 단선, 단독정부 반대시위 군중대회」 개최
1948.6.4	조기작물 현물세 대납 비율 일부 개정
1948.6.5	각지에서 교육열성자대회 개최
1948.6.7	국가 기술자 자격 심사위원회 설치 결정
	북한주둔 소련군 감축 발표. 사령관은 중장 크로포코프에서 소장 미끌로프로 교체하였다고 보도
1948.6.8	북조선인민위원회 제66차 회의, 생산증강을 위해 도급제, 상금제, 식량특배제 실시 결정
	독도사건(미 공군 독도상공서 연습 중 어선 오폭)에 항의 반미선전 전개
1948.6.10	북조선해양간부학교 개소
1948.6.13	북조선직업총동맹, 국제직업총동맹 가입
	국가 졸업시험 실시
1948.6.18	북한 각 정당·사회단체 북한 주둔 소련군 감축 반대 담화 발표
1948.6.20	신의주 국립 애육원 개원
1948.6.22	「농업 현물세 관리 특별 회계에 관한 세칙」 발표
	국립영화촬영소에서 최초의 장편 기록 영화 〈남북연석회의〉 완성
1948.6.23	남포조선소에서 처음 만든 450톤 철강선 '신흥호' 진수식 거행
1948.6.24	남로당 중앙위, 구암·예의 저수지 관개용수를 38선 이남 연백지대에 공급 요청
1948.6.25	소련 대외문화연락협회, 평양문화관 개관
1948.6.29	남북 제 정당·사회단체지도자협의회 개최(~7월 5일)

1948.7.3	북조선 농맹 위원장 강진건, 연백평야 관수 개시 담화 발표
	평양화학공장 섬유 증기 동력시설 복구, 화입식 거행
1948.7.5	남북 제 정당·사회단체지도자협의회,「통일적 민주국가 수립을 위한 투쟁 방안」발표
1948.7.7	북조선인민위원회 제69차 회의, 김두봉 외 12명에게 학위 및 학직 수여
1948.7.8	김일성 위원장, 북로당 중앙위원회 상무위원회에서 결론「수산업을 새로운 토대 우에서 발전시킬 데 대하여」
1948.7.9	북조선인민회의 제5차 회의 개최(~10일)
1948.7.10	북조선인민회의 제2일 회의,「조선민주주의인민공화국 헌법 실시와 조선최고인민회의 대의원선거 실시」결정
	신문『조선인민군』창간
1948.7.12	북로당 제2기 제2차 중앙위원회 개최(~13일)
1948.7.13	교육국에 고등교육원 신설
	김일성대학, 4개 단과대학으로 분리
1948.7.24	김두봉,「신국기 제정과 태극기 폐지에 관하여」발표
1948.7.28	이극로,「남조선인민대표자대회 선거에 참가하라」대남 방송 연설
1948.7.31	조선민족자주통일청년단 창립
1948.8.1	국립중앙해방투쟁박물관(조선혁명박물관 전신) 창설
1948.8.2	월북한 남조선민주독립당 홍명희, 남한 동포에게「철석같이 단결하여 선거에 참여하라」방송 연설, 남북조선로동당 연합중앙지도기관 조직
1948.8.6	북조선해방3주년기념경축예술축전 개막(~28일)
1948.8.11	평양화학공장 완전 복구
	8·15해방 3주년 기념 대전람회 개관
1948.8.15	8·15해방 3주년 기념 군중대회
1948.8.16	8·15해방 3주년 기념 체육축전 개막
1948.8.21	해주에서 조선최고인민회의 대의원선거를 위한 남조선인민대표

	자대회 개막(~26일): 남한의 8,681,746명의 유권자 중 6,732,407명, 즉 77.52%가 비밀 투표하여 뽑았다는 1,080명 대표 가운데 1,002명 참석
1948.8.25	조선최고인민회의 대의원선거. 남조선인민대표자대회에서 간접선거 방식으로 360명의 남조선 출신 대의원 선출했다고 발표
1948.8.28	중앙선거위원회 총선 결과 발표. 투표 참가율 99.97%, 찬성 투표율 98.4%, 대의원 수 572명(북한 212명, 남한 360명)
1948.8.30	조기작물 현물세 완납
1948.9.2	조선최고인민회의 제1차 회의 개최(~10일) 제1일, ① 의장단 선출(의장 허헌, 부의장 이영·김달현) ② 헌법위원 선출. 헌법위원회 제1일 회의
1948.9.4	조선최고인민회의 제1차 회의 제2일, 대의원 자격 심사 결과보고. 헌법위원회 제2일 회의, 헌법 초안 심의
1948.9.5	헌법위원회 제3일 회의, 헌법 초안 심의 완료
1948.9.6	조선최고인민회의 제1차 회의 제3일, 헌법 10장 104조 축조 낭독
1948.9.7	조선최고인민회의 제1차 회의 제4일, 김두봉 보고에 대한 토론
1948.9.8	조선최고인민회의 제1차 회의 제5일, ① 헌법 채택 ② 상임위원회 선출(위원장 김두봉, 부위원장 홍남표·홍기주, 서기장 강량욱) ③ 북조선인민위원회 정권을 조선최고인민회의로 이양 ④ 김일성을 수상으로 선임, 내각 조직을 위임. 김일성 「정권이양에 관한 성명」 발표
1948.9.9	조선적십자회 결성 조선민주주의인민공화국 정부 조직(공화국 창건) 조선최고인민회의 제1차 회의 제6일, ① 김일성, 내각 성원 발표(수상 김일성, 부수상 박헌영·김책·홍명희, 총 19명 중 남조선 측 10명, 북조선 측 9명) ② 최고재판소 소장(김익선) 선거, 최고 검찰총장(장시우) 임명 ③ 「대의원 권리 및 의무에 관한 규정」 승인
1948.9.10	조선최고인민회의 제1차 회의 제7일(최종일), ① 김일성 초대 수

상, 정견 발표 ② 미·소 양군에 보내는 양군 철퇴 요청서 채택, ③ 유엔에 대표를 보내는 권한을 정부에 위임. 김일성 수상, 「조선민주주의인민공화국 정부의 정강」 발표

1948.9.12   김일성 수상, 조선민주주의인민공화국 정부 수립 경축 평양시 군중대회에서 「모두 다 공화국 정부 주위에 굳게 단결하여 민주조선 창건을 위하여 전진하자」 연설
음악학교 개설

1948.9.20   최고인민회의 상임위원회 제2차 회의, 소련군의 철거 서한에 감사 메시지

1948.9.22   남조선 민전 중앙위원회, 소련군 철수와 동시에 미군 철수 주장 담화

1948.9.24   북로당 제2기 제3차 중앙위원회 개최, ① 선거와 정부 수립 총화와 새 과업 제시 ② 만기 현물세 징수 대책 수립

1948.9.27   평양공업대학(김책공업종합대학 전신) 창립

1948.9.29   평양사범대학 개교식

1948.10.1   내각 제3차 회의, 김일성대학 총장에 허헌 임명

1948.10.2   내각 제4차 회의, 어문연구회와 조선역사편찬위원회 조직 결정
내각 제4차 회의, ① 내각 직속 국장 임명, 사무국장 한병옥, 간부국장 장종식 등 ② 소련군 환송 준비 조직

1948.10.3   내각 결정 제144호 「화약류 단속에 대한 규정」 공표
제3차 소련 유학생 60명 평양 출발

1948.10.4   북조선민전 제33차 중앙위원회 개최, 소군 환송준비 중앙위원회(위원장 허정숙) 조직

1948.10.5   북한 전 지역 야간통금 해제
청진제강소 제3호 회전로 복구 화입식
평양-양덕 간 선로 보강 공사 착수

1948.10.7   내각 제5차 회의, 평원선(양덕-천수 간), 만포선(개고-고안 간) 철도 전기화 계획

1948.10.8   김일성 수상, 스탈린에게 조·소 양국 간 외교관계 수립, 양국

	대사 교환 및 경제 관계 설정 요청

1948.10.9   박헌영 외무상, 정상 관계를 갖기 원하는 여러 나라 정부들에게 외교적 및 경제적 관계 설정을 제의하는 성명서 발표
유엔총회 의장 에바트에게 조선민주주의인민공화국 대표의 참가 요청

1948.10.10   김일성대학 신교사 준공, 준공식에서 김일성 수상,「훌륭한 민족간부를 더 많이 양성하자」연설

1948.10.12   최고인민회의 상임위원회, 국기 훈장 제정과 대사 실시의 정령 발표. 내각 제6차 회의, ① 국가계획위원회 기구에 관한 결정서 채택 ② 북조선통신사를 조선중앙통신사로 개편 ③ 노동자·사무원들의 생활 향상 대책에 관한 결정서 채택
북한·소련 정부 간 대사급 외교관계 수립

1948.10.14   평양 시내 각 공장 기업소, 45일간 증산운동 전개

1948.10.15   북한·몽골인민공화국 정부 간 국교관계 수립

1948.10.16   북한·폴란드인민공화국 정부 간 국교관계 수립

1948.10.19   김두봉, 소련군에게 조선해방기념장 수여
소련철수군 제1진 평양 출발

1948.10.21   북한·체코슬로바키아사회주의공화국 정부 간 국교관계 수립

1948.10.24   만경대혁명자유가족학원 신교사 개원

1948.10.26   「외국 여행에 관한 규정」발표
내각 제8차 회의 개최
북한·루마니아사회주의공화국 정부 간 국교관계 수립

1948.10.29   최고인민회의 상임위원회, 교통상 주영하를 소련 주재 특명 전권대사로 발령

1948.10.30   북한·유고슬라비아사회주의연방공화국 정부 간 국교관계 수립

1948.11.3   스탈린에게 보내는 감사문 서명운동 종결(683만여 명 서명)
내각, 11월 3일을 로동일로 결정

1948.11.11   북조선 민청 제3차 중앙대회 개최
북한·헝가리인민공화국 정부 간 국교관계 수립

1948.11.12	내각 제9차 회의 개최, 문화선전성 개편, 국가기술자격심사위원회 설치 결정
1948.11.15	민청 제1차 중앙위원회, 상무위원 선거(위원장 현정민)
	김일성 수상, 동북 조선인 대표 접견
1948.11.16	국가제정위원회 조직
1948.11.19	박헌영 외무상, 유엔 제3차 회의에 참가 재청
1948.11.20	내각 제8차 회의, 「공민증 교환 교부 및 신분증 등록 사업 개시」 결정
1948.11.22	김일성 수상, 북로당 중앙위원회 상무위원회에서 결론 「인민들의 물질 문화 생활을 향상시키기 위한 몇가지 과업」
1948.11.23	함경북도 부영 제1발전소 준공식
1948.11.25	김일성 수상, 내각 제10차 전원회의에서 결론 「2개년 인민 경제 계획의 중심 과업에 대하여」
1948.11.26	민전 중앙위원회, 소련의 원자무기 사용 금지, 병력 축소 환영 서한을 유엔 제3차 총회 소련 측 대표에 발송
1948.11.29	북한·불가리아인민공화국 정부 간 국교관계 수립
1948.12.4	김일성 수상, 국립예술극장에서 소련군 철수환송연 개최
1948.12.7	북조선민주당 제3차 전당대회 개최
1948.12.9	북조선민주당 제1차 중앙위원회 개최, 중앙 지도기관 각 부서 결정(위원장 최용건)
	인민공화국 수립 경축 재일동포 대표 일행, 평양 도착
1948.12.10	북로당 중앙위원회 제4차 회의, 김두봉 위원장 「북조선 민주건설의 성과와 그에 있어서의 위대한 쏘련의 원조에 대한 보고」 및 이에 대한 토론 후 결정서 채택
	박헌영 외무상, 유엔 사무총장에 7일의 유엔 결정 항의서한 전달
1948.12.15	전국적으로 현물세 완납
1948.12.16	내각 제11차 회의 중요 결정, ① 1949~1950년 인민경제계획 부흥발전에 관한 2개년 계획의 1949년도 1·4분기 예정 수자에 대한 국가경제계획위원회의 성안 승인 ② 1950년도부터 전반적 초

	등의무교육 실시 위한 1949년도 준비사업에 관한 결정서
1948.12.24	소련군 장관·장교들에게 국기훈장 수여
1948.12.25	로동신문사 신축사옥 준공식
	조·소 문화교류 함흥문화관 개관
	북한 주둔 소련군 철거 완료
1948.12.26	소련군 환송 평양시 군중대회, 스탈린에게 감사문 전달(1,676만여 명 서명)
1948.12.29	생활필수품 2,000여 종의 국정가격을 평균 37.1% 낮출 데 대한 내각결정 발표
1949.1.6	2차대전 시 일제에 의해 강제 징모되었던 조선인 출신 포로병 3,182명, 소련으로부터 귀환
1949.1.12	박헌영 외무상, 북한 주재 소련 특명 전권대사로 임명된 스티코프(T. F. Shtykov·11일 평양 도착)와 회견
1949.1.13	전반적 초등의무교육실시 중앙준비위원회 조직
1949.1.14	국가계획위원회, 규칙 제1호「통계의 작성 및 보고에 관한 규정」발표
	북한 주재 소련 특명 전권대사 스티코프, 김두봉에게 신임장 제출
1949.1.15	김일성 수상, 스티코프 전권대사 접견
1949.1.17	내각,「국가경제기관, 국영기업소, 협동단체 및 행정기관의 경리 책임자의 권리와 의무에 관한 규정」발표
	소련 주재 북한 특명 전권대사 주영하, 부임차 모스크바로 떠남(도착 27일)
1949.1.18	제2차 산업성 산하 각 관리국 국영기업소 책임자 회의 개최
1949.1.19	체신상 김정주, 남북 우편물 교환 관련 성명 발표
1949.1.20	남북조선 제 정당·사회단체 연석 보고대회 개최
	평양특별시 인민위원회 제1차 회의 개최
	만포선 개고－고안 간 전기철도 개통
1949.1.23	평원선 양덕－천성 간 전기철도 개통

1949.1.25	북한 전 지역에서 전반적 초등 의무교육 실시를 위한 학령 아동 조사사업 실시
1949.1.26	북한 지방산업지배인 회의 개최
1949.1.31	자강도 신설, 개성시는 개성지구로 증편할 것을 결정
1949.2.3	중앙선거지도위원회 구성(위원장 박정애)
1949.2.5	원산 상공업자대회 개최
1949.2.6	전조선여성열성자대회 개최
	내무성, 남한의 대북 도발 관련 보도
1949.2.8	청진제강소 제2회전로 화입식
1949.2.9	박헌영 외무상, 유엔에 조선민주주의인민공화국 가입 요청 타진
1949.2.12	로동당 중앙위원회 2기 5차 회의(~13일), ① 2개년 인민경제계획에 대하여 ② 도·시·군·구역 인민위원회 선거에 대하여 토의
1949.2.14	농림성 산하 각 관계 책임자 회의 개최
	유엔 사무총장 트리그브리, 박헌영 외무상 서한에 회한
1949.2.18	남포제련소 아연 제련공장 기공식
1949.2.22	방소 대표단(단장 김일성 수상) 일행 모스크바로 떠남(~4월 7일 귀국)
1949.2.26	문학예술총동맹 산하 각 동맹 중앙위 위원장 개선(문학동맹 안함광, 연극동맹신고송, 예술동맹 정광철, 음악동맹 리면상, 영화위원회 주인규, 무용위원회 최승희, 사진예술동맹 리문빈)
1949.3.4	방소 대표단 모스크바 도착
1949.3.7	최고인민회의 상임위원회, 선거사업 문제 토의
1949.3.8	북조선농민동맹 제1차 중앙위원회 및 검사위원회 인선 발표(위원장 강진건)
1949.3.11	방소 대표단, 모스크바 기업소 및 문화회관 시찰
	내각회의, 중국인 학교 관리에 관한 건 등 토의 결정
1949.3.16	내각회의, 「농촌경리 발전과 축산 증식에 따르는 결정」 발표
1949.3.17	「조선과 쏘련 사이의 경제적 및 문화적 협조에 관한 협정」 조인 (4월 26일 최고인민회의 상임위에서 비준), 총 1,200만 루블 차

관 약정
1949.3.18	학술용어조사위원회 결성(위원장 백남운)
1949.3.20	방소 대표단 모스크바 체재에 대하여 양국 정부 간 코뮤니케 발표 후 귀환
1949.3.24	세계평화옹호전국연합대회를 평양에서 열고 평화옹호전국민족위원회 결성(위원장 강량욱)
1949.3.25	황해도 재판소, 해주 테러 방화단 16명 공개 재판(~26일)
1949.3.27	평화옹호전국민족위원회 제1차 회의 개최
1949.3.30	북한 지역 도·시·군·구역 인민위원회 대의원선거 실시
1949.4.2	남북조선 직맹 대표 최경덕 등 소련 직맹대회 참가차 모스크바로 떠남
1949.4.5	북조선 민청 대표 장서진 등 중국 신민주주의청년단 제1차 대표회의 참가차 북경으로 감
1949.4.9	한설야, 박정애, 김창준 평화옹호세계대회 참석차 파리로 떠남
1949.4.16	국가계획위원회, 규칙 제2호 「통계의 작성 및 보고에 관한 규정 일부 추가 및 개정에 관하여」 발표
1949.4.18	조선로동당 중앙위원회 상무위원회, 「대학의 사회과학과목 교수사업을 개선할데 대하여」 보고
1949.4.19	최고인민회의 제1기 제3차 회의 개막(~23일), 방소 대표단 보고 및 인민위원회 선거 총결
1949.4.20	황해도 안악군에서 고구려 벽화고분 발견
1949.5.5	국군 제6여단 제8연대 소속 춘천 제1대대와 홍천 대대 장병 월북
1949.5.7	최고인민회의 상임위원회, 최고인민회의 공보 발간 결정
1949.5.9	내각회의, 「군가족 원호에 관한 결정」 및 「남조선 토지 개혁 실시를 위한 법령 초안 기초 위원회 조직에 관한 결정」 채택
1949.5.12	국군 해군 제2특무 함대 사령부 소속 장병 월북
1949.5.14	내각회의, 「북조선 중앙은행의 소액 지폐 발행과 함께 일본은행에서 발행한 보조화폐를 무효로 함에 관한 결정서」 채택
1949.5.16	조국통일민주주의전선 결성을 제의한 남한 정당·사회단체에

북조선민전에서 답신서 발송
1949.5.17	북한·알바니아(Albania)사회주의인민공화국 정부 간 국교관계 수립
1949.5.25	조국통일민주주의전선 준비위원회 제1차 회합
1949.6.1	청진해방투쟁관 개관
1949.6.11	로동당 중앙위원회 제6차 회의 개최, 조국통일민주주의전선 결성대회 참가 대표 선출
1949.6.14	내각회의, 「식염 판매에 관한 결정서」 채택
1949.6.18	내각 제19차 회의, 「광산 탄광에서 일하는 노동자 기술자들의 우대에 관한 결정 및 생활필수품과 상품 유통 일층 확장할 데 대한 대책과 임산 종업원 우대를 비롯한 임산 발전 강화 대책」 등 결정
1949.6.25	조국통일민주주의전선 강령과 선언서 채택, 조국통일민주주의전선 결성대회 개최
1949.6.26	조국통일민주주의전선 결성
1949.6.28	조국통일민주주의전선 중앙위원회, 중앙 상무위원회 의장단 선출, 「조선의 전체 민주주의 정당 사회단체들과 전체 조선 인민에게 보내는 선언서」 발표, 「평화적 조국통일에 대한 선언서」 채택
1949.6.29	조국통일민주주의전선 중앙위원회, 남한의 제 정당·사회단체, 각 기관, 미군 당국, 유엔 위원단, 국회의원에게 1천여 통의 선언서 발송
1949.6.30	평양시 남북로동당 연합위원회 개최하여 합당, 조선로동당 발족(위원장 김일성, 부위원장 박헌영)
1949.7.2	조국통일민주주의전선 중앙 상무위원회에서 선언서를 유엔 사무총장에게 송부
1949.7.6	조선인민경비대가 강원도 양양지구에 침투한 남한군 2개 대대를 격퇴하고 인제지구에 침투한 '호림부대'를 격퇴했다고 주장.
1949.7.9	조국통일민주주의전선 기관지 『조국전선』 창간
	최고인민회의 상임위원회, ① 시·군 인민 재판소 및 도 재판소

	선거에 관하여 ② 북조선 중앙은행권 위조 또는 그 위폐를 사용함에 대한 처벌에 관하여 정령 발표
1949.7.11	5월 5일 월북한 국방군 제6여단 제1, 제2대대 전 장병을 인민군에 편입 발표
1949.7.12	내각 제20차 회의, 「산림 육성과 보호 강화에 관한 결정서」 채택
1949.7.13	내각회의, 「광산 위탁 관리제 및 분광제를 실시함에 관한 결정서 제87호」 채택(9월 7일에 산업성 규칙 제3호로 발표) 조국통일민주주의전선 중앙위원회 제2차 회의, 「평화통일선언서에 대한 각 정당·사회단체들의 사업정형」 검토
1949.7.15	직맹·농맹·민청·여맹 등 공동 발기하여 조국보위후원회 결성 준비위원회 조직
1949.7.18	내각 제21차 회의, 「개인 내외 무역 허가에 대한 규정」 승인
1949.7.19	제4차 산업성 산하 공장, 기업소 지배인 회의
1949.7.20	내각회의, 「농업현물세 일부 재정에 관한 결정서와 면양모 수매가격 인상에 관한 결정서」 채택
1949.7.28	내무성, 국방군 특무 공작대 '호림부대'를 완전 소탕했다고 보도
1949.8.1	조국통일민주주의전선 제4차 중앙 상무위원회, 남한이 38선 이북을 침범한다면서 조사위원회 구성, 최고인민회의 상임위원회, 「소득세 개정에 대한 정령」 발표
1949.8.2	내각 체육절 제정, 「문화유물보존책, 노력 수급제」 등 결정 김일성 수상, 조국통일민주주의전선의 평화통일방안문제로 중앙 신문 기자단과 회견
1949.8.13	평화적 조국통일 방책 지지 교육자 결의대회, 남한 교육자에게 보내는 공개서한 채택
1949.8.14	김일성 수상, 작곡가 리면상·김원균·김순남·황학근 4명에게 피아노 1대씩 수여
1949.8.23	내각회의, ① 재정 경리 기능자 우대 개선에 관한 결정서(제126호) ② 재정 경리 기능자격 심사위원회 설치에 관한 결정서(제127호) 채택

1949.8.25	남북조선직맹열성자대회 개최(평양)
1949.8.27	최고재판소, 인민정권 기관에 잠입하여 정권 기능과 인민들의 이탈을 획책하던 전 황해도 금천군 인민위원회 위원장 리금룡 등 7명에 대한 공개 재판 개정(금천)
1949.8.30	최고인민회의 상임위원회, 시·군 인민재판소 및 도 재판소 선거사업 총결에 관하여 등 토의 결정
1949.9.3	소련 유학생 일행 평양 출발
1949.9.8	최고인민회의 상임위원회 제4차 회의 개최 중화인민공화국과 특파원 교환 합의에 따라 조선중앙통신사 기자 2명 북경으로 떠남
1949.9.10	민중구락부·조선해방인민청년동맹·건양청년회·조선생물학회·재일조선인민주전선 결성, 최고인민회의 상임위원회, 「전반적 초등의무교육실시에 대한 법령」 채택
1949.9.15	북한 학술단체·사회단체 및 문화 활동가들, 남한 문화유물 약탈 파괴 주장 항의 성명서 발표
1949.9.16	개성지구 주둔 국방군 제1사단 제11연대 소속 배용식 이등상사 지휘 아래 1개 분대 월북 주장
1949.9.22	김정숙(김일성 처), 산욕열로 사망 남한 소속 2천 톤급 함선 및 승무원 58명 월북 주장
1949.9.24	남한 국방부 소속 군용기 엘나인 110호 비행사 이명호 등 월북, 평양비행장 도착 주장
1949.9.26	황해제철소에서 제4호 평로를 복구
1949.10.1	외무상 박헌영, 유엔 아시아 및 극동 경제위원회에 북한 가입 요청
1949.10.6	북한·중화인민공화국 정부 간 국교관계 수립
1949.10.8	38도선 남북 무장 충돌에 관한 조국통일민주주의전선 조사위원회의 조사 보고서 발표
1949.10.12	조국보위후원회, 2,800여 만 원의 기금으로 비행기와 탱크 헌납
1949.10.14	박헌영, 유엔 특별 정치위원회가 유엔한국위원회의 존속과 그 기

	능 확대를 결정한 데 대하여 유엔 사무총장과 유엔 총회 제4차 회의 의장에게 항의서한 발송
1949.10.24	최고인민회의 상임위원회, 「조선민주주의인민공화국 38선 이북 지역의 리 행정구역 일부를 변경함에 관하여」 정령 발표
1949.10.29	체육절 기념 제1차 전국종합체육대회 개막
1949.11.4	로동성, 「휴가 허여에 관한 규정」 발표
1949.11.7	북한·독일민주주의공화국 정부 간 국교관계 수립
1949.11.17	내각 규정 제161호, 「리 인민위원회 정원 및 봉급 개정에 관한 결정서」 발표
1949.11.19	함흥의 상인·기업가, 군함 건조비로 1,050만 원 헌납
1949.11.24	리 인민위원회 대의원선거(~25일)
1949.11.25	조국통일민주주의전선 중앙위원회, 평화통일 호소문 발표
1949.11.29	남포유리공장 용해로 조업
1949.12.3	면 인민위원회 대의원선거(803지역, 13,354명 선출)
1949.12.5	내각 결정 제180호, 「교통 질서 단속에 관한 규정」 채택
1949.12.8	내각 결정 제182호, 「증산 경쟁·기금에 관한 상금 수여 규정」 채택
1949.12.15	로동당 중앙위원회 제2차 회의(~18일), 「1949년도 사업 예비적 총화와 1950년도 과업」 채택
1949.12.19	최고인민회의 상임위원회 정령, 자강도 자강군 강계면을 자강도 강계시로 승격, 그 밖의 면은 장강군으로 개칭, 전국다수확농민열성자대회 개최
1949.12.21	평양 인민군 피복창고 화재로 군복 6만 벌 소실
1949.12.22	중화인민공화국 주재 북한 초대 대사로 리주연 임명
1949.12.24	최고인민회의 상임위원회, 「지방 행정구역 리·동 명칭을 리로 통일함에 관하여」 정령 발표
1949.12.25	제1차 의과학 대회, 평양서 개최
	북한·소련 간 영사 협정 체결
	북한·중화인민공화국 간 통상우호협정 체결

	조선과 중국 사이의 우편물교환에 관한 협정, 전보련락에 관한 협정, 전화련락에 관한 협정(조중체신협정)
1949.12.27	내각 결정 「로동자 임금 개정에 관한 결정서 제196호」 채택 의과학회 결성
1949.12.29	최고인민회의 상임위원회, 「사회보험료 수납법 개정에 관한 정령」 및 「거래세 개정에 관한 정령」 발표
1950.1.7	내각, 「내무성 시설처 및 보안국 사업 일부를 농림성 및 도(평양시) 인민위원회에 이관함에 관한 결정서」 채택
1950.1.9	조국통일민주주의전선 중앙위원회 제4차 회의, 호소문 채택, 조국보위후원회의 가입 결정
1950.1.11	내각 임산국, 「내각 임산국 산하 각 기관에 관한 규정」 채택, 「전반적 초등의무교육제 실시에 관한 법령」 실행에 관한 내각 결정 발표
1950.1.17	천도교청우당 제3차 전당대회 개최
1950.1.21	북한 · 중화인민공화국 간 우편물 교환 및 전신 전화 연락 협정 체결
1950.1.25	김일성 수상, 농림 · 수산부문 지도일군연석회의에서 「농촌 경리와 임업 · 수산업의 가일층의 발전을 위하여」 연설, 내각 국립건설자금은행 설치 결정
1950.1.30	로동학원 설치 내각 지시
1950.1.31	북한 · 베트남(Vietnam)사회주의공화국 정부 간 국교관계 수립
1950.2.1	정치 · 경제학아카데미 개원식
1950.2.7	내각, 「국가 기구 정원위원회 설치에 관한 결정서」 채택
1950.2.8	「국영 농기계임경소 설치에 관한 내각 결정」 채택
1950.2.12	황해제철소 제3해탄로 복구
1950.2.25	최고인민회의 제1기 5차 회의 개최(~3월 3일). 인민경제발전 2개년 계획을 성공적으로 수행하는 문제 토의, 1949년도 국가종합예산 총결과 1950년 국가종합예산승인에 관한 문제, 재판소 구

	성법 채택문제, 공화국 형법, 형사소송법 채택문제, 평화옹호 세계위원회 평화제의 호소문에 관한 문제 토의
1950.3.2	공화국 형법 채택
1950.3.3	공화국 형사소송법 채택
1950.3.30	최고인민회의 상임위원회, 상속세제 제정
1950.4.1	국립 건설자금은행 창립
1950.4.16	남포유리공장 조업
1950.5.15	내각, 「인민경제발전채권 발행에 관한 결정 제109호」 채택
1950.5.20	조선로동당 남한의 5·30선거 반대하여 남조선 인민에게 보내는 호소문 발표
1950.5.22	평화옹호위원회 도·시·군(구역)과 공장, 농촌, 가두, 학교들에 조직
1950.5.27	청진제철소 제1호 용광로 복구 화입식
1950.6.5	조국통일민주주의전선 중앙위원회, 평화통일 기본방침 채택
1950.6.7	방소 예술단 소련 순방 소련주둔군사령관 메르쿨프(Merkulov) 소장 신임
1950.6.10	조국통일민주주의전선 대표 3명(이인규·김태홍·김재창)을 여현에 파견, 유엔 한국위원회 대표와 접촉
1950.6.17	남북총선거 제의
1950.6.19	최고인민회의 상임위원회, 북한 최고인민회의와 남한 국회를 연합하여 조국통일을 실현하는 방안을 남한 국회에 제안
1950.6.20	내각, 「새 인민 3개년 경제계획 작성 준비에 관한 결정서 제128호」 채택
1950.6.23	김두봉, 신문기자들과의 인터뷰에서 "평화적 조국통일 추진에 관한 최고인민회의의 상임위원회의 제의에 남한의 회답이 없으며, 남한 국회가 무능력하며, 평화통일에 대한 뜻이 없다"고 주장
1950.6.25	한국전쟁 발발('조국해방전쟁' 개시, 1953.7.27 정전) 내무성 보도, ① 남한의 북침과 북침을 중지하지 않는 한 군사적 대책을 취함과 동시에 전쟁의 모든 책임은 남한에 있다고 주장 ② 남한의

	북침을 격퇴하고 반공격전으로 넘어갔다고 주장. 내각 비상회의 소집, '북침에 대한 문제와 제반 대책' 토의
1950.6.26	군사위원회 조직(위원장 김일성, 위원 박헌영·홍명희·김책·최용건·박일우·정준택), 김일성 수상 「모든 힘을 전쟁승리를 위하여」 방송 연설
	인민군 임진강 일대와 의정부 및 춘천선 돌파
1950.6.27	최고인민회의 상임위원회, 정령 「전시 상태에 관하여」 채택
1950.6.28	인민군 서울 점령
1950.6.30	인민군 한강 도하
1950.7.1	외무성, 미군의 한국 참전 결정 비난 성명
	최고인민회의 상임위, 전시 총동원령 선포
1950.7.2	국제법률가협회, 미국의 한국 개입이 유엔헌장 위반이라고 성명
1950.7.4	김일성 수상을 인민군 최고사령관으로 임명, 인민군 인천·수원 점령
	최고인민회의 상임위원회, 「남한 '해방지구'에서의 토지개혁 실시 정령」 발표
1950.7.6	전시로동에 관한 내각결정 발표
1950.7.7	임표 휘하 중국인민군 내 조선인부대 약 10만 명 북한으로 이동 개시
1950.7.9	내각 결정 139호, 남반부 해방지역에서의 세금 제도 실시
1950.7.12	인민군 조치원 점령
1950.7.13	인민군 청주 점령
1950.7.14	인민군 금강 도하, 최고인민회의 상임위 「남한 '해방지구' 인민위원회 선거실시에 관한 정령」 발표
1950.7.20	인민군 대전 점령
1950.7.25	남한 '해방지구'에서 군·면·리 인민위원회 선거 실시
1950.7.30	최춘국 사망
1950.8.18	내각, 「공화국 남반부 지역에 농업 현물세제 실시에 관한 결정」 발표

1950.8.19	내각, 「남조선지역에서 로동법령 실시에 대한 결정 제146호」 발표
1950.8.31	인민군, 낙동강선까지 진출
1950.9.3	내각, 남한지역에서 토지개혁을 위해 18,000개의 농촌위원회가 조직되었다고 발표
1950.9.8	강건 사망
1950.9.15	인민군 전략적 후퇴, 일부 군부대는 남한지역에서 유격전 전개 (조국해방전쟁 제2단계~10월 24일)
1950.9.17	북한 국제기자동맹 가입
1950.9.28	인민군, 서울 지역에서 후퇴
1950.9.30	내각, 「남한에서의 토지개혁 실시 총괄에 관한 보도」 발표
1950.10.11	김일성 수상 방송 연설, 「조국해방전쟁의 전략적 제2단계와 관련하여 인민군 장병, 남녀 빨찌산 철저 항전 촉구」
1950.10.13	평양시 방어사령부 조직
1950.10.17	인민군 및 정권 각 기관 평양에서 철수
1950.10.19	북한 정부 신의주로 이동
1950.10.20	신천대학살사건(~12월 7일)
1950.10.25	인민군 재반격, 연합군·국군은 청천강 이남으로 후퇴(조국해방전쟁 제3단계~1951년 6월 10일). 중국인민지원군, '항미원조' 기치 아래 한국전쟁 참가
1950.11.2	조선로동당 중앙위원회 정치위원회, 인민군내 당 단체 조직문제에 대한 문제, 적 강점지구의 지하사업을 강화할데 대한 문제 토의
1950.11.20	김일성 수상, 인민군 연합부대장 및 정치부장회의(독노강군정간부회의)에서 「조국해방전쟁 4개월간의 총괄과 금후의 우리 과업」 연설을 행하고 반격 작전 지시
1950.12.6	인민군, 평양 회복
1950.12.9	김일성 수상, 「평양시 해방에 즈음하여」 호소문 발표
1950.12.10	김규식 박사, 평북 만포에서 신병치료 중 사망(1981년 1월 10일

『로동신문』보도)

1950.12.21　로동당 중앙위 제3차 전원회의 개최(~23일), 김일성 수상,「현정세와 당면 과업에 대하여」보고,「남북 근로단체 통합 결정」채택, 무정 철직

1951.1.4　인민군, 다시 서울 점령
1951.1.17　남북민주청년동맹 중앙위원회 연합회의(~18일), 조선민주청년동맹으로 통합
1951.1.20　북조선직업총동맹과 조선노동조합전국평의회가 연합중앙위원회 조직(~22일), 조선직업총동맹으로 통합
1951.1.31　김책 사망
1951.2.2　군사위원회, 국가비상방역위원회 조직 발표
1951.2.6　내각, 산업상에 정일룡 임명
1951.2.11　북조선농민동맹, 남조선농민동맹 합동중앙위원회, 조선농민동맹으로 합동
1951.3.10　북조선문학예술총동맹, 남조선문학단체총연맹 중앙위원회 연합회의(~11일), 조선문학예술총동맹으로 합동
1951.3.22　내각 결정 제223호,「전시하 인민생활 안정을 위한 생활 필수품 증산과 상품 유통 강화에 관하여」발표
1951.4.20　북조선민주여성동맹, 남조선민주여성동맹 합동중앙위원회(~21일), 조선민주여성동맹으로 합동
1951.5.6　북한 외무성, 유엔총회 의장, 안보이사회 의장에게 미군 세균전 만행 규탄 편지 보냄
1951.6.11　인민군, 38선 일대에서 진지방어전에 들어감
1951.6.23　소련의 말리크 유엔대표, 한국문제의 평화적 해결, 정전회담을 제의
1951.7.10　정전회담 본회의 개최(개성)
1951.7.15　공장대학 첫 설립[1]

---

1) 공장대학은 큰 공장, 기업소들과 중요공업지구들에 설치된 일하면서 배우는 새

1951.7.27	산업성을 3개성으로 개편(중공업성, 화학·건재공업성, 경공업성)
1951.8.30	중앙항공학교를 조국보위후원회 중앙간부학교로 개편
1951.9.15	북한 외무성, 미일강화조약 반대, 비난 성명
1951.11.1	로동당 중앙위 제4차 전원회의 개최(~4일), 김일성 수상「당·단체들의 조직사업에 있어서 몇가지 결점들에 대하여」연설
1951.11.2	허가이 제1비서 해임, 부수상 임명
1951.11.10	조선로동당 중앙위원회 정치위원회,「산업운수 및 기타 인민경제기관 로동자, 기술자, 사무원들의 물질문화생활을 향상시킬 데 대한 대책」,「전재민구호위원회 사업을 강화할 데 대한 결정」채택
1951.12.5	반동단체 가담자들과 간첩들에게 자수권유 호소문 발표
1951.12.13	사법상 리승엽 해임하고 리용 임명. 도시경영성을 도시건설성으로 개칭하고 도시건설상에 김승화 임명. 경공업성을 신설하고 경공업상에 리종옥 임명.
1951.12.25	희천공작기계공장 건설착공식
1952.1.4	몽골 대표단 북한 방문
1952.1.7	전국축산일군열성자대회(~8일)
1952.1.23	전국다수확농민열성자대회(~25일)
1952.1.28	유엔기 이천 동남지구에 세균 곤충 살포 주장
1952.2.1	도·시·군 인민위원회 위원장 및 당지도일군연석회의, 김일성 수상「현단계에 있어서 지방 행정기관들의 임무와 역할」연설
1952.2.11	유엔기의 철원·평강지구 세균 곤충 살포 주장
1952.2.13	유엔기의 금화지구 세균 곤충 살포 주장
1952.2.20	군사위원회,「적의 세균무기대책에 관한 결정 제65호」채택

로운 형태의 기술대학이다. 수업연한은 5~6년이며 교육 내용과 수준, 졸업자격은 학업을 전문으로 하는 기술대학과 같다. 『조선대백과사전』2(평양: 백과사전출판사, 1995), 525쪽. 북한에서 공장대학의 설립은 1951년 7월 최초로 설립되었지만, 실제로는 1960년 9월을 시작으로 대거 설립되었다.

1952.2.22	박헌영 외무상, 미군이 세균전을 감행했다고 성명
1952.4.1	조선수산협동조합 제1차 중앙대회(~3일)
1952.4.3	내각 '김일성장학금' 제도 결정
1952.4.24	내각 기술일군들을 우대하고, 학생들에게 장학금을 증가시킬 것 결정
1952.4.27	전국과학자대회 개최(~30일)
1952.5.29	고등교육사업 강화, 애국열사유자녀학원 및 애육원사업 강화에 관한 내각 결정, 무대예술인들을 우대함에 관한 내각 결정 발표
1952.6.2	북한 · 폴란드 간 무역협정
1952.6.4	최고인민회의 상임위원회, 「인민배우, 공훈배우, 공훈예술가 칭호 제정 규정」 발표
1952.6.22	미군, 수풍발전소 폭격(24일 재폭격)
1952.6.24	미제반대투쟁의 날 평양시 보고대회
1952.6.25	북한 · 독일민주주의공화국 간 차관협정
1952.7.28	국제과학조사단 미국의 세균전 조사위해 북한 방문
1952.8.13	아동보호전국위원회 결성
1952.9.2	로동자, 사무원들의 주택보장 대책, 도시주민들의 생활안정을 위한 소개 및 취업대책, 인민경제 각 부문들과 도시, 농촌 주민들의 과동대책에 대한 내각 결정 발표
1952.10.8	정전회담 무기휴회
1952.11.13	무상치료제 실시에 대한 내각 결정 발표
1952.12.1	과학원 개원
1952.12.15	김일성 수상, 로동당 중앙위 제5차 전원회의에서 「당의 조직적 사상적 강화는 우리 승리의 기초」 연설
1952.12.21	최고인민회의 상임위원회, 행정체계 중 면 폐지 결정
1952.12.24	김일성 수상, 인민군 고급 군관회의에서 「인민군대를 강화하자」 연설
1952.12.27	평양노어대학, 국립미술학교 및 국립음악학교를 평양외국어대학, 미술대학 및 음악대학으로 개편 내각 결정 발표

1953.1.4	몽골 정부 대표단, 원호물자 전달차 북한 도착
1953.1.8	조선농민동맹 제2차 중앙위원회 개최
1953.1.9	미군이 혜산군 상학리 일대에 세균 곤충을 투하했다고 주장
1953.1.10	최고인민회의 상임위원회, 「인민소득세에 관한 정령」 채택
1953.1.16	남일, UN 측의 포로 학살 책임 추궁
1953.1.19	내각, 「인민들의 신소 및 청원을 제때에 정확히 해결함에 관한 결정 제232호」 채택 군사위원회, 「개별적 또는 집체적으로 의거하여 오는 적 군대 복무자들을 대우함에 관한 결정 제19호」 채택
1953.1.20	미군이 함흥시를 폭격했다고 주장
1953.1.22	인민군 창건5주년 기념 문학예술상 제정 군사위원회, 「전시하 반간첩투쟁과 인민자위대 사업을 강화할 데 관한 결정」 채택
1953.1.26	평화옹호전국민족대회 소집(평양)
1953.2.2	미군의 평남 신창군·동흥군 일대 세균 곤충 투하 주장
1953.2.4	미군의 함흥시 구역리 일대 세균 곤충 투하 주장
1953.2.6	미군, 평양시와 상원 일대 무차별 폭격
1953.2.7	최고인민회의, 김일성 수상에게 원수 칭호, 최용건에게 차수 칭호 수여
1953.2.10	미군기 10대, 청진시 폭격
1953.2.23	국가농목장일군열성자회의(~26일)
1953.3.2	미군이 원산시에 전염병 매개체 곤충 투하 주장
1953.3.7	로동당·정부 대표단(단장 박정애), 스탈린 장례식 참석하러 모스크바로 떠남
1953.3.8	북한 미술계 대표단, 헝가리 개최 조선미술전람회 참가차 출발
1953.3.10	정전회담 북한 측 수석대표, 유엔 측의 포로 학살행위 항의
1953.3.18	북한 국제운수, 항만 및 어업노동자직업연맹 가입
1953.3.31	김일성 수상, 주은래(저우언라이)의 「송환 불원 포로 중립국 이송 제안」(3월30일) 지지 성명 「전쟁포로 교환문제에 관한 성명」 발표

1953.4.1	김일성 수상과 팽덕회, 클라크에게 「상병 포로 교환문제와 정전회담 재개 문제에 관하여」 서한 전달
1953.4.7	국가상업 및 소비조합 전국열성자회의(~8일)
1953.4.16	병상포로교환협정 체결
1953.4.26	북한 측, 유엔 측의 병상 포로 전부 인도, 정전회담 재개
1953.5.15	교육성, 교원 심사 등록사업 개시
1953.5.17	전국예술경연대회(~28일)
1953.5.24	물질문화유물보존위원회·고적유물탐사대, 평양 동남방 낙랑고분에서 청동제 록(차+녹)원 발견
1953.6.4	김일성 수상의 항일 빨치산부대 보천보전투 승리 16주년 기념
1953.6.5	조선로동당 중앙위원회 정치위원회, 「전후인민경제 복구건설 방향에 대하여」 보고
1953.6.8	최고인민회의 상임위원회, 국가건설위원회를 조직하고 도시건설성을 도시경영성으로 개칭하는 정령들 채택
1953.6.17	내각, 「수매사업 향상을 위한 대책에 관한 결정 제104호」 채택
1953.6.19	김일성과 팽덕회, 유엔 측 포로석방과 관련 클라크에게 서한
1953.7.1	내각, 「국가 학위 수여위원회에 관한 새 규정 내각 결정 제109호」 및 「학위 및 학칙 수여에 관한 새규정 내각 결정 제110호」 등 승인
1953.7.4	최용건을 내각 부수상에 임명
1953.7.13	박의완을 내각 부수상에 임명
1953.7.18	마야코프스키 탄생 60주년 평양시 기념 대회
1953.7.19	정전회담 본회의에서 남일, 「정전 실시 보장 문제에 관한 성명」 발표
1953.7.27	정전협정 정식 조인
1953.7.28	최고인민회의 상임위원회, 김일성 수상과 팽덕회에게 공화국 영웅칭호를 수여함에 관한 정령과 조국 해방전쟁의 승리와 관련하여 대사를 실시함에 관한 정령 각각 채택
1953.8.3	리승엽 일파 간첩사건 공판 진행

             외무상에 남일 임명
1953.8.5   로동당 중앙위 제6차 전원회의 개최, 김일성 수상, 「모든 것을 전후 인민경제 복구 발전을 위하여」 보고
1953.8.6   리승엽 일파 사형 언도
1953.8.12   소련 정부의 10억 루불 원조 결정 접수
1953.8.17   전투영웅대회 개막
1953.8.21   전국교육자대회 개막
1953.8.25   남일 외무상, 남북한간 정치회담 문제에 관하여 성명
1953.8.30   과학원에서 김일성 수상의 항일 빨치산 투쟁 전적지 조사단 현지 파견
1953.8.31   최고인민회의 상임위원회, 「기업소 및 기관·로동자·사무원들의 직장 이탈 행위 금지에 관한 정령」 채택
1953.9.1   「세균전 참가 미국 전쟁 포로 25명에 대하여 법적 제재 면제에 대한 인민군 총정치국의 명령」 발표
             김일성 수상, 정부대표단 인솔 소련 방문(~29일)
1953.9.3   내각, 「농경지 복구 및 보호대책 실시에 관한 내각 결정 제150호」 및 「각종 상금제 일층 광범히 조직하여 정확히 실시할 데 관한 내각 결정 제154호」 채택
1953.9.6   인민군 및 중국인민지원군 전쟁 포로 관리처, 미국 전쟁 포로 11명 전부 송환 결정 보도
1953.9.7   강남벽돌공장 제1소성로 축성공사 완공
1953.9.8   송도정치경제대학 설립 결정
1953.9.12   해주벽돌공장 가열로 복수
1953.9.17   전국과학자대회 개최
1953.9.19   북한·동독 간 경제 및 기술 협력 협정 및 상호 신용 협정 체결
1953.9.20   북한·소련 간 부흥원조협정 성립
1953.9.24   미·영 포로 송환거부 성명서 발표
1953.9.26   전국작가예술가대회 개막(~27일)
1953.9.28   문예총을 해소하고 작가동맹 조직(위원장 천세봉)

1953.10.1	미술가동맹 창립, 송도정치대학 창립, 건설건재대학 창립
1953.10.16	김일성 수상, 함경남도 현지지도(~21일)
1953.10.22	김일성 수상, 강원도 현지지도(~24일)
1953.11.3	북한·불가리아 간 경제 및 기술원조협정 조인
1953.11.10	김일성 수상, 정부대표단 인솔 중국 방문(~27일)
1953.11.11	북한·폴란드 간 경제 원조협정 체결(바르샤바)
1953.11.23	「조선과 중국 간 경제 및 문화합작에 관한 협정」 체결
1953.12.18	로동당 중앙위 제7차 전원회의 개최(~19일), 「통일전선사업을 개선강화할 데 대하여」 보고
1953.12.19	리극로, 무임소상에서 해임 철도청, 교통성으로 개칭
1953.12.20	최고인민회의 제1기 6차 회의 개최
1953.12.23	최고인민회의 상임위, 리용을 사법상에서 해임하고 무임소상 임명, 홍기주를 사법상에, 김달현을 무임소상에 임명
1953.12.28	학술용어심사위원회 제8차 위원회, 학술용어 심사 사업 총결 보고 청취 토의
1954.1.5	각도 인민위원회 위원장 협의회(~9일)
1954.1.15	내각, 「영세농민들의 생활 개선, 융자적 방조에 관한 내각 결정 제3호」 및 「상업 유통부문 사업 개선 대책에 관한 내각 결정 제5호」 및 「국가보험제도 실시에 관한 내각 결정 제6호」 등 채택 훈민정음 창제 510주년 기념보고대회 전후 복구를 위한 폴란드 기술단 평양 도착
1954.1.21	내각 직속 중앙지도간부학교와 정치·경제 아카데미를 합병, 인민경제대학 설립 결정
1954.1.25	북한-중국 간 직통철도 운행 협정 체결
1954.2.5	내각, 「양잠업 발전 대책에 관한 내각 결정 제22호」 채택
1954.2.8	정부, 각 지방 정권 기관에 실향 사민 및 외국적 사민의 귀향 지도 협조를 통고

1954.2.11	고구려 고분 벽화 전람회, 개성박물관에서 개최
1954.2.12	김일성 수상, 조선인민군 연대장 및 정치부연대장 회의 연설「전후경제건설과 인민군대의 과업」
1954.2.14	유엔 북한조사단 입북 거부
1954.2.23	내각 결정 31호, 「노력 기준량을 재사정할 데 대하여」 발표
1954.3.11	내각, 「농업협동경리의 강화 발전 대책에 관한 내각 결정 제40호」 및 「청진·함흥·원산·사리원·강계 및 남포시들을 재건하기 위한 총기본 계획 승인하는 내각 결정 제42호」 및 「도시 및 농촌 주민들의 생활 향상 위한 수산물 공급 사업 개선 강화에 관한 내각 결정 제43호」 등 채택
1954.3.21	로동당 중앙위 전원회의 개최, ① 산업 운수 부문 제 결함을 시정하고 당·국가 경제기구들과 일군들의 당면 과업에 대하여 ② 당 조직 문제에 대하여(김일·박창옥을 당 부위원장에서 해임하고 내각 부수상으로 임명, 당 조직부장 박영빈, 간부부장 박금철 증원)
1954.3.23	내각 개편. 박창옥을 부수상 겸 국가계획위원장으로, 김일을 부수상 겸 농업상으로, 최창익을 부수상 겸 재정상으로, 정일룡을 부수상 겸 중공업상으로 박의완을 부수상 겸 경공업상으로 임명. 도시경영성을 폐지하고 그 업무를 국가건설위원회에 이관. 전기성·수산성 신설. 박문규(농업상)·리주연(상업상)·리종옥(경공업상) 해임. 김두삼을 중공업상에서 해임하고 전기상으로 임명. 정준택을 국가계획위원회에서 해임, 상업상에 임명. 주황섭을 도시경영상에서 해임, 수산상에 임명 최고인민회의 상임위원회, 인민군 제14보병연대에 근위 칭호 수여
1954.3.25	전국 건축가 및 건설기술자 대회(~26일)
1954.3.30	내각, 「로동자·사무원들에 대한 로동 내부 질서 표준 규정 개정에 관한 내각 결정 제55호」 및 「도급 로동 임금제에 관한 규정 승인에 관한 내각 결정 제56호」 채택

「조선과 중국 간 소포, 우편물 교환에 관한 협정」 체결
1954.4.1	북한-중국 간 직통화물열차 개통
1954.4.7	김일성 수상, 자강도 현지지도(~11일)
1954.4.9	내각,「지방 정권기관들의 상업 관리 기능 강화할 데 대한 내각 지시 제36호」채택
1954.4.20	최고인민회의 제1기 7차 회의 개최
1954.4.26	내각,「철도·운수 부문 사업 강화 대책에 대한 내각 결정 제66호」및「자동차 우수사업 강화 대책에 대한 내각 결정 제60호」채택
	제네바회의 개최, 한국문제 등 토의
1954.4.27	남일 외무상, 제네바회의에서 통일방안 제출(1차 제안)
1954.5.9	남포유리공장 조업식
1954.5.17	문평제련소 용광로 화입식
1954.5.18	국제정기민간항공 수송운행 개시
1954.5.22	구성방직공장 준공식
1954.6.2	평양시 복구위원회 기관지『건설자』발간
1954.6.3	평양-북경 간 직통여객열차 운행 개시
1954.6.4	내각,「생산협동조합 사업 개선 강화 대책에 관한 결정 제78호」및「인민보건 사업 개선 강화할 데 대한 결정 제79호」및「창의고안심사위원회 설치에 관한 결정 제81호」채택
1954.6.6	황해제철소 제1평로 준공식
1954.6.15	제네바회의에서 한국문제 토의 종결
	남일 외무상, 제네바회의에서 통일원칙 수정안 제기
1954.6.17	대동강철교 개통식
1954.6.22	조국전선 중앙위원회 제34차 회의, 제네바회담 결렬과 관련 전체 조선인민에게 보내는 호소문 채택
1954.6.24	내각,「석탄 증산 및 절약에 대한 결정 제90호」및「설비 및 자재의 분배 통계 및 보관 사업을 정비할 데 관한 결정 제91호」및「선박건조부문 사업 개선 강화할 데 관한 결정 제92호」채택

	내각 직속 체육지도위원회 조직
1954.6.25	북한·소련 간 외상회견(모스크바)
1954.6.30	김일성 수상, 함경북도 현지지도(~7월 13일)
1954.7.10	김일성 수상, 전국청년열성자대회(~13일) 참석
1954.7.15	국립중앙박물관 개관
1954.7.25	희천자동차부속품제작공장 준공식, 희천기계제작공장 조업식
1954.7.30	남일 외무상, 「재일 조선인 불법 수용 박해에 대하여」 일본에 항의 성명
1954.8.12	평양시 김일성광장·스탈린대통로·모택동광장·인민군거리 개통식
	모란봉극장, 모란봉운동장 준공식
1954.8.13	조국해방전쟁기념관 개관, 김책제철소 제1호 해탄로 화입식
1954.8.14	국립개성역사박물관, 국립중앙도서관 개관
1954.8.17	전국여성대회(평양)
1954.8.21	박천견직공장 조업 개시
1954.9.1	조소문화협회, 새 기관지 『조·소 친선』 창간
1954.9.2	내각, 「출판 기관 및 보도 기관 기자들의 우대 결정 제109호」 채택
1954.9.4	강선제강소 분괴압연직장 조업식
1954.9.9	중국인민지원군 7개 사단 철수(~10일)
1954.9.10	군사위원회, 「1950년 7월 6일에 채택한 결정 제6호 '전시 로동에 관하여'를 폐지함에 관한 결정 제104호」 채택
1954.9.11	황해제철소 대형 조강압연직장 조업식
1954.9.17	물질문화유물보존위원회, 회령군 원시시대 거주 지대 발굴 개시
1954.9.25	경원선 고산-평강 간 철도 개통식
1954.9.28	내각, 「미술품을 국가적으로 수매 보존할 데 관한 지시 제123호」 하달
	김일성 수상, 정부대표단 인솔 중국 방문(~10월 5일)
1954.10.8	김책제철소 제1호 해탄로 생산 개시

1954.10.15	내각, 「개인 양곡상을 금지할 데 대하여 결정 제130호」 발표
1954.10.30	량강도, 황해남·북도 신설
	남북한 연석회의 제의
1954.11.1	로동당 중앙위 11월 전원회의 개최
1954.11.2	최고인민회의, 평화적 통일 촉진 호소문을 남한 국회의장 이기붕에게 발송
1954.11.10	백두산 삼림철도 준공(연 106km)
1954.11.12	내각, 「석탄공업부문 일군들을 우대할 데 관한 결정 제142호」 채택
1954.11.15	허천강 제2발전소의 제3, 4호 발전기 조업 개시
	북한작가동맹 직속 작가학원 개교
1954.11.18	재무상 최창익 해임, 리주연 임명
1954.11.22	군사정전위원회에서 북한 측 대표, 국민들이 남북한 자유로 내왕할 데 대한 제안 제출
	평화옹호전국민족위원회, 국제 긴장 상태 완화를 위한 국제 회의에 대표 파견 결정하고 조선준비위원회 결성
1954.11.29	국제라디오&TV방송기구 가입
1954.11.30	조선민주법률가협회 창립
1954.12.1	내각, 「리(읍·구) 민주선전실에 전임 민주선전실장 배치하는 데 관한 지시 제150호」 하달
	체신상, 남북 우편연락 재개를 위한 회담 제기
1954.12.7	해주시멘트공장 조업식
1954.12.10	내각, 「농기계 기술 간부 양성 사업 강화할 데 관한 지시 제151호」 하달
1954.12.17	북한·루마니아 간 비상업 지출에 관한 의정서 조인
1954.12.21	북한·체코슬로바키아 간 경제적·기술적 원조 협정, 차관협정, 과학기술협조협정 체결(프라하)
1954.12.28	「조선과 소련 간 우편물, 소포의 교환에 관한 협정 및 전신전화 련락에 관한 협정」 조인(모스크바)

1954.12.30	북한·독일민주주의공화국 간 비상품적 지불에 관한 의정서 조인(동베를린)
1955.1.1	『황남일보』, 『량강일보』 각각 창간
1955.1.7	전국다수확모범농민대회
1955.1.10	조선과학교육영화촬영소 창립
1955.1.14	김책제철소 시험로 조업 개시
1955.1.15	『력사과학』 창간, 교통운수부문 모범일군대회(~18일)
1955.1.20	건설성·도시경영성 신설, 화학건설공업성을 화학공업성으로 개칭. 도시경영상에 이기석, 건설상에 김승화 임명
1955.1.27	「조선과 독일민주주의공화국 간 과학기술협조에 관한 협정」 조인
1955.2.1	국립 '에스트라다' 창립 첫 공연(평양)
1955.2.3	농업협동조합에 대한 농업현물세 부과 결정
1955.2.4	내각, 「재정 및 자재규률을 강화할 데 대한 결정 제14호」 채택
1955.2.5	중국인민지원군 제407부대 장병들에 의해 신축된 서평양·고원·정주 기관구 준공식 거행 「조선과 소련간 과학기술협조에 관한 협정」 조인
1955.2.6	전국빙상경기선수권대회(강계)
1955.2.8	전국스키경기기록대회(강원도 삼방스키장)
1955.2.9	내각, 「수산협동조합 사업 강화에 대한 결정 제16호」 채택 자동차운수부문 열성자대회
1955.2.10	조국전선중앙위 및 평화옹호전국민족위원회 연합회의
1955.2.11	중국 부주석 주덕 평양 방문
1955.2.15	남일 외무상, 일본에 국교수립 제의
1955.2.17	동독 내각, 함흥시 복구건설 원조 결정 채택
1955.2.22	「도시 내에 있는 리를 동으로 한 정령」 발표 최고재판소장 김익선 해임, 부소장 조성모를 소장으로 임명
1955.2.25	남일 외무상, 일본에 문화경제관계 수립 용의 표명
1955.2.26	국립극장 복구 개관

1955.2.28	내각, 「토지관리사업에 관한 결정 제21호」 및 「축산업 강화할 데 대한 결정 제22호」 채택
1955.3.1	청수화학공장 제1호 석회로 조업 개시
1955.3.5	내각, 「공민의 신분등록에 관한 규정 및 공민증에 관한 규정 승인에 관한 결정 제28호」 채택
1955.3.8	중앙도서관 일군들 고려 시기 문헌 『동인지문』 발견
1955.3.15	'국제긴장상태 완화 위한 아시아제국회의' 참가차 북한대표단(단장 박정애) 출발
1955.3.31	중국인민지원군 6개 사단 철수 개시
	최고인민회의 상임위원회, 「조선민주주의인민공화국 내각구성법 정령」 채택
1955.4.1	로동당 중앙위원회 4월 전원회의 개최
1955.4.2	김일성 수상, 「우리 혁명의 성격과 과업에 관한 테제」 연설
1955.4.4	김일성 수상 로동당 중앙위 전원회의서 결론, 「사회주의적 혁명의 현단계에 있어서 당 및 국가사업의 몇 가지 문제들에 대하여」
1955.4.9	조선중앙방송국 준공
1955.4.20	중국인민지원군 6개 사단 철수(~10월 25일 완료)
1955.4.21	북한·중국 간 영화배급계약 체결(북경)
1955.4.23	국제민주법률가협회 뷰로회원, 북한법률가협회에 가입 승인(빈)
1955.4.24	평남 관개공사 제1단계 공사 통수식 거행
1955.4.25	소련 방문 조소문화협회 대표단 출발
1955.5.15	김책제철소 제1호 용광로, 부전강발전소 제3호 발전기 조업식, 국제공무원직업연맹 가입
	궁술모범연기대회 개최(모란봉 운동장)
1955.5.16	전국평화옹호자대회
1955.5.17	아시아제국회의 일본대표단 북한 방문
1955.5.25	재일조선인총련맹 결성대회
1955.5.26	수산상, 어로 및 어장의 상호 이용 문제 협의 위한 남북한 수산대표 예비회담 제의

1955.6.10	내각, 「제대 군인을 인민경제 각 분야에 취업시킬 데 대하여 명령 제29호」 하달
1955.6.12	재일조선인사회과학자협회 결성(동경)
1955.6.13	북한·일본 간 어로협정 조인
1955.6.23	세계평화대회(6월 5일~)에서 박정애, 주한미군 철수 주장 연설
1955.6.24	내각, 「농촌 경리를 급속히 발전시키기 위한 결정 제57호」 및 「농산물에 대한 농민들의 자유판매를 전개함에 대하여 내각 결정 제58호」 및 「기계공업국과 석탄공업국을 설치함에 대하여 결정 제59호」 및 「중국 심양시·도문시에 총영사관 설치할 데 대하여 결정 제60호」 발표
1955.6.25	「농업현물세 부과 비율을 일부 개정함에 대하여 정령」 발표 전국 농촌 민주선전실장 회의 개최 중공업성을 금속공업성으로 개칭, 금속공업상에 정일룡 임명
1955.7.3	함흥의과대학병원 준공
1955.7.11	국제건축가동맹 가입
1955.7.20	림해원 소련주재 북한대사를 해임, 리상조를 임명
1955.7.24	김일성 수상, 자강도 현지지도(~28일)
1955.7.25	북한·불가리아 간 문화협조에 관한 협정
1955.7.28	베트남 방문 인민대표단(단장 백남운) 평양 출발
1955.8.5	원자 및 수소무기 반대 평양시 군중대회 검열상에 이효순 임명
1955.8.7	김일성 수상 동상 개막식(보천보), 보천보혁명박물관 개관
1955.8.11	내각, 「로동자·기술자·사무원들의 생활향상에 관한 결정 제71호」 채택 흥남비료공장 유안비료 생산시설 조업식 외무성, 한국 측의 도발 행동과 관련 성명
1955.8.12	8·15해방 10주년 기념 전국체육축전 개회식(~17일)
1955.8.13	최고인민회의 상임위, 「로동자·사무원으로부터 징수하는 소득세 감하에 관한 정령」 등 채택

국립중앙해방투쟁박물관에 김일성 수상 항일빨치산 투쟁실 개관, 해방 10돐 기념 전국 미술전람회 개최, 해방 10돐 기념 전국 체육축전 진행(~17일)

1955.8.14	국립아동예술극장 창립
1955.8.23	조국전선 중앙위 제40차 회의에서 「평화통일을 위한 결정서」 채택
1955.8.24	작가동맹 중앙위원회, '카프 창건 30주년 기념의 밤' 진행
1955.8.31	조·소친선월간 폐막
1955.9.6	재일본조선인조국방문단 평양 도착
1955.9.19	성천광산선광장 조업식
1955.9.24	조선·알바니아 간 문화협조에 관한 협정
1955.10.1	평양-바르샤바 간 국제전화 개통
1955.10.15	북한 무역주식회사·일본 동경물산주식회사 간 상품교역협정 체결(북경)
1955.10.18	조선국제무역촉진위원회 상무와 일본무역회 전무이사 간에 진행된 「조·일 무역 촉진에 관한 담화록」 발표
	일본 국회의원단(단장 후루야 시다오) 제1차 북한 방문
1955.10.20	북한·일본 간 민간무역협정 조인
1955.10.25	평양-부다페스트 국제전화 개통
1955.10.26	일본 국회의원단 제2차 방문
1955.10.28	제2차 조선의학회 진행
1955.10.29	김두봉과 일본 국회의원 단장 호아시 게이 간 공동 코뮤니케 발표
1955.11.1	일조협회 결성
1955.11.8	전기상, 남한 송전 문제와 관련하여 성명
1955.11.29	최고인민회의 상임위, 금속공업상에 강소창, 경공상에 문만욱, 국가검열성에 김익선, 체신상에 김창흠을 각각 임명
1955.12.2	국립사리원박물관 개관
	조선로동당 중앙위 전원회의 개최
1955.12.7	북한·소련 간 항공운수에 관한 협정 조인(평양)

1955.12.10	연암 박지원 서거 150주년 기념 보고대회
1955.12.13	「명승지 및 천연기념물 보존관리에 관한 규정 승인에 대한 내각 결정 제93호」 발표
1955.12.15	최고재판소 특별 재판(박헌영에 사형 판결)
1955.12.17	내각, 「1956년 인민경제복구발전계획 제95호」 등 채택
1955.12.18	북한 직업총동맹과 북한 방문 일본 로동대표단 간 로동관계에 관한 합의 성립
1955.12.21	북한·중국 간 화폐 교환률에 대한 새 협정 조인(북경)
1955.12.22	최고인민회의 제1기 10차 대회, 「현물세에 관한 법령, 주민소득세에 관한 법령」 채택
1955.12.24	북한 방송중앙위원회·불가리아 라디오 방송보도 간 방송협조 협정 체결(소피아)
1955.12.28	김일성 수상, 당 선전·선동 일군들 앞에서 「사상 사업에서 교조주의와 형식주의를 퇴치하고 주체를 확립할 데 대하여」 연설
1956.1.5	평양방직공장, 방적·직포 양 공장 준공식
1956.1.10	내각, 농업과학연구원 창설 결정
1956.1.21	조선로동당 중앙위원회 정치위원회, 「조선로동당 규약 개정초안에 대하여」 보고
1956.2.10	조선민속박물관 개관
1956.2.15	최고인민회의 상임위, 「사회보험·로동보험·로동규률 관계 사업의 관리 기능을 직맹 중앙위에 부여할 데 대한 정령」 발표
1956.2.17	전국 무선통신경기대회(평양) 북한·일본 간 상품교역 계약 북경서 체결
1956.2.26	북한 무역상사와 일본상사 간의 상품교역에 관한 계약 체결
1956.2.27	북한·일본 간 문화교류와 재인조선 공민 문제에 대한 회담에 관하여 평화옹호전국민족위원회와 일·조협회 대표 간 공동 성명 발표
1956.2.28	조·소과학기술원조위원회 제1차 회의와 관련한 공동 성명 발표

1956.3.13	최고인민회의 상임위, 「지방자치세에 관한 법령」 발표
1956.3.20	로동당 중앙위 전원회의 개최(소련공산당 20차 대회에 참가한 대표단 귀환 보고)
1956.3.26	북한·소련 간 연합 핵연구소 조직에 관한 협정 조인(모스크바)
1956.4.1	전국 대학생 체육대회 개최, 청수화학공장 제1호 카바이드 전기로 조업
	전국 역전(사리원-평양)경주대회 개막
1956.4.2	내각, 「영화예술의 발전대책에 관한 결정 제32호」 채택
	내각, 「교과서 및 문방구류의 가격을 인하할 데 대한 결정 제36호」 채택
1956.4.3	조선대외문화연락협회 창립(위원장 서철)
	김일성 수상, 평안북도 현지지도(~8일)
1956.4.7	정다산 서거 120주년 추모 보고회 개최
1956.4.10	직업총동맹 제5차 회의 개최
	민주과학자협회 결성
1956.4.23	조선로동당 제3차 전당대회 개최
1956.5.5	국립예술극장 개관 경축 공연
1956.5.8	역사가민족위원회 결성
1956.5.11	북한·폴란드 간 문화협조에 관한 협정 체결
	최고인민회의 상임위, 기계공업성·석탄공업성·수매양정성 설치 결정
1956.5.12	북한·루마니아 간 문화협조에 관한 협정
1956.5.14	북한·몽골 간 문화협조에 관한 협정
	김일성 수상, 함경남도 현지지도(~17일)
1956.5.22	평남 관개 제2단계 공사의 몽리구역에 대한 급수 개시
1956.5.25	양덕-천성 간 전기철도 개통
1956.5.26	내각, 「석탄 공업부문 사업의 강화 대책 결정 제53호」 채택
1956.5.28	내각, 「농업협동조합들의 축산업을 발전시킬 데 관한 명령 제44호」 채택

1956.5.31	병력 축소 성명(인민군 8만 명 축소)
	조선 아시아·아프리카 단결위원회 창립(위원장 김일룡)
1956.6.2	김일성 수상, 정부대표단 인솔, 동독·루마니아·헝가리·체코슬로바키아·소련·알바니아·폴란드·몽골 방문을 위해 출국(~7월 19일)
1956.6.5	내각, 「신 해방지구 인민들의 문화생활을 향상시킬 데 대하여 명령 제47호」 채택
1956.6.7	김일성 수상, 정부대표단을 인솔하고 독일민주주의공화국 방문(~13일)
1956.6.11	내각, 「인민군 제대자들의 취업 보장과 생활 안정 대책에 관한 명령 제49호」 채택
1956.6.12	북한·독일민주주의공화국 간 경제 및 문화협조에 관한 협정
	조·소·중·월 4개국 간 「태평양 서부에서의 어업·해양학 및 호소학 연구의 협조에 관한 협정」 조인(북경)
1956.6.13	김일성 수상, 정부대표단 인솔 루마니아 방문(~17일)
1956.6.15	전국교육자대회 개최
1956.6.17	김일성 수상, 정부대표단 인솔 헝가리 방문(~20일)
1956.6.20	내각, 「일본에서 귀국하는 동포들의 생활을 보장할 데 대하여 명령 제53호」 채택
	입북한 전 국군장교들을 인민군에 편입시키기로 결정
	북한·헝가리 간 문화협조에 관한 협정
1956.6.21	김일성 수상, 정부대표단을 인솔하고 체코슬로바키아 방문(~25일)
1956.6.23	최고인민회의 상임위, 「상속세 및 부동산 취득세에 관한 정령들을 폐지함에 관한 정령」 채택
	북한·체코슬로바키아 간 문화협조에 관한 협정
1956.6.25	김일성 수상, 정부대표단 인솔 불가리아 방문(~29일)
1956.6.26	북한·루마니아 간 2,500만 루불 무상원조 제공 협조 체결(부쿠레슈티)
1956.6.28	추사 김정희 탄생 170주년 기념식

1956.6.29	김일성 수상, 정부대표단을 인솔하고 알바니아 방문(~7월 2일)
1956.7.1	북한·알바니아 간 기술 및 과학기술 협조에 관한 협정
1956.7.2	재북평화통일촉진협의회 결성
	김일성 수상, 정부대표단을 인솔하고 폴란드 방문(~6일)
1956.7.3	북한·소련·중국 3개국 간 해상 구제에 관한 협정 체결(모스크바)
1956.7.6	김일성 수상, 정부대표단을 인솔하고 소련 방문(~16일)
1956.7.12	북한적십자회, 한국적십자사에 남한의 수재민 원조 제의
1956.7.15	최고인민회의 대표단, 소련 방문(단장 이영)
1956.7.16	김일성 수상, 정부대표단을 인솔하고 몽골 방문(~19일)
1956.7.18	몽골 정부, 북한에 밀 5천 톤, 양 5만 두, 소 2백 두 원조 결정
1956.7.21	전국수상경기대회(원산 송도원 앞바다)
1956.7.22	북한 무역상사와 일·조 무역회 대표단 상품 청부 계약서 조인
1956.8.1	전반적 초등 의무교육제 실시, 『로동신문』 소련의 스탈린 격하 운동 지지 성명
1956.8.14	전후경제 복구발전 3개년 공업생산 계획 총체적으로 완수 보도
1956.8.15	전국청년학생체육축전 개막
1956.8.30	조선로동당 중앙위 8월 전원회의 개최(8월 종파사건 발생)
1956.9.2	북한·중국 간 두만강 유역 치수공정에 관한 의정서 교환
1956.9.4	내각, 「모범농업협동조합 창조운동 전개에 관한 결정 제86호」, 「서해안 수산사업 개선 강화할 데 대한 결정 제88호」 등 채택 무역성을 폐지하고 그 사업을 상업성에 이관
1956.9.5	최승희무용연구소 무용가들 불가리아·루마니아·알바니아 방문차 출국
	북한·소련 간 문화협조에 관한 협정 체결
1956.9.8	월북자 군사정치학교 제1기 졸업식
1956.9.11	영국의 평화투사 모니카 펠론 여사 평양 방문
1956.9.15	방소 북한대표단(단장 이영) 출국
1956.9.21	북한·헝가리 간 과학기술협조에 관한 협정 체결
1956.9.23	조선로동당 중앙위 9월 전원회의

1956.10.6	최고인민회의 상임위, 「영세 상공업자 및 자유직업자의 세금을 감하하는 정령」 채택
	조선문자개혁연구위원회 조직
1956.10.9	내각, 개인들의 사금 채굴 허가 결정
1956.10.14	제2차 전국작가대회 개최, 마동 시멘트공장 복구 및 조업
1956.10.15	최고인민회의 상임위 대표와 일본 국회의원단 간 공동 성명
1956.10.17	김일성 수상, 소련 혁명 40주년 기념식 참석
1956.10.25	평양시 스포츠 구락부 개소
1956.10.29	제1차 전국약학자대회 개최
1956.10.31	북한 측, 몽골에 판유리 10만m^2 발송 완료
1956.11.2	북한·몽골 간 경제 및 문화협조에 관한 협정 체결(평양)
1956.11.3	북한·루마니아 간 과학기술협조에 관한 협정
	최고인민회의 상임위, 「월남자들에게 공화국 공민으로서의 권리를 보장할 데 관한 정령」 채택
1956.11.7	최고인민회의, 남조선 민의원과 전체 남조선 사회 인사들에게 보내는 서한 및 북남조선 평화통일에 관한 선언 채택
	최고인민회의 상임위 헌법 12조 수정, 내각 구성법 제2조 수정 보충
1956.11.12	평북 용천군 신암리에서 마제 돌도끼 기타 여러 종의 원시유물 발견
	헝가리에 판유리 10만m^2, 시멘트 1만 톤, 담배 10톤 발송 완료
1956.11.13	제1차 전국대학교원학술보고대회 개막
1956.11.20	리(읍·로동자구) 인민회의 대의원선거
1956.11.23	북한·불가리아 간 과학기술협조에 관한 협정
1956.11.27	도·시·군(구역) 인민회의 대의원선거
1956.12.6	북한 작가동맹 중앙위 기관지 『문학신문』 창간
1956.12.11	조선로동당 중앙위 12월 전원회의
1956.12.21	조선혁명의 성격에 관한 과학토론회
1956.12.22	주시경 탄생 80주년 기념식

1957.1.31	조선적십자회 위원장, 남북조선 주민들의 가족들과 친척들 사이의 편지교환 제의
1957.2.11	김일성 수상, 황해남도 현지지도(~12일)
1957.2.14	김일성 수상, 전국상업일꾼열성자회의에서「상품유통 사업을 개선 강화할 데 대하여」연설
1957.3.7	북한 국제탁구연맹 가입
1957.3.14	최고인민회의 제1기 13차 회의 개최
1957.3.19	김일성 수상, 함경남도 현지지도(~26일)
1957.3.26	김일성 수상, 함경남도 당·정권기관·경제기관·사회단체 일꾼들 앞에서「함경남도 당단체들의 과업」연설
1957.4.17	북한·폴란드 간 과학기술협조에 관한 협정
1957.4.18	로동당 중앙위 전원회의 개최(~19일),「수산업을 발전시킬 데 대하여」연설
1957.5.7	내각, 남조선에 구호미 10만 석 무상제공 결정
	김일성 수상, 함경북도 현지지도(~12일)
1957.5.8	조선·인도 친선협회 창립대회
1957.5.10	내각,「기술 기능 일군 양성체계를 개편할 데 관한 결정 제57호」채택
1957.5.17	황해제철소 200톤 혼선로 복구, 조업
1957.5.25	적십자 중앙위, 대한적십자사 총재에게 남북 이산가족 서신연락에 관한 시안 발송
1957.6.1	일간『평양신문』창간
	김일성 수상 황해남·북도 현지지도(~2일)
1957.6.2	일본 신극 대표단, 북한 대외문화연락협회 대표단 간 쌍방 문화교류 촉진을 위한 합의서 조인
1957.6.8	국제빙상동맹, 국제아마추어권투협회 가입
1957.6.20	북한 축구협회, 국제축구연맹 가입
1957.6.28	신포어류통조림공장 조업
1957.7.8	베트남 대표단 북한 방문

1957.7.28	제6차 세계청년학생축전 참가
1957.7.29	최고인민회의 상임위 공훈광부 칭호 제정 정령
1957.8.3	최고인민회의 상임위, ① 교육문화성과 지방경리성 설치 ② 건설성을 건설건재공업성으로 바꿈 ③ 사법상 허정숙, 교육문화상 한설야, 건설건재공업상 최재하 임명 ④ 문화선전성, 도시경영성 폐지 등 정령 채택
1957.8.13	평양시 6,000회선 자동전화교환기 설치공사 준공
1957.8.18	프랑스 예술인단 북한 도착
1957.8.21	전쟁 희생자 보호에 대한 제네바 협정 가입
1957.8.27	최고인민회의 선거 실시(99.99% 참가, 99.92% 찬성)
1957.9.1	국제철도협조기구 가입
1957.9.2	세계과학자연맹 가입
1957.9.9	전국기계공업부문 열성자회의(~11일)
1957.9.18	최고인민회의 제2기 1차 회의 개최
1957.9.20	김일성 수상, 최고인민회의 제2기 1차 회의에서 「사회주의 건설에서 인민정권의 당면과업에 대하여」 연설
1957.9.22	국제올림픽위원회 가입
1957.10.17	조선로동당 중앙위 전원회의 개최(~19일)
1957.10.26	갑산광산선광장 조업, 적십자사연맹 가입, 국제적십자 가입
1957.10.30	내각, 「양곡 수매 및 판매사업을 국가적 유일체계에 의하여 진행할 데 관한 결정 제102호」 및 「로동자 사무원들에 대한 생활필수품 공급사업 개선에 관한 결정 제103호」 채택
1957.11.3	김일성 수상, 당 및 정부대표단을 인솔하고 소련 방문(~23일)
1957.11.6	사리원트랙터수리공장 조업 개시
1957.11.20	북한·베트남 간 문화협조에 관한 협정 체결
1957.12.5	조선로동당 중앙위 확대전원회의 개최, 「사회주의 진영의 통일과 국제공산주의 운동의 새로운 단계」 연설
1957.12.9	김일성 수상, 황해남도 현지지도(~15일)
1957.12.10	북한·이집트 간 무역협정, 지불협정 체결

1957.12.16	사회주의국가 체신협조기구 가입
1957.12.18	북한 올림픽위원회 위원장, 제17차 올림픽대회에 남북단일팀 구성 제의
1957.12.19	양 주미대사, 자본주의 진영에 '상호의존선언' 채택 제의
1957.12.20	김일성 수상, 대일국교 정상화의 필요성 강조
1957.12.21	청진방직공장 조업 개시
1957.12.30	평양 콘크리트공장 조업 개시
1957.12.31	북한·중국 간 과학기술협조에 관한 협정 체결,「로동자, 기술자, 사무원 임금 평균 10% 인상 내각 결정」
1958.1.1	아시아·아프리카 단결기구 가입
1958.1.20	북한·수리아 간 문화협조에 관한 협정 체결
1958.1.22	고원-천성 간 전기철도 개통
1958.1.29	경공업성열성자회의 연설,「경공업을 더욱 발전시킬데 대하여」
1958.2.5	모든 외국군 철수 요구 성명 발표, 전국교양관계일꾼회의(~6일)
1958.2.8	김일성 수상, 조선인민군 324군 부대 연설「조선인민군은 항일무장투쟁의 계승자이다」
1958.2.20	중국, 1958년 말까지 중국인민지원군 완전 철거하여 제1단계 철거를 4월 39일까지 완료할 것을 결정하는 성명 발표
1958.3.3	조선로동당 제1차 대표자대회 개최(김두봉 숙청)
1958.3.8	부수상 박의완 해임, 이주연 임명
1958.3.9	강원도 인민위원장 김원봉 해임, 김종항 임명
1958.3.15	『기술경제신문』 창간
1958.4.10	루마니아 대표단 북한 방문
1958.4.18	북한·독일민주주의공화국 간 문화 및 과학 협조에 관한 협정 체결
1958.4.24	재정상 리주연 해임, 송봉욱 임명. 체신상 고준택 해임, 최현 임명. 임업성 신설하여 고준택을 임업상으로 임명
1958.5.3	방소대표단(단장 정일룡) 출국

1958.5.4	조선로동당 중앙위원회 상무위원회, 「보건위생사업을 전군중적 운동으로 벌릴 데 대하여」 보고
1958.5.5	김일성 수상, 함경북도 현지지도(~7일)
1958.5.7	함남도당 위원장 김태근 해임, 서을현 임명
1958.5.8	김일성 수상, 량강도 현지지도(~12일)
1958.5.11	음악가 박연 서거 500주년, 탄생 580주년 기념 보고회 진행
1958.5.21	김일성 수상, 황해남도 현지지도(~22일)
1958.6.5	조선로동당 중앙위 전원회의 개최
1958.6.9	최고인민회의 제2기 3차 회의 개최(~11일), 김일성 수상 「모든 것을 조국의 융성발전을 위하여」 연설
1958.6.16	의학과학원 개원
1958.6.18	김일성 수상, 황해남도 현지지도(~20일)
1958.6.20	북한·프랑스 친선협회 창립
1958.6.21	김일성 수상, 평안북도 현지지도(~25일)
1958.7.4	대외문화연락위원회 창설 결정
1958.7.5	국제체조연맹 가입
1958.7.8	남일 외상, 일본 대촌(오무라)수용소 억류 조선인의 남한 송환 반대, 즉시 북한 송환 요청
1958.7.16	조·소우호협회, 모스크바에 설치
1958.7.23	국제아마추어레슬링연맹 가입
1958.8.1	김일성 수상, 자강도 현지지도(~7일)
1958.8.14	내각, 「공화국 창건 10돐에 즈음하여 로동자, 기술자, 사무원들의 월수입 100% 상금 지불에 관한 내각 결정」
1958.9.1	평양외국어학원 개원 임업상 고준택 해임, 고희만 임명
1958.9.7	김일성 노력영웅 칭호, 최고인민회의 상임위원회 인민상 제정
1958.9.9	공화국 창건 10주년 기념 전국체육축전 개막(~13일)
1958.9.11	교육문화상 한설야 해임, 리일경 임명. 금속공업상 강상두 임명
1958.9.16	김일성 수상, 전국생산혁신자대회에서 「사회주의 건설에서 소

	극성과 보수주의를 반대하며」 연설
1958.9.25	북한·알제리민주인민공화국 정부 간 국교관계 수립
1958.9.26	조선로동당 중앙위 전원회의 개최 석탄공업상 허성택 해임, 김태근 임명. 수산상에 주황섭 임명. 상업상에 진반수 임명. 무역상에 림해 임명.
1958.10.2	최고인민회의 상임위원회 전반적중등의무교육제 실시, 기술의무교육제 실시 준비를 위한 법령 발표
1958.10.3	북한·중국 친선우호협회 창설(북경)
1958.10.7	아시아·아프리카 작가회의 가입
1958.10.8	북한·기네공화국 정부 간 국교관계 수립
1958.10.11	내각, 농업협동조합을 리 단위로 통합 결정, 인민상 수여위원회 조직
1958.10.15	신성천-양덕 간 전기철도 완성(개통 11월 1일)
1958.10.18	북한·베트남 간 과학기술협조에 관한 협정 체결
1958.10.23	건설공업상 최재하 해임, 김동식 임명
1958.10.26	중국인민지원군 철거 완료
1958.10.27	조선로동당 중앙위원회 상무위원회 확대회의
1958.10.29	내각, 1959년 1월 1일부터 로동자, 사무원 생활비, 각급학교 및 간부양성기관 학생들의 국가장학금 평균 40% 인상 결정
1958.11.1	103개 각종 기술학교 개교 민청 중앙학교 개교 전반적 중등의무교육제 실시
1958.11.4	운산공구공장 준공식
1958.11.8	건설건재공업성 폐지, 도시건설경영성 신설, 도시건설경영상에 김병식 임명
1958.11.9	지방경리성 폐지, 수매양정성 신설, 수매양정상에 정성언 임명
1958.11.10	조선·인도네시아 친선협회 창립
1958.11.14	트랙터 '천리마호' 생산 개시
1958.11.17	천리마호 오토바이 생산 개시

1958.11.18　화물자동차 '승리호' 생산 개시(승리 58호 화물자동차)
1958.11.21　김일성 수상 정부대표단 인솔 중국 친선방문(~28일, 12월 2~10일)
　　　　　　소형전기기관차 '전기화 58' 생산
1958.11.26　김일성·모택동 무한(武漢)회담
1958.11.28　김일성 수상 정부대표단 인솔 베트남 친선방문(~12월 2일)
　　　　　　교통성 자동차수리공장 화물자동차 '천리마' 생산
1958.12.5 　대안전기공장 4,063KW수력발전기 생산
1958.12.8 　북한 올림픽위원회 위원장, 제17차 올림픽에 남북단일팀 참가
　　　　　　제의 편지 발송
1958.12.18　청진철도공장 60톤 급 용선차 생산
1958.12.19　불도저 '붉은별 58형' 생산 개시
1958.12.29　북한·중국 간 무상원조(중국화폐로 8억元)를 결산하는 의정서
　　　　　　조인

1959.1.14　노농적위대 창건
1959.1.15　대안전기공장 1,800마력 전동기 생산
1959.1.20　김일을 내각 부수상에 임명
1959.1.21　김일성 수상, 당대표단 인솔 소련 방문(~2월 7일)
1959.1.26　최고인민회의 상임위, 「월북자 권리 및 생활안정보장에 관한 정
　　　　　령」 발표
1959.1.28　천도교청우당 당수 김달현 물러나고 박신덕 취임
1959.1.29　조선민주당 위원장 홍기주 물러나고 강량욱 취임
1959.2.6 　김일성 수상, 흐루시초프와 회견
1959.2.8 　2·8마동시멘트공장 준공, 조선인민군 추모탑 제막식
1959.2.12　내각, 신화폐 발행 결정
1959.2.17　화폐교환사업 완료
1959.2.21　「농업현물세에 관하여」 법령 발표
　　　　　북한·중국 간 문화협조에 관한 협정 체결
1959.2.27　로동당과 일본 공산당 대표 간 공동 성명

1959.2.28	3·1운동 40주년 평양시 기념대회
	시·군·리(읍·로동자구) 대의원선거 실시(~3월 2일)
1959.3.2	내각, 학생 수업료 폐지 결정
1959.3.3	평양-모스크바 간 정기항로 개통
1959.3.6	김일성 수상, 함경북도 현지지도
1959.3.8	강선제강소에서 천리마작업반운동 발기(진응원작업반)
1959.3.13	공작기계새끼치기 운동
1959.3.14	직맹 중앙위 확대전원회의, 천리마작업반 확대·발전 결정서 채택
1959.3.17	소련, 북한에 공장기업소 확장을 위한 기술원조 제공 협정 조인 (모스크바)
	진응원작업반 첫 천리마작업반 칭호
1959.3.18	백두산산림경영소 설치
1959.4.3	최용건, 소련·동구권 및 몽고 등 9개국 순방(~6월 19일)
1959.4.13	재일조선인 귀국 관련 북한·일본 적십자 대표 제네바에서 회담(~6월 24일)
1959.5.4	조선로동당 중앙위 상무위원회 확대회의 개막
1959.5.7	김창준(1890.5.3~1959.5.7, 기독교인, 1990.8.15 '조국통일상') 뇌일혈로 사망
	북한 과학원, 국제과학동맹 이사회에 가입
1959.5.21	김일성 수상, 황해남도 현지지도
1959.5.28	국가검열성 폐지, 지방행정성 신설. 박문규 국가검열상에서 지방행정상으로 전임, 정두환을 상업상으로 임명하고 진반수를 조직에서 해임
1959.5.29	내각, 농업은행을 중앙은행에 통합, 국제항공연맹 가입
1959.6.3	『항일빨치산 회상기』 출간, 김일성 수상 강원도 현지지도
1959.6.18	조선평화옹호전국대회 진행
1959.7.1	국가계획위원회 위원장 리종옥 해임, 림계철 임명. 농업상 한전종 해임, 김만금 임명
1959.7.5	각 도에 체육간부양성소 설치

1959.7.21	조선로동당 중앙위 부위원장에 리종옥 임명
1959.7.23	북한·이라크 간 통상 및 지불에 관한 협정, 문화협조에 관한 협정 체결
1959.8.7	조·소 친선의 다리 두만강 친선교 개통
1959.8.8	김일성 수상 자강도 현지지도(~10일)
1959.8.13	북한·일본 적십자사 간 재일조선 공민들의 귀국 협정 조인(캘커타)
1959.8.25	북한·중국 간 황해 어업 협정 조인(북경)
1959.8.27	6월 4일 차량공장 준공식
1959.8.30	조선로동당 중앙위 상무위원회 확대회의 개최
1959.8.31	동력화학공업성 신설. 상업성에 수매양정성을, 경공업성에 수산성을, 사법성에 지방행정성을 각각 통합. 도시건설경영성·로동성 폐지
1959.9.1	평양기계대학, 평양경공업대학, 원산수산대학, 함흥수리대학, 청진광산대학 창립
1959.9.25	김일성 수상, 당 및 정부대표단 인솔 중국 방문(~10월 3일)
1959.9.28	김일성 수상, 모택동과 회담
1959.10.1	김일성 수상, 유소기·주덕과 회견
1959.10.7	체코슬로바키아 대표단 북한 방문
1959.10.15	폴란드 대표단 방문
1959.10.23	외무상에서 남일 해임, 박성철 임명. 보건상 리병남 해임
1959.10.25	조·중 우의탑 제막식
1959.10.26	최고인민회의 제2기 6차 회의 개최
1959.11.9	조선·네팔 친선협회 조직
1959.11.12	김일성 수상, 황해남도 현지지도
1959.11.29	조선원림협회 창립
1959.12.1	조선로동당 중앙위원회 12월 확대 전원회의
1959.12.4	김일성, 전원회의에서 「사회주의 경제건설에서 나서는 당면한 몇 가지 과업들에 대하여」 보고

1959.12.9	북송선, 일본 니이가다항 향발
1959.12.16	재일동포 제1차 귀국선 청진항 도착(975명)
1959.12.27	상해에 북한영사관 설치
1960.1.4	1급 선수단 제1차 무선통신 대항전, 4개 종목에서 국제 기록 돌파
1960.1.20	작가동맹 중앙위 제5차 확대전원회의 개최(~21일)
1960.1.26	이종옥, 부수상에 임명
1960.2.5	김일성 수상, 청산리 현지지도(~2월 29일), 청산리 정신·청산리 방법 창조
1960.2.7	북한인민군 총참모장 이건무 상장 사임, 김창봉 중장 신임
1960.2.23	조선로동당 중앙위원회 상무위원회 확대회의에서「강서군당 사업지도에서 얻은 교훈에 대하여」연설
1960.2.25	최고인민회의 제2기 제7차 회의 개최(~27일)
1960.3.2	문학예술총동맹 결성 대회(~3일)
1960.3.15	내각,「국가 수매체계와 그 경영조직을 개편하며 수매활동을 강화할 데 관하여」채택
1960.3.23	내각,「농업현물세 일부 면제 또는 인하할데 대한 내각 결정」
1960.3.31	명천·길주·로동 간 철도 전기화 공사 완공
1960.4.1	박달 사망
1960.4.18	고등교육성 신설
1960.4.20	김일성 수상, 청산리 농업협동조합 현지지도
1960.4.21	조선로동당 중앙위, '남조선에 조성된 현 사태와 관련하여' 호소문「남조선 인민들에게 고함」발표, 통일문제 해결을 위한 남북조선의 제 정당 사회단체 연석회의 구성 제의
1960.4.26	내각, 도 경제위원회 조직 결정
1960.4.28	평양동물원 개원
1960.4.29	길주-명천 간 전기철도 개통
1960.5.15	로동당 중앙위 8·15 15돌에 즈음한 전체 조선인민에게 보내는 호소문 발표

1960.6.3	북한·동독 간 영사조약 체결(평양)
1960.6.23	민족음악연구소 설치
1960.7.31	제1차 조선민주주의인민체육대회(~8월 17일)
1960.8.8	조선로동당 중앙위원회 확대전원회의 개최(~11일)
1960.8.14	김일성 수상, 8·15경축대회에서 남북연방제 창설 제의
1960.8.21	『조선말 사전』 첫째권 발간
1960.8.29	북한·쿠바공화국 정부 간 국교관계 수립
	북한·쿠바 간 문화협조에 관한 협정 체결
1960.9.1	평안남도에 7개 공업대학 신설 개교, 국제관계대학 창립, 원산경제대학 창립
1960.9.5	조·일 적십자회담 정식 개최(17일까지 8차 회담)
	조선로동당 인민군위원회 전원회의 확대회의(~8일), 「인민군대 내에서 정치사업을 강화할 데 대하여」
1960.9.17	김일성 수상, 황해남도 현지지도
1960.9.23	북한 적십자 대표단, 일본 정부 당국의 정치적 목적 추구로 조·일 적십자회담이 결렬되었다고 성명
1960.10.1	최고인민회의 상임위원회 대표와 일본 국회의원단 간에 공동 코뮤니케 발표
1960.10.6	신북청-북청 간 철도 개통식
1960.10.13	북한·소련 간 경제협조 의정서 조인
	북한·중국 간 4억 2천만 루블 차관 협정 체결(북경)
1960.10.27	재일조선인 귀국 기한 연장 합의
1960.10.31	북한·말리공화국 정부 간 국교관계 수립
1960.11.11	최고인민회의 상임위원회 공훈체육인 칭호 제정
1960.11.17	김일성 수상, 작가·작곡가·영화부문 일꾼들과 담화 「천리마시대에 맞는 문화예술을 창조하자」
1960.11.22	최고인민회의, 남조선 민·참의원 및 제 정당 사회단체에 보내는 서한 「북남조선의 경제문화 교류와 협조를 실현하며 남조선에서 민족경제의 자립적 발전을 도모할 데 대한 의견서」 발표

1960.12.6	북한·쿠바 간 통상 및 지불에 관한 협정, 과학기술협조에 관한 협정 체결
1960.12.20	조선로동당 중앙위 12월 확대 전원회의 개최
1960.12.27	「조선민주주의인민공화국과 소련간의 통상 경제협조를 가일층 발전시킬 데 관하여」 성명
	교육문화성 폐지·보통교육성·문화성 신설. 임업성·수산성 신설. 내각 부수상 정준택을 경공업위원장직에서 해임하고 국가계획위원회 위원장에 임명. 림계철을 국가계획위원회 위원에서 해임하고 경공업 위원장에 임명. 최용진을 수산상에 임명
1961.1.5	전국수매일꾼협의회 진행
1961.1.11	북한·예멘 간 통합협정 및 무역대표부 설치의정서 조인
1961.1.17	조선영화인동맹 결성
1961.1.18	조선무용가동맹 결성
1961.1.19	조선연극인동맹 결성
1961.1.20	조선음악가동맹 결성
1961.1.21	문화상에 박웅걸, 보통교육상에 이일경, 임업상에 송창렴 임명
1961.1.22	조선사진가동맹 결성
	건설성 신설
1961.1.23	김일성 수상, 평양 승호구역 리현리 당총회(~24일)에서 「당사업에서 주되는 것은 사람들을 교양하고 개조하며 단결시키는 것이다」 연설
1961.2.9	강원도 신생저수지공사 준공
1961.2.13	락원기계공장에서 5가지 작업을 할 수 있는 '쌍마 15형 만능 엑쓰까와뜨르' 생산 성공
1961.2.14	조선과학지식보급협회 창설
1961.2.16	각 정당·사회단체 연석회의 개최
1961.2.25	최고인민회의, 「인민보건사업을 강화할데 대한 결정」 채택
1961.3.2	대학예술동맹결성

1961.3.4	조선문학예술동맹 중앙위원회
1961.3.6	전국노동통신원대회 진행, 비망록「조선의 평화적 통일을 위하여」발표
1961.3.11	전국체신부문 열성자회의 개최
1961.3.14	교통운수부문 열성자대회
1961.3.20	조선로동당 중앙위 전원회의(~22일), 당 제4차 대회 소집문제, 당 중앙위원회 1958년 6월 전원회의 결정
1961.3.23	최고인민회의 제2기 9차 회의 개막(~25일)
1961.4.7	조선로동당 중앙위 상무위원회 북청회담 개최, 4~5년 내 과수면적을 30만 정보, 상전(桑田)면적을 19만 정보로 확장 결정
1961.4.25	전국교육일꾼 열성자회의개최
1961.4.27	최고인민회의 상임위원회,「공훈약제사 칭호제정 정령」발표
1961.5.4	조국광복회 창건 25주년 평양시 기념대회진행. 내무상, 남북학생회담 제안에 성명
	북한 학생위와 민청 학생위, 남북학생회담 제안과 관련하여 서울대학민족통일연맹에 서한
1961.5.6	2·8비날론공장 준공(함흥)
	남북학생회담 준비위원회 구성(평양)
1961.5.11	남북학생회담 준비위원회, 남북학생회담을 저지하고자 하는 장면 정권 비난 성명
1961.5.13	조국평화통일위원회 결성대회(평양, 위원장 홍명희)
1961.5.17	조국평화통일위원회 기관지『조국통일』창간
1961.5.20	남한 군사정권 반대 평양시 군중대회
1961.5.27	조선학생위원회 결성
1961.6.3	조선소년 명예상 제정
1961.6.7	전국보건일꾼열성자대회 진행
1961.6.14	북한·기네 간 통상 및 지불에 관한 협정과 문화협조협정 체결
1961.6.29	김일성 수상, 당 및 정부대표단을 인솔하고 소련 국가방문(~7월 10일)

1961.7.5	북한·말리 간 무역 및 지불에 관한 협정, 문화협조에 관한 협정 체결
1961.7.6	북한·소련 간 우호·협조 및 호상원조에 관한 조약 체결
1961.7.10	김일성 수상, 당 및 정부대표단을 인솔하고 중국 국가방문(~15일)
1961.7.11	조선과 중국 간 우호·협조 및 호상원조에 관한 조약
1961.7.27	최고인민회의,「인민예술가 칭호 제정에 관한 정령」발표
1961.7.29	북한·모로코 간 무역협정
1961.7.31	북한·아랍연합공화국 간 총영사관계 설정 합의
1961.8.5	일본에서 귀국한 과학기술자협의회 결성
1961.8.8	아프리카국가 친선방문한 북한대표단 귀국
1961.8.26	과학원 측지 및 지구물리위원회 결성
1961.9.2	소련 정부의 핵실험 재개에 북한 지지 성명
1961.9.11	조선로동당 4차 전당대회 개최, ① 인민경제발전 7개년 계획 채택(1961~1967년) ② 당 중앙위 및 당 중앙 검사위 사업 총화 ③ 당 중앙지도기관 선거(~18일)
1961.9.22	북한·중국 간 과학기술협조 의정서 조인
1961.9.26	과학언어문학연구소 사전연구소,『조선말사전』제2, 3권 출간
1961.10.2	북한·실론친선협회 창립(콜롬보)
1961.10.11	로동당 중앙위원회, 10월 15일~11월 15일을 '조·소 친선월간'으로 결정
1961.10.14	김일성 수상, 당 대표단 인솔 소련 방문(~11월 2일)
1961.11.8	농촌건설성 신설, 농촌건설상에 김병익 임명
1961.11.15	전국어머니대회 개막
1961.11.27	로동당 중앙위 제4기 제2차 확대 전원회의 개최(~12월 1일)
1961.12.6	김일성 수상, 대안전기공장 현지지도(~16일), '대안의 사업체계' 창안
1961.12.26	인민군당 전원회의 확대회의
1962.1.6	평양방직공장 초급당위원회 확대회의 개최

1962.1.15	김정일, 「현대제국주의의 특징과 침략적 본성에 대하여」 집필
1962.1.17	건설성 설치
1962.1.24	직맹 중앙위원회 제6차 전원회의 개최
1962.2.16	한·일회담과 일본 경제시찰단 남한 입국 반대 배격 평양시 군중대회
1962.3.6	조선로동당 중앙위 제4기 제3차 전원회의 개최(~8일)
1962.3.9	북한·소련 간 문화 및 과학협력협정 체결
1962.3.30	북한·알바니아 간 문화협조에 관한 의정서 조인(평양)
1962.4.5	최고인민회의 제2기 제10차 회의 개최(~7일), ① 1961년도 예산결산과 1962년도 예산 승인 ② 최고인민회의 상임위원회 정령 승인
1962.4.11	과학영화촬영소 설치
1962.4.23	중국 국가인민회의 대표단, 최고인민회의 초청으로 방문(~5월 3일, 단장 팽진)
1962.4.25	항일유격대창설 30주년 기념 평양시 군중대회 개최
1962.4.30	평양 역전에서 무궤도 전차 개통식
1962.5.14	일본 사회당 중의원 의원 북한 방문(~21일) 평양예술대학 창립
1962.5.17	수로 1천리 청단 관개 제1계단 공사의 몽리 구역 급수 개시
1962.5.23	최고인민회의 상임위원회, 공훈어부 칭호와 어부절 제정 공포
1962.6.5	북한올림픽위원회, 국제올림픽위원회 가입
1962.6.7	반미투쟁 남조선 청년학생들을 지지하는 평양시 학생·청년 군중대회
1962.6.24	외무성, 소위 「미국의 침략행위에 대한 비방록」 발표 '남조선으로부터 미군 즉시철거를 위한 투쟁의 날'과 관련 평양시 군중대회
1962.6.27	체코슬로바키아 방문 북한 경제 대표단 출발(귀국 8월 28일)
1962.7.1	신금단, '쯔나멘스키 형제상' 쟁탈을 위한 육상경기에서 400m와 800m 세계기록 수립

북한 연표(1945~2007) 377

1962.7.11	수매양정성 · 도시경영성 · 국가과학기술위원회 설치. 수매양정상 한태영, 도시경영상 염태준, 국가과학기술위원장 오동욱, 상업상 김세봉 임명
1962.7.18	일 · 조협회 이사장 하다나까 마사하루 북한 방문(~21일)
1962.7.28	북한올림픽위원회, 동경올림픽 참가 남북혼성팀 조직을 위한 전문 발송
1962.8.2	당중앙위 제4기 제4차 회의(~8일), 「군의 역할을 높이며 지방공업과 농촌경리를 발전시켜 인민생활을 획기적으로 향상시킬 데 대하여」 결의
1962.8.4	다산 정약용 탄생 200주년 평양시 기념 보고회
1962.8.7	김일성 수상 지도하 지방당 및 경제일꾼 창성 연석회의 개최, 「산간지대 인민생활을 획기적으로 향상시킬 데 대하여」 결의(~8일)
1962.8.8	최고인민회의 상임위원회, 최고인민회의 대의원선거일(10월 3일) 및 중앙선거위원회 대의원선거규정 발표
1962.8.19	중공업위원회 폐지 · 금속화학공업성, 전기 · 석탄공업성, 기계공업성 신설 · 금속화학공업상 리종옥, 전기 · 석탄공업상 정일룡, 기계공업상 한삼두 임명
1962.8.25	상업상 리양숙 해임, 김세봉 임명
1962.8.27	김일성 수상, 황해남도 신천군 새날협동농장 현지지도
1962.8.30	김일성 수상, 황해제철소 사업 현지지도(29~30일)
1962.9.3	쿠바에 대한 미국 정책 규탄 평양시 군중대회
1962.9.13	평양종합인쇄공장 준공식
1962.9.16	함흥시 만세교 개통식
1962.10.8	최고인민회의 제3기 대의원선거 실시(383명)
1962.10.13	한일회담 반대 평양시 군중대회 개최
1962.10.14	제1차 전국대학생체육축전 개막(~20일)
1962.10.18	최고인민회의 상임위, 「헌법 일부조항 수정 · 보충 · 폐지에 관한 정령」 발표(57조 · 58조 · 59조 보충 수정, 61조 폐지). 내각 구성법 개정 발표

1962.10.22	최고인민회의 제3기 제1차 회의 개최(~23일), ① 제3차 김일성 수상 내각 조직 ② 최고인민회의 지도 기관 선거 ③ 헌법 제35조 수정
1962.10.29	『로동신문』 쿠바사태 관련 흐루시초프의 행동 비난기사 게재
1962.11.7	제1차 전국 도서관 일꾼 학술연구발표회 개최(~8일)
1962.11.8	대안전기공장당위원회 확대회의 개최
1962.11.12	군사사절단 소련 방문
1962.11.13	김일성 수상, 평안남도 내 당 및 농촌경리부문 일꾼 협의회에서 연설 「군 협동농장 경영위원회를 더욱 강화 발전시킬 데 대하여」
1962.11.19	김일성 수상, 대안전기공장 당위원회 확대회의에서 연설 「대안의 사업체계를 더욱 발전시킬 데 대하여」
1962.11.24	비망록 「남한에서 미군을 철거시키며 조선의 자주적 평화통일을 실현하기 위하여」 발표
1962.11.28	3·1월간상 제정
1962.12.10	조선로동당 제4기 제5차 회의 개최(~14일), '국방에서의 자위' 원칙으로 4대 군사노선 추진
1962.12.13	외무성, 한일회담 반대 성명 발표
1962.12.15	북한·중국 간 통상 및 항해에 관한 조약 비준
1962.12.17	북한·소말리아 간 무역대표부 교환 합의(모가디슈)
1962.12.26	조선로동당 조선인민군위원회 전원회의 확대회의 진행
1963.1.8	『노동자』 중국노선 지지 논설 게재
	도시 및 산업건설성과 농촌건설성 폐지, 건재공업성 신설
1963.1.21	자동차운수부문 열성자회의, 체신부문 열성자회의 개최
1963.1.24	조총련 중앙위 전원회의 개최(~25일)
1963.1.30	『로동신문』, 사설 「사회주의진영의 통일을 수호하며 국제공산주의 운동의 단결을 강화하자」
1963.1.31	북한·헝가리 간 통상협정 체결(부다페스트)
1963.3.1	수산부문 열성자회의 개최

1963.3.2	북한·우간다에 각각 대사관 설치
1963.3.9	북한-예멘 간 대사관 설치 합의
1963.3.10	탁구선수단, 부카레스트 국제 탁구대회 단체전에서 우승
1963.3.11	철도절 제정
1963.3.20	전국과학자·기술자대회 진행(~2일)
1963.3.24	북한·아랍공화국 간 국교관계 수립
1963.4.11	『로동신문』, 논설「출로는 민족의 자주통일에 있다」
1963.4.15	대안전기공장 '천리마공장' 칭호 수여식
1963.4.23	『로동신문』, 논설「자립적 민족 경제의 건설은 조국의 통일과 독립과 번영의 길이다」
1963.4.27	북한·캄보디아 간 문화 및 과학협정 체결
1963.5.3	평양시 일부 행정구역 변경
1963.5.13	조선로동당 중앙위 제4기 제6차 전원회의 개최
1963.5.15	농민동맹 위원장 강진건 사망
1963.6.18	최고인민회의 대표단 베트남 방문(~6월 29일, 단장 박금철)
1963.6.23	최용건·유소기 공동 성명 발표(북경)
1963.6.28	북한·말리공화국 경제협조 및 기술원조에 관한 협정 체결(바마코)
1963.7.17	북한·루마니아 간 문화 및 과학협정 조인
1963.7.30	기계공업성을 기계공업위원회로 개편
1963.8.13	김일성 수상 참석하 량강도 당위원회 전원회의 확대회의(13~16일)
1963.8.14	북한·버마친선협회 창립
1963.8.24	북한·통일아랍연합공화국 간 국교수립 합의
1963.9.3	조선로동당 중앙위 제4기 제7차 전원회의 개최(~5일),「전체당원들에게 보내는 편지」채택
1963.9.15	중국 국가 주석 유소기(류사오치) 북한 방문(~9월 20일)
1963.9.20	『로동신문』 소련 과학아카데미가 조선역사를 왜곡했다는 비판 기사 게재
1963.10.9	최고인민회의 상임위원회,「공화국 국적법을 채택함에 대하여 정령」발표

1963.10.15	최고인민회의 상임위원회, 도·시·군·리 인민위원회 대의원선거일 공고
1963.10.21	올림픽위원회, 국제 올림픽위원회의 정식 성원으로 가입
1963.10.23	북한 경제 대표단, 인도네시아·미얀마를 비롯한 동남아 여러 나라들을 방문하기 위하여 평양 출발
1963.10.28	『로동신문』 사설, 소련을 현대수정주의라고 통박
1963.11.6	과학자 대표단, 중국 향발(~12월 24일)
1963.11.15	북한·인도네시아 간 통상 과학 문화 기술협정 조인
1963.11.18	임업부문 열성자대회 개최
1963.11.22	제18차 유엔총회와 관련하여 비망록 발표
1963.11.26	북한·캄보디아 간 통상협정 체결
1963.12.3	지방 대의원선거 실시
1963.12.10	최고인민회의·조국전선 평화통일위 연석회의에서 남북협상 관련 남조선 국민, 정치인, 사회활동가에게 보내는 호소문 발표
1964.1.5	도(직할시)에 경공업위원회, 시·군 단위에 지방공업경영위원회 신설
1964.1.15	북한·일본 간 청산계약 체결
1964.1.22	김일성 수상, 교통운수부문 일꾼협의회에서 연설 「정치사업을 앞세우며 군중노선을 관철할 데 대하여」
1964.1.23	광업부문 열성자대회 진행
1964.1.25	경공업위원회를 국가경공업위원회로 개칭
1964.2.4	교통성 폐지, 교통운수위원회와 철도성 신설
1964.2.7	북한·실론에 각각 총영사관 개설
1964.2.9	동계올림픽대회에서 13위
1964.2.17	식량공업부문 열성자회의 진행
1964.2.18	북한 '최고사령관' 명의로 유엔군 총사령관에게 2·7서한 발송
1964.2.24	각 공장·기업소에 재정검열위원장 조직
1964.2.25	조선로동당 제4기 제8차 전원회의(~2월 27일)에서 김일성 수상

	보고연설「우리나라 사회주의 농촌 문제에 관한 테제」
1964.3.10	사회과학원 신설
1964.3.17	한일회담 반대 군중대회 개최
1964.3.18	김정일, 졸업논문「사회주의건설에서 군의 위치와 역할」집필
1964.3.26	최고인민회의 제3기 제3차 회의(~28일)
1964.3.29	최초의 대일연불 수입계약체결
1964.4.3	도시경영성을 폐지하고 그 기능을 내무성에 이관
1964.4.5	국립건설자금은행을 폐지하고 산업은행 신설
1964.4.11	조선언어학회 창설
1964.4.18	북한 인도네시아 대사급 외교관계 설정에 합의
1964.4.24	국가계획위원회 산하에 도(직할시)·군(시·구역)계획위원회 신설
1964.5.1	인도네시아 주재 북한대사관 개설, 순안비행장 서북 500m 지점 72고지에 대공유도탄기지 신설을 시인
1964.5.6	예멘 주재 북한대사관 설치
1964.5.9	북한·중국 간 기술 원조협정 체결
1964.5.12	민청 제5차 대회 개막(폐막일인 16일에 민주청년동맹을 사회주의로동청년동맹으로 개칭)
1964.5.20	함북 경원군에 1개 리 신설
1964.6.9	한국의 '6·3사태'와 관련하여 전 군에「전투준비강화령」하달
1964.6.12	최고인민회의 상임위원회 확대회의, 인도네시아·캄보디아·실론 방문결과 보고
1964.6.16	아시아경제토론회, 34개국 참가
1964.6.25	로동당 중앙위 제4기 제9차 전원회의(~26일), ① 농업근로자동맹을 조직할 데 대하여 ② 직업동맹 사업을 개선할 데 대하여
1964.7.21	전국농촌경리부문 지도자회의 개최
1964.7.27	적십자회, 재일교포 북송협정 1년 연장을 제의
1964.8.10	전국임업부문지도자회의 개최
1964.8.30	내각, 강제·비료·시멘트 증산에 관한 결정 발표
1964.8.31	『로동신문』, 최초로 소련을 지칭한 직접 비난 사설 게재「사회주

	의진영을 분열시키는 세계공산당대회 소집을 반대해야만 한다」
1964.9.2	군사정전위원회 공산 측 대표단으로 인민군 소장 박인갑 해임, 소장 김풍섭 임명
1964.9.4	북한 · 브라자빌 콩고 간 국교 수립
1964.9.15	북한이 납북 · 억류했던 한국어민 219명(33척) 송환
1964.9.16	북한 · 알제리 간 문화협정에 관한 협정 조인(알제)
1964.9.19	북한 · 예멘 간 문화협조에 관한 협정서 조인(평양)
1964.9.23	북한 · 알제리 간 무역 및 지불협정 조인
1964.10.10	직맹 중앙위원회 제11차 전원회의 개최
1964.10.12	사로청 중앙위 상무위원회 확대회의(~14일)
1964.10.25	제2차 대학생체육대회 개최
1964.11.1	수카르노 인도네시아 대통령 북한 방문
1964.11.12	북한 · 모리타니아 간 외교관계 개설
1964.11.29	북한 · 베트남 간 경제기술원조협정 체결
1964.12.1	건축가동맹 제2차 대회 개최
1964.12.3	『로동신문』, 중국의 교조주의 노선 추종 압력에 대한 간접비난 사설 게재
1964.12.4	내각, 일부개편 ① 금속화학공업성을 폐지, 금속공업성과 화학공업성 신설 ② 기계공업위원회를 기계공업성으로 개칭 ③ 내무성을 국토관리성으로 개칭
1964.12.14	로동당 중앙위 제4기 제10차 전원회의 개막(~19일)
1964.12.16	북한 · 일본 간 민간통상협정 체결(평양)
1964.12.20	북한 · 캄보디아 간 국교관계 수립 공동 성명
1964.12.24	북한 · 콩고 간 외교관계 설정
1964.12.28	북한 · 가나 간 대사급 외교관계 수립
1965.1.4	인민군 각급 군사학교 교원대회 진행
1965.1.22	한국의 월남 파병과 관련하여 비망록 발표
1965.1.13	북한 · 탄자니아 간 국교관계 수립

1965.1.28	북한·중앙아프리카 간 국교관계 수립 공동 성명
1965.2.11	소련수상 코시긴 북한 방문
1965.2.14	탄자니아 주재 북한대사관 개설
1965.2.15	한일회담을 반대하여 외무성 성명 발표
1965.2.22	아랍공화국 주재 북한대사관 개설
1965.3.13	가나 주재 북한대사관 개설
1965.3.19	미제의 침략을 반대하며 베트남 인민의 정의의 투쟁을 지지 성원하는 평양시 군중대회
1965.3.25	농업로동자동맹 창립대회 진행, 규약 채택(~27일)
1965.3.26	월맹의 요청이 있을 경우에 모든 지원군을 파견하는 조치를 취하겠다는 성명 발표
1965.3.27	『농업근로자』 창간
	한·일회담 반대 배격 평양시 군중대회
1965.4.9	김일성 수상, 반둥회의 19주년 기념식 참석차 인도네시아 향발
1965.4.14	김일성 수상, 인도네시아의 알리아르함 사회과학원에서 강의「조선민주주의 인민공화국에서의 사회주의 건설과 남조선 혁명에 대하여」(3대국제혁명역량론 역설)
1965.5.1	김일성종합대학 교사 건설공사 완료
1965.5.11	조선과학기술협조위원회회의 개막
	전국체육일꾼회의 진행
1965.5.18	인민군 고사포부대,「불법침입한 미제 침략군 L-19형 정찰기 1대를 격추」보도
1965.5.29	북한·헝가리 간 과학기술협조에 관한 협정안 조인(평양)
1965.6.19	북한·탄자니아 간 통상협정 조인
1965.6.23	외무성, 한·일조약에 반대, 배상요구권리 보유 성명
	북한·루마니아 간 호상협조에 관한 협정 체결
1965.6.29	조선로동당 중앙위 제4기 제11차 전원회의 진행(~7월 1일)
1965.7.8	월맹에 무기와 장비를 지원한다는 성명 발표
1965.7.16	북한·베트남 간 경제적 및 기술적 원조를 제공할 데 관한 협정

	체결(평양)
1965.8.12	소련 친선대표단 북한 방문(단장 부수상 아엔 쉘레뻰, ~19일)
1965.8.27	북한·베트남 친선협회 창립
1965.9.2	민주여성동맹 제3차 대회 개막(~4일)
1965.10.4	북한·시리아 간 통상 및 지불협정에 관한 협정 조인
	캄보디아왕국 노르돔 시하누크 친왕 북한 방문
1965.10.10	조선로동당 창건 20주년 경축대회 진행
1965.11.1	북한·중국 간 과학기술협조에 관한 의정서 조인(평양)
1965.11.15	조선로동당 중앙위원회 제4기 제12차 전원회의 개최(~17일)
1965.11.18	교통운수위원회 폐지
1965.12.23	제20차 유엔총회에서 한국 통일방안 통과와 관련하여 성명
1965.12.28	북한·알바니아 간 영사조약 조인(평양)
1966.1.11	경공업위원회 폐지, 경공업성 신설
1966.1.12	북한·쿠바 간 장기 통상협정과 지불협정 및 1966년도 상품 호상납입에 관한 의정서 조인
1966.1.26	철도운수부문 청년열성자회의 개최
1966.2.3	외무성, 미군의 베트남 폭격 규탄 성명
1966.2.10	우루과이에서 북한 무역대표단 출국령, 민족보위상 명령 제5호 발령
1966.3.7	「한국군 월남증파 결정에 관련하여」 성명 발표
1966.3.26	조선로동당 대표단, 소련공산당 제23차 대회 참가차 출발(단장 최용건)
1966.3.28	조선로동당 중앙위 제4기 제13차 전원회의 진행
1966.4.1	주민 일제등록
1966.4.7	지질협회 창립
1966.4.11	전국보건일꾼회의 개막
1966.4.28	북한·소말리아 간 무역대표부 설치
1966.4.29	최고인민회의 상임위, 「농업현물세제 폐지에 관한 법령」 공포

1966.5.14	김일성 수상, 언어학자들과의 담화「조선어의 민족적 특성을 옳게 살려 나갈 데 대하여」
1966.6.17	평양시 인민회의 진행
1966.7.21	유엔 제21차 총회에의 한국문제 상정 관련 비망록 발표
1966.7.23	북한·이라크 간 영사관계 설정 합의
1966.7.27	『로동신문』, 한자 비판기사 게재
1966.8.12	『로동신문』,「자주성을 옹호하자」제하 논설을 통하여 소련·중국 노선 배격하는 자주노선 선언
1966.8.18	북한적십자회 중앙위원회에서 북송연장에 관하여 성명 발표
1966.9.15	『로동신문』, 중국 문화혁명을 좌파기회주의라고 비판
1966.9.30	최고인민회의 상임위, 정령「인민공화국 국가검열성을 설치함에 대하여」발표
1966.10.5	조선로동당 제2차 대표자대회(~12일) 중앙위 위원장 및 부위원장제 폐지, 총비서 및 비서제 신설. 김일성 수상, 당대표자회의에서 연설「현정세와 우리 당의 과업」
1966.10.12	조선로동당 중앙위 제4기 제14차 전원회의
1966.10.18	김일성 수상, 당중앙위 조직지도부 및 선전선동부 일꾼에 대한 연설「당사업에서 형식주의와 관료주의를 없애며 일꾼들을 혁명화할 데 대하여」
1966.10.20	전국보육원교양대회 개막
1966.11.3	조선건설협회 결성
1966.11.5	북한 망명선 평신정호 청진항에 도착
1966.11.22	최고인민회의 제3기 제6차 회의 개막(~23일),「전반적 기술의무교육을 실시할 데 대한 법령」채택
1966.12.21	조선석탄공업협회 결성
1966.12.22	조선용접협회 결성
1966.12.29	북한의 대소 접근 저지 위해 중국이 한·만국경에 1개 군단을 이동 배치

1967.1.18	전국기계공업부문 일꾼회의 개최
1967.1.19	한국 해군함정 격침을 발표
1967.1.22	건설부문 과학자대회(평양, ~24일)
1967.1.30	일부 성 및 위원회 신설에 대한 정령 발표
1967.2.8	민족보위상 김창봉 전 인민군 병사에게 명령 제5호 발포
1967.3.3	인민군정치일꾼회의
1967.3.11	북한·부룬디 간 대사급 외교관계 설정에 대한 공동 성명 발표
1967.3.15	남조선 해방 민주·민족연맹방송 개시(평남 순안)
1967.3.18	조선광업협회 결성
1967.4.12	북한·소말리아 간 외교관계 수립
1967.4.18	『김일성저작선집』 제1권 발행
1967.4.20	전국교원대회 개막
1967.4.21	외무성, 「재일 조선공민 귀국협정을 폐기할 것을 일방적으로 결정한 일본 규탄」 성명
1967.4.24	최고인민회의 제3기 제7차 회의 개막(~26일)
1967.4.28	대동력기지 운봉발전소 준공
1967.5.4	조선로동당 제4기 제15차 전원회의(~8일, 비공개 진행)
1967.5.11	대동강 제2철교 개통
1967.5.13	북한·싱가폴 간 무역협정 체결
1967.6.8	인민군 종합군사경기대회 개막
1967.6.28	조선로동당 중앙위원회 제4기 제16차 전원회의 개최
1967.7.3	조선로동당 중앙위 전원회의 개막(6월 28일~7월 3일)
1967.7.13	조국전선 중앙위원회 확대회의
1967.7.20	외무성, 미국의 월맹 비무장지대 폭격을 비난하는 성명 발표
1967.8.5	파키스탄에 무역대표부 개설
1967.8.11	북한·베트남 간 무상군사원조에 관한 협정, 무상경제원조할 데 대한 협정 및 1968년도 상품교환에 관한 협정 조인
1967.8.25	함북 나진군 일부와 웅기군을 통합하여 나진시 신설 북한·일본 간 적십자 대표단 회담(모스크바)

1967.9.25	최고인민회의 각 정령 발표, ① 최고인민회의 제4기 대의원선거를 1967년 11월 25일 실시 ② 20대의원선거규정, 중앙선거위원회 조직, ③ 도·시 내에 있는 동사무소 폐지 및 동인민회의 신설
1967.10.1	내각, 보통교육부문 각급 교원들의 임금을 높일 것을 결정
1967.10.2	일부 행정구역 개편(신도군 신설)
1967.10.15	함흥모방직공장 완공
1967.10.18	송림선거구에서 김일성을 최고인민회의 대의원 후보로 추천
1967.10.20	외무성, 유엔에서 그 어떤 결정을 채택해도 무효로 간주한다는 성명 발표
1967.11.25	최고인민회의 제4기 대의원선거 실시
1967.11.30	지방 각급인민회의 대의원선거
1967.12.1	북한·일본 간 제3차 적십자회담 진행
1967.12.14	김일성 수상, 10대 정강 「국가 활동의 모든 분야에서 자주·자립·자위의 혁명 정신을 더욱 철저히 구현하자」 발표, 최고인민회의 제4기 제1차 회의 개막
1968.1.20	인민군 창건 20주년 기념 전국학생빙상경기대회 진행
1968.1.23	미국의 푸에블로호 나포 보도
1968.1.24	콜롬보(실론)에서 개최된 북한·일본 간 적십자회담 25회로 종료
1968.1.30	북한·이라크 간 대사급 외교관계 수립
1968.2.1	장편영화 〈영웅적 인민군〉 제작
1968.2.8	2·8절에 즈음하여 민족보위상 명령 제12호 하달
1968.2.9	북한·남예멘 간 외교관계 합의
1968.2.14	전국농업일꾼대회 개최
1968.3.1	김일성 참석하 전국열사가족 및 영예군인 가족대회 개최
1968.3.4	이라크 주재 북한대사관 개설
1968.3.5	각 도청 소재지에서 선동원 및 노농통신원 열성자대회 개최 홍명희 사망
1968.3.12	베트남 인민 반미구국투쟁 지지 기간 설치(3월 13일~19일)

1968.3.14	북한·파키스탄 간 총영사관 개설
1968.4.15	소년단 평양시 연합단체대회 개최
1968.4.22	조선로동당 중앙위 제4기 제17차 전원회의 개막
1968.5.9	제2회 전국천리마작업반 선구자대회 개최, 중앙보건학교 개설
1968.6.27	붉은기 중대군인 열성자회의 개최
1968.7.6	외무성, 일본의 범죄적 행동을 비난하는 비망록 발표
1968.7.20	평양시 학생근위대 열성자회의 개최
1968.8.22	평양방송, 소련의 체코슬로바키아 침공 지지
1968.8.23	북한·일본공산당 간 회담
1968.8.25	전국 국방체육대회 개막
1968.8.29	김책 동상 제막식(김책시)
1968.8.31	김형직 동상 제막식(봉화리), 김경석 동상 제막식(김책시), 류경수 동상 제막식(신흥읍)
1968.9.1	북한정권 창건 20주년에 즈음하여 사색 정령 발표 조정철 동상 제막식(덕성읍)
1968.9.2	안길 동상 제막식(청진)
1968.9.3	조국전선·조국평화통일위원회, 북한정권 창건 20주년을 맞아 대남호소문 발표 최춘국 동상 제막식(온성)
1968.9.4	강건 동상 제막식(사리원)
1968.9.7	정권 창건 20주년 기념 중앙 경축대회 개최(~8일)
1968.9.19	전국인민체육대회 개막
1968.10.12	북한올림픽위원회, 멕시코올림픽대회 불참을 발표
1968.10.26	남예멘에 대사관 개설
1968.11.2	고원-홍원 간 철도전기화공사 준공, 석탄공업대학 신설
1968.11.11	조선로동당 중앙위 제4기 제18차 확대전원회의
1968.11.25	통일혁명당 공판을 규탄하는 평양시 집회
1968.11.29	민주법률가 협회, 한국의 통혁당사건 공판을 규탄하는 성명 발표
1968.12.16	직맹 제4차 대회 개최(~18일)

1968.12.23	푸에블로호 승무원 82명과 시체 1구 귀환 보도, 전국학생열성자회의 진행
1969.1.1	군사위원회, 한국군 장병 월북자에 대한 현상 발표
1969.1.6	조선인민군당 제4기 제4차 회의 개최(~14일), ① 김창봉(민족보위상), 최광(총참모장) 허봉학(대남공작총책) 등 군부 고위층 10여명 숙청 ②「군부전투 태세강화 10대원칙」하달 ③ '현대전과 혁명전쟁의 유기적 결합'으로의 군사전략 전환
1969.1.10	중앙교육간부 정치학교 창립
1969.1.24	청년돌격대 사업 총화회의
1969.2.4	전국농업일꾼대회 개최
1969.2.12	북한·기니 간 대사급 외교관계 수립 합의
1969.3.1	김일성 수상, 과학교육 일꾼들이 제기한 질문에 대답한「사회주의 경제의 몇 가지 이론문제에 대하여」발표
1969.3.22	전국청년돌격대열성자회의 개최
1969.3.28	외무성, 미국의 캄보디아 침략을 규탄·비난하는 성명 발표
1969.4.9	조선로동당 대표단 프랑스 향발(단장 김동규)
1969.4.12	북한 정권대표단, 잠비아 외상 간 외교관계 설정 및 대사급 외교관 교환협정에 조인
1969.4.26	북한·수단 간 영사관계 합의
1969.5.8	북한·차드 간 대사급 외교관계 수립
1969.5.11	북한·네팔 간 무역관계 및 총영사급 영사관계 설정 합의
1969.6.1	전국청년지원돌격대 궐기대회 개최
1969.6.7	제68차 바르샤바 IOC총회, 북한의 호칭을 DPRK로 결정
1969.6.12	북한·베트콩 임시혁명정부 간 외교관계 설정
1969.6.13	북한·소련 간 어업협정(모스크바)
1969.6.17	북한·몽고 간 영사협정 체결
1969.6.21	북한·수단 간 외교관계 설정 및 대사급 외교대표 교환에 관한 협정 조인

1969.6.27	조선로동당 중앙위 제4기 19차 전원회의 개최(~30일)
1969.7.1	제24차 유엔총회 개막에 앞서 20개국 유엔 대사에 초청장 전달
1969.7.12	최고인민회의 상임위, 「김종태에게 영웅칭호 수여 정령」 발표
1969.8.20	리주연 조선로동당 중앙위 정치위원 겸 부수상 사망
1969.9.18	세계기자국제회의(~24일)
1969.9.20	네팔 수도 카트만두에 북한 총영사관 개설
1969.9.24	반미 세계기자들, 「평양선언(국제회의)」 발표
1969.10.1	자강도 강계시에 5년제 의과대학 설립
1969.10.11	김일성 수상, 당 및 국가기관 간부들 앞에서 한 강의 「우리나라 민주주의혁명과 사회주의혁명의 몇 가지 경험에 대하여」
1969.10.17	사회주의 국가 청소년친선축구경기대회(평양, 17~26일)
1969.10.23	인민군 부대장 및 정치장교회의 개최
1969.11.3	전국체육인대회(~4일)
	외무성, 제24차 유엔총회 정치위원회에서 남북한 동시초청안이 부결되고 한국 단독초청이 가결된 데 성명 발표
1969.11.23	소말리아 수도 모가디슈에 대사관 개설
1969.11.28	북한·싱가포르 간 영사관계 설정 합의
1969.12.1	조선로동당 중앙위 제4기 제20차 전당대회 개최(~5일)
1969.12.20	전국체육과학토론회 개최
1970.1.5	조선·아시아·아프리카 단결위, '아시아·아프리카·라틴 아메리카 인민들의 혁명투쟁을 적극 지지 성원하는 국제적 연대성 주간' 집회
1970.1.8	전국건설부문학술발표회 진행
1970.1.9	남포혁명학원에 천리마학원 칭호 수여
1970.1.13	종전의 '조선인민군 2·8영화촬영소'를 '조선2·8예술영화촬영소'로 개칭(1996년 '4·25예술영화촬영소'로 개칭)
1970.1.16	최고인민회의 상임위원회, 지방인민위원회의 대위원 선거에 대한 정령 발표

1970.1.26	철도운수부문 열성자회의 개막
1970.2.3	최고인민회의 상임위원회, 매년 5월 15일을 지질탐사절로 제정
1970.2.14	중앙통신사, KAL기 승객 송환문제에 관해 일방적 조치를 취할 것이라고 성명 발표, KAL기 승객을 판문점으로 송환
1970.2.24	전국지방산업일꾼회의 개최
1970.2.27	김일성 수상, 전국 지방산업 일꾼 대회에서 연설「지방공업을 발전시켜 인민 소비품생산에서 새로운 전환을 일으키자」
1970.3.2	사로청 청년학교 운영
1970.3.9	KAL기 잔류승무원들 북한 영주 발표
1970.3.10	각급 인민회의 대의원선거
1970.3.12	조국평화통일위원회 부위원장 리극로, KAL기 잔류승객에 관하여 담화 발표
1970.4.5	중국 국무총리 주은래(저우언라이) 방문(~7일)
1970.4.7	매년 10월 9일을 금속로동자절로 제정
1970.4.9	김일성·주은래 공동 성명(4월 7일자)
1970.4.15	종전의 '평양텔레비전 방송국'을 '조선중앙텔레비전방송'으로 개칭
1970.4.17	조선철도운수협회 창립
1970.4.19	조선로동당 대표단, 소련 향발(단장 최용건)
1970.4.23	조선수산협회 결성
1970.4.25	소련 군사대표단, 평양 방문(단장 총참모장 자하로프)
1970.4.28	5·1절기념 민족체육경기대회 개막
1970.5.3	최고인민회의 상임위,「인민설계가와 공훈설계가 칭호 제정에 관한 정령」발표
1970.5.7	인민군 총참모장 오진우, 소련 방문
1970.5.11	조선방직공업협회 결성
1970.5.13	조선기계공업협회 결성
1970.5.26	북한·몽고 간 영사협약 비준서 교환
1970.6.1	'남조선 민족 방송'(평안남도 순안)을 '통일혁명당 목소리 방송'(황해남도 해주 남산)으로 개칭

	천리마강선제강소 6,000톤 프레스직장 조업식 거행
1970.6.14	북한·몰디브 간 국교관계 수립
1970.6.18	김정일, 작가 연출가들과 한 담화「사회주의 현실을 반영한 혁명적 영화를 더 많이 창작하자」
1970.6.27	반미·대만해방을 위한 평양시 군중대회 진행
1970.6.29	조선로동당 중앙위 제4기 제21차 전원회의 확대회의 개최(~7월 6일)
1970.7.11	최고인민회의 내각성원 경질 및 임명. 제2부수상 박성철, 부수상 김만금·홍원길, 외무상 허담, 농업위원장 장윤필, 로동상 김금철
1970.7.15	북한·스리랑카 간 외교관계 설정
1970.7.17	피바다가극단 창립
1970.7.22	김일성 수상, 통일 전 남북한연방제 실시 용의 표명
1970.7.24	조선의학협회 결성
1970.7.26	북한·중국 간 군사회담(북경)
1970.7.30	전국 천해양식부문 열성자회의 진행
1970.8.9	조선임업·목재가공협회 결성
1970.8.13	수단 수상 방문(~17일)
1970.8.23	국제역사과학위원회에 가입
1970.9.8	조선화학공업협회 결성
1970.9.12	붉은청년근위대 창설
1970.9.14	조선화학공업협회 결성
1970.9.15	핀란드 수도 헬싱키에 북한 무역대표부 개설
1970.10.5	북한·헝가리 간 법률방위조약, 영사협정 체결
1970.10.10	명천–청진 간 전기철도 개통식 예술영화 〈꽃피는 마을〉에 인민상 수여
1970.10.11	당창건기념관 개관
1970.10.14	방송절 제정 발표
1970.10.20	김일성종합대학 과학도서관 준공식

1970.10.25	외무성, 유엔총회 제25차 회의에 북한대표 참가를 주장하는 성명 발표
1970.11.1	칠레 수도 산티아고에 북한 무역대표부 개설
1970.11.2	조선로동당 제5차 대회 개최(~13일), 김일성 수상 당중앙위 사업 총화 보고, 김일성 수상을 당중앙위 총비서로 추대
1970.12.3	인민군 박순국 소좌 MIG-15기 몰고 남한에 귀순(북한, 길 잃고 불시착했다고 주장, 기체 인도 요구)
1970.12.20	매년 11월 1일을 출판절로 제정
1970.12.24	자강도농업대학 창립 기념, 여맹 제11차 전원회의 개최
1970.12.25	해주농업대학 창립 10주년 기념 보고회 진행
1971.1.17	공훈뜨락또르운전수 칭호 제정
1971.1.18	전국청년열성자회의 개막
1971.1.27	북한동계올림픽 선수단 평양 출발
1971.2.5	북한·일본 적십자회 대표단 간 재일조선공민 귀국문제로 모스크바회담
1971.2.12	전국철도운수부문 청년열성자대회 개최
1971.2.26	빙상선수 한필화 외국기자 회견
1971.2.27	전국수산부문일꾼대회 진행
1971.3.4	토지개혁법령 발표 25주년 기념 중앙보고회 개최
1971.3.5	농업근로자절 제정
1971.3.8	최고인민회의 상임위, 「식료 및 일용품 공업성 폐지하고 지방공업성 신설할 데 대한 정령」 채택. 5월 8일 기계공장 임산용 트랙터 '백두산호' 생산
1971.3.9	전국 5호담당선전원 열성자대회 개최
1971.3.25	식수절 제정
1971.4.1	고등중학교 학생신문 『새날』 첫 호 발간
1971.4.10	덕현선(남신의주-덕현) 철도 개통식
1971.4.12	최고인민회의 제4기 제5차 회의 개최(~14일), ① 김일성 수상 체

	제 강화 ② 전인민 무장화, 전국토 요새화 ③ 적극적 외교망 확장 ④ 평화통일의 전제조건으로 8개 항 제안
1971.4.15	전국사회과학토론회 개최(평양), 개성TV방송 개시
1971.4.19	조선로동당 중앙위 제5기 제2차 전원회의, 대외무역발전 및 인민보건사업 강화 논의(~23일)
1971.4.30	매년 5월 21일을 건설자절로 제정
1971.5.4	직맹 중앙위원회 전원회의 진행
1971.5.13	각 도(직할시)에서 사로청 대표회의 진행
1971.5.19	대형 여객선 만경봉호 건조
1971.5.29	북한 5만 정보 밭관개수리시설 완공
1971.6.1	전국보건일꾼대회 개최
1971.6.6	제25주년 소년단 전국연합대회 개최
1971.6.9	루마니아 정부대표단 방문
1971.6.22	편의봉사부문 일꾼들에 대한 공훈칭호 제정
1971.6.24	김일성 수상, 사로청 제6차 대회에서 연설「청년들은 대를 이어 혁명을 계속하여야 한다」
1971.6.25	종전의 '중앙체육강습소체육단'을 '4·25체육단'으로 개칭
1971.8.6	김일성 수상, 시아누크 방문 환영석상에서 남조선 공화당을 포함한 모든 정당, 대중단체 인사와 접촉 용의 표명
1971.8.14	북한적십자회, 한적의 이산가족 찾기 운동 제의에 이산가족의 서신교류, 가족친척의 자유방문 회담을 판문점에서 개최하자고 제의
1971.8.19	남·북한 적십자 파견원, 북의 8월 14일부 편지 원문과 남의 8월 12일부 성명 원문 정식 교환(판문점)
1971.8.20	남북한 적십자대표 판문점에서 문건 교환
1971.9.15	매년 9월 24일을 전기절로 제정
1971.9.20	남·북적십자 제1차 예비회담 개최(판문점)
1971.9.22	판문점공동경비구역 안에 남북 직통전화 개설
1971.9.24	사회주의 국가 군대 유도 선수권대회(평양, ~27일)

1971.9.29	남북적십자 예비회담 제2차 회의(판문점)
1971.10.4	여맹 제4차 대회 개막
1971.10.6	남북적십자 예비회담 제3차 회의(판문점)
1971.10.7	김일성 수상, 여맹 제4차 대회에서 연설「여성들을 혁명화, 로동계급화할 데 대하여」
1971.10.13	남북적십자 예비회담 제4차 회의(판문점)
1971.10.14	북한·시에라레온 간 외교관계 수립. 북한·모리시어스 간 영사관계 수립
1971.10.20	남북적십자 예비회담 제5차 회의(판문점)
1971.10.27	남북적십자 예비회담 제6차 회의(판문점)
1971.11.2	북한·루마니아 간 법률상호조약 및 영사협정 체결
1971.11.3	남북적십자 예비회담 제7차 회의(판문점)
1971.11.6	매년 9월 15일을 상업절로 제정
1971.11.10	평양 보통강변에 집단체조창작단 창설
1971.11.11	남북적십자 예비회담 제8차 회의(판문점)
1971.11.15	조선로동당 중앙위 제5기 제3차 회의(~23일)
1971.11.16	조·일 우호촉진의원연맹 결성
1971.11.19	남북적십자 예비회담 제9차 회의(판문점)
1971.11.24	남북적십자 예비회담 제10차 회의(판문점)
1971.11.26	사로청 중앙위원회 제2차 전원회의 확대회의(~12월 1일)
1971.11.29	인민기자, 공훈기자 칭호 제정
1971.11.30	해주-배천 간 철도 개통식
1971.12.2	김일성 수상, 당간부 양성기관의 교원들 앞에서 연설「당간부 양성사업을 개선 강화할 데 대하여」
1971.12.3	남북적십자 예비회담 제11차 회의(판문점)
1971.12.10	남북적십자 예비회담 제12차 회의(판문점)
1971.12.17	자비북송 방식에 의해 조총련계 재일교포 108가구(237명) 태운 제1선 일본 신사(니이가다)항 출발
1971.12.20	북한·말타 간 외교관계 수립 공동 성명

1971.12.24	전국교원대회 진행
1971.12.28	외무성, 남한의 국가보위에 관한 특별조치법 통과와 관련하여 내외 기자회견
1972.1.8	김일성청년영예상 제정
1972.1.10	김일성 수상, 일본『요미우리』신문 회견서 남·북한 평화협정을 제의 남북적십자 예비회담 제14차 회의(판문점)
1972.1.13	기계절, 체신절 제정
1972.1.19	남북적십자 예비회담 제15차 회의(판문점)
1972.1.23	조·일 우호촉진의원연맹 간 무역 촉진 위한 합의서 조인
1972.1.24	대사령 실시 정령 발표
1972.1.28	남북적십자 예비회담 제16차 회의(판문점)
1972.2.1	3대기술혁명에 관한 전국 사회과학 토론회 개최 최고인민회의 상임위, 「대사를 실시함에 대하여」정령
1972.2.3	남북적십자 예비회담 제17차 회의(판문점)
1972.2.7	내각, 조총련 한덕수에 '로력영웅 칭호' 수여, 공훈통신원·공훈우편통신원·공훈방송기계공 칭호 제정
1972.2.10	남북적십자 예비회담 제18차 회의(판문점) 북한-일본 간 정기화물 항로(진남포-장기항)개설 합의
1972.2.12	조총련, 북한과의 무역 맡을 조·일수출상사(자본 24억 엔) 설립 발표
1972.2.13	전국의학과학 학술토론회 진행
1972.2.15	농근맹 제2차 대회 개최
1972.2.16	공훈기계제작공, 공훈선원, 공훈자동차운전수 칭호 제정
1972.2.17	남북적십자 예비회담 제19차 회의(판문점)
1972.2.21	남북적십자 예비회담 제1차 실무자회의 진행
1972.2.24	남북적십자 예비회담 제2차 실무자회의 진행 북한 외상 허담, 소련공산당 서기장 브레즈네프와 회담(모스크바)

1972.2.26	공훈정미공·공훈식량공급원·공훈수매원·공훈량정창고원 칭호 제정
	매년 11월 6일을 육해운절로 제정
1972.2.28	남북적십자 예비회담 제3차 실무자회의 진행
1972.3.1	여맹 제4기 제4차 전원회의
1972.3.3	북한·카메룬 간 대사급 외교관계 설정 공동 성명 발표
1972.3.6	남북적십자 예비회담 제4차 실무자회의 진행
1972.3.9	김일성소년영예상 제정
1972.3.10	남북적십자 예비회담 제5차 실무자회의 진행
1972.3.16	북한·캄보디아 간 군사원조협정 조인
1972.3.17	남북적십자 예비회담 제6차 실무자회의 진행
1972.3.20	김일성상, 김일성훈장 제정, 전국사회과학토론회 개최
1972.3.21	공훈어부 칭호 제정
1972.3.22	남북적십자 예비회담 제7차 실무자회의 진행
1972.4.3	전국사회과학자대회(~10일)
1972.4.5	시하누크 북한 방문차 평양 도착
1972.4.10	조선로동당 중앙당학교를 김일성고급당학교로 개칭
1972.4.14	김일성에게 '2중영웅칭호' 수여. 소련, 김일성에 레닌훈장 수여
1972.4.15	김일성 수상 탄생 60주년 기념행사 실시, 조선소년단 전국연합단체대회 진행
1972.4.17	남북적십자 예비회담 제8차 실무자회의 진행
1972.4.19	남포혁명학원을 강반석혁명학원으로 개칭
	북한·중국 간 기록영화 소재 교환 협정 조인
1972.4.22	북한·르완다 간 대사급 외교관계 설정 공동 성명 발표
	전국체육대회 진행(~5월 1일)
1972.4.24	김일성 동상 제막식, 조선혁명박물관 만수대로 이전·개관
1972.5.2	이후락 중앙 정보부장, 김일성 수상 방문(평양, ~5일)
1972.5.4	아시아탁구연맹 가입
1972.5.9	남북적십자 예비회담 제9차 실무자회의 진행

1972.5.12	남북적십자 예비회담 제10차 실무자회의 진행
1972.5.13	일본 히노 자동차회사와 10억 엔 상당의 대형 트럭 140대 수입 계약
1972.5.19	남북적십자 예비회담 제11차 실무자회의 진행
	매년 8월 20일을 공군절로 제정
1972.5.20	조선피복가공협회 결성
1972.5.22	남북적십자 예비회담 제12차 실무자회의 진행
1972.5.29	남북 고위급대표 간 회담(서울, ~6월 1일)
1972.6.1	북한·칠레 간 대사급 외교관계 수립 공동 성명
1972.6.2	김일성 수상 량강도 내 인민경제 각 부문 시찰
1972.6.3	매년 8월 28일을 해군절로 제정
1972.6.9	북한·베트콩 간 외교 및 공무여권소지자의 사증제도 폐지에 대한 협약 체결
1972.6.16	남북적십자 예비회담 제20차 실무자회의 진행
1972.7.1	조선로동당 제5기 제4차 전원회의 개최(~6일) 김일,「10년제 고·중 의무교육 실시에 대하여」보고
	조선로동당 제5기 제4차 전원회의, 김일성 수상 제5기 제3차 회의에서 결정된 당의 평화통일정책에 대하여 보고
1972.7.4	조국통일3대원칙에 기초한 남북 공동 성명 발표,「서울-평양 간 직통전화의 가설 및 운용절차에 관한 합의서」발표
1972.7.31	예술영화〈꽃파는 처녀〉제18차 국제영화축전에서 특별상 수상
1972.8.2	북한·우간다와 대사급 외교관계 수립
1972.8.3	남북적십자 제2차 실무자회의
1972.8.10	남북적십자 예비회담 제25차 실무자회의 진행
1972.8.16	남북적십자 본회담 대표자 발표
1972.8.24	남북적십자사,「신변안전보장에 관한 성명」발표
1972.8.25	남북적십자사,「중앙기관 간 직통전화 운용절차 합의서」채택
1972.8.28	농근맹 중앙위원회 전원회의 개최
1972.8.29	최고인민회의, 일용품공업성을 신설하고 지방공업성을 지방공

업위원회로 개칭
1972.8.30	남북적십자 본회담 제1차 회의 개최(평양)
1972.9.1	전반적 10년제 고·중 의무교육 시작
1972.9.6	북한 제2부수상 박성철, 일본기자와의 회견서 일본이 남북한 동시 수교해도 남북통일에 장애 안 된다고 주장(평양)
1972.9.8	북한·세네갈 간 대사급 외교관계 수립
1972.9.13	남북적십자 본회담 제2차 회의 개최(서울)
1972.10.10	이천-세포 간 철도 개통
1972.10.11	조·일 무역시마네상사 설립
1972.10.12	남북조절위원회 공동위원장 제1차 회의 개최(판문점) 전국체신일꾼대회 개막(~14일)
1972.10.23	조선로동당 중앙위 제5기 5차 전원회의 개막(~26일), 사회주의 헌법 초안, 당원증 교체사업 문제 토의
1972.10.24	남북적십자 본회담 제3차 회의 개최(평양)
1972.10.25	북한·어퍼볼타[2] 간 외교관계 수립
1972.11.2	남북조절위원회 공동위원장 제2차 회의 개최(평양)
1972.11.7	조선로동당 대표단과 스페인공산당 대표단 간 회담 진행(~8일)
1972.11.9	북한·파키스탄 간 대사급 외교관계 수립
1972.11.10	종전의 조선 제2중앙방송을 평양방송으로 개칭
1972.11.13	여맹 중앙위원회 제4기 제3차 전원회의 개최
1972.11.16	북한·말라카시 간 외교관계 수립 공동 성명(평양)
1972.11.22	남북적십자 본회담 제4차 회의 개최(서울)
1972.11.30	남북조절위원회 공동위원장 제3차 회의 개최(서울), 남북조절위원회 제1차 진행(서울, ~12월 1일)
1972.12.12	최고인민회의 제5기 대의원선거
1972.12.15	북한·자이레 간 외교관계 수립 공동 성명

---

2) 1960년 프랑스로부터 독립한 아프리카 내륙의 국가. 1984년 국명을 부르키나파소로 변경함.

1972.12.22	조선로동당 중앙위 제5기 제6차 전원회의, 사회주의헌법에 대한 문제 토의
1972.12.27	사회주의헌법 공포 발효, 주석제 신설, 3대혁명을 헌법에 명문화
1972.12.28	김일성, 주석에 선출
1973.1.11	정준택 정무원 부총리 사망 북한 주재 유고 대사관 개설
1973.1.13	사로청 창립 27주년 기념 '붉은기쟁취 위한 혁명전적지 달리기' 시작
1973.1.14	북한 언어학자 김수경, 남북한 간 한글공동연구 제의
1973.1.21	각 도(직할시)에서 인민회의 진행
1973.2.1	조선로동당 중앙위 확대회의에서 김일성 주석 연설, 「사회주의 경제관리를 개선하기 위한 몇 가지 문제에 대하여」
1973.2.5	북한·베닌 간 외교관계 설정
1973.2.6	북한·토고 간 대사급 외교관계 수립 합의
1973.2.10	3대혁명소조 발기
1973.2.11	허담 외상, 주은래(저우언라이)와 회담
1973.2.13	최고인민회의·중앙인민위원회 9개국 대사 경질, 북한 대표단 각국에 파견(~17일)
1973.2.21	국제의원연맹(IPU) 가입 신청
1973.2.26	중앙인민위, 허담을 정무원 부총리로 임명
1973.3.2	북한·잠비아 간 외교관계 수립
1973.3.11	김일성의 왕재산혁명전적지 건설 착공
1973.3.13	북한·소련 간 외상 회담
1973.3.15	남북조절위원회 제2차 회의 개최(평양, ~16일)
1973.3.16	북한·모리셔스 간 외교관계 수립
1973.3.21	남북적십자 본회담 제5차 회의 개최(평양, ~22일)
1973.3.23	봉화혁명사적관 개막식
1973.3.24	북한·리비아 간 대사급 외교관계 수립

1973.3.26	직맹 중앙위원회 제3차 전원회의 개최
1973.3.29	북유럽 5개국(스웨덴, 노르웨이, 덴마크, 아이슬란드, 핀란드)의 외교부장들이 북한과 외교관계 수립에 원칙적 합의
1973.4.5	최고인민회의 제5기 제2차 회의 개최(~10일)
1973.4.7	북한·스웨덴 간 대사급 외교관계 수립 결정
	평양체육관 개관
1973.4.9	최고인민회의, 「전반적 10년제고중의무교육과 1년제 학교전의 무교육을 실시할데 대하여」 법령 발표
1973.4.15	북한·이란 간 대사급 외교관계 수립 공동 성명(테헤란)
	청진-나진 간 전철 개통식
1973.4.17	여맹 제4기 제4차 전원회의 개최
1973.4.20	공훈방직공, 공훈인쇄공 칭호 제정
1973.4.28	국제의원연맹(IPU) 이사회 결의로 회원국으로 가입
1973.5.9	남북적십자 본회담 제6차 회의 개최(서울, ~10일)
1973.5.17	세계보건기구(WHO) 가입
1973.5.19	유엔무역개발회의에 가입
1973.5.20	배움의 천리길학생소년궁전 개관식(강계시)
1973.6.1	북한·아르헨티나 간 외교관계 설정에 관한 공동 성명 발표
	북한·핀란드 간 외교관계 수립
1973.6.10	휴전선에서 대남 확성기 방송 시작
1973.6.12	남북조절위원회 제3차 회의 진행(서울, ~13일)
1973.6.22	압록강 관개공사, 12년 만에 준공
	북한·노르웨이 간 대사급 외교관계 수립
1973.6.25	김일성 주석, 조국통일 5대강령 제시
1973.6.30	북한·말레이시아 간 대사급 외교관계 수립(자카르타)
1973.7.3	중앙인민위원회, '새기술혁신의 봉화상' 제정
1973.7.11	남북적십자 본회담 제7차 회의 개최(평양, ~12일)
1973.7.15	『로동신문』 사설, 남북이산가족 재결합을 위한 적십자사의 인도적 사업은 통일문제와 분리시켜 생각할 수 없다고 강조

1973.7.17	북한·덴마크 간 외교관계 수립 합의
1973.7.26	금성뜨락또르공장 조업식
	7월 27일을 '농촌기술혁명지원의 날'로 제정
1973.7.27	북한·아이슬란드 간 대사급 외교관계 수립
1973.7.30	평양시 여성들, '강반석 따라 배우기 모임' 진행
1973.8.4	내각 결정 제128호, 「공화국 내에서 애국열사 유자녀들과 전쟁 고아들을 위한 초등학원을 평양시 각 도 소재지에 설치할 데 대하여」 발표
1973.8.7	전국농업부문 열성자대회 개최
1973.8.28	남북조절위원회 북한 측 공동위원장 김영주 성명 발표
1973.8.30	22개 시·군·구역에서 11년제 의무교육 실시
1973.9.3	석탄광업부문 영예훈장 및 인민과학자 칭호·공훈과학자 칭호 제정
1973.9.4	조선로동당 중앙위 제5기 제7차 회의 개최
1973.9.5	유엔상임 옵저버 대표부 정식 개설
1973.9.9	제4차 비동맹국가 수뇌자회의에서 "조선의 유엔가입은 조선의 완전한 통일이 이룩된 다음이거나 남북연방제가 실시된 다음 단일 국호에 의하여 이루어져야 한다"라는 조선문제 관한 결의 채택
1973.9.20	정무원 인사 개편, 리근모, 정준기를 부총리로, 홍성남을 부총리 겸 국가계획 위원장에 각각 임명
1973.9.24	제네바에 유엔 구주사무소 개설
1973.9.25	칠레와 외교관계 단절 발표
1973.10.6	제4차 인민체육대회 개막
1973.10.13	매년 10월 15일을 방직공업절로 제정
1973.11.5	제1차 전국예술인학습경연대회에서 김정일, '항일유격대식 학습 방법' 제시
1973.11.15	유엔총회에서 북한대표(리종목) 연설
1973.11.16	자주적 평화통일문제 협상 제의. 남북조절위원회 북한 측 부위원장, 서울 측에 서한

조선로동당, 대민족회의 소집 제의
1973.11.28 남북적십자회담 대표들의 제1차 접촉(판문점)
1973.12.5   남북조절위원회 부위원장 제1차 회의 진행(판문점)
1973.12.9   북한·방글라데시 간 외교관계 설정
1973.12.10 북한·인도 간 대사급 외교관계 수립
1973.12.19 남북조절위원회 부위원장 제2차 회의 진행(판문점)
1973.12.26 북한·아프가니스탄 간 대사급 외교관계 수립

1974.1.4   전국농업대회 개최
1974.1.15 남북조절위원회 제3차 부위원장회의 개최
1974.1.17 박렬(1902~1974, 독립운동가) 사망
1974.1.18 북한·소련 간 어로협정 조인
1974.1.21 중앙인민위원회, 함경도의 일부 행정구역 변경
1974.1.23 북한·리비아 간 대사급 외교관계 수립
1974.1.29 북한·가봉 간 대사급 외교관계 수립
1974.1.30 남북조절위원회 부위원장 제3차 회의 진행(판문점)
1974.2.10 북한·코스타리아 간 외교관계 수립 공동 성명
1974.2.11 조선로동당 중앙위 제5기 제8차 전원회의 개최(~13일). 김정일 당정치위원으로 선출. '속도전' 공식구호 제시
1974.2.19 김정일, 전국 당선전일꾼 강습회에서 연설「온 사회를 김일성주의화하기 위한 당사상사업의 당면한 몇 가지 과업에 대하여」(일명 2·19문헌)
1974.2.23 미국에 4개 항의 평화협정 제의
1974.2.25 전국공업대회 개최
1974.2.27 남북조절위원회 부위원장 제4차 회의 진행(판문점)
1974.3.2   알제리 내각총리 방문(~5일)
1974.3.9   아시아경기연맹에 가입
1974.3.15 아시아·아프리카 법률협상위원회 가입
1974.3.16 북한·기니비사우 간 대사급 외교관계 수립

1974.3.20	최고인민회의 제5기 제3차 회의 개막(~25일)
1974.3.21	최고인민회의,「세금제도 폐지」법령 발포
1974.3.25	최고인민회의 제5기 제3차 회의에서 미국과 평화협정 체결에 대한 서한 채택
1974.3.27	남북조절위원회 부위원장 제5차 회의 진행(판문점)
1974.3.31	'배움의 천리길 답사행군' 실시
1974.4.2	김정일, 당이론·선전일꾼들과 한 담화「주체철학의 리해에서 제기되는 몇 가지 문제에 대하여」
1974.4.4	남북적십자 본회담 제4차 회의(판문점)
1974.4.11	조국해방전쟁승리기념관 신축 개관식
1974.4.12	인민문화궁전 준공식
1974.4.14	칼라TV 첫 시험방송(15일부터 칼라방송 시작, 흑백방송 겸함) 김일성 생일을 공휴일로 제정
1974.4.29	공훈건설자 칭호 제정
1974.5.12	북한·케냐 간 대사급 외교관계 수립
1975.5.13	세네갈 대통령 방문(~16일)
1974.5.15	북한·네팔 간 대사급 외교관계 수립
1974.5.18	북한·가나 간 외교관계 수립 공동 성명
1974.5.22	남북조절위원회 부위원장 제6차 회의 진행(판문점)
1974.5.29	만국우편연합(UPU) 가입
1974.5.31	중앙인민위원회,「평남북, 함남북의 일부 행정구역 개편 정령」발표
1974.6.3	상업근위대 칭호 제정
1974.6.24	북한·라오스 간 대사급 외교관계 설정
1974.6.28	남한 해군함정 동해에서 격침
1974.7.2	아프가니스탄 주재 북한대사관 개설
1974.7.5	북한·요르단 간 대사급 외교관계 수립
1974.7.10	남북적십자 제1차 실무회의 진행(판문점)
1974.7.24	남북적십자 제2차 실무회의 진행(판문점)

1974.7.31	북한·호주 간 외교관계 수립 공동 성명(자카르타)
1974.8.6	조국전선, 대민족회의 소집 제의
1974.8.28	남북적십자 제3차 실무회의 진행(판문점)
1974.9.1	평양-하바로브스키 간 정기항로 운행
1974.9.6	북한·니제르 간 외교관계 수립
1974.9.16	국제원자력기구(IAEA)에 가입
1974.9.21	남북조절위원회 부위원장 제8차 회의 진행(판문점)
1974.9.25	남북적십자 제4차 실무회의 진행(판문점)
1974.10.7	제29차 유엔총회의 한국문제 토의와 관련하여 비망록 발표
1974.10.9	북한·자메이카 간 대사급 외교관계 수립(제네바)
1974.10.17	국제연합교육과학문화기구(UNESCO) 가입
1974.10.28	북한·베네수엘라 간 대사급 외교관계 수립 합의(카라카스)
1974.11.5	남북적십자 제5차 실무회의 진행(판문점)
1974.11.18	예멘 정부대표단 방문(~22일)
1974.11.25	북한대표 리종목, 제29차 유엔총회에서 연설
1974.11.29	남북적십자 제6차 실무회의 진행(판문점)
1974.12.17	북한·오스트리아 간 외교관계 수립 공동 성명
1974.12.20	북한·스위스 간 대사급 외교관계 수립 합의(베른)
1974.12.30	호주에 대사관 설치
1975.1.8	전국농업대회개최
1975.1.14	페루 수도 리마에 북한 무역대표부 개설
1075.1.24	남북적십자회담 제7차 실무자회의 진행(판문점)
1975.2.11	조선로동당 중앙위 제5기 제10차 전원회의 개최(~17일)
1975.2.16	김정일, '속도전청년돌격대' 조직
1975.2.27	지방 대의원선거 실시
1075.2.28	남북적십자회담 제8차 실무자회의(판문점)
1975.3.7	북한·모잠비크 간 외교관계 수립 공동 성명
1975.3.10	제1차 김일성동지혁명사상학습반 전국학습경연대회 개최

1975.3.23	중앙인민위,「평양 제1사범대학을 김형직사범대학으로 함에 대한 정령」발표
1975.3.30	각 도(직할시) 당위원회 전원회의 개최
1975.4.10	최고인민회의,「전반적 11년제 의무교육에 관한 법령 진행 총화에 대하여」발표
1975.4.14	북한·피지 간 대사급 외교관계 수립 공동 성명(칸베라)
1975.4.15	북한·포르투갈 간 외교관계 수립
1975.4.17	김일성, 중국 방문(~27일)
1975.5.7	세계기상기구(WMO)에 가입
1975.5.8	북한·태국 수교
1975.5.16	북한·버마 간 대사급 외교관계 수립 합의
1975.5.22	김일성 주석, 루마니아 방문(~26일)
1975.5.24	요르단에 상설 대사관 개설
1975.5.25	북한·케냐 간 외교관계 수립 합의
1975.5.26	김일성 주석 알제리 방문(~30일)
1975.5.27	김일성 주석 알제리종합대학에서 명예박사칭호 받음
1975.5.30	김일성 주석 모리타니 방문, 국가대공로훈장 받음
1975.6.2	김일성 주석, 불가리아 방문(~5일)
1975.6.5	김일성 주석, 유고슬라비아 방문(~9일)
1975.6.6	북한·이디오피아 간 대사급 외교관계 수립
1975.6.27	프랑스 주재 통상사무소를 통상대표부로 승격
1975.7.1	검덕광업연합기업소에서 '7·1과학자·기술자돌격대' 조직
1975.7.17	국제전기기구연맹 가입
1975.7.21	김일성 교시학습과 노작 독서운동 전개(~10월 말)
1975.7.22	정무원 내 국가검열위원회 부활
1975.8.5	외교부, 한국의 유엔 단독가입안 제출을 비난하는 성명 발표
1975.8.27	의회 대표단(단장 홍기문) IPU총회 참가차 영국 방문
1975.9.1	스위스 주재 북한대사관 개설
1975.9.22	군사위원회,「월북 군인대우에 관한 8개항 결정」채택

1975.10.7	2·8문화회관 개관(1995년 4·25문화회관으로 개칭)
1975.10.9	조선로동당 창건 30주년 기념 대회 개최
1975.10.13	혁명열사릉 개관
1975.10.19	왕재산 김일성 동상 제막식, 왕재산혁명박물관 개관식 및 사적지 제막식
1975.11.6	북한주재 호주대사관 철수 통고
1975.11.13	북한·모로코 간 외교관계 수립 공동 성명(뉴욕)
1975.11.20	조선로동당 중앙위 제5기 제11차 전원회의 개최, '3대혁명붉은기쟁취운동' 개시 결정
1975.12.16	사로청 중앙위원회 제12차 전원회의 진행
1976.1.22	청소년 학생들, '광복의 천리길 답사 행군' 실시
1976.2.6	농근맹 중앙위원회 제2기 제9차 전원회의 개최
1976.2.20	전국청소년 충성의축전 개최
1976.2.21	『로동신문』, 사설 「3대혁명붉은기쟁취운동은 온 사회의 주체사상화 위업을 다그치기 위한 대중적 진군 운동」
1976.3.4	최고인민회의 상설회의, 한반도 긴장정세와 관련하여 세계 각국 국회에 보내는 메세지 발표
1976.3.7	남일 부총리 사망
1976.4.6	허담, 유고 티토 대통령 방문
1976.4.26	제3차 아시아 탁구선수권대회 개막(평양)
1976.4.29	최고인민회의, 박성철을 정무원 총리로, 김일을 제1부주석으로 선출 최고인민회의, 「어린이 보육 교양법을 채택함에 대하여」 법령 발표
1976.5.13	채무 불이행으로 블랙리스트에 오름(스웨덴 발표)
1976.5.14	중앙인민위, 인민 무력부장 최현 해임, 오진우 임명. 77그룹가입
1976.5.21	파키스탄 총리 방문(~26일)
1976.5.25	북한·나이지리아 간 외교관계 수립 공동 성명

1976.6.1	북한·파푸아뉴기니아 간 외교관계 수립 공동 성명
1976.6.4	마다가스카르 대통령 방문(~11일)
1976.6.9	남북적십자회담 제17차 실무자회의 진행
1976.7.10	베닌 대통령 방문(~15일)
1976.8.5	김일성 주석, 유고 공산당 대표단 접견
1976.8.9	보츠와나 대통령 방문(~13일)
1976.8.18	인민군, 판문점 공동 경비구역 내 미군장교 2명 사살
1976.9.1	서성 등 11개 공장대학과 공장고등기술학교 신설 개교
1976.9.5	조국전선 중앙위원회, 조국평화통일위원회 연합회의 개최
1976.9.10	모택동 사망 관련 '9.10~9.18 전국 애도 기간' 설정
1976.9.19	최용건 부주석 사망
1976.9.28	'주체사상에 관한 국제과학토론회' 개막(마다가스카르의 수도 안타나나리보)3)
1976.10.6	대외문화연락위원회 대표단, 비행기 추락사고로 5명 사망
1976.10.11	조선로동당 중앙위 제5기 제12차 전원회의(~14일) 김정일 정치위원, 조직지도비서, 선전선동비서로 선출
1976.10.17	허담, 유네스코 주재 상설대표부 설치를 동 서기국에 통보
1976.10.19	남북적십자회담 제19차 실무자회의 진행
1976.10.22	스웨덴 주재 북한대사관원(대사 길재경) 5명, 추방령 받고 철수
1976.11.17	파리에 유네스코 대표부 설치
1976.12.1	함남 단천시 검덕광산에서 3대혁명붉은기쟁취운동 궐기모임으로 시작
1976.12.11	중앙인민위원회, 정무원 부총리에 리종옥, 계응태 임명
1977.1.1	김일성 신년사에서 대미평화협정 체결을 촉구
1977.1.25	제 정당·사회단체 연석회의에서 남북 정치협상 제의
1977.3.4	지방 인민회의 대의원선거 실시
1977.4.4	조선로동당 중앙위 제5기 제13차 전원회의 개최(~6일)

---

3) 『조선대백과사전』 19(평양: 백과사전출판사, 2000), 351쪽.

	3대(집중·연대·집합) 3화(관, 삭도, 벨트컨베이어) 수송체계 제시
1977.4.15	청천강화력발전소 준공
	금수산의사당, 주석궁 준공
1977.4.26	최고인민회의, 「조선민주주의인민공화국 토지법」 채택
1977.4.29	가나 대통령 방문(~5월 4일)
1977.5.9	가봉 대통령 방문
1977.5.20	이디오피아 수도 아디스아바바에 상주대사관 개설
1977.5.27	수송혁명 200일 전투 개시
1977.6.13	라오스 총리 방문(~18일)
1977.6.21	200해리 경제수역에 관한 정령 선택
1977.6.25	한반도 통일에 관한 제1차 세계대회 개최(알제리)
1977.7.1	200해리 경제수역 선포
1977.7.16	헬기사건과 관련하여 미군 4명(사망자 3명 포함)을 미측에 인도
1977.8.1	200해리 경제수역 실시, 해상군사경계선 설정
1977.8.12	직맹 중앙위원회 제13차 전원회의 개최
1977.8.17	전국농업부문 일꾼협의회 개최
1977.8.24	티토 유고 대통령, 북한 방문
1977.9.2	남포조선소, 2만 톤급 화물선 건조
1977.9.5	조선로동당 중앙위 제5기 제14차 전원회의 개최(~7일)
1977.9.6	중앙인민위원회, 「3대혁명붉은기 제정에 대한 정령」 발표
1977.9.7	「사회주의 교육에 관한 테제」 채택, 매년 9월 5일을 교육절로 제정
1977.9.14	국제민용항공기구(ICAO) 가입
1977.9.28	허담(1929.3.6~1991.5.11) 외교부장, 미국무장관 밴스에게 대미관계 개선 의사 표시
1977.10.23	허담, 미국과 평화직접협상 주장
1977.11.11	최고인민회의 제6기 대의원선거
1977.11.14	유엔식량농업기구(FAO) 가입, 사로청 제16차 전원회의 개최

1977.12.5	북한·바베이드즈 간 대사급 외교관계 수립 합의
1977.12.8	동독 당총비서 방문(~11일)
1977.12.11	북한·동독 간 영사협약 및 경제과학기술협정 조인
1977.12.13	조선로동당 제5기 제15차 전원회의 개최
1977.12.15	최고인민회의 제6기 제1차 회의 개막(~17일), ① 김일성, 국가주석에 재선 ② 제2차 7개년 계획(1978~1984년)의 중요 경제 목표 발표 ③ 리종옥을 총리로, 박성철을 부주석으로 선출
1978.1.5	수송혁명 200일 전투 다시 시작
1978.1.23	전국농업대회개막
1978.1.28	조선로동당 중앙위 제5기 제16차 전원회의 개최
1978.2.17	평남 평성시에서 최만현(정무원 금속공업부장)을 대장으로 '2·17 과학자돌격대' 조직
1978.2.28	지방인민회의 진행. 사로청 제17차 전원회의 개최
1978.3.4	여맹 제9차 전원회의 개최
1978.3.6	외교부, 「팀스피리트 78 한·미 연합작전훈련 비난 성명」 발표
1978.4.2	모스크바-평양 간 정기항로에 IL-62호 취항
1978.4.9	주체사상국제연구소 창립대회 개최(도쿄)
1978.4.18	최고인민회의 제6기 제2차 회의 개최(~20일), 「사회주의노동법」 채택
1978.4.28	중앙아프리카제국 황제 방문(~5월 3일)
1978.4.29	일부 행정구역 개편(강서군·용강군 일부를 대안시에 편입)
1978.5.5	중국 주석 화국봉, 북한 방문, 김일성 주석·화국봉 간 1차 회담
1978.5.20	루마니아 당총비서 겸 대통령 방문(~23일)
1978.6.14	르완다 대통령 방문(~17일)
1978.6.28	북한·서부 사모아 간 대사급 외교관계 설정
1978.6.30	북한·중국 간 압록강·두만강 수문사업 협조협정 체결(북경)
1978.7.12	조선로동당 중앙위원회 정치위와 중앙인민위원회, 김일성 주석 사회하에 합동연석회의 개최

1978.7.13	리만규(1889.12.2~1978.7.13, 교육가, '조국통일상' 수상) 사망
1978.7.25	허담, 티토 대통령과 회담(베오그라드), 비동맹 외상회의에 참석
1978.8.2	김일성, '당·정연석회의' 소집
1978.8.7	평북·함북 일부를 분리·병합하여 대홍단군 신설(량강도)
1978.8.17	북한 최장 '청천다리' 개통
1978.8.23	남포조선소에서 화물선 '영풍호' 진수식 거행
1978.8.25	중앙인민위원회, 정령「노동규율 규정」채택
1978.8.26	국제친선전람관 개관식 진행
1978.9.2	평양-원산 간 고속도로 개통
1978.9.3	평양지하철도 3단계 준공식 진행
1978.9.6	백두산청년선(길주-혜산) 전기화 완성
1978.9.8	방글라데시 대통령 방문(~10일)
1978.9.9	북한정권 창건 30주년 기념대회 개최
1978.9.12	김일성·등소평 회담
1978.9.17	「노동규율 규정에 관한 정령」발표
1978.9.30	전국교육일꾼대회 개최(~10월 1일)
1978.10.15	조선로동당 중앙위 정치위원회 확대회의 개최
1978.10.17	제6차 전국의학과학토론회 개막
1978.10.24	제5차 인민체육대회 개막(~29일)
1978.10.30	중앙통신, "제3땅굴은 한국이 파놓은 것"이라고 성명 발표
1978.11.21	평남 남포시에 대규모 체육단지 조성
1978.11.26	농근맹 제13차 전원회의
1978.11.27	조선로동당 중앙위 제5기 제17차 전원회의 개최(~28일)
1978.12.1	김석기(1925.3.10~1978.12.1, 로동당 중앙위원, 최고인민회의 대의원, 함남 인민위원장) 사망
1978.12.10	대동강-신성천 간 전철 개통
1978.12.14	「지방예산제 규정」채택
1978.12.20	전국재정은행 일꾼대회 개최(~23일)

1979.1.11	전국농업대회 개최
1979.1.23	조국통일민주주의전선, 전민족대회 소집 위한 남북회담 제의
1979.1.31	중앙통신, 1979년 3월 1일 0시를 기해 대남 비난선전과 비방행사 중지 선언
1979.2.5	조국통일민주주의전선, 남북조절위원회 대신 민족통일준비위원회 제의
1979.2.17	민족통일준비위원회 마련 문제와 관련하여 남북대표자 접촉(판문점)
1979.2.20	신의주-희천 간 전기철도 개통
	북한 탁구협회, 제35회 평양 세계탁구선수권대회에 출전할 남북한 단일팀 구성을 제의
1979.3.3	직맹 선전, 선동위원회 개최
1979.3.5	남북한탁구협회 대표단 간 제2차 회의 개최(판문점)
1979.3.11	시·군 인민회의 대의원선거 실시
1979.3.13	시·군 인민회의 개최
1973.3.21	삼지연혁명사적관 개관
1979.3.25	국제마라톤경기대회(프랑스)에서 북한 선수가 1위 획득
1979.4.1	전국 발명가, 창의고안명수회의 진행(~2일)
1979.4.3	김정일 '김일성훈장' 받음
1979.4.6	중앙인민위원회, 화폐교환 관련 「새 돈 발행에 관한 정령」 발표
1979.4.12	화폐 교환 완료
1979.4.14	옥당제당공장준공식 거행
1979.4.15	소년단 전국연합단체대회 진행
1979.4.25	제35차 평양 세계탁구선수권대회 개막
1979.4.30	평양 자동차축전지공장 준공
1979.5.2	쿠르트 발트하임 유엔 사무총장 북한 방문
1979.5.9	북한·그레나다 간 외교관계 설정
1979.5.31	공훈로동정량원, 공훈로동안전원 칭호 제정
	흥남비료연합기업소 중국의 주은래(저우언라이) 동상과 기념비

　　　　　　제막식 진행
1979.6.13　조선로동당 중앙위원회 제5기 제18차 전원회의 개최
　　　　　　신성천-장상 간 전기철도 완공
1979.7.10　외교부 대변인, 한·미 양국이 제의한 3당국회의 거부 성명 발표
1979.7.15　대건-직동, 학산-매봉, 평남신창-천성 간 전기철도 완공
1979.7.29　직맹 중앙위원회 제17차 전원회의 개최
　　　　　　양강도 못가-리명수 간 전기철도 완공
1979.8.1　　량강도당 전원회의 확대회의 개최
1979.8.21　북한·니카라과 신정부 간 외교관계 수립
1979.8.23　전국 농촌 경리 기계화부문 일꾼회의 개최
1979.8.30　평북도당 전원회의 확대회의 개최
1979.9.4　　농근맹 중앙위원회 제14차 전원회의 개최
1979.9.5　　리종옥 총리, 제6차 비동맹 국가회의서 연설
1979.9.9　　비동맹국가조정위원회 성원국이 됨
1979.9.11　대동강TV공장 완공
1979.10.5　'숨은영웅들의 모범 따라 배우기 운동' 시작
1979.10.6　과학원 식물학연구소 연구사 백설희 등 4명의 과학자 '로력영웅'
　　　　　　칭호 수여
1979.10.16　매년 12월 6일을 화학공업절로 제정
1979.10.22　남포조선소에서 화물선 '압록강호' 진수식 거행
　　　　　　서사리원-정방 간 전기철도 완공
1979.11.8　서해안지대 인공호수-통호저수지 건설공사 완공
1979.12.2　인민대학습당 착공
1979.12.10　조선로동당 중앙위 제5기 제19차 전원회의 개최
1979.12.14　전국무역일꾼대회 진행(~16일)
1979.12.17　평양-남포 간 전기철도 완공
1979.12.18　인민군위원회 전원회의 확대회의 개최
1979.12.21　조선로동당 군사위원회 전원회의 확대회의 소집
　　　　　　북한올림픽위원장 김유순, 모스크바 올림픽대회의 남북한 통일

팀 출전을 제의
1979.12.29 각 도당 전원회의 개최
1979.12.31 로태석(1919.8.25~1979.12.31, 정무원 부총리 겸 국가계획위원장) 사망

1980.1.7 조선작가동맹 제3차 대회 개최(평양, ~10일)
정준기 부총리, 이라크 부수상 타리크 아지즈와 회담(~8일)
1980.1.11 중앙통신사, 남북직통전화를 11일 오후 6시를 기해 재개할 것을 제의하는 보도 발표
1980.1.12 김일성 주석, 이집트 부통령 무바라크와 회담
리종옥 및 김일 명의 서신을 남조선 당국자, 정당·사회단체대표들에게 보냄
1980.1.19 직맹 중앙위 제18차 전원회의 개최(~22일)
김정일, '5·19과학기술혁신돌격대' 조직
1980.1.21 북한올림픽위원장이 남한올림픽위원장에게 남북단일팀 구성 촉구 서한 보냄
1980.1.23 북한·불가리아 간 보건 및 의학 분야 협조 협정 조인(소피아)
1980.2.6 총리회담 북한 측 실무대표 명단 발표(수석대표 현준극)
1980.2.15 원산-고원 간 전기철도 개통
1980.2.21 전국철도일꾼대회 진행(~22일)
1980.2.29 북한·가이아나 간 라디오 및 TV방송 분야 협조협정 조인(조지타운)
1980.3.4 총리회담을 위한 남북실무대표 제3차 회의
1980.3.15 인민교원, 인민의사, 인민약제사 칭호 제정
1980.3.23 조선건축동맹 제3차 대회 개최(~31일)
1980.3.30 평양산원 개원
1980.4.2 최고인민회의 제6기 제4차 회의 개최(~4일), ① 군사비 예산지출액의 4.5%(15억 2천만 불) 책정 ② 인민보건법 제정
1980.4.8 재일조선인 상공인 대표단 입국(~29일)

1980.4.9	북한 · 잠비아 간 경제 및 기술협조에 관한 협정, 무역협정, 과학기술협조에 관한 협정 조인(평양)
1980.4.23	이탈리아공산당 총비서 방문(~25일)
1980.4.28	프랑스 상원 내 북한 경제 · 문화문제에 관한 접촉 및 연구그룹 대표단 평양 도착
1980.5.2	조선중앙통신사 · 니카라과통신사 간 정보교환 및 호상협조에 관한 협정 조인(파나마)
1980.5.5	매년 4월 5일을 보건절로 제정
1980.5.6	총리회담 마련을 위한 남북실무대표 제7차 회의(서울)
1980.5.7	김일성 주석, 티토 대통령 장례식 참석차 베오그라드 도착(~9일)
1980.5.8	북한 · 니카라과 간 보도 교환 및 상호협조 협정 조인
1980.5.9	김일성 주석, 루마니아를 공식 방문(~12일)하여 루마니아 대통령 차우세스크와 회담
1980.5.22	총리회담 마련을 위한 남북실무대표 제8차 회의(평양)
1980.5.23	남한의 5 · 17계엄령조치와 관련하여 성명 발표
1980.5.25	남한의 5 · 17계엄령조치 규탄 평양시 군중대회
1980.6.11	세계 비동맹외상국 비상회의 제의
1980.6.16	조선로동당 중앙위 정치위원회 · 중앙인민위원회, 정무원 연합회의 개최 북한 · 폴란드 간 해운회사들의 호상협조 합의서 조인(평양)
1980.6.23	현준극 북한 측 총리회담 수석대표, 건강상 이유로 제9차 남북실무대표 접촉 불참 통보
1980.6.24	로동당 대표단(단장 김형동) 소련, 체코 향발 총리회담 마련을 위한 남북실무대표 제9차 회의(판문점)
1980.6.28	전국지방산업일꾼대회(~30일)
1980.7.1	남한의 비상계엄령 해제와 구속된 시민학생 석방을 요구하는 성명 발표
1980.7.9	공산권 청소년 친선축구대회(평양, ~20일)
1980.7.10	평양-원산 간 고속도로 개통

1980.7.18	김일성 주석, 방북 중인 스티븐 솔라즈 미 하원의원과 회담
1980.7.19	북한·레소토 간 대사급 외교관계 설정 공동코뮤니케(마세루)
1980.8.22	사회주의국가 청소년 친선 국제여자 농구대회(평양체육관, ~27일)
1980.9.8	고원-봉산 간 전기철도 완공
1980.9.18	조국통일민주주의전선 중앙위·조국평화통일위원회 연합회의, 김대중 사형선고와 관련하여 규탄 성명 발표
1980.9.21	김대중 사건 관련 평양시 군중대회
1980.9.24	북한 측 실무대표, 남북총리회담 위한 실무대표 접촉 중단 발표
1980.9.25	자강도 삼강-운봉 간 철도 개통
1980.9.29	북한·파키스탄 무역 및 지불에 관한 의정서 조인(평양)
1980.10.3	남포-동전리 간 철도개통
1980.10.5	북청-덕성광산 간 철도 개통
1980.10.6	회천-만포 간 전기철도 개통
1980.10.7	정주-청수 간 전기철도 개통
1980.10.8	기네 대통령 방문(~12일), 스페인공산당 총비서 방문(~13일)
1980.10.9	김일성 주석, 이선념 중국 당부주석과 회담(평양)
1980.10.10	조선로동당 제6차 대회(~14일), ① 고려민주연방공화국 창립방안 제의 ② 한반도 비동맹 중립국화 주장 ③ 김정일을 당집행위원으로 선출(29명 중 서열 5위)
1980.11.20	'4·15기술혁신돌격대' 희천공작기계공장에서 최초 파견
1980.12.9	북한·중국 간 비무역 지불 및 청산에 관한 협정 조인(평양)
1980.12.11	전국 농업근로자 예술소조 축전(~14일)
1980.12.19	로동당 중앙위 제6기 제2차 전원회의(~20일)
1980.12.21	조선음악가동맹 제4차 대회(평양대극장, ~23일)
1980.12.24	박성철 부주석, 쿠바공산당 제2차 대회 참석 후 모스크바 도착
1981.1.10	리종옥 총리, 중국 방문(~14일), 조자양(자오쯔양) 수상과 1차 회담
1981.1.28	조선민주당, 제6차 대회를 열고 조선사회민주당으로 개칭(평양)
1981.2.10	백두산상 체육경기대회 개막(평양, ~3월 1일)

1981.2.15	김일성 주석, 방북한 프랑스 사회당수 프랑소와 미테랑과 회담
1981.2.19	조선로동당 중앙위 정치국·중앙인민위원회 연합회의 개최
1981.3.5	도·시·군 인민회의 대의원선거
1981.3.16	조선로동당·일본사회당, 「동북아지역 비핵평화지대창설에 관한 공동선언」
1981.3.19	북한·이집트 간 상품유통의정서 조인(평양)
1981.3.20	북한·니카라과 간 경제·과학·기술 협조 합의서 조인(마나과)
1981.3.22	김영남 당국제부장, 한반도 통일을 위한 세계대회 참석차 알제리 향발(~4월 3일)
1981.3.23	북한·체코 간 과학기술협조 의정서 조인(평양)
1981.3.26	김일성 주석, 방북한 탄자니아 대통령 줄리어스 K. 니에레레와 1차 회담(2차회담 27일)
1981.3.29	전국문화예술인 열성자대회 개최(~4월 1일)
1981.3.30	도·시·군 인민회의 제1차 회의 개최
	북한·탄자니아 간 경제·기술·문화교류 확대와 비동맹운동 협조강화에 관한 공동 성명
1981.3.31	김정일, 「주체적 문학예술을 더욱 발전시킬 데 대하여」 집필(86년 6월 12일 발표)
1981.4.1	조선로동당 제6기 제3차 전원회의 개최, 공장 관리운영 강화 문제 토론
1981.4.9	주체사상 관련 중앙연구토론회 개최(평양)
1981.4.10	북한·중국 간 국경지역 TV 및 방송주파수 협정 조인(북경)
1981.4.12	조총련경제 대표단(단장 유지원) 방북
1981.4.14	의원 대표단(단장 손성필), IPU 제128차 회의 참가차 필리핀 향발(~5월 1일)
1981.4.25	만경대국제마라톤대회 개최, 북한 권승일 우승(평양)
1981.6.11	최고인민회의 대의원 일행(단장 현준극) 일본 방문(~19일)
1981.7.11	북한·어퍼볼타 간 문화협조협정 조인
1981.8.1	사회주의나라 국제사격경기대회 개최(평양)

1981.8.2	사회주의나라 국제청소년체조경기 개최(평양)
1981.8.4	사회주의나라 국제청소년여자농구경기대회 개최(원산)
1981.8.30	리종옥 총리, 당·정 대표단 이끌고 시리아 향발(~9월 6일)
1981.8.31	'식량 및 농업증산에 관한 비동맹 및 기타 개도국 토론회'(평양, 26~31일), 「식량 및 농업증산에 관한 평양선언」 채택
1981.9.11	조·일우호촉진친선협회 결성(회장 현준극)
1981.9.13	공산권권투경기대회(평양체육관, ~17일)
1981.9.25	북한·몽골 간 보건 분야 협조 협정 조인(울란바토르)
1981.10.4	조선로동당 중앙위 제6기 제4차 전원회의 개최(~6일)
	북한·토고 간 친선 및 협조에 관한 조약 조인, 북한·토고 간 경제 및 기술 협조에 관한 합의서 조인(평양)
1981.10.10	김일성 주석, 방북한 야시르 아라파트 팔레스타인해방기구(PLO) 위원장과 회담
1981.10.11	북한·팔레스티나 친선협회 결성(평양)
1981.10.17	김일성 주석, 방북 중인 앙골라대통령 조세 A. 산토스와 회담, 북한·앙골라 간 친선 및 협조에 관한 조약 조인(평양)
1981.10.19	북한·앙골라 간 경제 과학 및 문화협조에 관한 협정 조인(평양)
1981.10.20	사로청 제7차 대회 개최(~24일)
1981.10.27	『김일성저작선집』 14, 15권 출판
1981.11.3	평양 상공 통과 북경·동경 간 직선항로 개설에 관한 합의서 조인(평양)
1981.11.10	각 도·직할시 당위원회 전원회의, 4대 건설사업 지원 문제 토의
1981.11.11	북한·방글라데시 간 농업공동위원회 창설에 관한 협정 조인(메카)
1981.11.18	북한·기네친선협회 결성(위원장 리용익)
1981.11.20	북한·우간다친선협회 결성(위원장 문병록)
1981.11.23	김영남 당 국제부장, 등소평(덩 샤오핑)과 회담
1981.11.27	직업총동맹 제6차 대회 개막(~30일), 허정숙 당비서로 기용
1981.12.1	우간다 대통령 A.밀톤 오보테, 김일성 주석 초청으로 당 및 정부대표단 인솔 평양 도착(~4일). 리종옥 총리, 네팔·방글라데시

	방문차 평양 출발(~13일), 최고인민회의 대표단(단장 황장엽) 프랑스·가나·기네바사우 방문차 평양 출발(~26일)
1981.12.4	북한·우간다 간 경제·과학·기술 및 문화협조 협정 조인(평양)
1981.12.5	사회과학원 민족고전연구소, 『리조실록』 1,163권 10여 년 만에 완역
1981.12.7	조선로동당 중앙위 정치국 확대회의(~9일)
1981.12.9	북한·니카라과 간 라디오 및 TV 방송 분야 협조 협정 조인(마나과)
1981.12.17	김일성 주석, 방북 중인 P.파세테르 프랑스 정부특사 접견
1981.12.22	김일성 주석, 방북 중(20~24일)인 조자양(자오쯔양) 중국 수상과 면담
1982.1.9	세계발명 및 저작소유권기구(WIPO) 대표단 방북
1982.1.14	전국선전화전람회 개막(평양)
1982.1.17	박금현, 제5차 국제속도빙상선수권대회에서 3개부문 석권
1982.1.24	최고인민회의 제7기 대의원선거(2월 28일)를 위한 도·시·군 선거관리위원회 조직
1982.1.26	김일 부주석 겸 조국평화통일위원회위원장, 「민족화합민주통일 방안 거부 담화」
1982.1.29	조선도서·사진전람회(프랑스 유네스코구락부, ~31일)
1982.2.2	리종옥 총리, 인도네시아·태국·말레이시아 방문(~16일)
1982.2.9	김일성, 최고인민회의 대의원선거 위한 덕천 선거구 선거자대회에서 후보자로 추대
1982.2.14	회령-고무산 간 전기철도 개통식
1982.2.15	김정일에게 '조선영웅 칭호'와 금별메달, 국기훈장 제1급 수여(40회 생일 계기)
1982.2.16	백두산상 체육경기대회 개막(~28일)
1982.2.20	정준기 부총리, 김일성 주석 특사로 소말리아·자이르·콩고·세네갈·말리 방문(~3월 24일). 박성철 부주석, 김일성 주석 특사로 모잠비크·잠비아·짐바브웨·앙골라 방문(~3월 8일)

1982.2.22	허담 부총리 겸 외교부장, 김일성 주석 특사로 알제리·어퍼볼타·쿠바·헝가리·유고 방문(~3월 18일). 길재경 당 국제사업부부장, 당대표단 인솔 소련·동독·체코로 떠남.
1982.2.23	전국의학과학토론회(~23일)
1982.2.25	북한·나우루 간 대사급 외교관계 설정 합의, 북한·말레이시아 간 항공운수에 관한 협정 조인
1982.2.27	전국기술혁신창안품전시회 개막
1982.2.28	최고인민회의 제7기 대의원선거
1982.3.7	리종옥 총리, 당정 대표단 인솔, 가이아나·그레나다·니카라과·쿠바 방문(~3월 23일)
1982.3.8	림춘추 당정치국원·중앙인민위 서기장에게 조선영웅 칭호, 금별메달 국기훈장 제1급 수여(70회 생일 계기)
1982.3.10	로동자예술소조축전 개막(~3월 24일)
1982.3.11	북한·가나 간 경제 및 기술협조합의서 조인(조지타운)
1982.3.17	청진시 서두수수력발전소 제3호 발전기(추정용량 15만kW) 가동 시작
1982.3.19	전국혁명사적부문 학술토론회(평양, ~20일)
1982.3.24	당력사연구소, 『김일성 주석동지혁명력사』 최신판 출판
1982.3.25	'위대한 수령 김일성 주석동지 탄생 70돌 기념 전국주체사상토론회' 개최(평양)
1982.3.31	전국주체사상토론회에서 김정일, 논문 「주체사상에 대하여」 발표
1982.4.2	당력사연구소, 『김일성 동지 전기』 출판
1982.4.3	로동당출판사, 『김일성저작집』 16~20권 출판, 로동당 중앙위 제6기 제5차 전원회의 개최
1982.4.4	인민대학습당 준공식
1982.4.5	최고인민회의 제7기 제1차 회의 개최, ① 주석선거 ② 국가지도기관선거 ③ 1981년 국가예산 집행결산 및 1982년 국가예산 채택
1982.4.7	빙상관, 청류관 준공식
1982.4.9	평양제1백화점 준공식

최현 당정치국위원 겸 당군사위원 사망(75세)

주체사상 국제토론회 개최, 유고 등 100개국, 131개 대표단 참가 (뉴델리)

1982.4.13 해주-사리원 간 전기철도 개통식, 북한·루마니아 간 경제 및 과학기술 협조협정 조인

1982.4.14 조선로동당 중앙위·최고인민회의 합동회의 개최(평양), 김일성, 주석추대 수락 및 시정연설

1982.4.15 중앙인민위원회, 김일성 주석에게 공화국영웅 칭호와 금별메달 및 국기훈장 제1급 수여 결정

1982.4.16 평양시청소년학생집단체조 및 충성의 편지전달식(김일성경기장)

1982.4.17 차우세스쿠 루마니아 대통령 방북(~21일)

1982.4.20 북한·루마니아 간 경제 및 기술협조, 유색금속 광산물 개발협조, 원자력 이용, 사회보험 분야, 문화·보건·의학 분야 협조협정 조인(평양)

북한·체코 간 문화협조 계획서 조인(프라하)

1982.4.22 애국가스대공장 조업식(조총련 기증)

1982.4.23 애국간장공장, 애국의약품포장지공장 조업식(조총련 기증)

1982.4.25 인민군 창건 50주기념 행사 및 경축연회

1982.4.30 김일성 주석 생일 경축 전국체육축전 개막(~5월 14일)

1982.5.13 북한·케이프베르데 간 경제과학기술 및 문화협조에 관한 일반협정 조인(평양)

1982.5.15 조총련 기증 7개 애국공장 준공식

1982.7.1 전국 1만 명 사로청원들 백두산청년답사행군대 조직

1982.7.2 북한·말리위 간 경제기술협조에 관한 합의서 조인

1982.7.9 북한·헝가리 간 경제 및 과학기술협의위 의정서 조인

1982.7.31 사회과학원 력사연구소, 일본역사교과서 왜곡관련 성명

1982.8.5 『조선전사』 현대편 18권 발간

1982.8.17 로동당출판사, 김일성 혁명투쟁 회상기 『붉은 깃발 아래 창조와 건설의 40년』 전5권 출간

1982.8.20	전국 시·도·군 지방인민회의, 북한전역에서 일제히 개최
1982.8.21	북한·이란 간 경제기술협조 및 무역에 관한 합의서 조인(평양)
1982.8.29	조선로동당 중앙위 제6기 제6차 전원회의 개최(함흥, ~31일)
1982.9.6	북한·소련 간 경제 및 과학기술협조 의정서 조인(평양)
1982.9.15	김일성 주석, 중국 공식방문 위해 평양 출발(~26일)
1982.9.20	북한·쿠바 간 보건 및 의학과학 분야 협조협정 조인
1982.10.17	김정일, 논문「조선로동당은 영광스러운 ≪ㅌ·ㄷ≫의 전통을 계승한 주체형의 혁명적 당이다」발표
1982.10.26	북한·파키스탄 간 경제공동위 창설에 관한 합의서 및 과학·기술·문화 협정서 조인(평양)
1982.10.29	리비아 혁명지도자 모하메드 엘 가다피 방북(~11월 2일)
1982.11.1	북한·리비아 간 경제 및 기술협조에 관한 합의서와 공동해운회사 창설 합의서 조인(평양)
1982.11.2	북한·리비아 간 친선 및 협조에 관한 동맹조약, 경제·과학·기술 및 문화협조 협정 조인(평양)
1982.11.5	김일성 주석, 유고 따뉴브통신사와 서면회견, 한반도 비핵지대·평화지대 창설 등 주장
1982.11.14	전국경공업품전시회 개막
1982.11.28	북한·중국 무역은행 간 무역 및 비무역 지불결산과 화폐대환 방법에 관한 협정 조인(북경)
1982.12.15	농근맹 제7차 대회(~17일) 김정일, 논문「사회주의 법무생활을 강화할 데 대하여」발표
1983.1.8	북한올림픽위원회 대표단(단장 체육지도위원장 김유순), IOC 집행위 및 NOC 총회 참석차 미국 향발
1983.1.9	강량욱 부주석 겸 조선사회민주당 위원장 사망(80세)
1983.1.16	북한·헝가리 간 상품유통 및 지불에 관한 협정서 조인(평양)
1983.1.18	정당·사회단체 연합 성명, 남북한 정당·사회단체 연석회의 개최제의

1983.2.1	'팀스피리트 83' 관련, 북한 전역 준전시상태 돌입
1983.2.6	북한·파키스탄 간 무역 및 지불에 관한 협정, 경제위원회 1차 회의 의정서 조인(이슬라마바드)
1983.2.18	조선로동당 중앙위 정치국·중앙인민위원회 연합회의(평양), 뉴델리 비동맹정상회담 대책 논의
1983.3.6	각 시·군 인민회의 대의원선거
1983.3.11	당대표단(단장 당중앙위 부부장 김용순), 노르웨이 방문
1983.3.14	평양시 '팀스피리트 83' 규탄 군중집회 개최
1983.3.15	배움의 천리길 60돌 기념 중앙보고회 진행(2·8문화회관)
1983.3.28	김정일, 논문 「영화예술론」 발표
1983.3.31	각 시·군 인민회의 제1차 회의 개최
	북한·헝가리 간 문화협조에 관한 사업계획 조인(부다페스트)
1983.4.4	이집트 대통령 무바라크 방북
1983.4.5	북한·이집트 간 경제·과학·기술 및 문화협조에 관한 일반협정 조인
1983.4.6	북한·튀니지 간 문화교류계획서 조인(평양)
	평양-모스크바 간 정기항로 취항
1983.4.12	로동당출판사, 『김일성저작집』 제21~25권 출간
1983.4.13	대동강 봉화갑문 준공
1983.4.20	김정일, 인민무력부장 오진우 등 대동, 남포갑문 건설현장 실무지도
1983.5.3	김정일, 「맑스 레닌주의와 주체사상의 기치를 더욱 높이 들고 나아가자」 발표
1983.5.4	북한유물조사단, 평양시 룡성구역 장촌부락서 4천년 전 신석기 후반기 살림집터 발굴
	칼 맑스 탄생 165돌 및 서거 100돌 기념보고대회(인민문화궁전)
1983.5.16	북한군 최고사령부, 2월 1일부터 발령한 북한군 준전시태세 돌입명령 해제
1983.5.20	오학겸 중국외상 방북. 박성철 부주석, 리비아 방문차 평양 출발

1983.5.24	아프리카동맹회의(ANC) 대표단 평양 도착
1983.6.1	김정일, 비공식 중국 방문(7월 7일 호요방(후야오방)의 발언, 7월 8일 북한의 보도, 7월 11일 오진우의 발언, 7월 12일 보도에 의해 확인)(~12일)
1983.6.15	조선로동당 중앙위 제6기 제7차 전원회의 개최(~17일)
1983.7.2	반제·친선평화를 위한 세계 기자대회 개최(평양, ~6일)
1983.7.5	최고인민회의 대표단(단장 양형섭), 무역대표단(단장 방태율), 직맹대표단(단장 김국삼), 중국·몽고·일본 등 방문하러 평양 출발
1983.7.10	김일성, 함남지역 화학·비철금속 분야 현지지도(6~10일)
1983.7.14	조국통일촉진을 위한 재미교포학자와의 토론회(평양, ~16일)
1983.7.22	전국민족기악독주 및 중주경연대회 개막(평양대극장, ~28일)
1983.7.25	한덕수 조총련 상임위원장 방북
1983.7.28	북한·중국 간 청진항 개방협정 체결(일본『경제신문』보도)
1983.7.31	사회주의나라 청소년친선사격대회(평양, ~8월 5일)
1983.8.7	사회주의나라 청소년친선국제여자배구경기대회(평양, ~14일)
1983.8.16	최고인민회의 대표단(단장 양형섭), 직맹대표단(단장 김봉주), 고고학자대표단 미얀마·중국 방문차 출발
1983.8.30	북한·중앙아시아 친선협회 결성
1983.9.1	평양화성, 성진 내화문, 남흥 등 3개 공업대학과 5개 고등전문학교 신설
1983.9.24	제1차 비동맹·개발도상국 교육문화 부장회의 개최(평양인민문화궁전, ~28일)
1983.10.6	북한·중국 합작 태평만수력발전소(압록강유역)댐 축조공사 완공
1983.10.10	평양·북경 간 주 1회 정기국제여객열차 운행
1983.10.27	외교부, 최근 그레나다에 대한 미군사력 사용 비난 성명 발표
1983.11.29	조선로동당 중앙위 제6기 8차 전원회의 개최(~12월 1일)
1983.12.6	전국 지방정권 기관 및 경제기관 일꾼회의(인민문화궁전, ~7일)
1983.12.15	당기관지『근로자』통권 제500호 발행기념 보고회(인민대학습당)
1983.12.24	남포갑문 갑문막이 공사완공

1984.1.10	중앙인민위원회·최고인민회의 상설회의 연합회의에서 3자회담 제의(평양)
1984.1.13	북한·이디오피아 간 경제 및 기술협조협정 조인
1984.1.19	전국 각 협동농장·농업부문 공장기업소, '알곡 1천만 톤 고지 점령' 관철궐기모임 진행
1984.1.25	최고인민회의 제7기 제3차 회의 개최(~27일)
1984.1.27	중앙인민위원회에 경제정책위원회 설치
1984.2.4	조선로동당 중앙위 정치국·중앙군사위원회 연합회의, '팀스피리트 84'에 대응 전투동원태세 강화 명령 하달
1984.2.7	김영남 부총리 겸 외교부장과 중국 외상 오학겸 사이에 제1차 조·중외상회담
1984.2.16	김정일, 논문「인민생활을 더욱 높일 데 대하여」발표
1984.3.9	김일 부주석 사망(75세), 3월 11일 국장
1984.3.21	최고인민회의 대표단(단장 부의장 손성필), IPU 제71차 제네바 회담 참가차 평양 출발
1984.3.22	북한·소련 간 과학기술 분야 협조협정 조인(모스크바)
1984.4.1	김정일, 평양쌀밥공장과 창광거리 2단계 건설사업 실무지도
1984.4.2	중앙통신·소련 타스통신사 간 보도교환 협조협정 조인
1984.4.6	오백룡 당정치국위원·군사위원·중앙인민위원·국방위원회 부위원장 사망(71세)
1984.4.30	로동당출판사, 김일성 주석의 혁명력사자료집 1권 발간(1912.4~1926.6까지 자료 수록)
1984.5.3	김정일, 전국직업동맹 일꾼 강습 참가자들에게 보낸 서한「직업동맹사업을 더욱 강화할 데 대하여」
1984.5.5	김일성 주석·호요방 1차 회담
1984.5.7	PLO 의장 야세르 아라파트, 중국 방문 마치고 평양 도착
1984.5.15	김정일, 함경남북도 인민경제부문 현지 실무지도(~18일)
1984.5.16	김일성 주석, 소련 및 동구 7개국 순방(~7월 1일)
1984.6.1	북한·동독 간 친선 및 협조에 관한 조약 체결(베를린)

1984.6.2	북한올림픽위원회, LA올림픽 불참 성명 발표
1984.6.6	북한·남예멘 간 경제 및 기술협조협정 조인
1984.6.17	북한·불가리아 간 친선협조에 관한 조약과 2000년까지의 경제 및 과학기술협조를 발전시킬 데 관한 일반 협정 조인(소피아)
1984.6.19	김일성, 차우세스크 루마니아 대통령과 단독정상회담
1984.7.3	김정일, 평양시 건설사업현지 실무지도
1984.7.6	조선로동당 중앙위 제6기 제9차 전원회의(청진, ~9일)
1984.7.20	사회주의나라 청소년친선국제권투경기대회 개막(남포, ~25일)
1984.7.22	김정일, 전국교육일꾼열성자회의 참가자들에게 보낸 서한「교육사업을 더욱 발전시킬 데 대하여」
1984.8.3	김정일, 체코국제영화제에서 〈돌아오지 않는 밀사〉로 특별상 수상한 신상옥·최은희 부부 접견
1984.8.5	평양방송, 김정일을 김일성 주석의 후계자로 공식 지칭
1984.8.8	강성산 총리, 중국 방문 중 호요방(후야오방)과 회담, 호요방이 일국양제론 거론
1984.8.25	남북한 경제협력 제의 거부
1984.8.28	북한·말타 간 경제 및 기술협조 합의서 조인(평양)
1984.9.1	평양 제1고등중학교 준공식
1984.9.7	라진·두만강역 간 철도전기화 공사 준공식 진행
1984.9.8	북한적십자 중앙위원회, 남한 측에 수재물자 제공 제의 최고인민회의, 합영법 제정 발표
1984.9.12	평양방송, 각 시·군 지역 100여 개 인민소비품 직매장 개설 발표
1984.9.24	3대혁명소조원대회 개최(2·8문화회관, ~26일)
1984.9.27	수재물자수송 출항모임(남포항, 해주항)
1984.9.28	남북 직통전화 시험 통화
1984.10.1	국제사격대회 개막(~5일)
1984.10.3	북한적십자 중앙위 위원장 담화 발표, ① 남북적십자회담을 위한 협의 용의 ② 경제 체육 문화 분야 등 합작교류 희망 ③ 직통전화 시설운영

1984.10.11	북한·남예멘 간 경제 및 기술협조협정 조인, 우호협조조약 체결
1984.10.15	조·일우호촉진친선협의회와 일·조우호촉진의원연맹대표단 사이에 회담, ① 조·일 민간어업 공동위원회 설치 합의 ② 조·일 어업협조 잠정합의서 조인
1984.10.16	김환 정무원 부총리, 남북경제회담 동의 서한, 정부대표단(단장 리종옥), 기네·적도기네·잠비아·모잠비크·탄자니아·남예멘 순방(~11월 4일)
1984.10.17	북한·프랑스 간 문화교류합의서 조인(평양)
1984.10.22	김정일, 평안남북도 공업부문 사업실무지도(~24일)
1984.10.25	조중친선우의탑 준공식(모란봉), 전국로동자체육대회(김일성경기장, ~29일)
1984.11.19	김정일, 전국국토관리부문일꾼대회 참가자들에게 보낸 서한「국토관리사업을 개선 강화할 데 대하여」
1984.11.20	김일성 주석, 소련 정부대표단(단장 M.S.카피차 외무성 부상) 접견
1984.11.26	김일성 주석, 중국 비밀 방문 중(~28일) 등소평(덩 샤오핑)·호요방(후야오방) 등과 4차례 회담, 북한·소련 간 국경선통과에 대한 조약 가조인
1984.12.4	조선로동당 중앙위 제6기 제10차 전원회의 개최(평양, ~10일), 1개년 경제계획 발표
1984.12.16	북송 25주년 관련, 기(旣)북송자 7천여 명에게 국가수훈자 포상
1984.12.21	조선제1설비수입회사와 깜빼농·베르나르건설회사 간에 호텔 공동건설 합의
1985.1.1	김일성 주석, 신년사에서 남북고위급정치회담 실현 가능성 시사
1985.1.3	전국농업대회(평양, ~6일)
1985.1.17	북한·중국 간 경제지원협정 조인(북경)
1985.2.18	낙원무역상사와 일본 조일상사주식회사 합작 평양 낙원백화점 개장
1985.3.16	'한반도에서 전쟁의 위험을 제거하고 평화와 평화통일을 이룩하

	기 위한 국제회의' 개막(파리, ~17일)
1985.3.29	북한·기니 간 경제 및 기술협조에 관한 합의서 조인(평양)
1985.4.11	북한·탄자니아 간 경제과학 및 기술 협조공동위 설치 협정 조인(평양)
	전국선동원대회 개막(~13일)
1985.4.13	중앙인민위원회, 오진우 인민무력부장을 차수로, 오극렬·백학림·김봉율·김두남·리을설·주도일·이두익·김광진을 대장으로 임명
1985.4.16	김영남 외교부장, 소련·폴란드·오스트리아·몽고 향발(~23일)
1985.4.17	북한·소련 간 국경통과에 대한 조약 및 영사협정 조인(모스크바)
1985.4.21	김정일, 전국보건일꾼대회 참가자들에게 보낸 서한「보건사업을 더욱 개선 강화할 데 대하여」
1985.4.27	전국기술혁신선구자대회 개막(평양)
1985.4.30	김정일, 전국 당 근로단체사업부 일꾼강습회 참가자들에게 보낸 서한「근로단체사업에 대한 당적 지도를 강화할 데 대하여」
1985.5.4	호요방(후야오방) 중국 당총서기, 신의주 비공식 방문(~6일), 방문 중 김일성 주석과 3차례 회담
1985.5.9	박성철 부주석, 고르바초프 소련 당서기장과 면담
1985.5.16	니카라과에 원조물자 제공
1985.5.17	북한·불가리아 간 무역 및 운수협정 조인(평양)
1985.6.2	평양 국제유도대회 개막
1985.6.11	북한·방글라데시 간 해운협정 조인(다카)
1985.6.26	북한·쿠바 간 라디오 및 TV방송협정 조인(평양)
1985.7.5	양형섭 최고인민회의의장, 남북국회회담 예비접촉제의 수락 김정일, 대성산혁명열사릉, 해방탑 개축공사장 실무지도
1985.7.23	남북국회회담 제1차 예비회담(판문점)
1985.7.26	사회주의나라 청소년친선국제예술체조경기대회(평양)
1985.7.27	통일혁명당 전원회의, 통일혁명당을 한국민족민주전선(이하 '민민전')으로, 통혁당 방송을 구국의소리 방송으로 개칭

1985.8.7	북한·소련 간 국경선 통과에 관한 조약, 영사협약비준서 체결 및 교환(평양)
1985.8.9	북한·프랑스 합작건설한 평양 고려호텔 준공식
1985.8.15	김정일, 조선로동당 중앙위원회 책임일꾼들 앞에서 한 연설「과학기술을 더욱 발전시킬 데 대하여」
1985.8.16	북한·소련 간 과학기술홍보 분야 협조협정 조인(평양)
1985.8.21	사회주의나라 청소년친선국제역도대회 개막(평양, ~26일)
1985.8.22	남북적십자 간에 '고향방문단·예술단' 교환 합의(판문점)
1985.8.26	북한·소련 간 관광교류 분야 협조협정 체결(평양)
1985.8.27	남북적십자 제9차 본회담(평양, ~28일). 북한·쿠바 간 건설 건축 도시설계 분야 협조협정 조인(평양)
1985.9.10	북한·소련 간 문헌 미술 공동전람회 개막(모스크바) 남북한 공연예술단 선발대 5명, 각각 서울·평양 방문
1985.9.11	김영남 외교부장, 세바르드나제 소련 외상과 회동(모스크바)
1985.9.20	남북한적십자 '고향방문단·예술단' 각각 서울·평양 도착
1985.9.23	항공 및 기술보험에 관한 국제토론회 개막(평양, ~26일)
1985.10.1	조선로동당 중앙위 정치국·중앙인민위 연합회의 개최, 제1부총리에 연형묵, 부총리 겸 경공업위원장에 안승학, 부총리 겸 무역위원장에 김복신, 사회안전부장에 백학림, 인민봉사위원장에 공진태 임명
1985.10.4	중앙인민위원회, 협동농민에게 사회보장제 실시 결정(1986년 1월 1일부터 실시)
1985.10.11	북한·마다가스카르 간 경제 및 기술협조합의서 조인(평양)
1985.10.15	북한·루마니아 간 2000년까지 경제 및 과학기술협조협정 조인(평양)
1985.10.25	사회과학원 력사연구소장 최진혁 일행, 미국 아세아학회 주관 한반도문제세미나에 참석하러 미국 입국(~27일)
1985.11.7	북한·불가리아 간 과학 기술 및 경제협조협정 조인(소피아)
1985.11.19	조선로동당 중앙위 정치국·중앙인민위 연합회의 개최, 정무원

	일부 개편
1985.11.28	북한·폴란드 간 상품 호상납입 및 지불에 관한 협정 조인(평양)
1985.12.11	합영법 관련, 합작회사 소득세법 및 외국인소득세법 제정
1985.12.12	핵확산금지조약기구(NPT) 정식 가입
1985.12.14	김정일, 「현시기 당사업에서 나서는 중심과업에 대하여」 발표
1985.12.24	강성산 총리, 소련 공식 친선방문하러 평양 출발(~28일)
1985.12.26	북한·소련 간 원자력발전소 건설을 위한 경제기술협조협정 조인(모스크바)
1985.12.27	북한·소련 간 공동 성명 발표, ① 양국 무역 및 과학기술 협조 확대 강화 ② 한미일 3각 군사동맹 규탄 ③ 주한미군 철수 및 고려연방제 등 북한통일방안 지지 확인 ④ 리즈코프 소련 수상 방북 초청
1986.1.5	당대표단(단장 당비서 황장엽), 인도 간디국민당 창건 100돌 기념행사 참가차 뉴델리 도착(~17일)
1986.1.9	외교부, 미국의 대 리비아 제재조치결정 규탄 성명
1986.1.10	평양시 광복거리 건설 착공
1986.1.14	국제학생동맹집행위원회 회의 개막(평양, ~16일)
1986.2.4	조선로동당 중앙위 정치국·중앙인민위원회 연합회의 개최
1986.2.5	조선로동당 중앙위 제6기 제11차 전원회의 개최
1986.2.10	'숨은 영웅 따라 배우기' 위한 평양시 근로자들 궐기모임(인민문화궁전)
1986.2.11	중앙인민위원회, 조·소 경제수역 및 대륙붕 경계에 관한 조약 승인
1986.2.19	대동강 능라도다리 건설착공(길이 1,000m, 폭 30m)
1986.2.20	'팀스피리트 86' 관련, 평양시 군중집회 개최
1986.2.27	전국축산부문혁신자대회 개최
1986.3.1	북한·소련 간 1986~1990년 장기무역협정 조인
1986.3.4	토지개혁법령 발표 40돌 기념 중앙보고대회(인민문화궁전)

1986.3.8	김일성 주석, 방북한 쿠바의 카스트로 수상과 회담
1986.3.12	태국 킹스컵 국제축구대회 참가 우승
1986.4.4	주체사상국제토론회 개최(빈, ~6일)
1986.4.7	최고인민회의 제7기 5차 회의 개최(~9일)
1986.4.13	평양시, 김만유병원 개원
1986.4.15	수차식 유람선 '평양1호' 첫 취선(대동강)
1986.5.3	경제대표단(단장 대외경제사업부 부부장 김정우), 이탈리아 향발(~23일)
1986.5.4	조국광복회 창건 50돌 기념 중앙보고회 개최(2·8문화회관)
1986.5.11	평양 애국가방공장 준공
1986.5.17	대동강 동암갑문 및 청천강 향산갑문 각각 건설
1986.5.19	김정일, 체육부문 일꾼들과 한 담화「체육을 대중화하며 체육기술을 빨리 발전시킬 데 대하여」발표
1986.5.21	유엔 산하 국제해사기구(IMO) 가입
1986.5.31	김일성, 김일성고급당학교 창립 40돌 즈음 강의록「조선로동당 건설의 역사적 경험」발표
1986.6.2	평양학생소년교예단, 일본 첫 공연(동경)
1986.6.4	제6차 국제여자배구경기대회 개막
1986.6.9	북한·세계식량계획(WFP) 협조에 관한 기본협정 체결(평양)
1986.6.17	전국3대혁명소조 기술혁신회의(인민문화궁전)
1986.6.20	조선로동당 정치국·중앙인민위원회 연합회의 개최, 제8차 비동맹정상회담 관련문제 토론
1986.6.24	남포 서해갑문 준공식
1986.7.4	국제자유형레슬링대회 개최(평양체육관, ~6일)
1986.7.5	제2차 비동맹체육상회담 개막(평양, ~8일)
1986.7.8	전국청년 백두산 답사행군 개시(보천보전투승리기념탑, ~18일)
1986.7.14	북한·리비아 간 경제무역협조에 관한 의정서 조인
1986.7.15	김정일, 조선로동당 중앙위원회 책임일꾼들과 한 담화「주체사상교양에서 제기되는 몇 가지 문제에 대하여」발표

1986.7.16	김영남 외교부장, 제8차 비동맹정상회담 참가차 짐바브웨 향발 (~26일)
1986.8.2	제6차 평양국제탁구대회 개막
1986.8.3	김일성, 서독여류작가 루이제 린저 접견
1986.8.10	황해도 정방산 성불사 복원
1986.8.25	북한·이란 간 항공운수에 관한 협정 조인
1986.9.5	인민군 최고사령부, 15만여 명의 인민군 병사를 평화건설에 투여하는 조치 발표
1986.9.6	한반도의 비핵평화를 위한 평양국제회의 개최
1986.9.12	북한·아일랜드 로동당 대표단 회담(평양)
1986.9.15	최고인민회의 제8기 대의원선거를 위한 도·시·군 선거위원회 구성
1986.9.24	김일성 주석, 방북한 폴란드의 야루젤스키 의장과 회담
1986.10.3	김일성 주석, 방북한 이선념 중국 주석과 회담
1986.10.8	대동강 동암갑문 준공
1986.10.9	공장대학 창립 10돌 기념보고회(서성 공장대학, 용양 공장대학, 라흥 공장대학)
1986.10.20	김일성 주석·호네커 동독 국가평의회 의장 정상회담(평양)
1986.10.21	금강산수력발전소 착공
1986.10.24	김일성, 고르바초프 소련 서기장과 정상회담(모스크바)
1986.11.2	제8기 최고인민회의 대의원선거
1986.11.11	순천비날론연합기업소 건설 2·17과학자·기술자결의대회(순천)
1986.11.18	북한 3대혁명붉은기쟁취선구자대회(평양)
1986.11.27	조선로동당 중앙위 제6기 제12차 회의 개최
1986.11.29	최고인민회의 제8기 제1차 회의 개최, 김일성 주석 「사회주의의 완전한 승리를 위하여」 연설, 북남고위급정치군사회담 제안
1986.12.6	조선비핵평화위원회 결성(천리마회관)
1986.12.7	청진화력발전소 준공
1986.12.9	국제농업개발기금 회원국으로 가입

1986.12.27	조선로동당 중앙위, 제6기 제12차 전원회의 개최
1986.12.28	평양-모스크바 간 철도개통, 시험운행
1986.12.29	최고인민회의 제8기 제1차 회의 개막(만수대의사당, ~30일)
1987.1.1	인민경제발전 제3차 7개년 계획(~1993년) 개시
1987.1.8	원산시, 국제항구 휴양도시화 작업 완료
1987.1.19	김일성, 짐바브웨 국회대표단 및 주체사상 국제연구소 사무국장 일행 접견
1987.1.22	김일성 시정연설 '사회주의의 완전한 승리'에 대한 중앙연구토론회(인민문화궁전)
1987.1.30	조선의 자주적 평화통일을 위한 국제연락위 집행위원회 확대회의 개막(프랑스 파리, ~31일)
1987.1.31	김일성종합대학, '박종철 고문치사 사건' 규탄 집회
1987.2.5	전력공업위 부위원장 리충성, 금강산댐 관련 기자회견(인민문화궁전)
1987.2.8	사로청 위원장 최룡해, 제13차 세계청년학생축전 평양 개최 관련 기자회견
1987.2.10	국가 도서전람회 개막(인민대학습당)
1987.2.11	백두산밀영 개영식, 김정일 출생한 귀틀집 원상 보존
1987.2.18	김영남 외교부장, 유고·인도 향발(~3월 2일)
1987.2.19	최고인민회의 대표단(단장 양형섭), 이집트 방문(~23일), 팀스피리트 87 군사훈련을 규탄하는 평양시 군중대회(평양체육관)
1987.2.24	전국청소년학생 마라톤 경기대회(평양)
1987.3.3	중앙인민위원회, 오진우·한덕수에게 김일성훈장, 국기훈장 제1급 각각 수여
1987.3.6	사회주의 국가회의 협의회 개막(평양, ~7일)
1987.3.7	전국각지 자연환경 보호구 및 특별보호구 등에 10개 관측소 설치
1987.3.8	조소친선협회 위원장 김영채, 고르바초프 유럽중거리 미사일 철거제의지지 담화

1987.3.11 대동강 성천갑문 준공
1987.3.25 김일성종합대학 인류진화연구단, 평양시 상원군 용곡리 구석기 시대 동굴유적지 발굴
1987.4.5 천도교 창도 127돌 중앙기념 보고회(강계시)
1987.4.8 북한·앙골라 간 경제기술협조에 관한 합의서 조인
1987.4.10 평양시 지하철 제4단계 공사 준공(부흥-영광역)
1987.4.27 평양-모스크바 간 신설 국제여객열차 운행
1987.5.9 동·식물 등 50여 개 종 천연기념물 제정
1987.5.12 사회주의국가 보험기관 제28차 회의 개막
1987.5.14 PLO 인민투쟁지원 군중집회(천리마문화궁전)
1987.5.20 김일성, 중국 방문(~26일), 등소평(덩 샤오핑)·조자양(자오쯔양)과 회담
1987.6.3 보천보전투승리 50돌 기념 중앙보고대회(2·8문화궁전)
1987.6.9 비동맹 각료 특별회의 개막(~13일)
1987.6.15 6·10 집회 탄압규탄 평양시 청년학생 집회(사로청중앙회관)
1987.7.2 제3차 7개년 계획 수행 총동원대회(2·8문화회관, ~4일)
1987.7.9 이한열 추모 평양시 청년학생, 학부모 공동추도회(사로청중앙회관)
1987.7.13 외교부 대변인, 한반도 반핵평화지대 설치 관련 성명
1987.7.21 일본 사회당 친선참관단 원산 도착(~27일)
1987.7.27 평양시 광복 1, 2호 다리 완공
1987.7.30 인민군 최고사령부, 1987년 12월 말 10만 병력 감축 명령 하달
1987.8.17 사리원탐사대학, 은율광업대학, 경성도자기대학 등 10개 단과대학 및 3개 전문학교 신설
1987.8.20 사회주의국가 청소년친선국제수영대회 개막
1987.9.12 김정일, 광복거리 및 평양시 건설 실무지도
1987.9.15 제4차 세계보건기구 동남아시아 지역총회 개막(~21일)
1987.9.18 평양시에 105층 호텔 신축 착공4)

---

4) 북한이 의욕적으로 건설한 유경호텔로서, 105층 규모의 건축물이다. 1990년 북한과 합작으로 공사를 진행하던 프랑스 기술진이 철수함에 따라 현재는 공사가

1987.9.24	김일성, 방북한 도이 사회당 위원장과 회담, 아시아태평양지역 반핵평화·반제연대국제회의 개막(인민문화궁전, ~26일)
1987.9.25	김정일, 조선로동당 중앙위원회 책임일꾼들과 한 담화「반제투쟁의 기치를 더욱 높이 들고 사회주의, 공산주의 길로 힘차게 나아가자」
1987.10.1	중앙인민위원회,「1원 주화 발행에 대한 정령」발표, 12월 1일부터 유통
1987.10.2	두만강조사단 연구결과 강 길이 548km 확인(종전 520.3km)
1987.10.10	김정일, 조선로동당 중앙위원회 책임일꾼들과 한 담화「주체의 혁명관을 튼튼히 세울 데 대하여」발표
1987.10.22	민용항공국, 평양-모스크바-베를린 항로 개설 발표(11월 12일부터 주 1회 왕복)
1987.11.15	북한·중국 공동건설한 태평만발전소(요녕성) 조업 개시
1987.11.20	조선로동당출판사, 김정일 문헌『과학기술을 더욱 발전시킬 데 대하여』단행본 출간
1987.11.26	조선로동당 대표단(단장 당비서 최태복), 프랑스공산당 제26차 대회 참가차 출국(~12월 11일)
1987.12.1	북한·중국 간 장기과학기술협조에 관한 합의서 조인
1987.12.16	조선기록영화촬영소 '충성의 햇불' 제작
1987.12.24	함남단천지구 산업시설 확장공사 완공
1988.1.1	김일성 주석, 신년사에서 남북연석회의 제의
1988.1.3	순천 비날론연합기업소, 카바이트 생산 개시
1988.1.12	북한올림픽위원회, 서울올림픽 불참 공식 발표
1988.1.17	아시아·유럽 대륙 간 탁구경기대회(영국) 참가, 리분희 1위 입상
1988.1.27	오진우 인민무력부장, 미국의 남한 내 핵기지화 규탄 담화
1988.2.12	정무원 인사개편. 조세형 부총리 겸 건설건재공업위원장, 김환

중단되어 있다. 건물 외부골조만 완성된 상태로 방치되어 있으며, 최근 이집트 오라스콤과 유경호텔 리모델링에 협력하기로 했다고 전해지고 있다.

	부총리 겸 화학·경공업위원장, 김달현 국가계획위원장에 각각 임명
1988.2.20	조선로동당 중앙위 정치국회의, 전당원에게 '200일 전투 수행' 호소
1988.2.21	인민군 총참모장 오극렬 해임, 후임에 최광 기용
1988.3.7	조선로동당 중앙위 제6기 제13차 회의 개최(~3월 11일)
1988.3.17	강성산 전 총리, 함남도당 책임비서 겸 인민위원장에 기용
1988.4.4	김일성종합대학 학생회, '6·10 남북학생대표실무회담' 수락
1988.4.5	최고인민회의 제8기 제3차 회의 개최(만수대의사당, ~7일)
1988.4.11	평양국제문화회관 개관
1988.4.20	김정일, 문화예술부문 일꾼들과 한 담화 「연극예술에 대하여」 발표
1988.4.27	림춘추 부주석 사망
1988.5.15	김정일, 조선로동당 중앙위원회 책임일꾼들과 한 담화 「모두 다 영웅적으로 살며 투쟁하자」 발표
1988.5.17	전국대학생연합대회를 열고 남북학생회담을 지지 결의
1988.5.21	김일성종합대학, 전 서울대생 조성만 명예학생으로 등록
1988.5.30	최고인민회의대표단(단장 양형섭), 파키스탄·말레이시아·싱가포르 순방(~6월 22일)
1988.6.7	정무원 대변인, '6·10학생회담' 개최 관련 담화 남북학생회담 북측준비위 2차 회의, 북측학생대표단 구성
1988.6.24	북한·이란 간 무역 및 경제기술협조에 관한 합의서 조인(테헤란), 로동당·미국공산당 대표단 회담(평양)
1988.6.28	김일성, 몽골 공식 방문(~7월 6일)
1988.7.1	순천화력발전소 완공
1988.7.7	조선로동당 중앙위 정치국회의 개최(청진), 김일성 몽골 방문성과 토의
1988.7.9	사회주의국가 외무상회의(평양, ~10일)
1988.7.26	양형섭 최고인민회의 의장, 이재순 국회의장에게 서한을 보내,

	남북연석회의를 열고 불가침 선언과 올림픽문제 토의를 제안
1988.7.30	양형섭 최고인민회의 의장, 미국의회에 '평화협정회의' 제안
1988.8.7	제13차 세계청년학생축전 준비 위한 평양시 사로청 일꾼회의(모란봉청년공원 야외극장)
1988.8.10	백두산밀영 정일봉 제막식, 장수봉(해발 1,791m)을 정일봉으로 개칭
1988.8.14	김일성, 고르바초프에게 페레스트로이카 지지 메시지 전달
1988.8.15	북한 학생대표단, 판문점 회담장에 도착, 남한 측은 연세대에서 8·15학생회담 출정식 개최
1988.9.2	전국영웅대회 개최(2·8문화회관, ~4일)
1988.9.3	정무원, 임업부 신설
1988.9.5	사회주의건설성과전(평양), 개천-조양 간 전철화 공사 완료
1988.9.8	김일성, 9·9절 연설에서 연방제논의 전제로 '남북정상회담' 용의 표명
1988.9.14	전국영웅대회 호소 사회주의건설 '2차 200일 전투' 궐기 평양시 군중대회(김일성광장)
1988.9.24	북한·콜롬비아 간 외교 관계 수립
1988.9.29	전국기술혁신 발표회(중앙노동자회관, ~30일)
1988.10.7	강석주 외교부 제1부부장, 케야르 유엔 사무총장과 면담
1988.10.8	정무원 대외경제위원장 겸 무역부장에 김달현 임명
1988.10.12	김정일, 「현시대와 청년들의 임무」 발표
1988.10.20	조국전선·조평통 연합회의(인민문화궁전)
1988.10.24	사로청 위원장 최룡해, 두 개 조선 정책 규탄 담화
1988.10.26	북한-UNDP 간 변압기생산 현대화를 위한 협정의정서 조인(평양)
1988.10.27	조선로동당 대표단(단장 당중앙위원 손성필), 조선의 자주적 평화통일 위한 제4차 세계대회 참가차 오스트리아 방문(~11월 16일)
1988.11.7	중앙인민위원회·최고인민회의 상설회의·정무원 연합회의, 평화보장 4원칙 등 '포괄적인 평화방안' 제시
1988.11.11	평양에 국제문제연구소 설립

1988.11.13	백두산밀영 혁명전적지 동계답사 행군 시작(~1989년 4월까지)
1988.11.17	최고인민회의 상설회의, PLO독립국 선포 관련 축전
1988.11.21	평양시 안산입체다리 완공
1988.11.26	정무원 합영공업부 신설
1988.11.28	조선로동당 중앙위 제6기 제14차 전원회의 개최(~30일)
1988.12.11	조선로동당 중앙위 제6기 제15차 전원회의 개최
1988.12.12	최고인민회의 제8기 제4차 회의 개최(만수대의사당), 연형묵 총리 승인
1988.12.21	북한올림픽위원회, 1990년 북경아시안게임에 남북한 단일팀 출전 위한 '남북체육회담' 제의
1988.12.22	소련외상 세바르드나제 및 부상 로가초프 방북(~24일)
1988.12.26	제13차 세계청년학생축전 조선준비위·조선학생위, 축전초청 관련 '남북학생회담' 제의
1989.1.1	김일성, 신년사에서 '남북정치협상회의' 개최 제의
1989.1.11	김정일 칭송 구호나무 발굴운동 전개
1989.1.16	연형묵 총리, '남북고위급 정치·군사회담' 예비회담 제의
1989.1.19	정무원 도시경영부 신설
1989.1.31	정주영 현대그룹 명예회장 방북 관련 기자회견(평양), 금강산 공동개발 등 합의
1989.2.7	제13차 세계청년학생축전 성과 보장할 데 대한 평양시 군중대회(2·8문화회관)
1989.2.8	남북고위당국자회담 제1차 예비회담(판문점)
1989.2.10	동평양화력발전소 건설착공
1989.2.13	북한-모로코 간 대사급 외교관계 설정
1989.2.15	영화 〈빛나라 정일봉〉 제작
1989.2.20	제13차 세계청년학생축전 국제준비위 상설위원회 개설(평양)
1989.3.9	북경 아시안게임 단일팀 구성을 위한 제1차 남북체육회담 진행(판문점)

1989.3.15	조선학생위원회(위원장 김창룡), 전대협의 '남북학생실무회담'(3월 16일) 수락 및 대표단 명단발표, 대표단 판문점 향발
1989.3.24	조평통, 전민련의 범민족대회 예비회담(4월 7일) 수락
1989.3.25	문익환 목사 평양 도착(~4월 3일)
	김일성, 영변발전소 건설장 현지지도
1989.3.27	김일성, 문익환 목사 접견
1989.4.2	허담 조평통 위원장과 문익환 목사 2차회담, 9개 항의 공동 성명 발표
1989.4.7	최고인민회의 제8기 제5차 회의 개최(만수대의사당, ~8일)
1989.4.12	평양시 청년호텔, 서산호텔, 양강호텔 완공
1989.4.19	중앙통신, 2차 200일 전투 성과보도
1989.4.20	조선합영은행 개설(평양)
1989.4.24	조자양(자오쯔양) 중국공산당 총서기 방북(~29일)
1989.5.1	평양시 광복거리대도로, 교예극장 등 준공식
	중앙인민위, 능라도 인민대경기장을 '5월1일경기장'으로 개명
1989.5.14	이란 대통령 쎄예드 알리 카메네이 방북(~17일)
1989.5.25	김일성화, 김정일화 재배 관련 과학기술발표회(평성)
1989.5.27	평양-희천 간 고속도로 착공
1989.6.5	문규현 신부 일행 방북
1989.6.7	조선로동당 중앙위 제6기 제16차 전원회의 개최(~9일)
1989.6.23	원산-금강산 간 고속도로 개통식 진행
1989.6.25	팔레스티나 대통령 야세르 아라파트 방북(~26일)
1989.6.30	전대협 대표 임수경 세계청년학생 축전 참가 위해 평양 도착
1989.7.1	제3회 세계청년학생축전 개막(5월1일경기장, ~8일)
1989.7.9	내외조선동포의 조국통일촉진대회 개최(평양체육관)
1989.7.13	북한·UNDP 간 피복설계기술 현대화와 통신기술 분야 협조서 조인
1989.7.21	'국제평화대행진' 출정식, 백두산 출발해 27일 판문점에 도착
1989.7.27	정무원, 지방공업부 신설

1989.8.5	『로동신문』, 「민족의 통일이냐, 영구분열이냐」 제하 논평에서 1995년 통일실현 주장
1989.8.17	가극 〈꽃파는 처녀〉 1,000회 공연(만수대예술극장)
1989.8.25	2·8비날론연합기업소 경영전산화 완료
1989.9.1	신설 4개 대학 및 11개 전문대학 개교
	남북고위당국자 회담 북측 단장 백남준, 제3차 예비회담 개최(9월 18일) 제의
1989.9.4	조선기록영화촬영소, 기록영화 〈통일의 꽃〉 제작
1989.9.5	북한·동독 간 과학지식보급 분야 협조협정서 조인
1989.9.8	김책제철연합기업소 확장공사 2단계 준공
1989.9.14	정부경제대표단(단장 김정우) 불가리아 방문(~29일)
1989.9.18	『로동신문』, 북방정책 관련 "본질은 교차승인, 유엔 가입 통한 두 개 조선 조작의 환경을 조성하려는 것"이라고 비난
1989.10.1	리종옥 부주석, 중국공산당 군사위원회 주석 등소평(덩 샤오핑) 면담
1989.10.7	숨은영웅들의 모범 따라배우기 운동 10돌 기념 중앙보고회(인민문화궁전)
1989.10.10	백두산 혁명전적지 답사행군 사적비 제막(혜산)
1989.10.12	남북고위당국자회담 제3차 예비회담(판문점)
1989.11.5	김일성 주석, 중국 비공식 방문(~7일)
1989.11.7	최광 군총참모장, 이집트 대통령 무바라크 면담
1989.11.8	조선해사중재위원회 창설(평양)
1989.11.9	외교부, 군축협상 위한 북한·남한·미국 3자회담 제의 성명
1989.11.14	최고인민회의 내 외교위원회 신설. 위원장에 허담, 부위원장에 김용순 기용
1989.11.16	최덕신(천도교청우당 위원장, 조평통 부위원장, 75세) 사망
1989.11.20	평양-모스크바-소피아 간 정기항로 개설 개통식(소피아)
1989.11.21	북한·페루 간 대사급 외교관계 설정
1989.11.26	'우리마을·우리거리·우리학교 꾸리기 운동' 전개 위한 평양시

	학생소년들의 연합모임(5월1일경기장)
1989.11.27	김정일, 전국로동행정일꾼강습 참가자들에게 보낸 서한 「로동행정사업을 더욱 개선 강화할 데 대하여」
1989.11.28	환경보호사업 발전 위한 제1차 평양강습회(인민문화궁전, ~30일)
1989.12.1	개성시 현대적 문화도시로 건설 추진, 평양-희천 간 고속도로 건설 추진
1989.12.5	백두산봉 밀영 원상복원(1937년 5월, 김일성 국내당 공작위 회의 지도 사적지)
1989.12.6	평안북도 올해 16개 중소형 수력발전소 완공, 1989년 말까지 10개 소 추가건설 추진
1989.12.8	평양 대동강 흥부다리 건설
1989.12.14	재일동포 귀국실현 30돌 기념 중앙보고회(인민문화궁전)
1989.12.21	외교부, 미국의 파나마 군사개입 규탄 성명
1989.12.25	삼지연청량음료공장 완공
1989.12.26	외교부 대변인, 루마니아 신정권 인정 성명
1990.1.1	김일성 주석, 신년사에서 콘크리트 장벽 철거, 남북자유왕래와 민족통일협상회의 제의
1990.1.11	1차 남극탐험대 평양 출발
1990.1.20	평양산원에서 100번째 세 쌍둥이 출생
1990.1.29	전국 당사상부문 일꾼회의(인민문화궁전, ~30일)
1990.2.8	청산리정신, 청산리방법 창조 30돌 기념 중앙보고대회(인민문화궁전)
1990.2.22	최고인민회의 상설회의, 제9기 대의원선거 실시(4월 22일) 결정 발표
1990.2.26	전국 생산혁신자대회 개막(~28일)
1990.3.14	김일성 주석, 방북한 중국공산당 강택민 총서기와 회담
1990.3.22	정부·정당대표협의회(평양), 남북협상회의 조기개최 제안
1990.4.8	전국청년열성자대회 개막(평양, ~10일)

1990.4.11	평양시 100여 리 물길공사 완공
1990.4.12	경공업제품형태도안 전국산업미술전람회 개막(조선미술박물관)
1990.4.22	최고인민회의 제9기 대의원선거
1990.5.23	조선로동당 중앙위 제6기 제18차 전원회의 진행
1990.5.24	최고인민회의 제9기 제1차 회의 개막(~26일), 김일성을 국가주석으로 추대
1990.5.31	중앙인민위·최고인민회의 상설회의·정무원 연합회의 개최, 군축제안 제시
1990.6.2	전국경공업대회 개막(~4일), 김정일 서한「경공업혁명을 철저히 수행할 데 대하여」전달
1990.6.15	북한·미국 학자 토론회 개최(~17일)
1990.6.19	아시아·태평양지역에서의 군축·협력과 발전을 위한 국제회의 개최(평양)
1990.7.3	정부·정당·단체대표 연합회의 개최(평양) 북남 고위급정치군사회담 개최를 위한 제7차 예비회담(판문점)
1990.7.4	'조선민족제일주의정신'에 관한 사상이론에 대한 중앙연구토론회(인민문화궁전)
1990.8.6	범민족대회 준비를 위한 제3차 예비접촉 개최(고려호텔)
1990.8.13	범민족대회 개막 및 조국통일촉진 백두·한라 대행진 출정식 진행
1990.8.15	조국의 평화와 통일을 위한 제1차 범민족대회(판문점)
1990.8.26	전국고등중학교 최우등생대회 진행(인민문화궁전, ~27일)
1990.8.27	유엔개발계획 협조대상인 기상수문국, 기상위성수신소 준공
1990.9.1	제2차 블록불가담 및 기타 발전도상 나라들의 평양영화축전 개막(~13일)
1990.9.5	제1차 북남고위급 회담 진행(서울, ~6일)
1990.9.13	전국재정은행일꾼대회 진행(평양, ~14일), 김정일 서한「재정은행사업을 개선강화할데 대하여」전달
1990.9.18	유엔 단일의석 가입 문제 협의를 위한 남북고위급회담 대표접촉 진행(판문점)

1990.9.26	김일성, 방북한 가네마루 자민당·타나베 사회당 양 단장과 회담
1990.9.28	로동당과 일본 자유민주당·사회당 3당 간 회담(만수대의사당), 「조일관계 개선에 관한 공동선언」 발표
	조선인민군 3대혁명붉은기쟁취운동 선구자대회 개막(2·8문화회관, ~29일)
1990.10.3	김정일, 「조선로동당은 우리 인민의 모든 승리의 조직자이며 향도자이다」 발표
1990.10.5	유엔 단일의석 가입 문제 협의를 위한 남북고위급회담 제2차 대표접촉 진행(판문점)
1990.10.7	주체사상국제토론회 개막(평양, ~8일)
1990.10.10	김일성, 일본 사회당 도이 위원장, 자민당 오자와 간사장과 회담
1990.10.11	남북통일축구경기 개최(5월1일경기장)
1990.10.16	제2차 남극탐험대 출발
1990.10.17	제2차 북남고위급회담 개최(인민문화궁전, ~18일)
1990.10.18	범민족통일음악회 개막(평양, ~23일)
1990.10.21	고려민주연방공화국에 의한 통일된 하나의 조선을 위한 세계대회 개최(파리)
	'조중친선주간' 설정, 압록강다리를 조중친선다리로 명명(~23일)
1990.11.3	북한·일본 간 국교정상화를 위한 제1차 예비회담 진행(베이징, ~4일)
1990.11.9	예성강-연백벌 간 물길공사 완공
1990.11.29	단일팀 구성을 위한 제1차 북남체육회담 진행(판문점)
1990.12.9	90송년통일전통음악회, 평양민족음악단, 서울에서 첫 공연(~13일)
1990.12.12	제3차 북남고위급회담(서울 신라호텔, ~13일)
1990.12.22	예성강 5호발전소 준공
1991.1.1	김일성 주석, 신년사에서 민족통일정치협상회의 개최 제의
1991.1.8	정부·정당·단체 대표 연합회의(인민문화궁전), 남한 측에 보내는 민족통일정치협상회의 소집 서한 채택

1991.1.15	「1991년 인민경제발전계획을 성과적으로 수행하기 위한 정무원 결정 제1호」 채택
1991.1.17	「황해남도의 경제사업을 개선강화할 데 대한 중앙인민위원회 결정」 발표
1991.1.30	북한·일본 국교정상화를 위한 정부 간 제1차 본회담(평양, ~31일)
1991.2.1	중앙인민위원회, 조선공산주의청년동맹 결성일인 1927년 8월 28일을 기념하여 이날을 청년절로 제정함에 대한 정령 공포
1991.2.6	「평안남도 경제사업을 개선강화할 데 대한 중앙인민위원회 결정」 발표
1991.2.12	제4차 북남체육회담 진행(판문점), 주요국제경기에 유일팀을 구성해 출전하는 데 합의
1991.2.21	탁구단일팀 실무위원회 제1차 회의 진행(판문점)
1991.2.22	세계청소년축구선수권대회 단일팀 실무위원회 제1차 회의 진행(판문점)
1991.3.10	북한·앙골라, 당·정대표단 간 회담 진행
1991.3.12	북한·일본 간 수교를 위한 제2차 본회담 진행(일본 동경)
1991.3.28	북한·UNDP 간 건설설계 전자계산기화 및 중앙위생방역소 실험실 지원 협조에 관한 합의서 조인
1991.4.7	만경대상 국제마라톤경기대회(평양)
1991.4.11	최고인민회의 제9기 제2차 회의 개최(만수대의사당, ~13일)
1991.4.14	평양 궤도전차화 1단계공사 완공
1991.4.29	IPU 제85회 총회 개최(평양), 김일성「자유롭고 평화로운 새로운 세계를 위하여」 연설
1991.5.4	김일성, 방북한 중국 이붕 총리와 회담
1991.5.5	김정일,「인민대중 중심의 우리식 사회주의는 필승불패이다」 발표
1991.5.10	당세포비서강습 진행(평양, ~12일)
1991.5.14	군축 및 평화연구소대표단·미국아세아협회대표단 간 핵담보협정에 관한 협상 진행(평양)
1991.5.17	북한-일본 운행하는 첫 여객기 평양 도착

1991.5.21	북한-나이지리아 간 군사대표단 회담 진행
1991.6.5	조선로동당 중앙위원회 위원 허정숙 사망(82세, 국장 7일)
	만경대학생소년궁전 전자유희오락관 개관
1991.6.24	미군의 유골 11구 미국 측에 인도(판문점)
1991.7.2	조·일우호촉진친선협회 발족(평양)
1991.7.10	중앙인민위원회, 함경북도 회령군을 회령시로 바꾸는 정령 발표
1991.7.17	평양프로그램센터 조업
1991.8.4	1991년도 인민체력검정월간 개막식(김일성경기장)
1991.8.5	백두산 수림지대에서 발견된 6개 밀영 개영식(현지)
1991.8.26	김정일,「청년들과 당과 수령에게 끝없이 충실한 청년전위가 되자」발표
1991.8.27	첫 청년절 기념 중앙보고대회(김일성경기장)
1991.9.10	77개국 제7회 아시아지역각료회의 개최(평양, ~12일)
1991.9.17	남·북한 유엔 동시 가입(북 160번째, 남 161번째)
1991.9.20	북한·그레나다 외교관계 재개
1991.10.3	김일성, 중국 방문. 강택민 총서기, 양상곤 주석, 이붕 수상과 각각 회담(~15일)
1991.10.8	백두산지구 중소형 발전소들 준공(~9일)
1991.10.14	리인모 송환요구 평양시청년학생집회(사로청회관)
1991.10.23	제4차 남북고위급회담 진행(평양, ~25일)
1991.10.27	전국과학자대회 개최(평양, ~29일)
1991.11.12	조선인민군 중대장회의(평양, ~13일)
1991.11.18	북한·일본 국교정상화 제5차 회담 개최(베이징, ~20일)
1991.12.1	흥남비료련합기업소 설비의 대형화, 현대화 공사 완공
1991.12.6	김일성 주석, 귀향한 세계평화연합총재 문선명과 회견
1991.12.15	대안의 사업체계 창조 30돌 기념 중앙보고회(2·8문화회관)
1991.12.17	전국 지방 무역부문일꾼 열성자회의(인민문화궁전, ~18일)
1991.12.25	조선로동당 중앙위 제6기 제19차 총회, 김정일 서기를 조선인민군최고사령관에 추대

1991.12.26	중앙인민위원회, 최고인민회의 상설회의 연합회의 진행, 남북합의서 정식승인
1991.12.28	함북 나진·선봉지구에 자유무역지대 설치(정무원 결정 74호)
1992.1.3	김정일,「사회주의 건설의 역사적 경험과 우리당의 총노선」 발표
1992.1.9	북한·우크라이나공화국 간 대사급 외교관계 수립
1992.1.16	김우중 대우그룹 회장 평양 도착
1992.1.28	북한·카자흐스탄공화국 간 대사급 외교관계 수립
1992.1.30	IAEA 핵안전협정 서명(오스트리아 빈)
1992.2.13	중앙인민위원회,「전체 로동자, 기술자, 사무원들의 생활비를 높이며 협동농민들의 수입을 늘이는 시책을 실시할 데 대한 정령」 발표
1992.2.19	제6차 남북고위급회담 진행(평양, ~20일)
1992.3.9	남북고위급회담 정치분과위 제1차 회의 진행(판문점)
1992.3.14	남북핵통제공동위원회 발족
1992.3.19	북한·UNDP 간 전력공급체계 현대화사업에 관한 협조계획서 조인(평양)
1992.3.28	조선로동당 중앙위원회 정치국 후보위원, 검열위원회 위원장 현무광 사망(76세)
1992.4.1	전국주체사상토론회 개막(평양, ~3일)
1992.4.9	북한최고인민회의 핵안전협정 비준, 헌법개정, 김정일에게 '공화국 원수' 칭호 수여
1992.4.12	4월15일소년백화원 개원 통일거리 준공식 평양-개성 간 고속도로 개통
1992.4.19	서해갑문-증산물길 준공
1992.4.27	평양시 궤도전차화 완공, 개통식 진행
1992.5.25	북한·오만 간 대사급 외교관계 설정
1992.6.28	리인모 노인의 송환을 요구하는 개성시 여성집회 진행

1992.7.3	조선로동당 중앙위원회 위원, 사회과학원 부원장 홍기문 사망 (88세)
1992.7.15	화폐교환 실시
1992.7.18	조선로동당 중앙위원회 위원, 중앙재판소장 방학세 사망(78세)
1992.8.1	'종군위안부' 및 태평양전쟁피해자 보상대책위원회 발족
1992.8.12	'범청학련' 결성을 위한 북남, 해외동포청년학생 연석회의(인민문화궁전)
1992.8.15	조국의 평화와 통일을 위한 제3차 범민족대회 진행(판문점)
1992.8.28	평양-방콕 사이 정기항로 개설 합의
1992.9.7	중앙아동병원 건설 착공
1992.9.8	북한-슬로베니아 간 대사급 외교관계 설정
1992.9.11	김일성·삼 누저마 나미비아 대통령 간 회담진행
1992.9.15	국제원자력기구 제3차 비정기사찰단 방북종료
1992.9.25	북한-칠레 간 외교관계 재개
1992.9.30	조선로동당 중앙위원회 정치국 위원 서철 사망(85세)
1992.10.6	포평나루터에 '압록강의 노래비' 세우고 제막
1992.10.9	남포조사단 방북 종료
1992.10.27	정부·정당·단체 연합회의 진행(인민문화궁전), 팀스피리트 훈련재개에 대처, 남북대화 중단 등 4개 항의 결정서 채택
1992.11.13	외교부 대변인, 쿠바에 대한 미국의 경제봉쇄정책과 강권적인 '토리첼리법' 공포 규탄 성명
1992.11.18	북남핵통제공동위원회 제10차 회의 진행(판문점)
1992.11.27	단천다리 준공
1992.11.28	대홍단 고기가공공장, 대홍단 사탕무우가공공장 조업
1992.12.9	조선지식인대회(평양, ~12일)
1992.12.10	조선로동당 중앙위원회 제6기 제20차 전원회의 진행
1992.12.11	최고인민회의 제9기 제4차 회의, 산림법 채택
1992.12.15	무역대표단(단장 대외경제위 부위원장 강정모), 중국 방문(~1993년 1월 9일)

1993.1.1	북한·체코, 북한·슬로바키아 대사급 외교관계 수립
1993.1.2	김일성, 범민련 해외본부의장 겸 재독음악가 윤이상 면담
1993.1.8	평양 청춘거리 속도빙상(스피드스케이팅)관 착공식 진행
1993.1.11	북한·카타르 간 대사급 외교관계 수립
1993.1.14	『새날』지 창간 65주년 기념 중앙보고회 진행(평양)
1993.1.15	사로청 제8차대회를 맞아 '함북도 청년전위들의 충성의 맹세문 전달 이어달리기 대열' 출발모임 진행(함북회령)
1993.1.18	북한·유엔개발계획(UNDP) 간 「에너지 종합계획 대상에 관한 합의서」 조인(평양)
1993.1.19	'정춘실운동 전국상업부문 일꾼 경험토론회' 진행(~20일)
1993.1.25	남북핵통제공동위 위원장 접촉(판문점)
1993.1.26	범민련 북측본부 중앙위 총회 진행(평양)
1993.1.27	외교부, 한·미 양국의 팀스피리트 군사훈련실시 공동발표 비난 성명 발표
1993.1.30	외교부, 일본의 유엔안보리 상임이사국 진출을 비난하는 담화 발표
1993.2.2	북한·중국 간 「93~94년도 문화교류계획서」 조인(평양)
1993.2.4	과학기술대표단(단장 과학기술위원장 이자방), 러시아 우크라이나 방문차 평양 출발
	3대혁명소조운동 발기 20주년 기념 중앙연구토론회 진행
1993.2.6	「외국투자기업 및 외국인 세금법」, 「외화관리법」, 「자유경제무역 지대법」 채택
1993.2.11	혜산-만포 간 전철화공사(255.5km) 준공식 진행
1993.2.13	평양-개성 간 철도전기화공사(80km) 준공식 진행(평양)
1993.2.20	최우진(핵통제공동위 북측위원장), IAEA의 특별사찰 수용 촉구를 규탄하는 성명 발표
	경제대표단(단장 대외경제위 위원장 이성대), 쿠바로 출발
1993.2.28	강원도 문천시소재 9·21제련소 배소유산 생산계통 건설공사 완공 및 조업식 진행

1993.3.1	외교부 대변인, 일본의 대북 핵사찰 수용촉구를 비난하는 담화 발표
1993.3.4	평양시 지식인회의 진행, 윤이상음악당 준공식
1993.3.6	김일성·김정일, 군후방일꾼대회 참가자 면담
1993.3.8	팀스피리트 훈련과 관련, 전국·전민·전군에 '준전시상태' 선포
1993.3.9	'준전시상태' 선포지지 사회안전부 군무자 집회 진행(평양)
1993.3.12	중앙인민위원회 제9기 제7차 회의 진행 및 핵확산금지조약(NPT) 탈퇴 정부 성명 발표
1993.3.14	김정일의 '준전시상태' 명령하달 관철을 위한 강원도 군중대회 진행(원산시)
1993.3.16	천도교청우당, NPT 탈퇴를 지지하는 성명 발표
1993.3.19	비전향장기수 리인모, 판문점 중립국감독위원회 회의실을 통해 송환
1993.3.24	'준전시상태' 해제
1993.3.25	북한·유엔개발계획(UNDP) 간「석탄증산 및 관광산업육성을 위한 협력합의서」조인(평양)
	최고인민회의 외교위 대표단(단장 위원장 김용순), 유럽순방차 평양 출발
1993.3.26	외교부 대변인, 종군외안부 문제에 대한 한·일 정부 간 정치적 해결을 비난하는 담화 발표
1993.3.27	량강도 김형권군 파발인민학교를 '리인모인민학교'로 개명
1993.3.29	외교부 대변인, NPT탈퇴 문제를 유엔안보리에 상정하는 것을 비난하는 담화 발표
1993.4.6	김일성, 전력·시멘트·철도운수·화학공업 등 인민경제선행부문 현지지도
1993.4.7	최고인민회의 제9기 제5차 회의 개막,「조국통일을 위한 전민족 대단결 10대강령」및「4대 요구조건」채택
	제11차 '4월의 봄 친선예술축전' 개막(~18일)
1993.4.9	최고인민회의 제9기 제5차 회의, 김정일을 국방위원장으로 추대

결정

1993.4.11	북한(단장 총리 강성산)·적도 기니공화국 정부대표단 간 회담 진행(평양)
1993.4.13	국제김일성상 이사회 결성 및 '김일성상' 제정(뉴델리)
	평양-강동 간 도로확장공사(40km) 완공
1993.4.14	김일성 주석, 조총련에 장학금 1억 1,350만 엔 송금
1993.4.27	중국 제1차 친선참관단 평양 도착
	김일성, 6·3협동농장 현지지도(평남 온천)
1993.5.1	당대표단(단장 황장엽), 인도 방문(~13일)
1993.5.5	북한·미국 간 제32차 참사관 접촉
1993.5.8	외교부대표단(단장 부총리 겸 외교부장 김영남), 비동맹회의 참가차 중국으로 출발
1993.5.9	두만강지역 개발계획관리위원회 제3차 회의 진행(평양, ~10일)
1993.5.12	외교부 대변인, 유엔안보리의 대북핵결의안 채택 규탄 성명 발표
	김일성·짐바브웨 대통령 간 회담 진행(평양)
1993.5.18	광주항쟁 13주년 기념 평양시 군중대회 진행
1993.5.20	리종옥 부주석, 김일성 특사자격으로 기네 방문차 평양 출발
1993.5.21	북한·말리 연대성과 정의를 위한 아프리카당 간 「친선협조에 관한 합의서」 조인(평양)
1993.5.23	범청학련 북측본부, 5·18 광주항쟁 진상규명 및 책임자 처벌을 주장한 담화 발표
1993.5.29	만경대상 체육대회 폐막(4월 1일~)
1993.5.30	강석주 외교부 제1부부장, 북·미 고위급회담 참석차 방미
1993.5.31	강성산 총리, 남북특사 교환을 위한 실무대표 접촉과 관련해 황인성 국무총리 앞으로 전통 발송
	최고인민회의 대표단(단장 의장 양형섭), 독립국가연합 순방차 평양출발
1993.6.2	북한·미국 간 제1단계 제1차 고위급회담 개최(뉴욕) 및 NPT 탈퇴 유보

1993.6.3	보천보전투 승리 56주년 기념보고회 진행(량강도 보천보)
	허창조 범청학련 북측본부 의장, 김재용 한총련의장 앞으로 '남·북해외학생회담' 관련 편지전달
1993.6.7	북한·불가리아 간 무역경제 협조에 관한 협정 조인(평양)
1993.6.10	의회대표단(단장 최고인민회의 부의장 백인준), 유엔세계인권대회 참석차 오스트리아로 출발
1993.6.11	북·미 NPT 탈퇴 보류 관련 공동 성명 발표
	서해갑문-태탄-옹진을 잇는 수로공사 완공
1993.6.26	강성산 총리, 남북특사 교환무산 주장 담화 발표
1993.7.1	다부작 극영화 〈민족과 운명〉 14부 시사회 진행(평양)
1993.7.8	직맹 중앙위 현대 노동자투쟁 옹호 성명 발표
1993.7.12	미군유해 12구 미군 측에 인계(판문점)
1993.7.14	북·미 제2단계 고위급회담 개최(제네바, ~19일)
1993.7.26	휴전 40주년 중앙보고대회(평양체육관), 전승기념탑 제막식(평양), 김일성·아라파트 PLO의장 회담(평양)
1993.8.3	IAEA 북한핵사찰단 방북(~10일)
1993.8.7	백인준(범민련 북측본부 의장), 제4차 범민족대회와 관련해 한완상 통일원 장관 앞으로 전통 전달
1993.8.10	조평통 대변인, 팀스피리트 훈련 재개 및 을지포커스렌즈 훈련 실시 비난 성명 발표
1993.8.13	한국 정부의 제4차 범민족대회 및 제3차 청년학생통일대축전 불허조치 비난 범민련 범청학련 공동 성명 발표(판문점)
1993.8.15	제4차 범민족대회 진행(평양)
1993.8.19	김정일, 로동신문사 현지지도
1993.8.20	제8차 중앙과학기술축전 진행(~20일)
1993.8.24	영광-사수 간 전철 개통식
1993.8.26	IAEA 북한과의 핵사찰 협상재개 공식발표
	김일성, 함남도내 철강·석탄·임업·화학·수산업·농업 등 각 경제부문 현지지도

1993.9.4	제2차 중국친선방문단 방북 종료(8월 26일~)
1993.9.7	국제 김일성상 수여식(평양)
1993.9.8	북한·UNDP 간 「공업소유권 체계의 현대화 협조」에 관한 합의
1993.9.13	중국 전인대 대표단 평양도착
1993.9.18	남북고위급회담 북측대표단, 서해상 어선나포 관련 성명 발표
1993.9.22	조평통 서기국, 한국어선 나포 관련 기자회견 진행
1993.9.27	김일성, 단군릉 현지지도(평양 강동군)
1993.9.30	외교부 대표단(단장 부부장 송원호), 유엔 제48차 회의 참석차 평양 출발
1993.10.1	제5차 전국연극축전(평양)
1993.10.2	북한 사회과학원, 단군릉 발굴 보고문 발표
	조평통 서기국, 생화학무기 개발부인 성명 발표
1993.10.4	중국무역대표단, 평양도착
1993.10.6	북한·중국 간 경제무역협조의정서 조인(평양)
1993.10.9	량덕지구 남대봉·북대봉 밀영 '혁명사적표식비 제막식' 진행 (평남)
1993.10.12	북한적십자회 위원장대리 리성호, 대한적십자사 강영훈 총재 앞으로 김인서·함세환 송환촉구 편지 전달
	단군 및 고조선에 관한 학술발표회 진행(~13일)
1993.10.15	남북특사교환을 위한 2차실무접촉회담 진행(판문점)
1993.10.18	제8차 인민체육대회 개막(평양)
1993.10.21	조선 시조새 및 고생물 사적에 관한 학술발표회 진행(평양)
1993.10.25	남북특사교환을 위한 3차 실무접촉 진행(판문점)
1993.10.27	지방예산제 20주년 기념보고회 진행(평양)
	윤이상음악회 진행(평양, ~30일)
1993.11.4	외교부 대변인, 유엔총회의 대북결의안 거부 담화 발표
1993.11.6	기록영화 〈뜨거운 혈육의 정〉 제작
1993.11.10	조총련, 핵개발송금 부인 성명 발표
1993.11.11	강석주 외교부 부부장, 미국에 대해 핵일괄타결안 제의 수용 주

장 성명 및 담화 발표
1993.11.20 국가환경보호위원회, 일본·러시아의 핵폐기물 투기 비난 성명 발표
1993.11.21 도(직할시) 인민회의 대의원선거 실시
1993.11.24 최고인민회의 상설회의, 「외국투자은행법」(전5장32조) 공포
북적 위원장 대리 리성호, 강영훈 대한적십자사 총재 앞으로 거제도 포로들의 편지와 유물송환 관련 요구 전통 전달
1993.11.29 외교부 대변인, 북·미회담 중지 시 NPT탈퇴 유보 철회 주장 성명 발표
1993.11.30 미군유해 33구 판문점을 통해 미국 측에 송환
1993.12.1 '전국 공산주의 미풍선구자대회' 개최(평양, ~2일)
1993.12.8 조선로동당 중앙위원회 제6기 제21차 전원회의 개최(평양)
1993.12.10 농근맹, 한국의 쌀개방 규탄 성명 발표
1993.12.11 최고인민회의 제9기 제6차 회의 진행(평양)
1993.12.16 조국전선 확대회의 개최(평양)
1993.12.22 핵문제 해결을 위한 북·미 간 비공식 실무접촉
1993.12.23 인민무력부, 김정일 최고사령과 추대 2주년 기념보고회 진행(평양)
1993.12.24 김영남·갈리 유엔 사무총장 간 회담 진행(평양)
1993.12.30 외교부 대변인, 북한 핵시설 제한사찰만 가능하다고 주장, 김일성, 파키스탄 총리 베나지르 부토 간 회담 진행(평양)

1994.1.2 김일성, 사민당 위원장 김병식·최고인민회의 의장 양형섭 등 정당·단체대표 면담
1994.1.14 훈민정음 창제 550주년 평양시 기념보고회 개최
1994.1.15 외교대표단(단장 최고인민회의 외교위원장 황장엽), 중국 향발
1994.1.19 김일성, 문익환 목사 사망 조전 보냄
1994.1.22 조평통·범민련 북측본부 문익환 목사 추도식 공동개최(평양)
1994.1.25 전국영화보급부문 일꾼대회 개최(~26일)
1994.1.29 김일성, 미국 빌리 그레이엄 목사와 면담

1994.1.30	조평통대변인, 한국 내 미정보지원팀·패트리어트 미사일 배치 비난 성명 발표
1994.1.31	왕건릉 복원 및 개관식
1994.2.4	외교부 대변인, 일본의 고속증식원자로 가동계획 비난 담화 발표
1994.2.5	농근맹, 농산물시장개방 반대시위 옹호 성명 발표
1994.2.11	철기산-형봉, 관평-회둔 간 전철개통식 진행(평남 덕천)
1994.2.15	IAEA와 7개 핵시설에 대한 사찰합의(오스트리아 빈)
1994.2.19	김정일의 「온사회의 주체사상화 강령」 발표 20주년 기념집회 (평양)
1994.2.21	사회주의 농촌테제 발표 30주년 축하 영화 상영(개선영화관)
1994.2.23	혁명사적비 제막(평양 형제산구역)
1994.2.25	조국전선, 한국 정부의 1년간 통일정책 비난 호소문 발표
1994.3.3	IAEA 사찰단, 북한 7개 신고 핵시설에 대한 사찰개시 남북특사교환 위한 제4차 실무접촉 진행(판문점)
1994.3.7	제9차 강원도 과학기술축전 개최(~8일)
1994.3.15	외교부 대표단(단장 부부장 김창규), 아시아국가 순방차 평양출발 전국무역부문 일꾼회의 개최(인민문화궁전, ~16일)
1994.3.18	원자력총국 대변인, IAEA의 대북핵사찰 비난 담화 발표
1994.3.21	외교부 대변인, IAEA 재탈퇴 위협 성명 발표. 동학혁명 100주년 기념보고회 진행(평양 인민대학습당)
1994.3.23	서해조난 병사환영 평양시 군중대회 개최(인민문화궁전)
1994.3.24	원자력총국, IAEA의 유엔안보리 회부결의안 채택 비난 성명 발표
1994.3.29	패트리어트 미사일 한국배치 규탄 평양시 군중대회 개최
1994.3.31	전민족대단결10대강령 발표 1주년 기념 연구토론회 진행 전국당세포비서대회 개최(~4월 2일)
1994.4.4	외교부 대변인, 유엔안보리 의장 성명채택(3월 31일) 비난 성명 발표
1994.4.5	당대표단(단장 박경선), 그리스 사회주의운동 제3차 대회 참가차 평양출발

1994.4.9	경제대표단(단장 부총리 홍성남), 파키스탄 방북 종료(3월 22일~). 림업부 대변인, 시베리아 북한벌목공 인권 관련 담화 발표
1994.4.11	정부·정당·사회단체 연합회의 '전민족대단결방도를 모색하기 위한 민족대회' 소집(8월 15일) 제의
1994.4.21	당대표단(단장 부부장 김영일), 동아프리카 순방 종료(3월 10일~)
1994.4.24	북한군창건 62주년 기념 중앙보고대회 진행(2·8문화회관)
1994.4.27	금성간석지 공사 준공식(평남 온천군)
1994.5.7	북한·에스토니아 간 대사급 외교관계 수립
1994.5.8	양형섭(최고인민회의 의장), 남아프리카공화국 대통령 취임식 참석차 요하네스버그 도착
1994.5.14	외교부 대변인, 핵연료봉 교체 관련 기자회견 진행
1994.5.17	IAEA 사찰단 평양도착
1994.5.18	제4차 '전국 발명 및 새기술 전람회' 개막(평양)
1994.5.19	외교부 대변인, 일본의 플루토늄 은닉 비난 담화 발표
1994.5.23	외교부 대변인, RIMPAC훈련 비난 담화 발표
1994.5.24	유엔군 측에 '조선인민군 판문점대표부' 개설 통보
1994.6.2	원자력총국 대변인, IAEA 핵사찰 결과 비난 담화 발표
1994.6.6	조총련, 북한제재 시 전쟁유발 위협 성명 발표
1994.6.7	군참모총장 최광, 중국주석 강택민과 면담(베이징)
1994.6.10	IAEA 이사회 대북제재 결의안 채택 김영남 부총리 겸 외교부장, 핵문제 관련 기자회견 진행(베를린)
1994.6.13	외교부 대변인, IAEA 탈퇴선언 성명 발표
1994.6.14	일본의 조총련조직 강제수색 규탄 평양시 군중대회 진행(모란봉청년공원)
1994.6.15	전 미국 대통령 지미 카터, 판문점 통해 북한 방문
1994.6.17	김일성·지미 카터 전 미대통령 간 회담 진행(~17일)
1994.6.18	김정일 당사업 시작 30주년 기념 중앙보고대회 진행
1994.6.23	당대표단(단장 비서 황장엽)·방글라데시 민족사회당 대표단 간 회담 진행

1994.6.25	외교부 대변인, 한·일의 특별사찰 주장 비난 기자회견
1994.6.28	'남북정상회담을 위한 예비접촉' 진행(판문점), 「남북정상회담개최를 위한 합의서」 채택(7월 25~27일 개최합의)
1994.6.30	김일성, 벨기에 로동당 대표단 면담
1994.7.1	당 군사위원 겸 국방위원장 주도일 병사
1994.7.5	조평통 서기국, '구국전위' 사건 관련 보도 발표
1994.7.7	북·UNDP 간 「농업생산 증대와 농업과학기술 발전을 위한 협조계획서」 조인, 남북정상회담 관련 통신실무자 접촉 진행(판문점)
1994.7.8	김일성, 심근경색증으로 사망(7월 9일 정오 발표) 북(강석주 외교부 제1부부장)·미(갈루치 국무부 차관보) 간 회담 진행(제네바)
1994.7.9	당·정·군 고위간부 273명으로 구성된 '장의위원회' 명단발표
1994.7.10	갈루치 미 국무부 차관보, 스위스 주재 북한대사관 방문해 조의 표명
1994.7.11	김용순, 남북정상회담 연기통보 강택민, 중국주재 북한대사관 방문해 조의 표명
1994.7.13	전『세계일보』사장 박보희, 김일성 사망 조의 방문(~22일)
1994.7.14	해군사령관 김일철 대장, 김정일에 충성 다짐
1994.7.15	국가장의위원회, 김일성 추도대회 연기 발표
1994.7.19	김일성 영결식 진행(금수산의사당)
1994.7.20	김일성 중앙추모대회(김일성광장)
1994.7.22	외교부 대변인, 북·미 3단계 회담 재개 발표
1994.7.27	당대표단(단장 황장엽)·덴마크 '공동위업노동당' 대표단 간 회담 진행(평양)
1994.7.30	미 CNN방송사 대표단, 평양 도착
1994.7.31	염태준 조국전선 의장, 박보희 전『세계일보』사장에 대한 사법처리 방침 비난 담화 발표
1994.8.5	외교부 대변인, 주사파에 대한 한국 정부의 강경대처 비난 보도 발표

	북·미 3단계 회담 진행(제네바, ~8일)
	주체사상 토론회 진행(평양, ~9일)
1994.8.10	북적 대변인, 함세환·김인서 송환촉구 기자회견
1994.8.11	김정일에 대한 충성을 다짐하는 '전국 사로청 일군들의 맹세모임' 진행
1994.8.14	역사자료 전시회〈일제를 단죄한다〉개막식 진행(조선중앙역사박물관)
1994.8.17	직맹·농근맹·여맹일꾼들의 김정일에 대한 충성맹세모임 진행(평양)
1994.8.20	외교부 대변인, 기자회견 통해 특별사찰 거부
1994.8.24	김일성 추모 미술전시회,〈위대한 수령 김일성 동지는 영원히 우리와 함께 계신다〉개막
1994.8.25	부주석 박성철, 리비아 혁명 25주년 행사 참석차 평양출발
1994.8.27	중앙통신 통해 한국형 경수로 수용 거부
1994.8.30	황해남도 '8·3인민소비품 생산 열성자회의' 진행(해주시)
1994.8.31	12월화력발전소 제1호 보일러 가동(남포)
1994.9.8	전문가협상대표단(단장 대외경제위원회 부위원장 김정우), 베를린 향발
1994.9.9	정권창건 46주년 기념 중앙보고대회 진행(평양)
1994.9.10	베를린 북·미 전문가협상 진행(~14일)
1994.9.20	북·미 고위급회담 대표단, 제네바 향발
1994.9.25	한국 정당·사회단체 앞으로 '단군릉 준공식'에 초청하는 사민당 등 16개 단체 명의의 편지 발송. 외교부 대변인, IAEA의 대북 핵사찰 촉구결의안 거부 담화 발표
1994.9.26	제4차 평양비동맹영화축전 개막(평양)
1994.9.29	부주석 리종옥, 중국주석 강택민과 면담(베이징)
1994.10.1	한총련 대표 최정남(범청학련 공동사무국장), 평양도착
1994.10.5	단군 및 고조선에 관한 제2차 학술발표회 개최(인민문화궁전, ~7일)

1994.10.11	단군릉 개전 준공식 진행
1994.10.16	김일성 사망 100일 중앙추모회 진행(금수산의사당)
1994.10.20	공화국선수권대회 개최(평양)
1994.10.21	북·미 제3단계 2차 회담 종료(제네바, 9월 23일~), 기본합의문 채택
1994.10.31	제27차 국가미술전람회 개막(평양)
1994.11.1	김정일, 「사회주의는 과학이다」 제하의 논문 발표
1994.11.2	조평통 대변인, 독수리훈련 실시 비난 성명 발표
1994.11.9	김정일, 청류다리 2단계공사와 금릉2동굴 건설 관련한 '최고사령관' 명의의 명령 발표
1994.11.10	조평통 대변인, 경협거부 담화 발표
1994.11.12	재독음악가 윤이상 평양 도착
1994.11.14	폐연료봉 보관문제 관련 북·미 전문가협상(평양, ~18일)
1994.11.15	제10차 전국과학기술축전 개막
1994.11.23	군대표단(단장 총참모장 최광), 캄보디아·베트남·라오스 순방 후 귀환(10일~)
1994.11.28	제5회 전국프로그램경연대회 개막(컴퓨터센터)
1994.12.5	제6차 전국연극축전 개막(평양)
1994.12.7	북한 사회과학원·중국 사회과학원 간 '학술교류에 관한 협정' 체결
1994.12.9	'정춘실 운동 선구자대회' 진행(인민문화궁전, ~10일)
1994.12.20	김정일의 노작, 「사회주의는 과학이다」에 대한 중앙연구토론회 진행(인민문화궁전)
1994.12.21	당·정·단체협의회 진행(평양), '국가보안법 철폐 대책위원회' 구성
1994.12.26	중앙통신, 미군헬기 사건 관련 보도 발표
1994.12.30	보비 홀 준위 송환(판문점)
1995.1.1	『로동신문』·『조선인민군』·『로동청년』, '공동사설' 발표

	김정일, 214군부대 방문
1995.1.4	인민무력부, 김정일에 대한 충성다짐 궐기모임 진행
1995.1.6	당·정관료 새해 첫 '금요로동' 실시
1995.1.9	외교부 대변인, 미국상품 반입제한 및 무역선박 입항금지 해제 결정 발표
1995.1.16	외교부 대변인, 경수로제공 계약 시 '한국형' 명시 거부 회견
1995.1.19	한국의 굴업도 핵폐기물 처리장 건설계획 규탄 해주시 군중집회 진행
1995.1.24	정당·사회단체연합회의 진행(인민문화궁전), 8·15공동경축 및 '대민족회의' 개최 제의
1995.1.25	북한적십자회, 지진피해 관련 일본 적십자사 앞으로 위문금 송금
1995.1.26	전문가협상대표단(단장 대외경제위원회 부위원장 김정우), 경수로 제공문제 협상차 베를린 향발
1995.2.1	사민당 위원장 김병직, 이기택 민주당 대표 앞으로 '대민족회의' 소집 위한 접촉제의 편지 발송
1995.2.5	김정일, 제291군부대 여성해안포중대 방문
1995.2.8	중앙인민위, 「기념주화 '위대한 수령 김일성 동지는 영원히 우리와 함께 계신다' 발행」 정령
	외교부 대변인, 미 국무부 「인권연례보고서」 비난 담화 발표
1995.2.14	신의주 화장품공장 내 세수비누공장 조업식 진행
1995.2.22	미 실업계 대표단, 방북 종료(14일~)
1995.2.24	북한·러시아 간 「러시안 영토 내에서 통나무생산과 목재의 종합적 가공 및 산림복구의 협조에 관한 협정」 조인
1995.2.25	인민무력부장 오진우 사망
1995.3.1	오진우 장례식 진행(대성산 혁명열사릉)
1995.3.5	1995년도 무역화물수송계획 합의회의 진행(2월 27일~)
1995.3.9	비전향 출소자 송환촉구 '법률가 및 적십자 일군들의 공동토론회' 진행
1995.3.15	국가환경보호위원회 대변인, 일본의 핵폐기물 반입 비난 담화

	발표
	김정일 참가하 '중대장·중대정치지도원 대회' 진행(~16일)
1995.3.27	제10차 중앙과학기술축전 개막(김책공업종합대학, ~30일)
1995.3.28	조문문제 관련 한국 정부 비난 평양시 군중집회 진행(청년중앙회관)
1995.4.4	인민보건법 발표 15주년 기념 중앙보고회 진행(인민문화궁전)
1995.4.11	메아리음향사 조업식 진행
1995.4.19	북한대표단(단장 부총리 겸 외교부장 김영남), 인도네시아 반둥에서 진행될 '비동맹국가 조정위원회 외무장관회의' 참석차 평양출발
1995.4.22	외교부 대변인, 경수로 제공 실무협상 결렬에 대한 기자회견 진행
	조평통 서기국, 한국의 인권비난 백서 발표
1995.4.25	김정일, 제1017군부대 시찰
	국가환경위원회, 한국의 비무장지대 평화지역화 방안 비난 담화 발표
1995.5.3	조선인민군 판문점 대표부, 중립국감독위원회 북측 사무실 폐쇄 성명 발표
1995.5.7	석가탄신일 기념법회 진행(각지 사찰)
1995.5.11	사로청·쿠바 공산주의 청년동맹의 공동집회 진행(청년중앙회관)
1995.5.12	남포시 강서구역 청산협동농장서 올해 첫 모내기 실시
1995.5.17	조평통 대변인, 김 대통령의 IPI 총회 연설 비난 성명 발표
1995.5.23	평양경공업대학을 한덕수경공업대학으로 개칭, 현판식 진행
1995.5.24	김정일, 조총련 40주년 축하서한 「재일조선인운동을 새로운 높은 단계에로 발전시킬 데 대하여」 발송
1995.5.30	조선인민군, 한국어선 우성 제86호 나포
1995.6.8	당대표단(단장 부부장 임순필), 그리스 세계진보정당회의 참석차 평양출발
1995.6.15	김정일, 제853해병부대 방문
	외교부 대변인, 북·미 경수로 제공 협상결과에 대한 담화 발표

1995.6.16	북한·스위스 간 정기항로협정 조인(평양)
1995.6.18	김정일, 「사상사업을 앞세우는 것은 사회주의 위업수행의 필수적 요구이다」라는 제하의 논문 발표
1995.6.23	외교부 대변인, 일본의 부전결의 비난 담화 발표
1995.6.28	고 문익환 목사 부인 박용길 장로 방북
1995.7.1	만경대 혁명사적관 내 '김일성혁명사적 자료실' 개관
1995.7.8	금수산기념궁전 개관식 진행
1995.7.19	인민무력부 부부장 김봉률 사망
1995.7.20	러시아 대사 손성필, 나진·선봉지대 투자설명회 진행(모스크바 공관)
1995.7.30	조평통 대변인, 8·15통일대축전 불허방침 비난 담화 발표
1995.7.31	박용길 장로 판문점 통해 귀환
1995.8.1	조국전선 대변인, 김일성 회고록 발행인 구속 비난 담화 발표
1995.8.12	김일성의 통일유훈 관철 결의대회 진행(만수대 언덕)
1995.8.15	통일대축전 진행(판문점 통일각)
1995.8.22	KEDO 경수로원자력발전소 부지조사단 방북 종료(15일~)
1995.8.23	유엔에 수재긴급구호 요청
1995.8.30	'김정일 동지께 드리는 충성의 편지 이어달리기' 출발모임 진행(왕재산, 회령)
1995.9.2	홍수피해 유엔합동조사단 방북
1995.9.8	정권창건 47주년 기념 중앙보고대회 진행(2·8문화회관)
1995.9.13	김정일, 최전방 제893부대 시찰
1995.9.24	백두산 향도봉－천지 구간 케이블카 준공식 진행
1995.9.28	외교부 대변인, 경수로 제공 관련 미국의 의무이행 촉구 기자회견 진행
1995.9.29	미국 민항기 영공통과 허용 발표
1995.10.2	김정일, 「조선로동당은 위대한 수령 김일성 동지의 당이다」라는 제하의 논문 발표
1995.10.8	김정일, 최광을 인민무력부장에 임명하고 최광·리을설 외 17명

	장성급 군인사 단행
1995.10.10	당창건 50주년 기념열병식 및 1백만 군중시위 진행(김일성광장)
1995.10.19	순천방적공장 제1단계 조업식 진행
1995.10.28	외교부 대변인, 한·미·일 삼각군사동맹 비난 담화 발표
1995.10.31	조평통 대변인, 부여간첩사건 비난 성명 발표
1995.11.9	북한·세계식량계획 간 「쌀 및 식용유 제공 합의서」 조인(평양), 고 윤이상 추모회 진행(윤이상음악당)
1995.11.15	단군 및 고조선에 관한 제3차 학술발표회(인민대학습당, ~17일)
1995.11.16	김정일, 김일성종합대학에 최신교육실험설비 전달
1995.11.22	평양시 제3인민병원 개원식 진행
1995.12.15	북한·KEDO 간 경수로공급 협정문 조인(뉴욕)
1995.12.18	『조선대백과사전』 전30권 중 1권 발행
1995.12.23	김정일 군 최고사령관 추대 4주년 경축 중앙보고대회
1995.12.25	김정일, 『노동신문』에 「혁명선배를 존대하는 것은 혁명가들의 숭고한 도덕적 의리이다」라는 담화 발표
1996.1.1	『로동신문』·『조선인민군』·『로동청년』, 공동사설 발표
1996.1.10	중국제공 수해지원 목화솜 435톤 신의주 도착
1996.1.16	사로청 창립 50주년 기념 중앙보고대회 진행(4·25문화회관)
1996.1.17	사로청대표자회 진행(4·25문화회관, ~19일), 조선사회주의로동청년동맹을 김일성사회주의청년동맹으로 개칭
1996.1.23	제4차 IAEA 협상대표단 방북
1996.2.6	'페레그린 대성개발은행' 개업식 진행(평양)
1996.2.8	국가과학원 함흥분원장 리승기 박사 사망(2월 10일 장례, 애국열사릉)
1996.2.9	'김정일 위대성에 대한 인민무력부 발표회' 진행(4·25문화회관)
1996.2.11	북한적십자회 대변인, 한국 정부의 탈북자난민수용소 설치계획 비난 담화 발표
1996.2.27	김정일, 동부전선 351고지 군부대 방문

1996.3.3	조평통 서기국, 총선과 관련 한국 내 반정부 투쟁 촉구 보도 발표
1996.3.4	토지개혁 법령 발표 50돌 기념 중앙보고대회 진행(인민문화궁전)
1996.3.15	원자력총국 부총국장 정태현 사망
1996.3.20	김정일, 최전방 오성산일대 군부대 시찰 및 제512군부대대 내 김일성 혁명사적지 참관
1996.3.29	인민무력부 제1부부장 김광진, 북의 '평화보장' 제안 거부에 따른 '군사적 대응' 내용의 담화 발표
1996.4.1	윤이상박물관 개막식 진행
1996.4.2	무역대표단(단장 대외경제위원장 리성대), 베트남 방문차 평양출발
1996.4.4	북한 판문점대표부 대변인, 휴전선 비무장지대 유지관리 임무 포기 담화 발표
1996.4.14	조평통 대변인, 한반도 정세 관련 '단호한 조치·위협'을 내용으로 한 보도 발표
1996.4.18	경제대표단(단장 기계공업부장 곽범기), 나이지리아 방문차 평양출발
1996.4.23	중앙인민위, 군창건일을 '국가적 명절'로 제정하는 정령 발표
1996.4.27	KEDO 제5차 부지조사단 방북
1996.5.5	조국광복회 결성 60주년 기념 중앙보고대회 진행(4·25문화회관)
1996.5.9	북·미 간 미군유해 송환문제에 관한 회담진행(뉴욕)
1996.5.12	김정일의 청산리 현지지도 25주년 기념보고회 개최
1996.5.13	평양방송, 식량위기설 강력부인 보도 발표
1996.5.18	중앙통신, 미 국무부 연례보고서에서 북한을 테러지원국에 포함시킨 데 대해 비난
1996.5.21	부총리 겸 외교부장 김영남, 중동국가 순방 및 비동맹국가 각료회의 참석(4월 27일~) 후 평양도착
1996.5.22	북·중 간 경제기술협조협정 체결(북경)
1996.5.31	파키스탄의 협조물자 쌀 5천 톤 전달식 진행(만수대 의사당)
1996.6.10	김정일, 금강산발전소 건설장 시찰

1996.6.13	당 중앙위원 겸 순천비날론연합기업소 책임비서 주길본 사망
1996.6.21	외교부 대변인, 회견 통해 미국의 식량 추가지원 결정에 사의 표시
1996.6.24	김정일, 군 제770부대 및 영월수력발전소 건설현장 방문
1996.6.26	국가추도기간 일 년 연장 발표
1996.6.29	금강산발전소 100리 대형물길굴 통수식 진행
	리인모, 신병치료차 미국방문 후 귀환(5월 20일~)
1996.7.1	중앙통신, 경유제공 불이행 시 핵동결 제고 보도
1996.7.5	김일성의 '혁명사적 표식비' 제막식 진행(모란봉극장)
1996.7.6	KEDO 6차 부지조사단 방북
1996.7.14	북한(단장 당비서 황장엽)·쿠바 공산당대표단 간 회담 진행(평양)
1996.7.20	KEDO 의정서 협상 실무대표단 방북
1996.7.25	중앙인민위, 정령 통해 '조국해방전쟁승리의 날'(7월 27일)을 '국가적 명절'로 제정
1996.7.27	적십자회 위원장 대리 리성호, 대한적십자사 총재 앞으로 표류 중 구출된 북한군 인도 요구 전통 발송
1996.8.1	기록영화 〈위대한 력사〉 인민상 수여식(조선기록영화촬영소)
1996.8.4	인민체력검정월 간 개막식 진행(평양체육관)
1996.8.6	조선민주법률가협회 대변인, 재일동포 참정권 획득운동 비난 성명 발표
1996.8.8	범민족대회 북측준비위, 제7차 범민족대회 분산개최 발표
1996.8.10	전 국가계획위원장·국제올림픽위원 김유순 사망
1996.8.12	민용항공총국 대변인, 기자회견 통해 영공개방 공식확인
1996.8.14	제7차 범민족대회 개막식 진행(판문점)
1996.8.15	96범민족회의 진행(인민문화궁전)
1996.8.23	외교부 대변인, 중앙통신과의 기자회견에서 미국에 핵동결 협정 파기 경고
1996.8.24	김정일, 『청년전위』에 「김일성동지의 청년운동사상과 령도업적을 빛내여 나가자」라는 제목으로 담화 발표

1996.8.28	조평통 부위원장 양형섭, 한총련 탄압규탄 담화 발표
1996.9.4	발해에 관한 학술토론회 진행(인민문화궁전, ~5일)
1996.9.13	'나진·선봉 국제투자 및 기업토론회' 개최(나진·선봉시, ~5일)
1996.9.15	김정일, 금강산발전소 2단계 공사현장 시찰, 세계식량계획 기증 식량 4만여 톤, 남포항 도착
1996.9.18	금강산발전소 1단계 완공 조업식 진행
1996.9.22	인민무력부 대변인, 잠수함 및 무장공비 송환요구 담화 발표
1996.9.27	조선중앙통신사, 한국의 무장공비소탕에 대한 보복주장 성명 발표
1996.9.30	최고인민회의 부의장 여연구 장례식 진행
1996.10.3	개천절 맞아 단군제 개최(단군릉)
1996.10.9	김책제철연합기업소 진공정연로 조업식 진행
	조총련의 애국미 1만 톤 기증식 진행(남포항)
1996.10.13	김정일이 군부대들에 보내는 선전선동기재 전달식 진행(금수산 기념궁전)
1996.10.23	'숨은공로자 경험토론회' 진행(평양)
1996.10.28	김정일 월비산발전소 시찰
1996.10.29	조선학생위원회, 한총련 탄압 비난 성명 발표
1996.11.9	북대표단(단장 부총리 공진태), 세계식량정상회의 참석차 평양 출발
1996.11.16	조평통, 한국 정부의 대북협력중단조치 비난 성명 발표
1996.11.19	중앙통신, 판문점연락사무소 폐쇄 보도 발표
1996.11.26	김일성대 개교50주년 기념보고회 진행(4·25문화회관)
1996.12.12	직맹, 한국 정부의 노동법개정안 비난 성명 발표
1996.12.14	새날소년동맹 결성 70주년 기념보고회 진행
1996.12.29	외교부 대변인, 잠수함침투사건 관련 사과 성명 발표
1996.12.31	김정일, 제938군부대 시찰
1997.1.1	김정일, 금수산기념궁전 참배, 만경대혁명학원 방문

	범민련·범청학련 북측본부, 한국의 노동법 및 안기부법 개정안 통과 비난 성명 발표
1997.1.8	북한·KEDO 간 경수로 관련 2개 의정서 조인(뉴욕)
1997.1.13	한국 노동계 파업지지 평양시 노동자집회 진행(중앙노동자회관)
1997.1.18	제5차 전국고등중학생 수학경연 대회 진행
1997.1.22	북한·러시아 '조·소우호조약' 대체 새 조약안 합의회담 진행(평양)
1997.1.30	당중앙위 비서 황장엽, 주체사상국제토론회 참석차 동경 도착
1997.2.1	나진·선봉지역 내 특급호텔건설 착공식 진행(나진·선봉시)
1997.2.3	큰물피해대책위원회, 식량문제 관련 담화 발표
1997.2.4	북한군 대장 태병렬 사망
1997.2.9	김정일, 군 최고사령관 명령으로 장성급 승진인사 단행
1997.2.20	김정일, 등소평(덩 샤오핑) 사망에 조전 발송
1997.2.21	인민무력부장 최광 사망(2월 27일 장례, 혁명열사릉)
1997.2.27	인민무력부 제1부부장 김광진 사망(3월 1일 장례, 애국열사릉)
1997.2.28	외교부 대변인, 일본의 전역미사일방위체계 추진 비난 회견
1997.3.1	외교부 대표단(단장 부부장 김광진), 4자회담 설명회 참석차 평양 출발
1997.3.15	세계식량계획 대표단 평양 도착
1997.4.1	북한·유엔식량농업기구(FAO) 간 농업부문 수해지원 문건 합의
1997.4.5	당·정 간부 시리즈물 〈민족과 운명〉 시사회 진행(인민문화궁전)
1997.4.10	전국주체사상연구토론회 진행(인민문화궁전)
	북한·KEDO 간 고위급 전문가 협상 진행(함남 신포시, ~14일)
1997.4.13	김정일, 군 장성급 인사단행
1997.4.15	김정일, 동부전선 1211고지 군부대 방문
	원산-금강산 간 철도 개통식 진행(강원도 원산역)
1997.4.23	민민전 대변인, 황장엽 당비서의 한국망명 비난 성명 발표
1997.4.25	군창건 65주년 열병식 진행(김일성광장)
1997.5.3	외교부 대변인, 4자회담 협의 계속 표명

1997.5.10	북적 중앙위 대변인, 한국의 대북지원 단일화 비난 담화 발표
	북한(총정치국장 조명록) · 쿠바 군사대표단 간 회담 진행(평양)
1997.5.12	쿠바, 북한에 사탕가루 1만 톤 지원
1997.5.28	동상 등 김일성 · 김정일 우상물 우수관리자들에게 김성일 명의의 감사문 전달식 진행(평양)
1997.5.29	외교부 대변인, 인도 · 파키스탄 화해 환영 회견
1997.6.1	북한 · KEDO 간 제2차 고위급 전문가협상 진행(묘향산, ~6일)
1997.6.3	보천보전투 60주년 중앙보고대회 진행(4 · 25문화회관)
1997.6.10	김정일, 서해안 최전방 대연합부대 지휘부 시찰
1997.6.12	외교부 대변인, 미 · 일 방위협력지침 보고서 비난 담화 발표
1997.6.16	북한 · 러시아 간 기본조약 실무회담 진행(모스크바, ~17일)
1997.6.19	김정일, 「혁명과 건설에서 주체성과 민족성을 고수할데 대하여」 논문 발표
1997.6.21	김일성종합대학, 정부의 한총련 해체방침 비난 집회 진행(평양)
1997.6.27	북 · 중 간 무상원조(인민폐 2천만 엔 상당)에 관한 문건 조인식 (평양)
1997.6.30	중앙인민위원회, 중국 국가주석 강택민에게 홍콩반환 관련 축전 발송
1997.7.8	김일성이 출생한 1912년을 원년으로 하는 '주체' 연호를 사용, 생일인 4월 15일을 '태양절'로 제정
1997.7.10	북한 · 러시아, 평양－블라디보스토크 직항로(고려항공 8월 취항) 개설합의
1997.7.13	옥선희, 제10회 아시아 여자역도선수권대회(중국 양주)에서 금메달 획득
1997.7.14	중국의 대북한 식량 8만 톤 무상원조와 관련한 문건조인식(평양)
1997.7.16	북한군 14명이 강원도 철원군 중부전선의 군사분계선 월경, 한국군과 총격전
1997.7.18	국제적십자사 지원 50만 달러 상당의 대북구호물자 평양 도착
1997.7.26	범민련 공동사무국, 8 · 15경축 제8차 범민족대회(8월 14~15일)

	판문점 개최 결정 발표
1997.7.28	KEDO사무소, 함남 신포시 금호지구에 개설
1997.8.4	평북 운산군에서 발굴된 미군유해 4구 판문점 통해 미국 측에 인도, 평양-블라디보스토크 정기항로에 여객기 첫 취항(순안비행장)
1997.8.6	주북 유엔아동기금대표부 평양에 개설
1997.8.7	인도와 1997~1999년도 '문화교류계획서' 체결(평양)
1997.8.14	판문점에서 제8차 범민족대회 개최
1997.8.15	'97범민족회의 개최(인민문화궁전)
1997.8.19	함경남도 신포시 금호지구에서 경수로원전 착공식 개최
1997.8.24	김정일이 마련한 리인모 80회 생일 연회 개최(평양)
1997.8.25	9월 9일 정권수립일부터 '주체'연호 사용 발표
1997.8.26	공청결성 70주년(8월 28일) 기념 중앙보고대회(4·25문화회관)
1997.8.29	평남 순천시멘트연합기업소 3호 소성로 준공식 진행
1997.9.2	제1회 청년학생들의 8·28청년컵 쟁탈 농구대회 폐막(청년동맹회관, 8월 28일~)
1997.9.9	'주체'연호 사용 시작
1997.9.15	김정일, 인민군 제287군부대 섬방어대 시찰
1997.9.21	조선로동당 평안남도대표회, 김정일 '당총비서' 추대 결정서 채택(평남 평성시)
1997.9.23	조선로동당 평양시대표회, 김정일 '당총비서' 추대 결정서 채택(인민문화궁전)
1997.9.25	김정일 당총비서 추대를 위한 평안북도 당대표회 개최(신의주시)
1997.9.27	황해남도 당대표회 개최(해주시)
1997.9.28	황해북도 당대표회 진행(사리원시)
1997.9.29	자강도 당대표회(강계시)
1997.10.2	김정일 당총비서 추대를 위한 남포시 당대표회(남포)
1997.10.3	개성시 당대표회(개성)
1997.10.6	김정일 당총비서 추대 결정을 환영하는 중앙미술전람회 개최(조

선미술박물관)

1997.10.8	당중앙위·중앙군사위, 김정일이 당총비서 공식 추대됐음을 선포
1997.10.11	김정일 당총비서 공식추대 기념 평양시경축대회(김일성광장), 인민군장병들의 경축대회(전승광장)
	평양 순천시멘트연합기업소-2·8직동청년탄광 간 컨베이어벨트 조업식
1997.10.14	김정일 당총비서 공식추대 경축 공화국선수권대회 개막(평양체육관)
1997.10.24	1996년 수재로 파괴됐던 황남 청단군 소재 구암호가 복구돼 현지에서 준공식 진행
1997.10.27	쿠바지원 설탕 1만 톤 남포항 도착
1997.10.29	전국로동자농구경기대회(~11월 1일)
1997.10.31	사회안전부 정치대학에서 김일성 현지교시판, 김정일 현지말씀판, 김정숙 현지말씀판 제막식 진행
1997.11.3	황해북도 연산군 언진산 빙하 흔적(제4기 빙하 흔적으로 주장)에 대한 과학발표회 진행(인민대학습당)
1997.11.14	조선로동당 대표단과 일본연립3여당 대표단, 국교정상화 회담 조속개최 등을 규정한 보도문 발표
1997.11.16	평양방송, KBS 제2TV의 연속극 관련 작가 살해와 KBS폭파 위협
1997.11.20	제16회 윤이상음악회 폐막(윤이상음악당, 11월 18일~)
1997.11.27	김일성 현지교시판, 김정일 현지말씀판 제막식(무산광산연합기업소)
1997.11.29	김정일, 인민군 제264대련합부대 지휘부 시찰
1997.12.5	구월산 유원지 건설에 참가한 군인들에 대한 국가표창 수여식 진행(인민무력부 군인회관)
1997.12.8	조선예술영화촬영소 김일성 현지교시판, 김정일·김정숙 현지말씀판 제막식
1997.12.14	조선로동당출판사, 김정숙 출생 80주년 기념도서『어머님은 언제나 우리와 함께 계신다』출판

1997.12.21	동평양화력발전소 3호보일러 가동
1997.12.26	함흥화학공업대학 김일성 현지교시판, 김정일·김정숙 현지말씀판 제막식
1998.1.1	김정일, 만경대혁명학원 방문
1998.1.3	공동사설 과업 관철 위한 인민무력부 군인 궐기모임(평양)
1998.1.7	청진항 서항 3, 4호 부두 연결 컨테이너부두 완공
1998.1.9	농사차비 및 농업생산성 증대를 위한 궐기모임 진행(황북 사리원시 미곡협동농장)
1998.1.17	안변 청년발전소 제2단계 공사 중 유역변경을 위한 기초 굴착작업과 제3호 유역변경 공사 완공
	조평통 대변인, 주한 미8군사령부를 야전군사령부로 개편 비난 성명 발표
1998.1.19	황해남도 해주시에 대한 '군민일치 모범시' 칭호 수여식
1998.1.23	김정일이 자강도 내 인민경제부문을 현지지도(16~21일)했다는 중앙방송 보도, 중앙인민위원회, 자강도 당비서 겸 인민위원장 연형묵에게 '로력영웅' 칭호 수여
	북한·KEDO 간 고위급 전문가 협상 진행(20일~)
	청년동맹 중앙위 제8기 제14차 전원회의(~25일), 제1비서 최룡해 해임
1998.1.29	전국자력갱생모범일꾼대회 개막(4·25문화회관)
1998.2.4	북한·말레이시아 간 '투자 촉진 및 보호에 관한 협정' 체결(콸라룸푸르)
	중앙인민위원회, 9월 20일을 피복공업절로 제정
1998.2.6	전국 청년사회주의 총진군대회(4·25문화회관, ~7일)
1998.2.8	이탈리아 민간단체가 지원한 40톤의 의약품 평양 도착
1998.2.15	조평통 서기국, 주한미군의 전투력 증강 비난 보도 발표
1998.2.18	정당·사회단체 연합회의 개최(인민문화궁전)
1998.2.22	최고인민회의 의장 양형섭, 정당·사회단체 연합회의 조치 지지

담화 발표
1998.2.24	김정일화 온실 개관식(평남 평성시)
1998.2.25	전국 음성인식프로그램 경연 및 학술발표회(인민대학습당, ~27일)
1998.2.26	외교부 대변인, 미국의 대이라크 정책 비난 담화 발표
	북한·체코 간 투자장려 및 보호에 관한 협정 조인(만수대의사당)
1998.3.1	사회안전부, 이산가족 주소안내소 설치
1998.3.2	큰물피해대책위원회, 국제사회에 대북식량지원 요청 담화 발표
1998.3.6	외교부 대변인, 북미기본합의문 체결에 따른 조속한 경수로 건설과 대북제재 완화를 촉구한 담화 발표
1998.3.10	봄철나무심기를 위한 근로단체들의 연합궐기모임 개최(평양)
	북·러 외무회담 진행(~13일, 평양)
1998.3.11	조선역사학회, 평양을 중심으로 한 대동강 일대의 문화를 '대동강문화'로 명명
1998.3.13	김정일, 제324군부대 해안포중대 시찰
1998.3.14	김정일, 함북 김책시의 성진제강연합기업소 현지지도
1998.3.19	황해도를 비롯한 각지 농촌에서 보온못자리 씨뿌리기 시작
	외교부대변인, 주한미군의 야전군체제 전환이 "새 전쟁 도발준비의 마무리 단계"라고 비난 담화 발표
1998.3.21	사회과학원, 김정일·김정숙 소재 논문집과 발해사 관계서 출판
1998.3.23	외교부 대변인, 4자회담 제2차 본회담이 성과 없이 끝난 것은 미국의 책임이라고 주장한 담화 발표
1998.3.25	무역법 채택(5장 58조로 구성)
1998.3.27	전국전력부문일꾼 열성자회의 개최(인민문화궁전, ~28일)
1998.3.29	일본 자민당 대표단, 황해북도 은파군의 수해지역 방문
1998.4.3	체신부, '태양절' 기념우표 발행
1998.4.8	김정일의 국방위원장 추대 5주년 기념 중앙보고대회(4·25문화회관)
1998.4.10	UNDP의 지원으로 건설된 평양화력발전연합기업소 설비 조업식
1998.4.13	김정일, 군최고사령관 명령을 통해 군장성급 22명에 대한 인사

단행

1998.4.14	중앙인민위원회, 모범단위들에 3대혁명붉은기・영예의 붉은기 수여에 대한 정령 발표
1998.4.16	북・중 합작으로 건설된 청진금속합작회사 조업식(함북 청진시)
1998.4.18	김정일, 「민족대단결 5대방침」 발표
1998.4.20	남북연석회의 50주년 기념 중앙연구토론회(인민문화궁전)
1998.5.3	각지 사찰에서 석가탄신일 기념법회 진행, 남북불교도 간 '공동발원문' 발표
1998.5.4	리틀엔젤스(단장 박보희) 첫 공연(평양 봉화예술극장)
1998.5.8	평양시 신시가지 조성공사 독려를 위한 '군인건설자들의 궐기집회' 진행(임흥로터리-신미동 간 도로건설현장)
1998.5.20	최고인민회의 상설회의, 최고인민회의 제10기 대의원선거를 7월 26일에 실시한다고 발표
1998.5.24	최고인민회의 상설회의, 제10기 대의원선거를 위한 중앙선거관리위원회 조직 발표
1998.5.31	우뢰남자농구단, 미국 대학농구선수단과 농구경기(평양)
1998.6.1	김정일, 자강도 희천시 공장 기업소 현지지도
사회과학원 고고학연구소, 함북 청진시 청암구역 부거리 일대에서 발해시대 것으로 추정되는 무덤군 발굴
1998.6.8	북한 내부의 각계 단체와 인사들을 망라한 '민족화해협의회' 결성
1998.6.10	정당・사회단체 대표자회의 진행(평양), 8월 14~15일 통일대축전 제의
1998.6.16	현대그룹 명예회장 정주영 일행, 소 500마리와 함께 방북
1998.6.19	최고인민회의 제10기 대의원선거 위해 구 및 분구 선거위원회 조직
1998.6.22	현대그룹과 경제협력합의서 채택(인민문화궁전)
1998.6.23	평양방송, 강원도 속초 앞바다에서 발견된 잠수정은 "훈련 중 조난된 것"이라고 보도
1998.6.27	조평통 대변인, 속초 잠수정 침투사건과 관련해 잠수정과 승조

	원들의 시신 송환을 요구하는 성명 발표
1998.6.28	최고인민회의 제10기 대의원 제666호 선거구 선거자대회에서 김정일을 대의원 후보자로 추대(전승광장)
1998.7.2	평양방송, 일본에 행불자 문제 거론을 철회할 것을 요구
	당·정 간부들, 자강도 경제부문 시찰(~3일)
1998.7.6	조선로동당출판부, 김일성 회고록『세기와 더불어』제1부 '항일혁명편' 제8권 출간
1998.7.26	김정일, 제666호 선거구에서 대의원에 당선, 최고인민회의 대의원선거에서 대의원 687명 선출
1998.8.6	유럽연합(EU)이 제공하기로 한 식량 중 1차분 강냉이 3만 7천톤 남포항 도착
1998.8.7	한총련 대표 김대원, 황선 입북
1998.8.11	한국 천주교 정의구현전국사제단 신부 일행 평양 도착
1998.8.15	8·15 통일대축전 개막(판문점)
1998.8.19	최고인민회의 상설회의, '최고인민회의 소집에 대한 공시' 통해 9월 5일 회의 소집 발표
	평양방송, 김대중 대통령 8·15경축사 중 '제2건국운동' 비난
1998.8.26	중앙통신, 올 한 해 3,270여 개 중소형발전소가 완공되었다고 보도
	중앙통신, 집중호우로 강동·안주·개천·함남지구 탄광련합기업소 등 30개 탄광이 완전침수되었다고 보도
1998.8.31	광명성 1호 시험발사(대포동미사일 시험발사)
1998.9.2	조선아세아태평양평화위원회 대변인, 미사일 시험발사는 "자주권에 속하는 문제"라는 주장의 담화 발표
1998.9.4	외교부 대변인, 8월 31일 함북 대포동에서 발사한 것은 "탄도미사일이 아니라 인공위성이었다"고 주장
1998.9.5	최고인민회의 제10기 제1차 회의 개막(만수대의사당) 강택민 중국주석, 김정일 국방위원장 추대 축전
1998.9.7	국방위원회, 인민무력부를 인민무력성으로 개칭하고 인민무력상에 김일철 차수 임명

	평남 순천시 순천비날론연합기업소 카바이드 전기로 조업식
1998.9.15	제53차 유엔총회에 참석하기 위해 정부대표단(단장 외무성 부상 최수헌) 평양출발
1998.9.17	『로동신문』·『근로자』, 공동논설 「자립적 민족경제로선을 고수하자」 발표
1998.9.20	평양방송, 현대그룹이 제공한 통일소의 위에서 불순물이 검출돼 15마리가 폐사했다고 발표
1998.10.1	김정일, 량강도 대홍단군 현지지도
	조평통대변인, 한일어업협정에서 독도를 중간수역에 포함시킨 데 대해 비난 성명 발표
1998.10.2	『로동신문』, 논평을 통해 미 의회에서 99회계연도 중유자금 예산이 부결된 것에 대해 북미기본합의서 파기 위협
1998.10.7	김정일, 당비서 추대 1주년 기념 중앙보고대회(4·25문화회관)
1998.10.13	외교부 대변인, 미 의회의 대북지원 삭감 움직임에 북·미합의서 파기가능성을 시사한 담화 발표
1998.10.15	외무성 대변인, 유고의 코소보 분쟁 '대화해결' 강조 회견
1998.10.20	『로동신문』, 논평을 통해 한국의 '민족화해협력범국민협의회'를 대화상대로 인정할 수 없다고 주장
1998.10.27	정주영 현대그룹 명예회장, 판문점 경유 방북
1998.10.28	최고인민회의 상임위원장 김영남, 정주영 현대그룹 명예회장과 금강산관광사업 논의(만수대의사당)
1998.10.30	김정일, 정주영 현대그룹 명예회장과 면담(백화원초대소)
1998.11.9	외무성 대변인, 미국의 북한 내 지하시설물 사찰을 거부한다는 내용의 담화 발표
	김정일, 인민군 제1202부대 시찰
1998.11.17	외무성 부상 김계관, 찰스 카트먼 미국 한반도 평화회담 특사와 회담(평양)
1998.11.21	중앙통신, '한미전시접수국지원협정'(1991년 11월 21일) 파기 요구
1998.11.24	외무성 대변인, 평북 금창리 지하시설에 대한 보상전제 사찰입

장 재차 표명
1998.11.25	라진·선봉지구에 라진기업정보센터 개원
	평남 순천화력발전소 제3호 발전기 가동
1998.12.2	조선인민군 총참모부 대변인, 미국의 '5027작전계획'에 대해 "섬멸적 타격" 위협 성명 발표
1998.12.12	안변청년발전소 2단계 공사를 위한 군인건설자들의 궐기모임
1998.12.14	북한·스위스 투자장려 및 상호보호에 관한 협정 체결
1998.12.15	정주영 현대그룹 명예회장 방북
1998.12.21	주체사상노작전시관 개관식 진행(3대혁명전시관)
1998.12.28	평양방송, "국민의 정부 1년은 외세의존과 사대매국정책으로 정치·경제·사회 위기가 심화된 해"라고 평가
1999.1.1	『로동신문』·『조선인민군』·『청년전위』, 공동사설「올해를 강성대국 건설의 위대한 전환의 해로 빛내이자」발표
1999.1.5	중앙방송, 강원도에서 진행 중인 3만여 정보의 토지개간 사업 중 2만여 정보의 토지개간사업 마무리지었다고 보도
1999.1.7	조선반핵평화위원회(위원장 김용순), 미국에 대해 제네바 합의 이행 지연에 따른 경제적 손실 보상 요구 '고발장' 발표
1999.1.14	중국 무상지원 원유 8만 톤 북한 도착
1999.1.26	최고인민회의 상임위원회, 도(직할시)·시(구역)·군 인민회의 대의원선거 3월 7일 실시 공고
1999.2.3	정부·정당·단체 연합회의, 남한 측에 '남북고위급회담' 하반기 개최 제의(인민문화궁전)
1999.2.5	농업부문의 전반적인 생산능력 향상을 위한 농업법 제정
1999.2.8	조평통(위원장 김용순), 남한 정부에 대해 3개 항의 선행조치를 요구하는 담화 발표
	조선로동당출판사, 회상실기『김정일 위인상 2』출판
1999.2.11	북한·유엔군사령부 장성급회담(판문점), 컴퓨터 밀레니엄버그 문제 논의

1999.2.14	황북 황해제철연합기업소, 산소열법 용광로 조업식 진행
1999.2.15	사남천발전소 완공
1999.2.20	지방인민회의 대의원선거위원회, 선거자 명부 공시
1999.2.21	조평통서기국 대변인, 남한 정부의 '3단계 일괄타결 방안' 거부 입장 표명
1999.2.27	북·미 4차 고위급회담, 금창리 지하의혹시설 문제 규명을 위해 개최(뉴욕)
1999.3.6	나카야마 마사키 일본 자민당 중의원 의원 일행 평양 도착
1999.3.7	지방 인민회의 대의원선거 실시
1999.3.9	IAEA대표단, 북미기본합의서 이행을 위한 제12차 협상차 평양 도착 정주영 현대그룹 명예회장 방북
1999.3.13	량강도 대홍단군 진출 제대군인 1,000명에 대한 국가표창과 선물수여식(4·25문화회관)
1999.3.16	금창리 지하의혹시설 관련 북·미 협상 타결(뉴욕) 북한·유엔아동기금(UNICEF)「99년 협조이행합의서」체결(평양) 대홍단군 진출 제대군인 환송식(평양)
1999.3.17	최고인민회의 상임위원회, 최고인민회의 제10기 제2차 회의 소집 정령 발표 북한·러시아, 친선·선린협조에 관한 조약 가조인
1999.3.24	군 정치일꾼 대표단(단장 박재경 대장), 쿠바 방문차 평양출발
1999.3.25	전국과학기술자 대회(인민문화궁전, ~26일)
1999.3.28	전국농근맹 리위원장 회의 진행(평양)
1999.3.29	북한·미국, 제4차 미사일협상 개최(~30일)
1999.4.2	최고인민회의 대표단, 6일간 일정으로 모스크바 방문
1999.4.3	인민군, 강원도 원산에서 군민대회를 열고 도내 협동농장에 트랙터와 비료 전달
1999.4.7	최고인민회의 제10기 제2차 회의 진행(만수대의사당, ~9일)
1999.4.8	국가학위 학직 수여식(인민문화궁전)

1999.4.9	조선로동당출판사, 『김일성 전집』 제25권 출판
1999.4.14	김일성 주석 87회 생일 기념 중앙보고대회(4·25문화회관)
	'제2차 현대사와 민족문제에 관한 토론회' 개최(인민문화궁전)
	외무성 대변인, 한·미 연합전시증원훈련 실시 비난 담화 발표
1999.4.15	대동강유람선 '평양1호' 운항 시작
1999.4.19	조선반핵평화위원회 대변인, 북한의 생화학무기 보유설 부인
1999.4.20	함북김책제철연합기업소와 성진제강기업소 제대군인들에 대한 국가표창 수여식(4·25문화회관)
1999.4.24	한반도 평화구축을 위한 4자회담 제5차 본회담 개최(제네바, ~27일)
1999.4.27	전국민주노동조합총연맹 대표단, 평양 도착
1999.4.30	평양시 삼등지구 수력발전소 착공식
1999.5.4	세계식량계획 식량조사단, 평양 도착
1999.5.12	조선민주법률가협회 북·중친선협회 중앙위원회, 북대서양조약기구(NATO)의 유고공습을 규탄하는 성명과 담화 각각 발표
	보건성 대표단(단장 최창식 보건성 부상), 세계보건기구 제52차 총회(17~21일)에 참석차 제네바로 향발
	평안남도 신양군 비류강에 완공한 청년1호발전소 조업식
1999.5.14	미국 한반도 평화회담 특사 찰스 카트먼 방북
	채취공업성 산하 광물자원조사국, 자원매장량과 분포현황을 표시한 새로운 지형도 제작
1999.5.15	조선로동당 대표단(단장 박경선 중앙위 부부장), 그리스 아테네에서 진행될 공산당 국제회의 참가차 평양 출발
1999.5.18	금창리 지하핵의혹 시설을 규명하기 위한 미국 현장조사단 방북
1999.5.19	조국평화통일위원회, 남한의 박정희 전 대통령 기념관 건립추진 비난
1999.5.25	윌리엄 페리 미국 대북정책조정관 일행 평양 도착
1999.5.28	조국평화통일위원회, '작전계획5027-98' 비난 성명 발표
	자강도 위원군 위원임산사업소 량강1호발전소 완공
1999.6.1	『로동신문』·『근로자』, 공동사설을 통해 서구식 사상문화 경계

촉구

북한·중국 간 홍콩주재 북한 총영사관 개설에 관한 협정 조인 (베이징)

북한 경제대표단(단장 김봉익 무역성 부상), 리비아·불가리아·기니 순방차 평양 출발

북한 여자축구단, 19일 미국 개최 제3회 여자월드컵대회 참가차 평양 출발

1999.6.3	김영남 최고인민회의 상임위원장, 중국 공식 친선방문차 베이징 도착
1999.6.8	『로동신문』, 남한 함선의 북한 서해안 영해침범 주장을 되풀이하며 "결코 수수방관할 수 없다"고 강조
1999.6.9	중앙방송, 남한 전투함선이 지난 5일에 이어 7일과 8일 서해 북측 해상에 또다시 불법침입했다고 주장
1999.6.15	중앙통신, 서해상 남북교전이 일어난 것과 관련 사죄 요구
1999.6.16	조국평화통일위원회, 서해상 교전 관련 남한 측 인사의 평양방문 잠정적으로 제한 중지한다는 성명 발표
1999.6.20	금강산 관광객 민영미 씨, '대북 모략요원' 혐의로 북한에 억류
1999.6.23	'고구려의 역사적 지위와 역할에 관한 학술토론회' 진행(인민대학습당)
1999.6.25	아태평화위원회, 민영미 씨 송환 담화 발표
1999.6.26	민족화해협의회(회장 김영대), '백범 김구선생 회고모임' 개최(모란봉극장)
1999.7.8	김일성 사망 5돌 중앙추모대회
1999.7.10	『금수산기념궁전전설집(1)』 출판
	미 국회 상원의원 일행 평양 도착(~12일)
1999.7.14	김정일, 평안북도의 토지정리사업 현지지도
1999.7.20	중국 정부 민항대표단, 일본 신사회당·오키나와 사회대중당 공동대표단 평양 도착
1999.7.21	감자로 약용포도탕 생산

1999.7.30	반핵평화위원회, 일본의 핵물질 수송과 핵무장화 책동 규탄 성명
1999.8.2	대외경제중재법 채택
1999.8.3	『로동신문』, '박정희대통령기념사업회' 발족 비난
1999.8.8	9만여 정보의 농경지침수, 무더기비와 태풍 피해(3일 새벽~4일) 발표
1999.8.10	민주노총 노동자 축구선수단 평양 도착
1999.8.11	교육법 채택 중앙통신, 「히노마루', '기미가요' 법안승인은 력사에 대한 도전」 논평 발표
1999.8.12	김정일, 대홍단군종합농장과 무봉로동자구를 현지지도 '통일념원 북남로동자축구대회' 진행(양각도경기장)
1999.8.17	외무성 대변인, 「햇볕정책'은 미국의 '평화적이행전략'의 변종」 성명 발표
1999.8.20	중앙통신, TMD공동기술연구협정 조인 비난 논평
1999.8.30	정성옥 선수, 세계육상선수권대회 여자마라톤에서 금메달 획득
1999.8.31	김정일, 인민군 제635군부대 시찰
1999.9.16	김정일, 자강도 내 현지지도
1999.9.21	미국, 북한에 대한 경제제재해제조치 발표
1999.9.23	리종옥 명예부위원장 사망(26일 국장)
1999.9.27	유엔총회 제54차 회의에서 백남순 외무상 연설
1999.9.28	통일농구경기대회 진행(평양실내체육관)
1999.10.1	김정일, 현대그룹 정주영 명예회장과 정몽헌 회장 접견
1999.10.6	『로동신문』, 영동학살만행을 논평
1999.10.10	위성텔레비전방송중계 시작
1999.10.14	평안북도에서 토지정리 시작
1999.11.3	제2의 천리마대진군선구자대회 개막(~4일)
1999.11.4	최고인민회의 상임위원회, 체육성을 내각체육지도위원회로 고치는 정령 발표
1999.11.6	조선민주법률가협회, 노근리 학살사건 국제조사단 파견 요청

1999.11.14	김일성종합대학 구석기시대 동굴유적 발굴
1999.11.24	세계역도선수권대회 여자 58kg급 리성희 우승
1999.11.25	비무장지대에 고엽제를 살포한 것에 대하여 사회단체들이 공동성명 발표
1999.12.1	일본 초당파의원 방북단(단장 무라야마 전 총리) 방북, 1992년 11월 중단된 북·일수교교섭 재개문제 논의
1999.12.14	일본, 대북제재 조치 해제 발표
1999.12.19	김영남, 중국의 마카오 주권회복에 즈음하여 강택민(장쩌민) 주석에게 축전 발송
1999.12.20	함북 부령군 형제1호발전소 조업식 진행
1999.12.21	북·일 국교정상화 교섭 예비회담(베이징)
1999.12.24	함북 남청진-사봉 간 궤도전차식 개통식 진행
1999.12.31	국토환경보호성, 1999년 한 해 동안 총 8억 3천여 만 그루 식수 발표
2000.1.1	『로동신문』·『조선인민군』·『청년전위』, 공동사설「당창건 55돐을 맞는 올해를 천리마대고조의 불길 속에 자랑찬 승리의 해로 빛내이자」 발표
2000.1.4	북한·이탈리아, 대사급 외교관계 수립
2000.1.5	최고인민회의 상임위, 정령「기념주화 마라톤 우승자 정성옥을 발행함에 대하여」 공시
2000.1.10	함남도 성천강 1, 4, 17호 발전소 등 15개 중소형발전소 조업식 진행
2000.1.18	남조선의 비전향장기수 구원대책조선위원회 제11차 회의(평양)
2000.1.20	평양교예단 제24차 몬테카를로 국제교예축전(모나코, 20~23일) 금상
2000.1.22	북·미 베를린 회담(~28일), 3월 말 고위급 회담 개최 합의
2000.1.25	김정일, 평안북도 내 공업부문사업 현지지도(~28일)
2000.1.26	전국 농업부문일꾼회의(인민문화궁전, ~27일)

2000.2.2	조선혁명박물관 내 김 총비서 혁명실록관 개관
2000.2.9	이고리 이바노프 러시아 외무장관 방북(~10일), 북·러 친선 선린 및 협조에 관한 조약 체결
2000.2.19	김영남, 영국 신공산당 대표와 담화(만수대의사당)
2000.2.20	강건종합군관학교, 강건 동상 건립
2000.2.21	당 창건 55돌 기념행사인 제11차 전국프로그램 경연 및 전시회 조직요강 발표
2000.2.24	김일성종합대학 지리학부 지리정보연구실, 새로운 지리정보체계 소프트웨어 '삼천리' 개발
2000.2.26	조선인민군 중대 정치지도원대회 개막(평양체육관, ~27일)
2000.2.27	최태복, 유고슬라비아 외무상 일행과 담화(만수대의사당)
2000.3.5	김정일 총비서, 주북 중국대사관 방문
2000.3.6	평양상점 창립 50돌 기념보고회 개최
2000.3.10	조선인민군 4·25예술영화촬영소, 예술영화 〈군관의 안해들〉 창작
2000.3.14	판문점 통해 남북 특사급 접촉 제의, 최고인민회의 상임위 정령으로 최고인민회의 제10기 제3차 회의를 평양에서 소집(4월 4일)할 것을 공시
2000.3.17	남북정상회담 개최를 위한 첫 남북특사 접촉(상하이, 박지원 문화부 장관·송호경 아시아태평양평화위원회 부위원장)
2000.3.20	각지 사찰 열반절 기념 법회 개최
2000.3.23	해군사령부, 서해안 군사분계선 설정(1999년 9월 선포)에 대한 후속조치로 이른바 서해 5개 섬에 대한 항공기·선박 통항질서 확정 공포
2000.3.24	제3차 전국선동원대회(~25일)
2000.3.27	김정일, 대흥단군 종합농장 현지지도
2000.3.29	북한·이탈리아 간 경제협력협정 서명
2000.3.30	평양방직공장에 진출하는 제대군인들에 대한 국가표창 수여식 진행(4·25문화회관)
2000.4.3	최고인민회의 대의원들, 조국통일3대헌장기념탑 및 평양-남포

	고속도로 건설장에서 지원노동
2000.4.4	최고인민회의 제10기 제3차 회의 개막(만수대의사당, ~6일), 재정상 림경숙의 1999년도 국가예산 집행결산 및 2000년도 예산보고, 교육법·대외경제중재법·민용항공법 승인, 사회안전성의 '인민보안성' 개명 및 '북·러 신조약' 비준
2000.4.7	김영남 일행, 개발도상국 정상회담(쿠바 아바나, 10일~) 참가차 평양 출발
2000.4.10	남북정상회담 개최 합의 공식 발표(중방·평방·중앙TV 특별중대방송, 「북과 남 사이에 합의된 합의서」 보도)
2000.4.12	김책항 개건확장공사 준공식 진행
2000.4.14	태양절 기념 중앙보고대회(4·25문화회관)
2000.4.17	김영남, 쿠바의 피델 카스트로 국가평의회 의장과 회담(아바나)
2000.4.22	남북정상회담 제1차 준비접촉(판문점 평화의집)
2000.4.27	전국 26호 모범기대 창조운동 선구자대회 개막(인민문화궁전, ~28일)
2000.5.5	최고인민회의 부위원장 김영대, 호주 국회의원 일행과 담화(만수대의사당)
2000.5.7	포태종합농장으로 진출하는 제대군인들에 대한 국가표창수여식 진행(인민무력성회관)
2000.5.9	김정일, 열대메기공장 현지지도
2000.5.11	전국 사찰 석탄절 봉축법회
2000.5.14	제15차 중앙과학기술축전 개막(김책공대, ~18일)
2000.5.15	인민군 총정치국장 조명록, 내각 부총리 곽범기, 군인 및 주민 10만여 명 참석하 평안북도 토지정리 사업 완료 기념 군민연환대회(신의주)
2000.5.18	남북정상회담 제5차 준비접촉(판문점 평화의집), 실무절차 합의서 채택(15개 조 31개 항)
	개천-태성호 간 수로공사 첫 공정인 대각갑문 1차 가물막이공사 완공

2000.5.20	최고인민회의 대표단(단장 부의장 장철), 국제의회연맹(IPU) 총회(요르단 암만) 참가 후 평양 도착
2000.5.25	평양 학생소년예술단 서울 방문(~30일)
2000.5.29	김정일, 조명록·김영춘·김국태·김용순·김양건 등 대동하고 중국 비공식 방문(~31일)
2000.5.31	제17차 '림팩-2000' 합동군사훈련 시작(5월 30일) 비난
2000.6.5	기록영화, 〈위대한 영도자 김정일 동지께서 중화인민공화국을 비공식 방문〉 제작 보도
2000.6.6	인민무력성 부상 대장 오룡방 사망
2000.6.13	남북정상회담(평양, ~15일), 마지막날 6·15공동선언 발표
2000.6.19	미국 정부, 대북 경제제재 완화조치 공식 발표
2000.6.27	남북적십자회담(금강산호텔, ~30일), 「남북이산가족방문단 교환과 면회소 설치 운영 및 비전향장기수 송환에 관한 합의서」 발표 김영남 북한 최고인민회의 상임위원장을 단장으로 한 북한 당 및 국가대표단, 하페즈 알 아사드 시리아 대통령 사망에 조의를 표하기 위해 시리아 방문(~7월 1일)
2000.6.28	정주영 전 현대그룹 명예회장과 정몽헌 현대아산 회장 방북, 김정일 북한 로동당 총비서 면담(~30일)
2000.7.2	북한 내각 산림법 시행규정(총 5장 50조) 채택
2000.7.10	북한·미국 미사일회담(콸라룸푸르, ~12일)
2000.7.12	북한·필리핀, 대사급 외교관계 수립(마닐라)
2000.7.19	블라디미르 푸틴 러시아 대통령 방북(~20일), 11개 항의 북·러 공동선언 발표 북한·미국 관계개선 회담(베를린)
2000.7.26	남북 외무장관 회담, 북·일 외상 회담, 북·캐나다 외무장관회담(방콕)
2000.7.27	북한 아세안지역안보포럼(ARF) 가입
2000.7.28	통일탁구경기대회(평양) 북한·미국 외무장관 회담, 북한·뉴질랜드 외무장관 회담(방콕)

2000.7.29	제1차 남북장관급회담(서울, ~31일), 재일본조선인총연합회(조총련) 동포 고향방문과 경의선 철도 복원 등 6개 항의 공동보도문 발표
2000.7.31	조선로동당 창건 55주년 당구호 발표
2000.8.5	남한 언론사 사장단 북한 방문(~12일)
	북한·베트남 외무장관 회담(평양)
2000.8.7	북한·인도네시아, 「2000~2002년 문화교류 계획서」 조인(자카르타)
2000.8.8	정몽헌 현대아산 이사회 의장 등 현대 방북(~10일) 방문 중 9일 김정일 로동당 총비서 면담
2000.8.9	북한·미국 테러회담(평양, ~10일)
2000.8.15	북한 정부·정당·단체연합대회(평양), 6·15공동선언 실천을 위한 4개 항의 공동결의문 채택
	제1차 남북 이산가족 방문단 각각 서울과 평양 방문(~18일)
2000.8.18	북한 국립교향악단 서울 공연(~24일)
2000.8.21	북한·일본 제10차 국교정상화 본회담(도쿄, ~24일)
2000.8.29	제2차 남북장관급회담(평양, ~9월 1일) 마지막날 남측 수석대표인 박재규 통일부 장관, 김정일 로동당 총비서 면담
2000.9.2	비전향장기수 63명 송환
2000.9.5	김영남 북한 최고인민회의 상임위원장, 미국 뉴욕에서 열리는 유엔 밀레니엄 정상회담에 참가하려다 독일 프랑크푸르트 공항에서 미국 항공사의 과잉 몸수색 사건으로 중도 귀환
2000.9.11	김정일 북한 국방위원장의 특사인 김용순 로동당 비서 서울 방문, 송이 전달·제주도 방문·청와대 예방(~14일)
2000.9.15	남북 선수단, 시드니 올림픽 개막식 공동 입장
	김정일 로동당 총비서 방북 중인 중국 대외연락부대표단 접견
2000.9.18	경의선 기공식
2000.9.20	제2차 남북적십자회담(금강산, ~23일), 이산가족 면회소 설치 등 논의
2000.9.21	정몽헌 현대아산 이사회 회장 일행 방북(~10월 3일) 방문 중 9

	월 30일 정 회장, 금강산에서 김정일 로동당 총비서 면담
2000.9.22	남측 백두산 관광단 110명 방북(~28일)
	제1차 재일본조선인총연합회(조총련) 동포 고향방문단 방한(~27일)
2000.9.25	남북국방장관회담(제주도, ~26일), 제1차 남북경제협력 실무접촉(서울, ~26일)
	북한·독일 외무장관 회담(베를린)
2000.9.27	제3차 남북장관급회담(제주도, ~30일)
	북한-이탈리아 외무장관 회담(로마), 투자장려 및 보호에 관한 협정, 경제협조에 관한 기초협정, 문화 및 과학협조에 관한 협정 등 3개 분야 협정 체결
2000.9.28	북한·미국 통합의제 회담(뉴욕, ~30일)
2000.9.29	북한 정부·정당·단체대표 합동회의, 조선로동당 창건 55주년에 남한 정당·단체대표들과 각계 인사 초청
2000.10.4	북한 최고사령관 명령 제00133호, 군장성 승진 인사
2000.10.9	조명록 북한 국방위원회 제1부위원장 김정일 국방위원장 특사로 미국 방문(~12일), 클린턴 미 대통령 만나 김 국방위원장 친서 전달하고 북·미 공동코뮈니케 발표
	조선로동당 행사 참관하는 남측 인사 42명 방북
2000.10.10	조선로동당 창건 55돌 기념 열병식과 군중시위 행사
2000.10.11	청년영웅도로(평양-남포 간 고속도로) 준공식
2000.10.20	안변청년발전소 제2단계 공사 준공식
2000.10.22	지호전(츠하오톈) 중국 공산당 중앙군사위원회 부주석 겸 국방부장 일행 방북(~26일), '항미원조' 50주년 행사에 참석
2000.10.23	매들린 올브라이트 미 국무장관 방북(~25일)
2000.10.30	북한·일본 제11차 국교 정상화 본회담(베이징, ~31일)
2000.11.3	북한적십자회 장충식 대한적십자사 총재의 『월간조선』 10월호 인터뷰 내용에 '북한 비하' 발언이 들어있다며 장 총재 비난 성명 발표
2000.11.8	제2차 남북경제협력 실무접촉(평양, ~11일)

	북한·러시아, 규격, 계량, 품질 분야 협조 협정 체결(모스크바)
2000.11.14	북한·호주, 「농업공동 연구 및 개발계획에 관한 양해각서」 체결 (평양)
2000.11.17	북한·유엔군 사령부 장성급회담, 경의선 공사구간 비무장지대 관리권 남한에 이양
	제2차 조총련 동포 고향방문단 방한(~22일)
2000.11.20	범민련 북측본부 중앙위원회 제9차 총회(평양)
2000.11.25	북한·유럽연합 정치 대화(평양, ~28일), 토니 홀 미 하원의원 방북(~28일)
2000.11.28	샘 누조마 나미비아 대통령, 김영남 북한 최고인민회의 상임위원장 초청으로 방북(~30일)
	제1차 남북군사실무회담(판문점 통일각)
2000.11.30	제2차 남북이산가족 방문단 상호 교환(~12월 2일)
2000.12.5	제2차 남북군사실무회담(판문점 평화의집), 비무장지대(DMZ) 돌발상황 시 남북 연락체계 가동 합의
2000.12.12	제4차 남북장관급회담(평양, ~15일)
	북한·영국, 대사급 외교관계 수립 합의
2001.1.1	『로동신문』·『조선인민군』·『청년전위』, 공동사설 「고난의 행군'에서 승리한 기세로 새 세기의 진격로를 열어 나가자」 발표
2001.1.10	우리 민족끼리 통일의 문을 여는 2001년 대회 개최, 비전향장기수 북송, 교류협력 실시 등 담은 「7천만 겨레에게 보내는 호소문」 채택
2001.1.15	김정일 총비서, 중국 비공식 방문(~20일)
	북한·네덜란드, 대사급 외교관계 공식 수립
2001.1.23	북한·벨기에, 대사급 외교관계 수립
2001.1.29	제3차 남북적십자회담, 북한 강원도 금강산여관(~31일)
2001.1.31	제4차 남북군사실무회담, 판문점 남측 평화의집, 경의선 철도 복원 및 도로 건설과 관련한 문제 논의

2001.2.6	북한·캐나다, 외교관계 수립
2001.2.8	제5차 남북군사실무회담 개최, 비무장지대(DMZ) 내 경의선 철도도로 연결 작업을 위한 'DMZ 공동규칙안' 합의
	제1차 남북전력실무회의 개최(~10일)
2001.2.21	재일본조선인총연합회 한덕수 의장 사망(94세)
	외무성 대변인 미국 부시행정부 외교팀의 대북 강경정책 비난 담화 통해 미사일 발사 유보조치 파기 경고
2001.2.23	남북적십자사, 제2차 생사 및 주소확인 결과 교환
2001.2.26	제3차 남북이산가족방문단 교환
2001.3.1	북한·독일 간 대사급 외교관계 수립 합의
2001.3.5	북한·룩셈부르크 간 대사급 외교관계 수립
2001.3.17	북한·러시아, 평양에서 철도운송 분야의 양국 간 협조 강화 합의서 채택
2001.3.24	정주영 현대그룹 회장 별세 관련 조문단 파견(단장 송호경)
2001.3.26	중국 북방항공공사, 베이징-다롄-평양 간 항공노선 재취항
2001.3.29	평양에서 '전국 청년전위들의 사회주의 붉은기 총진군대회' 개최
2001.4.5	최고인민회의 제10기 제4차 회의 개최, 2000년 결산 및 2001년 예산 심의, 가공무역법·갑문법·저작권법 승인 등 토의
2001.4.9	북한 경비정, 서해 북방한계선 침범
2001.4.21	남북 노동자, 금강산에서 5·1절 공동행사 실무접촉, 4월 30일~5월 2일 남북 노동자 5·1절 통일대회 개최 합의
2001.4.27	북한·러시아 간 '방위산업 및 군사장비 분야 협력 협정', '2001년 군사협력 협정' 등 체결
2001.5.1	김정일 국방위원장 장남 김정남 추정인사, 일본 나리타공항에서 불법 입국 혐의로 체포
	분단 이후 첫 남북 공동 노동절 행사 금강산 온정각에서 개최
2001.5.3	김정일 국방위원장, 유럽연합(EU) 의장국인 스웨덴의 요란 페르손 총리와 회담
2001.5.4	외무성 대변인, 미국이 북한을 테러지원국으로 지정한 것은 지

	난해 10월의 북미 공동 성명을 뒤엎는 것이라고 반발
2001.5.16	조선중앙통신사 상보, 미국이 2003년까지 북한에 넘겨주기로 한 200만kW 경수로의 건설 지연에 따른 전력손실분을 보상하지 않을 경우 핵동결 해제 경고
2001.5.26	재일본조선인총연합회 제19차 전체대회에서 서만술 신임의장 선출
2001.6.3	청진2호·령군봉호·백마강호 등 북한상선 영해 침범
2001.6.24	북한 선박 서해 북방한계선(NLL) 침범
2001.6.29	외무성 대변인, 장길수군 일가 7명이 제3국으로 출국한 것과 관련해 남측과 유엔 난민고등판무관실(UNHCR) 비난
2001.7.14	북한·베트남, 교류 및 협조 확대 공동 코뮈니케 발표
2001.7.17	북한·라오스, 친선증진 내용의 공동 코뮈니케 발표
2001.7.25	북한·유럽연합(EU) 하노이에서 회담을 갖고 외교관계 수립에 관한 공동보도문 발표
2001.8.4	김정일·푸틴, 모스크바에서 8개 항의 모스크바선언 발표
2001.8.14	평양 락랑구역 통일거리 입구에 건설된 조국통일3대헌장기념탑 준공식
2001.8.15	2001민족통일대축전, '조국통일3대헌장기념탑'에서 진행(~16일)
2001.8.22	외무성 대변인, 고이즈미 준이치로 일본 총리의 야스쿠니신사 참배 비난 담화 발표
2001.9.3	강택민(장쩌민) 중국 주석 방북(~5일)
2001.9.15	남북, 서울에서 제5차 장관급회담 개최(~19일), 이산가족 방문단 교환(10월 16~18일) 등 5개 항의 공동보도문 발표
2001.10.2	6·25전쟁 참전 미군병사 유해 17구 미국에 인도
2001.10.4	남북, 금강산관광 활성화 위한 제1차 남북당국간회담(~5일)
2001.10.12	조평통 대변인, 제4차 이산가족 방문단 교환 및 태권도 시범단의 서울 파견 연기 담화 발표
2001.10.15	조선중앙통신, 지난 9일과 10일 강원도 원산시에 내린 폭우와 해일로 수백 명의 사상자와 막대한 재산손실 발생 보도

2001.11.3	외무성 대변인, '테러에 대한 재정지원 금지 국제협약'과 '인질반대 국제협약'에 가입결정 발표
2001.11.9	제6차 장관급회담 금강산에서 진행(~14일)
2001.11.14	제6차 장관급회담 결렬
2001.11.18	북한 경비정 북방 한계선 침범
2001.11.19	조선기자동맹, 제8차 대회 개최(~20일)
	세계보건기구 평양대표부 개소
2001.11.22	『노동신문』, 새 경제 슬로건 '라남의 봉화' 첫 보도
	남한 민간단체에 '새해맞이 공동행사' 제의
2001.11.24	북한·중국, 평양에서 「국경통과지점 설정 및 관리제도에 관한 협정」 조인
2001.11.27	북한군 파주 비무장지대 아군 초소에 총격
2001.11.29	재일본조선인총연합회 중앙상임위원회, 일본당국의 조은(朝銀) 도쿄 신용조합 수색 및 관계자 체포 비난 성명 발표
2001.12.6	북한 경수로 관계자 19명, 남측 방문(~31일)
2002.1.1	『로동신문』·『조선인민군』·『청년전위』, 공동사설 「위대한 수령님 탄생 90돌을 맞는 올해를 강성대국건설의 새로운 비약의 해로 빛내이자」 발표
2002.1.4	북한 경비정 서해 북방한계선(NLL) 월선
2002.1.15	도리스 헤르트람프 평양주재 초대 독일대사 신임장 제정(서방 첫 정식 대사)
	국제원자력기구(IAEA), 과거 북핵 규명관련 시설 방문·조사(~19일)
2002.1.22	정부·정당·단체 합동회의, 올해를 '우리 민족끼리 단합과 통일을 촉진하는 해'로 지정 제의(인민문화궁전)
2002.1.29	전국농업부문일꾼회의(~30일)
2002.1.31	국토환경보호부문일꾼회의(인민문화궁전)
2002.2.10	콘스탄틴 풀리코프스키 러시아 극동지역 대통령 전권대표 방북

(~12일)

2002.2.28	전국 농촌청년분조장·청년작업반장 회의(평양)
	김영남 최고인민회의 상임위원장, 타이(~3월 3일)·말레이시아 (3월 3~5일) 순방
2002.3.4	경제시찰단(단장 무역상 이광근), 벨기에·이탈리아·스웨덴·영국 등 유럽 4개국 순방(~15일)
2002.3.13	전국농근맹초급일꾼 열성자회의(~14일) 개최
2002.3.14	탈북자 25명 재중 스페인대사관 진입
2002.3.21	김일성사회주의청년동맹(청년동맹) 대표자회 개막(~22, 평양 청년중앙회관)
2002.3.27	최고인민회의 제10기 제5차 회의(평양)
	북한 경비정 서해 북방한계선 월선
2002.3.31	메가와티 수카르노 푸트리 인도네시아 대통령 방북(~30일)
2002.4.3	임동원 청와대 외교안보통일 특보, 김대중 대통령 특사자격으로 방북(~6일), 남북공동보도문 발표
2002.4.28	제4차 남북이산가족 상봉(~5월 2일)
2002.4.29	'대집단체조 및 예술공연 아리랑' 개막(5월1일경기장)
2002.5.2	천득렁 베트남 주석, 김영남 최고인민회의 상임위원장 초청으로 방북(~5일)
2002.5.6	제5차 평양국제상품전람회(~9일)
2002.5.8	전국여맹 열성자회의
	탈북자 5명(2001년 입국한 장길수군의 친척) 중국 선양 주재 일본총영사관 진입좌절, 탈북자 2명 미국총영사관 진입
2002.5.9	탈북자 1명 중국 선양 주재 미국 총영사관 진입
2002.5.11	박근혜 유럽·코리아재단 이사 방북(~14일)
	탈북자 2명 중국 베이징 주재 캐나다대사관 진입
2002.5.31	금강산 관광객 70대 노인 현지서 사망
2002.6.13	중국, 한국공관에 진입해 탈북자 강제 연행
2002.6.29	북한 경비정 NLL침범, 남북교전 발생

2002.7.1	물가·임금 인상조치 단행
2002.7.2	북한 경수로 안전요원 25명 입국(~27일)
2002.7.10	금강산 해수욕장 첫 개장
2002.7.25	김령성 장관급회담 북측 단장, 서해도발 '유감' 표명 전통문
2002.7.28	이고리 이바노프 러시아 외무장관 방북(~29일)
2002.8.7	대북 경수로 본체 콘크리트 타설식(함남 금호지구)
2002.8.12	제7차 남북장관급회담(서울, ~14일)
2002.8.13	유엔사·북한군 비상인명구조지원 합의
2002.8.14	마수드 하이더 평양주재 유엔개발계획(UNDP) 및 세계식량계획 대표 신임장 제정
	동아시아축구연맹(EAFF) 가입(콸라룸푸르)
2002.8.15	분단 이후 첫 조총련계 학생 방한(~22일)
2002.8.18	순룡범 씨 등 세 가족 21명 해상 탈북, 입국
2002.8.20	김정일, 러시아 극동지역 방문(~24일)
2002.8.26	탈북자 7명 중국 외교부 진입 시도
2002.9.1	인민학교를 소학교로, 고등중학교를 중학교로 각각 개칭
2002.9.12	「신의주 특별행정구 기본법」(6장 101조) 채택
2002.9.13	제5차 남북이산가족상봉(금강산, ~18일)
2002.9.15	남한 태권도시범단 평양서 공연(태권도전당, ~16일)
2002.9.16	국회의원단(단장 김태식 국회부의장, 민주당) 방북(~22일)
2002.9.17	김정일 국방위원장·고이즈미 준이치로 일본 총리, 북한·일본 정상회담 개최(백화원초대소), 북일평양선언 발표
2002.9.23	조선대외경제협력추진위원회(위원장 김용술)와 네덜란드 유럽·아시아국제무역회사(어우야그룹 회장 양빈), 「신의주특별행정구 개발과 관리운영을 위한 기본합의서」 조인(평양)
2002.9.24	남북 군사 핫라인 첫 개통
	최고인민회의 상임위, 신의주특별행정구 행정장관에 양빈 임명
2002.10.3	남북 첫 개천절 공동행사(단군릉)
	제임스 켈리 미 국무부 동아시아태평양 담당 차관보 대통령 특

	사자격 방북(~5일)
2002.10.4	중국, 양빈 신의주특별행구 장관 연행
2002.10.11	남한 제작 무성변사영화 〈아리랑〉 시사회(평양국제영화회관)
2002.10.16	전국보건일꾼대회 개막(~17일)
2002.10.17	제임스 켈리 미국무부 차관보, 북한이 핵무기 개발계획 시인했다고 발표
2002.10.18	개천-태성호 간 물길 준공
2002.10.19	제8차 남북장관급회담(평양, ~22일)
2002.10.21	제3차 전국의학과학기술축전 개막(~23일)
2002.10.22	제1차 전국 가설 및 착상 발표회(~24일)
2002.10.23	최고인민회의 상임위원회 정령으로 금강산 관광지구 지정
2002.10.25	외무성 대변인, 미국에 불가침조약 체결 제의하는 담화 발표
2002.10.26	북한 경제시찰단(단장 박남기 국가계획위원장) 방한(~11월 3일)
2002.10.29	전국여맹초급일꾼 열성자회의 개최
2002.10.30	인민군 중대 청년동맹 초급단체비서 열성자회의 개최(~31일)
2002.11.2	북한 철도성·러시아 교통부 간 동해선 철도 개건 및 현대화 양해문 조인(평양)
2002.11.5	전군 원군(援軍)미풍열성자대회 개최(~6일)
	북·동티모르 간 국교 수립 합의
2002.11.7	생산문화, 생활문화를 철저히 확립하기 위한 연관부문 일꾼회의(인민문화궁전)
2002.11.12	임업부문 열성자회의(평양 인민문화궁전)
2002.11.13	최고인민회의 상임위원회, 정령「금강산 관광지구법」,「개성공업지구 지정」발표
2002.11.14	KEDO, 북한에 대한 중유지원 12월부터 중단 결정
2002.11.20	최고인민회의 상임위원회,「개성공업지구법」채택
2002.11.24	비무장지대(DMZ) 지뢰제거 상호 검증 무산
	제2차 전국 문학통신원열성자회의(천리마문화회관)
2002.11.25	조선중앙방송, '금강산 관광지구' 지정(10월 23일) 보도

2002.11.27	조선중앙방송, 개성공업지구 지정(11월 13일) 및 개성공업지구법 채택(11월 20일) 보도
2002.11.29	평양 대동강맥주공장 조업
2002.12.9	미사일 선적 북한 선박 아라비아해에서 스페인 군함에 나포
2002.12.11	전국법무일꾼대회 개최(인민문화궁전)
2002.12.12	외무성 대변인, 제네바합의 이후 동결했던 핵시설 가동과 건설 즉시 재개 선언
2002.12.22	조선중앙통신, 동결된 핵시설들에 대한 봉인과 감시카메라 제거작업 개시 천명
2002.12.23	모스크바 시장 방북(~25일)
2002.12.25	함남 단천청년발전소 준공식 평양에서 남북해운협력 실무접촉(~28일)
2002.12.26	언어학학회와 역사학학회 연합학술토론회, KOREA 표기 COREA로 바로잡자는 호소문 채택
2003.1.1	『로동신문』·『조선인민군』·『청년전위』, 공동사설 「위대한 선군기치 따라 공화국의 존엄과 위력을 높이 떨치자」 발표
2003.1.4	김정일 국방위원장, 군인들과 함께 군 공훈합창단 경축공연 관람
2003.1.5	조선중앙방송 정론, 「1950년대 애국정신 따라 배우기」 촉구
2003.1.6	국제원자력기구(IAEA) 특별이사회, 북한의 핵동결 해제 원상회복 촉구 결의안 채택
2003.1.10	정부 성명 통해 핵무기비확산조약(NPT) 탈퇴 선언
2003.1.11	NPT 탈퇴 정부 성명 발표지지 100만여 군중 참가하에 평양시 군중대회
2003.1.14	모리스 스트롱 코피 아난 유엔 사무총장 특사, 머레이 멀린 호주 외무부 북아시아 국장 단장으로 하는 호주 정부 대표단 방북(~18일)
2003.1.15	외무성 대변인, 미국의 대화 용의 표명 및 핵포기 시 에너지 및 식량지원 논의에 대해 "국제여론을 오도하기 위한 기만극"으로

2003.1.18	일축 김정일 위원장, 평안남도 토지정리사업 현지지도 로슈코프 러시아 외무성 부상 푸틴 대통령 특사로 방북(~21일)
2003.1.20	금강산 제3차 남북적십자 실무접촉(~22일)
2003.1.21	제9차 남북장관급회담(서울, ~24일), 공동보도문 발표 조선중앙통신, NPT 탈퇴 관련 상보 발표
2003.1.22	제2차 남북철도·도로연결 실무협의회(평양, ~25일)
2003.1.25	외무성 대변인, 미국의 '핵문제 국제화' 움직임 비난, 다자회담 참가 거부 체신대표단(단장 체신상 리금범) 태국 향발
2003.1.26	전국농업부문 일꾼회의(인민문화궁전, ~27일)
2003.1.27	남북군사실무회담 수석대표 접촉(판문점), 동서해지구 남북관리구역 임시도로 통행보장 합의서 타결 임동원 특보, 특사자격으로 방북(~29일)해 김대중 대통령 친서 전달
2003.1.28	국토환경보호부문 일꾼회의(인민문화궁전)
2003.2.2	아태평화위 대변인, '현대의 대북송금' 관련 성명 발표
2003.2.3	림업성 대표단(단장 림업상 리상무), 북한·러시아 간 목재 가공 공장 건설 문제 등 논의차 러시아 극동지역 방문(~17일)
2003.2.4	『조선신보』 올해부터 양력설 대신 음력설을 '기본 설명절'로 쇠게 되었다고 보도
2003.2.5	금강산 육로관광을 위한 사전답사 실시(~6일)
2003.2.8	원자력총국 대변인, 일본의 핵 재처리 시설에서 플루토늄 부족분 발생과 관련해 미국과 IAEA 비난 담화 발표 나나수트레스나 인도네시아 대통령 정치고문 특사자격으로 방북(~11일) 조선불교도연맹 대표단(서기장 심상진), 라오스 아시아불교도평화회의 제10차 총회 참가키 위해 평양 출발
2003.2.10	철도운수부문 연구토론회 개최(철도성회관)

	량만길 평양시 인민위원장을 단장으로 한 평양시 대표단 러시아 방문
2003.2.11	제4차 남북경제협력추진위원회 개최(서울, ~14일), 합의서 도출 실패
2003.2.12	IAEA 특별이사회, 북핵문제 안보리 보고 결의안 채택
	김정일 위원장, 카를로프 주북 러시아대사의 초청연회 참석
	평북 박천군 상양리 사찰 '심원사' 방문 보도
2003.2.14	개성시 계급교양관 개관
2003.2.17	민족공조로 미국의 반공화국 책동을 짓부시고 조국통일을 이룩하기 위한 해외동포들의 모임 개최,「해외동포들에게 보내는 호소문」채택(대동강 외교단회관)
2003.2.19	외무성 대변인, 미국의 '불가침조약 거부' 비난 담화 발표
2003.2.20	제6차 남북이산가족상봉(~25일)
	북적 위원장, 대구지하철 참사 관련 조의전문 판문점 통해 발송
2003.2.21	경의선 임시도로 이용한 개성공업지구 육로 사전답사 실시
2003.2.22	김영남 최고인민회의 상임위원장, 제14차 비동맹정상회의 참가차 말레이시아 쿠알라룸푸르 향발(~25일)
2003.2.25	202개 공장·기업소에 '공동순회우승기'와 '표창장' 대거 수여
2003.2.28	법률가위원회, 미국이 핵위기를 몰아온 장본인으로서 국제법적 책임을 벗어날 수 없다는 주장을 하는 고소장 발표
2003.3.1	평화와 통일을 위한 3·1민족대회, 북측 105명 인사 참석(서울, ~3일)
2003.3.2	조선인민군 오중흡 7연대 칭호 쟁취운동 열성자대회 개최(4·25문화회관)
2003.3.4	조평통 서기국 보도 제837호, 특검법 국회 통과 비난
2003.3.9	아태평화위, '대북송금사건' 관련 상보 발표
	『로동신문』, '성강의 봉화' 제창 5주년 기념 정론 발표
	중앙방송, 유럽연합 지원 7만 톤 식량 도착 보도
2003.3.10	제4차 남북철도·도로연결 실무접촉(개성, ~12일)

2003.3.11	제1차 전국 나노과학기술 발표회 개최(~12일)
2003.3.13	2003년 조국통일을 위한 남북노동자 대표자회의 개최(평양, ~15일)
	개천-태성호 간 지선물길공사 완공, 건설자 표창 수여(인민문화궁전)
2003.3.14	아태평화위 대변인, 한나라당 대북밀사 파견과 관련 한나라당 스스로 진상 공개할 것 촉구하는 담화 발표
2003.3.18	정부·정당·단체 합동회의 개최, 6·15평양 민족통일대축전 개최 제의 및 호소문 채택
	모리스 스트롱 유엔 사무총장 특사 방북, 방북 중인 19일 백남순 외무상 회담
2003.3.19	북한군, 주한 유엔군사령부의 장성급회담 개최 제의 거부
2003.3.22	경추위 북측위원장, '데프콘-2' 발령 이유로 제2차 경추위회의와 제3차 해운협력실무접촉 연기 담화 발표
2003.3.23	전국경공업부문 일꾼회의 및 전국인민소비품전시회 개최(인민문화궁전, ~24일)
2003.3.24	제13차 아시안컵 축구 1차 예선 참가(평양)
2003.3.26	최고인민회의 제10기 제6차 회의 개최, ① 2002년 국가예산 집행결산과 2003년 국가예산 ② 휴회기간 최고인민회의 상임위가 채택한 군사복무법·기구법·도시계획법·하천법·회계법 승인 (만수대의사당)
2003.3.27	최고인민회의, 제10기 제6차 회의에서 채택된 「인민생활공채 발행 법령」에 근거해 10년 만기 공채 3종 발행 「내각 공보」 발표
2003.4.1	전국철도일꾼대회 개최(인민문화궁전, ~2일)
	『조선신보』 올해부터 '연료·동력문제 해결을 위한 3개년 계획' 수립, 추진키로 보도
	박길연 유엔주재 북한대사, 유엔군축위원회회의 기초연설 통해 북미직접대화 촉구
2003.4.3	김정일 국방위원장 추대 10주년 경축 평양시 직맹원모임에서 '선군봉화상' 쟁취운동 전개 촉구(중앙노동자회관)

2003.4.6	외무성 대변인, 유엔 안보리 '북한 NPT 탈퇴문제 관련 회의 소집' 비난 성명 발표
2003.4.7	북·중 2003~2005년도 문화교류계획서 조인(베이징)
	과학기술대표단(단장 조선과학기술총연맹 중앙위 부위원장 장낙천) 방중(~20일)
2003.4.8	김정일 국방위원장 추대 10주년 경축 중앙보고대회(평양체육관) 등 각종 행사 개최
2003.4.9	정권 창건 55주년 맞아 당중앙위·당중앙군사위 공동명의로 192개 항의「당 중앙위원회 구호」발표
2003.4.12	외무성 대변인, 조선중앙통신 기자회견 통해 다자회담 수용 시사
2003.4.14	김정일 위원장, 함경남도 경제 분야 집중 현지지도(~16일)
	김일성 주석 91회 생일을 맞아 청년건설성과전시장 개막(청년중앙회관)
	북한 대표단, 독일 개최 국제중고기계 및 장비 박람회 참관(뉴렌버그, ~16일)
2003.4.16	조선중앙통신 논평, 일시귀국 피랍 일본인 귀북 촉구 및 일본 영구귀국 허용 시사입장 표명
2003.4.18	외무성 대변인, 조선중앙통신 기자회견에서 '3자회담'에 대한 입장 발표
	과학원장 겸 조선과학기술총연맹 중앙위 위원장 리광호, 당중앙위 부장 임명 확인
2003.4.20	태국 제4차 아시아청소년여자배구선수권대회 준우승(~27일)
2003.4.21	조명록 국방위 제1부위원장 공식 방중, 호금도(후진타오) 주석·조강천 국방부장·곽백웅 군사위 부주석 등과 담화(~23일)
2003.4.23	북한·미국·중국, 베이징에서 3자회담 개최(~25일), 북한 동 회담을 '중국이 사회한 조미 사이의 핵문제에 관한 회담'으로 호칭, 미국의 토의 회피 비난
2003.4.24	최고인민회의 상임위원회, 개성공업지구 개발 규정, 기업창설 규정 제정

2003.4.26	외무성 대표단(단장 최수헌 부상), 영국 방문
2003.4.27	제10차 남북장관급회담 개최, 6개 항 공동보도문 발표(평양, ~29일)
2003.5.1	백마-철산 간 물길공사 착공
	인민생활공채 발매 사업 개시
2003.5.7	외무성 대변인, 북한 화물선 봉수호 호주 억류 관련 기자회견
2003.5.9	당중앙위 위원, 최고인민회의 대의원, 조국전선 중앙위 공동의장 윤기복 사망(76세)
2003.5.12	최고인민회의 상임위, 금강산관광지구 개발규정 및 기업창설운영규정 채택
2003.5.13	김정일 위원장, 강원도 법동군 구슬폭포·비단폭포·6담 등 시찰. 해군사령부 협주단 공연 관람
	동명왕 출생 2300주년 기념 고구려 역사 관련 사진 및 유물전시회 개최
2003.5.14	직맹 중앙위, 40여 개 성·중앙기관 직맹 참가하 전국 공구·지구 및 부속품 전시회 개최
	교육상 변영립 과학원장 임명 확인
2003.5.15	황북 사리원시 미곡협동농장, 김일성·김정일 현지지도 형상화한 대형 모자이크 벽화 준공식 개최
2003.5.16	스위스 외무장관 미슐린 칼미 레이 일행 방북(~20일)
2003.5.17	외무성 대변인, 일본 중의원 유사법제 통과 비난 담화
2003.5.19	조선중앙방송, 전기석탄공업성 전력공업총국·스위스 ABB그룹 초고압 송전망사업 관련 양해문 조인 보도
	제5차 남북경제협력추진위원회 개최, 7개 항 합의문 채택(평양, ~23일)
	캐나다, 세계식량계획 통해 250만 달러 대북 식량지원
	과학원 과학기술전시관, 과학기술정보 홈페이지 개설
2003.5.20	호주 정부와 '배추와 작물의 종합적 해충관리의 개발과 개선'에 관한 양해각서 체결
2003.5.21	『로동신문』, 논평 통해 한미 정상 간 공동 성명을 '매국선언'으

	로 비난
2003.5.25	외무성 대변인, 먼저 북미회담 개최 시 다자회담 수용 용의 입장 표명
2003.5.28	조국전선 중앙위·조평통 공동명의로「전체 조선민족에게 고함」발표
2003.5.30	커트 웰던 등 미 하원의원 6명 방북(~6월 1일)
2003.6.2	최고인민회의 상임위 정령, 개성직할시에서 개풍군 및 장풍군을 황해북도 관할로 변경
2003.6.3	최고인민회의 상임위원회, 최고인민회의 제11기 대의원선거 8월 3일 실시키로 결정, 13명으로 중앙선거위원회 조직(8일)
	해군사령부 대변인, 남측 해군의 NLL월선 어선 경고사격을 군사적 도발행위로 비난하는 기자회견
	조선중앙통신, 영문국호 Corea 표기 주장
2003.6.4	김정일 위원장, 인민군 제534군부대 산하 농장과 염소종축장 현지지도
2003.6.6	조선중앙통신사, '일보의 해외팽창 책동 단죄' 촉구 비망록 발표
2003.6.7	제5차 남북철도·도로연결 실무접촉, 연결행사 관련 합의서 채택(개성, ~9일)
2003.6.8	만경봉-92호에 대한 일본의 선상검사 강화방침에 반발해 운항 취소
2003.6.9	조선중앙통신 논평, 미국의 대북압력에 대응한 '핵 억제력' 보유 추진 주장
2003.6.10	조선중앙통신, 종래 농민시장을 공업제품 거래 허용하는 종합시장으로 개편 보도, 논평에서 '경제개혁 및 시장' 용어 사용
	아태평화위·현대아산 접촉, 마지막날 공동보도문 발표(~13일)
2003.6.12	전국 공장대학 프로그램전시회
2003.6.13	김정일 위원장, 황북 봉산군 염소종축장과 황남 선원군 계남목장(17일) 현지지도
2003.6.14	남북철도궤도 연결행사 개최

2003.6.15	6·15공동선언 발표 3주년 기념보고대회, 김용순 통일전선 담당비서 『로동신문』 기고 등 행사 개최
2003.6.21	북한 여자축구, 태국 개최 제14차 아시아여자축구선수권대회 우승(8일~)
2003.6.24	러시아정교회 정백사원 축성예식 및 착공식 개최
2003.6.25	최고인민회의 상임위 8월 3일 도·시·군 인민회의 대의원선거 공고
2003.6.26	백남순 외무상, 유엔안보리 의장에 서한 발송 원산시에 강원도 계급교양관 새로 개관
2003.6.27	제7차 남북이산가족상봉, 2차례 걸쳐 진행(금강산, ~7월 2일)
2003.6.29	인민생활공채 구매 관련 김정일 위원장 '감사' 전달
2003.6.30	개성공업지구 1단계 지역에서 착공식 개최 김책제철연합기업소 2해탄로 보수공사 완료 경공업 대표단(단장 경공업상 리주오), 러시아 향발
2003.7.1	김정일 위원장을 제649호 선거구 대의원 후보자로 추대하는 선거자대회 등 후보자 추대 선거구회의 개최(~4일) 개성시 인민위원장 김일근, 남포시 인민위원장 리호연, 인민보안상 최룡수 교체 확인
2003.7.2	인민군 판문점대표부 대변인, 미군유해발굴 관련 회담 응하기로 했다고 발표 중앙방송, 청진시 염소목장 건설 완공 및 젖가공제품 생산 시작 보도 아태평화위 대변인, 대북송금 특검수사결과 발표 유감 표명 및 관계자 무죄석방 요구 성명 발표
2003.7.6	김정일 위원장, 강계시 경제부문 현지지도
2003.7.8	북한·연해주 간 경공업협력 의정서 체결
2003.7.9	제11차 남북장관급회담 개최, 6개 항 공동보도문 발표(서울, ~12일)
2003.7.11	사스(SARS) 관련 비상조치 해제, 정상업무 복귀 발표
2003.7.12	대병국(다이빙궈) 중국 외교부 부부장, 중국 정부 특사로 방북

하여 호금도(후진타오) 친서전달(~15일)

2003.7.13	황남 과일군에 과수연구소 설립
	룡양광산에 제대군인 집단배치
2003.7.14	금속기계공업성 대표단(단장 금속기계공업상 전승훈), 러시아와 중국 방문
2003.7.18	조평통 서기국·반핵평화위 대변인 등, 보도매체 '작전계획 5030' 강력 비판
2003.7.23	조선중앙통신, 평양전화국 내 국가도메인 'kp' 사용 홈페이지 개설 보도
2003.7.26	조선인민군 최고사령관 명령 제00160호 통해 상장 6명 등 진급 인사 발표
2003.7.27	'조국해방전쟁' 승리 50주년 맞아 경축 중앙보고대회를 비롯 인민무력부 연구토론회, 국제회의 등 다양한 행사 개최
	해주시 계급교양관 개관
2003.7.29	러시아 극동지역 3개 장소 순회 상품전시회 개최 완료(2일~)
	한국민족민주전선, 8월 1일부터 '구국의 소리 방송' 중지 발표
	제2차 남북경제협력제도실무협의회 개최, 4대 경협합의서 발표 및 원산지문제 관련 합의서 채택(개성, ~31일)
2003.8.3	최고인민회의 제11기 대의원선거 실시, 687명 대의원 선출
2003.8.4	외무성 대변인, 미국이 '선 핵포기, 후 대화' 주장을 포기하고 북한의 제안을 받아들여 6자회담이 열릴 것이라고 담화 발표
	정몽헌 회장 사망과 관련 아태평화위, 대변인 성명과 조전 발송 및 추도회 개최
2003.8.6	김정일 위원장, 평양화장품공장·선교편직공장 등 평양시내 경공업공장 현지지도
2003.8.8	조선중앙TV 통해 8월을 '기술관리개선 월간'으로 설정 발표
2003.8.10	조선기자동맹·중화전국기자협회 친선협조에 관한 합의서 조인 (평양)
2003.8.12	민민전, 8·15부터 조선중앙방송 직접 중계 결정 발표

2003.8.13	외무성 대변인, 미국의 정책전환 의지 확인, 불가침조약 체결, 조기사찰 불가 등 6자회담에 임하는 입장 담화 발표
	조평통·민화협 공동명의로 「남조선 동포들에게 보내는 격함」 발표, 한나라당 및 극우세력 비난
2003.8.15	평화와 통일을 위한 8·15민족통일대회 개최(평양, ~16일)
2003.8.16	상업성 상업과학연구소, 『상업사전』 편찬
2003.8.18	중국 인민해방군 고위군사대표단(단장 서재후(쉬차이후) 총정치부 주임, 상장) 방북, 김정일 위원장 접견(~20일)
2003.8.19	전국 교육부문 프로그램전시회(~22일)
2003.8.20	국가학위학직수여식 개최, 842명에게 학위와 학직 수여(인민문화궁전)
2003.8.21	제6차 남북철도·도로연결 실무접촉 개최, 6개 항 합의서 채택(개성, ~22일)
2003.8.25	전국 학생 프로그램 경연대회(~28일)
2003.8.26	제6차 남북경제협력추진위원회회의, 9개 항 합의문 채택(서울, ~28일)
2003.8.27	제1차 6자회담 베이징에서 개최(~29일)
	대구하계 유니버시아드대회에 북한 응원단 참가(~31일)
2003.9.2	최고인민회의 상임위 정령 통해 김영대·강영섭·장재언·리종혁 등 30명에게 '조국통일상' 수여
2003.9.3	최고인민회의 제11기 제1차 회의, ① 국방위원장 재추대 ② 박봉주 총리 등 국가지도기관 선거 ③ 핵문제 관련 외무성이 취한 조치 승인
	과학기술 분야 종사자에게 수여하는 '2·16과학기술상' 제정
2003.9.5	선군시대 영웅대회 개최(4·25문화회관)
2003.9.7	태국 록슬리사 대표단(단장 린다이 함판라쉬 사장), 제14차 동북아시아전화통신회사 이사회 참석(평양, ~10일)
2003.9.8	러시아 연방 극동지구 대통령 전권대표 풀리코프스키 일행 방북, 김정일 예방(~11일)

2003.9.9	정권창건 55돌 맞아 김정일 참석하 김일성광장에서 열병식 및 군중시위 개최
2003.9.11	계순희, 오사카 세계유도선수권대회에서 우승(~14일)
2003.9.13	『로동신문』·조선중앙통신, 논평 통해 PSI 해상합동훈련 비난 국가품질감독국 대표단 방중, 2003~2004 규격화·계량·품질감독 분야 협조계획서 체결
2003.9.16	문화 대표단(단장 대외문화연락위 위원장 대리 문재철) 몽골 방문, 2003~2005 문화교류계획서 조인
2003.9.17	제8차 남북군사실무회담, 임시도로 통행 군사적 보장 관련「보충합의서」채택(판문점 통일각)
2003.9.18	최고인민회의 상임위, 결정 제1, 2호 개성공업지구「세금규정」·「노동규정」채택
2003.9.20	제8차 남북이산가족상봉(금강산, ~25일) 북적·민화협 태풍 매미로 피해발생지역에 위로 전문
2003.9.22	북·러 간 무역경제 및 과학기술협조위원회 과학기술분과 제4차 회의 의정서 조인
2003.9.24	제1차 국제감자과학토론회(~26일)
2003.9.26	기업 대표단(단장 한우철 조선콤퓨터센터 총사장), 중국 다롄 제1회 중국 국제소프트웨어 및 정보서비스 박람회 참가, 전시관 운영 및 SW 판매(~30일)
2003.9.29	우끼시마마루사건 진상 규명 평양토론회 개최
2003.10.1	전국체신일꾼대회 개최(인민문화궁전) 제14차 전국 프로그램 경연 및 전시회 개최 제10차 인민체육대회, 평양과 지방에서 동시 개막(~26일)
2003.10.2	외무성 대변인, 폐연료봉 재처리 완료 및 핵억제력 강화 방향으로 용도 변경 가능성 경고 담화
2003.10.3	단군 및 고조선에 관한 남북공동학술토론회, 개천절 기념 민족공동행사 개최
2003.10.6	전국선군청년전위 열성자대회 개최(인민문화궁전, ~7일)

	류경정주영체육관 개관식
2003.10.7	외무성 대변인, '핵협상에 일본 참여 불용' 담화 발표
2003.10.8	북한·러시아, 세관 분야에서의 협조에 관한 협정 체결
2003.10.11	제3차 남북경제협력제도실무협의회회의, 상사중재위원회 구성·운영에 관한 합의서 채택 및 원산지 확인절차 시범실시 및 법령교환 등 5개 항 공동보도문 채택(문산, ~12일)
	제3차 남북해운협력실무접촉, 남북해운합의서 부속합의서 의견교환(문산, ~12일)
2003.10.14	제12차 남북장관급회담, 공동보도문 발표(평양, ~17일)
2003.10.15	남북방송인 방송협력을 위한 토론회 개최
2003.10.16	외무성 대변인, "때가 되면 핵 억제력을 물리적으로 공개"할 것이라고 기자회견
2003.10.21	중앙방송, APEC회의 시 부시 대통령이 언급한 다자안전보장안에 부정적 입장
	강서약수가공공장 조업식
2003.10.22	북한·러시아, 유학생교류협정 체결로 연간 30명 학생 파견(모스크바)
2003.10.23	제주도 민족통일평화체육문화축전 190명 참가단(단장 김영대) 파견(~27일)
	『민주조선』, 「원산지명법」(5장 42조) 채택 보도
2003.10.25	외무성 대변인, 부시 대통령 '서면 불가침담보' 방안 고려 용의 표명
2003.10.27	제7차 남북철도·도로연결 실무접촉, 5개 항 합의서 채택(개성, ~28일)
	당중앙위 비서 김용순 사망(69세)
2003.10.28	코쉬크·스트리터 의원을 각 단장으로 하는 독일 연방의회 의원과 영국 하원의원 일행 방북
2003.10.29	중국 국가대표단(단장 오방국(우방궈) 전인대 상무위원장) 방북, 김정일 면담(~31일), 대북 무상원조 제공 결정

2003.10.30	제18차 중앙과학기술축전(27일~) 및 전국과학자기술자대회(29일~) 폐막, 대회에서 제2차 과학기술발전 5개년 추진계획(2003~2007) 발표
2003.11.1	평원군 개천-태성호 간 물길 이용한 평원발전소 1·2·3호 준공 평안북도 계급교양관 개관식
2003.11.3	함남 단천지구에 '바다자원 보호증식구역' 건설
2003.11.4	제5차 남북적십자회담, 이산가족면회소 건설 등 11개 항 합의서 타결(금강산, ~6일)
2003.11.5	제7차 남북경제협력추진위원회, 개성공단 건설 일정 등 7개 항 합의서 타결(평양, ~8일)
2003.11.6	외무성 대변인, 경수로 건설 중단할 경우 미국에 손해배상 요구할 것임을 표명
2003.11.11	외무성 대변인, 일제피해 보상 관련 북일 정부 간 회담 제의 성명 중국 기상국 대표단(단장 기상국 부국장 유영금) 방북
2003.11.15	경제대표단(단장 무역성 부상 구본태) 베트남 향발
2003.11.16	외무성 대변인, 미국의 대북적대시정책 철회 시 '핵계획 포기' 용의 표명
2003.11.18	북·스위스 대표단, 평양에서 '정치대화' 개최
2003.11.19	몽골 남바린 엔흐바야르 수상 방북(~20일), 정부 간 투자장려 및 보호협정, 소득과 과세에 대한 이중과세 및 탈세방지 협정, 몽골 정부가 북한에 제공할 무상원조에 관한 협정 체결
2003.11.20	국가품질감독국, 베트남과 규격화 및 계량품질 분야 협조협정 체결
2003.11.21	KEDO, 대북 경수로사업 12월 1일부터 1년 동안 중단 결정
2003.11.24	전국지질탐사부문 과학기술발표회(~26일) 북·스웨덴 외무성 대표단 평양에서 '정치회담' 진행
2003.11.25	북중 합작 스레트 공장 조업
2003.11.28	조평통·조국통일연구원 공동명의로 비망록 발표
2003.12.2	제8차 남북철도·도로연결 실무접촉, 6개 항 합의서 채택(속초,

~5일)

2003.12.9	외무성 대변인, '1단계 동시 일괄타결' 제의
2003.12.10	북·아일랜드 간 외교관계 수립
2003.12.11	최고인민회의 상임위 결정, 개성공업지구 「관리기관 설립·운영규정」 및 「출입·체류·거주 규정」 및 「세관규정」 채택
	김영대 최고인민회의 상임위원회 부위원장, 제1차 정보사회세계정상회의 참석 및 연설
2003.12.17	제4차 남북경제협력제도실무협의회회의 및 청산결제·원산지확인 실무협의회 제1차 회의 개최(평양, ~20일)
2003.12.19	북·몽골 과학원, 2004~2005년도 과학협조계획서 조인(울란바토르)
2003.12.20	김정일 위원장, 태천발전소·은홍청년발전소 등 평북도 발전소 건설사업 현지지도
2003.12.22	함북도 온성－길림성 간 도문 연결 관광선로 개통
	원산만제염소 준공식
2003.12.23	제9차 남북군사실무회담, 「동해지구와 서해지구 남북관리구역 내 경비초소 설치 및 운영에 관한 합의서」 채택(판문점 평화의집)
2003.12.24	구월산휴양소 준공, 첫 휴양생 입소
2003.12.25	인민생활공채 제1차 추첨 실시
2003.12.29	김정일 위원장, 황해남도 계남목장 현지지도
2003.12.31	최고인민회의 상임위 정령, 원유공업총국을 원유공업성으로 변경
2004.1.1	『로동신문』·『조선인민군』·『청년전위』, 공동사설 「당의 령도 밑에 강성대국 건설의 모든 전선에서 혁명적 공세를 벌려 올해를 자랑찬 승리의 해로 빛내이자」
2004.1.6	미국 스탠포드대 교수 등 민간대표단 방북, 영변 핵시설 등 참관 (~10일)
2004.1.9	최고인민회의 상임위 정령, 남포직할시를 특급시로 격하해 평안남도에 편입
2004.1.12	외무성 대변인, '동결 대 보상' 전제로 핵 활동 동결 용의 표명

2004.1.13	일본 외무성 대표단 방북, 납북자 송환 교섭(~17일)
2004.1.16	문익환 목사 10주기 기념행사 대표단 참가(단장 민화협 부회장 주진구(서울, ~19일)
2004.1.17	중국 공산당 대외연락부내표단[단장 대외연락부장 왕가서(왕자루이)] 방북(~20일), 김정일 위원장 접견
2004.1.19	정부·정당·단체 연석회의 개최(인민문화궁전), 5개 실천과제 및 호소문 채택
2004.1.20	양형섭 최고인민회의 상임위원장, 우간다·나이지리아 등 아프리카 국가 향발(~2월 7일)
2004.1.27	감자농사혁명선구자대회 개최(인민문화궁전, ~28일)
	제1차 남북경협제도실무접촉 개최(개성, ~29일), 「개성공업지구와 금강산관광지구의 출입 및 체류에 관한 합의서」 채택
2004.1.29	백두산 삼지연스키장 길이 1600m 리프트 공사 완공
2004.2.2	외무성 대변인, 일본 중의원 「외환법·무역법」 개정안 통과 비난 담화
2004.2.3	제13차 남북장관급회담(서울), 북핵문제 및 군사적 신뢰구축문제 등 남북관계 현안 논의(서울, ~6일)
2004.2.9	북한·러시아, 두만강 국경선 획정 합의
2004.2.11	미군 유해문제에 대한 북미회담(방콕, ~13일)
2004.2.21	EU의회 대표단(단장 자크 상떼르 전 집행위원장) 방북, 방복주·백남순과 회담(~24일)
	경제 대표단(단장 김광린 국가계획위원회 위원장), 북·리비아간 제15차 공동위원회회의 참가차 리비아 향발
2004.2.25	제2차 6자회담 개최(베이징, ~28일)
	제9차 남북 철도·도로연결 실무접촉, 제4차 해운협력 실무접촉(개성, ~26일)
	개성공업지구, 「외화관리규정·광고규정」 채택
2004.2.26	전당사상일꾼대회 개최(4·25문화회관)
2004.3.2	제8차 남북경제협력추진위원회회의(서울, ~5일)

2004.3.5	조선무역은행 대표단(단장 김면석 부총재), 베트남 중앙은행과 '무역결제 업무협정' 체결(~12일)
2004.3.11	중앙방송, 지난해 생산계획 우수 공장·기업소에 '선군봉화상 쟁취를 위한 사회주의 경쟁 공동순회우승기' 수여 결정
2004.3.13	유엔아동기금(UNICEF) 캐롤 벨러미 총재 등 방북(~15일)
	최고인민회의 대표단(단장 최태복 의장), 체코와 영국 방문(~18일)
2004.3.14	인민군 판문점대표부 대변인, 연합전시증원(RSOI) 및 독수리연습을 '대북 선제공격을 노린 도발적 전쟁행위'로 비난
2004.3.22	경추위 북측 위원장, 연합전시증원 및 독수리연습 실시로 철도·도로연결 실무협의회 등 회담 연기 제의
2004.3.23	리조성(리자오싱) 중국 외교부장 방북, 김정일 국방위원장 등 면담(~25일)
	'2·16과학기술상' 제정 후 첫 수여
2004.3.25	최고인민회의 제11기 제2차 회의 개최(만수대의사당), ① 내각의 2003년 사업정형과 2004년 과업 ② 2003년 예산집행 결산과 2004년 예산)
	경제 대표단(단장 리룡남 무역성 부상), 북·나이지리아 공동위 제2차 회의 참가
2004.3.29	제9차 남북이산가족상봉(금강산, ~4월 2일)
2004.4.1	황남 해주시 장춘동 해주 제2교원대학 개교
2004.4.5	중국 심양에 S/W회사 '조선6·15심양봉사소' 진출
2004.4.6	금강산 신계사 복원 착공식 개최
2004.4.8	제4차 남북철도도로 연결 실무협의회, 제3차 임진강 수해방지 실무협의회 개최(개성, ~10일)
	북한·체코, 「항공로에 관한 협정」 조인
2004.4.13	한국토지공사·중앙특구개발지도총국, 개성공업지구 건설 1단계 100만 평 토지 임대차계약 체결
2004.4.14	조선인민군 최고사령관 명령 제00165호 통해 장성 73명 승진인사
2004.4.19	김정일 국방위원장, 비공식 중국 방문, 귀국길 천진시 참관. 박

	봉주·연형묵은 베이징 방산구 한춘허 방문(~21일)
	북한·이집트, 2004~2006년도 문화협조에 관한 협정 이행을 위한 계획서 조인
2004.4.20	남북 청산결제 실무협의회 개최(파주, ~22일)
2004.4.22	평북 룡천역에서 대규모 폭발사고 발생
2004.4.23	임업성 대표단(단장 전명국 부상), 북·러 무역·경제 및 과학기술협조위 임업분과의 제6차 회의 참석차 러시아 향발
2004.4.27	북한·베트남, 2004년 규격화·계량 및 품질관리부문 협정 체결 전국여맹누에치기 열성자회의 진행
2004.4.29	최고인민회의 상임위,「금강산관광지구 관리기관 설립운영규정」및「세관규정」및「출입체류거주규정」결정 채택
	최고인민회의 상임위, 정령 432호 통해 형법 전면개정(9장 303조)
	북한·쿠바, 2004~2006 문화교류계획서 조인(아바나)
2004.5.4	제14차 남북장관급회담 개최(평양, ~7일)
	북한·일본, 피랍 일본인가족 송환 협상 개최(베이징, ~9일)
2004.5.6	최고인민회의 상임위,「금강산관광지구 외화관리규정」및「금강산관광지구 광고규정」및「금강산관광지구 로동규정」결정 채택
2004.5.7	량강도 삼수발전소 착공식 진행
2004.5.12	6자회담 실무그룹회의 개최(베이징, ~14일)
2004.5.13	북한·산마리노, 대사급 외교관계 수립
	조국전선·조평통, 2005년을 미군철수 원년으로 삼자는 공동호소문 발표
	컴퓨터소프트웨어중재위원회 발족, 1차 회의 개최
2004.5.17	제7차 평양국제상품전람회 개최, 중국·시리아·태국 등 7개국 참가(3대혁명전시관, ~20일)
2004.5.22	북한·일본 2차 정상회담 개최(평양)
2004.5.26	제1차 남북장성급군사회담 개최(금강산)
2004.5.28	철도 대표단(단장 김용삼 철도상), 철도협조기구 제32차 각료회의 참석차 평양 출발

2004.5.29	체신 대표단(단장 박명철 부상), 중국·베트남·태국 방문
2004.6.2	김정일 위원장, 구성공작기계공장·청천강기계공장 현지지도. 이에 앞서 5월 18일 락원기계련합기업소 현지지도
	제9차 남북경제협력추진위원회 개최, 7개 항 합의문 채택(평양, ~5일)
	독일친선협회·괴테연구소, 평양 천리문화회관 내 독일 과학기술도서보급실 개관
2004.6.3	제2차 남북장성급군사회담 개최, '서해상 우발적 충돌방지와 군사분계선 지역에서의 선전활동 중지 및 선전수단 제거' 합의(설악산, ~4일)
2004.6.5	독·조 의원친선협회 대표단(단장 코쉬크 독일 연방의회 위원) 방북(~8일)
2004.6.7	남포조선소 산하 9월 10일 배수리공장, 대형도크 새로 건설
2004.6.9	평양주재 체코 대사관 재개설
	평양제약공장·스위스 인터퍼시픽회사 합작 평스합영회사 조업식
2004.6.18	북한·러시아, 2005~2007년 과학협조에 관한 의정서 체결(모스크바)
2004.6.19	김정일 위원장 당사업 개시 40돌 중앙보고대회 개최(4·25문화회관)
	신계군 대평청년발전소 완공, 조업식 개최
	무역 대표단(단장 림경만 무역상), 말레이시아·태국 방문차 출국
	최고인민회의 대표단(단장 홍서헌 대의원), 폴란드·불가리아 방문차 출국
2004.6.23	제3차 6자회담 개최(베이징, ~26일)
2004.6.24	제2차 개성공단건설 실무협의회,「수출입은행과 무역은행 간 청산결제업무에 관한 합의서」가서명
2004.6.28	고구려 벽화고분, 유네스코 세계유산위원회 제28차 회의에서 세계문화유산으로 등록(~7월 7일)
2004.6.29	제2차 남북장성급군사회담 실무대표회담과 통신실무자 접촉(파

주, ~30일)
함경북도 청진, 자강도 강계 계급교양관 개관
2004.6.30	개성공업지구 시범단지 준공식
	제10차 남북철도도로연결 실무접촉 개최(금강산, ~7월 2일)
2004.7.1	백남순 외무상, 인도네시아 자카르타 아세안지역안보포럼(ARF) 참가(~2일)
	평남 대안군 대안친선유리공장 착공식
2004.7.4	세르게이 라브노프 러시아 외무장관 방북, 김정일 국방위원장 면담(~5일)
2004.7.5	남북 장성급군사회담 실무대표회담 수석대표 접촉(개성)
2004.7.6	스위스연방 외무성 대표단(단장 왈테르 푸스트 인도주의협조총국장) 방북
2004.7.8	김정일 위원장, 0시 금수산기념궁전 참배, 각종 추모행사 개최
	조평통 대변인, 김일성 주석 10주기 조문 민간급 대표단 방북 불허 비난 담화
2004.7.9	최고인민회의 상임위 정령, 최룡수 인민보안상 해임, 주상성 대장 임명
2004.7.11	제10차 남북이산가족상봉(금강산, ~16일)
2004.7.12	군사 대표단(단장 김일철 인민무력부장) 방중, 조강천(차오강촨) 국방부장, 오방국(우방궈) 전인대 상무위원장 등 회담(~14일)
2004.7.15	국제해사기구 지원으로 연안관리 해양전문가 양성 위해 김일성종합대학에 연안전문가양성센터 설립
2004.7.17	평양시·평안남도 토지정리사업 완수
2004.7.19	외무성 대표단(단장 김영일 부상), 라오스·캄보디아·몽골 순방 (~8월 12일)
2004.7.20	박길연 유엔주재 북한대표부 대사와 한성렬 차석대사, 워싱턴 상원의원회관 '한반도 평화·안보포럼' 참석
2004.7.21	국제행진대(단장 알레한드로 베노스 위원장), 평양-판문점 행진(~22일)

2004.7.22	평양방송, '선군팔경' 지정
2004.7.23	남북, 아테네올림픽 개폐회식 공동입장 합의(베이징, ~24일)
2004.7.24	외무성 대변인, '핵동결에 따른 보상조치에 미국 참가' 주장
2004.7.27	외무성 대변인, 북한인권법안 하원 통과 관련 비난 성명 발표
2004.7.29	최고인민회의 상임위, 개성공업지구「부동산규정」채택
	조평통 대변인, 대량 탈북자 입국 비난 성명 발표
2004.7.31	김정일 위원장, 시아누크 캄보디아 국왕 평양 숙소 방문, 시아누크로부터 '캄보디아왕국 대십자훈장', '캄보디아왕국 민족독립 대목걸이훈장' 수상
2004.8.3	8월 3일 인민소비품 생산 20주년 기념 중앙보고회 및 전시회 개최
	외무성 대변인, 탈북자 대량입국 비난
2004.8.6	몽골주재 북한대사관 재개설
2004.8.7	외무성 대변인, PSI 해상훈련 비난 기자회견
2004.8.13	그리스 아테네올림픽 참가(9개 종목 36명 참가, 은 4, 동 1 획득, ~29일)
	북한 민화협 성명, 8·15통일행사 무산 발표
2004.8.15	북한 최초 외국계 법률회사 평양에 설립
2004.8.17	알렉산더 다우너 호주 외무장관 방북(~18일)
	북한 대표단(단장 박길연 유엔주재 대사), 남아프리카공화국 더반 제14차 비동맹 외상회의 참석(~19일)
2004.8.20	민족화해협의회,「탈북자문제의 진상고발장」발표
2004.8.31	북한·EU, '북한-EU 경제개혁 및 협력 강화' 워크숍 개최(인민문화궁전, ~9월 4일)
	『조선민주주의인민공화국 법전(대중용)』 발간, 28개 법률 개정 포함
2004.9.1	북한·시리아, 통상·과학기술협력 협정 체결(다마스커스)
2004.9.2	제10차 전국출판물보급일꾼의 도서해설 선전경연(평양, ~5일)
2004.9.10	중국 당·정 대표단(단장 리장춘 중국공산당 정치국 상무위원) 방북, 김정일 국방위원장 등 면담(~13일)

2004.9.11	영국 빌 라멜 외무차관 방북(~14일)
2004.9.12	세르게이 미르노프 러시아 연방평의회 의장 방북, 김정일 국방위원장 등 면담(~14일)
	제9차 평양영화축전 개최(평양국제영화회관 ~20일)
2004.9.14	조선중앙방송위 대표단(단장 양시운 부위원장) 중국 국제방송국 방문, 인적·자원교류 등 상호 교류협력 문제 논의
2004.9.15	제1차 국제무도경기대회 개최(평양, ~20일)
2004.9.19	송호경 조선아시아태평양평화위원회 부위원장 병사
2004.9.20	북한·쿠바 제23차 경제 및 과학기술협의위원회 개최,「제23차 경제 및 과학기수렵의위원회 의정서」및「2005년 상품교류에 관한 의정서」및「2004~2008년 가격제정 및 설정 원칙 의정서」체결
2004.9.21	최고인민회의 상임위 결정(제35·36호)으로 개성공업지구「보험규정」, 금강산관광지구「부동산규정」채택
2004.9.27	최수헌 외무성 부상, 제59차 유엔총회 참석해 핵문제 관련 연설(~10월 5일)
2004.10.12	박길연 유엔주재 대사, 제59차 유엔총회 군축·안보위원회 연설에서 미 부시 행정부의 대북적대시 정책 비난
2004.10.14	선군시대 숨은영웅, 공로자회의 개최(인민문화궁전)
2004.10.18	김영남 최고인민회의 상임위원장 방중, 오방국(우방귀) 중국 전국인민대표대회 상무위원장과 온가보(원자바오) 국무원 총리 등 회담(~20일)
2004.10.19	전국경제선동부문일꾼 열성자회의 개최(인민문화궁전)
	이디오피아 정부문화대표단 방북(~23일)
2004.10.20	개성공업지구 관리위원회 개소식 및 입주기업 건설 착공식 개최
2004.10.21	개성공단개발사무소 준공식 개최
2004.10.22	외무성 대변인, 남한 핵문제 우선 논의 등 6자회담 개최 조건 발표
	해외동포 경제인을 대상으로 '평양-옥타(World-OKTA) 무역상담회' 개최(인민문화궁전)

2004.10.23 모잠비크 정부대표단 방북(~26일)
2004.10.26 김정일 위원장 '교육서한' 발표 20주년 기념 전국교육일꾼대회 (인민문화궁전)
2004.10.29 구월산, 유네스코 생물권보전지역으로 지정
2004.11.2 정부문화 대표단(단장 홍선옥 대외문화연락위 부위원장), 시리아 향발
2004.11.5 김상익 인민무력부 부부장, ARF 제1차 안보정책회의 연설 통해 미국의 대북적대정책 비난(베이징)
2004.11.6 콩고·우간다 정부대표단 방북(~9일)
2004.11.8 인터넷 홈페이지 '우리민족강당' 개설해 김일성 혁명역사 등 강의 개시
2004.11.12 북·터키 간 무역 및 경제협조협정 체결
2004.11.13 EU 트로이카[5] 대표단(벨렌 호벨 주한네덜란드 대사 등 10명) 방북, 제7차 북·EU 정치대화 개최(~16일)
2004.11.15 중국·러시아·몽골·베트남 대표단이 국제철도협력기구(OSJD) 회의 참가차 평양도착
2004.11.16 장펑(장핑) 유엔총회 의장 방북(~20일)
북·러 무역·경제 및 과학기술협조위 임업분과위원회 제7차 회의 참석차 러시아 임업대표단(단장 알렉산드르 고르제예브 아무르주 부장관) 방북
2004.11.19 군사대표단(단장 김영춘 인민군 총참모장), 쿠바 방문
2004.11.24 영부괴(닝푸쿠이) 중국 한반도 담당대사 방북(~26일)
과학기술총연맹 주최 황사피해방지 전국과학기술토론회 개최 (~25일)
2004.11.25 종자혁명 관련 제1차 전국과학기술발표회 개최(인민문화궁전, ~26일)
남북적십자 이산가족 면회소 건설을 위한 측량 및 지질조사 관련 기술실무협의(금강산, ~27일)

---

[5] EU 트로이카는 EU의 회장국과 차기 회장국, EU집행위를 일컫는다.

2004.12.3	남북, 개성공단 전력공급방식 합의
2004.12.4	외무성 대변인, '현 상황 6자회담 개최 무용' 천명
	'모성영웅' 서혜숙 여성에게 '노력영웅' 칭호 수여6)
2004.12.10	경제무역대표단(단장 림경만 무역상) 북·중 과학기술협조위원회 제40차 의정서 조인
2004.12.15	개성공단 첫 제품 생산기념식 개최
2004.12.20	6·15공동선언 실천을 위한 남북해외 공동행사 북측준비위원회 결성(명예공동위원장 양형섭·김영대·류미영, 위원장 안경호)
2004.12.21	바가반디 몽골 대통령 일행 방북, 각계 관료 간 부문회담 진행, 무역협정 및 '경제무역 및 과학기술협의위원회 창설협정' 조인 (~22일)
2004.12.27	조평통 서기국, 「참여정부 2년의 반통일 행적 결산서」 발표
2005.1.1	신년 공동사설 「전당, 전군, 전민이 일심단결하여 선군의 위력을 더 높이 떨치자」 발표
2005.1.5	동남아 지진 및 해일피해 관련 인도네시아 등에 15만 달러 긴급지원
2005.1.8	톰 랜토스 미 하원의원 방북(~11일)
2005.1.11	커트 웰든 하원의원 방북(~14일)
2005.1.13	김정일 위원장, 북중기계련합기업소·9월제철종합기업소 새해 첫 현지지도
2005.1.21	김일성 '광복의 천리길' 80돌 및 '광복의 답사길' 30돌 기념 중앙보고회 개최(인민문화궁전)
2005.1.24	조선중앙통신, 일본의 일본인 여성 유골 감정결과 날조 비망록 발표
	봉화총국 창립 30돌 기념보고회 개최

---

6) 고난의 행군 시기 33명의 고아를 친자식처럼 키워 그중 15명을 군대에 보낸 공로로 노력영웅 칭호가 수여되었다. 이후 북한에서는 '서혜숙 따라배우기 운동'이 전개되었다.

2005.1.27	경제대표단(단장 리명산 무역성 부상), 북·몽골 간 경제·무역 및 과학기술협의위원회회의 참석차 몽골 방문
2005.2.1	박길연 유엔주재 북한대표부 대사, PKO에 관한 특별위원회회의 에서 남조선 유엔사 해체 및 미군철수 요구 연설
2005.2.2	선군혁명총진군대회 개최, 장병·주민에게 보내는 호소문 채택 (4·25문화회관, ~3일)
2005.2.6	『민주조선』내각전원회의 확대회의 개최, 지난해 평가 및 각 부문별 과업 제시 보도
2005.2.10	외무성 성명, '6자회담 참가 무기 중단 및 핵무기고 증대대책 추진' 입장 발표
2005.2.16	김정일 위원장 제63회 생일 맞아 경축 중앙보고대회 등 축하행사 개최
2005.2.19	왕가서(왕자루이) 중국 공산당 대외연락부장 방북, 김정일 위원장 접견(~22일)
2005.2.20	'겨레말 큰사전' 남북 공동편찬위원회 결성식 개최, 공동보도문 채택(금강산)
2005.2.25	오진우 사망 10돌 중앙추모회(인민문화궁전)
2005.2.26	선군청년선구자대회 개최(인민문화궁전)
2005.3.3	6·15공동선언 실천을 위한 남북해외 공동행사 준비위원회 결성식 및 준비위 제1차 회의 개최(~5일)
2005.3.8	김정일 위원장, 주북 러시아대사관에서 푸틴 대통령의 전승기념메달 전달받고 연회 참석
2005.3.9	농촌마을정원과수재배경험 발표회 진행(인민문화궁전)
2005.3.15	외무성 대변인, 중국 제10기 전인대 제3차 전체회의 '반국가분열법' 채택 관련 중국 통일정책지지 의사표명
	경제무역대표단(단장 리용남 무역성 부상), 북·중 경제무역과학기술협조위원회 제1차 회의 참석차 방중
	대표단(단장 양형섭 최고인민회의 상임위 부위원장), 남아프리카·나미비아·잠비아·앙골라 순방 위해 출발

2005.3.16	외무성 대변인, '폭정의 전초기지' 철회 안 하면 회담 불참 경고
2005.3.22	박봉주 내각 총리 중국 방문, 호금도(후진타오) 주석 예방, 북·중 투자장려 및 보호에 관한 협정 체결(~27일)
2005.3.23	민민전 중앙위 상무위원회 확대회의에서 민민전을 반제민족민주전선으로 개칭
2005.3.25	북·중 수력발전회사 이사회 제56차 회의 개최 후 결정서 조인
2005.3.27	최고인민회의대표단(단장 최태복 의장), 라오스 방문 후 국제의회동맹 제112차 총회 참가 및 연설
2005.3.28	한일불교복지협회·조선불교도연맹, 일본으로부터 북관대첩비 반환사업 관련 남북실무협의 개최, 합의서 채택(베이징)
2005.3.29	중국 공산당 친선대표단(단장 마문 중앙규율검사위 부서기) 평양 방문(~4월 2일)
2005.3.31	외무성 대변인, 6자회담 군축회담 주장 담화 발표
2005.4.2	강석주 외무성 제1부상 방중(~5일)
2005.4.6	범민련 북측본부 중앙위 제13차 총회에서 김정호 조선문학예술총동맹 중앙위원장을 의장으로 선출
2005.4.7	남북해외공동행사 북측준비위 제2차 전원회의 개최, 산하 12개 분과위 구성
2005.4.9	체신대표단(단장 박명철 체신성 부상), 독일·프랑스·러시아 방문
2005.4.11	최고인민회의 제11기 제3차 회의 개최(만수대의사당) 북한 국가품질감독국·러시아 기술조종계량국, 2005~2006년 규격·계량·품질관리부문 협조계획서 조인(모스크바)
2005.4.12	메가와티 전 인도네시아 대통령 방북, 김일성화 명명 40주년 기념행사, 제7차 김일성화축전 등 참가
2005.4.14	조선인민군 최고사령관 명령 제00172호 통해 23명 장령 진급인사 발표
2005.4.16	남북해외공동행사 북측준비위 인터넷 사이트 '우리민족끼리' 통해 북측준비위 소식지 '통보1호' 발표

2005.4.19	김영남 최고인민회의 상임위원장을 단장으로 하는 대표단, 반둥회의 개최 50돌 기념 아시아・아프리카 정상회의 참석차 인도네시아 향발
2005.4.20	인터넷 포털 '내나라(www.kcckp.net)' 통해 최고인민회의 상임위 채택 「대동강오염방지법」 주요내용 소개
2005.4.23	노르웨이 외무성대표단(단장 비다르 헬게센 국무비서) 방북(~26일)
2005.4.25	외무성 대변인, 북핵 관련 "제재는 곧 선전포고" 주장 기자회견 북・중 간 2005~2006년 규격화・계량・품질감독부문 협조계획서 및 2005~2006년 품질인증 분야 협조계획서 체결(베이징)
2005.4.26	6・15공동선언 실천을 위한 남북해외공동행사 준비위원회 실무접촉, 30일 동시에 공동보도문 발표(금강산, ~28일)
2005.4.29	외무성 대변인, 부시 대통령이 김정일 위원장을 '폭군' 등으로 언급한 것과 관련해 부시 대통령 비난
2005.4.30	월드컵 예선 북한・이란전 관중 항의 사태 발생
2005.5.1	대안친선유리공장 건설장에서 5・1절 115돌 기념 중앙보고회 개최
2005.5.3	제20차 중앙과학기술축전 김책공업종합대학에서 개막(~6일)
2005.5.4	쿠바 군사대표단 평양 방문, 리명수 총참모부 작전국장과 군사회담 개최 무역성・UNDP 공동주최 무역토론회, 양각도국제호텔에서 진행(~5일)
2005.5.5	러시아 국가두마(하원) 대표단 방북(~7일)
2005.5.7	육해운성대표단(단장 김영일 육해운상), 시리아 향발
2005.5.11	외무성 대변인, 영변 5MWe 원자로에서 8천 개의 폐연료봉 인출 발표 기자회견
2005.5.16	차관급회담 개최, 남북관계 정상화 및 장관급회담 개최 등 3개항 공동보도문 발표(개성, ~19일)
2005.5.20	조평통 대변인, 미 작계 8022-02 북침 '핵선제공격'으로 비난
2005.5.21	체코의회 사절단(단장 루보미르 자오랄렉 하원의장) 방북(~24일)
2005.5.23	6・15공동선언 실천과 반전평화 및 민족공조 실현을 위한 남북

	대학생 상봉모임(금강산, ~24일)
2005.5.27	6·15공동선언실천과 평화통일기원 남북공동기도회, 4개 항 공동선언문 채택(금강산)
2005.5.28	라오스 인민혁명당 대표단(단장 솜사왓 랭사왓 외무상 겸 부총리) 방북(~31일)
2005.5.29	북·중 국경하천운항협조위원회 제44차 회의 개최, 합의서 체결
2005.5.30	최고인민회의 상임위 정령, 금속공업기계성을 금속공업성·기계공업성으로 분리
2005.5.31	체코 체히-모라바 공산당대표단(단장 미로슬라브 그레베니체크 위원장) 방북(~6월 5일)
2005.6.3	고려은행·영국 글로벌그룹 합작 '고려·글로벌신용은행' 설립
2005.6.4	인민보안성 대표단(단장 주상성 인민보안상), 러시아 내무성과 '협조에 관한 협정' 조인
2005.6.6	경제대표단(단장 림경만 무역상), 우간다·케냐·기니·말리 등 방문 위해 출발
2005.6.7	아태평화위 대변인, 금강산관광객 100만 명 돌파 관련 금강산관광 및 남북경협 활성화 촉구
2005.6.8	조선교육후원기금 설립
2005.6.11	세네갈 정부대표단(단장 아싼 비얀유 도시경영 및 국토관리상) 방북, 세네갈 대통령 친서 전달(~14일)
2005.6.13	남북 당국 및 민간대표단 6·15민족통일대축전 진행, 김정일 국방위원장·정동영 통일부장관 면담(평양, ~17일)
2005.6.14	무역은행 대표단(단장 오광철 조선무역은행 총재), 유엔무역개발회의(UNCTAD) 총회 참석 위해 스위스 제네바 향발
	인도 외무성대표단(단장 라지브 시크리 비서) 방북(~16일)
2005.6.19	외무성대표단 단장 최수헌 외무성 부상, 중동 순방에 이어 정부 특사 자격으로 카타르 제2회 남수뇌자회의에서 연설
	조선민주법률가협회대표단(단장 김진범 부위원장), 프랑스 제16차 국제민주법률가협회 대회 및 6·25전쟁 시 미국 만행 청문회

	참석
2005.6.21	제15차 남북장관급회담, 12개 항 합의사항 발표(서울, ~24일)
	중앙은행 대표단(단장 김완수 중앙은행 총재), 국제결제은행 제75차 연차총회 참가차 스위스 향발
2005.6.22	최고인민회의 상임위 정령 통해 '민족경제협력위원회(민경협)' 설립 발표
2005.6.23	북한·중국 공동운영 '보통강 공동교류시장' 개설
2005.6.26	북한·예멘, 무역 및 경제협조에 관한 협정·투자장려 및 보호에 관한 협정(사나) 체결
	북한·우간다, 무역 및 경제협조발전에 관한 양해문(캄팔라) 체결
	북한·케냐, 경제기술협조에 관한 양해문(나이로비) 체결
2005.6.28	세계여자권투협의회(WBCF) 선수권 대회(류경정주영체육관) 개최
2005.7.2	조선로동당 창건 60주년 앞두고 당중앙위·당중앙군사위 공동구호 145개 발표
2005.7.9	제10차 남북경제협력추진위원회 개최, 유무상통의 경협 도입 등 12개 항 합의문 발표(서울, ~12일)
	중국 공산당대표단(단장 습근평 당중앙위 서기) 방북(~12일)
	EU의회 대표단(단장 우르술라 스텐젤 의원) 방북(~14일)
2005.7.10	외무성 대변인, 6자회담 복귀 공식발표, 이에 앞서 9일 조선중앙TV 임시보도 형식으로 발표
2005.7.11	이탈리아 외무성대표단(단장 보니베르 외무차관) 방북(~12일)
2005.7.13	김정일 위원장, 호금도(후진타오) 주석 특사 당가선(탕자쉬안) 국무위원 면담
2005.7.16	2차 6·15공동선언 실천과 반전평화 및 민족공조 실현을 위한 남북대학생 상봉모임(금강산, ~18일)
2005.7.19	8·15 「이산가족 시범화상상봉에 관한 합의서」 채택
2005.7.20	제3차 남북장성급군사회담 실무대표회담, 4개 항 합의(판문점)
	6·15공동선언 실천을 위한 민족작가대회(평양·백두산, ~25일)
2007.7.25	제1차 수산협력실무협의회 개최, 6개 항 합의서 채택(개성, ~27일)

2005.7.26	제4차 6자회담 1차 회의 개최(베이징, 8월 7일 휴회)
2007.7.28	제5차 남북철도·도로연결 실무협의회, 열차시험운행 등 6개 항 합의서 채택(개성, ~30일)
2005.7.29	최고인민회의 상임위,「북남경제협력법」(27조) 채택
	백남순 외무상, 라오스 제12차 ARF 각료회의 참석, 남북외무장관회담 및 연설
2005.8.5	남북 9개 경협합의서 발표
2005.8.8	제5차 남북해운협력 실무접촉, 6개 항 공동보도문과「남북해운합의서의 이행과 준수를 위한 부속합의서의 수정·보충합의서」채택(문산, ~10일)
2005.8.10	서해상 충돌방지를 위한 통신연락소 개설
2005.8.11	당 창건 및 광복 60돌 기념 대사면 정령 발표(9월 1일 실시)
2005.8.12	제4차 남북장성급군사회담 실무대표회담 개최(판문점)
2005.8.14	광복 60돌 기념 중앙보고대회(평양체육관)
	8·15민족대축전 개최(서울, ~17일)
2005.8.15	김정일 위원장, 콘스탄틴 풀리코프스키 러시아 극동연방지구 전권대표 등 면담
	남북이산가족 화상상봉 실시
2005.8.16	대집단체조 아리랑 공연 개막(5월1일경기장, ~10월 30일)
2005.8.17	국제수로기구(IHO) 산하 동아시아수로위원회(EAHC) 신규가입
2005.8.18	제1차 남북농업협력위원회 개최, 시범협동농장 운영 등 7개 항 합의문 채택(개성, ~19일)
2005.8.23	제6차 남북적십자회담 개최(금강산, ~25일)
	가수 조용필 공연, 류경정주영체육관에서 진행
	잠비아 정부대표단(단장 루판도 므와페 부통령) 방북(~27일)
2005.8.24	인민무력부, 김정일 '선군혁명영도' 개시 45돌 기념 경축보고회 첫 개최
2005.8.26	제11차 이산가족상봉행사(금강산, ~31일)
2005.8.27	중국 외교부대표단(단장 무대위(우다웨이) 외교부 부부장) 방북

	(~29일)
	태국 칸티티 수파몽콘 외무상 일행 방북, 외무성 간 협상 및 협조에 관한 양해문 조인(~30일)
2005.8.31	금강산 면회소 착공식 개최
	무역경제대표단(단장 림경만 무역상), 중국 길림동북아시아투자박람회 참석차 출발
2005.9.1	인천 제16차 아시아육상선수권대회에 북한 청년학생협력단 참가(~4일)
2005.9.4	남측 방송위원회・북측 조선중앙방송위원회, 제2회 남북방송인 토론회 개최(금강산, ~6일)
2005.9.8	정권 창건 57돌 기념 중앙보고대회(4・25문화회관)
	개성공단관리위원회 실무접촉, 남북경협사무소 설치 전반 논의
	계순희, 이집트 카이로 세계유도선수권대회 우승
2005.9.12	6・15공동선언 실천과 반전평화를 위한 2005남북여성통일행사 개최(청년중앙회관)
2005.9.13	제4차 6자회담 2차 회의 재개, 6개 항 공동 성명 채택(~19일)
	제16차 남북장관급회담 개최, 6개 항 합의사항 공동보도문으로 발표(평양, ~16일)
2005.9.14	일본의 100년 죄악을 폭로・단죄하는 전국사회과학부문 연구토론회 진행(인민대학습당)
	국가품질감독국대표단(단장 박성국 부국장), 제28차 국제규격화기구 총회 참석차 싱가포르 향발
2005.9.15	안중근 의사 유해공동발굴사업 관련 개성 실무접촉 이후 합의서 체결
2005.9.20	외무성 대변인, "경수로 제공 즉시 핵무기비확산조약(NPT) 복귀하며 국제원자력기구(IAEA)와 담보협정을 체결하고 이행할 것"이라는 입장 발표
	쿠바・베네수엘라 방문 북한 대표단(단장 양형섭 최고인민회의 상임위 부위원장) 평양 출발

북한 연표(1945~2007) 523

	중화전국총공회 대표단(단장 왕서샹(왕루이샹) 부주석)·몽골 정부경제대표단(단장 엔흐투부신 공업무역성 부상) 평양 도착
2005.9.21	문화보존지도국·조선불교도연맹·사회과학원·조평통 서기국 등 북관대첩비되찾기대책위원회 결성
2005.9.22	대일 과거청산요구 국제연대협의회 제3차 회의(평양)
2005.9.24	제1차 가을철 평양국제상품전람회 개최(~27일)
	중국 방문 당친선대표단(단장 김남철 평양시당 비서), 몽골 방문 조선·몽골친선협회 대표단(단장 문일봉 재정상), 아시아재해감소회의 참가 국토환경보호성대표단(단장 김경준 부상) 평양 출발
2005.9.28	6·15공동선언 실천을 위한 민속문화축전에 북강원도 대표단(단장 고종덕 강원도 인민위원장) 참가(금강산, ~29일)
2005.9.30	비전향장기수 정순택 유해 판문점 통해 북송
2005.10.3	평북 백마-철산 간 관개수로 준공식
2005.10.5	무역성 대표단(단장 김영재 무역성 부상) 사할린 방문, 북·러 사할린「경제·무역협력 공동실무단 결성 합의서」체결
2005.10.8	중국 오의(우이) 부총리와 폴리코프스키 러시아 대통령 전권대표 방북(~11일)
2005.10.9	김정일 위원장, 오의(우이) 부총리 등과 대안친선유리공장 준공식 참석
	당 창건 60돌 중앙보고대회(5월1일경기장), 아리랑 관람
2005.10.10	군 열병식 및 각종 행사 개최
2005.10.11	북한 외무성·EU·나우만재단 주최 제2차 북한·EU 경제개혁 워크숍 개최
2005.10.13	메가와티 전 인도네시아 대통령 방북(~15일)
2005.10.14	조선중앙방송국 창립 60돌 기념보고회 개최
2005.10.17	빌 리처드슨 뉴멕시코지사 일행 방북, 김영남 상임위원장 담화(~21일)
2005.10.18	리빈 중국 북핵대사, 제5차 6자회담 문제 논의 위해 방북(~20일)

2005.10.20 아태평화위 대변인, 김윤규 부회장 퇴출 관련 "현대와 모든 사업을 전면검토" 입장표명 담화
2005.10.21 세계여자권투이사회(WBCF) 선수권 방위전·쟁탈전(류경정주영체육관)
2005.10.22 연형묵 로동당 중앙위 정치국 후보위원 겸 국방위 부위원장 사망(73세), 김정일 위원장 23일 빈소 조문
2005.10.26 전국 과학자·기술자 돌격대운동 선구자대회 첫 개최(인민문화궁전)
남측 윤이상평화재단 대표단 참가하 윤이상 서거 10돌 추모음악회 개막
2005.10.28 중국 호금도(후진타오) 주석 방북, 김정일 위원장과 정상회담(~30일)
남북경제협력협의사무소 개성공단 현지에서 개소식
2005.10.31 개성 영통사 복원 낙성식
2005.11.2 조선사회민주당 창립 60돌 기념보고회 개최
2005.11.5 제12차 남북이산가족상봉행사(~10일)
2005.11.8 북한·베네수엘라, 무역협조에 관한 협정 체결(카라카스)
2005.11.9 1단계 제5차 6자회담 속개, 의장 성명 채택(~11일)
2005.11.11 현대그룹·아태평화위, 금강산관광 정상화 합의
2005.11.15 북한·러시아, 2005~2007년도 문화 및 과학교류계획서 체결
2005.11.17 조선민주여성동맹 창립 60돌 기념 중앙보고대회 개최(인민문화궁전)
2005.11.18 전국검찰재판일꾼대회 개최(인민문화궁전)
2005.11.22 제3차 전국어머니대회 7년 만에 개최(인민문화궁전)
2005.11.24 제2차 남북이산가족 화상상봉 진행(~25일)
평양-남포 통일마라톤대회 진행(오마이뉴스 주최)
소프트웨어산업총국대표단(단장 한우철 총국장)·지진국대표단(단장 강신동 국장) 각각 러시아 및 중국 방문
2005.11.26 전기석탄공업부문 일꾼대회 개최(인민문화궁전)

2005.11.28	외무성 대변인, 경수로 건설 종결 관련해 "미측에 손실보상 요구할 것"이라고 기자회견
2005.12.2	외무성 대변인, 미국에 금융제재 문제 논의할 공식적인 회담 개최 촉구 기자회견
2005.12.5	김정일 위원장, 평안북도 경제부문 집중지도
	러시아 상트-페테스부르그 시장 일행 방북, 무역경제협조에 관한 회담록 체결
2005.12.7	남북체육회담, 도하아시안게임·베이징올림픽 남북단일팀 출전 논의
2005.12.8	제3차 남북이산가족 화상상봉 진행(~9일)
2005.12.9	6·15공동선언실천 남북해외공동행사 준비위원회 회의에서 6·15 공동선언실천 민족공동위원회로 명칭 변경 및 규약 채택(심양)
2005.12.10	외무성 대변인, 버시바우 '범죄국가' 발언 관련 "4차 6자회담을 뒤집는 중대사태, 북에 대한 선전포고" 등으로 비난
2005.12.12	전국인민보안 일꾼대회 개최(인민문화궁전, ~13일)
2005.12.13	제17차 남북장관급회담 개최(제주, ~16일)
2005.12.16	6·15공동선언 실천을 위한 제3차 남북청년학생 대표자대회 개최(개성, ~17일)
2005.12.20	조선중앙통신, 경수로 건설 종료에 따른 상보 발표
2005.12.24	로두철 부총리 방중, 북·중 해상에서의 원유공동개발에 관한 협정 조인 등 북·중 경제협력 논의(~27일)
2006.1.1	신년 공동사설「원대한 포부와 신심에 넘쳐 더 높이 비약하자」발표
2006.1.4	김정일 위원장, 김책공대 전자도서관 시찰 새해 첫 공개 활동
2006.1.6	북송 비전향장기수들, 남측 인권위와 과거사정리위 앞으로 공동고소장 제출
2006.1.9	외무성 대변인, "미 6자회담 진전 바란다면 금융제재 풀 것" 주장하는 기자회견

2006.1.10   김정일 위원장 중국 방문, 호금도(후진타오) 주석과 정상회담, 허북성(후베이성)·광동성(광둥성) 산업현장 시찰(~18일)
             북·베트남 간 2006년 규격화·계량·품질관리부문 협조계획서 조인
2006.1.13   『조선신보』 금년부터 기간공업·농업 부문 3년 연속계획 추진 보도
2006.1.18   북·미·중 6자회담 대표 베이징에서 회동, 북한은 "선 금융제재 해제" 요구하고 미국은 기존입장 고수
2006.1.25   전국농업대회 12년 만에 개최(4·25문화회관)
2006.1.26   정부·정당·단체 합동회의 개최, 당국 참가 6·15 6돌 통일대축전 제의
2006.1.29   국가종합체육단 축구훈련소 개소식
2006.2.2   인도네이사 대통령 특사 나나 수트레스 대통령 정치고문 방북(~6일)
2006.2.4   북·일 베이징에서 국교정상화 회담, 성과 없이 종료(~8일)
             김정일 위원장, 자강도 강계시 경제사업 현지지도
2006.2.7   인도, 북에 쌀 2천 톤 무상지원
2006.2.8   천도교청우당 창립 60돌 기념보고회 진행
2006.2.9   외무성 대변인, 국제적 돈세탁 방지규범 참여 의사 표명 기자회견
2006.2.20   북·시리아 간 항공로에 관한 협정 체결
2006.2.21   제7차 남북적십자회담, 국군포로와 납북자 문제 등 7개 항 합의문 채택(~23일)
             조선중앙통신, 「환경영향평가법」 제정 보도
2006.2.23   제3차 3대혁명붉은기쟁취운동 선구자대회 11년 만에 개최(~24일)
2006.2.24   6·15공동선언실천 민족공동위원회 실무회의 개최, 5개 항 공동보도문 발표(개성, ~25일)
2006.2.27   제4차 남북이산가족 화상상봉 행사(~28일)
2006.2.29   『로동신문』, 정론「혁명의 3세, 4세」 발표
             캄보디아 시아누크 전 국왕 방북
2006.3.1   북관대첩비 북측 인도인도식

2006.3.2	제3차 남북장성급회담 개최, 서해상 해상경계선 문제 이견(판문점 통일각)
2006.3.4	6·15공동선언 실천을 위한 남북농민단체대표자회의 개최(개성)
2006.3.6	철도협조기구아시아지역회의 개최(평양, ~10일)
2006.3.7	북·미 뉴욕접촉, 미국이 거절
2006.3.9	남북여성대표자회의 개최, 남북평화와 일본군위안부 문제 토론 및 공동호소문 채택(금강산, ~11일)
2006.3.11	장관급회담 북측 수석대표, RSOI/FE 관련 장관급회담 연기 통보
2006.3.20	제13차 남북이산가족 상봉행사(금강산, ~25일)
2006.3.22	전국계획일꾼 열성자회의 10년 만에 개최
2006.3.31	황북 곡산군 평암협동농장에서 미루벌 물길공사 착공식 북한올림픽위원회(단장 손광호 올림픽위 부위원장), 서울 개최 제15차 국가올림픽위원회연합회(ANOC) 총회 참석
2006.4.4	제3차 남북적십자 공동식목행사(금강산, ~6일)
2006.4.11	최고인민회의 제11기 제4차 회의 개최, 과학기술 발전방안 제시 (만수대의사당)
2006.4.17	캄보디아 노로돔 시아모니 국왕 방북(~20일)
2006.4.21	제18차 남북장관급회담 8개 항 공동보도문 발표(평양, ~24일)
2006.4.26	중국 남방항공, 평양-베이징 노선 주 3회 운항 북한주재 베네수엘라 첫 상주대사로 로시오 곤살레스 부임
2006.4.30	민주노총·한국노총 대표단 북한 노동절 행사 참관(~5월 3일)
2006.5.2	조선과학기술총연맹 창립 60돌 기념보고회 개최(인민문화궁전)
2006.5.3	제3차 남북경제협력추진위원회 위원급 실무접촉(개성, ~4일)
2006.5.5	장관급회담 북측 수석대표, 김대중 전 대통령 방북협의 실무접촉 제의 전통문 발송
2006.5.8	중국 경제무역대표단(단장 마수홍 상무부 부부장), 북·중 경제무역과학기술협조위원회 제2차 회의 참석차 방북(~12일)
2006.5.10	남북대학생대표자회의 개최(금강산, ~11일)
2006.5.11	제12차 남북철도·도로연결 실무접촉 개최, 5월 25일 경의선·동

	해선 시범운행 실시 합의(개성, ~12일)
2006.5.12	시리아 경제대표단(단장 아미라 후쓰니 루트피 경제 및 상업상), 북·시리아 경제공동위원회 제4차 회의 진행차 방북(~15일)
2006.5.16	제4차 남북장성급회담 개최(판문점 평화의집)
	김대중 전 대통령 방북협의 실무접촉(금강산, ~17일)
2006.5.17	북한 국가품질감독국·중국 국가품지감독검사검역총국, 검사·검역 분야에서의 협조에 관한 협정 조인
	조총련·민단 간 회담 개최, 공동 성명 채택 보도
2006.5.18	제4차 남북경제협력추진위원회 위원급 실무접촉(개성, ~19일)
2006.5.22	미 APTN 평양에 상설지국 개설
2006.5.24	북한, 25일 예정된 경의선·동해선 열차 시험운행 취소 통보
2006.6.1	외무성, 6자회담 미국 측 단장 초청, 미 거부
2006.6.3	제12차 남북경제협력추진위원회 개최, 경공업 및 지하자원개발 협력 등 9개 항 합의문 채택(제주도, ~6일)
2006.6.10	안경호 조평통 서기국장, "한나라당 집권하면 6·15 날아가" 주장
2006.6.14	6·15민족통일대축전 개최(광주전남, ~17일)
2006.6.19	제14차 이산가족상봉행사, 김영남 가족일행 상봉 포함(금강산, ~30일)
2006.6.24	정부경제대표단(단장 림경만 무역상), 리비아·말레이시아 등 방문(~7월 16일)
2006.6.25	북한·러시아 정보기술 공동전시회 개최(인민문화궁전, ~28일)
2006.6.27	북한·쿠바 정부대표단 회담(아바나)
2006.6.28	납북 고교생 김영남과 남측 어머니 최계월씨 28년 만에 금강산에서 상봉
2006.6.30	정부대표단(단장 조정호 무역성 부상) 벨로루시 방문, 소득과 재산에 대한 이중과세 방지협정 조인, 무역경제협조 공동위원회 제2차 회의 의정서 채택(민스크)
2006.7.5	'대포동 2호' 포함해 미사일 7발 시험발사
2006.7.6	외무성 대변인, "성공적 발사, 자위적 국방력 강화훈련" 주장

2006.7.10	북·중 간 경제기술협조에 관한 협정 체결
2006.7.11	제19차 남북장관급회담 조기종결(부산, ~13일)
	관지 제한 철폐, 국가보안법 철폐 등 요구 중도 결렬
2006.7.16	외무성 대변인, 7·15 유엔 안보리 대북제재 결의 1695호 거부 성명 발표
	평안남도 신양·양덕·성천군 등에 대규모 수해 발생
2006.7.19	북한적십자 위원장, 이산가족상봉 및 금강산 면회소 건설 중단 선언
2006.7.21	러시아철도주식회사 대표단(단장 야쿠닌 총사장) 방북, 라진-하산구간 철도개건 완료 의정서 조인(~26일)
2006.7.28	아리랑 공연 홍수피해로 취소
2006.7.29	백남순 외무상, ARF 참가차 말레이시아 향발
2006.8.1	대홍수로 8·15축전 취소
2006.8.3	새 영화〈한 녀학생의 일기〉시사회, 6일 상연시작
2006.8.9	6·15북측위, 수해복구 지원 공식요청
2006.8.13	러시아정교회 정백사원 준공식 및 축성예식 진행
2006.8.19	대북수해 복구지원 관련 남북적십자 실무접촉(금강산)
2006.8.20	림동옥 로동당 중앙위원회 통일전선부장 사망(70세)
2006.8.26	외무성, "미 금융제재에 모든 대응조치 강구할 것" 주장
2006.8.29	베트남 경제대표단(단장 판 페 루이 무역성 상임부상) 방북, 북·베트남 경제과학기술협조위원회 제6차 회의 개최
2006.9.8	『로동신문』, 정론「려명이 불탄다」에서 승리의 확신 강조
2006.9.13	제10차 평양국제영화축전 개최
2006.9.15	김영남 상임위원장, 제14차 비동맹정상회의 참가 및 연설(아바나, ~16일)
2006.9.29	제1차 9월10일상 전국태권도종합경기대회 개최(태권도전당, ~10월 5일)
2006.10.3	외무성 성명, 핵실험 계획 발표
2006.10.5	김정일 위원장, 군 대대장·대대정치지도원대회 참가자와 기념

촬영
2006.10.6 전 사회안전부장 백학림 사망(87세)
2006.10.9 핵실험 실시, 조선중앙통신사 보도 통해 지하 핵실험 성공을 공식발표
2006.10.11 외무성 대변인, 비핵화 의지 확인, 압력 가중 시 물리적 대응조치 천명 담화
2006.10.17 〈ㅌ·ㄷ〉결성 80돌 중앙보고대회 개최(평양체육관)
외무성 대변인, 안보리 대북제재 결의 관련 제재 실행 시 강경대처 성명
2006.10.19 당가선(탕자쉬안) 국무위원, 호금도(후진타오) 주석의 특사로 방북, 김정일 위원장 면담
2006.10.20 평양에서 핵실험 성공 환영대회 개최 이후 각 시·군으로 확대
2006.10.26 최고인민회의 상임위 정령, 전기석탄공업성을 전력공업성·석탄공업성으로 분리
2006.11.1 외무성 대변인, 북미 간 금융제재 해제 논의·해결 전제로 6자회담 복귀 언급
아태평화위 대변인, "금강산관광 변경 시 단호한 조치" 주장 담화
2006.11.4 외무성 대변인, "북 핵보유국 자격 없다"는 일본 주장 비난
2006.11.12 북한 남자청소년축구단, 인도 아시아청소년축구선수권대회 우승
2006.11.17 조선적십자회 중앙위 대변인, 일본의 만경봉-92호 운항금지 비난 담화
2006.11.18 조평통 대변인, 유엔 대북인권결의안 찬성한 남측 정부 비난 성명
2006.11.24 북한·말레이시아 간 과학기술협조 공동위원회 제1차 의정서 조인
2006.11.25 글린 포드 의원 등 유럽의회 의원 방북(~28일)
2006.11.28 조선그리스도교 창립 60돌 기념보고회 개최
남북 언론인토론회 개최(금강산, ~30일)
2006.12.11 내각, 「중소탄광개발 및 운영규정」 채택
2006.12.18 2단계 제5차 6자회담 참가, 의장 성명 채택(베이징, ~20일)
2006.12.23 김정일 최고사령관 추대(1991.12.24) 15돌 경축 중앙보고대회 개최

2006.12.29	모차르트 탄생 250돌 기념음악회 개최(모란봉극장)
2007.1.1	김정일 위원장, 금수산기념궁전 참배, 조선인민군 공훈국가합창단 신년 경축공연 관람으로 새해 첫 공개 활동
	새해 공동사설 「승리의 신심 드높이 선군조선의 일대 전성기를 열어 나가자」 발표
2007.1.3	백남순 북 외무상 사망(78세)
2007.1.11	대외경협 법률 문제 상담 평양법률사무소(소장 허영호) 개설
2007.1.16	김계관 외무성 부상·힐 국무부 동아태차관보, 베를린 회동(~18일)
2007.1.17	정당·정부·단체 연합 성명 발표
2007.1.19	외무성 대변인, 북미 양자협의 긍정적 평가 기자회견
	김정일 위원장, 자강도 희천시내 공장들 및 태천4호발전소 현지지도
2007.1.30	6·15북측위 총회, 6·15 7돌은 평양에서, 8·15는 남측에서 개최할 것 제의
2007.2.2	내각 전원회의 확대회의, "경제강국 건설 공격전 추진" 강조
2007.2.5	선군혁명선구자대회 진행(4·25문화회관, ~6일)
2007.2.8	3단계 제5차 6자회담 개최, 9·19공동성명 이행을 위한 초기단계 조치(2·13합의) 채택(베이징, ~13일)
	김정일 위원장, 함경북도 경제부문 현지지도
2007.2.15	김정일 위원장 65회 생일 기념 중앙보고대회 개최(4·25문화회관)
2007.2.21	최광 사망 10주기 중앙추모제 개최(청년중앙회관)
2007.2.27	제20차 남북장관급회담 개최, 6개 항 합의사항 공동보도문으로 발표(평양, ~3월 2일)
2007.2.28	전국법무일꾼대회(~3월 1일)
2007.3.4	김정일 위원장, 북한주재 중국대사관 방문
2007.3.5	북·미 관계정상화 실무그룹 1차 회의(뉴욕, ~6일)
2007.3.6	EU 트로이카 대표단 방북(~8일)
2007.3.7	북한 철도법 개정 발표

	북·일 관계정상화 실무그룹 회의(하노이, ~8일)
	이해찬 전 총리 평양 방문(~10일)
2007.3.13	외무성 대변인, UNDP 대북사업 중단 비난
	국제원자력기구(IAEA) 모하메드 엘바라데이 사무총장 방북(~14일)
2007.3.17	박용석 당중앙위 검열위원장 사망(80세)
2007.3.19	제6차 6자회담, BDA 동결자금 입금 문제로 휴회(베이징, ~24일)
2007.3.20	17세 이하(U-17) 북한 청소년축구대표팀 전지훈련(제주도, ~4월 20일)
	제4차 북·러 경제공동위 참가 정부대표단(단장 림경만 무역상), 모스크바 향발
2007.3.22	조선국민회 결성 90돌 기념 중앙보고회(4·25문화회관)
2007.3.28	선군혁명청년전위대회 개최(~30일)
2007.4.6	북한 장웅 국제올림픽위원회(IOC) 위원과 태권도 시범단 방한(~9일)
2007.4.8	빌 리처드슨 뉴멕시코주지사 일행 방북(~11일)
2007.4.11	최고인민회의 제11기 제5차 회의, 김영일 신임 내각총리, 김영춘 국방위 부위원장으로 선거(만수대의사당)
	북한·베트남 간 2007~2008년 규격화·계량·품질관리부문 협조계획서 조인
2007.4.12	북한·나이지리아 간 문화 및 교육협조에 관한 협정 체결
2007.4.13	북한·인도네시아 간 2007~2009년도 문화교류계획서 조인(만수대의사당)
	외무성 대변인, "미국의 BDA 해제 여부 확인하고 행동할 것"이라고 주장
2007.4.14	김일성 95회 생일 기념 중앙보고대회(평양체육관)
	조선인민군 최고사령관 명령 제0010호를 통해 군 장성 55명의 승진인사 단행
	김일성 생일 95주년 기념 대집단체조와 예술공연 아리랑 개막(5월1일경기장, ~5월 20일)

2007.4.17	중국공산당 중앙위 대외연락부대표단(단장 류훙재(류훙차이) 부부장) 방북(~21일)
2007.4.18	총리 교체 이후 첫 내각 전원회의 확대회의 제13차 남북경제협력추진위원회 개최,「남북 경공업 및 지하자원개발 협력에 관한 합의서의 수정ㆍ보충합의서」및「식량차관제공합의서」체결(평양, ~22일)
2007.4.19	외무성대표단(단장 김영일 외무성부상), 인도네시아ㆍ미얀마ㆍ인도ㆍ파키스탄ㆍ이란 순방차 출발(~5월 15일)
2007.4.20	리재선 원자력총국장, IAEA 사무총장에 BDA 해결즉시 IAEA 대표단 초청 의사피력 서한 발송
2007.4.25	김정일 위원장 참가하 인민군 창건 75주년 기념 열병식 및 퍼레이드(김일성광장)
2007.4.26	북한ㆍ미얀마, 양국 간 외교 관계 복원하는 협정문 발표
2007.4.30	북한ㆍ멕시코 로동당 간 협조에 관한 합의서 조인(만수대의사당) 『로동신문』, 정론 통해 군공훈국가합창단의 선군 및 음악정치 역할 강조
2007.5.7	최고인민회의 상임위, 정령을 통해 러시아 블라디미르 쿠릴로프 국립극동대학 총장에게 북한ㆍ러시아 간 과학기술 및 문화교류 발전에 기여한 공로 인정의 친선훈장 제1급 수여 김형준 외무성 부상 단장으로 하는 대표단, 쿠바ㆍ베네수엘라ㆍ브라질ㆍ니카라과 중남미 4개국 방문(~26일)
2007.5.8	제5차 남북장성급회담, 동해선ㆍ경의선 열차 시험운행 군사보장 합의(~11일)
2007.5.9	량강도 삼수군 삼수발전소 준공식
2007.5.10	인민군 해군사령부, 남측 해군의 서해상 북측 '영해 침범' 주장
2007.5.11	최고인민회의 상임위,「중소형발전소법」채택 정령 발표
2007.5.16	독도 및 조선동해 표기에 관한 사회과학부문 토론회 개최(사회과학원)
2007.5.18	최고인민회의 상임위 정령으로 박의춘 전 러시아 주재 대사를

	내각 외무상으로 임명
2007.5.21	조선로동당출판사, 『김일성전집』 제69권 출판
2007.5.22	북한·러시아 간 무역 경제 및 과학기술협조위 임업분과위 제11차 회의 의정서 조인
2007.5.27	양형섭 최고인민회의 상임위 단장으로 하는 대표단, 나이지리아·에티오피아 방문(~6월 2일)
2007.5.29	제21차 남북 장관급 회담(~6월 1일)
2007.5.30	독일 연방의회 위원들, 최고인민회의 대의원들과 좌담(만수대의사당)
2007.6.3	보천보전투승리 70주년(1937.6.4) 기념 중앙보고대회(양강도 혜산시 보천보전투승리기념탑)
2007.6.5	북한·중국 간 국경하천운항협조위원회 제46차 회의 합의서 조인(평양)
	북한 로동당과 중국 공산당 대표단 상호 방문(~10일)
2007.6.6	내각, 「열 및 내압설비감독법시행규정」 채택 결정 발표
2007.6.7	서해상에서 미사일 2발 발사
	최현 전 인민무력부장 생일 100주년 기념 중앙보고회(인민문화궁전)
	조선중앙텔레비전 위성수신 주파수, 3664.5MHz에서 3504.5MHz로 변경
2007.6.12	세계지적소유권기구(WIPO) 대표단 방북
2007.6.13	상표·공업도안·원산지명에 관한 민족토론회(인민문화궁전)
	국립교향악단 단장 겸 인민예술가 허이복 사망
2007.6.14	마카오 북한 자금 송금 완료
	6·15민족통일대축전(평양, ~17일)
2007.6.16	비전향 장기수 리인모 사망(89세)
	리제선 원자력총국장, IAEA 실무대표단 초청
2007.6.21	크리스토퍼 힐 미 국무부 차관보 방북, 박의춘 외무상과 김계관 수석대표와 회담(~2일)

2007.6.23	유럽의회 대표단(단장 후베르트 피르커) 방북(~26일)
2007.6.25	외무성 대변인, BDA 동결자금 북한계좌로 송금 확인 및 인도적 목적에 사용할 것을 표명
2007.6.26	IAEA 실무단 방북, 영변 핵시설 방문(~30일)
2007.7.2	양결지(양제츠) 중국 외교부장 방북, 김정일 국방위원장 면담, 호금도(후진타오) 친서 전달(~4일)
2007.7.4	한성렬 전 유엔주재 북한대표부 차석대사, 영 채텀하우스 초청 강연(런던)
2007.7.6	외무성 대변인, "중유 5만 톤 첫 선적분 들어오는 대로 영변 핵시설 가동중단" 의사 표명
2007.7.10	제30차 남북군사실무회담 개최(판문점 통일각)
2007.7.13	인민군 판문점대표부, 유엔대표 참가하는 북·미 군사회담 개최 제의
2007.7.15	외무성 성명, 중유 5만 톤 도착 확인 및 영변 핵시설 폐쇄 발표
2007.7.16	북한·몬테네그로공화국 간 대사급 외교관계 수립
2007.7.18	6자회담 수석대표 회담, 북한 "경수로 들어와야 핵시설 해제" 재확인(베이징, ~20일)
2007.7.19	상원시멘트연합기업소, 이집트 오라스콤 건설회사와 합영 계약(평양)
2007.7.20	김영남 최고인민회의 상임위원장, 몽골 공식방문 후 정상회담, 보건 및 의학과학 분야에서의 협조에 관한 협정, 해상운수에 관한 협정 조인
2007.7.24	제6차 남북장성급군사회담(판문점, ~26일) 김영남 최고인민회의 상임위원장, 알제리·이집트·에티오피아 순방(~31일)
2007.7.28	박의춘 외무상 단장으로 하는 대표단 ARF 참석차 필리핀 방문(~8월 2일)
2007.7.29	도(직할시)·시(구역)·군 인민회의 대의원선거 북한 외무성·필리핀 외무부 간 쌍무협상 체계 수립 협정 체결

(마닐라)

2007.8.1	대집단체조와 예술공연 '아리랑' 재공연(5월1일경기장, ~10월 10일)
2007.8.4	경제대표단(단장 림경만 무역상), 시리아 방문(~14일)
2007.8.5	김정일 위원장, 함경북도 경제부문 현지지도(~8일)
2007.8.6	조선로동당출판사, 『김일성전집』 제70권 출판
2007.8.7	6자회담 경제·에너지 지원 실무그룹회의(판문점, ~8일)
	한스 달그렌 스웨덴 정부특사 방북(~9일)
	집중호우 수해, 중앙통계국 "600여 명 사망·실종" 발표(~18일)
2007.8.8	남북, 8월 28일 남북정상회담 평양 개최 공식 발표
	KBS 남북 합작 드라마 〈사육신〉 첫 국내 방영
2007.8.11	김정일 위원장, 함경남도 경겹문 현지지도(~14일)
2007.8.14	남북정상회담 1차 준비 접촉(개성)
	박길연 유엔주재 북한대표부 대사, 반기문 유엔사무총장과 면담
	북한·시리아, '경제무역 및 과학기술협조에 관한 경제공동위원회' 제5차 회의
2007.8.15	대집단체조와 예술공연 '아리랑', 기네스북에 등재
2007.8.16	한반도 비핵화 실무그룹회의, 리근 국장 불능화 의지 표명(심양, ~17일)
2007.8.18	남북 정상회담 10월 초로 연기
2007.8.20	동북아 평화안보 실무그룹회의 개최(모스크바, ~20일)
2007.8.21	최고인민회의 상임위원회, 정보화시대에 맞는 교육을 강조하고 있는 황해북도 송림시를 모범 교육도시로 지정하는 정령 제2335호를 채택
2007.8.25	최고인민회의 상임위 정령으로 정인보·림동옥·한웅식 등 14명에게 '조국통일상' 수여
2007.9.1	김정일 위원장, 자강도 성간군 전천군 내 공장·기업소 현지지도
	제2차 북·미 관계정상화 실무그룹회의(제네바, ~2일)
	태국 록슬리태평양주식회사 대표단 방북, 북한 체신성과 통신설비 관리운영 합의(~4일)

2007.9.4	북・중 경제무역 과학기술 협조위원회 제3차 회의(베이징)
2007.9.5	북・일 관계정상화회의(몽골 울란바토로)
2007.9.11	미・중・러 '북핵 불능화기술팀' 방북(~15일)
2007.9.13	미얀마 외무성 대표단 방북, 양국 외교부 간 협조합의서 체결(~18일)
2007.9.16	류효영(류샤오밍) 북한주재 중국대사, 나진항 및 나진신흥연총회사・청진금속합작회사 등 산업현장 시찰
	계순희, 세계유도선수권대회 금메달(리우데자네이루)
2007.9.17	북한・아랍에미리트연합(UAE), 대사급 외교관계 수립
2007.9.18	외무성 대변인, '북한・시리아 핵 협력' 의혹 부인
2007.9.19	최고인민회의 상임위, '물길공사기념메달' 제정 정령 제2365호 발표
2007.9.20	북한・스와질란드, 대사급 외교관계 수립(뉴욕)
	국가과학원대표단(단장 리성욱 부원장), 중국 심양 동북아 첨단기술 박람회 참가(~22일)
2007.9.24	발명총국 대표단, WIPO 총회 참석(제네바, ~10월 3일)
	북한・도미니카 공화국 간 대사급 외교관계 수립
2007.9.26	북한・과테말라 간 대사급 외교관계 수립
2007.9.27	최수헌 외무성 부상, 뉴욕에서 진행된 '77그룹' 외무상회의 참석 및 연설
	2단계 제6차 6자회담, 연말 불능화 및 신고 합의(베이징, ~30일)
2007.10.2	2007남북정상회담 시작, 4일 '남북관계 발전과 평화번영을 위한 공동선언' 채택(평양, ~4일)
2007.10.3	9・19공동성명 이행 제2단계 조치 채택(베이징)
2007.10.4	북한 태권도 대표단, 미국 순회공연(~17일)
2007.10.5	최고인민회의 상임위원회 정령 제2373호 통해 사회주의 강성 대국 건설에 이바지한 단위들에 '2중3대혁명붉은기'(21개 단위), '3대혁명붉은기'(77개 단위) 수여
2007.10.7	김정일 국방위원장, 러시아 대통령 푸틴 생일 55주년 기념 축전

	발송
2007.10.8	김정일 국방위원장, 로동당 총비서 추대 10주년
2007.10.10	북한·몽골, 경제무역 및 과학기술협의위원회 제7차 회의 의정서 조인(평양)
2007.10.11	북핵 불능화팀 방북, 3개 핵시설 불능화 방안 협의(~18일)
	남·북·일 공동 '고구려 무덤벽화 사진전시회' 개막(~11월 10일)
2007.10.15	최태복 최고인민회의 의장, 이탈리아·시리아 방문(~22일)
2007.10.16	여자축구, 2007 아시아축구연맹(AFC) U-19 여자청소년선수권대회 우승
	태종수 신임 내각 부총리 임명
	베트남 공산당 농 득 마잉 서기장 방북(~18일)
2007.10.17	국제김일성기금 창설
2007.10.23	제3차 북·EU 북한-유럽연합 경제토론회 개최(~24일)
2007.10.26	전국 당 세포 비서 대회(평양)
	김영일 총리, 베트남·말레이시아·캄보디아·라오스 등 동남아 4개국 친선방문(~11월 7일)
2007.10.27	나미비아 정부대표단(단장 나몰로흐 국방상) 방북(~11월 1일)
2007.10.29	류운산(류원산) 중국 공산당 중앙선전부장 방북, 김정일 위원장에게 호금도(후진타오) 주석 '구두 친서' 전달(~30일)
	제3차 경제·에너지협력 실무그룹회의 개최, 에너지 지원방안 협의(판문점, ~30일)
2007.10.30	현정은 현대그룹 회장 방북, 서울-백두산 직항 관광 합의(~11월 3일)
2007.10.31	소말리아 해상서 해적에게 납치됐던 대홍단호, 미 해군 도움으로 해적 격퇴
2007.11.1	북핵 불능화 미 실무팀(단장 성 김 국무부 한국과장) 재방북, 3개 핵시설 불능화 착수(~5일)
2007.11.2	내각, 저작권법 시행규정 채택
2007.11.6	사리원시 민속거리 준공식 진행

2007.11.8	조선중앙통신 상보, 미 해군의 대홍단호 구조에 사의 표시
	평양·자카르타, 자매도시 설정 양해문 체결
2007.11.10	남·북·중 제3차 경제·에너지협력 실무그룹회의 이행방안 협의 위한 3자 간 전문가회의 개최(선양, ~13일)
2007.11.12	남북군사실무회담(판문점 북측 통일각)
2007.11.14	제7차 남북이산가족 화상상봉(~15일)
	윈스턴 피터스 뉴질랜드 외무장관 방북(~15일)
	제1차 남북총리회담(서울, ~16일)
2007.11.19	북·미 금융실무회의, 금융관계 정상화 논의(뉴욕, ~20일)
2007.11.20	러시아 철도공사 대표단 방북, 나진-하산 간 철도 개보수 및 러시아의 나진항 운영 관련 라선시 방문, 북측 구간 설계검사 완료
	외무성 대변인, 유엔 대북인권결의 비난
2007.11.27	제2차 남북국방장관회담, 군사공동위 가동 합의(평양, ~29일)
	한·미·중·러·일 북핵 불능화 실사단 방북(~29일)
2007.11.28	제9차 남북적십자회담, 연간 400명 금강산 대면상봉 합의(금강산, ~30일)
2007.11.29	김양건 로동당 통일전선부장 방한(~12월 1일)
2007.11.30	전국지식인대회 개최(~12월 1일)
2007.12.3	크로스토퍼 힐 차관보 방북, 부시 대통령 친서 박의춘 외무상에게 전달(~5일)
2007.12.4	제1차 남북경제협력공동위원회, 합의서 체결(서울, ~6일)
2007.12.6	외무성, "수해지원 국제사회에 감사" 표명
2007.12.10	부시 미 대통령, '인권의 날' 성명에서 북한 등 7개국 인권 탄압국 지목
2007.12.12	뉴욕필하모닉 오케스트라 2008년 2월 26일 평양 공연 발표
	제7차 남북장성급군사회담, 「통행, 통신, 통관의 군사적 보장을 위한 합의서」 채택(판문점, ~14일)
2007.12.13	북·중 과학기술협조위원회 제42차 회의, 의정서 체결(평양)

2007.12.14	2007년도 경공업 원자재 대북 현물차관으로 아연괴 500톤 첫 상환
	제1차 남북농수산협력분과위원회 개최, 합의서 채택(개성, ~15일)
2007.12.15	북한·중국, 2008 베이징올림픽 '성화이어달리기' 평양 통과 합의
2007.12.17	제1차 남북 기상협력 실무접촉(개성, ~18일)
	개성공단 2단계 개발 측량·지질조사 착수식(개성)
	무대위(우다웨이) 중국 외교부 부부장 방북(~19일)
2007.12.18	농업(양돈)협력 실무접촉(개성)
2007.12.19	북·벨라루시 간 외교 및 공무여권 소지자들에 대한 무사증제 협조 체결(모스크바)
	북, 개성 10대 유적 유네스코에 세계유산 등록 신청
2007.12.20	제1차 개성공단협력분과위원회, 합의서 채택(개성, ~21일)
	제1차 남북보건의료·환경보호협력분과위원회, 합의서 채택(개성, ~21일)
	제3차 단천지역 광산 현지 공동조사(~26일)
2007.12.21	남북경제협력협의사무소 준공식(개성)
	농업협력(종자생산, 유전자원 저장고 건설) 현지조사(~25일)
2007.12.25	제1차 남북 조선 및 해운협력분과위원회의(부산, 28일)
2007.12.28	제1차 서해해상특별협력지대추진위원회회의(개성, ~29일)

색 인

【ㄱ】

강성대국 128, 152, 162, 164, 198, 237
건설동지사 20, 26
계영춘 20
고난의 행군 23, 89, 124, 127, 152, 154,
    159, 161, 162, 197, 210
고전문화유산 173
국방-경제 병진로선 144
김경석 64
김구 58, 59
김규식 59
김남천 206
김도만 119, 205
김리갑 20
김양춘 120
김영주 108, 130
김원우 20
김일 64, 120
김일성동지혁명력사연구실 111
김정숙 24, 66
김정태 120
김창봉 107, 108, 120, 227
김책 64
김혁 20
김형권 20

【ㄴ】

남북조선로동당 련합중앙지도기관 42

【ㄷ】

당중앙 115, 121, 124, 146
대과도기론 51
대안의 사업체계 140, 164
등소평 51

【ㄹ】

레닌 13, 82, 140
리승엽 94
리제우 20
리태준 206
림춘추 64
림화 206

【ㅁ】

모택동 13, 51
문답식 학습방법 193
문화대혁명 51
민생단 사건 21
민족문화유산 171, 173, 185
민족해방전쟁론 80

【ㅂ】

박근원 20

박금철 107, 108, 119, 189, 205
박금철·이효순 사건 36, 38, 108
박달 22
박인진 22
박창옥 96, 186, 200, 206
박헌영 38, 41, 42, 44, 47, 94, 185, 200
박효삼 39
반일인민유격대 20
반제반봉건민주주의혁명 47, 49
보천보 전투 15, 22, 23
본보기단위 154
북조선공산당 중앙조직위원회 36, 43
북조선분국 33, 39, 43

【ㅅ】

사회정치적생명 122
사회정치적생명체론 113
사회주의 문학예술 170, 192
사회주의적 민족문화 169, 170, 191
3대혁명 144, 145
3대혁명붉은기쟁취운동 126, 127, 147, 148, 153
3대혁명소조 146, 147, 150
서휘 40
선군사상 243
선군정치 29, 207, 210, 214, 217, 219, 232, 234, 238

선군혁명령도 224
소과도기론 51
속도전 148
수령형상예술 193
수령형상작품 191
스탈린 50, 68
10대원칙 129, 130, 131, 132

【ㅇ】

안길 64
열하원정 23
오기섭 39, 40
5대 혁명가극 193, 207
5·25교시 52, 54, 55
오진우 120
온 사회의 주체사상화 121
우리식 사회주의 148, 208, 212, 213, 241
유일사상체계 108, 112, 117, 128, 129, 134, 173, 194, 205
유일지도체제 128, 132
이효순 107, 108, 189
인민민주주의독재 56
일편단심 119

【ㅈ】

자립적 민족경제 건설노선 142, 154, 155, 164

조국광복회 21, 22, 65
조국해방전쟁 79, 82
조선민족해방동맹 22
조선혁명군 20
주체 문학예술 207, 211
주체 사실주의 201
주체노선 62
주체농법 151
주체연호 154
중앙조직위원회 61
〈지원〉의 사상 26

【ㅊ】

차광수 20
천리마운동 126, 127, 152
총대철학 233, 234, 243
최광 120
최창걸 20
최효일 20
7·1조치 158, 159
7·4공동성명 81, 84

【ㅌ】

타도제국주의동맹 12, 16, 18, 19, 26, 46, 114, 137
티토 68

【ㅍ】

8월 종파사건 12, 15, 36, 38, 40

【ㅎ】

허가이 96
허봉학 107, 120, 227
혁명적 군인정신 235
혁명적 문화유산 173
호치민 13
홍명희 59
흐루시초프 69, 82

필자 약력

정영철(鄭英喆)
· 1969년 여수 출생
· 1988년 서울대학교 섬유공학과 입학
· 1994년 서울대학교 대학원 사회학과 입학 (석사, 박사)
· 현재 (사)현대사연구소 소장
· 주요 논저
「김정일체제 형성의 사회정치적 기원: 1964~1982」(박사학위논문, 2001)
『북한의 개혁·개방』(선인, 2004) ; 『김정일 리더십 연구』(선인, 2005) ; 『21세기 통일한국을 향한 모색』(서울대학교출판부, 2005) ; 『북한학총서: 북한의 새인식(1~10)』(책임편집, 경인, 2006) ; 『자본가 없는 자본주의』(역서)(시유시, 2007) ; 『서울과 도쿄에서 평양을 말하다』(선인, 2008) 외 다수

전 욱(全 旭)
· 1978년 강릉 출생
· 1997년 연세대학교 인문학부 입학(사회학, 한국사학 전공)
· 2006년 성공회대학교 대학원 사회학과 입학, 석사수료

박지은(朴智恩)
· 1978년 서울 출생
· 1997년 한국외국어대학교 인도어과 입학
· 2008년 서울대학교 대학원 사회학과 입학, 석사과정

조은성(趙恩成)
· 1980년 대구 출생
· 1998년 연세대학교 인문과학부 입학(사학 전공)
· 2007년 북한대학원대학교 입학, 석사수료 (정치통일 전공)

이경수(李璟洙)
· 1978년 서울 출생
· 1997년 서울대학교 건축학과 입학
· 2007년 북한대학원대학교 입학, 석사수료
· 현재 『민족21』 기자

천현식(千賢植)
· 1972년 서울 출생
· 1991년 숭실대학교 국어국문학과 입학
· 1998년 목원대학교 한국음악학과 편입(한국음악학 전공)
· 2000년 중앙대학교 대학원 한국음악학과 입학, 석사취득(이론-북한음악 전공)
· 2007년 북한대학원대학교 입학, 박사과정

김진환(金鎭煥)
· 1973년 성남 출생
· 1991년 국민대학교 법학과 입학
· 1998년 동국대학교 대학원 사회학과 입학(석사, 박사)
· 현재 (사)현대사연구소 사무국장
· 주요 논저
「한반도 평화체제 수립방안」(2007) ; 「북한의 체제위기와 대응전략: 개혁과 선군의 병행」(박사학위논문, 2008) 외 다수